Unternehmenswert-orientiertes Controlling

von

Prof. Dr. Thomas Günther

Technische Universität Dresden

Verlag Franz Vahlen München

Die Deutsche Bibliothek – CIP-Einheitsaufnahme

Günther, Thomas
Unternehmenswertorientiertes Controlling /
von Thomas Günther. – München : Vahlen, 1997
  ISBN 3 8006 2106 1

ISBN 3 8006 2106 1

© 1997 Verlag Franz Vahlen GmbH, München
Satz: DTP-Vorlagen des Autors
Druck und Bindung: C. H. Beck'sche Buchdruckerei, Nördlingen
Gedruckt auf säurefreiem, alterungsbeständigem Papier
(hergestellt aus chlorfrei gebleichtem Zellstoff)

Geleitwort

Seitdem Anfang der 80er Jahre Alfred Rappaport den „Shareholder Value" als Kriterium zur finanziellen Bewertung von Strategien in die Diskussion eingeführt hat, ist dieser Gedanke auch im deutschen Schrifttum - verstärkt in den letzten Jahren - aufgegriffen und intensiv behandelt worden. Auffällig ist dabei allerdings, daß die Diskussion oft in mehr prinzipiellen Überlegungen stecken bleibt und vor allem landesspezifische institutionelle Rahmenbedingungen etwa steuerlicher Art, unberücksichtigt läßt. Außerdem fehlt es an einer Umsetzung des Grundkonzeptes in das System der Unternehmenssteuerung, so daß man von einer Implementierungslücke sprechen kann. An diesen beiden Defiziten setzt das Buch von Günther an. Es ist deshalb nicht einfach eine weitere Schrift zum Thema Shareholder Value, sondern trägt wesentlich zur Überwindung der genannten Defizite bei:

1. Das Buch von Günther löst die Diskussion zum Shareholder Value aus der oft rein konzeptionellen Betrachtung heraus und überführt sie in ein operationales Ermittlungsschema. Das geschieht dadurch, daß die Verknüpfungen des Shareholder Value-Konzepts mit dem institutionalisierten Rechnungswesen und den vorhandenen Methoden und Empfehlungen zur Unternehmensbewertung aufgezeigt und die instutionellen Rahmenbedingungen insbesondere des Kapitalmarktes und des Steuerrechts bei der Ermittlung des Shareholder Value berücksichtigt werden. Zahlreiche Mißverständnisse in der derzeitigen wissenschaftlichen Diskussion zum Shareholder Value-Konzept werden dadurch beseitigt. Zudem wird eine Brücke zur praktischen Anwendung geschlagen.

2. Ein weiterer Beitrag der Schrift von Günther liegt in dem Schließen der Implementierungslücke. Vorhandene Instrumente des Controlling werden im Hinblick auf die Zielsetzung des Shareholder Value kritisch analysiert. Ebenso stellt Günther die in den letzten Jahren, vor allem in der Beratungsliteratur vorgetragenen Vorschläge für ein wertorientiertes operatives und strategisches Controlling auf den Prüfstand. Aus diesen kritischen Analysen werden konkrete Empfehlungen für die Gestaltung der Ergebnis- und Finanzierungsrechnung sowie für das operative und strategische wertorientierte Controlling entwickelt.

3. Schließlich scheint mir ein wichtiger Beitrag der Schrift auch einfach darin zu bestehen, daß sie eine sehr umfassende Kompilation und kritische Analyse der verschiedensten Ansätze zum Shareholder Value-Konzept und zum wertorientierten Controlling enthält. Sie trägt dadurch dazu bei, daß die künftige wissenschaftliche Diskussion von einer gesicherten „State of the Art" ausgehen wird.

Augsburg, im Mai 1997   *Adolf Gerhard Coenenberg*

Vorwort

In den Wirtschaftswissenschaften und in den Unternehmen ist es Mode geworden, mit Schlagworten zu arbeiten. Shareholder Value Management ist eines davon. Doch Shareholder Value Management geht in seinem Anspruch bei weitem darüber hinaus. Die traditionelle Zielgröße unternehmerischen Schaffens, die Gewinnerzielung, wird zumindest mit einem Fragezeichen versehen und durch eine weitaus umfassendere und komplexere Zielsetzung, die Unternehmenswertsteigerung, ersetzt. Ein neues Management-Paradigma wird gesetzt.

Maßgeblich vorangetrieben wurde das Shareholder Value Management durch die Entwicklungen im anglo-amerikanischen Sprachraum, vor allem aufgrund der außergewöhnlichen Mergers and Acquisitions-Welle in den 80er Jahren. Darüber hinaus gibt es weitere Triebfedern der neuen „Management-Lehre", wie z.B. die Internationalisierung und Institutionalisierung der Kapitalmärkte, die zunehmende Kritik an gewinnorientierten Steuerungsgrößen in der Unternehmensführung oder die Problematik asymmetrischer Informationsverteilungen zwischen Management und Eigentümern.

Zielsetzung dieses Buches ist es, zunächst darzustellen, ob es dieser „neuen" Zielsetzung bedarf und welche der vorgebrachten Beweggründe auch aus wissenschaftlicher Sicht für ein modernes Managment nachhaltig sind. Hauptanliegen des Buches ist es, aufzuzeigen, wie die Zielgröße „Unternehmenswert" in das bestehende operative und strategische Controlling integriert werden kann und eine Konzeption für ein unternehmenswertorientiertes Controlling vorzustellen. Hierdurch soll eine Implementierung der Philosophie des Shareholder Value Management im Unternehmen unterstützt werden.

Da die Wurzeln des Shareholder Value Management in den anglo-amerikanischen Ländern liegen, ist es geboten, Anpassungen an deutsche institutionelle Rahmenbedingungen vorzunehmen. Dies betrifft insbesondere die Einbindung des anders strukturierten Kapitalmarktes, des differierenden Steuersystems und abweichender Rechnungswesenspezifika.

Neben diesen inhaltlichen Zielsetzungen ist es Intention des Verfassers, eine wissenschaftlich fundierte Analyse vorzunehmen, die gleichzeitig anhand exemplarischer Darstellungen die Transferierbarkeit in die Unternehmenspraxis gewährleistet. Daher eignet sich das vorliegende Buch für den Einsatz in der Lehre und in der Unternehmenspraxis und soll außerdem den Lesern in komprimierter Darstellung den „State of the Art" der wissenschaftlichen Diskussion nahebringen. Die Beurteilung, ob diese nicht ganz leichte Aufgabenstellung gelungen ist, bleibt den geneigten Lesern vorbehalten.

Nach Abschluß der mehrjährigen Konzeption und Schriftlegung des Buches ist es Zeit, einigen tatkräftigen Wegbegleitern Dank zu sagen. Bedanken möchte ich mich zuerst bei meinem wissenschaftlichen Lehrer, Herrn Prof. Dr. Adolf Gerhard Coenenberg, und meinen früheren Kollegen (Dipl. Kfm. Christian Federspieler, Dr. Thomas M. Fischer, Dipl. Kff. Susanne Gröner, Privatdozent Dr. Axel Haller, Dipl. Kfm. Stephan Jakoby, Dipl. Kfm. Georg Klein, Dr. Kai-Uwe Marten, Dipl. Kfm. Egon Morper, Walter Ohms, MBA, Dipl. Kfm. Wolfgang Schulze, MA, Dr. Jochen Schmitz und Udo Specht, MBA) seines Augsburger Lehrstuhls, an dem die ersten Kapitel dieses Buches begonnen wurden.

Für Anregungen und kritisches Feedback bin ich Herrn Prof. Dr. Otto Opitz von der Universität Augsburg zu Dank verpflichtet.

Nach meinem Wechsel an die Technische Universität Dresden wurde das Buchprojekt von Herrn Dipl. Kfm. Jochen Fischer, Frau Dipl. Kff. Catharina Kriegbaum, MBA, Frau Diana Merwitz, Herrn Dipl. Kfm. Thomas Muche und Frau Jana Posselt maßgeblich gefördert. Ihnen danke ich für die inhaltliche und redaktionelle Unterstützung und schlicht für die Tatsache, daß sie mir an vielen, vielen Tagen einfach den Rücken freigehalten haben. Bei der redaktionellen Überarbeitung war trotz beruflicher Belastung mein Studienkollege und Freund, Herr Dipl.oec. Reinhold Geier, eine außerordentliche Hilfe. Frau Sandra Fehlinger und Herrn Dieter Sobotka vom Vahlen Verlag danke ich für die sehr kooperative, redaktionelle Zusammenarbeit bei der Veröffentlichung des Buches.

Ein derartiges Buchprojekt wäre ohne die Unterstützung meiner Familie undenkbar gewesen. Ganz herzlich möchte ich meinen Eltern, Brüdern und Schwiegereltern für die Rückenstärkung und die Wegbegleitung danken. Den größten Dank schulde ich meiner Frau und Kollegin, Frau Prof. Dr. Edeltraud Günther, die nicht nachließ, mich fachlich, redaktionell und moralisch zu unterstützen. Während des Buchprojektes wechselten Schatten und Licht. Im November 1995 verstarb mein Vater und im Februar 1996 wurde unsere Tochter Raphaela geboren.

Daher möchte ich dieses Buch meinem Vater Werner, meiner Frau Edeltraud und unserer Tochter Raphaela widmen.

Dresden, im Mai 1997   *Thomas Günther*

Inhaltsverzeichnis

1. Vom Shareholder Value-Ansatz zum unternehmenswertorientierten Controlling

2. Der Shareholder Value - ein neues Management-Paradigma ?

3. Ermittlung des Unternehmenswertes

5. Schlußbetrachtung und zusammenfassende Ergebnisse

Abbildungsverzeichnis

3. Ermittlung des Unternehmenswertes

4. Ausgestaltung des unternehmenswertorientierten Controlling

5. Schlußbetrachtung und zusammenfassende Ergebnisse

Abkürzungsverzeichnis

AG	Aktiengesellschaft		CIR	Cash Investment Ratio
AK	Anschaffungskosten		CMA	Collard, Madden & Associates
AktG	Aktiengesetz		CVA	Cash Value Added
APT	Arbitrage Pricing Theory		D/B	Dividendensumme zu Buchwert
AV	Anlagevermögen		DAX	Deutscher Aktienindex
BCG	Boston Consulting Group		DCF	Discounted Cash Flow
BET	Break-Even-Time		DIRK	Deutscher Investor Relations-Kreis
BewG	Bewertungsgesetz			
BG	Bilanzgewinn		DM	Deutsche Mark
BGH	Bundesgerichtshof		DSOP	Draft Statement of Principles
BRD	Bundesrepublik Deutschland		DSW	Deutsche Schutzvereinigung für Wertpapierbesitz
BSP	Bruttosozialprodukt		DVFA	Deutsche Vereinigung für Finanzanalyse und Anlageberatung
CAPM	Capital Asset Pricing Model			
CFROI	Cash Flow Return on Investment		E/B	Economic Value to Book Value
EBIT	Earnings before Interest and Taxes		GewESt	Gewerbeertragsteuer
EG	Europäische Gemeinschaften		GewKSt	Gewerbekapitalsteuer
EK	Eigenkapital		GewStR	Gewerbesteuerrichtlinien
EStG	Einkommensteuergesetz		GK	Gesamtkapital
EStR	Einkommensteuerrichtlinien		GKR	Gesamtkapitalrendite
EVA	Economic Value Added		GmbH	Gesellschaft mit beschränkter Haftung
F&E	Forschung und Entwicklung			
FASB	Financial Accounting Standards Board		GmbHG	GmbH-Gesetz
			GoB	Grundsätze ordnungsmäßiger Buchführung
FCF	Freier Cash Flow			
FiFo	First in First out		GuV	Gewinn- und Verlustrechnung
FK	Fremdkapital		GWB	Gesetz gegen Wettbewerbsbeschränkungen
FRS	Financial Reporting Standard			
GAAP	Generally Accepted Accounting Principles		H	Hebesatz der Gewerbesteuer
			HFA	Hauptfachausschuß

HGB	Handelsgesetzbuch		ROLA	Report on Look-alikes
HGSC	Hoare Govett Small Companies Index		RoNA	Return on Net Assets
			RoS	Return on Sales
HK	Herstellungskosten		RSt	Rückstellungen
IAS	International Accounting Standard		S&P	Standard and Poor's
IASC	International Accounting Standards Commitee		S/W	Schwarz/Weiß
			SÄ	Sicherheitsäquivalent
IBM	International Business Machines		SEC	Securities and Exchange Commission
IdW	Institut der Wirtschaftsprüfer			
JÜ	Jahresüberschuß		SEP	Strategische Erfolgsposition
KGaA	Kommanditgesellschaft auf Aktien		SFAS	Statement of Financial Accounting Standard
KgV	Kurs/Gewinn-Verhältnis			
KSt	Körperschaftsteuer		SG	Schmalenbach-Gesellschaft
KStG	Körperschaftsteuergesetz		SGE	Strategische Geschäftseinheit
LiFo	Last in First out		SHV	Shareholder Value
LMBO	Leveraged Management Buyout		SIE	Strategische Investmenteinheit
M&A	Mergers and Acquisitions		SPA	Strategic Planning Associates
M/B	Marktwert/Buchwert-Verhältnis		SPI	Strategic Planning Institute
MVA	Market Value Added		US	United States
NOPAT	Net Operating Profit after Taxes		USA	United States of America
NYSE	New York Stock Exchange		UV	Umlaufvermögen
ÖVFA	Österreichische Vereinigung für Finanzanalyse und Anlageberatung		UW	Unternehmenswert
			VFA	Verein zur Förderung der Aktionärsdemokratie
P/E	Price/Earnings Ratio		VLI	Value Leverage Index
PC	Personal Computer		VRoI	Value Return on Investment
PIMS	Profit Impact of Market Strategy		VSt	Vermögensteuer
RL	Rücklagen		VStG	Vermögensteuergesetz
RoA	Return on Assets		VStR	Vermögensteuerrichtlinien
RoCA	Return on Controllable Assets		WB	Wertbeitrag
RoE	Return on Equity		WC	Working Capital
RoGI	Return on Gross Investment		WG	Wertgenerator
RoI	Return on Investment			

1. Vom Shareholder Value-Ansatz zum unternehmens-wertorientierten Controlling

1.1. Entwicklung und State of the Art der Shareholder Value-Idee

In den USA entstanden zu Beginn der 80er Jahre erste Überlegungen, den Wert eines Unternehmens oder einzelner Unternehmensteile in die Zielsetzungen des Managements einzubinden **(Shareholder Value-Ansatz)**. Professoren amerikanischer Business Schools, wie *Fruhan*, *Rappaport* oder *Copeland* übertrugen vorhandenes Gedankengut aus der Finanzierungs- und Kapitalmarkttheorie auf die Unternehmensführung und entwickelten erste konzeptionelle Ansätze zur unternehmenswertorientierten Steuerung des Unternehmens.[1] Unternehmensberater griffen die Ideen auf und übertrugen sie in die Unternehmenspraxis. Amerikanische Beratungsunternehmen wie Stern Stewart, HOLT Planning Associates,[2] The Alcar Group, Strategic Planning Associates (SPA), Marakon Associates und Collard, Madden & Associates (CMA) spezialisierten sich auf die Umsetzung von Shareholder Value-Ansätzen und entwickelten eigene Produkte zur unternehmenswertorientierten Entscheidungsunterstützung, die unter dem Schlagwort „**Value Based Planning**" firmieren. Die publizitätsträchtigen freundlichen und unfreundlichen Übernahmen Mitte der 80er Jahre führten zu einer Diskussion der „neuen" Denkweise in Nordamerika.

Erst nach dem Abflauen der M&A-Welle in den USA nach dem Oktober-Crash 1987 gelang der Shareholder Value-Idee der Brückenschlag auf den europäischen Kontinent. In Deutschland wurde das Shareholder Value-Konzept vor allem durch zahlreiche Veröffentlichungen von *Bühner* publik gemacht. Einige Großunternehmen, wie z.B. Veba, Siemens, RWE oder Haniel, erweiterten ihre Unternehmensziele um das Ziel der Schaffung von Aktionärsvermögen und sind gegenwärtig dabei, den Shareholder Value-Gedanken in ihre Unternehmenspolitik und ihre Entscheidungen zu integrieren und erste Erfahrungen in der praktischen Umsetzung zu sammeln.

Zur Verbreitung und zum Entwicklungsstand des Shareholder Value-Ansatzes in Deutschland und Europa liegen drei Studien von Beratungsunternehmen vor, die zu vergleichbaren Ergebnissen führen.[3] Nach der Studie von *Höfner & Partner* wird das Wertsteigerungsmanagement nach den Themen „Lean Entreprise" und „Entschlackung der Verwaltung" sowohl zum heutigen Stand als auch bis zum Jahr 2000 als drittwichtigstes Themengebiet eingestuft.[4] Die Verbesserung des Shareholder Value ist bei 85,2 % der befragten Unternehmen definiertes Ziel auf Ebene des Top Managements, während die Bedeutung in der Unternehmensplanung

---

[1] Vgl. die Konzepte von Fruhan, W.E. (1979); Rappaport, A. (1986) und Copeland, T./Koller, T./Murrin, J. (1991) und Copeland, T./Koller, T./Murrin, J. (1994) sowie die deutschen Übersetzungen von Copeland, T./Koller, T./Murrin, J. (1993) und Rappaport, A. (1994).

[2] eine Neugründung von vier früheren Beratern von Collard, Madden & Associates, jetzt der Boston Consulting Group zugehörig.

[3] Vgl. die Ergebnisse der Studien von Höfner & Partner in Höfner, K. (1994); von LEK Unternehmensberatungs GmbH in Rappaport, A./LEK Unternehmensberatungs GmbH (1995) und von KPMG in KPMG (1996).

[4] Vgl. Höfner, K. (1994), S. 40f..

(55,7 %), auf Ebene der Geschäftsbereichsleitungen (27,9 %) und bei Abteilungsleitern von Geschäftsbereichen (11,5 %) geringer ausfällt. Die Befragung von *Rappaport/LEK Unternehmensberatungs GmbH* bei den 250 größten deutschen Unternehmen kommt bezüglich des primären Unternehmensziels zu ähnlichen Ergebnissen. Das Rentabilitätsziel ist immernoch bei 55 % der Unternehmen primäres Unternehmensziel, während der Shareholder Value mit 23 % der Nennungen bereits den zweiten Platz einnimmt. Zu vergleichbaren Ergebnissen kommt auch die KPMG-Studie.[5]

Wie die empirischen Ergebnisse zeigen, kommt dem Shareholder Value-Ansatz insbesondere bei der Ressourcenallokation und bei der Unternehmensbewertung eine hohe Bedeutung zu. Zudem ist das Bewußtsein im Top Management der Unternehmen für die Zielgröße „Shareholder Value" gestiegen. *Rappaport/LEK Unternehmensberatungs GmbH* vergleichen die Entwicklung in Deutschland mit dem Entwicklungsstand in den USA vor ca. zehn Jahren, als ausgehend von Akquisitions- und Investitionsprojekten die Implementierung des Ansatzes in den internen Controllingsystemen erfolgte. Neben den Anreizsystemen, die bisher noch durch eine Orientierung am Gewinn dominiert sind, bedarf insbesondere das Controlling einer Ergänzung um unternehmenswertorientierte Instrumente **(Implementierungslücke)**.[6]

Bezüglich der Bedeutung des Shareholder Value-Ansatzes in verschiedenen Funktionen ergibt sich folgender Zusammenhang:[7]

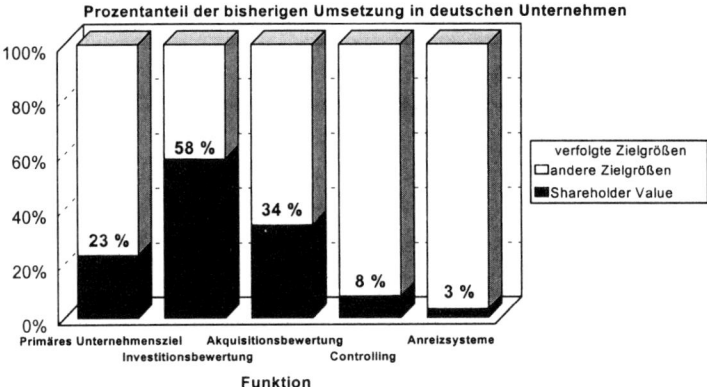

Abb. 1.1.: Bedeutung des Shareholder Value-Ansatzes in verschiedenen Funktionen

1.2. Zum Begriff des Shareholder Value

„Wirtschaften" bedeutet ethymologisch nichts anderes als „Werte schaffen".[8] Werte entstehen dann, wenn die Summe aller in ein Produkt oder eine Dienstleistung eingehenden bewerteten Ressourcenverbräuche kleiner ist als der Wert des Produktes oder der Dienstleistung, die aus der Transformation hervorgeht. Der Wert des Unternehmens und dessen Maximierung wird in

---

5   Vgl. KPMG (1996), S. 10.
6   Vgl. Rappaport, A./LEK Unternehmensberatungs GmbH (1995), S. 4.
7   Vgl. Rappaport, A./LEK Unternehmensberatungs GmbH (1995), S. 3 und vergleichbar Höfner, K. (1994), S. 58f..
8   Vgl. Voss, B.W. (1988), S. 24.

der Investitions- und Finanzierungstheorie als die finanzielle Zielsetzung betrachtet, die zugleich die Konsumwünsche aller Kapitalanleger maximiert.[9]

Beim **Shareholder Value-Ansatz** wird der Wert des Unternehmens als Barwert derjenigen Zahlungsüberschüsse **(Cash Flows)** definiert, der nicht wieder für Investitionen in das Anlagevermögen oder das Netto-Umlaufvermögen (Working Capital)[10] verwendet werden muß. Der verbleibende frei verwendbare Teil der Cash Flows wird als Freier Cash Flow **(Free Cash Flow)** bezeichnet.[11] Der Free Cash Flow stellt den an den Eigentümer potentiell ausschüttbaren Zahlungsüberschuß dar.

Der amerikanische Begriff „**Shareholder**" ist nach der Grundidee des Ansatzes nicht nur mit „Aktionär" zu übersetzen, sondern steht generell für den **Eigentümer** eines Unternehmens unabhängig von seiner Rechtsform. Gerade mittelständische Unternehmer oder Einzelunternehmer stehen vor der Frage, wie sie knappes Kapital effizient verwenden können und den Wert ihres Unternehmens oder ihres Unternehmensanteils erhöhen können. Dennoch ist einzuräumen, daß, wie empirische Studien zeigen, DAX-Unternehmen und börsennotierte Unternehmen dem Shareholder Value-Ansatz ein höheres Gewicht beimessen.[12]

1.3. Ziele und Aufbau des Buches

Zielsetzung des Buches soll es sein, die durch die beiden oben dargestellten Studien[13] zum Verbreitungsstand des Shareholder Value-Ansatzes in Deutschland bescheinigte **Implementierungslücke** im operativen und strategischen Controlling zu schließen. Dabei ist jedoch darauf zu verweisen, daß sich auch die anglo-amerikanische Literatur primär mit der Berechnung des Shareholder Value und den hiermit verbundenen Problembereichen auseinandersetzt. Vorschläge zu unternehmenswertorientierten Controlling-Instrumenten sind nur vereinzelt anzutreffen.[14] Im Rahmen dieses Buches soll daher ein Konzept zu einem unternehmenswertorientierten Controlling entwickelt werden.

Hierzu wird folgende Vorgehensweise gewählt, die in nachfolgender unternehmenswertorientierter Controlling-„Pyramide" zusammengefaßt werden kann:

❑   Zunächst ist zu fragen, ob der Shareholder Value-Ansatz ein neues Management-Paradigma darstellt und welche Ursachen zu seiner Entstehung geführt haben. Ziel der Prüfung ist es, die Notwendigkeit des Ansatzes zu ergründen (Kapitel 2.)

❑   Kann der Shareholder Value als zulässiges Ziel des Unternehmenscontrolling bestätigt werden, ist zu fragen, wie die neue Zielgröße im Rahmen der Unternehmensrechnung quantifiziert werden kann. Hierbei ist vor einer unreflektierten Übernahme der Discounted Cash Flow-Methodik für Deutschland zu warnen, da Anpassungen an nationale,

---

[9]   Vgl. Modigliani, F./Miller, M.H. (1958), S. 264 und Mossin, J. (1977), S. 99.

[10] definiert als Umlaufvermögen minus kapitalkostenfreie Passiva.

[11] Vgl. stellvertretend Rappaport, A. (1986), S. 51f. und Copeland, T./Koller, T./Murrin, J. (1991), S. 97ff..

[12] Vgl. Höfner, K. (1994), S. 32ff. und Rappaport, A./LEK Unternehmensberatungs GmbH (1995), S. 7.

[13] Vgl. die Studien von Höfner, K. (1994) und Rappaport, A./LEK Unternehmensberatungs GmbH (1995).

[14] So z.B. die Break-Even-Wertanalyse bei Bühner, R. (1990), S. 53ff. oder Ansatzpunkte einer Abweichungsanalyse bei Herter, R.N. (1994), S. 178f..

institutionell bedingte Rahmenbedingungen (Steuersystem, Kapitalmarkt, Rechnungs-wesen) geboten scheinen (Kapitel 3.).[15]

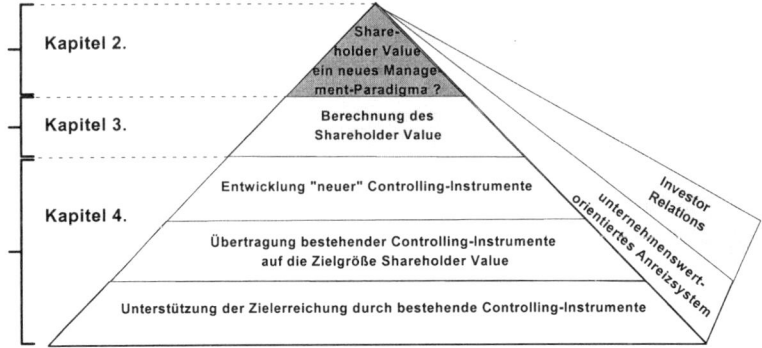

Abb. 1.2.: Unternehmenswertorientierte Controlling-"Pyramide"

❑ Um die noch in der Unternehmenspraxis bestehenden Implementierungslücken schlie-ßen zu können, sind Ansatzpunkte für eine am Shareholder Value-Ansatz orientierte Ausgestaltung des Controlling zu entwickeln (Kapitel 4.1.). Insbesondere ist zu prüfen, ob „neue" Instrumente zu entwickeln sind, ob bestehende Instrumente auf die „neue" Zielgröße übertragen werden können und letztlich, ob vorhandene Instrumente gleichzeitig auch der Erhöhung des Shareholder Value dienen können. Dabei sind so-wohl Aspekte des operativen (Kapitel 4.2.) als auch des strategischen Controlling (Kapitel 4.3.) abzudecken.

Wie noch darzulegen sein wird, ist zu berücksichtigen, daß zieladäquate Controllinginstru-mente zwar zur Verbesserung der Zielerreichung beitragen können, hierzu jedoch auch Rah-menbedingungen, wie z.B. ein geeignetes unternehmenswertorientiertes Anreizsystem oder an die Eigentümer gerichtete Investor Relations zu gewährleisten sind. Angesichts der Fülle der im Shareholder Value-Ansatz enthaltenen Aspekte sollen Rahmenbedingungen ausgespart bleiben, wenngleich an einigen Stellen auf sie verwiesen wird.

Um die Implementierungslücke des unternehmenswertorientierten Controlling schließen zu können, scheint es geboten, die Instrumente nicht nur darzustellen und zu diskutieren. Ange-sichts ihrer Komplexität wird die Diskussion des unternehmenswertorientierten Controlling um eine exemplarische Darstellung erweitert, um Wirkungszusammenhänge und mögliche Aussagen für die Unternehmenssteuerung gewinnen zu können.

---

[15] Vgl. Jonas, M. (1995), S. 84.

2. Der Shareholder Value - ein neues Management-Paradigma ?

Wenn wirtschaftliches Handeln den Grundsätzen der **Effektivität** (die richtigen Dinge tun) und der **Effizienz** (die Dinge richtig tun)[1] genügen soll, müssen Instrumente und Entscheidungsmuster diesen beiden Anforderungen Rechnung tragen. Es stellt sich die Frage, welchen Beitrag der Shareholder Value-Ansatz zur Verbesserung der Entscheidungsfindung in Unternehmen leisten kann. Hierzu sollen die Ursachen der Entwicklung des Shareholder Value-Ansatzes dargestellt und kritisch beleuchtet werden.

2.1. Die Mergers & Acquisitions-Welle als Wegbereiter des Shareholder Value-Ansatzes

Einer der Wegbereiter des Shareholder Value-Ansatzes wird in der boomartigen Entwicklung der Unternehmensübernahmen und seiner Begleitumstände gesehen[2]. So stieg in den USA die Zahl der Akquisitionen gemessen am Kaufpreis von 18 Mrd. US-$ in 1967 auf 165,8 Mrd. US-$ in 1987 an. In der Boom-Phase der M&A-Aktivitäten bis zum Börsen-Crash am 19. Oktober 1987 verschwanden durch Übernahmen jährlich zwischen 5 und 7 % des Marktwertes von den Börsenlisten. Für 1993 wurde das gesamte Akquisitionsvolumen auf 230 Mrd. US-$ geschätzt.

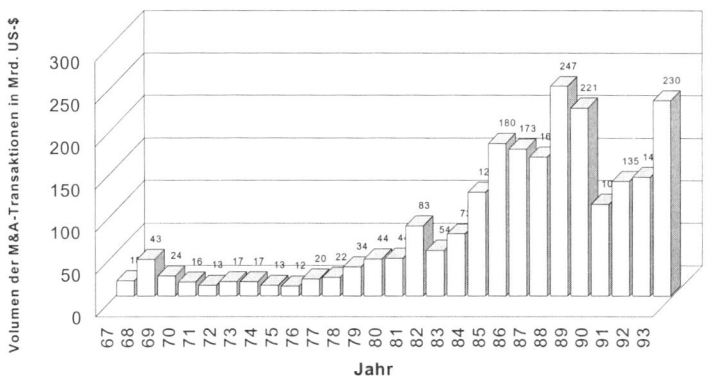

Abb. 2.1.: Entwicklung des Volumens der Unternehmensübernahmen in den USA von 1967 bis 1993[3]

Vergleichbare Entwicklungen lassen sich auch für europäische Länder aufzeigen, wenngleich M&A-Aktivitäten angesichts der relativ geringen Zahl von Unternehmen in Streubesitz und

---

[1] Vgl. Drucker, P. (1963), S. 54.

[2] Vgl. zu Knyphausen, D. (1992), S. 331 und Fruhan, W.E. (1988), S. 64.

[3] Die Daten wurden aus Fruhan, W.E. (1988), S. 64 entnommen, der sich auf Quellen von W.T. Grimm & Company und des Board of Governors of the Federal Reserve Systems stützt. Zu den jüngeren Daten vgl. Halperin, M./Bell, S.V. (1992), S. 7, die sich auf Mergerstat Review berufen.

aufgrund bestehender Abwehrmechanismen gegen feindliche Übernahmen weniger Bedeutung als in den USA zukommt.[4] Für die Bundesrepublik Deutschland bietet sich eine Orientierung an der in § 23 GWB geregelten Meldepflicht für Unternehmensübernahmen an, die nachfolgender Abbildung zugrunde liegt.

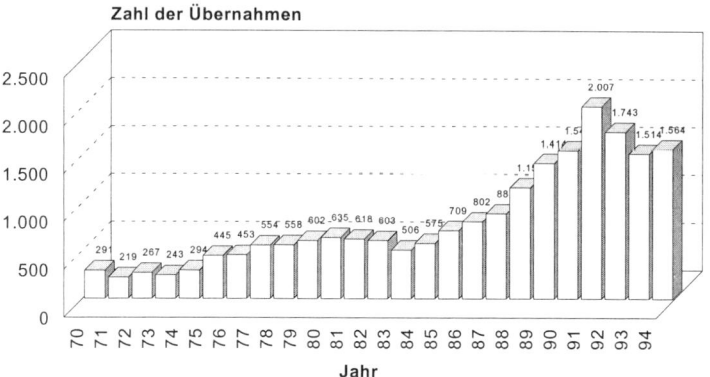

Abb. 2.2.: Entwicklung der Zahl der Unternehmenszusammenschlüsse in der Bundesrepublik Deutschland von 1970 bis 1994[5]

Der weltweite Boom der M&A-Aktivitäten in der zweiten Hälfte der 80er Jahre förderte die Verbreitung des Shareholder Value-Ansatzes in mehrfacher Hinsicht:

1)   Methodische Probleme der Bewertung von Akquisitionen wurden neu aufgeworfen (2.1.1.).

2)   Übernahmen wurden mit teilweise beträchtlichen Aufschlägen auf die am Kapitalmarkt notierten Marktwerte durchgeführt, die wiederum auf große Wertlücken (value gaps) schließen lassen (2.1.2.).

3)   Die M&A-Welle wird als Geburtsstunde des "Market for Corporate Control", des Marktes für Verfügungsrechte über Unternehmen, bezeichnet (2.1.3.).

Diese drei, auf die M&A-Welle zurückzuführenden, Entstehungsursachen des Shareholder Value-Ansatzes sollen nun eingehend einzeln vorgestellt und abschließend zusammenfassend diskutiert werden (2.1.4.).

2.1.1. Methodische Probleme der Bewertung von Akquisitionen

Die M&A-Welle löste eine neue Diskussion der Bewertungsmethodik aus, die insbesondere durch neue Bewertungsvarianten wie z.B. dem Cash Flow-orientierten Ansatz oder dem „market approach" im anglo-amerikanischen Raum angestoßen wurde.

---

4   Vgl. Höfner, K. (1994), S. 17.
5   Vgl. Jung, H. (1993), S. 138f. und Gerpott, T.J. (1993), S. 2 nach Bundeskartellamt (1989) und Bundeskartellamt (1991), vom Verfasser ergänzt um Bundeskartellamt (1994).

2.1.1.1. Wunsch nach quantitativer Unterstützung der Akquisitionsentscheidung

Die beträchtlichen Flopraten, die bei Akquisitionen in verschiedenen Studien festgestellt wurden, rücken die Möglichkeit des Scheiterns von Akquisitionen ins Bewußtsein. In empirischen Untersuchungen zeigt sich, daß teilweise über 50 % der Akquisitionsobjekte als Mißerfolg zu werten sind, wenngleich die angelegten Maßstäbe differieren.[6] Akquisitionen müssen neben einer strategischen Bewertung auch einer Quantifizierung erwarteter Rückflüsse und Synergien aus dem übernommenen Unternehmen standhalten. Ein potentieller Investitionsbedarf aufgrund von Restrukturierungsmaßnahmen nach der Übernahme ist ebenso wie Unterschiede in operativen und finanziellen Risiken bei der quantitativen Bewertung gezielt zu berücksichtigen.

Die beträchtliche Gefahr eines Mißerfolges nährt auf Seiten des potentiellen Käufers das Interesse am "wahren" Wert eines Akquisitionskandidaten i. S. eines subjektiven, d.h. käuferbezogenen Unternehmenswertes. Auf der anderen Seite ist der Verkäufer daran interessiert, als Ausgangspunkt für die Verhandlungen seine untere "Schmerzgrenze", nämlich den Wert, den das Unternehmen oder der Unternehmensteil für ihn darstellt, auszuloten.

Diese Fragestellungen sind klassische Aufgaben der Unternehmensbewertung. Die zunehmende Internationalisierung der M&A-Aktivitäten von Unternehmen führt jedoch zum Aufeinandertreffen unterschiedlicher Ansätze der Unternehmensbewertung, des Cash Flow-orientierten Ansatzes, dem der **Shareholder Value-Ansatz** zuzurechnen ist, und des gewinnorientierten Ansatzes **(Ertragswert-Ansatz)**. Dies ist vor dem Hintergrund zu sehen, daß die Verbreitung des Cash Flow-orientierten Ansatzes und des gewinnorientierten Ansatzes sehr unterschiedlich ist und bei internationalen M&A-Aktivitäten die hiermit jeweils gewonnenen Erfahrungen aufeinander treffen. Während Ersterer in den USA insbesonders in Finanzkreisen[7] weit verbreitet ist,[8] dominiert der Ertragswert-Ansatz, der in Deutschland als Ertragswertmethode durch das Hauptfachgutachen 2/83 des Instituts der Wirtschaftsprüfer in Deutschland e.V. für deren Berufsstand empfohlen wird,[9] in allen deutschsprachigen Staaten.[10] Eine empirische Untersuchung von *Peemöller/Bömelburg/Denkmann* ergab, daß das Ertragswertverfahren von 80 % der befragten Wirtschaftsprüfer und 72 % der M&A-Berater angewandt wird, während Discounted Cash Flow-Methoden insbesondere bei Unternehmensberatern (57 %), Investmentbanken (46 %) aber auch bei Industrieunternehmen (39 %) überdurchschnittlich häufig anzutreffen sind. Über alle befragten Gruppen hinweg ergab sich für das Ertragswertverfahren ein Anteil von 39 %, während Discounted Cash Flow-Ansätze immerhin schon eine Verbreitung von 33 % bei den insgesamt 59 auswertbaren Fragebögen aufweisen konnten.[11]

---

6   Vgl. die Studien von Porter, M.E. (1987), S. 43ff., Coley, S.C./Reinton, S.E. (1988), S. 29f.; Möller, W.-P. (1983), S. 61ff. und Gerpott, T.J. (1993), S. 399ff..

7   Es wird geschätzt, daß 50 % der Bewertungen in den USA auf Basis von Cash Flows erfolgen. Erwähnt bei Jung, W. (1981), S. 511. Vgl. auch ähnlicher Meinung Sanfleber-Decher, M. (1992), S. 597 und S. 603; Jaensch, G. (1992), S. 384 und Jung, W. (1993), S. 226.

8   Vgl. Blyth, M.L./Friskey, E.A./Rappaport, A. (1986), S. 50; Hafner, R. (1993), S. 83 und Dirrigl, H. (1994), S. 412.

9   Vgl. Institut der Wirtschaftsprüfer (1983), S. 470ff..

10 Vgl. Helbling, C. (1989a), S. 561ff. sowie die Befragungsergebnisse bei Jung, H. (1993), S. 215.

11 Vgl. die Studie von Peemöller, V.H./Bömelburg, P./Denkmann, A. (1994), S. 741ff. und vergleichbare Ergebnisse bei Prietze, O./Walker, A.. (1995), S. 205.

Die Fragen der Bewertung von Synergien, des jeweiligen Investitionsbedarfs und der Risikostruktur sind jedoch durch beide Ansätze lösbar und bereits vielfach diskutiert worden.[12] Die von einigen Autoren erhobene Forderung, der Shareholder Value-Ansatz sei zwingend notwendig, um Unternehmen bewerten zu können,[13] greift für den deutschen Sprachraum insofern ins Leere, als dort bereits ein etabliertes und leistungsfähiges Instrumentarium vorhanden ist.[14] Der Shareholder Value-Ansatz kann allenfalls eine andere, eine Cash Flow-orientierte, Berechnungsgrundlage bieten.

2.1.1.2. Einbezug der Liquiditätssituation in die Unternehmensbewertung

Da ein beträchtlicher Prozentsatz der Übernahmen über Leveraged Buyouts, d.h. durch Fremdkapital mit hohem Financial Leverage, finanziert wurde, hat der Akquisiteur aufgrund knapper finanzieller Ressourcen ständig die Liquidität sicherzustellen.[15] Folglich sind die aus dem Akquisitionsobjekt fließenden und frei verfügbaren Cash Flows für ihn von hoher Bedeutung, da er diese zur Tilgung des aufgenommenen Fremdkapitals und zur Zahlung der Zinsbelastung benötigt.[16] Ein hoher Reinvestitionsbedarf und somit Mittelabfluß wäre für den Erwerber nicht wünschenswert. Das legt eine Cash Flow-orientierte Unternehmensbewertung nahe, die auf Freien Cash Flows, d.h. den um Investitionen in das Anlagevermögen und Working Capital verminderten Cash Flows, fußt.[17] Dieser Ansatz der Unternehmensbewertung ist der Shareholder Value-Ansatz, der in diesem Punkte dem Ertragswert-Ansatz überlegen erscheint, da letzterer auf Gewinn- und nicht auf Liquiditätsgrößen basiert und die jährliche Freisetzung oder Bindung liquider Mittel allenfalls über den Umweg einer Finanzbedarfsrechnung ermitteln kann. Die Wahl des Bewertungsverfahren hängt jedoch auch von den verfolgten Zielen des Investors ab.[18] Gewinngrößen sind zur Beurteilung der Liquiditätslage nur eingeschränkt brauchbar.

2.1.2. Wertlücken als Basis des Shareholder Value-Ansatzes

2.1.2.1. Aufdeckung von Wertlücken

Der Erfolg zahlreicher Private und Corporate Raiders zeigt, daß teilweise beträchtliche Lücken zwischen dem aktuellen Unternehmenswert und dem von Dritten geschätzten potentiellen Unternehmenswert bestehen.[19] Der aktuelle Unternehmenswert ist im Falle von börsennotierten Unternehmen der aktuelle Börsenwert zuzüglich des Marktwertes des Fremdkapitals. Bei nicht-börsennotierten Unternehmen wäre eine Bewertung des Unternehmens "wie es steht und liegt" vorzunehmen. Der potentielle Unternehmenswert stellt den Wert dar, der nach der Reorganisation des Unternehmens und/oder Verbindung mit einem anderen Unternehmen erzielbar ist. Der potentielle Unternehmenswert kann z.B. aus Schätzungen von Finanzanalysten oder aus Angeboten zur Übernahme des Unternehmens abgeleitet werden. Denkbar wäre

---

[12] Vgl. hierzu z.B. Helbling, C. (1990), S. 533ff., der sich für die Ertragswert-Methode ausspricht.

[13] Vgl. Weber, B. (1990), S. 577 und ähnlich Blyth, M.L./Friskey, E.A./Rappaport, A. (1986), S. 50.

[14] Vgl. ähnlich Dirrigl, H. (1994), S. 427f.; jedoch auch das Votum für die DCF-Methode aufgrund ihres inhärenten Zwanges zur Begründung und Dokumentation der einzelnen Bewertungsschritte bei Jonas, M. (1995), S. 83.

[15] Vgl. z.B. Helbling, C. (1993), S. 159.

[16] Vgl. z.B. die Übernahme von RJR Nabisco durch das Investmenthaus KKR für 25 Mrd. US-$.

[17] Vgl. Peemöller, V.H./Bömelburg, P./Denkmann, A. (1994), S. 743.

[18] Vgl. Sieben, G. (1988), S. 362f..

[19] Vgl. Gaitanides, M./Raster, M. (1995), S. 261.

auch, daß das Management selbst den potentiellen Unternehmenswert nach Restrukturierungsmaßnahmen schätzt.[20]

Während der Übernahmewelle der 80er Jahre haben insbesondere Finanzanalysten und Raider versucht, solche Wertlücken aufzuspüren, um lohnende Übernahmekandidaten zu finden. *Young/Sutcliffe* listen für das Jahr 1989 für Großbritannien die Schätzungen einiger Broker und die hieraus resultierenden, teilweise beträchtlichen, Wertlücken auf:[21]

Unternehmen	Broker	Datum der Bewertung	Marktwert (Mio. £)	geschätzter Wert des Brokers (Mio.£)	Wertlücke in % des geschätzten Unternehmenswertes
Hanson	Kitcat and Aitken	März 1989	7183	10293 bis 12433	30 bis 42 %
BAT[22]	Hoare Govett	Juli 1989	8500	16700	49 %
Reckitt & Colman	Laing and Cruickshank	Aug. 1989	1787	2250	21 %
William Ransom	Laing and Cruickshank	Okt. 1989	9,15	12,96	29 %
Crest Nicholson	Barclays de Zoete Wedd	Juli 1989	151,3	249	39 %
U.K. Paper	Barclays de Zoete Wedd	Juli 1989	191,3	375,2 bis 495,2	49 bis 61 %
Thorn EMI	Barclays de Zoete Wedd	Sept. 1989	2494	2703	8 %
Sears	Barclays de Zoete Wedd	Okt. 1989	1574	1825 bis 2551	14 bis 38 %
Ladbroke	Barclays de Zoete Wedd	Dez. 1989	2701	3170 bis 4945	15 bis 45 %

Abb. 2.3.: Wertlücken britischer Unternehmen im Jahre 1989

Im November 1986 analysierte *Donaldson, Lufkin & Jenrette*, ein an der Wall Street führendes Investmenthaus, 40 US-Einzelhandelsketten bezüglich aktueller und potentieller Aktienkurse und ordnete sie entsprechend der Größe der Wertlücke.[23]

Unternehmen	Aktienkurs in $	Wert pro Aktie in $ (nach möglicher Restrukturierung)	Wertlücke pro Aktie in $	Wertlücke in % des Wertes nach Restrukturierung
Best Products	11,75	29,14	17,39	60 %
Oshman´s Sporting Goods	13,75	33,26	19,51	59 %
Service Merchandise	11,00	22,55	11,55	51 %
Great Atlantic & Pacific	22,50	38,27	15,77	41 %
Kroger	32,63	52,84	20,21	38 %
Dayton-Hudson	43,00	65,61	22,61	34 %
Stop & Shop	54,25	76,68	22,43	29 %
Supermarkets General	28,25	39,19	10,94	28 %
Joly Department Stores	36,13	48,22	12,09	25 %
Gordon Jewelry	19,63	26,14	6,51	25 %

Abb. 2.4.: Geschätzte Wertlücken für zehn US-amerikanische Einzelhandelsketten[24]

---

20 Vgl. hier z.B. das "Restructuring Pentagon" nach Copeland, T./Koller, T./Murrin, J. (1991), S. 248ff. sowie Kapitel 4.3.1. Ansatzpunkte eines strategischen unternehmenswertorientierten Controlling.
21 Vgl. Young, D./Sutcliffe, B. (1989), S. 21.
22 vor Angebot seitens Hoylake.
23 Vgl. eine vergleichbare Analyse bei Clarke, R.G. u.a. (1988), S. 39.
24 Vgl. Robbins, St. M. (1986) zitiert nach Fruhan, W.E. (1988), S. 64f..

Bei zehn der 40 Unternehmen beliefen sich die in obiger Abbildung wiedergegebenen geschätzten Wertlücken auf 25 bis 60 %. Innerhalb von 16 Monaten mußte mehr als die Hälfte dieser zehn Unternehmen teilweise freiwillig, teilweise gezwungenermaßen restrukturieren oder sie waren Gegenstand von Übernahmeversuchen geworden. Dayton-Hudson, Stop & Shop und Supermarkets General wurden sogar vom selben Raider, der Dart Group, attackiert. Nur Dayton-Hudson konnte der Übernahme durch strenge Anti-Takeover Gesetze, die von der Gesetzgebung des Staates Minnesota erlassen wurden, entgehen. Best Products gab Vorzugsaktien als "poison pill" aus, um feindliche Übernahmen zu verhindern. Kroger trennte sich von einigen Unternehmensbereichen, die über Leveraged Buyouts vom Management übernommen wurden.[25]

Daß auch Akquisiteure sich an geschätzten Wertlücken orientieren, zeigen Untersuchungen zur Prämie, die bei der Übernahme von Unternehmen über aktuelle Unternehmenswerte (i.d.R. auf Basis von Aktienkursen) hinaus gezahlt werden. In empirischen Untersuchungen wird die Prämie i.d.R. als abnormale Rendite des übernommenen Unternehmens zum Zeitpunkt der Bekanntgabe der Akquisition gemessen. Unter Annahme eines effizienten Kapitalmarktes müßte sich der Aktienkurs relativ schnell um den Übernahmekurs einpendeln. So beträgt nach einer Studie von *Franks/Harris* in Großbritannien die durchschnittliche Prämie bei Aufkäufen für den Zeitraum 1955 bis 1985 bei 1814 untersuchten Akquisitionen ca. 30 %.[26] *Jensen/Ruback*[27] kommen in einer Meta-Analyse zahlreicher US-amerikanischer Studien zu abnormalen Renditen von 30 % für sog. tender offers und 20 % für mergers.[28]

2.1.2.2. Ursachen von Wertlücken

Die Entstehung von Wertlücken kann auf vier wesentliche Faktoren zurückgeführt werden:[29]

1)   Die empirisch festgestellten **Wertlücken sind nicht real**, sondern auf Überoptimismus der Käufer oder Dritter (z.B. Finanzanalysten) zurückzuführen (2.1.2.2.1).

2)   Die Wertlücken sind auf **suboptimale Entscheidungen des Managements** der akquirierten Unternehmen zurückzuführen (2.1.2.2.2.).

3)   Dem (Kapital)-Markt stehen nur **unzulängliche Informationen** zur Bewertung der Unternehmen zur Verfügung (2.1.2.2.3.).

4)   Die zur Verfügung stehenden Informationen werden **ineffizient verarbeitet** (2.1.2.2.4.).

Die nachfolgende Abbildung stellt die vier wesentlichen Ursachen von Wertlücken graphisch dar.

---

[25] Vgl. Fruhan, W.E. (1988), S. 64.

[26] Vgl. Franks, J.R./Harris, R.S. (1989), S. 232ff..

[27] Vgl. Jensen, M.C./Ruback, R.S. (1983), S. 7ff..

[28] Während tender offers direkt an die Aktionäre des Zielunternehmens erfolgen, werden mergers mit dem Management des Akquisitionskandidaten vereinbart und die Hauptversammlung anschließend zum Zustimmung gebeten. Vgl. Jensen, M.C./Ruback, R.S. (1983), S. 6f..

[29] In Anlehnung an Young, D./Sutcliffe, B. (1989), S. 20 und Günther, T. (1994), S. 28f.. sowie ähnlich Hachmeister, D. (1995), S. 50ff., der jedoch die mögliche Ineffizienz des Kapitalmarktes vernachlässigt.

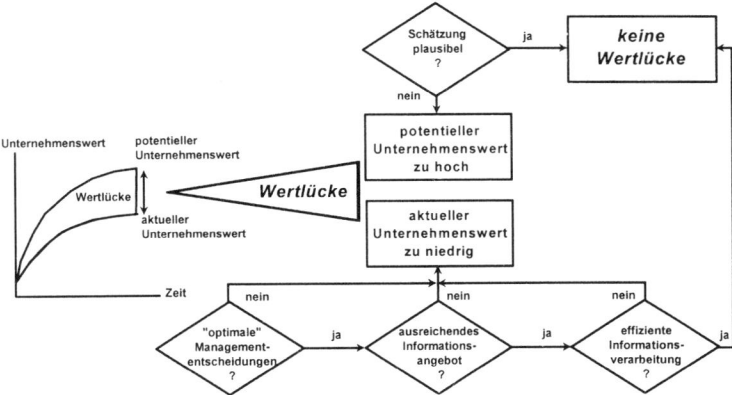

Abb. 2.5.: Ursachen von Wertlücken

Da Wertlücken als Differenz des potentiellen Unternehmenswertes und des aktuellen Unternehmenswertes definiert sind, stellt die erstgenannte Ursache die Höhe des **potentiellen Unternehmenswert** - als zu hoch - in Frage, während die drei nachfolgenden Ursachen die Validität des **aktuellen Marktwertes**, i.d.R. des Börsenkurses, anzweifeln. Folglich ist zu klären, ob sich geschätzte potentielle Unternehmenswerte auch realisieren lassen. Ist der potentielle Unternehmenswert betriebswirtschaftlich glaubhaft, so können Wertlücken auch durch i.S. des Unternehmenswertes suboptimale Entscheidungen des Managements verursacht werden. Kann vorausgesetzt werden, daß das Management weitgehend „optimal", d.h. i.S. einer Steigerung des Unternehmenswertes entscheidet, stellt sich die Frage, ob der Marktmechanismus dies bei der Preisbildung auch berücksichtigt. Stehen dem Markt zu wenig oder nicht die richtigen Informationen über die zukünftige Unternehmensentwicklung zur Verfügung, wird er das Unternehmen anders bewerten, als es seinem Potential entspricht. Ist auch diese Voraussetzung erfüllt, kann die Ursache auch in der fehlenden Markteffizienz gesehen werden. Nachfolgend werden die Ursachen von Wertlücken eingehend diskutiert.

2.1.2.2.1. Unrealistische potentielle Unternehmenswerte

Eine mögliche Erklärung für die Entstehung beträchtlicher Wertlücken, die in verschiedenen Studien bei erfolgreichen Übernahmen auf ca. 30 % des aktuellen Unternehmenswertes beziffert werden,[30] wäre in der Überschätzung potentieller Unternehmenswerte zu sehen. Eine Vielzahl empirischer Studien hat sich mit dem **Erfolg von Unternehmensakquisitionen** beschäftigt.[31] So stellte *Porter* fest, daß 53,4 % der Akquisitionsobjekte innerhalb von sieben Jahren wieder abgestoßen werden. Bei Akquisitionen, die in neuen Branchen ohne Bezug zum Stammgeschäft getätigt wurden, beträgt die Mißerfolgsrate sogar 61,5 %.[32] *Porter* mißt jedoch nicht, ob die Akquisitionen für die Mutter einen finanziellen Erfolg darstellen, sondern postuliert, daß "ein Unternehmen - abgesehen von einigen wenigen Sonderfällen - eine erfolgreiche Geschäftseinheit nicht verkaufen oder schließen wird."[33] *Coley/Reinton* stellten eben-

---

30   Vgl. z.B. die Ergebnisse von Franks, J.R./Harris, R.S. (1989), S. 232ff. und die Übersicht über verschiedene Studien bei Jensen, M.C./Ruback, R.S. (1983), S. 7ff..

31   Vgl. die Übersichten bei Möller, W.-P. (1983), S. 20ff.; Bamberger, B. (1993), S. 150ff. und Jung, H. (1993), S. 4ff. und S. 120ff..

32   Vgl. Porter, M.E. (1987), S. 43ff..

33   Porter, M.E. (1987), S. 47.

falls in ihrer Untersuchung von 250 US-Unternehmen aus der Fortune und von 150 britischen Unternehmen aus der Financial Times'500-Listefest, daß von 116 durchgeführten Akquisitionsprogrammen nur 23 % die Kapitalkosten verdienen konnten.[34]

Für den deutschen Sprachraum führte *Möller* eine Untersuchung von 100 Übernahmen aus den Jahren 1967 bis 1981 durch und stellte bei 73 auswertbaren Fällen fest, daß 35,6 % einen vollen Erfolg, 26,0 % einen Teilerfolg und 38,3 % einen Mißerfolg darstellten.[35] In einer aktuelleren Untersuchung konnte *Bühner* zeigen, daß der Kapitalmarkt i.d.R. negativ auf die Anzeige von Unternehmenszusammenschlüssen beim Bundeskartellamt reagiert und bei einer Analyse der Eigen- und Gesamtkapitalrentabilität nur 43 % der Unternehmen eine Verbesserung erzielen konnten. Die Studie von *Gerpott* auf Basis von 92 untersuchten Akquisitionen kommt ebenfalls zu dem Ergebnis, daß nur 52,2 % der Zielunternehmen ihr ordentliches Betriebsergebnis und nur 41,3 % ihren Umsatz im Vergleich zum Zeitpunkt drei Jahre vor der Akquisition verbessern konnten.[36] Auf der Basis von Managementbefragungen bezüglich des Erfolges von 397 Akquisitionsprojekten ergab die empirische Untersuchung von *Bamberger* eine (subjektive) Erfolgsquote von 63 %.[37]

Die empirische Analyse von Akquisitionsvorgängen macht zum einen beträchtliche Risiken und Mißerfolgsquoten bei Akquisitionen sichtbar und zeigt zum anderen, daß das Risiko mit zunehmender Entfernung vom Kerngeschäft ansteigt.[38] Zwei in der Kapitalmarkttheorie entwickelte Thesen bieten sich als mögliche Erklärungen für die beträchtlichen Mißerfolgsraten und damit auch für eine mögliche Überschätzung des potentiellen Unternehmenswertes an:

❑   die Hybris-These und

❑   die Free Cash Flow-These.

Die von *Richard Roll* geprägte **Hybris-These** (griech. zweifelhafter Übermut)[39] geht davon aus, daß das Management des akquirierenden Unternehmens den Wert des Akquisitionskandidaten systematisch überschätze, da es die zukünftige Entwicklung des Zielunternehmens zu optimistisch betrachte, Synergien aus der Integration in den Unternehmensverbund über- und die Probleme bei der Einbindung des gekauften Unternehmens unterbewerte.[40] Die Selbstüberschätzung des Managements führe zu überhöhten Angeboten und folglich zum langfristigen Scheitern der Akquisitionen.[41] Die Übernahmeangebote dürften bei streng effizienten Märkten - so die These - nicht über den Marktpreisen liegen, da bei Ankündigung bzw. Bekanntwerden der Übernahmeabsicht, die Wertsteigerung bereits in den Kursen enthalten sein müßte.[42] *Varaiay/Ferris* konnten in ihren empirischen Untersuchungen zeigen, daß die Selbstüberschätzung um so größer ist, je "begehrter" ein Akquisitionsobjekt ist und je größer

---

[34] Vgl. Coley,S.C./Reinton, S.E. (1988), S. 30ff..

[35] In der Studie von *Möller* wurde als voller Erfolg gewertet, wenn die vier Kritierien "volle Erreichung der Ziele der Akquisition", "konstante oder gestiegene Rentabilität"; "angemessene Verzinsung auf das investierte Kapital" und "keine Abschreibung auf Beteiligungsbuchwert" alle erreicht wurden. Ein Teilerfolg bzw. Mißerfolg ergab sich wenn ein oder zwei bzw. drei oder vier der Kriterien nicht erfüllt wurden. Vgl. Möller, W.-P. (1983), S. 58ff..

[36] Vgl. Gerpott, T.J. (1993), S. 399ff..

[37] Vgl. Bamberger, B. (1993), S. 178ff.

[38] Vgl. den Überblick über empirische Studien und die Analyse bei Jung, H. (1993), S. 106ff..

[39] Vgl. Roll, R. (1986), S. 197ff..

[40] Vgl. Ganz, M. (1991), S. 97.

[41] Vgl. Black, B.S. (1989), S. 597.

[42] Vgl. Roll, R. (1986), S. 200f..

die Unsicherheit bezüglich der zukünftigen Unternehmensentwicklung ist.[43] Empirische ka-pitalmarktorientierte Untersuchungen von *Roll* zeigen als Folge der Überschätzung des Un-ternehmenswertes situativ unterschiedliche Marktpreisreaktionen beim akquirierenden Un-ternehmen:[44]

1) Marktpreisrückgang nach dem Bekanntwerden bzw. nach der Ankündigung eines Über-nahmeangebotes.

2) Marktpreisanstieg beim Scheitern der Verhandlungen.

3) Marktpreisrückgang beim Abschluß der Transaktion.

Die Hybris-These postuliert eine negative Wertentwicklung für das "kombinierte" Unterneh-men. Stärkeren Kursrückgängen des akquirierenden Unternehmens stehen nur leichte Wert-steigerungen des akquirierten Unternehmens gegenüber.[45] Die durch das Übernahmeangebot entstandenen Wertlücken wären demnach kurzfristige Erscheinungen und nicht durch reale Wertsteigerungen abgesichert. Akquisitionen würden folglich zur Wertvernichtung beitragen.

In Ergänzung zur Hybris-These stellt *Jensen* die These auf, daß Unternehmen mit Cash Flows, die den internen Bedarf an finanziellen Mitteln übersteigen (positiver Free Cash Flow) geneigt sind, diese Free Cash Flows nicht an die Anteilseigner zurückzuzahlen, sondern zur Erhaltung und Steigerung ihres Machteinflusses in den Kauf anderer Unternehmen zu investieren **(Free Cash Flow-These)**. Nach seiner These tätigen die Manager derartiger Unternehmen weniger erfolgreiche und u.U. sogar wertzerstörenden Akquisitionen.[46] *Bruner* ergänzt die Free Cash Flow-These, indem er nicht nur Freie Cash Flows, sondern auch ungenutzte Verschuldungska-pazitäten einbezieht.[47] *Bruner* sieht jedoch im Gegensatz zu *Jensen*, der keinen Beitrag zur Steigerung des Unternehmenswertes postuliert,[48] Möglichkeiten zur Unternehmenswertschaf-fung, wenn der ungenutzte "financial slack" der kombinierten Unternehmen genutzt wird.[49]

Zur Überprüfung der beiden Thesen wurden eine Reihe empirischer Untersuchungen durchge-führt. Kapitalmarktorientierte Untersuchungen in den USA und in Großbritannien zeigen, daß der Aktienmarkt i.d.R. positiv auf Akquisitionen von Unternehmen reagiert. *Franks/Harris* zeigen in ihrer **britischen Langzeitstudie** zu den Kapitalmarktwirkungen von Unternehmens-übernahmen der Jahre 1955 bis 1985 anhand von 1814 durchgeführten Akquisitionen, daß die Aktionäre des akquirierten Unternehmens eine abnormale Rendite von +23,3 % im Monat des Übernahmeangebotes gewinnen. Die Aktionäre des erwerbenden Unternehmens erzielen im gleichen Zeitraum eine durchschnittliche abnormale Rendite von +1,0 %. Für das "Fenster", das sich vier Monate vor dem Übernahmeangebot bis einen Monat danach erstreckt, ermitteln sie eine abnormale Rendite von +29,7 % für das Zielunternehmen und +7,9 % für den Erwer-ber.[50] Die prozentual kleineren abnormalen Renditen für den Erwerber können auf die relati-ven Größenverhältnisse von Erwerber und Zielunternehmen von im Durchschnitt 7,7 : 1 zu-rückgeführt werden.[51] Für einen Zeitraum bis zwei Jahre nach der Akquisition erzielt der

---

43 Vgl. Varaiya, N.P./Ferris, K.R. (1987), S. 66f..
44 Vgl. Roll, R. (1986), S. 201ff..
45 Vgl. Roll, R. (1986), S. 213.
46 Vgl. Jensen, M.C. (1986), S. 323ff. und Jensen, M.C. (1988), S. 28f.
47 Vgl. Bruner, R.F. (1988), S. 199ff..
48 Vgl. Jensen, M.C. (1986), S. 323ff. und Jensen, M.C. (1988), S. 28f.
49 Vgl. Bruner, R.F. (1988), S. 199.
50 Vgl. Franks, J.R./Harris, R.S. (1989), S. 232f..
51 Vgl. Young, D./Sutcliffe, B. (1989), S. 22.

Akquisiteur im Durchschnitt weitere ca. +5 % abnormale Rendite, wenn als Vergleichsmaßstab das CAPM-Modell oder die Marktrendite gewählt wird. Wird jedoch das Marktmodell gewählt, ergibt sich eine abnormale Rendite von -12,6 %.[52] Die Ergebnisse bestätigen Untersuchungen von *Franks/Broyles/Hecht*, die allerdings für eine wesentlich kleinere Stichprobe von 70 Akquisitionen in der Brau- und Spirituosenindustrie zu ähnlichen Ergebnissen kommen.[53] In der Studie von *Firth*, die jedoch nur den Zeitraum 1969 bis 1975 abdeckt, stehen positiven, abnormalen Renditen des Zielunternehmens weitaus größere negative Renditen des Erwerbers gegenüber.[54] Darüber hinaus existieren noch weitere britische Studien,[55] die allerdings über einen kleinen Stichprobenumfang bzw. über einen kurzen Betrachtungshorizont verfügen.[56]

Eine Analyse von empirischen Untersuchungen für den **US-Kapitalmarkt** durch *Jensen/ Ruback* bestätigt die Ergebnisse von *Franks/Harris*. Die Autoren aggregieren in einer Meta-Untersuchung bereits vorliegende Studien und kommen für die Phase von der Ankündigung der Übernahme bis zum erfolgreichen Abschluß bzw. Scheitern zu folgenden Ergebnissen bezüglich der erzielten abnormalen Renditen:[57]

Art des Angebotes	Erfolgreiche Übernahme		Scheitern der Übernahme	
	Zielunternehmen	Akquisiteur	Zielunternehmen	Akquisiteur
öffentliches Angebot an Aktionäre	+ 30 %	+ 4 %	- 3 %	- 1 %
Übernahmeangebot an Management	+ 20 %	± 0 %	- 3 %	- 5 %

Abb. 2.6.: Reaktionen des US-Aktienmarktes auf Übernahmeangebote

Für den **deutschen Sprachraum** liegt eine umfangreiche Untersuchung von *Bühner* vor. Er analysierte für den Zeitraum 1973 bis 1985 alle nach § 23 GWB angezeigten Unternehmenszusammenschlüsse von deutschen Unternehmen. Der Autor analysiert sowohl die Auswirkungen auf den Jahresabschluß (für n = 110 Zusammenschlüsse) als auch auf den Kapitalmarkt nach dem amerikanischen Vorbild der "event study" (für n = 90 Zusammenschlüsse).[58].

Bühner kommt zu dem Ergebnis, daß die übernehmenden Unternehmen bereits 24 Monate vor Bekanntgabe des Zusammenschlusses durch das Kartellamt negative abnormale Renditen auf dem Kapitalmarkt erzielen. Für den Zeitraum von 24 Monaten vor bis 24 Monaten nach der Anzeige des Zusammenschlusses ergibt sich ein kumulierter abnormaler Verlust von − 9,38 %, der in einen Verlust von − 3,27 % für das Fenster 24 Monate bis einen Monat vor Anzeige, − 0,12 % im Monat der Anzeige und − 5,98 % für das Fenster einen Monat bis 24

---

[52] Die Vergleichsmaßstäbe wurde definiert als $r_{f,t} + \beta_i \bullet (r_{m,t} - r_{f,t})$ für das CAPM-Modell, als $r_{m,t}$ für die Marktrendite und als $\alpha_i + \beta_i \bullet r_{m,t}$ für das Marktmodell. Vgl. Franks, J.R./Harris, R.S. (1989), S. 244ff..

[53] Vgl. Franks, J.R./Broyles, J.E./Hecht, M.J. (1977), S. 1513ff..

[54] Vgl. Firth, M. (1979), S. 316ff. und Firth, M. (1980), S. 235ff..

[55] Vgl. die Übersicht für Großbritanien bei Cooke, T.E. (1986), S. 43ff..

[56] Vgl. z.B. in chronologischer Reihenfolge die Studien von Newbould, G.D. (1970), Dale, P.M. (1973), S. 305ff. und Barnes, P. (1978), S. 162ff..

[57] Vgl. Jensen, M.C./Ruback, R.S. (1983), S. 7f..

[58] Vgl. Bühner, R. (1990a), S. 295ff. und Bühner, R. (1990b), S. 1275ff..

Monate nach der Anzeige beim Bundeskartellamt zerlegt werden kann. Die abnormalen Renditen sind um so schlechter,[59]

❑   je weiter die Akquisition vom Kerngeschäft entfernt liegt,[60]

❑   je unerfahrener die Erwerber im M&A-Bereich sind,

❑   je größer das Akquisitionsvolumen ist,

❑   je besser die Unternehmen mit "Freien Cash Flows"[61] ausgestattet sind und

❑   je mehr die Erwerber durch Manager anstatt durch die Eigentümer kontrolliert werden.

Da sich bei *Bühner* im Gegensatz zu einigen amerikanischen Studien negative kumulierte abnormale Renditen für den Erwerber im **Zeitraum vor der Anzeige** des Zusammenschlusses ergeben, postuliert *Bühner*, daß deutsche Unternehmen dann diversifizieren, wenn die Renditen bereits eine negative Tendenz zeigen, während amerikanische Unternehmen aus einer überdurchschnittlichen Unternehmensentwicklung heraus kaufen.[62]

Für den **Zeitraum nach Abschluß der Akquisition** kommen auch einige kapitalmarktbezogene US-Studien zu negativen abnormalen Renditen für den Erwerber.[63] *Jensen/Ruback* weisen jedoch auf methodische Probleme durch die Nichtberücksichtigung nicht-stationärer Einflußfaktoren und Verzerrungen bei der Auswahl der untersuchten Unternehmen hin.[64] Durch die Vielzahl der Größen, die den Erfolg und die Aktienkursentwicklung beeinflussen, wird es um so schwieriger, den Einfluß eines einzelnen Unternehmenserwerbes zu isolieren, je länger der Analysezeitraum nach dem erfolgten Erwerb ist. Dies gilt sowohl für kapitalmarkt- als auch für jahresabschlußorientierte Untersuchungen.

Bei neun der 90 Zusammenschlüsse konnte *Bühner* auch die **Kapitalmarktwirkung auf die erworbenen Unternehmen** untersuchen. Hier zeigte sich, daß die übernommenen Unternehmen im Zeitraum 24 Monate vor bis 24 Monate nach Anzeige der Fusion eine kumulierte abnormale Rendite von +27,1 % erwirtschafteten. Aber auch die in der kleineren Stichprobe enthaltenen übernehmenden Unternehmen konnten eine positive Rendite von + 19,7 % erzielen.[65] *Gerke/Garz/Oerke* können ebenfalls signifikant positive abnormale Renditen von bis zu + 8,78 % für die Zielunternehmen feststellen.[66]

Die **jahresabschlußbezogene Analyse** von *Bühner* kommt zum Ergebnis, daß die Eigenkapitalrendite bzw. Gesamtkapitalrendite von durchschnittlich 16,35 % bzw. 7,54 % drei Jahre vor

---

[59] Vgl. Bühner, R. (1990), S. 75ff. und Bühner, R. (1990a), S. 304ff..

[60] Z.B. erzielen konglomerate Akquisitionen eine abnormale Rendite von -37,3 %, während horizontale Akquisitionen mit Produktausweitung nur -1,97 % Renditeverlust beim Erwerber auslösen. Vgl. Bühner, R. (1990), S. 75ff. und Bühner, R. (1990a), S. 304ff. und ähnliche Ergebnisse bei Gerke, W./Garz, H./Oerke, M. (1995), S. 812ff..

[61] *Jensen* geht davon aus, das management-kontrollierte Unternehmen dazu neigen, nicht für Investitionen benötigte Cash Flows, die sog. Freien Cash Flows, in andere Projekte zu investieren, statt diese Mittel an die Aktionäre auszuschütten und daher Unternehmen mit hohen "Free Cash Flows" mehr erfolglose Akquisitionen tätigen. Vgl. Jensen, M.C. (1986), S. 323ff.; Jensen, M.C. (1988), S. 21ff. und Jensen, M.C. (1988a), S. 314ff..

[62] Vgl. Bühner, R. (1990), S. 43f. sowie ähnlich Gerke, W./Garz, H./Oerke, M. (1995), S. 811ff.. Ebenso Weston, J.F./Mansinghka, S.K. (1971), S. 928ff..

[63] Vgl. z.B. die Studien von Langetieg, T. (1978), S. 365ff.; Asquith, P. (1983), S. 51ff. und Malatesta, P.H. (1983), S. 155ff..

[64] Vgl. Jensen, M.C./Ruback, R.S. (1983), S. 20ff..

[65] Vgl. Bühner, R. (1990), S. 63ff..

[66] Vgl. Gerke, W./Garz, H./Oerke, M. (1995), S. 818f..

der Übernahme auf einen Durchschnitt von 15,03 % bzw. 6,86 % für die sechs Jahre nach der Übernahme zurückfällt. Die Unterschiede sind nur für die Gesamtkapitalrendite signifikant für ein α von 5 %.[67] Auch hier zeigt sich, daß konglomerate Zusammenschlüsse erfolgloser als horizontale und vertikale Akquisitionen sind und Unternehmen mit M&A-Erfahrung praktisch keine Rentabilitätseinbrüche erleiden. Im Gegensatz zu den Kapitalmarktuntersuchungen sind jedoch Großakquisitionen erfolgreicher als kleinere Unternehmenskäufe. Ältere anglo-amerikanische und deutsche Studien führen sowohl zu positiven als auch zu negativen Wirkungen von Akquisitionen auf buchhalterische Rentabilitäten.[68] Die Studie von *Albrecht* zu Zusammenschlußstrategien von 55 deutschen Unternehmen und 754 Zusammenschlüssen kann auf der Basis von Jahresabschlüssen keinen Zusammenhang zwischen der Cash Flow-Ausstattung des Käufers und dem Akquisitionserfolg feststellen; die Free Cash Flow-These kann daher nicht bestätigt werden.[69]

Wird zunächst eine zumindest mittelstrenge Effizienz des Kapitalmarktes unterstellt,[70] so zeigen die kapitalmarktorientierten Untersuchungen, die sowohl die Käufer- als auch die Verkäuferseite untersuchen, daß Aktionäre der Zielunternehmen in einer Vielzahl von Studien erhebliche Wertgewinne zu verzeichnen haben und Aktionäre des akquirierenden Unternehmens zumindest keine Wertverluste hinnehmen müssen.[71] Da die Wertsteigerungen der Zielunternehmen annähernd mit durchschnittlichen Preisprämien bei Akquisitionen übereinstimmen und akquirierende Unternehmen nicht signifikant an Wert verlieren, kann daraus geschlossen werden, daß Akquisitionen kein Nullsummenspiel darstellen, sondern daß ihnen ein positiver Kapitalwert zugeordnet wird.[72] Die durch die Übernahmeangebote aufgedeckten Wertlücken können folglich als durchaus real erachtet werden.[73]

2.1.2.2.2. Suboptimale Entscheidungen des Managements

Wendet man sich nun dem aktuellen Wert des Unternehmens als Determinante der Wertlücke zu, so kann die Wertlücke auch auf suboptimale Entscheidungen des Managements zurückgeführt werden.[74] Empirische Untersuchungen, die die Wertsteigerung bei Aktiengesellschaften zum Gegenstand haben, deuten auf ernüchternde Ergebnisse bzgl. der Zielsetzung Unternehmenswertsteigerung hin. Die Untersuchungen sollen nachfolgend vorgestellt und mögliche Ursachen für suboptimales Verhalten bzgl. Unternehmenswertsteigerung untersucht werden.

2.1.2.2.2.1. Empirische Untersuchungen zur "Suboptimalität" von Management-Entscheidungen

Im anglo-amerikanischen Raum ist es sehr verbreitet, den Erfolg des Unternehmens und damit seines Managements an der Entwicklung des Aktienkurses zu messen, da dort die Rechtsform der Aktiengesellschaft weitaus häufiger als in Deutschland anzutreffen ist. So wird z.B. die

---

[67] Vgl. Bühner, R. (1990), S. 51ff. und Bühner, R. (1990b), S. 1275ff..
[68] Vgl. die postiven Wirkungen in den Studien von Lev, B./Mandelker, G. (1972), S. 85ff.; Kurandt, D. (1972), Gimple-Iske, E. (1973) und Kumps, A.-M. (1975), S. 12ff. und negativen Wirkungen bei Stich, R.S. (1974), S. 33ff.; Meeks, G. (1977) und Ravenscraft, D.J./Scherer, F.M. (1987) sowie indifferente Wirkungen bei Cable, J./Palfrey, J./Runge, J. (1980), S. 226ff..
[69] Vgl. Albrecht, S. (1994), S. 181ff..
[70] Vgl. hierzu die Ausführungen in Kapitel 2.1.2.2.4. Mangelnde Informationsverarbeitung am Markt.
[71] Auch *Bühner* kommt für die neun Akquisitionen, die sowohl auf Käufer- als auch auf Verkäuferseite börsennotierte Unternehmen betreffen, zu demselben Ergebnis. Vgl. Bühner, R. (1990), S. 63ff..
[72] Vgl. Jensen, M.C./Ruback, R.S. (1983), S. 22.
[73] Vgl. Young, D./Sutcliffe, B. (1989), S. 22.
[74] Vgl. Gaitanides, M./Raster, M. (1995), S. 261.

Wertsteigerung regelmäßig als Erfolgsindikator in der Fortune'500-Liste verwandt. *Bühner* hat für die Bundesrepublik bereits 1991 untersucht,[75] ob deutsche Aktiengesellschaften Unternehmenswerte schaffen. Er geht dabei nicht direkt vom Kapitalmarkt, sondern von veröffentlichten Jahresabschlüssen aus. Als Beurteilungskriterium dient der Cash Flow Return on Investment (CFROI), d.h. die auf der Basis von Cash Flows errechnete interne Verzinsung des investierten Kapitals.[76] Der CFROI wird mit den gewichteten Kosten des Gesamtkapitals verglichen, wobei die Eigenkapitalkosten auf Basis des Capital Asset Pricing Model (CAPM) berechnet sind. *Bühner* verwendet zur Berechnung des CFROI das von *Rappaport* vorgestellte Wertgeneratoren-Modell.[77] Nachfolgend sind die Ergebnisse für die Unternehmen der Studie von 1991 dargestellt. Ihr liegen die Jahresabschlüsse der Jahre 1987 bis 1989 zugrunde.

Unternehmen	Verzinsungs-spanne (in %)	CFROI (in %)	Gesamtka-pitalkosten (%)	Eigenka-pitalkosten (%)	
Schering	+ 10,4	17,5	7,1	10,9	
Hoechst	+ 6,6	13,7	6,1	9,7	
Klöckner Werke	+ 6,5	12,0	5,5	14,9	
BASF	+ 5,1	10,7	5,6	9,9	
MAN	+ 4,7	9,0	4,3	11,3	
Hoesch	+ 2,5	7,3	4,8	10,4	"Wertschaffende" Unternehmen
Asko	+ 2,0	8,5	6,5	9,7	
Metallgesellschaft	+ 1,5	6,3	4,8	12,5	
Linde	+ 0,9	8,4	7,5	10,1	
Bayer	+ 0,6	6,8	6,2	9,8	
Volkswagen	+ 0,3	5,1	4,8	12,1	
Mannesmann	+ 0,1	6,2	6,1	11,4	
Veba	- 1,4	3,5	4,9	10,0	
Siemens	- 1,4	3,4	4,8	11,4	
Thyssen	-3,6	0,7	4,4	9,9	"Wertvernichtende" Unternehmen
Daimler-Benz	-4,0	1,8	5,8	11,3	
Continental	-4,4	1,9	6,3	10,9	
Hochtief	-6,4	0,4	6,8	10,1	

Abb. 2.7.: CFROI und Kapitalkosten für ausgewählte deutsche Blue Chips im Zeitraum 1987 bis 1989[78]

Ende 1993 veröffentlichte *Bühner* eine weitere umfassendere Studie, bei der eine kumulierte interne Verzinsung den Gesamtkapitalkosten gegenübergestellt wird. Die sich ergebende Größe nennt der Verfasser "kumulierter Spread".[79] Die kumulierten Größen sind jedoch nicht als Addition über den vierjährigen Betrachtungszeitraum zu verstehen, sondern besagen nur, daß die interne Verzinsung und damit der Spread nicht jährlich, sondern unter Einbezug der vier Jahresgrößen im Zähler wie auch im Nenner ermittelt wurden.[80] Die interne Verzinsung, die ebenfalls wieder auf Basis des Wertgeneratorenmodells von *Rappaport* ermittelt wird,

---

[75] Vgl. die veröffentlichten Ergebnisse bei Hillebrand, W. (1991), S. 133.
[76] Vgl. zur Definition Lewis, T.G./Lehmann, S. (1992), S. 1ff..
[77] Vgl. der Hinweis bei Hillebrand, W. (1991), S. 133 auf Rappaport, A. (1986), S. 72f..
[78] Vgl. Hillebrand, W. (1991), S. 133.
[79] Vgl. Bühner, R. (1993), S. 756f..

[80] Z.B. *Kumulierte interne Verzinsung* = $\dfrac{\sum\limits_{t=1}^{4} Umsatzüberschußrate_t * \Delta Umsatz_t}{\sum\limits_{t=1}^{4} (\Delta Working\ Capital_t + \Delta Anlagevermögen_t)}$

stellt im Ansatz von *Bühner* die Cash Flow-bezogene Grenzrendite auf das zusätzliche Investment der Unternehmen in das Anlagevermögen und in das Working Capital dar. Die Studie untersucht daher, ob Unternehmen mit ihren zusätzlichen Investitionen in den betrachteten Jahren 1987 bis 1990 Unternehmenswert schaffen konnten, nicht jedoch, ob die Unternehmen mit ihrem gesamten investierten Kapital Wertsteigerungen erzielen konnten. Die Grenzrendite auf zusätzliche Investitionen ist nur bei Annahme einer linearen Beziehung zwischen Cash Flow und investiertem Kapital mit der durchschnittlichen Rendite identisch.[81] Die nachfolgenden Ergebnisse für die 50 umsatzstärksten Aktiengesellschaften sind insofern nur bezüglich dieser Grenzbetrachtung interpretierbar:[82]

Unternehmen	Rang nach Umsatz	Kumulierte. interne Verzinsung (Durchschnitt p.a. in %)	Gesamt-kapitalkosten (Durchschnitt p.a. in %)	„Kumulierter Spread" (Durchschnitt p.a.) in %	Rang	Kumulierte abnormale Rendite in %	Rang
RWE	9	39,32	4,09	35,23	1	70,46	14
VIAG	26	29,83	5,00	24,83	2	99,62	5
Massa	40	22,13	6,94	15,19	3	5,75	34
Bayer	7	20,19	5,71	14,48	4	-23,02	45
Preussag	15	17,48	5,48	12,00	5	92,58	6
Krupp Stahl	28	17,24	5,33	11,91	6	55,99	17
Schering	34	16,53	6,51	10,02	7	22,54	27
Klöckner Werke	32	13,48	5,41	8,07	8	-42,16	49
Linde	36	15,07	7,39	7,68	9	27,40	25
VEW	37	12,14	5,18	6,96	10	35,28	22
Continental	29	10,60	5,39	5,21	11	-24,29	46
Dt. Babcock	38	8,82	4,09	4,73	12	-6,82	38
Kaufhof	23	11,01	6,71	4,30	13	8,05	33
VEBA	4	8,94	4,69	4,25	14	23,01	26
Hoechst	6	9,32	5,36	3,96	15	-6,11	37
Hoesch	24	8,55	4,81	3,74	16	75,56	12
BMW	10	8,93	5,30	3,63	17	-18,81	44
Henkel	22	9,76	6,18	3,58	18	8,20	32
Spar	31	8,55	5,42	3,13	19	68,47	15
Asko	25	8,48	5,88	2,60	20	10,41	30
PWA	46	8,41	5,82	2,59	21	12,52	29
Beiersdorf	45	9,69	7,11	2,58	22	32,05	24
Karstadt	18	8,91	6,61	2,30	23	35,62	20
BASF	5	6,82	4,95	1,87	24	-14,29	40
Thyssen	8	6,06	4,41	1,65	25	49,89	19
Audi	20	6,84	5,19	1,65	26	-10,65	39
Stinnes	16	5,37	4,31	1,06	27	51,72	18
Metallgesellschaft	12	6,39	5,67	0,72	28	90,74	7
MAN	14	4,68	4,41	0,27	29	89,44	9
Ford-Werke	13	5,50	5,37	0,13	30	21,55	28
AVA	50	6,99	6,95	0,04	31	0,95	35
Volkswagen	2	4,63	5,01	-0,38	32	8,78	31
KHD	42	5,52	5,96	-0,44	33	35,61	21
Siemens	3	1,84	2,37	-0,53	34	-4,99	36
ABB	33	3,12	3,88	-0,76	35	118,46	4
Mannesmann	11	3,54	5,45	-1,91	36	72,39	13

---

[81] *Bühner* nimmt an, daß bei den Erweiterungsinvestitionen kein abnehmender Grenzertrag vorliegt. Vgl. Bühner, R. (1993), S. 753.
[82] Vgl. Bühner, R. (1993), S. 749ff..

Hapag Lloyd	47	3,82	6,08	-2,26	37	134,84	2
Feldmühle Nobel	27	2,90	5,35	-2,45	38	59,05	16
BayWa	39	2,87	5,33	-2,46	39	77,34	11
Dt. Lufthansa	21	2,56	5,11	-2,55	40	-16,82	42
Stahlwerke Peine	48	2,44	5,01	-2,57	41	89,50	8
Daimler	1	3,21	5,93	-2,72	42	-51,49	50
Degussa	17	2,07	5,26	-3,19	43	-15,80	41
Rütgerswerke	41	2,21	5,80	-3,59	44	35,06	23
FAG Kugelfischer	44	1,96	6,22	-4,26	45	-40,53	48
SEL	43	1,68	7,29	-5,61	46	-17,44	43
AEG	19	-0,31	5,60	-5,91	47	-34,91	47
Ph. Holzmann	30	-3,18	5,18	-8,36	48	130,03	3
Hochtief	35	-5,24	7,29	-12,53	49	81,51	10
Bilfinger&Berger	49	-9,84	5,49	-15,33	50	139,16	1

31 von 50 Unternehmen verfügen über einen positiven Spread
⇨ **Anteil der wertschaffenden Unternehmen 62 %**

Abb. 2.8.: Ergebnisse der Studie von Bühner aus dem Jahre 1993[83]

Wird von der Eignung der gewählten Methodik[84] abgesehen, deuten beide Studien daraufhin, daß ein Teil der renommierten deutschen Unternehmen nicht in der Lage war, im Betrachtungszeitraum den Unternehmenswert zu steigern, d.h. eine positive Verzinsungsspanne auf das zusätzlich investierte Kapital zu erwirtschaften. Ein Vergleich der Grenz-Wertsteigerung mit der kumulierten abnormalen Rendite am Kapitalmarkt ergab keinen statistisch signifikanten Zusammenhang ($\alpha > 5$ %).[85] Eine breiter angelegte Analyse der 180 umsatzstärksten deutschen Aktiengesellschaften der Boston Consulting Group (BCG) führt zu vergleichbaren Ergebnissen. Danach liegt bei 60 % der untersuchten Unternehmen der CFROI unter den Kapitalkosten.[86] Im Vergleich mit US-amerikanischen Aktiengesellschaften zeigt die BCG-Analyse zudem, daß deutsche Unternehmen im Zeitraum 1982 bis 1989 i.d.R. einen um 2-3 % niedrigeren CFROI aufwiesen.[87]

2.1.2.2.2.2. Mögliche Ursachen der "Performance"-Schwäche

Ob Entscheidungen tatsächlich als suboptimal zu werten sind, hängt nicht zuletzt vom Umfeld ab, in dem sie getroffen werden. Die klassische **Entscheidungstheorie** zerlegt das sog. Entscheidungsfeld in drei Komponenten:[88]

1) **Ergebnisfunktion:**

   Welche Konsequenzen zieht eine gewählte Handlungsmöglichkeit bei einem vorliegendem Zustand des Unternehmensumfeldes nach sich ?

---

83 Vgl. Bühner, R. (1993), S. 756f. sowie eigene Berechnungen.

84 Vgl. zur Kritik Gaitanides, M./Raster, M. (1995), S. 261ff. und die Erwiderung von Bühner, R. (1995), S. 265ff. sowie ebenso kritisch Ballwieser, W. (1994), S. 1401f..

85 Vgl. Bühner, R. (1993), S. 762.

86 Vgl. Hillebrand, W. (1991), S. 131, allerdings ohne nähere Angaben zum Design der Studie.

87 Vgl. Hillebrand, W. (1991), S. 132ff..

88 Vgl. Bamberg, G./Coenenberg, A.G. (1994), S. 14ff..

2) **Zustandsraum:**

Welche alternativen Situationen im Umfeld des Unternehmens können eintreten und beeinflussen das Ergebnis ?

3) **Aktionenraum:**

Welche Handlungsmöglichkeiten stehen dem Management zur Verfügung ?

Eine Entscheidung kann daher ex post aus drei Gründen suboptimal werden:

1)   Die Entscheidungen des Managements optimieren **Zielsetzungen**, die von Dritten als
      ungeeignet betrachtet werden (z.B. Wachstum des Unternehmens anstatt Maximierung
      des Eigentümerwertes für die Anteilseigner).

2)   Das **Unternehmensumfeld,** der Zustandsraum, ändert sich und erfordert bei gegebener
      Zielfunktion eine andere, zuvor nicht-optimale Handlungsalternative (z.B. eine Verän-
      derung der Wettbewerbssituation bedingt, daß eine ex ante rentable Investition ex post
      unrentabel wird).

3)   Das Management wählt bei gegebenem (Umfeld-)Zustand und gegebener Zielfunktion
      eine **nicht-optimale Aktion** (z.B. Investition in absehbar unrentable Projekte).

Die Ergebnisse obiger empirischer Studien zur Wertschaffung deutscher Aktiengesellschaften
lassen den Schluß zu, daß insbesondere in Deutschland die Sichtweise des Managements und
des Eigentümers gerade in managementgeführten Publikumsgesellschaften auseinanderfallen.
Die Ursache für die unbefriedigende Performance der Unternehmen wird in einem Konflikt
der verfolgten Unternehmensziele, d.h. im Sinne der Entscheidungstheorie in der **zugrunde
gelegten Zielfunktion,** gesehen. Verfechter des Shareholder Value-Ansatzes führen an, daß
das geschäftsführende Management andere Zielsetzungen wie z.B. "Größe, Einfluß, Macht
oder Ansehen"[89] verfolgen kann. Insbesondere wird kritisiert, das Management sei gewohnt,
in Gewinn-Größen zu denken, während der Eigentümer primär an der Wertsteigerung seines
(Aktien-) Vermögens interessiert ist.[90] *Bühner/Weinberger* gehen überspitzt sogar davon aus,
daß "... zwischen den im Rechnungswesen ermittelten Gewinnen und dem Vermögen der Eigentümer kaum ein Zusammenhang besteht"[91].

Der Interessenkonflikt zwischen Management und Eigentümern spiegelt sich auch in der **empirischen Zielforschung** wieder. In neun untersuchten Studien,[92] die den Zeitraum 1958 bis
1989 abdecken, fand sich nur in der fast 30 Jahre alten Studie von *Raia* mit dem Ziel
"Angemessene Dividende" ein Hinweis auf eine aktionärsbezogene Zielsetzung.[93] Unternehmensziele wie die Steigerung des Unternehmenswerts oder die Realisierung von Kurssteigerungen werden nicht genannt. In allen Untersuchungen stehen entweder der Gewinn oder die

---

[89]   Bühner, R. (1990), S. 5. Ebenso auch Rappaport, A. (1986), S. 6 und Reimann, B.C. (1987), S. 2.
[90]   Vgl. Rappaport, A. (1986), S. 1f. und S. 19; Bühner, R. (1990), S. 13 und Bühner, R./Weinberger, H.-J.
       (1991), S. 187f..
[91]   Bühner, R./Weinberger, H.-J. (1991), S. 187.
[92]   Vgl. in chronologischer Reihenfolge Kaplan, A.D.H./Dirlam, J.B./Lanzilotti, R.F. (1958); Raia, A.P. (1965),
       S. 34ff.; Czeranowsky, G./Strutz, H. (1970), S. 121ff.; Heinen, E. (1971), S. 37ff.; Fritz, W. u.a. (1985), S.
       375ff; Kirsch, W. u.a. (1985), S. 1ff.; Töpfer, A. (1985), S. 241ff.; Raffée, H./Förster, F./Krupp, W. (1988)
       und Meffert, H./Kirchgeorg, M. (1989), S. 179ff..
[93]   Vgl. die Übersichten bei Günther, T. (1991), S. 14ff. und Günther, E. (1994), S. 72ff..

nachhaltige Existenzsicherung des Unternehmens an oberster Stelle, die neben der Liquidität als oberste Unternehmensziele des unternehmerischen Zielsystems zu betrachten sind.[94]

Die Zielsetzung der Shareholder Value-Maximierung kann dem Ziel der **nachhaltigen Existenzsicherung** zugeordnet werden.[95] Wie jedoch auch einige Übernahmen in den USA zeigen, kann es im Sinne einer Maximierung des Shareholder Value unter Umständen besser sein, das Unternehmen in Teileinheiten zu zerlegen (Break-up), indem z.B. Tochtergesellschaften verkauft oder Unternehmensteile bis hin zum gesamten Unternehmen liquidiert werden, falls die vorhandenen Ressourcen vom Management nicht effizient genutzt werden. In diesem Falle würden die beiden Zielsetzungen auseinanderlaufen. Dennoch werden beide Zielsetzungen i.d.R. synchron verlaufen, da die antizipative Maximierung des Shareholder Value den besten Schutz gegen Unternehmensübernahmen bzw. die Zerschlagung des Unternehmens bietet und folglich den "going concern" ermöglicht.

Das durch die kapitalistische Wirtschaftsordnung bedingte Auseinanderfallen von Eigentümer und Management[96] führt gerade bei managementgeführten Unternehmen zu einem Auseinanderfallen der Interessen der beiden Gruppen. Bei vom Eigentümer geführten Unternehmen tritt dieser **Interessenkonflikt** zwangsläufig nicht auf. Dies muß jedoch nicht heißen, daß der Eigentümer optimale Entscheidungen im Sinne des Shareholder Value trifft. So wird gerade auch für diese Gruppe eine starke Orientierung am Unternehmenswert gefordert, um auch als Eigentümer nicht anfällig gegen Übernahmeofferten zu werden bzw. das i.d.R. im Vergleich zu Publikumsgesellschaften knappere Kapital effizient zu verwenden.[97]

Nachfolgend soll untersucht werden, wie sich die beiden wesentlichen Zielsetzungen, die gewinnorientierte Sicht (des Managements) und die unternehmenswertorientierte Sicht (der Eigentümer) unterscheiden. Die **gewinnorientierte Sicht** stützt sich auf den Gewinn und alle hieraus abgeleiteten Entscheidungsgrößen (z.B. Deckungsbeitrag, Rentabilitäten, Gewinn je Aktie etc.) als Grundlage für Entscheidungen. Der Gewinn ist die Zielgröße des externen und internen Rechnungswesens. Im **externen Rechnungswesen**, dem Jahresabschluß, ergibt sich der Gewinn nach dem Dopiksystem aus der Gegenüberstellung von Ertrags- und Aufwandspositionen (Ableitung aus der Gewinn- und Verlustrechnung) und zugleich durch den Vergleich des um Entnahmen oder Einlagen bereinigten Eigenkapitals zu Beginn und zum Ende der betrachteten Periode.[98] Um Verzerrungen durch die rechtsformspezifischen Unterschiede (z.B. keine steuerliche Abzugsfähigkeit von Eigentümerentgelten bei Personengesellschaften), durch Inflation (Abschreibung auf Wiederbeschaffungs- statt auf Anschaffungs- und Herstellungskosten) oder durch die Kapitalstruktur (kalkulatorische Zinsen auf das Eigenkapital) auszugleichen, stellt das **interne Rechnungswesen** das Betriebsergebnis in den Mittelpunkt, das sich als Differenz von Leistungen und Kosten ergibt. Der Gewinnbegriff des internen Rechnungswesens räumt daher schon einige der Kritikpunkte wie z.B. die Berücksichtigung der Inflation und des Leverage-Effektes aus, die von Verfechtern der Shareholder Idee vorgebracht wurden.[99] Er stellt somit eine Verbesserung der Gewinn-Definition des externen Rechnungswesens dar, die - was das materielle Ergebnis des Jahresabschlusses betrifft - insbesondere durch das **Realisationsprinzip** (Bewertung maximal zu Anschaffungs- bzw.

---

[94] Vgl. die Strukturierung bei Günther, T. (1991), S. 18f..

[95] Vgl. hierzu Kapitel 2.83. Einbettung des Unternehmenswertes in ein Controllingsystem.

[96] Vgl. die Trennungsthese bei Berle, A./Means, G. (1932).

[97] Vgl. Gomez, P. (1990), S. 561f.; Finegan, P.T. (1991), S. 30ff. und Pümpin, C./Pritzl, R. (1991), S. 46ff..

[98] Vgl. Coenenberg, A.G. (1993), S. 5ff..

[99] Vgl. Rappaport, A. (1986), S. 20 und Bühner, R. (1990), S. 13ff..

Herstellungskosten) und das **Imparitätsprinzip** (Antizipation von Wertminderungen und Niederstwertprinzip) gekennzeichnet ist.[100] Beide Prinzipien führen dazu, daß das investierte Kapital im externen Rechnungswesen bzgl. des Wertansatzes nach oben beschränkt ist und Renditen (z.B. auf Immobilien) beschönigt werden oder Wertsteigerungen erst gar nicht sichtbar werden.[101]

Während der Gewinn die traditionelle Zielgröße für kurz- und mittelfristige Entscheidungen des Managements ist, richtet der Anteilseigner seine Entscheidungen primär danach aus, welche Beträge aus seinem anfangs investierten Kapital an ihn wieder zurückfließen. Er wird daher nicht nur die Rückflüsse einer Periode, sondern mehrerer Perioden (Planungshorizont) der Entscheidung zugrundelegen. *Irving Fisher* konnte bereits 1906 anhand eines zweiperiodigen Modells zeigen, daß die individuelle Einstellung des Investors zum Konsumverzicht bei Existenz eines vollständigen Kapitalmarktes mit einem einheitlichen Zinssatz irrelevant für die Entscheidung ist, da über die Aufnahme bzw. Anlage am Kapitalmarkt eine beliebige Aufteilung des zur Verfügung stehenden Kapitals auf Konsum und Investition realisiert werden kann. Zielsetzung des Investors ist daher alleine die **Maximierung des Kapitalwertes** seiner Investitionsprojekte, d.h. für den Eigentümer die Maximierung des Shareholder Value. Investition und Konsum können folglich separiert werden **(Fisher-Separationstheorem)**.[102] Der Gewinn als Zielgröße des internen und externen Rechnungswesens greift hier zu kurz.

Dem bilanziellen Gewinn als Periodenergebnis der gewinnorientierten Sicht steht bei der unternehmenswertorientierten Sicht der ökonomische Gewinn als Periodenergebnis gegenüber. Der **ökonomische Gewinn** ist Ergebnis einer Rechnungslegung, die der Erfolgskapitalerhaltung dient. Während sich die **nominale Geldkapitalerhaltung** des Jahresabschlusses nach HGB und EStG auf den Ersatz der historischen Ausgaben für die Produktionsfaktoren beschränkt (geldmäßiger Gewinnbegriff), versucht die **Sachkapitalerhaltung** den mengenmäßigen Reinvermögensbestand zu sichern, indem Gewinn nur insoweit ausgewiesen wird, als die erforderlichen Reinvestitionsausgaben für die Ersatzbeschaffung verbrauchter Produktionsfaktoren durch Erträge abgedeckt sind (gütermäßiger Gewinnbegriff).[103] Um auch Änderungen im wirtschaftlichen Umfeld des Unternehmens (technologische Änderungen, Wandel der Konsumwünsche etc.) bei der Unternehmenserhaltung zu berücksichtigen, geht die **Erfolgskapitalerhaltung** noch über die Sachkapitalerhaltung hinaus. Ein Gewinn entsteht nur dann, wenn die erzielten Erträge ausreichen, die Ausgaben abzudecken, um die Produktionsfaktoren bereitzustellen, die angesichts eines geänderten Unternehmensumfeldes notwendig sind.[104] Als Gewinn verbleibt der **ökonomische Gewinn**, d.h. der Betrag der entnommen werden kann, ohne den Zukunftserfolgswert des Unternehmens zu beeinträchtigen (wertmäßiger Gewinnbegriff).[105]

---

[100] Vgl. Coenenberg, A.G. (1993), S. 29ff..

[101] Vgl. Siegert, T. (1994), S. 119 und Siegert, T. (1994a), S. 71f..

[102] Vgl. Fisher, I. (1930) sowie die Darstellungen bei Spremann, K. (1991), S. 409ff. und Günther, T. (1994a), Sp. 958f.; zur Erweiterung bei unvollkommenen Kapitalmärkten vgl. Schirmeister, R. (1990), S. 35ff..

[103] Zuerst erwähnt in der "organischen Tageswertbilanz" bei *Franz Schmidt*. Vgl. Schmidt, F. (1951) später bei Hax, K. (1957), Feuerbaum, E. (1966) und Sieben, G. (1974) sowie zur Stellungnahme des IdW bei IdW (1975), S. 614ff. sowie im anglo-amerikanischen Schrifttum Edwards, E.O./Bell,P.W. (1961) und Chambers, R.J. (1966).

[104] Vgl. Schneider, D. (1963), S. 457ff.; Schneider, D. (1968), S. 1ff.; Münstermann (1966), S. 579ff. und Seicht (1970), S. 589ff. sowie insbesondere die Diskussion in Skandinavien z.B. in den Arbeiten von Honko, J. (1959) und Hansen, P. (1962).

[105] Vgl. Coenenberg, A.G. (1993), S. 649f. und S. 681ff..

Nachfolgendes einfaches Beispiel soll dies verdeutlichen. Ein Unternehmen rechnet in den nächsten fünf Jahren (Periode 0 bis 4) für eine bestimmte Geschäftseinheit mit den nachfolgend angegebenen Freien Cash Flows, d.h. nach Investitionen in Anlagevermögen und Working Capital. Ab dem Jahr 5, d.h. nach Ende des Planungshorizontes, wird mit einem Freien Cash Flow von 40 gerechnet. Der Diskontierungszinssatz, gemessen als gewichtete Kapitalkosten, beträgt 5 % p.a..

Periode	Freier Cash Flow	Shareholder Value-Rechnung		
t	= Netto-Einzahlungsüberschuß zum Ende Periode t[106]	Barwert der zukünftigen Freien Cash Flows zum Zeitpunkt t	Barwert der nach Periode 4 erzielten Freien Cash Flows (Restwert)	Shareholder Value
	(1)	(2)	(3)	(4) = (2) + (3)
0	-100	245,94	658,1619	904,11
1	-50	358,24	691,0700	1.049,31
2	130	426,15	725,6235	1.151,78
3	200	317,46	761,9047	1.079,37
4	140	133,33	800	933,33
5-∞	40	0	840	840,00

Periode	Erfolgskapitalerhaltungsrechnung				
t	Endwert Freier Cash Flows nach Entnahme zum Zeitpunkt t	Zukunftserfolgswert	Änderung des Zukunftserfolgswertes	Ökonomischer Gewinn (= Entnahme)	Free Cash Flow nach Entnahme
	(5)	(6) = (4)+(5)	(7)	(8) = (6) • 0,05	(9) = (1)–(8)
0	0,00	904,11	0,00	45,21	-145,21
1	-145,21	904,11	0,00	45,21	-95,21
2	-247,67	904,11	0,00	45,21	84,79
3	-175,26	904,11	0,00	45,21	154,79
4	-29,23	904,11	0,00	45,21	94,79
5-∞	64,11	904,11	0,00	45,21	-5,21

Abb. 2.9.: Shareholder Value-Rechnung und Erfolgskapitalerhaltungsrechnung

Der Shareholder Value, der den Barwert aller zukünftigen Freien Cash Flows darstellt, verändert sich im Zeitablauf. Der Strom der Freien Cash Flows setzt sich aus den Freien Cash Flows im Planungszeitraum und einem konstanten Freien Cash Flow im Zeitraum danach zusammen. Im Beispiel wird für Periode 0 ein Zukunftserfolgswert errechnet und in der Erfolgskapitalerhaltungsrechnung nur jeweils der ökonomische Gewinn in Höhe von 45,21 entnommen. Der ökonomische Gewinn ergibt sich in der Erfolgskapitalerhaltungsrechnung aus einer Verzinsung von 5 % auf den Zukunftserfolgswert in Höhe von 904,11. Wird die Entnahme auf den ökonomischen Gewinn beschränkt, bleibt - wie das Beispiel zeigt - der Zukunftserfolgswert konstant. Der Zukunftserfolgswert ergibt sich zu jedem Zeitpunkt t aus dem

---

[106] Zur exakten begrifflichen Einordnung des Freien Cash Flows vgl. Kapitel 3.3.4.2.1.2. Konzeptionelle Einordnung des Freien Cash Flows.

Shareholder Value, d.h. dem Barwert zukünftiger, in den Perioden t+1 bis ∞ anfallender Freier Cash Flows, zuzüglich des Endwertes der von Periode 0 bis zur betrachteten Periode t anfallenden Freien Cash Flows nach Entnahme.

Wie das einfache Beispiel zeigt, ist der **Shareholder Value-Ansatz** dem Gedanken der **Erfolgskapitalerhaltung** insofern verwandt, als beide auf zukünftigen mehrperiodigen Netto-Einzahlungsüberschüssen fußen und nicht wie der handesrechtliche Jahresüberschuß auf gegenwärtigen einperiodigen Ertragsüberschüssen. Während es jedoch Zielsetzung der Erfolgskapitalerhaltung ist, den ökonomischen Gewinn als Basis für die Ausschüttungsentscheidung zu ermitteln, geht es beim Shareholder Value-Ansatz alleine darum, einen Unternehmenswert als Zukunftserfolgswert zur Entscheidungsunterstützung heranzuziehen. Zudem ist der Shareholder Value-Ansatz eine rein interne Rechnung und beabsichtigt nicht den Jahresüberschuß als Ausschüttungsbemessungsgrundlage des externen Rechnungswesens durch den ökonomischen Gewinn zu ersetzen.

Das Konzept des ökonomischen Gewinns ist nicht unkritisiert geblieben. Für die Erfolgsermittlung des Jahresabschlusses wird in Frage gestellt, ob ein den Entscheidungssituationen aller Adressaten des Jahresabschlusses entsprechender **Diskontierungszinssatz** gefunden werden kann, wie dies allenfalls bei der Annahme eines vollkommenen Kapitalmarktes mit einem einheitlichen Zinssatz möglich wäre. Zudem verlangt der ökonomische Gewinn die **Schätzung zukünftiger Zahlungsströme**, was die Objektivität des Jahresabschlusses in Frage stellen würde. Dieser Kritikpunkt ist sicherlich aus Sicht eines Adressaten des externen Rechnungswesens berechtigt. Für interne Zwecke sind jedoch Planungsrechnungen üblich und entsprechende Unschärfen allgemein akzeptiert. Des weiteren kann die Berechnung des ökonomischen Gewinns dazu führen, daß bei entsprechend positiver Unternehmensentwicklung Gewinne als Teil des ökonomischen Gewinns ausgewiesen würden, die noch gar nicht realisiert sind und daher das Realisationsprinzip der Grundsätze ordnungsmäßiger Buchführung (GoB) verletzt würde.[107] In obigem Beispiel würde z.B. in Periode 1 eine Entnahme in Höhe des ökonomischen Gewinns von 45,21 möglich sein, obwohl die Nettoeinnahmen mit -100 negativ sind. Ergänzend ist anzumerken, daß der Shareholder Value den Wert des Unternehmens oder eines Unternehmensteils über einen zumindest mehrperiodigen, wenn nicht sogar unendlichen Zeitraumes mißt, der ökonomische Gewinn jedoch wieder eine **periodisierte, i.d.R. jahresbezogene Größe** darstellt.

Ein Teil der Kritikpunkte (Objektivität, Verletzung der Grundsätze ordnungsmäßiger Buchführung) trifft zwar für das externe nicht jedoch für die Steuerung des Unternehmens mittels des internen Rechnungswesens zu. Auf einige Probleme wie z.B. die Schätzung zukünftiger Cash Flows oder die Festlegung des Diskontierungszinsfußes wird noch einzugehen sein.[108] Es ist jedoch anzumerken, daß beim Shareholder Value-Ansatz der **mehrperiodige Unternehmenswert als Entscheidungskriterium** dient, während bei der Erfolgskapitalerhaltung primär der ökonomische Gewinn als Ausschüttungsgrundlage im Vordergrund steht. Die Unterschiede zwischen der gewinnorientierten und der unternehmenswertorientierten Sicht können wie folgt zusammengefaßt werden:[109]

---

[107] Vgl. zur Kritik stellvertretend Coenenberg, A.G. (1993), S. 684ff..
[108] Vgl. die Ausführungen in Kapitel 3.3.4.2. Ermittlung der Freien Cash Flows.
[109] Vgl. Bühner, R. (1990), S. 14ff..

Vergleichskriterium	gewinnorientierte Sicht	unternehmenswertorient.Sicht
Wertkomponente	historische Anschaffungs- und Herstellungskosten oder Korrekturwerte	Zeitwerte, d.h. auch über historischen Kosten
Rechnungswesengrößen	Erträge/Aufwendungen (extern) bzw. Leistungen/Kosten (intern)	Einzahlungen/Auszahlungen bzw. Einnahmen/Ausgaben
Zuordnung zur einzelnen Periode	Sachliche und zeitliche Abgrenzung	Betrachtung der Zahlungsströme der Periode
Umfang des Vermögens	nur aktivierungsfähige Vermögensgegenstände und Schulden sowie Bilanzierungshilfen	alle Vermögensgegenstände und Schulden (z.B. auch Know how oder originärer Firmenwert)
Betrachtung des Erfolges	Erfolg = Gewinn = Änderung des ausgewiesenen Nettovermögens	Erfolg = positiver Kapitalwert des Investments; bzw. Erfolg = Steigerung des Unternehmenswertes
Zeitbezug	Gegenwart bzw. Vergangenheit	Zukunft
Konzeption der Unternehmenserhaltung	nominelle Geldkapitalerhaltung	Erfolgskapitalerhaltung
zugrunde liegender Gewinnbegriff	bilanzieller Gewinn	ökonomischer Gewinn

Abb. 2.10.: Vergleich der gewinnorientierten und der unternehmenswertorientierten Sicht

Die entscheidende Antwort zur Überlegenheit verschiedener Systeme ist daran zu messen, ob Entscheidungen, die z.B. auf Basis der gewinnorientierten Sicht getroffen werden, anders bzw. "besser" ausfallen als Entscheidungen, die auf Basis der unternehmenswertorientierten Sicht gefunden werden. Die **gewinnorientierte und die unternehmenswertorientierte Sicht** decken sich, wie nachfolgende Abbildung zum Ausdruck bringt, nur zum Teil. Eine Orientierung an Gewinnen nährt die Gefahr, als Schmerzgrenze für Entscheidungen die Deckung der entstehenden Aufwendungen, d.h. Gewinn = 0 bzw. Eigenkapitalrendite = 0, zu wählen. Der Eigentümer wird hiermit jedoch nicht zufrieden sein; er schafft erst dann zusätzliches Vermögen, wenn die Rendite seines Investments über den Kapitalkosten liegt (Eigenkapitalrendite > Eigenkapitalkosten bzw. Gesamtkapitalrendite > durchschnittliche Gesamtkapitalkosten). Die relevanten Kapitalkosten können in tatsächlichen Finanzierungskosten, aber auch in entgangenen Gewinnen von Alternativanlagen gesehen werden (Opportunitätskosten). Die Schmerzgrenze für den Eigentümer und für ein unternehmenswertorientiertes Management liegt folglich höher als bei einer ausschließlichen Betrachtung des Gewinns. Dies hat zur Folge, daß auch Entscheidungen, wie z.B. das Investment in eine zwar gewinnbringende, aber renditeschwache Geschäfteinheit anders ausfallen können. Die Anhänger der Shareholder Value-Idee vergessen jedoch, daß der Abgleich von Gesamtkapitalrendite und Kapitalkosten seit Jahrzehnten ein traditioneller Bestandteil der Unternehmenssteuerung und Erfolgsmessung ist. Obige empirische Ergebnisse geben jedoch Hinweise, daß die Berücksichtigung der Anlegersicht bei operativen und strategischen Entscheidungen vielleicht in den 70er und 80er Jahren in den Zielsetzungen des Managements an Bedeutung verloren hat und einer Intensivierung bedarf.

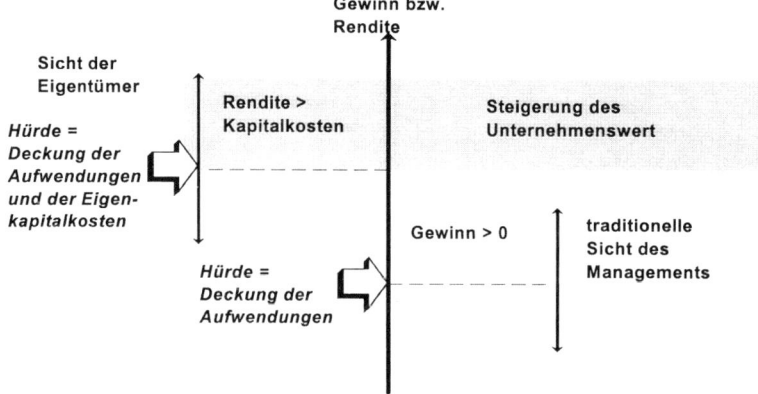

Abb. 2.11.: Entscheidungswirkungen der gewinnorientierten bzw. unternehmenswertorientierten Sicht[110]

Greift man auf die eingangs erläuterten drei Komponenten des Entscheidungsfeldes des Managements zurück, muß jedoch auch eingeräumt werden, daß der Vorwurf der Suboptimalität der Managemententscheidungen auch auf die zunehmende Instabilität des Unternehmensumfeldes - im Sinne der Entscheidungstheorie der sog. **Zustandsraum** - zurückgeführt werden kann. Obwohl das strategische Controlling angetreten ist, Instrumente und Methoden zu entwickeln, die das Management in die Lage versetzen, Umfeldveränderungen zu antizipieren, kann dessen Erfolgsbeitrag nicht zweifelsfrei festgestellt werden; empirisch kann allenfalls ein ertragsgesetzlicher Zusammenhang zwischen der Intensität des strategischen Controlling und des nachhaltigen Unternehmenserfolgs, gemessen als geometrischer Durchschnitt der Cash Flow-Rendite, festgestellt werden.[111]

Interessanterweise wird der generelle Vorwurf der Fehlentscheidung, d.h. der Auswahls einer **nicht-optimalen Handlungsalternative**, von den Verfechtern des Shareholder Value-Ansatzes nicht erhoben.[112] Von den eingangs dargestellten drei Einflußfaktoren auf das Entscheidungsfeld - Handlungsmöglichkeiten, Unternehmensumfeld und zugrunde gelegte Unternehmensziele - steht vor allem der Zielkonflikt zwischen Management und Eigentümern im Vordergrund, der auch Gegenstand von sog. Informationsasymmetrien, d.h. der ungleichen Verteilung von Informationen und folglich Handlungsspielräumen auf Management und Eigentümer ist.[113]

2.1.2.2.3. Unzureichendes Informationsangebot am Markt

Unterstellt man idealtypischerweise, daß das Management operative und strategische Entscheidungen im Sinne einer Steigerung des Wertes des Eigenkapitals, d.h. im Sinne der Eigentümer, trifft, so kann die zweite Ursache für die Entstehung von Wertlücken im **unzureichenden Informationsangebot** am Markt für Unternehmenskontrolle bestehen.

---

[110] Vgl. Hax, A.C./Majluf, N.S. (1984), S. 215 und Bühner, R./Weinberger, H.-J. (1991), S. 189.

[111] Vgl. den Überblick über verschiedene empirische Studien sowie die eigenen Ergebnisse bei Günther, T. (1991), S. 61ff. und S. 201ff..

[112] Vgl. jedoch die Thesen von Grundy, T. (1995), S. 76ff..

[113] Vgl. die gesonderte Behandlung von Informationsasymmetrien in Kapitel 2.2. Die Informationsasymmetrien als Erklärungsansatz für die Notwendigkeit des Shareholder Value-Ansatzes.

Die Wertsteigerung des investierten Kapitals des Eigentümers erfolgt dadurch, daß er einen höheren Preis für seine Anteilsrechte am Unternehmen erhält. Folglich wirken - wie auf jedem Markt - auch auf dem Markt für Anteilsrechte Angebot und Nachfrage unter Einfluß der zur Preisbildung notwendigen Informationen. Nicht notwendigerweise muß es sich dabei um den Handel von Aktien (Kapitalmarkt) handeln; es wäre auch möglich, daß Eigentumsrechte an nicht-börsennotierten Unternehmen verändert werden (z.B. Kauf oder Verkauf von Anteilen an einer GmbH; Gesellschafterwechsel bei einer Personengesellschaft; Kauf oder Verkauf eines Einzelunternehmens). Die Aktienmärkte ermöglichen jedoch einen permanenten Preisbildungsprozeß und sind deshalb als Beobachtungsobjekte besser geeignet.

Die durch unser Wirtschaftssystem bedingte Trennung von Management und Eigentümer bringt es mit sich, daß die Informationswünsche der Eigentümer und das Informationsangebot des Unternehmens am Kapitalmarkt strukturell, zeitlich und volumensmäßig auseinanderfallen können **(asymmetrische Informationsverteilung)**.

2.1.2.2.3.1. Die Informationswünsche der Eigentümer

Schwarz analysiert im Rahmen seiner Dissertation über die Börseneinführungspublizität neuemittierender Unternehmen eine Reihe empirischer Untersuchungen bezüglich des Informationsbedarfs von Anlegern. Die Studien beziehen sich teilweise direkt auf die Eigentümer, teilweise auch auf zwischengeschaltete Vermittler wie Finanzanalysten und Beratungsdienste.[114] Zusammenfassend können folgende Ergebnisse festgehalten werden:

1) Das Interesse an Informationen über die **zukünftige Entwicklung** des Unternehmens ist bei weitem höher als das an Informationen über die aktuelle Situation bzw. die vergangene Unternehmensentwicklung.

2) Viele Untersuchungen deuten auf ein Interesse an Offenlegung bzw. Abschätzung der **stillen Reserven** des Unternehmens hin, um den Zeitwert des Netto-Vermögens abschätzen zu können.

3) Die Anleger haben ein stärkeres Interesse an **Informationen über das Erfolgspotential** des Unternehmens (langfristige Unternehmensstrategie, Marktanteilsentwicklung, langfristige Ertragsaussichten) als an Informationen über die Zielgrößen Erfolg und Liquidität.

4) Insbesondere Finanzintermediäre wie z.B. Analysten sind an **ungeglätteten, um betriebsfremde, aperiodische und außerordentliche Ergebnisse bereinigten Kennzahlen** interessiert.

Eine Befragung der IRES-Marketing, Gesellschaft für Markt-, Motiv- und Werbeforschung mbH, Düsseldorf, im Auftrag der Verlagsgruppe Handelsblatt, die insgesamt 375 Interviews mit Wertpapieranalysten, institutionellen Anlegern, privaten Anleger, Investor Relations-Verantwortlichen von Unternehmen sowie Kunden und Lieferanten von Aktiengesellschaften durchführten, bestätigt das Interesse an langfristigen, zukunftsbezogenen Informationen über die Unternehmensstrategie und die Erfolgsaussichten. Dabei war das Interesse der institutionellen Anleger und Finanzanalysten an diesen Größen noch höher als das von Privatanlegern.

---

[114] Vgl. Schwarz, R. (1988), S. 73ff. und die dort angegebene Literatur.

Zudem sind diese beiden Adressatengruppen auch sehr stark an der Unternehmensphilosophie und den Persönlichkeiten des Managements interessiert.[115]

2.1.2.2.3.2. Das Informationsangebot der Unternehmen

Den Informationsinteressen der Eigentümer steht das Informationsverhalten der Unternehmen gegenüber, das durch die Zwangspublizität des § 325 HGB für Kapitalgesellschaften bestimmt wird. Die gesetzlich in § 325 I HGB kodifizierte **Offenlegungspflicht** umfaßt jedoch nur den Jahresabschluß (Bilanz, Gewinn- und Verlustrechnung und Anhang), den Lagebericht, den Bericht des Aufsichtsrates und eventuell den Beschluß über die Ergebnisverwendung, soweit die Ergebnisverwendung nicht aus dem Jahresabschluß hervorgeht. Zudem sind nach § 325 II HGB nur große Kapitalgesellschaften verpflichtet den Jahresabschluß im Bundesanzeiger bekanntzumachen; für mittlere und kleine Kapitalgesellschaften ist es ausreichend, oben genannte Unterlagen zum Handelsregister einzureichen und im Bundesanzeiger darauf hinzuweisen. Durch die Orientierung am Jahresabschluß sind die von den Gesellschaften zur Verfügung gestellten Informationen zwangsläufig vergangenheitsbezogen **(Informationsfunktion)** und zudem durch den Jahresüberschuß als Grundlage für Dividende, Steuern und Tantiemen **(Zahlungsbemessungsfunktion)** in erster Linie gewinnorientiert. Die Informationen beschränken sich zudem auf Daten des externen Rechnungswesens. Das Anschaffungskostenprinzip der Bilanzierung verhindert eine Offenlegung stiller Reserven und eine Bilanzierung zu Zeitwerten. Bereinigte Größen sind meist erst aus den zur Verfügung gestellten Daten zu ermitteln; allenfalls wird auf freiwilliger Basis ein Ergebnis je Aktie nach der SG/DVFA-Formel und/oder ein Cash Flow nach SG/DVFA angegeben.

Den Gesellschaftern von Aktiengesellschaften steht nach § 131 I AktG zusätzlich das Recht zu, in der Hauptversammlung vom Vorstand Auskunft über Angelegenheiten der Gesellschaft zu erhalten, soweit dies zur sachgemäßen Beurteilung des Gegenstandes der Tagesordnung (z.B. Gewinnverwendungsbeschluß oder Entlastung des Vorstandes) erforderlich ist. In jüngster Zeit wurden mehrfach Gerichte bemüht, um diesem Auskunftsrecht der Aktionäre Nachdruck zu verleihen. Dabei ging es insbesondere um Informationen über den Wertpapierbesitz großer deutscher Aktiengesellschaften, die nicht in den Konzernabschluß einbezogen wurden (z.B. Beteiligungsquote < 20 %), jedoch beträchtliche Zeitwerte darstellen. Das Auftreten sog. "Börsen-Dissidenten" wie z.B. der Gruppe um den Universitätsprofessor Ekkehard Wenger,[116] die sich im Verein zur Förderung der Aktionärsdemokratie (VFA), Rottendorf bei Würzburg, zusammengeschlossen hat, der Gesellschaft für Wertpapierinteressen e.V., Langenfeld, oder des Dachverbandes der Kritischen Aktionärinnen und Aktionäre e.V., Köln, sowie auch Initiativen moderater Institutionen, wie z.B. der Deutschen Schutzvereinigung für Wertpapierbesitz (DSW), unterstreichen die erhöhte Aufmerksamkeit, die der Information der Aktionäre zukommt.

Da jeder Anleger den Anteilskauf als Investition betrachtet, stellt sich die Frage, wie der Anteilseigner angesichts der von den Unternehmen zur Verfügung gestellten Informationen in der Lage ist, die zukünftigen nach seinem Anteilskauf an ihn fließenden Zahlungsströme abzuschätzen. Eine stärkere Berücksichtigung der Anlegerinteressen muß zwangsläufig zu einer Intensivierung der Kommunikation mit den Eigentümern **(Investor Relations** oder exakter **Shareholder Relations)** führen. Bei Publikumsgesellschaften sind Investor Relations und

---

[115] Vgl. Handelsblatt GmbH (1991).
[116] Vgl. o.V. (1993a), S. 96ff..

Wertsteigerungsmanagement zwangsläufig miteinander verbunden. Einige große deutsche Aktiengesellschaften bestreiten bereits diesen Weg; ein gemeinsamer Arbeitskreis von IR-Beauftragten ist bereits tätig (DIRK = Deutscher Investor Relations-Kreis).[117] Gleichzeitig wird zunehmend auch die Publizitätsgüte von Unternehmen beleuchtet. Die Verleihung eines Investor Relation-Preises durch die Wirtschaftswoche, Wettbewerbe um "den besten Geschäftsbericht"[118] und wissenschaftliche Untersuchungen über die Publizitätsgüte[119] oder den Inhalt des Lageberichts[120] bestätigen diese Entwicklungen.

Es stellt sich jedoch auch die Frage, ob den oben zusammengefaßten Informationswünschen der Anleger in allen Punkten entsprochen werden kann. Die Veröffentlichung wichtiger Informationen wie z.B. zur Unternehmensstrategie oder zu F&E-Fortschritten wäre für die weitere Unternehmensentwicklung eventuell schädlich, da auch Konkurrenten, Kunden und Lieferanten diese Informationen zur Verfügung hätten. Der Aufbau von nachhaltigen Wettbewerbsvorteilen ist stets mit einer gewissen Einschränkung eben dieses Wettbewerbs gekoppelt.[121] Die Publizierung sensibler Informationen mag auch einer der Gründe für die sehr zurückhaltende Veröffentlichungspolitik vieler mittelständischer Kapitalgesellschaften sein, die eigentlich nach § 325 HGB zur Veröffentlichung des Jahresabschlusses verpflichtet wären. Bei einer Umfrage der Zeitschrift "Impulse" bei ca. 50 % der deutschen Registergerichte im Januar 1989 kamen nur ca. 7 % der publizitätspflichtigen GmbHs der Pflicht zur Offenlegung ihres Abschlusses zum 31.12.1987 nach.[122] Nach Umfragen des Instituts für Revisionswesens an der Universität Münster bei einigen Registergerichten im Bereich des Oberlandesgerichtes Hamm zeigten sich etwas höhere Quoten. *Baetge/Apelt* führen dies auf die bisherige Unvertrautheit mit der Offenlegung nach der Reform des Handelsrechts durch das Bilanzrichtlinengesetz vom 19.12.1985 und eine hierdurch bedingte Einführungs- und Eingewöhnungsphase zurück, wenngleich sie feststellen, daß in einigen Ländern des europäischen Auslandes, die die 4. EG-Richtlinie bereits umgesetzt haben, die vergleichbare Veröffentlichungsquote bei 70-80 % liegt.[123] Ein weiterer Ausdruck für die Publizitätsscheue in Deutschland ist das Urteil des BGH vom 15.04.94, indem einem Hochschullehrer untersagt wurde, den veröffentlichten Jahresabschluß eines publizitätspflichtigen Unternehmens mit Nennung von Namen und Adresse öffentlich zu analysieren.[124]

Voraussetzung dafür, daß sich unternehmerisch sinnvolle Entscheidungen auch tatsächlich in höheren Unternehmenswerten niederschlagen können, ist, daß dem Kapitalmarkt zumindest die gesetzlich verpflichtenden Informationen zur Verfügung gestellt werden und darüber hinaus im Rahmen eines Investor Relations-Konzeptes aktuellen und potentiellen Anteilseignern und den dazwischen geschalteten Finanzintermediären aussagekräftige zukunftsbezogene Informationen zur Bewertung des Unternehmens geliefert werden.

---

[117] Vgl. hierzu die empirische Untersuchung der IR-Aktivitäten von DIRK-Unternehmen bei Günther, T./Otterbein, S. (1996), S. 389ff..

[118] Vgl. Weißenberg, P. (1993), S. 78ff..

[119] Vgl. Bötzel, S. (1993), S. 201ff..

[120] Vgl. Werner, U. (1990), S. 1014ff..

[121] Vgl. zur Kritik an den Publizitätsanforderungen nach § 325 HGB und der Sanktionsmöglichkeiten nach §§ 334 und 335 HGB sowie § 2 LöschG Baetge, J./Apelt, B. (1990), S. 11ff..

[122] o.V. (1989), S. 166ff..

[123] Vgl. Baetge, J./Apelt, B. (1990), S. 10.

[124] Vgl. die massive Kritik des Urteils bei Lutter, M. (1994), S. 347; Großfeld, B./Johannemann, U. (1994), S. 415f. und Benner-Heinacher, J. (1994), S. 5.

2.1.2.2.4. Mangelnde Informationsverarbeitung am Markt

Wird nun davon ausgegangen, daß das Management effizient und effektiv im Sinne der Steigerung des Unternehmenswertes arbeitet und zusätzlich dem Eigentümer auch zumindest die wesentlichen Informationen zur Abschätzung des Wertsteigerungspotentials seines Investments zur Verfügung stehen, kann eine weitere Ursache für das Entstehen von Wertlücken in der mangelnden Informationsverarbeitung der Kapitalmärkte bestehen. Hierbei ist zu untersuchen, ob **Informationseffizienz** vorliegt, d.h. wie schnell der Eintritt relevanter Ereignisse im Kursniveau verarbeitet wird. Darüber hinaus ist zu analysieren, ob diese Informationen einen **Informationsgehalt** besitzen. Informationsgehalt liegt vor, wenn die Kurse im Zeitraum vor und bis zum Eintritt des Ereignisses auf diesbezüglichen Informationen reagieren.[125] Methodisch sind beide informatorischen Wirkungen schwer zu trennen und werfen bei der Messung eine Reihe methodischer Probleme auf.[126]

Zunächst soll geklärt werden, ob Aktienmärkte Informationen effizient verarbeiten. Hierbei ist zwischen drei **Arten von Effizienzen** zu unterscheiden:[127]

a)   Bei **schwacher Kapitalmarkteffizienz** kann keiner der Anleger aufgrund der Aktienkursentwicklungen der Vergangenheit Entscheidungsregeln (z.B. mittels Chartanalyse) ableiten, die ihm überdurchschnittliche Renditen garantieren.

b)   Die **mittelstarke Kapitalmarkteffizienz** liegt vor, wenn alle extern über ein Unternehmen zu erhaltenen Informationen sich umgehend in dessen Aktienkurs niederschlagen, d.h. die Wertsteigerung oder -vernichtung unmittelbar eintritt.

c)   Werden sowohl extern als auch intern verfügbare Informationen umgehend im Aktienkurs verarbeitet, so spricht man von **strenger Kapitalmarkteffizienz**.

Zahlreiche Untersuchungen bestätigen für die USA die schwache und mittelstarke Kapitalmarkteffizienz, indem sie das sog. **Capital Asset Pricing Model (CAPM)** als das die Kursbildung erklärende Gleichgewichtsmodell zugrundelegen und untersuchen, ob die Anleger höhere Renditen als die mit Hilfe des CAPM geschätzten Renditen erwirtschaften können.[128] Das CAPM geht davon aus, daß die erwartete Rendite einer Aktie $\tilde{r}_i$ sich aus dem Zinssatz für risikofreie Anlagen am Kapitalmarkt r_f und einer Risikoprämie zusammensetzt, die sich wiederum aus der Volatilität β_i der Aktie gegenüber dem Gesamtmarkt (ß-Faktor) und der Risikoprämie für den Gesamtmarkt zusammensetzt $(r_m - r_f)$:

$$\tilde{r}_i = r_f + \beta_i \bullet (r_m - r_f)$$

Fama, der selbst wesentlich an der Entwicklung des CAPM-Modells mitgewirkt hat, stellt jedoch in einer 1992 mit *French* veröffentlichten Untersuchung das CAPM-Modell wieder in Frage;[129] er kommt zu dem Ergebnis, daß im Zeitraum 1963 bis 1990 der ß-Faktor wenig zur Erklärung von Aktienrenditen beiträgt.[130] Dagegen kann die Aktienrendite besser durch die

---

[125] Vgl. May, A. (1991), S. 326.
[126] *May* verweist auf die Probleme der Bestimmung des Ereignis- bzw. Ankündigungszeitpunktes, der Überlappung verschiedener Ereignisse, der Antizipation von "events", der Erwartungsrevision und der Existenz von Störgrößen. Vgl. May, A. (1991), S. 320ff..
[127] Vgl. Fama, E.F. (1970), S. 383ff..
[128] Vgl. stellvertretend Black, F./Jensen, M./Scholes, M. (1972), S. 79ff.; Fama, E.F./MacBeth, J. (1973), S. 607ff. und Black, F./Scholes, M. (1974), S. 1ff..
[129] Vgl. auch die Kritik bei Keppler, M. (1992), S. 268ff..
[130] Vgl. Fama, E.F./French, K.R. (1992), S. 427ff..

Börsenkapitalisierung, nach *Fama/French* ein Maß für die Größe des Unternehmens, und das Market to Book Value-Verhältnis (M/B-Ratio) erklärt werden. Damit unterstreicht sie die Bedeutung der M/B-Ratio, die im Shareholder Value-Ansatz als interne Steuerungsgröße eine wichtige Funktion übernimmt.[131] Für den deutschen Kapitalmarkt kommt *Warfsmann* auf Basis aller im Zeitraum Februar 1954 bis Dezember 1991 an der Frankfurter Börse notierten Aktien zu dem Ergebnis, daß das CAPM zwar wegen Schwächen der Testverfahren aus statistischer Sicht nicht eindeutig abgelehnt werden kann, jedoch einen sehr geringen und im Zeitablauf stark schwankenden Erklärungsanteil aufweist.[132] Gleichzeitig wurden eine Reihe von Renditeanomalien festgestellt, die durch das CAPM nicht erklärt werden können.[133] Eine Untersuchung von *Götz* zur technischen Aktienanalyse verwirft ebenfalls die Effizienzthese für den deutschen Kapitalmarkt.[134]

Die Kritik am CAPM ist jedoch auch nicht unwidersprochen geblieben, so daß von einer eindeutigen Ablehnung des CAPM nicht ausgegangen werden kann.[135] Trotz seiner Unvollkommenheiten und der Kritik im Schrifttum, erfreut sich das CAPM zunehmender Akzeptanz im Finanzmanagement, da es zumindest eine grobe Schätzung risikoangepaßter Kapitalkosten und Renditen erlaubt.[136] Wenngleich das CAPM als Preisbildungsmodell in Frage gestellt wird, wird entweder kein neues, "besseres" Modell vorgeschlagen oder das CAPM durch einen neuen Erklärungsansatz - wie bei *Fama/French* - ersetzt, der ebenfalls wieder auf der These der Kapitalmarkteffizienz aufbaut.[137] Der Nachweis der Informationseffizienz des Kapitalmarktes ist ursächlich an den Nachweis eines Preisbildungsmodell gekoppelt und kann empirisch nicht getrennt werden.

Einen anderen Weg zur Untersuchung der Informationseffizienz zeigt *May* auf, der Ergebnisse von sog. **"event studies"**, die die Auswirkung bestimmter einzelner Ereignisse auf den Aktienkurs untersuchen, analysiert. Er stellt fest, daß bei 60 % der Studien signifikante Kurs- oder Renditeänderungen im Jahre des Eintritts t, jedoch nur bei 17 % im Jahr t+1 und bei 4 % im Jahr t+2 festzustellen sind. Während *May* darauf verweist, daß folglich in 81 % der Fälle (60 % + 17 % + 4 %) eine halbstrenge oder strenge Form der Informationseffizenz verworfen werden kann, muß er jedoch auch anmerken, daß immerhin in 60 % der Fälle der Informationsverarbeitungsprozeß innerhalb des Ereignisjahres abgeschlossen ist.[138] Wenngleich i.d.R. zumindest von einer mittelstrengen Kapitalmarkteffizienz ausgegangen wird,[139] läßt sich die Frage nach der Informationseffizienz des Kapitalmarktes derzeit empirisch nicht abschließend beantworten.

Während sich die Informationseffizienz mit der Informationsverarbeitung nach dem Eintritt bestimmter Ereignisse beschäftigt, stellt sich des weiteren die Frage, ob diesen Informationen im Vorfeld ein **Informationsgehalt**, d.h. ein signifikanter Einfluß auf den Aktienkurs, zuge-

---

[131] Vgl. Kapitel 4.2.2.3. Unternehmenswertorientierte Erfolgskennzahlen auf Basis der Marktwert/Buchwert-Ansätze.

[132] Vgl. Warfsmann, J. (1993), S. 155ff..

[133] Vgl. hierzu die Kritik des CAPM im Kapitel 3.3.4.2.1.1. Das Capital Asset Pricing Model (CAPM).

[134] Vgl. Götz, E. (1990), S. 195.

[135] Vgl. z.B. Treynor, J.L. (1993), S. 11ff..

[136] Vgl. Mullins, D.W. (1982), S. 110ff. und Lehmann, S. (1994), S. 25.

[137] Vgl. den Vorwurf des "data mining" und der Theorielosigkeit bei Black, F. (1993), S. 36ff..

[138] Vgl. May, A. (1991), S. 327f..

[139] *Young/Sutcliffe* unterstreichen dies zumindest für die USA und Großbritannien. Vgl. Young, D./Sutcliffe, B. (1989), S. 24.

ordnet werden und welche Art von Informationen am Kapitalmarkt verarbeitet werden. Die empirische Kapitalmarktforschung läßt folgende Ergebnisse erkennen:[140]

1) Ein besonders hoher Einfluß auf die Aktienrenditen und das gehandelte Aktienvolumen kann **Prognosen** über zu erwartende Gewinn und Dividenden seitens von Finanzanalysten oder des Management zugeordnet werden ("signalling effect").

2) Unternehmen mit hoher **Publizitätsgüte** weisen schwächere Reaktionen und kürzere Anpassungszeiträume bei unerwarteten Dividendenankündigungen auf, da die Anleger bei aktionärsfreundlicher Informationspolitik ihre zukünftigen Renditen besser abschätzen können und weniger Überraschungen auftreten werden als bei schlecht informierenden Unternehmen.[141]

3) Änderungen im **bilanzpolitischen Instrumentarium** (wie z.B. Abschreibungspolitik, Wahl des Verbrauchsfolgeverfahren zur Vorratsbewertung etc.) haben nur dann einen Einfluß auf die Kurse, wenn wie z.B. beim Wechsel von der Fifo- zur Lifo-Methode im Falle steigender Beschaffungspreise über gesparte Steuern auch tatsächlich der Gewinn oder Cash Flow und damit der Unternehmenswert erhöht wird.[142] Ansonsten haben bilanzpolitische Maßnahmen keinen statistisch signifikanten Einfluß auf die Kursbildung.[143] Die Anpassung an kursrelevante bilanzpolitische Maßnahmen erfolgt bei Managerunternehmen langsamer und sprunghafter als bei Eigentümerunternehmen und deutet bei Ersteren auf eine höhere Verunsicherung von Bilanzadressaten hin.[144]

4) Die Erklärung von Kursentwicklungen auf Basis von **Cash Flow-Größen anstatt von Gewinn-Größen** bringt keinen zusätzlichen Informationsgehalt. Werden jedoch Gewinn-Größen durch Cash Flow-Größen ergänzt, können Aktienkursentwicklungen besser erklärt werden als bei Verwendung nur einer Art von Rechnungsgröße.

5) Für die Bilanzierung zu **Zeitwerten**, die von 1976 bis 1979 von der SEC und von 1979 bis 1985 vom Financial Accounting Standards Board "probeweise" eingeführt wurde, konnte wider Erwarten keine Verbesserung des Informationswertes nachgewiesen werden.

6) Informationen über **große Unternehmen** werden früher und länger verarbeitet als diejenigen über kleinere Unternehmen. Dasgleiche gilt für den Vergleich von **Informationen aufgrund von Jahresabschlußberichten** mit Informationen auf Basis von Zwischenberichten.[145]

7) *Copeland/Koller/Murrin* konnten zeigen, daß zwischen dem Wachstum des Gewinns je Aktie und dem Kurs-Gewinn-Verhältnis für Aktien aus dem Standard & Poors 400-Index nur ein sehr schwacher Zusammenhang besteht ($R^2 = 0{,}024$). Für eine Stichprobe

---

[140] Vgl. die Übersichten bei May, A. (1991), S. 313ff. und Coenenberg, A.G./Haller, A. (1993), S. 570ff. sowie Coenenberg, A.G. (1974), S. 647ff. und Coenenberg, A.G. (1984), S. 307ff..

[141] Vgl. z.B. Schmidt, R. (1971), S. 252 zitiert bei May, A. (1991), S. 316 und Coenenberg, A.G. (1984), S. 316ff. sowie die empirischen Ergebnisse von Berndsen, H.P. (1979).

[142] Vgl. z.B. die Ergebnisse von *Biddel/Lindahl* zum Wechsel zwischen der LIFO- und FIFO-Methode bei der Vorratsbewertung und ebenso *Stewart*. Vgl. Biddle, G.C./Lindahl, F.W. (1982), S. 551ff. und Stewart, G.B. (1990), S. 24.

[143] Vgl. z.B. die Arbeit von Schmidt, F. (1979).

[144] Vgl. die Studie von Coenenberg, A.G./Schmidt, F./Werhand, M. (1983), S. 321ff..

[145] Vgl. Defeo, V.J. (1986), S. 350 sowie zum Informationsgehalt von Zwischenberichten in Deutschland Henes, F. (1995), S. 258ff..

von 30 Unternehmen ermitteln sie jedoch eine hohe Korrelation zwischen dem nach dem Value Line Investment Survey geschätzten **Barwert der zukünftigen Cash Flows** und dem Verhältnis von Marktwert und Buchwert der Aktie ($R^2 = 0,94$).[146]

8) Während zwischen einperiodigen Aktienrenditen und jahresabschlußbezogenen Gewinnrenditen nur ein sehr schwacher Zusammenhang besteht (R^2 im Durchschnitt bei 0,124 bei Jahresüberschuß- und bei 0,091 bei Cash Flow-Renditen), erklären Jahresabschlußrenditen, die auf Perioden von fünf bis zehn Jahren fußen, zu einem hohen Teil die **mehrperiodigen Aktienrenditen** (R^2 im Zehn-Jahres-Fenster bei 0,581 bzw. 0,347).[147]

9) Der Markt reagiert sehr genau auf die Veröffentlichung von **Investitionsplänen** und deren Auswirkungen auf den Unternehmenswert.[148]

Der von *May* erarbeitete Überblick zeigte, daß in 80 % der sog. "event studies" ein signifikanter Einfluß unterschiedlicher Informationen auf den Aktienkurs festgestellt werden kann.[149]

Die empirischen Ergebnisse zeigen, daß zukunftsbezogenen Rechnungslegungsgrößen oder Informationen, die zu deren Schätzung herangezogen werden, eine besonders hohe Informationswirkung zukommt. Eine Ergänzung um Cash Flow-Größen ist empfehlenswert, wenngleich eine eindeutige Überlegenheit von Cash Flow-Größen, wie sie von Anhängern der Shareholder-Idee postuliert wird,[150] aus Sicht der Informationsverarbeitung am Kapitalmarkt empirisch nicht bestätigt werden kann. Dennoch bestätigt die Kapitalmarktforschung wesentliche Elemente des Shareholder Value-Ansatzes wie die Notwendigkeit der Zukunftsbezogenheit der Daten und der Prognose zukünftiger Gewinne und Cash Flows, die Irrelevanz der Gewinnglättung und den Bedarf an zuverlässigen, interpretierbaren Informationen, der z.B. mittels eines guten Investor Relations seitens des Unternehmens gedeckt werden kann.

2.1.3. Die Entstehung eines Markt für Unternehmenskontrolle

Märkte gelten als effizient, wenn sie in der Lage sind, Angebot und Nachfrage möglichst schnell und mit niedrigen Transaktionskosten auszugleichen, alle verfügbaren Informationen bei der Preisbildung zu verarbeiten und ihrer Preisbildungsfunktion auch keinen mengenmäßigen Restriktionen zu unterliegen. Die weltweite Zunahme an M&A-Aktivitäten hat gezeigt, daß Anteilsrechte an Unternehmen auch in großen Volumina ge- und verkauft werden können. Neben dem schon exisitierenden Markt für einzelne Anteilsrechte, dem sekundären Kapitalmarkt, ist ein Markt für Aktienpakete entstanden, deren Erwerb zu Veränderungen der Verfügungsrechte über die Unternehmen führen kann. Der M&A-Boom der 80er Jahre wird daher als Geburtsstunde des **"Market for Corporate Control"**, des Marktes für Unternehmenskontrolle, bezeichnet.[151]

---

[146] Vgl. Copeland, T./Koller, T./Murrin, J. (1991), S. 82ff..

[147] Vgl. die Ergebnisse zum deutschen Kapitalmarkt bei Möller, H.P./Baal, H. (1992), S. 21ff.. Ähnliche Ergebnisse zum US-Kapitalmarkt bei Easton, P.D./Harris, T.S./Ohlson, J.A. (1992), S. 140-141.

[148] Vgl. z.B. McConnell, J.J./Muscarella, C.J. (1985), S. 399ff..

[149] Vgl. May, A. (1991), S. 327.

[150] Vgl. z.B. Copeland, T./Koller, T./Murrin, J. (1991), S. 82ff..

[151] Vgl. zum Markt für Unternehmenskontrolle Henzler, H. (1988), S. 1295ff. und Ganz, M. (1992), S. 19f..

Jensen/Ruback definieren Corporate Control als "the rights to determine the management of corporate resources"[152] und verstehen hierunter das Recht, das Top-Management zu bestellen, abzulösen oder dessen Vergütung zu bestimmen[153] und damit die wirtschaftliche Leitung des Unternehmens auszuüben. Da verschiedene Management-Teams um die Rechte, die Ressourcen von Unternehmen kontrollieren zu können, konkurrieren, wird der Akquisitionsmarkt gleichzeitig zu einer Komponente des Arbeitsmarktes für Führungskräfte.[154] *Martin/McConnell* zeigen, daß Manager aus Unternehmen mit einer unterdurchschnittlichen Performance nach erfolgter Unternehmensübernahme überdurchschnittlich oft ausgetauscht werden.[155]

Der "Market for Corporate Control" übernimmt dabei zweierlei Funktionen:

1)   Effiziente Bewertung von Verfügungsrechte an Unternehmen durch Ausgleich von Angebot und Nachfrage **(Marktfunktion)**

Das Auftreten und Verhalten von Raidern wie *Sir James Goldsmith, Carl Icahn* oder *T. Boone Pickens* zeigt, daß Ineffizienzen am Markt für Unternehmenskontrolle in Form von Wertlücken Anreize schaffen, suboptimal geführte Unternehmen durch Erwerb von Einwirkungsrechten auf das Management (z.B. Mehrheiten in der Gesellschafterversammlung, Besetzungsrechte für Organe etc.) zu restrukturieren. Verfügungsrechte bieten über die Anteilsrechte hinaus die Möglichkeit, die Unternehmenspolitik eines Unternehmens zu beeinflussen. Durch Strategieänderungen oder durch Umwidmung von unterbewertetem Vermögen und überbewerteten Schulden kann der Unternehmenswert erhöht und dadurch ein "Arbitrage"-Gewinn realisiert werden.[156] Arbitrageure und Takeover-Spezialisten fördern die Durchführung von Übernahmetransaktionen. Der schnelle Abbau der Wertlücken trägt dazu bei, die gehandelten Objekte, d.h. die Anteilsrechte an Unternehmen, effizient zu bewerten.

2)   Disziplinierung des Managements von am Markt für Unternehmenskontrolle (momentan) nicht beteiligten Unternehmen **(Kontrollfunktion)**

Die Existenz eines Marktes für Verfügungsrechte eröffnet Dritten die Möglichkeit, Unterschiede zwischen dem aktuellen und dem potentiellen Wert von Unternehmen zu nutzen und nach erfolgreicher Restrukturierung entsprechende Wertsteigerungen zu realisieren. Die Gefahr, Verfügungsrechte an andere zu verlieren, kann ihrerseits, sofern die Effizienz des Marktes für corporate control nicht eingeschränkt wird,[157] dazu führen, daß das Management wertschaffende strategische und operative Entscheidungen trifft bzw. treffen muß. Das Management wird gezwungen, das Verhalten der "Raider" vorwegzunehmen und im Extremfall wie "Raider zu managen",[158] um die Übernahmegefahr abzuwenden.[159] Die disziplinierende Wirkung von Unternehmensübernahmen, wie sie in den 80er Jahren par excellence in den USA

---

[152] Jensen, M.C./Ruback, R.S. (1983), S. 5.

[153] Vgl. Jensen, M.C./Ruback, R.S. (1983), S. 5f. in Anlehnung an die Darstellungen bei Fama, E.F./Jensen, M.C. (1983), S. 301ff. und Fama, E.F./Jensen, M.C. (1983a), S. 327ff..

[154] Vgl. Jensen, M.C./Ruback, R.S. (1983), S. 6 und Franke, G. (1993), Sp. 43.

[155] Vgl. Martin, K.J./McConnell, J.J. (1991), S. 671ff..

[156] Vgl. Blyth, M.L./Friskey, E.A./Rappaport, A. (1986), S. 49; Reimann, B.C. (1989), S. 18ff.; Murrin, J. (1989), S. 88 und Clarke, C.J./Brennan, K. (1990), S. 95ff..

[157] Dies kann z.B. durch Mehrstimmrechtaktien, Stimmrechtsbeschränkungen, die Bündelung von Verfügungsrechten durch das Depotstimmrecht oder die Zwischenschaltung von Holding-Gesellschaften erfolgen. Vgl. z.B. Adams, M. (1990), S. 63ff. und ebenso Bühner, R. (1990), S. 181ff.

[158] In Anlehnung an den entsprechenden Titel seines Aufsatzes vgl. Bühner, R. (1990c), S. 36.

[159] Vgl. Bühner, R. (1994), S. 7.

erfolgte, wurde dort nicht unkritisch gesehen. Z.B. wurde der Vorwurf erhoben, daß diese Aktivitäten nur Vermögen von den Mitarbeitern und anderen Stakeholdern an die Aktionäre, die Shareholder, umverteile, jedoch keinen neuen zusätzlichen Unternehmenswert schaffe[160]

Zur Kontrollfunktion des "Marktes für Unternehmenskontrolle" liegen eine Reihe einzelner empirischer Belege vor, die wie folgt gegliedert werden können:[161]

1) **Akquisitionsverhalten von Zielunternehmen:**

Mitchell/Lehn führten im Auftrag des Office of Economic Analysis der U.S. Securities and Exchange Commission (SEC) eine Studie[162] zum Akquisitionsverhalten von wiederum selbst akquirierten Unternehmen (targets) durch. Sie gehen von der These aus, daß Unternehmen, die keine Wertsteigerungspolitik verfolgen, indem sie z.B. Freie Cash Flows in unprofitable oder riskante Projekte investieren, geringere Aktienkurse aufweisen müßten.[163] Die Gefahr von "takeovers" würde für diese Unternehmen disziplinierend wirken, da sie zu deren Abwehr Wertlücken reduzieren müßten.[164] Die Unternehmen würden gezwungen, selbst wie "Raider" zu managen und deren Zielsetzungen und Strategien vorwegzunehmen.[165] Z.B. wurde Goodyear im Oktober 1986 durch einen Übernahmeversuch von *Sir James Goldsmith*, der ankündigte, die erst 1983 erworbenen Aktivitäten in der Ölindustrie (Celeron Oil) zu veräußern, gezwungen, durch eigene aktive Restrukturierung, d.h. den tatsächlichen Verkauf des Öl-Engagements, die Bedrohung abzuwenden.

In der Studie von *Mitchell/Lehn*[166] werden 1158 Unternehmen aus der Value Line-Datenbank für den Zeitraum Januar 1980 bis Juli 1988 untersucht, die in den Jahren 1982 bis 1986 Akquisitionen ankündigten und deren Ankündigungen im Dow Jones Broadtape erfaßt wurden. Bei insgesamt 401 größeren Akquisitionen (Aufkauf von mehr als 5 % des Marktwertes) ergaben sich folgende Ergebnisse:

❑ Zielunternehmen, insbesondere Zielunternehmen von hostile takeovers, hatten zuvor systematisch Akquisitionen durchgeführt, die den Marktwert der nun selbst aufgekauften Unternehmen reduzierten ($\alpha < 0,01$).

❑ Die Desinvestitionsquote von zuvor erworbenen Beteiligungen lag bei Unternehmen, die nun selbst aufgekauft wurden mit 40,7 % wesentlich höher, als bei Unternehmen, die nicht Gegenstand von Übernahmeversuchen waren (Desinvestitionsrate 9,1 %) ($\alpha < 0,01$).

❑ Die Desinvestitionen wurden dort durchgeführt, wo die Kursrückgänge beim Kauf der Beteiligungen am höchsten waren (−8,9 % für einen Zeitraum von 20 Tagen vor bis 40 Tagen nach der Akquisition), wobei bei Beteiligungen, die nicht abgestoßen wurden, im selben Zeitraum sogar ein kleiner Kursgewinn von +0,28 % festgestellt wurde.

---

[160] Vgl. Mitchell, M.L. (1991), S. 21.

[161] Vgl. u.a. die Übersichten bei Mitchell, M.L. (1991), S. 21ff und Schmidt, R. (1993), S. 536ff..

[162] Vgl. Mitchell, M.L. (1991), S. 21ff. und Mitchell, M.L./Lehn, K. (1990), S. 372ff..

[163] Vgl. hierzu die Free Cash Flow-These bei Jensen, M.C. (1986), S. 323ff..

[164] Zur theoretischen Fundierung vgl. bereits Marris, R. (1963), S. 185ff. und Manne, H. (1965), S. 110ff. sowie neueren Datums Jensen, M. (1986), S. 323ff..

[165] Vgl. hierzu auch die vergleichbaren Ergebnisse in der Studie von Martin, K.J./McConnell, J.J. (1991), S. 671ff..

[166] Vgl. Mitchell, M.L. (1991), S. 21ff. und Mitchell, M.L./Lehn, K. (1990), S. 372ff..

❑   Zudem zeigte sich, daß Zielunternehmen sich meist nur unfreiwillig, d.h. nach
       drohender eigener Übernahme, von unrentablen Beteiligungen trennten.

Die Ergebnisse scheinen zu bestätigen, daß der durch die Zunahme der M&A-Aktivitä-
ten entstehende Markt für Unternehmenskontrolle ineffizientes Management diszipli-
niert, da sie bei Erwerb unrentabler Beteiligungen an anderen Unternehmen selbst Gefahr laufen, aufgekauft und restrukturiert zu werden. Zudem scheint der Aktienmarkt in
der Lage zu sein, "schlechte" Akquisitionen bereits vor Kenntnis eines Cash Flows der
resultierenden Unternehmensverbindung zu erkennen. Die Bedrohung alleine reicht aus,
um Effizienz in Unternehmen zu steigern; Takeovers ziehen demnach betriebs- und
volkswirtschaftlich erwünschte Effekte nach sich.[167]

2)   Diversifikationsgrad von Zielunternehmen

Young/Sutcliffe untersuchten für britische Akquisitionen den Zusammenhang zwischen
der Unternehmensgröße, der Portfolio-Struktur und den Akquisitionsprämien, d.h. den
prozentualen Aufschlägen auf den Aktienkurs vor dem Akquisitionsversuch.[168] Die
Autoren kommen zu dem Ergebnis, daß bei großen erworbenen Unternehmen mit meh-
reren Geschäftsfeldern Prämien von im Durchschnitt 34 % gezahlt wurden, während
Unternehmen mit nur einem Geschäftsfeld Prämien von durchschnittlich 59 % erzielten.
Die Autoren führen ihre Ergebnisse darauf zurück, daß Unternehmen geringere Unter-
nehmenswerte aufgrund eines verfehlten Portfolio-Managements aufweisen können und
Mischkonzerne unterdurchschnittlich bewertet werden **(conglomerate discount)**. Die
Ergebnisse werden von anderen empirische Studien bestätigt.[169]

Portfolio-Struktur Unternehmensgröße	Unternehmen mit ei- nem Geschäftsfeld	Unternehmen mit mehreren Geschäftsfelder
Überdurchschnittliche Größe (geb. Kapital > 14 Mill. £)	59 % (n=11)	34 % (n=19)
Unterdurchschnittliche Größe (geb. Kapital < 14 Mill. £)	36 % (n=23)	16 % (n=7)

*Abb. 2.12.: Akquisitionsprämien britischer Unternehmen in Abhängigkeit von Unterneh-
mensgröße und Portfolio-Struktur[170]*

Es ist zu berücksichtigen, daß die Prämien für das Gesamtunternehmen und nicht für die
Summe der Einzelbeiträge der einzelnen Tochtergesellschaften gezahlt wurden.[171] Der
einzelne Anleger kann jedoch über den Kapitalmarkt kostengünstiger diversifizieren, als
dies Unternehmen als Gebilde können. Die empirischen Ergebnisse deuten auch daraaf-
hin, daß Synergien diese Mehrkosten nicht aufwiegen können.[172] Auch hier zeigt sich
wieder die Bedrohung, aufgrund permanenter Unterbewertung Gefahr zu laufen, die
Verfügungsrechte über das Unternehmen an Dritte zu verlieren, die durch Zerschlagung

---

[167] Vgl. Mitchell, M.L. (1991), S. 22.
[168] Vgl. Young, D./Sutcliffe, B. (1989), S. 27ff..
[169] Vgl. die umfangreiche Übersicht bei Jung, H. (1993), S. 120ff..
[170] Vgl. Young, D./Sutcliffe, B. (1989), S. 29.
[171] Vgl. Young, D./Sutcliffe, B. (1989), S. 26.
[172] Vgl. auch die Argumentation bei Porter, M. (1987), S. 46.

des Konglomerates in seine Einzelteile oder besseres Portfolio-Management Wertsteige-rungspotentiale nutzen können. Jedoch räumen *Young/ Sutcliffe* ein, daß stark diversifi-zierte Unternehmen aufgrund ihrer Heterogenität weniger oft erworben werden.[173]

3) **Größe von Zielunternehmen**

Wie obige Abbildung auf Basis der Studie von *Young/Sutcliffe* veranschaulicht, schei-nen jedoch große Unternehmen über relativ höhere Wertlücken zu verfügen, was auf eine mangelnde Nutzung von Größenvorteilen (z.b. Economies of Scale, Economies of Scope etc.) schließen läßt.[174] Als weitere Ursachen für die hieraus resultierende Über-nahmegefahr nennen *Young/Sutcliffe* die hohe Kostenbelastung durch Zentralbereiche, nicht vollgenutzte Aktiva und eine suboptimale Finanzierungspolitik. Z.B. wurden in der britischen Nahrungsmittelindustrie überdurchschnittliche Akquisitionsprämien ge-zahlt, da dort gezielt Markennamen erworben werden, um diese durch Einsatz von Kernkompetenzen intensiver nutzen zu können.[175] Nach deutschem Recht sind imma-teriellen Vermögensgegenstände, falls sie selbst geschaffen wurden, nach § 248 II HGB nicht aktivierbar und daher in der Bilanz nicht enthalten.

Young/Sutcliffe zeigen, daß große Unternehmen in Großbritannien niedrigere ROEs auf-weisen und selbst bei gleichem ROE niedriger bewertet werden (Abschläge insgesamt -10 bis -24 % je nach Branche).[176] In Großbritannien konnten kleinere Aktiengesell-schaften, die im Hoare Govett Small Companies Index (HGSC) enthalten sind, über-durchschnittliche Kurs-/Gewinn-Verhältnisse in den 80er Jahren erzielen und die Divi-denden der HGSC-Unternehmen sind seit 1955 doppelt so schnell wie die von großen Unternehmen gestiegen. Ferner war in den 80er Jahren das jährliche Gewinnwachstum um 5 % größer als das des Marktes. Die Autoren folgern hieraus, daß große Unterneh-men auf Gelegenheiten schlechter reagieren können und mit unproduktiven Overheads belastet sind.[177]

4) **Performance von Zielunternehmen**

Cooke[178] zitiert Ergebnisse von sieben britischen Studien aus den 70er Jahren,[179] die zeigen, daß akquirierte Unternehmen unterdurchschnittliche Renditen, Market to Book Value- und Price/Earnings-Ratios und unterdurchschnittliche Wachstumsraten aufwei-sen, während die Akquisiteure i.d.R. über eine überdurchschnittliche Rentabilität und Unternehmenswachstum verfügen.[180] Während *Young/Sutcliffe* in ihrer Studie die schlechtere Rentabilität der Zielunternehmen nicht bestätigen konnten,[181] konnten *Cosh*

---

[173] Vgl. Young, D./Sutcliffe, B. (1989), S. 29.

[174] Wie bereits oben ausgeführt, kann davon ausgegangen werden, daß die bei Akquisitionen gezahlten Prämien i.d.R. auch mit realen Wertlücken verbunden sind. Vgl. Kapitel 2.1.2.2.1. Unrealistische potentielle Unter-nehmenswerte.

[175] Vgl. Young, D./Sutcliffe, B. (1989), S. 30.

[176] Die Aussage entspricht dem Size-Effekt, wie er für den US-Kapitalmarkt empirisch bestätigt wurde. Vgl. Banz, R.W. (1981), S. 3ff.; Reinganum, M.R. (1981), S. 19ff.; Keim, D.B. (1990), S. 56ff. und Jegadeesh, N. (1992), S. 337ff..

[177] Vgl. Young, D./Sutcliffe, B. (1989), S. 24ff..

[178] Vgl. Cooke, T.E. (1986), S. 49ff..

[179] Vgl. die Arbeiten von Buckley, A. (1972), S. 243ff., Firth, M. (1976), Kuehn, D. (1975), Meeks, G. (1977), Newbould, G.D. (1970), Singh, A. (1971) und Tzoannos, T./Samuels, J.M. (1972), S. 5ff..

[180] Vgl. die unterdurchschnittliche Performance von deutschen Unternehmen in der Studie von *Bühner*. Vgl. Bühner, R. (1990), S. 43f..

[181] Vgl. Young, D./Sutcliffe, B. (1989), S. 28.

u.a. feststellen, daß die Zielunternehmen zwar nicht schlechter als vergleichbare Unternehmen derselben Branche seien, die Erwerber jedoch rentabler als ihre Branchenkonkurrenten und als die Zielunternehmen arbeiteten.[182] *Belkaoui* fand für kanadische Akquisitionen heraus, daß die Zielunternehmen insbesondere über eine schwache Liquididitätsposition verfügten (Working Capital zu Total Assets).[183] *Young/Sutcliffe* errechnen für verschiedene Branchen in Großbritannien, welche Wertsteigerung bei einer Erhöhung der Eigenkapitalrendite (RoE) um 10 % möglich sind. Die beträchtlichen Kurssteigerungspotentiale deuten darauf hin, daß die bei Akquisitionen bezahlten Prämien über Erhöhungen der Profitabilität des Zielunternehmen amortisiert werden.[184]

Branche	Wertsteigerung in % pro 10 % Erhöhung des RoE
Elektronik	71 %
Maschinenbau	69 %
Verpackungs- und Papierindustrie	49 %
Bauzulieferer	42 %

Abb. 2.13.: Empirisch gemessene Wertsteigerungen bei Erhöhung des RoE um 10 %[185]

Hohe Potentiale an Freien Cash Flows, die ein Indikator für die Schaffung von Shareholder Value sein können, veranlassen nach einer Studie von *Lehn/Poulsen* das Management, die Aktien selbst zu übernehmen (Going Private).[186] Die hohen Freien Cash Flows ermöglichen dem Management, die durch die i.d.R. notwendige Fremdkapitalfinanzierung entstandene Zinslast abzutragen und die Kredite zu tilgen.

Zusammenfassend kann festgestellt werden, daß eine unterdurchschnittliche Ertrags- und Finanzlage die Übernahmegefahr erhöht, falls ein Turnaround möglich scheint. Der Markt für Unternehmenskontrolle kann hier disziplinierend wirken.

5)   **Wirkung des Leverage-Effektes**

Basierend auf der Studie von *Mitchell/Lehn* untersucht *Mitchell* für die 401 erhobenen Akquisitionen, welcher Einfluß zwischen dem **Leverage** des akquirierenden Unternehmens, d.h. dem Verhältnis von Fremdkapital zu Eigenkapital, und dem Erfolg der Akquisition, gemessen als Veränderung des Aktienkurses des Akquisiteurs bei Ankündigung des Beteiligungserwerbs, besteht. Es zeigt sich, daß je höher der Leverage ist, um so eher die Aktienkurse bei Unternehmensakquisitionen steigen. Zudem akquirieren Unternehmen mit hohem Leverage wider Erwarten häufiger und die erworbenen Unternehmen sind größer im Vergleich zu Unternehmen mit niedrigerem Leverage.[187]

Die Ergebnisse lassen folgenden Schluß zu: die aufgrund des hohen Leverage drückende Schuldenlast führt zu strikteren Vorgaben für die Projektauswahl und die Kapitalknapp-

---

[182] Vgl. Cosh, A.D. u.a. (1989), S. 73ff..

[183] Vgl. Belkaoui, A. (1978), S. 93ff..

[184] Vgl. Young, D./Sutcliffe, B. (1989), S. 28.

[185] Empirisch in Großbritannien für das Jahr 1989 anhand eines RoE-M/B-Modelles errechnet. Vgl. Young, D./Sutcliffe, B. (1989), S. 28.

[186] Vgl. Lehn, K./Poulsen, A. (1989), S. 771ff..

[187] Vgl. Mitchell, M.L. (1991), S. 26.

heit zwingt zum Vergleich mit den Kapitalkosten des Unternehmens, d.h. mit den Finanzierungskosten am Markt. Eine interne Subventionierung ist mangels Kapital nicht möglich.[188] Nach Meinung von *Young/Sutcliffe* ist das durch den Leverage-Effekt bestehende Wertsteigerungspotential von Staat zu Staat unterschiedlich. In den USA wirkt der Leverage-Effekt durch die doppelte Besteuerung von Unternehmensgewinnen und die auch dort gegebene Abzugsfähigkeit der Fremdkapitalzinsen von der Besteuerungsgrundlage weitaus stärker als z.b. in Großbritannien oder der BRD.[189] Wie noch auszuführen sein wird, besteht ein Steuerschild auf Fremdkapital und deren Zinsen in Deutschland nur bei den nicht-anrechenbaren Steuern (Gewerbesteuer und Vermögensteuer).[190]

Auch die Reaktion von Goodyear auf den Übernahmeversuch durch Sir James *Goldsmith* bestätigt die Ergebnisse. Goodyear erhöhte seinen Verschuldungsgrades (Fremdkapital zu Eigenkapital) von 0,4 zu 1 im Jahre 1982 über 0,54 zu 1 im Jahre 1986, dem Jahr des Übernahmeversuchs, auf schließlich 1,18 zu 1 im Jahr 1987. Dabei wurde der halbe Aktienbestand über Bankkredite zurückgekauft. Gleichzeitig wurden die Nicht-Reifenaktivitäten (z.B. in der Ölindustrie) verkauft. Vor 1987 hatte das Unternehmen noch nie Aktienrückkäufe durchgeführt. Die Schuldenlast stieg von 1 Mrd. US-$ in 1982 auf 3,3 Mrd. US-$ in 1987. Wie die Studie und das Beispiel zeigen, hat neben der Übernahmegefahr auch ein hoher Leverage disziplinierende Wirkung auf das Management und trägt hierdurch neben steuerlichen Wirkungen zur Steigerung des Eigentümerwertes bei.[191]

6) Ursachen des Börsen-Crashs vom 19. Oktober 1987

In einer weiteren Studie des Office of Economic Analysis gingen *Mitchell/ Netter*[192] der Frage nach, ob der Crash vom 19. Oktober 1987, der den M&A-Boom der 80er Jahre dämpfte, auf Gesetzesvorschläge zurückzuführen sei, die in Washington am Abend des 13. Oktober 1987 beraten wurden und eine Einschränkung von M&A-Aktivitäten und damit eine Beschränkung des in den beiden anderen Studien als wertvoll erarbeiteten "Market of Corporate Control" vorsahen. Die Gesetzesvorschläge sahen eine Beschränkung der steuerlichen Abzugsfähigkeit von Zinsen (sofern über 5 Mio. pro Jahr) aus der Aufnahme von Fremdkapital vor, das der Finanzierung von Aktienaufkäufen zur Erlangung des Mehrheitsbesitzes, des Rückkaufes von Mehrheiten eigener Aktien sowie von feindlichen Übernahmen (> 20 % des gezeichneten Kapitals des Zielunternehmens) diente. An den Aktienmärkten kam es folglich zu erheblichen Rückgängen im Zeitraum vom 14. bis 16. Oktober 1987, die wiederum den Crash vom 19. Oktober auslösten. Die Gesetzesvorschläge hätten folgende Konsequenzen nach sich gezogen:

❑ Einschränkung der Möglichkeiten von feindlichen Übernahmen

❑ Einschränkung der Restrukturierung von Unternehmen durch das Management (Leverage buyouts, Aktienrückkäufe, debt-for-equity-swaps)

---

[188] Vgl. ebenso die empirischen Ergebnisse und die Argumentation bei Copeland, T.E./Lee, W.H. (1988) zitiert bei Copeland, T./Koller, T./Murrin, J. (1991), S. 93.

[189] Vgl. die Vergleichsrechnung bei Young, D./Sutcliffe, B. (1989), S. 31.

[190] Vgl. hierzu die Ausführungen in Kapitel 3.3.4.2.1.3. Die Bedeutung von Steuern und Zinsen bei der Ermittlung des Freien Cash Flow und Kapitel 3.3.4.3.3. Errechnung des gewichteten Kapitalkosten mit Steuern.

[191] Vgl. Mitchell, M.L. (1991), S. 25 und ebenso Young, D./Sutcliffe, B. (1989), S. 28.

[192] Vgl. Mitchell, M.L. (1991), S. 27ff. und Mitchell, M.L./Netter, J.M. (1989), S. 37ff..

❑   Beeinträchtigung der Restrukturierung von Unternehmen durch Akquisiteure aufgrund der Besteuerung von Verkäufen des Anlagevermögens.

Durch die geplante Einschränkung der Bedrohung durch Übernahmen und der Effizienzanreize eines hohen Leverage, steigt die Gefahr der Fehlallokation der zur Disposition stehenden Freien Cash Flows. Dies ist nach *Mitchell/Netter* nur dadurch auszugleichen, indem dem Management, das i.S. der Eigentümer handeln soll, zusätzliche Anreize gegeben werden, um eine effiziente Ressourcen-Allokation zu erreichen; kurz gesagt steigen die sog. "Agency-Kosten" des Freien Cash Flows,[193] die eine Wertminderung für viele Unternehmen nach sich ziehen würden. Zudem würde eine Neubewertung von Unternehmen durch Übernahmeversuche behindert werden.

Tatsächlich konnten *Mitchell/Netter* zeigen, daß beim S&P 500-Index starken Einbrüchen vom 14. bis 16. Oktober (Ankündigung) starke Kursanstiege am 29. und 30. Oktober (Rücknahme bzw. Einschränkung der Vorschläge) gegenüberstanden (signifikant mit $\alpha<0,05$); besonders große Veränderungen gab es für an diesen Tagen ausstehende Takeovers (n= 19 Unternehmen; signifikant für $\alpha<0,01$). Der Einfluß anderer Faktoren wie z.B. die vielfach genannte Ankündigung des US-Handelsbilanz-Defizites konnten nur einen relativ kleinen Teil der Veränderungen erklären.[194] Auch *Richard Roll's* Argument,[195] daß der Crash zuerst im Ausland begann, wiederum aber von den Rückgängen vom 14. bis 16. Oktober ausgelöst wurde, widerspricht obigen Ergebnissen, da die Gesetzesvorschläge ausländische Unternehmen nicht betrafen. Zudem stieg der World Performance Index im betreffenden Zeitraum.

7)   Wirkung von Kontrollverhältnissen

Die Konzentration von Kontrollrechten in einer oder in wenigen Händen[196] und die stärkere Übernahme von Eigentümerpositionen durch das Management[197] führen nach verschiedenen empirischen Studien zu höheren Bewertungen der Unternehmen. *Schmid* analysierte in seiner Dissertation 14 US-amerikanische, fünf britische und zwei deutsche Studien zur Wirkung von Leveraged Management Buyouts (LMBO) und konnte i.d.R. einen deutlichen Anstieg von Produktivität und Rentabilität durch den LMBO feststellen.[198] Ebenso konnten erhebliche Überrenditen erwirtschaftet werden, die jedoch an den ganz erheblichen Risiken des LMBO zu relativieren sind (hoher Leverage, Illiquidität des Kapitaleinsatzes des Managements etc.).[199] Hierdurch wird die erhebliche Bedeutung der Kontrollrechte für die Bewertung am Kapitalmarkt bestätigt.

Wie die empirischen Untersuchungen und Beispiele zeigen, kann trotz teilweise auch widersprüchlicher empirischer Ergebnisse dem "Market for Corporate Control" eine disziplinierende Wirkung zugewiesen werden. Folglich stellt sich die Frage, ob das vorhandene Mana-

---

[193] Vgl. hierzu auch die Ausführungen in Kapitel 2.2.1.3. Agency-Kosten und Wertsteigerungsmanagement.

[194] gemessen mit Hilfe einer Korrelationsanalyse.

[195] Vgl. Roll, R. (1988), S. 19ff..

[196] Vgl. z.B. deren positive Wirkung in Zusammenhang mit der Ankündigung von Desinvestitionen bei Hirschey, M./Zairna, J.K. (1989), S. 971ff. und bei privater Plazierung von Wandelanleihen bei Fields, L.P./Mais, E.L. (1991), S. 1925ff..

[197] Z.B. bei Übernahme durch Manageraktionäre anstatt durch institutionelle Anleger. Vgl. Stulz, R.M./Walking, R.A./Song, M.N. (1990), S. 817ff. Ebenso bei Leveraged Buyouts vgl. Muscarella, C.J./Vetsuypens, M.R. (1990), S. 1389ff. und Schmid, H. (1994), S. 229ff..

[198] Vgl. Schmid, H. (1994), S. 229ff..

[199] Vgl. Schmid, H. (1994), S. 271ff..

gement wirklich in der Lage ist, die vorhandenen Ressourcen und Potentiale des Unternehmens am besten zu nutzen oder ob das Management eines anderen Unternehmens (**Best Buyer**) hierzu geeigneter wäre. Erst wenn diese Frage permanent bejaht werden kann, schafft das Management den optimalen Unternehmenswert im Sinne der Shareholder Value-Philosophie.[200]

2.1.4. Die Übernahmewelle als Motor des Shareholder-Value-Ansatzes

Die betriebswirtschaftliche und gesellschaftliche Resonanz, die der Anstieg der Unternehmensübernahmen in den USA und auch in Europa bewirkte, hat - wie dargelegt - die Diskussion des Shareholder Value-Ansatzes beflügelt.[201] Zum einem wurde erneut die Frage gestellt, mit welchem Ansatz (Cash Flow- oder gewinnorientiert) Unternehmen "richtig" zu bewerten seien. Gleichzeitig zeigte sich, daß bei Einbezug der Liquiditätsanspannung ein am Freien Cash Flow orientierter Ansatz zusätzliche Informationen liefern kann. Die Aufdeckung von erheblichen Wertlücken ist der wichtigste Beitrag des M&A-Booms zur Verbreitung des Shareholder Value-Ansatzes. Die durchaus realen Wertlücken können nach den vorliegenden empirischen Befunden auf eine i.S. der Steigerung des Eigentümervermögens inadäquate Unternehmensführung oder eine mangelnde Informationspolitik der Unternehmen zurückgeführt werden. Während von einem Informationsgehalt von unternehmenswertrelevanten Informationen ausgegangen werde kann, sind bei der vielfach unterstellten Informationseffizienz in jüngster Zeit wieder Fragezeichen aufgetaucht, die insbesondere auf methodische Probleme in empirischen Untersuchungen zurückgeführt werden können.

Die empirischen Studien zum Marktes für Unternehmenskontrolle zeigen, daß dessen Entstehung betriebswirtschaftlich positive Effekte hat und der Kapitalmarkt implizit die Art und Weise der Verwendung Freier Cash Flows sehr hoch bewertet. Unternehmen sehen sich hierdurch stets gezwungen, ihren Unternehmenswert zu optimieren. Abschließend bleibt festzuhalten, daß die zunehmenden M&A-Aktivitäten der 80er und 90er Jahre als eine der Triebfedern des Shareholder Value-Ansatzes zu betrachten sind.

2.2. Die Informationsasymmetrien als Erklärungsansatz für die Notwendigkeit des Shareholder Value-Ansatzes

Wie schon bei der Analyse der Wertlücken, die durch die Übernahmewelle aufgedeckt wurden, aufgezeigt wurde, kann eine der Ursachen im suboptimalen Verhalten des Managements gesehen werden, d.h. das Management verhält sich abweichend von den Zielvorstellungen des Eigentümers. Der Beziehung zwischen Management und Eigentümer kommt eine entscheidende Bedeutung im Ansatz des Shareholder Value zu.[202] In der betriebswirtschaftlichen Theorie wird versucht, diese Beziehung im Rahmen der **Unternehmenstheorie** zu systematisieren und zu erklären.[203] Aus der Perspektive des Shareholder Value-Ansatzes sollen die

---

[200] Vgl. Young, D./Sutcliffe, B. (1989), S. 29.
[201] Vgl. zu Knyphausen, D. (1992), S. 331 und Fruhan, W. (1988), S. 64.
[202] Vgl. z.B. Ballwieser, W. (1994), S. 1381.
[203] Vgl. z.B. Alchian, A.A./Demsetz, H. (1972), S. 777ff.; Jensen, M./Meckling, W. (1976), S. 305ff.; Fama, E.F. (1980), S. 288ff. und Spremann, K. (1991), S. 584ff..

theoretischen Erkenntnisse zunächst vorgestellt werden, um hieraus Impulse für eine unternehmenswertorientierte Unternehmenssteuerung zu gewinnen.

2.2.1. Die Beziehung von Management und Eigentümer

Das Unternehmen ist nicht als geschlossenes, eigenständiges Gebilde mit einheitlichen Zielen, sondern als ein **Geflecht von Verträgen** zwischen Gruppen unterschiedlicher Zielvorstellungen zu verstehen ("nexus of contracts").[204] Gegenstand der Verträge sind die Beziehungen zwischen Eigentümer und Management, Arbeitgeber und Arbeitnehmer, Versicherungsgeber und Versicherungsnehmer, Unternehmen und Kreditgeber etc.. In diesem Zusammenhang soll nur die erstgenannte Beziehung im Vordergrund stehen.[205]

Die Ursache der **personellen Trennung von Management und Eigentümer** ist nach *Spremann* in drei Faktoren zu sehen:[206]

1)   Durch die Trennung von Management und Kapitalgeber - historisch mit dem Entstehen von Kapitalgesellschaften einhergegangen - ist das Unternehmen in der Lage, gleichzeitig **viele Kapitalgeber** zur Finanzierung kapitalintensiver Technologien und Geschäftssysteme heranzuziehen. Zudem können mit den vielen Kapitalgebern entsprechend deren Bedürfnisse und der des Unternehmens **unterschiedliche Vertragsarten** abgeschlossen werden (Eigen- oder Fremdkapital, unterschiedliche Laufzeiten, Risiken oder Haftungsbeschränkungen etc.).

2)   Durch die Beteiligung an mehreren Unternehmen bietet sich für die Kapitalgeber der Vorteil, Risiken durch Diversifikation auf das systematische, nicht diversifizierbare Risiko (z.B. durch konjunkturelle Schwankungen) beschränken zu können. Aus Sicht der Unternehmenstheorie ist es sinnvoll, die aus dem Produktionsprozeß entstehenden Risiken an das Kapital zu bündeln.[207] Kapitalgeber sind im Gegensatz zu anderen Stakeholdern wie z.B. Arbeitnehmer, Kunden oder Lieferanten am ehesten in der Lage, diese **"Risikoentsorgung"**[208] zu betreiben. Mit der Risikoübernahme durch die Kapitalgeber, wird an das risikobehaftete Kapital (Eigenkapital) gleichzeitig die Möglichkeit der Einwirkung auf das Risiko, d.h. die Mitsprache über die Verwendung der Ressourcen, geknüpft. Die Diversifikation des Risikos durch die Beteiligung an mehreren Unternehmen zwingt jedoch zur **Delegation** dieser Verantwortung an das Management, da die Eigenkapitalgeber aus zeitlichen Gründen, aufgrund der besseren Qualifikation des spezialisierten Managements und aufgrund unterschiedlicher Interessen innerhalb der Gruppe der Eigenkapitalgeber das Management nicht selbst übernehmen können.[209]

---

[204] Vgl. Jensen, M./Meckling, W. (1976), S. 310; Fama, E.F. (1980), S. 290; Watts, R./Zimmerman, J. (1986), S. 194 und Franke, G. (1993), Sp. 38ff..

[205] zu anderen Principal-Agent-Beziehungen vgl. z.B. Spence, M./Zeckenhauser, R. (1971), S. 308ff.; Harris, M./Raviv, A. (1978), S. 20ff. oder Bamberg, G. (1989), S. 61ff.

[206] Vgl. Spremann, K. (1991), S. 602ff..

[207] Bereits 1921 von *Frank H. Knight* als Grundlage der kapitalistischen Marktwirtschaft konzipiert. Vgl. der Hinweis bei Spremann, K. (1991), S. 609.

[208] Vgl. zum Begriff der "Risikoentsorgung" Spremann, K. (1991), S. 609.

[209] Vgl. Spremann, K. (1991), S. 610 und 612. Zuerst bei Berle, A./Means, G. (1932).

3)   Die Delegation der Entscheidungsbefugnisse an das Management[210] führt dazu, daß bei managementgeführten Unternehmen das Management aufgrund seiner Nähe zum Geschäft über eine bessere Kenntnis und gleichzeitig auch über einen leichteren Zugang zu relevanten Unternehmensdaten verfügt (**asymmetrische Informationsverteilung**).[211]

Die Beziehungen zwischen Management und Eigentümer können als sog. Modelle asymmetrischer Information wie folgt strukturiert werden:[212]

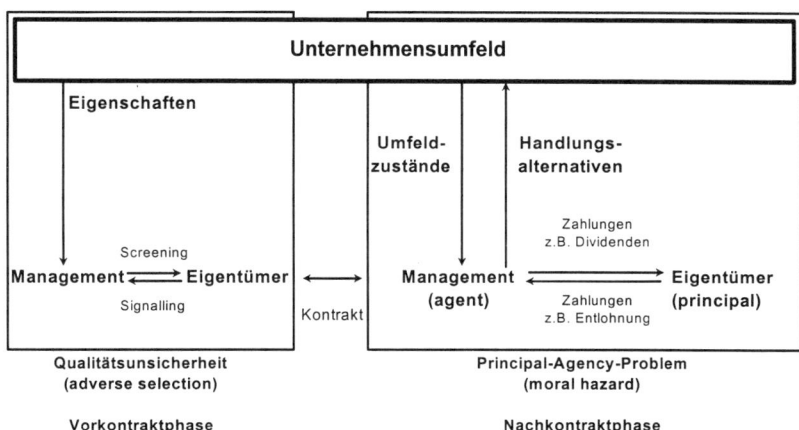

Abb. 2.14.: Beziehungen zwischen Management und Eigentümer[213]

Der Eigentümer einer Kapitalgesellschaft wählt das Management aufgrund dessen Eigenschaften aus, die es z.B. durch Ausbildung, Erfahrung oder Branchenkenntnisse erworben hat. Diese Eigenschaften sind zwar dem Management, nicht jedoch dem Eigentümer in vollem Umfang bekannt und führen zum ersten Problem der Informationsasymmetrie, das auch als **Qualitätsunsicherheit** oder **"adverse selection"** bezeichnet wird.

Kommt ein Kontrakt zwischen den einzelnen Managern und den Eigentümern zustande, so entsteht das zweite Problem der Informationsasymmetrie, das **principal-agent-problem** (**Agency-Theorie**).[214] Da die Entscheidungsbefugnisse an das Management delegiert sind, hat dieses Entscheidungen zu treffen, d.h. zwischen verschiedenen Handlungsalternativen (operative und strategische Entscheidungen) auszuwählen. Dem Eigentümer können nun die vom Management getroffenen Entscheidungen und/oder die damit jeweiligen Umfeldzustände (z.B. Konkurrenzsituation, Marktbedingungen, Konjunktur etc.) unbekannt sein, während diese dem Management aufgrund seiner fachlichen und marktlichen Nähe i.d.R. bekannt sind.

---

[210] *Spremann* verweist auch auf das Free-Rider-Problem, das darin besteht, daß Informationen, die von einem Kapitalgeber unter Anfall von Kosten gewonnen werden, als öffentliches Gut auch anderen Kapitalgebern zukommen und folglich eher zur Einschränkung der Informationssuche führen. Vgl. Spremann, K. (1991), S. 605.

[211] Vgl. Hartmann-Wendels, T. (1991), S. 147 und Wagenhofer, A./Ewert, R. (1993), S. 374.

[212] Vgl. die Übersichten bei Karmann, A. (1992), S. 558f. und Spremann, K. (1991), S. 622ff.. Letzterer spricht von Verhaltensunsicherheit.

[213] In Anlehnung an Karmann, A. (1992), S. 558.

[214] Vgl. Jensen, M./Meckling, W. (1976), S. 305ff.; Fama, E.F. (1980), S. 288ff.; Ewert, R. (1986), S. 10ff.; Spremann, K. (1989), S. 742ff.; Spremann, K. (1989a), S. 3ff.; Elschen, R. (1991), S. 209ff.; Franke, G. (1993), Sp. 38ff. und Wagner, R. (1994), S. 19ff..

Nach der Agency-Theorie erhebt der Eigentümer als **principal** Anspruch auf das erwirtschaftete Ergebnis des Unternehmens ("Cash Flow") und gewährt dem Management für seine Tätigkeit eine Vergütung. Das Management als **agent** des Eigentümers kann jedoch mit seinem Tätigwerden andere Zielsetzungen als der principal verfolgen (z.b. Macht, Prestige, Reputation, Risikovermeidung etc.).[215] In der Literatur besteht nicht ganz Einigkeit, wie weit das Agency-Problem zu definieren ist. Während *Karmann* alle Probleme des nachkontraktlichen Informationsasymmetrie als agency-Probleme und Probleme des "moral hazard" bezeichnet,[216] beschränkt *Spremann* seine Principal-Agent-Definition auf die Probleme der "Hidden Action" und "Hidden Information".[217] Der Autor folgt hier der etwas weiteren Sicht von *Karmann.*[218] Die verschiedenen Grundtypen asymmetrischer Informationsverteilung werden nachfolgend einzeln charakterisiert und mögliche Lösungsansätze im Rahmen des Shareholder Value-Ansatzes vorgestellt.

2.2.2. Grundtypen asymmetrischer Informationsverteilung

Die asymmetrische Informationsverteilung zwischen Management und Eigentümer führt zu Unsicherheiten auf Seiten des Eigentümers über das Verhalten des Managements. Diese können wie in nachfolgender Abbildung klassifiziert werden.[219]

2.2.2.1. Das Problem der Qualitätsunsicherheit

Der erste Grundtyp der Verhaltensunsicherheit besteht darin, daß es dem Eigentümer schwer fällt, die gegebenen Fähigkeiten und Qualifikationen des Managements vor Vertragsbeginn beurteilen zu können **(Problem der "Qualitätsunsicherheit")**.[220] Da der Eigentümer die Eignung des Managements erst im nachhinein, d.h. nach Vertragsabschluß mit dem Manager, erkennen kann, ergibt sich für ihn das Problem des Sortierens, des Ausfilterns guter und wenig geeigneter Manager. Im Zusammenhang mit dem Shareholder Value-Ansatz stellt sich die Frage, ob das Management aufgrund seiner fachlichen Qualifikation in der Lage ist, Entscheidungen zu treffen, die den Aktionärswert positiv beeinflussen. Nach dem deutschen Gesellschaftsrecht (§ 84 Abs. 1 AktG) wird der Vorstand einer AG vom Aufsichtsrat für höchstens fünf Jahre bestellt. Der Aufsichtsrat setzt sich bei mitbestimmten Unternehmen aus Vertretern der Arbeitnehmer und der Eigentümer, bei nicht-mitbestimmten Unternehmen nur aus Aktionärsvertretern zusammen (§ 97 Abs. 1 AktG). Die Aktionäre haben i.d.R. nur indirekt Einfluß auf die Besetzung des Vorstandes, wenngleich z.B. in den USA einige Gesellschaften auf Druck von institutionellen Anlegern Vorstandsmitglieder austauschen mußten.[221] Eine Würdigung der Managementqualität durch die Eigentümer ist direkt nur ex-post durch die Zusage oder Verweigerung der Entlastung in der Hauptversammlung möglich (§ 119 Abs. 1 Nr. 3 AktG).

---

[215] Vgl. z.B. Elschen, R. (1991), S. 1004.

[216] Vgl. Karmann, A. (1992), S. 558.

[217] Vgl. Spremann, K. (1991), S. 622. Zur Klärung der Begriffe sei auf die nachfolgenden Kapitel verwiesen.

[218] *Wagner* ordnet auch die Probleme asymmetrischer Informationsverteilungen vor Vertragsabschluß der "Prinzipal-Agent-Theorie" zu. Vgl. Wagner, R. (1994), S. 19.

[219] In Anlehnung an Spremann, K. (1991), S. 621ff. erweitert um die Strukturierung bei Karmann, A. (1992), S.558f.. sowie ähnlich Breid, V. (1994), S. 238ff. und Marten, K.-U. (1994), S. 139ff..

[220] Vgl. Spremann, K. (1991), S. 626.

[221] Vgl. z.B. das Vorgehen des amerikanischen Pensionsfonds CalPers. Vgl. o.V. (1994), S. 164.

	Typ 1	Typ 2	Typ 3	Typ 4
Verhaltensunsicherheit (Informationsasymmetrie) besteht bzgl. ...	Fähigkeiten und Qualifikationen des Managements	Fairness, Entgegenkommen des Managements	Situationsadäquanz der Managemententscheidungen	Fleiß, Anstrengung und Sorgfalt des Managements
Eigenschaften des Managements sind ...	gegeben	willensabhängig	willensabhängig	willensabhängig
Umfeldumstände sind dem Eigentümer ex post bekannt	ja	ja	nein	nein
Verhalten des Managements ist den Eigentümern ex post bekannt	ja	ja	ja	nein
Ansatz	**Qualitätsunsicherheit** *Kap. 2.2.2.1.* (adverse selection)	**Holdup** *Kap. 2.2.2.2.*	**Hidden Information** *Kap. 2.2.2.3.*	**Hidden Action** *Kap. 2.2.2.4.*
		Principal-Agent-Problem (moral hazard)		
Zeitlicher Bezug	Vorkontraktphase	Nachkontraktphase		
Lösungsmöglichkeit	Signalling, Screening	Vertikale Integration	Motivationsmechanismen Informations- und Kontrollmechanismen	

Abb. 2.15.: Grundtypen der Verhaltensunsicherheit der Eigentümer in der Beziehung zum Management[222]

In der Unternehmenstheorie wird als Lösungsmöglichkeit dieses Problems das sog. **"Signalling"** angeboten. Dabei wird von einem **gepoolten Markt** ausgegangen, in dem gute und schlechte Manager ihre Leistungen anbieten und ein Ausgleich von Angebot und Nachfrage bei einem Durchschnittspreis und einer durchschnittlichen Qualität zustande kommt.[223] Klassischer Entscheidungstheorie folgend, könnte der Eigentümer zusätzlich externe Informationen (z.B. über sog. Headhunter) einholen, um gute und schlechte Manager zu separieren. Es ist jedoch zu erwarten, daß die erforderlichen Informationskosten beträchtlich sein werden.[224]

In dieser Situation besteht nun die erste Möglichkeit darin, daß die besseren Manager ihre überdurchschnittlichen Qualifikationen zu erkennen geben **(Signalling)**, um einen überdurchschnittlichen Marktpreis (= Managementvergütung) zu erhalten. Sie verlassen den Markt, auf dem das unterqualifizierte Management verbleibt, bzw. separieren den Markt nach der angebotenen Qualität. Diese sog. **"adverse Selektion"** kann im Extremfall bis zum **Marktversagen** führen, d.h. in unserem Fall, daß kein Angebot an guten Managern mehr vorhanden ist, da

---

[222] Erweiterte Darstellung nach Spremann, K. (1991), S. 623.
[223] Vgl. Morris, R. (1987), S. 48 und Spremann, K. (1991), S. 645ff..
[224] Vgl. Spremann, K. (1991), S. 633.

diese Sondervereinbarungen getroffen haben.[225] Für die Unternehmenspraxis kann das Signalling durchaus bestätigt werden. Für Führungskräfte von Unternehmen bieten Kunden- und Lieferantenbeziehungen sowie Symposien, Messen, Fachtagungen und die Fach- und Wirtschaftspresse ein Forum, ihre Qualifikationen und Leistungen darzustellen und sich am Markt für Führungskräfte zu zeigen.

Ebenso ist es denkbar, daß die Eigentümer ihrerseits aktiv werden und unterschiedliche Kontrakte in Abhängigkeit der von den Managern ausgesandten "Signale" anbieten, um das Management zu veranlassen, Qualitätsunterschiede von sich aus aufzudecken **(Screening)**. Elemente dieser zweiten Lösungsmöglichkeit sind z.B. in der Vereinbarung variabler Entlohnungssysteme und in sog. Zielvereinbarungen, die im Rahmen der Personalentwicklungsplanung eingesetzt werden, zu sehen.

2.2.2.2. Das Problem des Holdup

Selbst wenn es den Eigentümern gelungen ist, eventuell unterstützt durch ein "Signalling" seitens des Managements oder durch ein „Screening" des Managermarktes "gute" agents zu rekrutieren, stellt sich die Frage, ob das Management sich nach Vertragsabschluß innerhalb des ihm offenstehenden Handlungsspielraumes[226] nicht bewußt oder unbewußt unfair gegenüber den Eigentümern verhält (z.B. Legung stiller Reserven zur Senkung der Dividendenbemessungsgrundlage, Thesaurierung von Gewinnen im Rahmen des § 58 Abs. 2, 2a AktG, Ausnutzung von Insider-Wissen für Geschäfte auf eigene Rechnung etc.). Bei diesem Grundtyp asymmetrischer Informationsverteilung sind die Handlungen des Managements und die relevanten Umfeldkonstellationen ex post für die Eigentümer nachvollziehbar. Dennoch kann der Eigentümer die Handlungen nicht verhindern (z.B. die Insider-Geschäfte) oder sanktionieren (z.B. Gewinnthesaurierung innerhalb der rechtlichen Vorschriften). Der Eigentümer hat bereits seine Investition getätigt, d.h. sich an dem Unternehmen beteiligt oder die Managementvergütung vereinbart, und ihm sind folglich schon sunk costs entstanden; er ist "at the stake" **(Stakeholder-Theorie)**.[227] Die Rentabilität seiner Investition wird jedoch vom Verhalten des agents bestimmt. Diese Situation hat *Goldberg* als **"Holdup"** (zu deutsch Störung, Überfall) bezeichnet.[228] In unserem Fall ist der Eigentümer, als Shareholder, ein spezieller Stakeholder, der Ansprüche an das Management des Unternehmens erhebt.

Um sich gegen die Verhaltensunsicherheit des "Holdup" zu immunisieren, muß der Eigentümer eine Gestaltung finden, die das Management an ihn bindet (Commitment). Der Lösungsvorschlag, der in der Literatur als **"Vertikale Integration"** bezeichnet wird,[229] kann z.B. folgende Möglichkeiten beinhalten:

❑   Langfristige Verträge zwischen Management und Eigentümern (i.d.R. werden Vorständen Mehrjahresverträgen angeboten).

[225] Vgl. Morris, R. (1987), S. 51, Spremann, K. (1991), S. 648f. und Franke, G. (1993), Sp. 39, sowie Akerlof, G. A. (1970), S. 488ff., der diese Entwicklung für den Gebrauchtwagen-Markt exemplarisch beschrieben hat.
[226] *Spremann* spricht von einem "diskretionären Handlungsspielraum". Vgl. Spremann, K. (1991), S. 631.
[227] Der Begriff des Stakeholders wird von *Cornell/Shapiro* verwandt. Vgl. Cornell, B./Shapiro, A.C. (1987), S. 5ff..
[228] Vgl. Goldberg, V.P. (1976), S. 439ff..
[229] Vgl. Spremann, K. (1991), S. 634.

❏   Sicherung von Verfügungsrechten (z.b. Berichtspflicht des Vorstandes gegenüber Aufsichtsrat nach § 90 Abs. 1 AktG, Abstimmung der Hauptversammlung über die Entlastung des Vorstandes nach $ 119 Abs. 1 Nr. 3 AktG).[230]

❏   Soziale Werte- und Strafsysteme (z.b. Belohnung mit Beraterverträgen oder Aufsichtsratsmandaten nach Ausscheiden aus dem Vorstand, prestigeträchtige Firmenvilla etc.).[231]

In der Unternehmenspraxis kommt i.d.r. ein Bündel dieser Möglichkeiten vor, die teilweise rechtlich kodifiziert sind.

2.2.2.3. Das Problem der Hidden Information

Beim dritten Grundtyp besteht die Problematik darin, daß nach Abschluß des Vertrages zwischen Eigentümer und Manager zwar nachvollzogen werden kann, welche Maßnahmen das Management getroffen hat, jedoch den Eigentümern ex post nicht ersichtlich ist, welche Umfeldsituation zu diesem Zeitpunkt vorlag. Die Information ist quasi verborgen **(Hidden Information)**.[232] Damit kann nicht überprüft werden, ob die vom Management getroffene Entscheidung in der gegebenen Situation adäquat war und folglich ist auch der Erfolgsbeitrag des Managements schwer zu ermitteln.[233] Als Lösungen hierzu bieten sich Motivationsmechanismen sowie Informations- und Kontrollmechanismen an. Da die Lösungsmöglichkeiten für den Fall der "Hidden Information" denen der "Hidden Action" entsprechen, sollen sie im nachfolgenden Abschnitt diskutiert werden.

2.2.2.4. Das Problem der Hidden Action

Während beim Problem des "Holdup" zumindest ex post überprüft werden kann, ob der Eigentümer vom Management hintergangen wurde, kann - ähnlich wie bei der Hidden Information - auch beim vierten Grundtyp asymmetrischer Informationsverteilung im nachhinein nicht überprüft werden, ob das Managementverhalten problemadäquat war.[234] Die Verhaltensunsicherheit besteht darin, daß der Fleiß, die Anstrengung und die Sorgfalt, die das Management aufbringt, aufgrund des gleichzeitigen Auftretens exogener Einflüsse (Veränderungen im Unternehmensumfeld durch die Konkurrenz, durch dieMarktentwicklung oder die Konjunktur) nicht gemessen werden kann. Für das Dilemma ist unbeachtlich, ob die Umfeldsituation den Eigentümern ex post bekannt ist oder nicht.[235] Demnach wird es schwierig, zu unterscheiden, ob ein schlechtes Unternehmensergebnis auf die Leistung des Managements oder auf die exogenen Rahmenbedingungen zurückzuführen ist; die Leistung des Managements wird für den Principal zur **"Hidden Action"**.[236]

---

[230] zur Überlegenheit der Verfügungsrechte gegenüber Langfrist-Verträgen vgl. Klein, B./Crawford, R.G./Alchian, A.A. (1979), S. 297ff..

[231] Vgl. Frank, R.H. (1987), S. 593ff. und Spremann, K. (1991), S. 635.

[232] Vgl. die Abgrenzung zur Hidden Action bei Arrow,, K.J. (1985), S. 37ff..

[233] Vgl. Spremann, K. (1989a), S. 9ff. und Karmann, A. (1992), S. 558.

[234] Vgl. Fama, E.F. (1980), S. 300; Eisenhardt, K. (1989), S. 61 und Spremann, K. (1989a), S. 9ff

[235] Der letztere Fall wäre eine Kombination mit dem Problem der "Hidden Information".

[236] Vgl. die Verwendung des Begriffes bei Hartmann-Wendels, T. (1989), S. 714 und Karmann, A. (1992), S. 558.

Zur Lösung von Problemen der "Hidden Action" und der "Hidden Information" bieten sich zwei Möglichkeiten an:[237]

1) **Motivationsmechanismen:**

Durch die Aufnahme von Anreizsystemen ("incentives") in die Verträge zwischen Eigentümer und Management soll das Management motiviert werden, im Interesse der Eigentümer zu handeln oder entsprechende Informationen über das Unternehmensumfeld bereitzustellen.[238] Das Grundproblem besteht in der Art und Weise des Designs des Anreizsystems. Da der Einsatz des Managements vom Eigentümer nicht beobachtet werden kann, scheiden Lösungen, die eine direkte Entlohnung in Abhängigkeit des Einsatzes vorsehen, als theoretische **"First best"-Lösungen**[239] aus. Anwendbar sind daher nur Anreizsysteme, die an von beiden Parteien beobachtbare Ergebnisse (z.B. Jahresüberschuß, Wirtschaftsergebnis oder Freier Cash Flow) gekoppelt sind (**"Second best"-Lösungen**), wobei angenommen wird, daß diese Ergebnisse eine Funktion des Engagements des Managements sind.

"Second best"-Lösungen können durch die Beteiligung des Managements am Erfolg als Belohnungssystem implementiert werden. In deutschen Unternehmen bestehen diese allerdings noch in unzureichendem Maße.[240] Eine Bestrafung im Form eines sog. "Pfandes" (z.B. Schädigung der Reputation, die das Management in das Unternehmen mitbringt oder Verlust des eigenen Kapitaleinsatzes bei Beteiligung des Managements am Unternehmen) oder in Form einer Garantie (z.B. Begrenzung des Verlustes der Eigentümer) sind ebenso unter die Anreizsysteme einzureihen, wie auch die Rolle des Arbeitsmarktes für Führungskräfte, der eine stetige Bewertung des Marktwertes einzelner Manager ermöglicht.[241]

2) **Informations- und Kontrollmechanismen:**

Informations- und Kontrollmechanismen dienen der Verbesserung des Informationsstandes der Eigentümer, um die Unsicherheit über das Unternehmensumfeld und über das Verhalten des Managements zu reduzieren. Die **gesetzlich kodifizierte Pflicht zur externen Rechnungslegung** und zu dessen externer Prüfung und die Vorschriften zum Schutz der Aktionärsinteressen sind hier an erster Stelle zu nennen.[242] Denkbar wäre jedoch auch eine freiwillige Selbstverpflichtung des Managements, Informationen an die Eigentümer zu geben, wie es z.B. im Rahmen des **Investor Relations** gefordert wird.[243] Auch ökonomisch wäre dies sinnvoll, da die Eigentümer ein im Falle der eingeschränkten Information bestehendes höheres Risiko durch geringere Managementvergütung kompensieren werden.[244] Zudem besteht in gewissen Umfang auch eine Kontrolle innerhalb der Gruppe der **Führungskräfte** eines Unternehmens, die auch durch gesetz-

---

[237] Vgl. Elschen, R. (1991), S. 210f. und Spremann, K. (1991), S. 635ff..

[238] Vgl. Milde, H. (1989), S. 39ff.; Pfingsten, A. (1989), S. 117ff; Elschen, R. (1991), S. 209ff. und Bamberg, G./Coenenberg, A.G. (1994), S. 138ff..

[239] Vgl. Karmann, A. (1992), S. 559 und Spremann, K. (1991), S. 635f..

[240] Vgl. Günther, T. (1991), S. 174ff..

[241] Vgl. Spremann, K. (1991), S. 637 und Karmann, A. (1992), S. 559, sowie speziell zur Rolle des Arbeitsmarktes Fama, E.F. (1980), S. 288ff..

[242] Vgl. zur Prüfung des externen Jahresabschlusses und Lageberichts Ballwieser, W. (1989), S. 327ff.

[243] Vgl. zum Zusammenhang von Investor Relations und Shareholder Value-Ansatz Dürr, M. (1994), S. 21ff..

[244] Vgl. Franke, G. (1993), Sp. 42.

liche Regelungen unterstützt wird (z.b. das Mehrheitsprinzip bei Vorstandsentscheidungen gemäß § 77 Abs. 1 Satz 2 AktG).

Die Organisationstheorie spricht nach *Ouchi* dem **"Clan"**, der als hierarchisch strukturierte Gemeinschaft verstanden wird, eine Kontrollfunktion zu. Die Aufnahme und die Beförderung einzelner Mitglieder des "Clans" (= Managements) hängt davon ab, inwieweit das Individuum gemeinsame Wertvorstellungen teilt.[245] Eigenkapitalgeber können z.b. bei der Auswahl des Managements darauf achten, inwieweit dieses seine eigenen Wertvorstellungen teilt und diese an untergeordnete Hierarchien weiterreichen wird. Ein weiterer Kontrollmechanismus stellt nach *Spremann* die durch *Schumpeter* beschriebene **evolutionäre Selektion** dar. Unternehmen, die es versäumen, neue Produkte und Problemlösungen anzubieten, laufen Gefahr, von innovativen Konkurrenten verdrängt zu werden. Permanente Konkurrenz kann daher zur Disziplinierung des Managements beitragen.[246]

Während die Grundtypen asymmetrischer Informationsverteilung "Qualitätsunsicherheit" und "Holdup" ex post überprüft und damit kontrolliert werden können, ist dies bei "Hidden Information" und "Hidden Action" nicht möglich. Diskrepanzen in den Zielsetzungen von Management und Eigentümern, die auf die beiden zuletzt genannten Probleme zurückzuführen sind, sind daher nur zu beseitigen, wenn ein Shareholder Value-Ansatz um ein entsprechend gestaltetes Anreizsystem sowie ein Informations- und Kontrollsystem ergänzt wird. Dem Informations- und Kontrollsystem kommt dabei die Aufgabe zu, die Zielsetzungen der Eigentümer in Entscheidungsprozesse des Managements zu integrieren. Zugleich soll es Daten zur Verfügung stellen, um auch Managemententscheidungen extern kontrollieren zu können. Grundlage hierzu kann ein unternehmenswertorientiertes Controllingsystem sein, wie es noch vorgestellt werden wird.[247]

Die beschriebenen Informationsasymmetrien zwischen Management und Eigentümern führen folglich zur Forderung nach einem unternehmenswertorientierten Anreizsystem, ausgeprägten Investor Relations und einem unternehmenswertorientierten Controlling.

2.2.3. Agency-Kosten und Wertsteigerungsmanagement

Die sich bei Eigentümer-Management-Beziehungen ergebenden asymmetrischen Informationsverteilungen ziehen finanzielle Belastungen für die Eigentümer nach sich (**Agency-Kosten**), um das Management dazu zu veranlassen, im Sinne ihrer Auftraggeber zu handeln. Die Agency-Kosten, die sich i.d.R. nicht quantifizieren lassen,[248] können wie folgt gegliedert werden:[249]

❑ **"Monitoring Costs"** (Überwachungskosten) zur Deckung der Informationsbedürfnisse des principal und zur Kontrolle des agent (z.b. Kosten für das interne Kontrollsystem, das Berichtswesen, die externe Jahresabschlußprüfung, die Investor Relations und ein unternehmenswertorientiertes Controlling),

---

[245] Vgl. Ouchi, W.G. (1979), S. 833ff..

[246] Vgl. Spremann, K. (1991), S. 612f..

[247] Vgl. die Ausführungen in Kapitel 2.8. Konzeption eines unternehmenswertorientierten Controlling-Systems.

[248] Vgl. erste Versuche bei Mello, A./Parsons, J. (1992), S. 1893ff., jedoch auch die massive Kritik bei Schneider, D. (1989), S. 495ff..

[249] Vgl. Jensen, M./Meckling, W. (1976), S. 308f..

❑   **"Bonding Costs"** (Risikoprämien), die der agent für seine risikobehafteten Einkommensbestandteile erhält (z.B. die variable Managementvergütung im Rahmen eines unternehmenswertorientierten Anreizsystems) und

❑   **"Residual Loss"** (Opportunitätskosten) für entgangene Gewinne, wenn der agent zu Lasten des principal suboptimale Entscheidungen fällt.

Agency-Kosten sind folglich Kosten, die durch die notwendige Motivation, Anweisung und Kontrolle des Management entstehen[250] und die nach *Jensen/Meckling* theoretisch als Differenz der "First best"-Lösung und der "Second best"-Lösung zu verstehen sind.[251] Wie schon die Reaktionen des Kapitalmarktes auf die Anti-Takeover-Gesetzesvorschlage im Oktober 1987 gezeigt haben, ist es Zielsetzung der Eigentümer, die Agency-Kosten z.B. durch ein leistungsfähiges Anreiz- und Controllingsystem und ein aussagekräftiges Informationssystem (Investor Relations) zu minimieren und folglich ihr Aktionärsvermögen zu steigern.

2.3. Kritik an "traditionellen" Steuerungsgrößen der Unternehmensführung

Die Forderung nach der Einführung eines Wertsteigerungsmanagement wird vielfach auch mit der mangelnden Eignung „traditioneller" Steuerungsgrößen der Unternehmensführung **(Erfolgskennzahlen)** begründet. Insbesondere wird kritisiert, daß Kennzahlen, die auf Daten des externen Rechnungswesens fußen, zur Beurteilung des Unternehmens als Einheit (Konzern-Ebene) und zur Ressourcenallokation an dezentrale Einheiten (Geschäftsbereichs-Ebene) nicht brauchbar sind.[252] Die am häufigsten verwandten Kennzahlen sind die Umsatzrendite, die Eigen- und Gesamtkapitalrendite und - vor allem im anglo-amerikanischen Raum - das Wachstum des Gewinns je Aktie und des Kurs-Gewinn-Verhältnisses.[253] Für die Steuerung dezentraler Einheiten, die nicht rechtlich selbständig (kein eigenes Eigenkapital) oder gar als Aktiengesellschaften börsennotiert sind, kommen jedoch nur die Gesamtkapital- und Umsatzrendite zur Beurteilung der Performance in Frage.

Die Kritik an „traditionellen" Steuerungsgrößen bezieht sich dabei auf folgende Punkte, die nachfolgend vorgestellt und diskutiert werden sollen.

2.3.1.   Mangelnde Korrelation zwischen jahresabschlußorientierten Kennzahlen und der Wertentwicklung am Kapitalmarkt

Insbesondere in den USA ist eine starke Fokussierung auf Gewinngrößen wie Wachstum des Gewinns je Aktie oder Kurs-/Gewinn-Verhältnis festzustellen, die durch die quartalsweise Berichterstattung und die Berichterstattung in der Wirtschaftspresse gefördert wird. Die These,

---

[250] Vgl. Spremann, K. (1991), S. 615.

[251] Vgl. Jensen, M./Meckling, W. (1976), S. 327.

[252] Vgl. im Folgenden Rappaport, A. (1981), S. 140; Hofer, C. (1983), S. 43ff.; Johnson, W.B./Natarajan, A./Rappaport, A. (1985), S. 53; McGuire, J./Schneeweis, T./Hill, J. (1986), S. 134; Blyth, M.L./Friskey, E.A./Rappaport, A. (1986), S. 48f.; Rappaport (1986), S. 19ff.; Gomez, P. (1990), S. 559; Bühner, R. (1990), S. 13ff.; Copeland, T./Koller, T./Murrin, J. (1991), S. 73ff.; Meyersiek, D. (1991), S. 235ff.; Fickert, R. (1992), S. 52; Lehmann, S. (1994), S. 84ff.; Siegert, T. (1994a), S. 63f. und Siegert, T. (1995), S. 581ff..

[253] Vgl. die empirischen Ergebnisse für die Top 250 deutscher Unternehmen bei Rappaport, A./LEK Unternehmensberatungs GmbH (1995), S. 6.

ein Wachstum des Gewinnes je Aktie führe auch zu einer Steigerung des Aktienkurses wurde jedoch von *Rappaport* widerlegt.[254] Er konnte z.B. zeigen, daß im Zeitraum 1974 bis 1979 172 von 400 Unternehmen des Standard & Poor's 400-Aktienindex Wachstumsraten des Gewinns je Aktie von größer als 15 % verzeichneten, gleichzeitig jedoch 27 der 172 Unternehmen (16 %) negative Aktienrenditen (Dividende plus Kurssteigerungen) aufwiesen und 35 % der 172 Unternehmen den Aktionären keinen Inflationsausgleich bieten konnten. Trotz steigender Gewinne konnten die Unternehmen in den Hochinflationsjahren die hohen inflationsgetriebenen Kapitalkosten nicht verdienen. Der Börsenaufschwung der 80er Jahre auf der anderen Seite war von einem Rückgang der Inflation und der Kapitalmarktkosten begleitet.[255] *Thomas/Lipson* kommen für den S&P 400 in den Jahren 1982-1984 zu vergleichbaren Ergebnissen (R^2 nur 0,12).[256]

Studien der Boston Consulting Group (BCG) zeigen, daß gewinnorientierte Kennzahlen im Jahre 1991 eine schwächere Korrelation mit den Aktienkursen aus dem S&P 400-Index aufweisen als Cash Flow-orientierte Kennzahlen.[257] Zu vergleichbaren Ergebnissen kommt auch *Finegan* in einer Studie für das Beratungsunternehmen Stern, Stewart & Co.[258] *Copeland/Koller/Murrin* konnten in einer Studie für McKinsey zeigen, daß der Quotient aus dem Barwert zukünftiger nach dem Value Line Investment Survey geschätzter Cash Flows zum Buchwert des Eigenkapitals hoch mit dem Market to Book Value Ratio korreliert (R^2=0,94).[259] Eine BCG-Analyse kommt für Deutschland zu vergleichbaren Ergebnissen (R^2=0,66). Hierbei wurde als unabhängige Variable das Verhältnis von Cash Flow Return on Investment zu den durchschnittlichen Kapitalkosten und als abhängige Variable der Quotient aus Börsenwert und Bruttoinvestition gewählt.[260] Wie nachfolgende Abbildung zeigt, ist der Cash Flow Return on Investment (CFROI) als Cash Flow- und unternehmenswertbezogene Kennzahl in der Lage, die Marktwertentwicklung an der Börse besser als die „traditionellen" Kennzahlen zu erklären.[261]

---

[254] Vgl. Rappaport, A. (1983), S. 29f.; Johnson, B.W./Natarajan, A./Rappaport, A. (1985), S. 54. und Rappaport, A. (1986), S. 27ff..

[255] Vgl. die Zahlenreihe bei Rappaport, A. (1986), S. 30f..

[256] Vgl. Thomas, R./Lipson, M. (1985), o.S. zitiert nach Reimann, B.C. (1990), S. 17 und S. 186 und ebenso Olsen, E./Thomas, R. (1987), S. 5.

[257] Vgl. Lewis, T.G./Stelter, D. (1993), S. 111.

[258] Vgl. Finegan, P.T. (1991), S. 35ff.

[259] Vgl. Copeland, T./Koller, T./Murrin, J. (1991), S. 85 und ebenso die Analyse von Marakon Associates mit einem R^2 von 64 % für den Standard & Poors 500-Index. Vgl. McTaggart, J.M./Kontes, P.W./Mankins, M.C. (1994), S. 61.

[260] Vgl. Lewis, T.G./Stelter, D. (1993), S. 111.

[261] Vgl. die Studie für die Standard & Poor's 400-Unternehmen für das Jahr 1991 bei Lewis, T.G./Stelter, D. (1993), S. 111 und vergleichbar die Ergebnisse derselben Stichprobe für die Jahre 1982-1984 bei Olsen, E./Thomas, R. (1987), S. 5ff. und bei Thomas, R./Lipson, M. (1985), zitiert nach Reimann, B.C. (1990), S. 186ff und für das Jahr 1992 bei Lewis, T.G. (1994), S. 46f.

Kennzahl	Definition	Erklärungsanteil R^2
ROS	Return on Sales (Umsatzrendite)	Gewinn / Umsatz	25 % der Größe Börsenwert/Umsatz
ROE	Return on Equity (Eigenkapitalrendite)	Gewinn / Buchwert des Eigen-kapital	28 % der Größe Börsenwert/Eigenkapital
ROI	Return on Investment	(Gewinn + Zinsen) / Investiertes Kapital	35 % der Größe Börsenwert/ Gesamtkapital
ROGI	Return on Gross Investment	(Gewinn + Zinsen + Abschrei-bungen) / (Investiertes Kapital + kum. Abschreibungen)	48 % der Größe Börsenwert/Gesamtkapital
CFROI	Cash Flow Return on Investment	ROGI angepaßt an Inflation, Nutzungsdauer und Endwert	66 % der Größe Börsenwert/investiertes Kapital

Abb. 2.16.: Erklärungsanteil verschiedener Erfolgskennzahlen (BCG-Studie)[262]

Interessanterweise wird auch die Vorgehensweise einiger Studien der Erfolgsfaktorenfor-schung in Frage gestellt. Eine Studie von *Johnson, Natarjan* und *Rappaport*[263] kommt zu dem Ergebnis, daß die von *Peters/Waterman* in ihrer Studie "In Search of Excellence"[264] auf Basis von Rechnungswesendaten (Wachstum des investierten Kapitals, Wachstum des Eigenkapi-tals, Marktwert zu Buchwert-Verhältnis, Gesamtkapital-, Eigenkapital- und Umsatzrendite für den Zeitraum 1961 bis 1980) ermittelten "exzellenten" Unternehmen weder im Vergleich zum Durchschnitt der New York Stock Exchange noch im Vergleich zu Unternehmen aus ver-gleichbaren Branchen noch im Vergleich zu Konkurrenten aus der gleichen Branche signifi-kant höhere Kapitalmarktrenditen erwirtschaften konnten. Die Autoren folgern daraus, daß Erfolgskennzahlen auf Basis von Rechnungswesendaten irreführend sein können und die von *Peters/Waterman* identifizierten Unternehmen zwar eine überlegene "financial (e.g. earnings) performance" aber keine überlegene "economic (stock market) performance" aufwiesen.[265] Studien von *Clayman*[266], *Gosh*[267] und *Kolodny/Laurence/Gosh*[268] bestätigen die Ergebnisse von *Johnson/Natarjan/Rappaport*. *Clayman* kommt zu dem Ergebnis, daß von 29 exzellenten Unternehmen aus der Stichprobe von *Peters/Waterman* im Zeitraum 1981-1985 nur 11 besser als der S&P 500-Index abschnitten und die 29 Unternehmen als Gesamtportfolio nur 1,1 % Überrendite p.a. im Vergleich zum S&P 500 erzielen konnten. Eine Kontrollgruppe von "schlechten" Unternehmen konnte jedoch eine Überrendite von 12,4 % p.a. erzielen. *Gosh* analysiert die „exzellenten" Firmen nach *Peters/Waterman* mit Hilfe von operativen, finan-ziellen und Kapitalmarktgrößen für den Zeitraum 1960 bis 1984 und kann ebenfalls keine si-gnifikanten Unterschiede zu einer Kontrollgruppe feststellen.[269] *Clayman* und *Gosh* führen diese Ergebnisse einerseits auf die Überschätzung der zukünftigen Unternehmensentwicklung durch die Prolongierung guter jahresabschlußbezogener Performance-Daten in die Zukunft

---

[262] Vgl. Lewis, T.G./Stelter, D. (1993), S. 111.

[263] Vgl. Johnson, W.B./Natarajan, A./Rappaport, A. (1985), S. 52ff..

[264] Vgl. Peters, T.J./Waterman, R. (1982), S. 1ff..

[265] Vgl. Johnson, W.B./Natarajan, A./Rappaport, A. (1985), S. 61.

[266] Vgl. Clayman, M. (1987), S. 54ff..

[267] Vgl. die Studie von Gosh, A. (1989).

[268] Vgl. die Studie von Kolodny, R./Laurence, M./Gosh, A. (1989), S. 56ff. zur „management performance" der „exzellenten" Unternehmen.

[269] Vgl. Gosh, A. (1989), S. 137ff..

und andererseits auf den Abbau relativer Wettbewerbsvorteile im Zeitablauf (retension to the mean) zurück.[270]

Die Beurteilung unternehmerischer Entscheidungen kann bei gewinnorientierten Erfolgskennzahlen zu anderen Ergebnissen als bei unternehmenswertorientierten Erfolgskennzahlen führen. Z.B. zeigte eine Studie des Office of the Chief Economist der Securtiy and Exchange Commission (SEC) eine signifikant positive Reaktion der abnormalen Renditen auf Ankündigungen von F&E-Projekten, während die gewinnorientierten Erfolgskennzahlen durch den Aufwandcharakter der F&E-Aktivitäten negativ betroffen waren.[271] Ebenso konnten positive Auswirkungen von Ankündigungen neuer Investitionsprogramme[272] oder langfristiger strategischer Maßnahmen[273] und sogar bei der Aufgabe und bilanziellen Abschreibung gescheiterter Investitionsvorhaben[274] empirisch festgestellt werden.

Systematische Unterschiede zwischen buchhalterischen Renditen und „realen ökonomischen" Renditen für Unternehmen oder einzelne Unternehmensbereiche, in denen mehrere Projekte gleichzeitig und mit unterschiedlichem Entwicklungsstand durchgeführt werden, wurden bereits 1966 von *Solomons* auf analytischem Wege festgestellt.[275] Er vergleicht die ökonomische Rendite gemessen als interner Zinssatz mit dem auf dem Jahresüberschuß bzw. -fehlbetrag basierenden Return on Investment (RoI). *Solomon* stellt fest, daß der buchhalterische RoI kein geeignetes Maß für die „reale" Rendite von Unternehmenseinheiten darstellt. Die Abweichung von den „realen" Renditen ist dabei weder konstant noch in der Richtung der Abweichung konsistent. I.d.R erfolgt jedoch eine **Überschätzung „realer" Renditen durch den RoI**, wobei vier wesentliche Einflußgrößen festzustellen sind:[276]

❑   Je größer die Länge der Investitionsprojekte ausfällt, desto größer die Überschätzung der „realen" Rendite durch den RoI.

❑   Je kleiner der Anteil der aktivierten Investitionsaufwendungen, desto größer fällt die Überschätzung durch den RoI aus, da der Nenner der RoI-Formel kleiner wird. Dieser Effekt spielt insbesondere bei Branchen und Unternehmen mit hohen Anteilen immaterieller Investitionen z.B. in Markenwerte, Software oder F&E eine Rolle.

❑   Je schneller die Investitionen in den Büchern abgeschrieben werden (z. B. durch einer degressiven statt einer linearen Abschreibung), umso höher ist die Überschätzung durch den RoI.

❑   Je stärker Investitionsauszahlungen und Rückflüsse auseinanderfallen, desto größer ist die Abweichung von RoI und „realer" Rendite.

❑   Je größer das Wachstum von Unternehmen, desto niedriger wird der RoI im Vergleich zu einem Unternehmen ohne Wachstum ausfallen und desto geringer fällt die Abweichung zwischen RoI und „realer" Rendite aus.

❑   Je größer die Inflation, desto größer fällt die Überschätzung durch den RoI aus.

---

[270] Vgl. Clayman, M. (1987), S. 58ff. und Gosh, A. (1989), S. 6ff. und S. 144f.
[271] Vgl. Office of the Chief Economist (1985).
[272] Vgl. McConnell, J.J./Muscarella, C.J. (1985), S. 399ff..
[273] Vgl. Woolridge, R. (1988), S. 26ff..
[274] Vgl. Mercer, G. (1987) zitiert bei Copeland, T./Koller, T./Murrin, J. (1991), S. 92.
[275] Vgl. Solomon, E. (1966), S. 232ff. *Solomon* spricht von „true yield" (interner Zinssatz) im Vergleich zu „book yield" (RoI). Vgl. ähnlich Dearden, J. (1969), S. 124ff..
[276] Vgl. Solomon, E. (1966), S. 239f.

Die Unterschiede sind auf die Nichtberücksichtigung des Zeitwertes des Geldes, die Nicht-Aktivierung bestimmter zukunftsbezogener Aufwendungen (z.B. Werbemaßnahmen, selbst geschaffene Software des Anlagevermögens oder F&E-Aufwendungen) und die Verteilung der Investition mittels Abschreibungen über die Projektlaufzeit bedingt.

Die Kritik einer einseitigen Orientierung des Managements an gewinnorientierten Kenngrößen ist sicherlich überzogen, da z.B. seit jeher ein Vergleich der Gesamtkapitalrendite mit den Kapitalkosten zum Standard-Repertoire der Kennzahlenanalyse gehört. Durch die Vergleichslatte der Kapitalkosten erfolgt insofern schon eine Einbeziehung des Kapitalmarktes. *Rappaport* lehnt jedoch den Vergleich von Marktgrößen (Kapitalkosten) mit buchhalterischen Größen (buchhalterischen Renditen) als einen Vergleich von „Äpfel mit Orangen", d.h. als einen Vergleich zweier nicht-adäquater Größen, ab.[277] Die empirischen Ergebnisse zeigen, daß verfeinerte und Cash Flow-orientierte Kennzahlen eine bessere wertorientierte Erfolgsmessung erlauben und als erklärungsstarke Proxy-Variable für die eigentliche Zielgröße "Schaffung von Shareholder Value" dienen können.

2.3.2. Unterschiedliche Ermittlung gewinnorientierter Größen aufgrund gesetzlicher Spielräume im externen Rechnungswesen

Die gesetzlichen Regelungen eröffnen für die Erstellung von Bilanz und Gewinn- und Verlustrechnung erhebliche Ansatz- und Bewertungswahlrechte, wie z.B. die Wahl des Verbrauchsfolgeverfahrens (Lifo, Fifo etc.), die Wahl der Abschreibungsmethode (linear, degressiv, gemischt), Art und Weise der Behandlung von Leasing oder Möglichkeiten zur Aktivierung und Abschreibung bestimmter Aufwendungen (in Deutschland z.B. die Aufwendungen für die Ingangsetzung und Erweiterung des Geschäftsbetriebs bei Kapitalgesellschaften nach § 269 HGB oder der derivate Geschäftswert nach § 255 Abs. 4 HGB). Diese Wahlrechte können die Höhe des ausgewiesenen Gewinns beeinflußen. Einige Verfechter der Shareholder-Idee kritisieren diese bilanzpolitischen Möglichkeiten, da sie zur Verzerrung der Erfolgskennzahlen beitragen und empfehlen statt Gewinn-Größen Cash Flow-Größen zu verwenden, da diese durch obige Wahlrechte nicht tangiert würden.[278] Es stellt sich jedoch die Frage, welche der vielen möglichen Cash Flow-Definitionen gewählt werden soll[279] und welche der bilanzpolitischen Gestaltungsmöglichkeiten hierdurch bereinigt werden kann. Z.B. kann die einfache Cash Flow-Formel (Cash Flow = Jahresüberschuß plus Abschreibungen) Änderungen in der Vorratsbewertung nicht bereinigen.

Die **Heterogenität internationaler Rechnungslegungsvorschriften** schränkt die Vergleichbarkeit von Abschlüssen aus unterschiedlichen Staaten ein. So zeigte z.B. die Daimler-Benz AG 1993 anläßlich ihres Listing an der New York Stock Exchange (NYSE) im deutschen Jahresabschluß für das Geschäftsjahr 1992 einen Jahresüberschuß von 1,451 Mrd. DM bei einem Eigenkapital von 19,719 Mrd. DM, während der gemäß SEC-Bedingungen erstellte Abschluß nach GAAP einen Gewinn von 1,350 Mrd. DM und ein Eigenkapital von 27,604 Mrd. DM

---

[277] Vgl. Rappaport, A. (1986), S. 31.
[278] Vgl. Rappaport, A. (1986), S. 20; Bühner, R (1990), S. 16ff.; Stewart, G.B. (1990), S. 24ff.; Copeland, T./Koller, T./Murrin, J. (1991), S. 80 und Lehmann, S. (1994), S. 88.
[279] Vgl. z.B. Coenenberg, A.G. (1993), S. 514ff..

zeigte. Im darauffolgenden Jahr 1993 belief sich der "deutsche" Gewinn auf 615 Mill. DM, dem jedoch ein "amerikanischer" Verlust in Höhe von 1,8 Mrd. DM gegenüberstand.[280]

Die unterschiedliche Ausnutzung von Wahlrechten führt jedoch dann nicht zu Problemen beim Performance-Vergleich, wenn innerhalb eines Unternehmens für alle Geschäftsbereiche einheitliche Regelungen getroffen werden. Im Vergleich zwischen Unternehmen oder zwischen eigenständig bilanzierenden Tochterunternehmen (z.B. aufgrund zwingender Unterschiede zwischen einzelnen Ländern) kann es jedoch zu Verzerrungen der Erfolgskennzahlen und folglich zu Fehleinschätzungen kommen.

2.3.3. Mangelnde Berücksichtigung von Risiken

Risiken unterschiedlicher Geschäftsfelder oder Stategien werden in „traditionellen" Steuerungsgrößen unzureichend berücksichtigt. Dies führt dazu, daß innerhalb des Unternehmens risikoschwächere Wirtschaftssektoren (z.B. für die BRD die Energieversorgungswirtschaft) und risikostärkere Bereiche (z.B. die Konsumelektronik) gleiche Investitionshürden zu überwinden haben. Der rationale Anleger verlangt jedoch für riskantere Investitionen eine zusätzliche Risikoprämie, die im Shareholder Value-Ansatz über eine Differenzierung des Diskontierungszinsfußes berücksichtigt werden kann. Während absolute Steuerungsgrößen wie Gewinn oder Cash Flow Risiken überhaupt nicht berücksichtigen, wäre es möglich, Kennzahlen wie Umsatzrendite, Eigen- oder Gesamtkapitalrendite durch Vorgabe risikoangepaßter Hürden (z.B. risikoangepaßte Kapitalmarktkosten) zu differenzieren, um dem Shareholder Value-Gedanken Ausdruck zu verleihen.

2.3.4. Mangelnde Berücksichtigung des Zeitwertes des Geldes und des Vermögens (Inflation)

Da die gebräuchlichen Erfolgskennzahlen auf nominalen Wertgrößen fußen, laufen sie Gefahr, durch inflatorische Einflüsse in ihrer Steuerungswirkung beschnitten zu werden.[281] *Hergert* konnte bereits 1983 anhand einer Analyse von Unternehmen des Standard & Poor's 400 Industrial-Index zeigen, daß der Anstieg der Eigenkapitalrendite in den 70er Jahren trotz eines Rückganges der Umsatzrendite durch einen erheblichen Anstieg des Vermögensumschlages und des Leverage-Effektes bewirkt wurde.[282] *Hergert* führt dies darauf zurück, daß entsprechend des nachfolgend aufgezeigten definitorischen Zusammenhanges die im Betrachtungszeitraum erhebliche Inflation sich schneller im Umsatz als im Gesamtvermögen niederschlägt, das einen Mix von Vermögensgegenständen unterschiedlicher Anschaffungszeitpunkte darstellt und deshalb zeitlich der Inflation nachläuft.

$$Eigenkapitalrendite\,(RoE) = \frac{Jahres\ddot{u}berschu\beta}{Umsatz} \bullet \frac{Umsatz}{Gesamtverm\ddot{o}gen} \bullet \frac{Gesamtverm\ddot{o}gen}{Eigenkapital}$$

$$Eigenkapitalrendite\,(RoE) = \underbrace{Umsatzrendite\,(RoS) \bullet Verm\ddot{o}gensumschlag}_{Return\,on\,Assets\,(RoA)} \bullet \frac{1}{Eigenkapitalquote}$$

---

[280] Vgl. Daimler-Benz AG (1993), Form 20-F, F-12/13.
[281] Vgl. Siegert, T. (1995), S. 583f..
[282] Vgl. Hergert, M. (1983), S. 101 zitiert nach Rappaport, A. (1986), S. 43.

Die errechneten Produktivitäten und Rentabilitäten werden hierdurch jedoch verzerrt, d.h. i.d.R. beschönigt. Des weiteren ist zu berücksichtigen, daß aufgrund von Inflation der reale Beitrag absoluter Größen wie Gewinn oder Cash Flow mit zunehmender Entfernung vom Entscheidungszeitpunkt (t = 0) abnimmt, wenn mehrperiodige Zeiträume zugrunde gelegt werden.

Der inflatorische Einfluß kann teilweise vermieden werden, indem das Vermögen im Rahmen einer Substanzerhaltungsrechnung auf Basis von Wiederbeschaffungskosten angesetzt wird. Dies kann jedoch nur erfolgen, wenn vom externen Rechnungswesen mit seinem Anschaffungskostenprinzip (Vermögensgegenstände dürfen maximal zu Anschaffungskosten bzw. Herstellungskosten ausgewiesen werden) in einer internen kurzfristigen Ergebnisrechnung abgegangen wird. Die Entwertung von nominellen Größen im Zeitablauf kann jedoch nur durch Abdiskontierung der Zahlungsströme mit einem inflationsangepaßten Zinssatz auf den Entscheidungszeitpunkt, d.h. durch eine **mehrperiodige Erfolgskennzahl** wie z.B. die Kapitalwertrate oder den Baldwin-Zinssatz sowie den jüngst vielfach diskutierten Cash Flow ROI[283], berücksichtigt werden. Die meisten „traditionellen" Rentabilitätsmaße sind jedoch einperiodige Maße.

2.3.5. Verzerrung von Erfolgskennzahlen aufgrund der Altersstruktur des Anlagevermögens

Lewis/Lehmann weisen in einem rechnerischen Beispiel auf die Verzerrung von gewinnbezogenen Erfolgskennzahlen aufgrund von Unterschieden in der Altersstruktur des Anlagevermögens hin.[284] Bei Geschäftseinheiten mit einem relativen jungen Anlagevermögen ist der Buchwert des Anlagevermögens im Vergleich zu den historischen Anschaffungskosten noch relativ hoch. Da z.B. bei der Gesamtkapitalrendite der Buchwert in den Nenner eingeht, ergibt sich eine geringere Rendite als bei Geschäftseinheiten mit schon weitgehend abgeschriebenen Anlagevermögen, selbst wenn von der gleichen Abschreibungsmethode ausgegangen wird.[285] *Lewis/Lehmann* fordern eine Erfolgsmessung auf Basis des Cash Flow, der Abschreibungen als zahlungsunwirksamen Aufwand nicht berücksichtigt. Zudem schlagen sie zu Recht vor, nicht die Buchwerte als Bezugsbasis zu verwenden, sondern die kumulierten Abschreibungen zum Buchwert zu addieren (historische Anschaffungs- oder Herstellungskosten). Wie schon dargestellt wurde, kann zum Ausgleich der Inflation zusätzlich zu Wiederbeschaffungskosten übergegangen werden. Durch eine derartige Modifikation von Erfolgskennzahlen können Verzerrungen durch die Alterstruktur der Anlagen aufgehoben und zuverlässige Kennzahlen ermittelt werden.

2.3.6. Verzerrung von Erfolgskennzahlen durch Leasing und Goodwill-Ausweis

Insbesondere die Verfechter des CFROI führen an, daß „traditionelle" Steuerungsgrößen durch Leasing-Finanzierungen und durch den Goodwill-Ausweis bei der Unternehmensakquisition verzerrt seien.[286] Ein Unternehmen, das einen Großteil seines Anlagevermögens least

---

[283] Vgl. hierzu z.B. die Definition der Boston Consulting Group in Lewis, T.G./Lehmann, S. (1992), S. 1ff..
[284] Vgl. Lewis, T.G./Lehmann, S. (1992), S. 5ff..
[285] Vgl. ebenso Solomon, E. (1966), S. 239f..
[286] Vgl. Lehmann, S. (1994), S. 88 und ebenso Stewart, G.B. (1990), S. 25ff..

und die Leasing-Gegenstände nicht in der Bilanz zu zeigen hat, verfügt folglich über ein geringeres investiertes Vermögen und folglich über eine höhere Kapitalrendite als ein Unternehmen, das sein Anlagevermögen selbst erworben hat und daher in der Bilanz aktiviert.

Die Kritik ist insofern einzuschränken, als der Kapitaleinsatz des Unternehmens tatsächlich geringer ist und die c.p. höhere Kapitalrendite dies auch zum Ausdruck bringen soll. Soll jedoch auf eine finanzierungsneutrale, operative Rentabilität abgestellt werden, kann z.B. im Falle der Nicht-Aktivierung des Leasings-Gegenstandes der Barwert der Leasing-Verpflichtungen fiktiv in der Vermögensbasis berücksichtigt wird, um die Vergleichbarkeit zu gewährleisten.

Des weiteren wird die Benachteiligung der Akquisition durch die Bildung eines Goodwills kritisiert, die c.p. zu einem höheren Gesamtvermögen und folglich niedrigeren Kapitalrenditen im Vergleich zur Schaffung eines originären Firmenwertes, für den ein Aktivierungsverbot besteht, führt. Auch hier kann sowohl im Einzelabschluß (§ 255 Abs. 4 S.2 HGB) als auch im Konzernabschluß (§ 309 Abs. 1 S. 3 HGB) durch Verrechnung des Goodwills mit den Rücklagen eine vergleichbare Vermögensbasis hergestellt werden.

2.3.7. Keine Würdigung von Unterschieden in der Finanzierungsstruktur (Leverage-Effekt)

Der Vorwurf, „traditionelle" Kennzahlen könnten Unterschiede in der Finanzierungsstruktur nicht abbilden, ist nur zum Teil gerechtfertigt. *Rappaport* kritisiert insbesondere die Gesamtkapitalrendite, die die Rentabilität ohne Einfluß der Kapitalstruktur ermittelt, indem sie im Zähler die Fremdkapitalzinsen zum Jahresüberschuß addiert und im Nenner auf das Gesamtkapital als Summe von Eigen- und Fremdkapital abstellt.[287] Wie *Hergert* in seiner bereits zitierten Studie zeigt, hatten die S&P 400-Unternehmen in den 70er Jahren erhebliche Rückgänge in der Umsatzrendite zu verzeichnen, wobei gleichzeitig der Leverage beträchtlich erhöht wurde.[288] Der Rückgang der Umsatzrendite kann zum Teil auch darauf zurückgeführt werden, daß die durch die Verschuldungszunahme bedingten Fremdkapitalzinsen die Gewinne und folglich die Umsatzrendite minderten. Bei der Eigenkapitalrendite wird jedoch der Leverage-Effekt sowohl im Zähler (Zinsen mindern den Gewinn) als auch im Nenner (Fremdkapitalaufnahme mindert Eigenkapitalbedarf) bewußt einbezogen und spiegelt folglich, wie *Hergert*'s Studie zeigt, die Wirkung der stärkeren Fremdkapitalfinanzierung wieder. Der Einwand der mangelnden Berücksichtigung der Finanzierungsstruktur ist daher zurückzuweisen, da bei Kenntnis des Leverage-Effekts die Rentabilitätskennzahlen ineinander übergeführt werden können.

2.3.8. Keine Abbildung des Kapitalbedarfs zur Finanzierung zukünftigen Wachstums

„Traditionelle" Erfolgskennzahlen beruhen i.d.R. auf Gewinngrößen, die durch die Grundsätze des externen Rechnungswesens geprägt sind. Veränderungen des Anlagevermögens und des Netto-Umlaufvermögens (Working Capital) sind im Falle von Zugang zunächst gewinnneutral und wirken sich erst über ihre Periodisierung (z.B. über Abschreibungen) auf den Ge-

---

[287] Vgl. Rappaport, A. (1986), S. 41f..
[288] Vgl. Hergert, M. (1983), S. 101.

winn aus. Wie schon bei der Betrachtung der unterschiedlichen Ansätze der Unternehmensbewertung deutlich wurde, betonen insbesondere anglo-amerikanische Autoren sehr stark die Liquiditätswirkung von Managemententscheidungen und kritisieren das "accrual accounting" der Gewinn-Größen, d.h. die zeitliche und sachliche Abgrenzung von Aufwendungen und Erträgen. Sie fordern, daß Erfolgskennzahlen auch den Finanzierungsbedarf für zukünftiges Wachstum wiederspiegeln sollten.[289] Daher wird empfohlen, Investitionen in das Anlage- und Netto-Umlaufvermögen vom Cash Flow zusätzlich abzusetzen. Dies entspricht dem Freien Cash Flow des Shareholder Value-Ansatzes. Die Diskussion macht deutlich, daß hier zwei unterschiedliche Sichtweisen aufeinandertreffen, die anglo-amerikanische Cash Flow-orientierte Sicht und die kontinentaleuropäische Betrachtung periodisierter Gewinngrößen. Eine Überlegenheit der einen oder anderen Sicht kann m.E. nicht festgestellt werden, vielmehr ist nur der Blickwinkel ein anderer und der jeweiligen Fragestellung anzupassen.

2.3.9. Vernachlässigung ökonomischer Wirkungen nach dem Betrachtungszeitraum

Insbesondere die einperiodigen Erfolgskennzahlen vernachlässigen, daß Aufwendungen oder Ausgaben im Betrachtungszeitraum zur Entstehung von bedeutsamen Wertbestandteilen wie z.b. der Etablierung eines Markennamens oder dem Aufbau von Marktanteilen außerhalb dieser bewerteten Periode führen können.[290] „Traditionelle" Kennzahlen vernachlässigen, um eine einfache Ermittlung zu gewährleisten, diesen Restwert, der in der Shareholder Value-Ermittlung zu einer ganz wesentlichen Größe wird. *Copeland/Koller/Murrin* zeigen für 20 zufällig aus dem Fortune´500-Index ausgewählte Unternehmen, daß der Barwert der für die nächsten fünf Jahre geschätzten Dividenden im Durchschnitt nur 11,8 % des aktuellen Kurses erklärt.[291] Mit einem ähnlichen Design kommt *Rappaport* für 1200 Unternehmen bei Verwendung von Dividendenschätzungen von Value Line zu einem Anteil der Fünf-Jahres-Barwert am Aktienkurs von ca. 20 %.[292] Die beiden Analysen verdeutlichen, daß langfristigen Zahlungsströmen bei der Bewertung am Kapitalmarkt eine hohe Bedeutung zukommt.

2.3.10. Vergangenheitsorientierung

Während bei der Beurteilung einzelner Investitionen mittlerweile in den meisten Unternehmen zukunftsbezogene Investitionsrechnungen zur Beurteilung der Wirtschaftlichkeitsrechnung erstellt werden, erfolgt - so die Kritik - nach Tätigung der Investition die Erfolgsmessung nach wie vor vergangenheitsbezogen. Es wird gefordert, daß Erfolgskennzahlen auch beurteilen sollten, welchen Beitrag eine wirtschaftliche Einheit zu den zukünftigen Zahlungsströmen des Unternehmens leistet.[293]

Bezüglich der Kritik ist zwischen den zwei Hauptaufgaben der Unternehmenssteuerung zu unterscheiden: Planung und Kontrolle. Für die **Planung** ist es sicherlich notwendig zukunftsbezogene Daten für die Entscheidung zugrunde zu legen. Die Kritik ist deshalb darauf zu be-

---

[289] Vgl. Rappaport, A. (1986), S. 23ff.; Copeland, T./Koller, T./Murrin, J. (1991), S. 74ff. und Bühner, R. (1990), S. 20ff..

[290] Vgl. Stewart, G.B. (1990), S. 28f. und Lehmann, S. (1994), S. 88.

[291] Vgl. Copeland, T./Koller, T./Murrin J. (1991), S. 88f. sowie en detail Kapitel 3.3.4.2.3. Ermittlung des Restwertes.

[292] Vgl. Rappaport, A. (1986), S. 40f. zitiert seinen Aufsatz in Rappaport, A. (1983a).

[293] Vgl. z.B. die Kritik bei Lewis, T.G./Stelter, D. (1993), S. 108 und Lewis, T.G. (1994), S. 75.

schränken, daß in der Tat bei der Verteilung von Investitionsbudgets zwischen Geschäftsein-heiten vergangenheitsbezogene Erfolgskennzahlen dominieren. Dennoch ist auch eine vergan-genheitsbezogene **Kontrolle** durchzuführen, um zu überprüfen, ob die Planungen realisiert werden konnten. Hierdurch soll einerseits motivierend auf die Erreichung der Planziele einge-wirkt werden **(feedback)** und andererseits zukünftige Entscheidungen verbessert bzw. ent-sprechend gegengesteuert werden, um langfristige Ziele dennoch erreichen zu können **(feedforward)**.

2.3.11. Auswirkungen der Kritik an „traditionellen" Steuerungsgrößen

Die Analyse der Kritik an „traditionellen" Steuerungsgrößen kommt zu dem Ergebnis, daß ei-nige der vorgebrachten Punkte ins Leere greifen. Durch Modifikationen „traditioneller" Ren-tabilitätsmaße kann bereits eine Reihe der Problempunkte adäquat berücksichtigt werden (Berücksichtigung der Altersstruktur, der Inflation und des Leverage). Einige der Kritikpunkte sind differenziert danach zu durchleuchten, für welchen Zweck die Erfolgskennzahlen einge-setzt werden sollen (Planung oder Kontrolle, Beurteilung von Unternehmen oder einzelnen Unternehmensbereichen). Es ist jedoch auch festzustellen, daß einige der Probleme sich nur sinnvoll über eine Erweiterung des Instrumentariums durch Einführung von Elementen des Shareholder-Ansatzes lösen lassen (z.B. bzgl. der Wirkung auf den Kapitalmarkt, der Be-rücksichtigung eines Restwertes, der Zukunftsbezogenheit und der Mehrperiodigkeit). Unter-nehmenswertbezogene Steuerungsgrößen sind zu entwickeln und sollen „traditionelle" Steue-rungsgrößen ergänzen.[294] Die Kritik an den „traditionellen" Steuerungsgrößen ist diesbezüg-lich zu relativieren und auf ein vernünftiges Maß zu beschränken.

2.4. Zunehmende Bedeutung institutioneller und ausländischer Anleger

Am deutschen Kapitalmarkt ist eine zunehmende Bedeutung institutioneller und ausländischer Anleger festzustellen. *Hermann Baumann*, Finanzvorstand der Siemens AG, berichtete auf dem Aktienforum '93 in München, daß der Anteil institutioneller Anleger bei der Siemens AG von 24 % in 1986 und 35 % in 1990 auf ca. 40 % 1993 stieg.[295] Institutionelle Anleger stehen ihrerseits stärker unter Performance-Druck als private Anleger und werden diesen Per-formance-Druck an ihre Beteiligungen weiterreichen. Hinzu kommt, daß große institutionelle Anleger nicht mehr in der Lage sind, ohne Wertverluste Anteile umzuschichten.[296] *Wuffli* for-dert aufgrund dieser Problematik für Versicherungen ein Recht auf analytisch begründete Portfeuille-Umschichtungen, eine Pflicht zur Beschränkung des Anlagevolumens und eine Pflicht zur Anlegerneutralität ohne direkte Einflußnahme auf das Unternehmen, um zu ver-meiden, daß die Versicherungen als institutionelle Anleger zu sehr in das operative Geschäft eingebunden werden.[297] Zudem stellt sich die Frage, ob das Management eines Investment-fonds, einer Bank oder einer Versicherung das hierzu notwendige operative Know how be-

---

[294] Vgl. hierzu die Ausführungen in Kapitel 4.2.2. Erfolgskennzahlen zur Beurteilung von Unternehmen und zur Steuerung dezentraler Einheiten.
[295] o.V. (1993c), S. 34 und Dürr, M. (1994), S. 3f..
[296] Vgl. Schmitz, H.R. (1993), S. 840.
[297] Vgl. Wuffli, H.R. (1989), S. 43.

sitzt.[298] Bei schlechter Performance der Unternehmen wird diese geforderte Selbstbeschrän-
kung jedoch allzu oft zwangsweise verlassen. Zudem üben Unternehmen Performance-Druck
auf ihre Pensionsfonds aus, um ihrerseits möglichst wenig für die Altersversorgung ihrer
Mitarbeiter aufbringen zu müssen.

Unternehmen	Anteil institutioneller Anteilseigner		Trend	Anteil ausländischer Anteilseigner		Trend
BASF AG	1985: 40 %	1988: 46 %	↑	1985: 28 %	1988: 23 %	↓
Bayer AG	1985: 39 %	1988: 48 %	↑	1985: 39 %	1988: 48 %	↑
Commerzbank AG	1989: 42 %	1991: 45 %	↑	1989: 34 %	1991: 38 %	↑
Hoechst AG	1981: 48 %	1986: 58 %	↑	1981: 30 %	1986: 42 %	↑
Schering AG	1988: 58 %	1991: 70 %	↑	1988: 57 %	1991: 59 %	↑
Siemens AG	1986: 24 %	1993: 40 %	↑	1986: 44 %	1990: 43 %	↘
Veba AG	1986: 31 %	1990: 55 %	↑	1986: 22 %	1990: 40 %	↑

*Abb. 2.17.: Anteile institutioneller und ausländischer Anleger an ausgewählten Aktiengesell-
schaften[299]*

Der intertemporäre Vergleich von Aktionärsbefragungen ausgewählter deutscher Aktiengesellschaften bestätigt diese Entwicklungen. Der ebenfalls zunehmende Anteil ausländischer
Anleger bedingt, daß sich das im anglo-amerikanischen Raum bereits in den 80er Jahren stark
ins Bewußtsein des Managements getretene Shareholder Value-Denken auch in Deutschland
etablieren wird.

Jahr Gruppe der Anteilseigner	1960	1975	1992
Unternehmen	44 %	45 %	47 %
Private Haushalte	27 %	22 %	16,5 %
Öffentliche Haushalte	14 %	10,5 %	5,5 %
Ausländer	6 %	10 %	16,5 %
Kreditinstitute	6 %	8 %	9,5 %
Versicherungen	3 %	4 %	5 %

Abb. 2.18.: Verteilung des Aktienbesitzes nach Gruppen der Anteiseigner in Deutschland[300]

Die Institutionalisierung wird vorangetrieben durch die zunehmende Bedeutung von Invest-
mentfonds, die als Kapitalsammelstellen für Kleinanleger fungieren. In den USA stieg der
Anteil der mutual funds an den finanziellen Anlagen der Haushalte von 1 % in 1980 auf 6 %

---

[298] Vgl. Pozen, R.C. (1994), S. 141.
[299] Vgl. Dürr, M. (1994), S. 3f. auf Basis von veröffentlichten Aktionärsbefragungen.
[300] Vgl. Burgmaier, St. (1993), S. 133, der Statistiken der Deutschen Bundesbank auswertet.

in 1992. Zugleich stieg der Anteil der privaten Anlagen, die den Kapitalmarkt betrafen (Investmentanteile; gehandelte Fremdkapitalpapiere und Aktien) von 27 % auf 32 %.[301] Nahezu als Konsequenz dieser Entwicklung kam es in den USA bereits zu ersten direkten Einflußnahmen von mutual funds auf die Geschäftspolitik von Aktiengesellschaften, indem das Top Management einiger Gesellschaften neu besetzt wurde. Z.B. filtert der kalifornische Pensionsfonds CalPers, der 82 Mrd. US-$ investiert hat, jährlich die Unternehmen mit der schlechtensten Performance heraus und fordert dessen Management auf, eine überzeugende unternehmenswertorientierte Strategie vorzulegen. Erfolgt dies nicht, droht CalPers an die Öffentlichkeit zu gehen.[302] *Robert Monks*, der Gründer des kleinen aktiven institutionellen Investmentfonds Lens, Inc., begann Ende 1990 Sears, Roebuck and Company unter Druck zu setzen, ihre außerhalb des Einzelhandels befindlichen Aktivitäten (z.B. Beteiligungen an dem Immobilienunternehmen Coldwell Banker und an dem Broker Dean Witter and Allstate) abzustoßen. Im September 1992 kündigte Sears, Roebuck and Company letztendlich die Konzentration auf ihre Kerngeschäft an.[303]

Zudem wird auch das private Publikum zunehmend sensibilisiert. Fachzeitschriften wie Fortune, Dun´s, Business Week in den USA[304] oder Manager Magazin[305] und Top Business in Deutschland[306] veröffentlichen periodisch Daten zur Performance von Unternehmen, die als Entscheidungsgrundlage dienen können.[307] Ergänzt wird dies durch zahlreiche Analysen von Finanzanalysten und Rating-Agenturen wie Value Line oder Standard & Poor´s. Wie auch die Reaktion zahlreicher Großunternehmen zeigt, zwingt die steigende Sensibilisierung der Aktionäre das Management, zunehmend Aktionärsinteressen in ihre Entscheidungen einfließen zu lassen und ein Wertsteigerungsmanagement zu betreiben. Die Beziehungen zu den verschiedenen Anlegergruppen sind gezielt zu pflegen (Investor Relations), um deren steigendem Informationsbedürfnis entgegenzukommen.[308]

2.5. Weiterentwicklung des strategisches Managements

Der Shareholder Value-Ansatz eröffnet des weiteren Möglichkeiten zur Weiterentwicklung des strategischen Managements durch ein Zusammenwachsen des strategischen Managements und der Kapitalmarkttheorie.[309] Während die 70er Jahre durch Konzepte wie die Erfahrungskurve, die Portfolioplanung und das Denken in strategischen Geschäftsfeldern zu einer (zu) einseitigen Ausrichtung der strategischen Planung auf Markt und Wettbewerb führten, wurde

---

[301] o.V. (1993), S. 88 zitiert Daten von Lehman Brothers.

[302] o.V. (1994), S. 164.

[303] Vgl. Pozen,, R.C. (1994), S. 143.

[304] Vgl. Johnson, W.B./Natarajan, A./Rappaport, A. (1985), S. 52 und Blyth, M.L./Friskey, E.A./Rappaport, A. (1986), S. 48.

[305] Vgl. z.B. Baden, K. u.a. (1989), S. 132ff..

[306] Vgl. Zdral, W. (1993), S. 20ff. und methodisch Baetge, J. (1994), S. 1ff..

[307] Vgl. auch die Übersicht bei Baden, K. (1994), S. 116ff..

[308] Vgl. Wilcox, J.C. (1989), S. 16ff..

[309] Vgl. Arzac, E.R. (1986), S. 121ff.; Gomez, P. (1990), S. 557ff.; Rappaport, A. (1992), S. 91; zu Knyphausen, D. (1992), S. 333; Börsig, C. (1993), S.. 89; Dirrigl, H. (1994), S. 418; Bühner, R. (1994), S. 7; Siegert, T. (1994a), S. 73; Mirow, M. (1994), S. 105 und Becker, G.M. (1995), S. 122ff..

in den 80er Jahren durch die Arbeiten von z.B. *Porter* oder *Pümpin* zwar der Markt nach wie vor fokusiert, jedoch der Wettbewerb und das Unternehmensumfeld stärker einbezogen.[310]

Der Shareholder Value-Ansatz eröffnet nun in den 90er Jahren durch den Einbezug des Kapitalmarktes und die Entstehung eines Marktes für Unternehmenskontrolle die Erschließung weiterer Erfolgspotentiale wie Investition/Desinvestition, Finanzierung, Restrukturierung und Steuern, die durch gering wachsende oder gar stagnierende Märkte notwendig geworden ist.[311] Zudem bietet der Shareholder Value-Ansatz eine Möglichkeit zur Quantifzierung bisher im strategischen Management erfaßter weicher, qualitativer oder nicht-monetärer Faktoren wie z.B. Marktantcile, Qualitätsnivcaus oder Markenimages. Intention ist es, Strategien monetär bewerten zu können und strategische Entscheidungen durch monetäre Argumente zu untermauern **(Value Based Planning)**.[312] Da Strategien ein langfristiges, vielschichtiges Beurteilungskriterium erfordern, wäre die Messung des zusätzlch geschaffenen Unternehmenswertes eine adäquate Meßlatte. Strategische Entscheidungen sind um den Aspekte der langfristigen Wertschaffung für das Unternehmen und den Eigentümer zu ergänzen.[313] Hierzu wurden in Theorie und Praxis eine Reihe neuer strategischer Instrumente und Hilfsmittel entwickelt.[314] Nach einer Studie von *Höfner & Partner* ist der strategische Planungsprozeß bereits in 19,9 % der 136 antwortenden Unternehmen „rentabilitätsorientiert" und berücksichtigt die Werterzeugung.[315] Mit 36,7 % ist der Prozentanteil bei Unternehmen besonders hoch, die ihr Ergebnis im Zeitraum 1985 bis 1991 am stärksten steigern konnten (Wachstum > 100 %).[316]

2.6. Der Shareholder Value-Ansatz als Grundlage für ein strategisches Anreizsystem

Die finanziellen Anreizsysteme des deutschen Managements sind, wie eine Befragung des Autors bei 134 deutschen Unternehmen ergab, sehr kurzfristig konzipiert. Nur 5,2 % der Unternehmen geben eigene Anteile in Abhängigkeit vom Erfolg des Managers aus. 4,3 % räumen den Führungskräften Bezugsrechte ein. 20 % der Unternehmen haben keine Ergebnisbeteiligung vorgesehen. Eindeutig vorherrschend (51,7 % der Nennungen) ist eine Beteiligung am Gewinn des Gesamtunternehmens. Die Beurteilung des Erfolges des Managements erfolgt bei 74,1 % der Unternehmen anhand des finanziellen Jahresergebnisses, bei 33,6 % der Unternehmen anhand nicht-finanzieller Größen und nur 11,2 % legen mehrperiodige finanzielle Größen zugrunde.[317]

Um die Umsetzung von Strategien zu fördern, wäre es geboten, langfristige Erfolgskennzahlen als Beurteilungskriterium heranzuziehen. Bei der Auswahl der Art der Erfolgsbeteiligung wäre ein Instrument zu wählen, das eine längerfristige Verpflichtung des Managements zu

---

[310] Vgl. zum Stand des strategischen Controlling Günther, T. (1991), S. 121ff..

[311] Vgl. Weston, F.J./Chung,K.S./Hoag, S.E. (1990), S. 56ff. und Fickert, R. (1992), S. 51.

[312] Vgl. Weber, B. (1990), S. 575. Ebenso Gomez, P./Weber, B. (1989), S. 184ff.; Pümpin, C. (1990a), S. 554; Gomez, P. (1990), S. 561; Day, G.S./Fahey, L. (1990), S. 156; Fickert, R. (1992), S. 50 und Ballwieser, W. (1994), S. 1380.

[313] Vgl. Fickert, R. (1992), S. 51.

[314] Vgl. die Ausführungen in Kapitel 4.3. Strategische Elemente des unternehmenswertorientierten Controlling.

[315] Vgl. Höfner, K. (1994), S. 20f..

[316] Vgl. Höfner, K. (1994), S. 24f..

[317] Vgl. Günther, T. (1991), S. 174ff. sowie ebenso die empirischen Ergebnisse bei Rappaport, A./LEK Unternehmensberatungs GmbH (1995), S. 7.

verfolgten Unternehmensstrategien und eine stärkere Verknüpfung mit dem Aktionärserfolg ermöglicht.[318] Damit könnte auch die als Lösungsvorschlag zum Problem des „Holdup" in der Principal-Agent-Beziehung geforderte „Vertikale Integration" erreicht werden.

In den USA haben Management-Gehälter zum Teil horrende Höhen erreicht. Wie nachfolgende Liste der jeweils höchstbezahltesten US-Manager eines Jahres zeigt, profitieren US-Manager ganz erheblich von der Kombination fester und variabler Vergütungsanteile. Während 1985 langfristige Leistungszulagen, die vor allem in Form von Aktienoptionen gewährt werden,[319] mit 58.000 $ nur 8 % des durchschnittlichen Jahresgehalts von 725.000 $ ausmachten, kletterte der Prozentsatz 1991 auf 31 % (527.000 $) bei einem Durchschnittsgehalt von 1,7 Mio $. Der Anteil des fixen Grundgehaltes sank im selben Zeitraum von 52 % auf 35 %.

Aktienoptionen (stock options) räumen dem Manager das Recht ein, zehn Jahre lang Aktien zu einem vereinbarten Basispreis zu beziehen. Da diese Kaufoption jedoch nur Chancen und kaum Risiken beinhaltet, das Management über Informationsvorteile verfügt und zudem die Unternehmen bei Kursrückgängen gelegentlich die Basispreise herabsetzten, hat dieses Entlohnungssystem nicht nur Vorteile. Z.B. hat Apple seit 1981 sechsmal den Basispreis der Aktienoptionen seines Managements nachträglich angepaßt.[320]

Jahr	Höchstbezahlter Chief Executive Officer	Unternehmen	Vergütung
1994	Charles Locke	Morton International	25,9 Mio. $
1993	Michael Eisner	Walt Disney	203,0 Mio. $
1992	Thomas F. Frist Jr.	Hospital Corporation	127,0 Mio. $
1991	Anthony O'Reilly	H.J. Heinz	75,1 Mio. $
1990	Stephen Wolf	United Airlines	18,3 Mio. $
1989	Craig McCaw	McCaw Cellular	53,9 Mio. $
1988	Michael Eisner	Walt Disney	40,1 Mio. $
1987	Charles Lazarus	Toys 'R' Us	60,0 Mio. $
1986	5Lee Iacocca	Chrysler	20,5 Mio. $
1985	Victor Posner	DWG	12,7 Mio. $
1984	T. Boone Pickens	Mesa Petroleum	22,8 Mio. $
1983	William Anderson	NCR	13,2 Mio. $
1982	Frederick Smith	Federal Express	51,5 Mio. $

Abb. 2.19.: Höchstbezahlter Chief Executive Officer des Jahres in US-Unternehmen[321]

In USA werden bereits sog. "compensation surveys" von Fachzeitschriften wie Fortune oder Business Week veröffentlicht, in denen Unternehmenserfolg und Management-Vergütung in Vergleich gebracht werden. Business Week hat einen sog. **Pay Performance Index** entwik-

---

[318] Vgl. Blyth, M.L./Friskey, E.A./Rappaport, A. (1986), S. 48; Reimann, B.C. (1989), S. 24ff.; Guatri, L. (1991), S. 101ff. und Siegert, T. (1995), S. 601ff..

[319] Hinzukommen sog. Annual Incentives (22 % der Vergütung) und Lohnnebenleistungen (12 %). Vgl. o.V. (1992), S. 375, der eine Studie der Hay Group zitiert.

[320] Vgl. o.V. (1992), S. 375.

[321] Vgl. o.V. (1992), S. 375; Byrne, J.A. (1993), S. 38ff.; Byrne, J.A. (1994), S. 60ff. und Byrne, J.A./Bongiorno, L. (1995), S. 58ff..

kelt und ihn auf 225 Unternehmen aus 36 Branchen angewandt.[322] Auch in der BRD wurde von Seiten der Deutsche Schutzvereinigung für Wertpapierbesitz, Düsseldorf die mangelnde Korrelation von Erfolg und Vergütung kritisiert.[323] *Bühner* schlug z.b. als geeignetes monetäres Anreizsystem eine Kombination von Call- und Put-Optionen vor.[324] Gestaltungsvorschläge für ein unternehmenswertorientiertes Erfolgsbeurteilungssystem wurden von *Rappaport, Bühner* und *Herter* vorgelegt.[325]

Der Shareholder Value-Ansatz eröffnet hier als langfristiges, wertorientiertes Erfolgsmaß neue Möglichkeiten zur Erfolgsbeurteilung. Selbst für Geschäftsbereiche, die nicht börsennotiert sind, kann der geschaffene Shareholder Value ermittelt und als Grundlage für ein Anreizsystem gewählt werden. Dennoch ergeben sich auch Problembereiche, wenn z.B. das Management vor Ende des Planungshorizontes wechselt, wenn qualitative Faktoren wie Markenwerte oder Qualitätspositionen zu bewerten sind oder wenn eine hohe Unsicherheit über die zukünftigen Freien Cash Flows besteht.

2.7. Zur Notwendigkeit einer unternehmenswertorientierten Unternehmenssteuerung

Nachdem in den vorangegangenen Kapiteln die Argumente für eine unternehmenswertorientierte Unternehmenssteuerung, d.h. den Shareholder Value-Ansatz, dargestellt und kritisch beleuchtet wurden, sollen die Ergebnisse nun zusammengefaßt werden.

Die Ursprünge des Shareholder Value-Ansatzes sind im Auftreten ökonomischer Ineffizienzen, den Differenzen zwischen dem aktuellen Wert eines Unternehmens und dem potentiell realisierbaren Wert eines Unternehmens (**Wertlücke**), zu sehen. Diese Wertlücken wurden durch die M&A-Welle der 80er Jahre aufgedeckt und auch das heute immer noch hohe Niveau der M&A-Aktivitäten unterstreicht die Bedeutung eines effizienten Marktes für Unternehmenswerte. Damit war auch die Theorie gefordert, in der Unternehmenspraxis entstandene Erscheinungen zu erkunden und zu erklären. Ergebnis war ein Konzept, der Shareholder Value-Ansatz, das einen stärkeren Einbezug des Eigentümerwerts als Zielgröße in ökonomische Entscheidungsprozesse fordert.

Da jedoch auch neue Entscheidungsinstrumente wie der Shareholder Value-Ansatz das Postulat der Wirtschaftlichkeit erfüllen müssen, ist die Notwendigkeit eines derartigen Konzeptes diesbezüglich zu prüfen. Voranstehende Analyse kann in folgenden Punkten zusammengefaßt werden:

❑   Die M&A-Welle der 80er Jahre macht deutlich, daß eine quantitative Unterstützung des Akquisitionsvorganges notwendig ist. Angesichts des über Jahrzehnte entwickelten Instrumentariums der **Unternehmensbewertung** kann der Shareholder Value-Ansatz bzgl. der Möglichkeiten der Quantifizierung keinen neuen Beitrag leisten. Interessant ist jedoch die Fokussierung auf die Liquiditätswirkung durch die anglo-amerikanisch ge-

---

[322] Vgl. auch o.V. (1985), S. 78.
[323] Vgl. o.V. (1993b), S. 23.
[324] Vgl. Bühner , R. (1989), S. 2181ff..
[325] Vgl. Rappaport, A. (1986), S. 171ff.; Bühner, R. (1990), S. 123ff. und Herter, R.N. (1994), S. 169ff..

prägte Cash Flow-Orientierung, die durch die deutsche Tradition des Ertragswertes nicht abgedeckt wird (2.1.1).

❑ Die Gefahr, die von drohenden Übernahmen ausgeht, wird Unternehmen zwingen, Wertlücken abzubauen und effizient zu arbeiten. Ein **unternehmenswertorientiertes Controlling** kann hierzu einen Beitrag leisten, indem die Divergenz zwischen Zielsetzungen des Managements und der Eigentümer abgebaut wird (2.1.2.).

❑ Wird von einer zumindest annähernden mittelstarken Effizienz der Kapitalmärkte und von einem Informationsgehalt veröffentlichter Daten ausgegangen, ist auch dafür zu sorgen, daß den Eigentümern ausreichende Informationen zu kommen, die eine richtige Bewertung ihrer Anteile gewährleisten. Bei Publikumsgesellschaften werden Wertsteigerungsmanagement und **Investor Relations** Hand in Hand gehen (2.1.2.).

❑ Der **Markt für Unternehmenskontrolle** zwingt das Management aufgrund der permanent bestehenden Übernahmegefahr, effizient i.S. einer Steigerung des Eigentümervermögens zu handeln. Eine Einschränkung des "market for corporate control" führt zu ineffizientem betriebs- und volkswirtschaftlichem Verhalten (2.1.3.).

❑ Die durch die Trennung von Management und Eigentum bewirkte Delegation der Entscheidungsbefugnisse führt zu **Informationsasymmetrien**, die durch Informations- und Kontrollsysteme, Anreizsysteme, rechtliche Vorgaben oder organisatorische und psychologische Lösungen (z.B. vertikale Integration oder Screening) zu überwinden sind (2.2.).

❑ Die **Schwächen „traditionell" angewandter Steuerungsgrößen** können durch Modifikation bzw. Ergänzung zum Teil behoben werden. Einige der Kritikpunkte sind jedoch nur auszuräumen, wenn in praxisgerechter Art und Weise Ansätze des Shareholder Value-Ansatzes implementiert werden (2.3.).

❑ Der Druck, Wertsteigerungsmanagement zu betreiben, wird mit zunehmender **Institutionalisierung und Internationalisierung des Anteilsbesitzes** zunehmen (2.4.).

❑ Das Wertsteigerungsmanagement ist in der Lage, weitere Erfolgspotentiale wie z.B. Investition und Finanzierung zu erschließen und zur **Weiterentwicklung des strategische Managements** beizutragen (2.5.).

❑ Die bereits lange gehegte Hoffnung, **Anreizsysteme strategisch ausrichten** zu können, erhält durch den Shareholder Value-Ansatz neue Nahrung (2.6.).

2.8. Konzeption eines unternehmenswertorientierten Controlling-Systems

Die eingehende Analyse hat gezeigt, daß der Shareholder Value-Ansatz einige interessante Ansätze zur Weiterentwicklung betriebswirtschaftlicher Entscheidungsinstrumente bietet. Der Unternehmenswert ist als Zielgröße in Konzepte der Unternehmenssteuerung aufzunehmen.[326] Angesichts der Vielschichtigkeit der zugrundeliegenden Problematik wird man jedoch nicht umhin kommen, die reine Errechnung des Shareholder Value in ein System einzubetten. Wie

---

[326] Vgl. Bühner, R. (1994), S. 7.

die Ausführungen zur Informationsverarbeitung am Kapitalmarkt und zu den Informationsasymmetrien zwischen Management und Eigentümer zeigten, sind auch Aspekte der Informationspolitik (Investor Relations) und Kontroll- und Motivationsmechanismen (finanzielle Anreizsysteme) in ein Gesamtkonzept zu integrieren. Dieses Gesamtkonzept eines unternehmenswertorientierten Controlling soll Gegenstand des nächsten Kapitels sein.

2.8.1. Controlling als Ansatz zur Unternehmenssteuerung

Der etymologische Ursprung des Controlling wird im lateinischen „contra" gesehen und bedeutet "das Führen einer Gegenrolle". Der Begriff des Controlling wurde in die deutsche Sprache als Ableitung des englischen "to control" oder des französischen "contrerôle" einge-führt.[327] "Control" bedeutet ein Steuern und Lenken des Unternehmens und geht über die damit oft fälschlicherweise verbundene Kontrolle hinaus. "Contrerôle" versteht das Controlling als notwendiges Gegenpart zur marktorientierten Unternehmensführung, die primär außengerichtet ist. In einer weiteren Interpretation gilt der "Controller" als "ökonomischer Souf-fleur"[328] oder "betriebswirtschaftliches Gewissen",[329] der einem Techniker bzw. marktorientierten Unternehmenslenker zur Seite steht.[330] Der Begriff "Controlling" und die Einordnung sowie die Bedeutung des „Controlling" als wissenschaftliche Disziplin ist umstritten.[331] Dennoch hat sich "Controlling" - wenn auch in unterschiedlicher Abgrenzung - in der Unternehmenspraxis als Begriff etabliert.

Trotz oder gerade wegen des Theorienstreites soll "Controlling" fortan wie folgt verstanden werden:

❑   In einer weiten Auslegung dient Controlling der **Versorgung der Unternehmensleitung mit entscheidungsrelevanten Informationen** als Teil des Führungsprozesses.[332] Folglich umfaßt Controlling die Informationsgewinnung, -verarbeitung und -aufbereitung. Controlling geht über das reine monetäre orientierte Rechnungswesen hinaus, da auch quantitative, nicht-monetäre und qualitative Informationen der Gewinnung, Verarbeitung und Aufbereitung bedürfen und Entscheidungsrelevanz besitzen.[333]

❑   Controlling ist als **kybernetischer Prozeß** zu verstehen, in dem die Erreichung der vom Unternehmen definierten Ziele[334] - im Idealfall - durch einen sich selbst steuernden Regelkreis gewährleistet ist.[335] Der Prozeß besteht dabei aus den drei Komponenten:[336]

    ❑ **Planung**

    ❑ **Realisation**

---

[327] Vgl. Günther, T. (1991), S. 50.

[328] Preissler, P.R. (1994), S. 13.

[329] Bramsemann, R. (1978), S 19 und Preissler, P.R. (1994), S.14.

[330] Vgl. Günther, T. (1991), S. 50f..

[331] Vgl. die Diskussion bei Schneider, D. (1991), S. 765ff.; Schneider, D. (1991a), S. 1789f. und Weber, J. (1991), S. 1785ff..

[332] Vgl. Blazek, A./Deyhle, A. (1976), S. 34; Matschke, M.J./Kolf, J. (1980), S. 607 und Coenenberg, A.G./Baum, H.-G. (1987), S. 3f..

[333] Vgl. Coenenberg, A.G. (1993b), Sp. 3677ff..

[334] Die Zielsetzung ist ebenfalls durch die bereits beschriebene Management-Eigentümer-Beziehung gekennzeichnet.

[335] Vgl. Coenenberg, A.G./Baum, H.-G. (1987), S. 10ff..

[336] Vgl. im folgendem die Darstellung bei Günther, T. (1991), S. 51ff..

❑ **Kontrolle**

Zur Erläuterung soll beispielhaft davon ausgegangen werden, daß ein Unternehmen den Unternehmenswert durch die Konzentration auf wachstumsstarke Märkte erhöhen will, indem es gezielt innovative Produkte entwickelt.

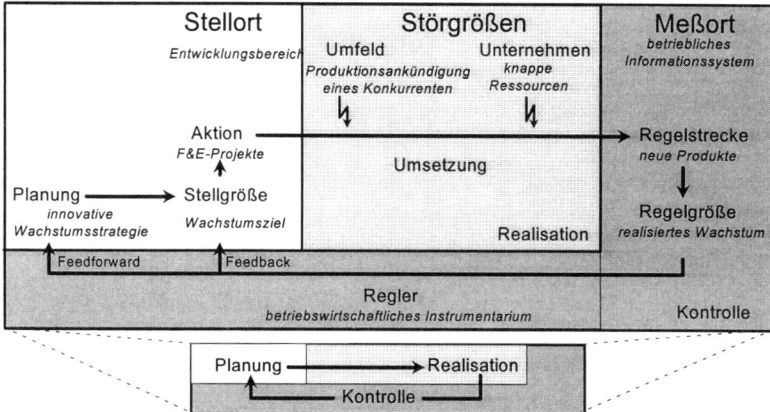

Abb. 2.20.: Controlling als kybernetischer Prozeß[337]

Das generelle Unternehmensziel "Wertsteigerung" führt in der **strategischen Planung** zu einer innovationsgestützten Wachstumsstrategie durch eigene Forschung und Entwicklung. In der **operativen Planung** wird die Strategievorgabe in F&E-Projekte heruntergebrochen. Im Sinne der Kybernetik stellt das Wachstumsziel die Stellgröße dar. Die konkretisierten operativen Pläne werden nun von der zuständigen Entwicklungsabteilung in Zusammenarbeit mit Marketing, Vertrieb und Produktion (Stellort) umgesetzt (Aktion) und damit auch die strategischen Pläne realisiert. Die permanenten Veränderungen im Unternehmensumfeld und im Unternehmen selbst können die **Realisation** beeinträchtigen (Störgrößen).

Führen die F&E-Anstrengungen zu neuen Produkten (Regelstrecke), kann nun mit Hilfe des betrieblichen Informationssystems (Meßort) überprüft werden, welches Unternehmenswachstum (Regelgröße) tatsächlich mit den neuen innovativen Produkten erreicht wurde. Durch Einsatz betriebswirtschaftlicher Instrumente können nun eventuelle Abweichungen zwischen Stell- und Regelgröße, d.h. zwischen Plan- und Ist-Wachstum analysiert werden und entsprechende Gegenmaßnahmen einleitet werden. Diese Phase der **Kontrolle** übernimmt dabei einerseits die Funktion eines **feedback**, d.h. einer Rückkopplung, ob das Geplante erreicht wurde, wer eventuell für Abweichungen verantwortlich ist und wie die Planung verbessert werden kann. Andererseits führt die Kontrolle auch zu einem **feedforward**, indem Maßnahmen eingeleitet werden, die dafür sorgen, daß die Planwerte dennoch erreicht werden. Die vorangehende Abbildung faßt die Erläuterungen zusammen.

❑   Träger der Servicefunktion für die Unternehmensleitung und des kybernetischen Controllingprozesses können nun sowohl eine einzelne Stelle oder Abteilung als auch viele einzelne Stellen sein, die neben ihren anderen Aufgaben aufgrund ihrer Nähe zum Stel-

---

[337] in Anlehnung an Günther, T. (1991), S. 53.

lort auch Controlling-Aufgaben übernehmen.[338] Aus Sicht der situativen Organisationstheorie übernimmt das Controlling hierbei die Aufgabe der **strukturellen Koordination** (Kommunikationsvermittlung zwischen organisatorischen Einheiten), der **technokratischen Koordination** (Implementierung und Weiterentwicklung eines Planungs- und Kontrollsystems) und der **personenorientierten Koordination** (Schaffung eines kooperativen Betriebsklimas), um die durch Umweltveränderungen entstandenen verschiedenen organisatorischen Gestaltungen zu koordinieren.[339]4

2.8.2. Das Controllingsystem

In der betriebswirtschaftlichen Literatur besteht Einigkeit darüber, daß bei Entscheidungsproblemen nicht von einem isolierten Unternehmensziel ausgegangen werden kann. Vielmehr ist ein **mehrdimensionales Zielsystem** mit horizontalen und vertikalen Zielbeziehungen zugrundezulegen.[340] Das Zielsystem läßt sich, wie in nachfolgend dargestellt, definieren.[341]

Als oberste Unternehmensziele gelten die nachhaltige Sicherung der Unternehmensexistenz als langfristiges, strategisches Ziel sowie Erfolg und Liquidität als kurzfristige Unternehmensziele. Aus diesen gleichberechtigt nebeneinander stehenden Oberzielen können wiederum verschiedene Subziele abgeleitet werden. Z.B. kann der Gewinn über eine zinssparende Reduzierung der Kapitalbindung, eine Preiserhöhung und eine Senkung der Vertriebskosten erhöht werden.

Das Ziel der **nachhaltigen Sicherung der Unternehmensexistenz** besteht darin, das Unternehmen auf Dauer gegenüber Veränderungen des Unternehmensumfeldes und dadurch bedingte Veränderungen im Unternehmen anpassungsfähig zu gestalten. Externe Chancen und Risiken sollen erkannt und mit Stärken und Schwächen des Unternehmens abgeglichen werden, damit eine optimaler Deckungsgrad von unternehmerischen Stärken mit umfeldbedingten Chancen besteht.[342] *Gälweiler* hat hierfür den Begriff **"Erfolgspotential"** geprägt.[343] Der zugrunde liegende Controllingbereich ist das strategische Controlling.

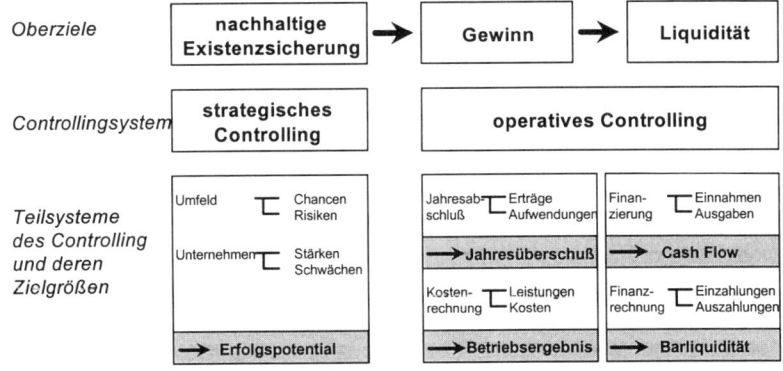

Abb. 2.21.: Zielsystem und Controllingsystem des Unternehmens

[338] Vgl. die emprischen Ergebnisse bei Coenenberg, A.G./Baum, H.-G. (1987), S. 5.
[339] Vgl. Coenenberg, A.G./Baum, H.-G. (1987), S. 4f..
[340] Vgl. Coenenberg, A.G. (1993b), Sp. 3680f..
[341] Vgl. die Ableitung des Zielsystems aus der empirischen Zielforschung bei Günther, T. (1991), S. 16f..
[342] Vgl. Coenenberg, A.G./Baum, H.-G. (1987), S. 37 und Günther, T. (1991), S. 18.
[343] Vgl. Gälweiler, A. (1974), S. 132, und ebenso Coenenberg, A.G. (1993b), Sp. 3680.

Da die nachhaltige Sicherung der Existenz des Unternehmens zunächst finanzielle Ressourcen beansprucht und zu Investitionen führen wird, werden die beiden weiteren Oberziele des **Erfolgs** und der **Liquidität** erst mit zeitlichem Nachlauf realisiert werden können. Bedingt durch die Abgrenzungsgrundsätze der periodisierten Rechnungswesensysteme (Jahresabschluß und Kosten- und Leistungsrechnung) sowie bedingt durch marktliche und wettbewerbsbezogene Einflüsse werden Erfolgsziele im zeitlichen Ablauf eher erfüllt werden können als die Liquiditätsziele **(Vorsteuerungsfunktion)**.[344] Z.B. zeigt sich bei der Einführung neuer Produkte, daß die Nachfragegruppe der Innovatoren zunächst weniger preissensitiv ist, die Konkurrenz aufgrund der Innovation weniger stark und Investitionen zwar die Liquidität voll, den Erfolg jedoch nur entsprechend des Anteils der Nutzungsdauer (= Abschreibung) belasten.

Das operative Controlling dient der Erreichung beider Oberziele. Der Erfolg ist Zielgröße der **Bilanz- und Erfolgsrechnung** des externen Rechnungswesens und der **Kostenrechnung- und Leistungsrechnung** als Teil des internen Rechnungswesens. Die **Finanzierungsrechnung** mit der Zielgröße Cash Flow und die **Finanzrechnung** mit der Barliquidität konkretisiert das Oberziel Liquidität.

Bedingt durch die Mehrdimensionalität des Zielsystems und den kybernetischen Prozeßcharakter des Controlling wird die Komplexität der Unternehmenssteuerung deutlich. Folglich müssen die unterschiedlichen Elemente in einem System in Einklang gebracht werden. Der Controlling-Gedanke wird zum **Controllingsystem**, um dem verfolgten Anspruch angesichts der Komplexität gerecht zu werden. Zum einen sollen die Teilsysteme des strategischen und operativen Controlling als Ausdruck des multidimensionalen Zielsystems miteinander verzahnt werden und zum anderen sind diese Teilsysteme in einen kybernetischen Prozeß (Planung - Realisation - Kontrolle) einzubinden.[345] Die Wahl der Begriffe erfolgt in Anlehnung an die Termini von *Hahn/Schmalenbachgesellschaft* und *Coenenberg/Baum*.[346]

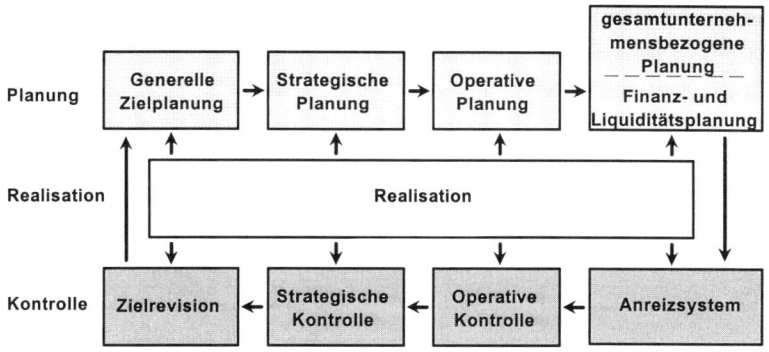

Abb. 2.22.: Kybernetisches Controllingsystem[347]

Die erste Ebene stellt die **Planung** dar, die in mehrere Teilplanungen zerlegt werden kann:

1) In der **generellen Zielplanung** werden die Wertziele (insbesondere bezüglich der Oberziele Gewinn und Liquidität), die Sachziele (z.B. Produktionsprogram, regionale Aus-

---

[344] Vgl. Coenenberg, A.G./Baum, H.-G. (1987), S. 43.

[345] Zum Stand der Literatur vgl. die Analyse bei Günther, T. (1991), S. 53ff..

[346] Vgl. Schmalenbach-Gesellschaft (1977), S. 2ff.; Hahn, D./Schmalenbach-Gesellschaft (1983), S. 19ff. sowie Coenenberg, A.G./Baum, H.-G. (1987), S. 32ff. und S. 127.

[347] Abwandlung der Darstellung bei Günther, T. (1991), S. 57.

breitung, insbesondere bzgl. des Oberziels Existenzsicherung) und die Sozialziele festgelegt.

2)   Aufgrund der Zielvorgaben wird die **strategische Planung** entworfen, die wiederum in einzelne Subelemente zerlegt werden kann.[348]

3)   Die strategische Planung bildet den Rahmen für die **operative Planung**, die die konkrete Umsetzung der Strategien ermöglicht bzw. innerhalb der gewählten Strategievorgaben operative Entscheidungen vorbereitet.[349]

4)   Auf Gesamtunternehmensebene werden anschließend die Planungen zusammengefaßt, um die i.d.R. zentralisierten Entscheidungen zur Finanzierung des Unternehmens und zur Erhaltung der Liquidität vorzubereiten **(gesamtunternehmensbezogene Planung)**.

Die einzelnen Teilpläne sind nun in der Phase der **Realisation** umzusetzen. Die daraus resultierenden Ergebnisse werden im anschließenden **Kontrollschritt** bzgl. Einhaltung und Sanktionierung (feedback) und bzgl. eventueller Gegensteuerung bzw. Verbesserung zukünftiger Pläne (feedforward) überprüft:

1)   Ein **Sanktionssystem** (z.B. Prämiensysteme, Auszeichnungen, Beförderungen etc.), das sowohl negative als auch positive Konsequenzen nach sich ziehen kann, dient der Kontrolle gesamtunternehmensbezogener Planungen, kann jedoch auch untergeordnete Teilplanungen umfassen.

2)   Die **operative Kontrolle** (z.B. mittels Abweichungsanalysen) überwacht die Zielerreichung operativer Pläne.

3)   In der **strategischen Kontrolle** (z.B. Prämissenkontrollen oder Meilensteinkontrollen) werden die Realisierbarkeit und die Zielerreichung von Strategien überprüft.

4)   Als letzter Schritt, falls die drei vorangehenden Schritte nicht zur Gegensteuerung ausreichen, müssen die Unternehmensziele revidiert werden **(Zielrevision)**.

2.8.3. Einbettung des Unternehmenswertes in das Controllingsystem

Nachdem nun die Komponenten eines generell gültigen Controllingsystems beschrieben wurden, stellt sich die Frage, wie ein Controllingsystem gestaltet werden kann, das - aufgrund der festgestellten Notwendigkeit - den Unternehmenswert als Zielgröße einbetten kann, d.h. wie ein **unternehmenswertorientiertes Controllingsystem** aufzubauen ist.

Zunächst ist zu untersuchen, wie der Unternehmenswert als Zielgröße in das existierende Zielsystem eines Unternehmens einzuordnen ist:

Wie die Diskussion der Wertlücken-Problematik zeigt, können existierende Wertlücken, d.h. eine Verletzung der Zielsetzung "Steigerung des Shareholder Value", die Unabhängigkeit des Unternehmens durch die bestehende Übernahmegefahr bedrohen. Zudem wird die Forderung nach langfristigen Erfolgskennzahlen und Anreizsystemen sowie Mechanismen zur Senkung der Agency-Kosten erhoben. Daher liegt die Schlußfolgerung nahe, die **Zielgröße „Unternehmenswert"** dem Oberziel „nachhaltige Existenzsicherung" zu subsumieren, zumal

---

[348] Vgl. hierzu Günther, T. (1991), S. 58.
[349] 84 % der Unternehmen wählen die strategische Planung als Rahmen für die operative Planung. Vgl. Günther, T. (1991), S. 164.

Gewinn und Liquidität kurzfristige, periodenbezogene Zielgrößen darstellen. Der Unternehmenswert - zumindest in seiner Definition als Zukunftserfolgswert (Ertragswert oder Discounted Cash Flow) - ist jedoch eine zukunftsbezogene, mehrperiodige Größe. Aufgrund der Vorsteuerungsfunktion des Erfolgspotentials für Gewinn und Liquidität, schlägt sich das Erfolgspotential eines Unternehmens in Erfolgen bzw. Cash Flows späterer Perioden nieder. Diese wiederum bestimmen den aktuellen Wert eines Unternehmens. Der Unternehmenswert stellt folglich eine Möglichkeit dar, die qualitative Größe "Erfolgspotential" zu quantifizieren und zu einer Erweiterung des strategischen Managements beizutragen. Die Erhaltung des Unternehmenswertes tritt quasi als quantitatives Synonym neben das Oberziel "nachhaltige Existenzsicherung", kann und soll es jedoch nicht substituieren. Unternehmenswert und Erfolgspotential sind die beiden Seiten derselben Medaille.[350]

Tritt der Unternehmenswert als quantitative Ausprägung neben das Erfolgspotential, hat dies auch die **strategische Planung**, die der Schaffung von Erfolgspotential gewidmet ist, zu würdigen. Das strategische Planungsinstrumentarium ist entsprechend zu erweitern. Um wertorientierte Strategien entsprechend umzusetzen und in Detailpläne herunterbrechen zu können, hat die **operative Planung** Instrumente zur Verfügung zu stellen, die eine Umsetzung geplanter Wertbeiträge (z.B. durch unternehmenswertorienterte Erfolgskennzahlen, Kennzahlensysteme, Break-Even-Analysen oder langfristige Produkt- bzw. Projektrechnungen) ermöglicht. Durch eine Berücksichtigung des Unternehmenswertes in der **gesamtunternehmensbezogenen Planung**, d.h. in der Finanz- und Liquiditätsplanung, kann auch in der Konsolidierung der einzelnen operativen Pläne auf Gesamtunternehmensebene der Shareholder Value-Gedanke zum Ausdruck gebracht werden (z.B. unternehmenswertorientierte Kennzahlensysteme auf Gesamtunternehmensebene oder langfristige Unternehmensergebnisrechnungen). Letztendlich sind die Planungsbemühungen und -erfolge mit Hilfe eines **Investor Relations** den Eigentümern und dem Kapitalmarkt gegenüber zu kommunizieren.

Nach Ergreifung von Maßnahmen zur Unternehmenswertsteigerung sind die planerischen Überlegungen bezüglich der Zieleinhaltung zu kontrollieren. Das Sanktionssystem ist daher um **(unternehmens-)wertorientierte Anreizsysteme** zu ergänzen. Für die **operative und strategische Kontrolle** können, wie noch zu zeigen sein wird, bereits existierende Instrumente angewandt werden. Letztendlich können Umfeldzustände wie im generellen Controlling-Modell auch hier zu einer **Revision der Unternehmensziele** zwingen. Nachfolgende Abbildung stellt die Komponenten eines unternehmenswertorientierten Controlling im Zusammenhang abschließend dar.

In den beiden nachfolgenden Kapiteln soll zunächst der Shareholder Value als originäre Zielgröße des unternehmenswertorientierten Controllingsysteme definiert und Möglichkeiten und Probleme seiner Ermittlung aufgezeigt werden. Anschließend wird aufgezeigt, in welchen Bereichen das Controlling einer Ergänzung und/oder einer Modifikation bedarf, um unternehmenswertorientiert steuern zu können. Dabei wird sowohl auf operative als auch auf strategische Elemente eingegangen. Die für ein unternehmenswertorientiertes Controlling notwendigen organisatorischen Rahmenbedingungen wie z.B. die Investor Relations oder ein unternehmenswertorientiertes Anreizsystem sollten dabei jedoch nicht außer acht gelassen werden.

---

[350] Vgl. ähnlich Siegwart, H. (1994), S. 397ff., der jedoch einseitige Verteilungen finanzieller Überschüsse kritisiert sowie die Konzeption einer „Erfolgspotentialrechnung" bei Breid, V. (1994), S. 21ff..

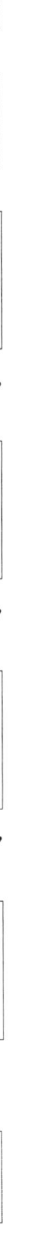

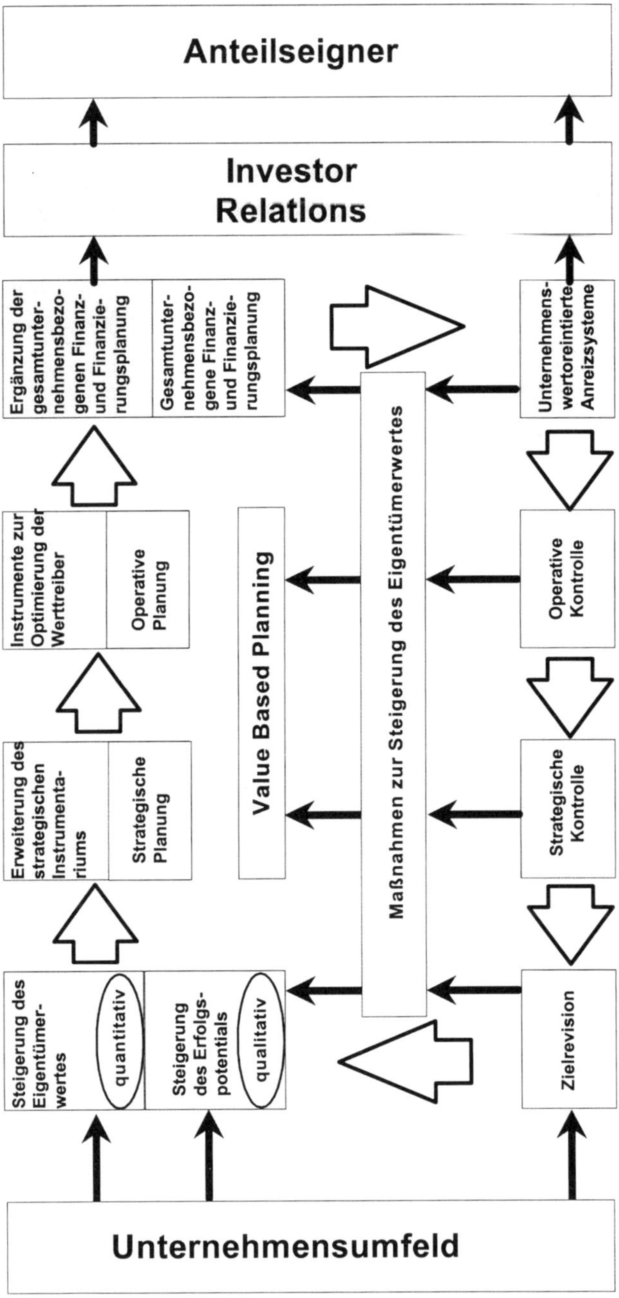
Anteilseigner
Investor Relations
Ergänzung der gesamtunternehmensbezogenen Finanz- und Finanzierungsplanung
Gesamtunternehmensbezogene Finanz- und Finanzierungsplanung
Unternehmenswertoreintierte Anreizsysteme
Instrumente zur Optimierung der Werttreiber
Operative Planung
Operative Kontrolle
Value Based Planning
Maßnahmen zur Steigerung des Eigentümerwertes
Erweiterung des strategischen Instrumentariums
Strategische Planung
Strategische Kontrolle
Steigerung des Eigentümerwertes
quantitativ
Steigerung des Erfolgspotentials
qualitativ
Zielrevision
Unternehmensumfeld

Abb. 2.23.: Unternehmenswertorientiertes Controllingsystem

3. Ermittlung des Unternehmenswertes

Nachdem sich aus den vorausgehenden Überlegungen die Notwendigkeit eines unternehmens-wertorientierten Controllingsystems ergab und dieses kurz skizziert wurde, soll nun die originäre Zielgröße eingehender betrachtet werden: der Unternehmenswert.

Wie bereits ausgeführt, kann der Unternehmenswert als Quantifizierung des Erfolgspotentials eines Unternehmens betrachtet werden. Um die Auswirkungen der Handlungsmöglichkeiten des Managements beurteilen zu können, ist nun eingehend zu untersuchen, wie der Unternehmenswert rechnerisch ermittelt werden kann.

3.1. Konzepte zur Ermittlung des Unternehmenswertes

Nach der **Funktionenlehre**, die die berufsständischen Grundsätze der Wirtschaftsprüfer entscheidend mitgeprägt hat,[1] ist zwischen verschiedenen Funktionen der Unternehmensbewertung zu differenzieren, die die Art und Weise der Unternehmenswertermittlung bestimmen.[2] Da die zu ermittelnden Unternehmenswerte funktionsbezogen sind, hat der Wirtschaftsprüfer bei der Bewertung klarzustellen, in welcher Funktion er jeweils tätig ist. In Anlehnung an das Fachgutachten 2/83 des Hauptfachausschusses des Instituts der Wirtschaftsprüfer in Deutschland e.V. (HFA 2/83) und in dessen Ergänzung können folgende **Hauptfunktionen** unterschieden werden:[3]

Funktion	Art des Unternehmenswertes	Art der Bewertung
1) **Beratungsfunktion**	subjektiver Unternehmenswert	entscheidungsorientierte Unternehmensbewertung
2) **Schiedsgutachter-funktion**	"fairer" Einigungspreis aus zwei subjektiven Unternehmenswerten	schiedsgutachterliche Unternehmensbewertung
3) **neutrale Gutachter-funktion**	objektivierter Unternehmenswert; Bewertung des Unternehmens "so, wie es steht und liegt"	entscheidungsorientierte Unternehmensbewertung
4) **Steuerungsfunktion**	subjektiver Unternehmenswert	controllingorientierte Unternehmensbewertung

Abb. 3.1.: Hauptfunktionen der Unternehmensbewertung

---

[1] Vgl. Institut der Wirtschaftsprüfer (1983), S. 472f. sowie ähnlich auch UEC (1980), S. 2.

[2] Vgl. die Arbeiten von Matschke, M.J. (1975) und Matschke, M.J. (1979); Coenenberg, A.G./Sieben, G. (1976), Sp. 4062ff.; Sieben, G./Schildbach, Th. (1979), S. 455ff.; Sieben, G. (1983), S. 539ff. und Moxter, A. (1983), S. 5ff..

[3] Vgl. Institut der Wirtschaftsprüfer (1983), S. 472; Helbling, C. (1989b), S. 38ff.; Dörner, W. (1992), S. 2ff. und Sieben, G. (1993), Sp. 4316.

Während das HFA 2/83 und die traditionelle Literatur zur Unternehmensbewertung nur die ersten drei Funktionen nennen,[4] kann nach Meinung des Verfassers die **Steuerungsfunktion** als zusätzliche Hauptfunktion der Unternehmensbewertung betrachtet werden. Bei ihr steht im Gegensatz zu den drei voranstehenden Funktionen nicht die externe Bewertung des Unternehmens im Vordergrund, sondern die interne Steuerung des Unternehmens im Rahmen eines unternehmenswertorientierten Controlling.

Sieben nennt noch weitere **Nebenfunktionen**, die die Hauptfunktionen ergänzen:[5]

❑   die **Informationsfunktion** zur Ermittlung von Informationen, wie z.b. bei der Geschäftswertermittlung für die Bilanzierung, die durch Wertkonventionen normiert sind.

❑   die **Steuerbemessungsfunktion** zur Ermittlung von ebenfalls normierten Unternehmenswerten zu Steuerzwecken, wie z.b. das "Stuttgarter Verfahren" nach Abschn. 4 bis 8 VStR zur Bewertung nicht-börsennotierter Anteile an Kapitalgesellschaften.

❑   die **Vertragsgestaltungsfunktion** zur Auslegung von Abfindungsklauseln in Gesellschafterverträgen.

Die nachfolgende Darstellung der funktionalen Ansätze soll auf die Hauptfunktionen der Unternehmensbewertung beschränkt bleiben.[6]

❑   Im Falle der **Beratungsfunktion** dient die Ermittlung des Unternehmenswertes der Entscheidungsunterstützung (z.B. beim Kauf eines Unternehmens, bei der Anlage in Aktien, bei der Festlegung des Kapitaleinsatzes oder der Anteilsquote im Falle der Aufnahme neuer Gesellschafter) (**entscheidungsorientierte Unternehmensbewertung**). Der Bewerter ermittelt ausgehend vom objektivierten Unternehmenswert den **Entscheidungswert**, der angesichts der (subjektiven) Entscheidungssituation des Investors höchstens für ein Unternehmen gezahlt werden soll (Preisobergrenze beim Kauf) oder mindestens für ein Unternehmen erzielt werden soll (Preisuntergrenze beim Verkauf). Der zu ermittelnde Unternehmenswert verfügt über einen **subjektiven** statt über einen objektivierten **Charakter**, da er von den Zielvorstellungen, den Handlungsmöglichkeiten und den Umfeldsituationen des Bewerters bzw. des Auftraggebers geprägt ist.[7] Beispielsweise können Synergien beim Zusammenschluß von Unternehmen, individuelle Mindestrenditeerwartungen, Finanzierungsmöglichkeiten oder Risikoeinschätzungen der Bewerter unterschiedlich sein und folglich zu verschiedenen Unternehmenswerten führen.[8] *Sieben/Zapf* unterscheiden bezüglich unterschiedlicher Zielvorstellungen der Entscheider eine **Höhenpräferenz** (z.B. bzgl. der Erreichung des Ziels „Marktanteilssteigerung"), eine **Zeitpräferenz** (z.B. bzgl. des zeitlichen Anfalls von Einnahmenüberschüssen), eine **Artenpräferenz** (z.B. bei gleichzeitiger Verfolgung mehrerer Zielsetzungen) und eine **Ungewißheitspräferenz** (d.h. der individuellen Risi-

---

4   Vgl. Institut der Wirtschaftsprüfer (1983), S. 472 sowie Busse v. Colbe, W. (1981), Sp. 595f.; Sieben, G. (1993), Sp. 4316ff. und Coenenberg, A.G. (1981), S. 221ff. sowie deckungsgleich Coenenberg, A.G. (1992), S. 89ff..
5   Vgl. Sieben, G. (1993), Sp. 4316 ebenso Coenenberg, A.G. (1981), S. 223.
6   Vgl. UEC (1980), S. 2; Sieben, G./Zapf, B. (1981), S. 1ff.; Coenenberg, A.G. (1981), S. 221ff., Institut der Wirtschaftsprüfer (1983), S. 468ff. und Sieben, G. (1993), Sp. 4316ff..
7   Vgl. Sieben, G./Zapf, B. (1981), S. 3ff. und Sieben, G. (1983), S. 539.
8   Vgl. Busse v. Colbe, W. (1994), S. 603ff..

koeinstellung der Beteiligten angesichts risikobehafteter zukünftiger Einnahmenüberschüsse).[9]

❑ Bei der **Schiedsgutachterfunktion** soll der Bewerter einen fairen Ausgleich zwischen zwei Parteien erreichen, deren Wertvorstellungen sich im Widerspruch befinden (**schiedsgutachterliche Unternehmensbewertung**). Der Bewerter hat zu einem fairen Interessenausgleich zwischen den subjektiven Unternehmenswerten der beiden Parteien zu gelangen. Im günstigen Falle liegt der **Arbitriums- oder Schiedsspruchwert** in einem positivem Einigungsbereich, der durch die niedrigere Preisuntergrenze des Verkäufers und die höhere Preisobergrenze des Käufers aufgespannt wird. Anlässe für schiedsgutachterliche Verfahren sind Abfindungsfälle bei Enteignungen, Eingliederungen von Unternehmen oder bei Scheidungen und Erbfällen.

❑ Die dritte Hauptfunktion der Unternehmensbewertung, die **neutrale Gutachterfunktion**, ist inhaltlich umstritten. Nach Meinung des IdW und vergleichbar auch der UEC ist die neutrale Gutachterfunktion eine typische Berufsaufgabe des Wirtschaftsprüfers, die in der Ermittlung eines "objektivierten" Wertes des Unternehmens, "so, wie es steht und liegt" besteht.[10] Dieser Wert ist ein reiner Fortführungswert, der spezifische Interessen eines potentiellen Käufers oder Verkäufers nicht berücksichtigt. Hierdurch soll die Bewertung allgemein vertretbar sein[11] und folglich "objektiviert" werden, wenngleich sie wegen der zwangsläufig zu setzenden Prämissen durch Einschätzung des Bewerters (subjektiv) geprägt ist.[12] Einige Autoren zweifeln die eigenständige Existenz eines "objektivierten" Unternehmenswertes an, da der Käufer durch die Vernachlässigung subjektiver Wertbestandteile wie Synergien oder Restrukturierungspotentiale bei der Preisfindung begünstigt wird.[13] Die in der Theorie geforderte[14] und vom Berufsstand der Wirtschaftsprüfer unter Hinweis auf die berufsständischen Grundsätze abgelehnte[15] **Argumentationsfunktion** zur Unterstützung der Verhandlungsparteien kann jedoch letztendlich nur zu einer entscheidungsorientierten Unternehmensbewertung werden, wodurch als Funktionen nur die Beratungs- oder die Vermittlungsfunktion der Unternehmensbewertung verbleiben.[16] Allenfalls kann *Coenenberg* und *Dörner* gefolgt werden, die den vom Wirtschaftsprüfer ermittelten "objektivierten" Argumentationswert als rechnerische Basis und Produkt der sog. Feststellungsphase der Bewertung betrachten, die dem Entscheidungsträger zur weitergehenden subjektiven Wertermittlung für die Verhandlungsphase dient.[17] Letztendlich geht die Argumentationsfunktion in die Beratungsfunktion über.

❑ Während die traditionelle Unternehmensbewertung in Theorie und Praxis stark von den Grundsätzen des Berufsstandes der Wirtschaftsprüfer geprägt und beeinflußt ist, geht die vierte Funktion, die **Steuerungsfunktion**, darüber hinaus. Die Bewertung obliegt nicht dem externen Wirtschaftsprüfer als Berater bzw. Schiedsgutachter, sondern dem Management selbst. Die Aufgabe besteht nicht in der Bewertung einer sich abzeich-

---

[9] Vgl. Sieben, G./Zapf, B. (1981), S. 21ff..
[10] Vgl. UEC (1980), S. 2 und Institut der Wirtschaftsprüfer (1983), S. 473.
[11] Vgl. Institut der Wirtschaftsprüfer (1983), S. 473.
[12] Vgl. Dörner, W. (1992), S. 5.
[13] Vgl. z.B. Coenenberg, A.G. (1981), S. 224.
[14] Vgl. Matschke, M.J. (1976), S. 517ff.; Wagenhofer, A. (1988) und Sieben, G. (1993), Sp. 4319.
[15] Vgl. Dörner, W. (1981), S. 204.
[16] Vgl. Coenenberg, A.G. (1981), S. 224.
[17] Vgl. Coenenberg, A.G. (1981), S. 224 und Dörner, W. (1981), S. 204.

nenden oder bereits erfolgten Transaktion, sondern in der **permanenten fiktiven Bewertung** des Unternehmens und seiner Einheiten als Teil eines Controlling-Konzeptes, ohne daß unmittelbar der Kauf oder Verkauf des Unternehmens oder von Unternehmensteilen zur Frage steht. Da der Steuerungsfunktion die Aufgabe zukommt, Entscheidungen des Managements zu unterstützen, handelt es sich um eine entscheidungsorientierte Unternehmensbewertung auf der Basis subjektiver Unternehmenswerte, d.h. es gilt **Entscheidungswerte** zu ermitteln.

Im Fortgang der Untersuchung soll die Steuerungsfunktion als Teil eines unternehmenswertorientierten Controlling im Mittelpunkt der Betrachtungen stehen.

3.2. Ermittlung des Entscheidungswertes

3.2.1. Entscheidungsalternativen der Eigentümer

Das unternehmenswertorientierte Controlling rückt den Eigenkapitalgeber **(Shareholder)** und dessen Erwartungen in den Mittelpunkt des unternehmerischen Zielsystems. Das Unternehmen ist aus seiner Sicht zu bewerten; er ist folglich der subjektive Faktor, d.h. der „virtuelle" Bewerter des Unternehmens. Dennoch ist festzuhalten, daß der Eigenkapitalgeber kaum in der Lage sein wird, das Unternehmen zu bewerten. Das Management (agent) ist daher gefordert, im Auftrag des Eigentümers (principal) das Unternehmen zu bewerten und im Sinne einer Steigerung des Unternehmenswertes zu handeln.

Die **Trennung von Eigentum und Management** wirft auch bezüglich der Steuerungsfunktion der Unternehmensbewertung Probleme auf:

❑   Die Informationslagen von Eigentümer und Management fallen i.d.R. auseinander **(Informationsasymmetrien)**, da das Management das Unternehmen aufgrund marktnäherer Informationen besser bewerten kann. Z.B. werden in der Kapitalmarkttheorie Dividenden als Signale für den Eigentümer betrachtet,[18] die ihm zeigen sollen, ob das Management z.B. mit einer positiven Unternehmensentwicklung (veranschaulicht durch eine Dividendenerhöhung) rechnet (Signalling-Theorie)[19].

❑   Sowohl das Management als auch die Eigentümer sind **keine homogenen Personengruppen**, sondern durch unterschiedliche Ziele (Einkommens- vs. Vermögensstreben), Vorstellungen (z.B. bzgl. der Einschätzung des Zukunftserfolges des Unternehmens) und Umfeldbedingungen (z.B. Steuerprogression, Handlungsmöglichkeiten) gekennzeichnet. Der generelle Agency-Konflikt zwischen Management und Eigentümer wiederholt sich hier z.B. in der Beziehung zwischen Groß- und Kleinanlegern.[20]

Beide Probleme beeinflussen die Wahl zwischen den verschiedenen Handlungsmöglichkeiten des Eigentümers, die wie folgt strukturiert werden können:[21]

---

[18] Vgl. z.B. Baumol, W.J. (1963), S. 112ff und Soter, D.S. (1979), s. 38ff. sowie die Darstellungen bei Schildbach, T. (1986), S. 61ff.; Süchting, J. (1989), S. 451f. und König, R.J. (1989), S. 57.

[19] Signalling dient der Lösung von Qualitätsunsicherheiten als eines von vier Grundtypen von Informationsasymmetrien. Vgl. die Darstellung in Kap. 2.1.2.2.1. Das Problem der Qualitätsunsicherheit.

[20] Vgl. Schneider, D. (1992), S. 638.

[21] Vgl. Sieben, G./Zapf, B. (1981), S. 7ff. und Busse v. Colbe, W. (1981), Sp. 595f..

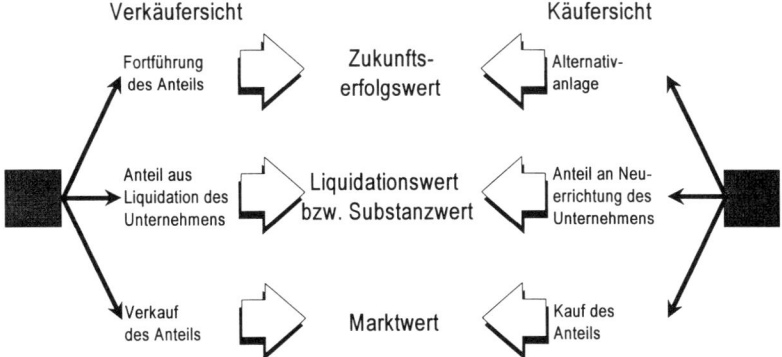

Abb. 3.2.: Handlungsmöglichkeiten des Eigentümers als Käufer bzw. Verkäufer und resultierende Unternehmenswertkonzeptionen

Dem momentanen Eigentümer stehen drei Alternativen offen (**Verkäufer-Sicht**):

1) Er kann seinen Anteil behalten und wird an den zukünftigen Erfolgen des Unternehmens partizipieren (**Zukunftserfolgswert**).

2) Er kann zusammen mit den anderen Eigentümer eine Liquidation des Unternehmens herbeiführen und wird einen Anteil am Liquidationserlös bekommen (**Liquidationswert**).

3) Er kann seinen Anteil am Sekundärmarkt (Börse) verkaufen und dafür einen Verkaufspreis erzielen, der der aktuellen Bewertung des Unternehmens am Markt entspricht (**Verkaufspreis = Marktwert**).

Ebenso stehen dem potentiellen Eigentümer drei korrespondierende Alternativen zur Verfügung (**Käufer-Sicht**):

1) Er kann sein Vermögen in eine Alternativanlage (z.B. Anlage in (fast) risikolose Rentenwerte) investieren bzw. die Alternativrendite wird zur Vergleichslatte für die Rückflüsse aus dem Kauf eines Unternehmensanteils (**Zukunftserfolgswert**).

2) Er kann zusammen mit anderen Interessenten das Unternehmen selbst errichten (**Substanzwert**).

3) Er kann einen Anteil am Sekundärmarkt (= Börse) kaufen und wird dafür einen Kaufpreis entrichten müssen, der der aktuellen Marktbewertung entspricht (**Kaufpreis = Marktwert**).

Sowohl die Verkäufer- als auch die Käufersicht führen zu denselben Unternehmenswertkonzeptionen:

❑ **Zukunftserfolgswert,**
❑ **Liquidations- bzw. Substanzwert** und
❑ **Marktwert.**

Ein rationaler Investor (= Verkäufer) wird die Handlungsalternative wählen, die ihm die Maximierung seines Vermögens ermöglicht:[22]

---

[22] Der potentielle Käufer wird die drei Wertansätze zu minimieren versuchen.

Entscheidungswert = Max (Marktwert; Zukunftserfolgswert; Liquidationswert)

Fortan ist näher zu untersuchen, wie der Zukunftserfolgswert, der Liquidationswert und der Marktwert für ein unternehmenswertorientiertes Controlling bestimmt werden können.

3.2.2. Zukunftserfolgswert

Untersucht der Eigentümer, ob er seinen Anteil behalten oder veräußern soll, so wird er im Falle des Haltens seiner Anteile am Zukunftserfolg des Unternehmens partizipieren **(Zukunftserfolgswert)**.[23] Die Beteiligung am Eigenkapital des Unternehmens ist als Investition zu betrachten, die dann vorteilhaft ist, wenn sie einen positiven Kapitalwert erzielt, d.h. wenn die Anfangsinvestition in t=0 kleiner als der Barwert der Rückflüsse an den Eigentümer (= Zukunftserfolgswert) ist, die zum Ende des jeweiligen Jahres anfallen.[24] I. d. R. ist von einem unendlichen Planungshorizont und von bereits bestehenden Unternehmen auszugehen:[25]

$$\text{Zukunftserfolgswert} = \sum_{t=1}^{\infty} \frac{R\ddot{u}ckflu\beta_t}{(1 + Zinssatz)^t}$$

3.2.2.1. Varianten von Zukunftserfolgswerten

Es stellt sich nun die Frage, welche Arten von Rückflüssen sinnvollerweise der Unternehmensbewertung zugrunde zu legen sind. Hierbei können fünf unterschiedliche Standpunkte eingenommen werden.[26]

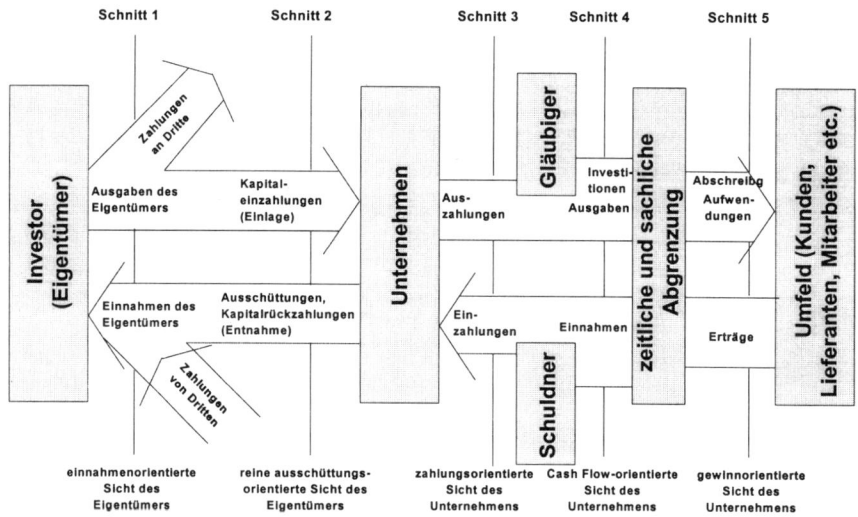

Abb. 3.3.: Ansatzpunkte zur Ermittlung des Zukunftserfolgswertes[27]

---

[23] Häufig wird für den Zukunftserfolgswert auch der Begriff „Ertragswert" verwandt, der jedoch hier nur im Zusammenhang mit Ertragsüberschüssen als „modifizierte Ertragswertmethode" nach HFA 2/1983 gebraucht werden soll. Vgl. Baetge, J./Krause, C. (1994), S. 434 und Dirrigl, H. (1994), S. 411.

[24] Vgl. Busse v. Colbe, W. (1957); Sieben, G./Zapf, B. (1981), S. 19ff.; Busse v. Colbe, W. (1981), Sp. 595f.; Coenenberg, A.G. (1981), S. 226; Dörner, W. (1992), S. 14; Ballwieser, W.. (1993), S. 153 sowie Institut der Wirtschaftsprüfer (1983), S. 469 und UEC (1980), S. 3.

[25] Vgl. die Diskussion verschiedener Modelle bei Sieben, G. (1988), S. 364ff..

[26] Vgl. Busse v. Colbe, W. (1981), Sp. 598ff.; Helbling, C. (1990), S. 533ff. und Fickert, R. (1992), S. 56ff..

[27] in Anlehnung und Erweiterung nach Helbling, C. (1990), S. 534.

1) **Einzahlungsorientierte Sicht des Eigentümers:**

Neben den Zahlungen zwischen Unternehmen und Eigentümer sind auch die Zahlungs-
beziehungen mit Dritten (sekundärer Kapitalmarkt, Fiskus, Finanzmittler etc.) einzubeziehen.[28] Der Eigentümer leistet Zahlungen an Dritte (z.b. Einkommen- und Vermögensteuer an den Fiskus oder Transaktionskosten, wie z.b. die Depotkosten an Finanzintermediäre) und realisiert gleichzeitig Einzahlungen von Dritten z.b. in Form von anre-
chenbaren Steuergutschriften als Steuerrückzahlungen des Fiskus an den Eigentümer in
Ländern mit Anrechnungsverfahren[29] oder in Form von Erlösen aus Bezugsrechten oder
Anteilen, die am sekundären Kapitalmarkt an Dritte veräußert werden.[30]

Zukunftserfolgswert =

$$= \sum_{t=1}^{\infty} \frac{(Entnahmen_t + Zuflüsse\,von\,Dritten_t) - (Einlagen_t + Abflüsse\,an\,Dritte_t)}{(1 + Zinssatz)^t}$$

2) **Reine ausschüttungsorientierte Sicht des Eigentümers:**

Bei dieser Sichtweise werden nur die direkten Zahlungen zwischen Eigentümer und Un-
ternehmen berücksichtigt. Der Eigentümer leistet Zahlungen an das Unternehmen durch
Erhöhungen des Eigenkapitals im sog. primären Kapitalmarkt (Kapitalerhöhungen bei
Aktiengesellschaften, Zuzahlungen bei GmbHs und Einlagen bei Personengesellschaften und Einzelunternehmen) und erhält gleichzeitig Zahlungen in Form von Bardividen-
den oder Kapitalrückzahlungen des Unternehmens. Im Schrifttum wird dies auch als
Zukunftsentnahmewert bezeichnet,[31] der auch in der HFA-Stellungnahme 2/83 des
IdW als Grundsatz der Bewertung nachhaltig entziehbarer, verfügbarer Einnahmenüber-
schüsse ausdrücklich enthalten ist.[32]

Der Ansatz entspricht dem Dividendendiskontierungsmodell der Kapitalmarkttheorie,
bei dem sich der Wert eines Anteils aus den erwarteten Dividenden und den Kursgewinnen ergibt (**sog. Dividendenthese**).[33] Die Kursgewinne können wiederum durch die
zukünftig erwarteten Dividenden erklärt werden.[34] Die Dividendenthese beruht damit
allerdings auf der Annahme einer Welt ohne Steuern, Transaktionskosten und Möglichkeiten zur Außenfinanzierung (Kapitalerhöhungen bzw. Fremdkapitalaufnahme).[35]

$$Zukunftserfolgswert = \sum_{t=1}^{\infty} \frac{Entnahmen_t - Einlagen_t}{(1 + Zinssatz)^t}$$

---

28 Vgl. den Hinweis zur Relevanz von Einkommen- und Körperschaftsteuer bei Busse v. Colbe, W. (1981), Sp.
598f..
29 Vgl. für die Bundesrepublik Deutschland die Anrechnung der von Unternehmen abgeführten Körperschaftsteuer auf Ausschüttungen gemäß § 36 II Nr. 3 EStG und der von Unternehmen einbehaltenen Kapi-
talertragsteuer auf Ausschüttungen gemäß § 36 II Nr. 2 EStG i.V.m. § 43 I EStG.
30 Die UEC-Kommission bezeichnet den Barwert der Nettoeinnahmen des Investors als den "theoretisch richtigen Unternehmenswert". Vgl. UEC (1980), S. 3.
31 Vgl. Busse v. Colbe, W. (1957), S. 39ff.; Münstermann, H. (1980), S. 114 und Coenenberg, A.G. (1981), S.
227.
32 Vgl. IdW (1983), S. 473.
33 Vgl. Süchting, J. (1989), S. 451f. und Perridon, L./Steiner, M. (1991), S. 440f..
34 Vgl. das Modell von Williams, J.B. (1964), S.55ff. und die Weiterentwicklung bei Gordon, M.J. (1959), S.
99ff.; Gordon, M.J. (1962), S. 37ff.; Lintner, J. (1962), S. 243ff. und Lintner, J. (1964),'S. 49ff..
35 Vgl. auch die Darstellung bei König, R.J. (1989), S. 44ff..

3) **Zahlungsorientierte Sicht des Unternehmens:**

Bei der zahlungsorientierten Sicht des Unternehmens werden nicht die direkten Zahlungsströme zwischen Eigentümer und Unternehmen, sondern zwischen Unternehmensumfeld und Unternehmen fließende Einzahlungen und Auszahlungen der Bewertung
von Unternehmen oder Unternehmensteilen zugrunde gelegt. Folglich werden
Mehrungen bzw. Minderungen (des Fonds) der liquiden Mittel betrachtet.[36]

$$Zukunftserfolgswert = \sum_{t=1}^{\infty} \frac{Einzahlungen_t - Auszahlungen_t}{(1 + Zinssatz)^t}$$

4) **Cash Flow-orientierte Sicht des Unternehmens:**

Die Sphäre Unternehmen-Umfeld ist auch Grundlage sogenannter Discounted Cash
Flow-Modelle (**DCF-Modelle**) der Unternehmensbewertung, wie sie in Theorie und
Praxis diskutiert werden.[37] Um Kreditgeschäfte mit Gläubigern und Schuldnern außen
vorzulassen erfolgt die Bewertung auf Basis der erzielten Einnahmenüberschüsse.

$$Zukunftserfolgswert = \sum_{t=1}^{\infty} \frac{Einnahmen_t - Ausgaben_t}{(1 + Zinssatz)^t}$$

5) **Gewinnorientierte Sicht des Unternehmens:**

Der anglo-amerikanischen Denkweise in Cash Flows[38] steht der kontinentaleuropäische
Unternehmenswert auf Basis von modifizierten Aufwands- und Ertragsgrößen gegenüber, wie er z.B. im **modifizierten Ertragswert-Konzept** des HFA 2/83 des Instituts
der Wirtschaftsprüfer zum Ausdruck kommt.[39] In der Kapitalmarkttheorie werden gewinnorientierte Ansätze im Rahmen der von *Modigliani/Miller* aufgestellten **Ge-
winnthese** erörtert. Ausgangspunkt sind ein vollkommener Kapitalmarkt, eine Welt einheitlicher Körperschaftsteuersätze sowohl für die Thesaurierung als auch für die Ausschüttung, fehlende Transaktionskosten, symmetrische Information von Eigentümern
und Management sowie homogene Erwartungen der Eigentümer bzgl. ihres Investiti-
onsverhaltens und ihrer Rendite. Der Wert eines Unternehmens wird ausschließlich von
den erzielten Gewinnen bestimmt **(These der Irrelevanz des Ausschüttungsverhal-
tens)**. Der Eigentümer ist selbst bei vollständiger Gewinnthesaurierung in der Lage, sich
beliebige Rückflüsse durch partiellen Verkauf von Anteilen oder Kreditaufnahme zu
verschaffen.[40]

$$Zukunftserfolgswert = \sum_{t=1}^{\infty} \frac{Erträge_t - Aufwendungen_t}{(1 + Zinssatz)^t}$$

Es sei angemerkt, daß die modifizierte Ertragswertmethode nicht ausschließlich Ertragsüberschüsse zugrunde legt, sondern diese in mehrfacher Hinsicht korrigiert. Außerordentliche Ertragsbestandteile sind wegen mangelnder Nachhaltigkeit ebenso zu eliminieren wie Scheingewinne, die nach dem Nettosubstanzerhaltungskonzept nicht „reale"

---

[36] Vgl. Kapitel 3.3.4.2.1.2. Konzeptionelle Einordnung des Freien Cash Flow.
[37] Vgl. z.B. Ballwieser, W. (1993), S. 164ff.; Jonas, M. (1995), S. 83ff. und Drukarczyk, J. (1995), S. 329ff..
[38] Vgl. Jung, W. (1981), S. 511; Gerling, C. (1985), S. 44f. und S. 67f. und Jaensch, G. (1992), S. 384.
[39] Vgl. Institut der Wirtschaftsprüfer (1983), S. 468ff..
[40] Vgl. Miller, M.H. /Modigliani, F. (1961), S. 411ff..

Gewinne darstellen. Desweiteren ergeben sich Korrekturen aus der Finanzdeckungsrechnung, die aufgrund des Auseinanderfallens von Ertrags- und Einnahmenüberschüssen zu Fremdkapitalzinsen auf die sich ergebende Unter- bzw. Überdeckung führt. Weitere Modifikationen können sich aus der Forderung nach Risiko-, Inflations- und Steueräquivalenz ergeben.

3.2.2.2. Bewertung der möglichen Zukunftserfolgswerte

Es stellt sich nun die Frage, welche der fünf Ansatzpunkte ein theoretisch schlüssiges Konzept darstellt, das als Ansatz für eine unternehmenswertorientierte Steuerung in die Praxis umsetzbar ist. Daher sollen die oben vorgestellten fünf Ansätze nun kritisch bewertet werden.

3.2.2.2.1. *Bewertung der einzahlungsorientierten Sicht des Eigentümers*

Aus investitionstheoretischer Sicht sind **a l l e** Zahlungen, die aus dem Anteilsbesitz am Unternehmen resultieren, zu berücksichtigen, um einen Alternativenvergleich, z.B. mit der Anlage in festverzinsliche Wertpapiere, vornehmen zu können. Die **einzahlungsorientierte Sicht des Eigentümers** stellt daher den aus theoretischer Sicht geeignetsten Ansatz dar.[41] Der Ansatz stößt in der praktischen Umsetzung jedoch auf große Probleme, da die Unternehmen sich i.d.R. einer Vielzahl unterschiedlicher Eigentümer mit unterschiedlichsten Zielvorstellungen (z.B. aufgrund unterschiedlicher Steuerprogression, aufgrund von Unterschieden in der Einkommens- und Vermögenssituation oder aufgrund differierender Präferenzen bzgl. der Gewichtung zwischen Einnahmen aus Dividenden und aus Kurssteigerungen) und somit auch unterschiedlichster Konsequenzen für die Höhe des Unternehmenswertes gegenübergestellt sehen. Zudem müßten die Unternehmen Zahlungen von Dritten und an Dritte in ihre unternehmerischen Entscheidungen einbeziehen, die nicht von ihnen beeinflußbar sind.[42]

3.2.2.2.2. *Bewertung der rein ausschüttungsorientierten Sicht des Eigentümers*

Die **rein ausschüttungsorientierte Sicht des Eigentümers** beschränkt die Rückflüsse auf den Zahlungsaustausch mit dem Unternehmen. Je effizienter die Kapitalmärkte arbeiten, umso geringer werden Zahlungen an Dritte und von Dritten werden. Jedoch nur im theoretischen Idealfall (z.B. des vollkommenen Kapitalmarktes), nicht jedoch unter realen Bedingungen, tendieren die Transaktionskosten gegen Null. Der nennenswerte Einfluß der Ertrag- und Vermögensteuern[43] kann jedoch nicht wegdefiniert werden. Vereinfachend kann statt der Bardividende auch die Bruttodividende, d.h. inclusive Körperschaftsteuergutschrift, oder der innere Wert des Bezugsrechtes als Zahlung des Unternehmens angesehen werden. Durch diese vereinfachenden Annahmen kann die ausschüttungsorientierte Sicht als grobe Näherung für die einzahlungsorientierte Sicht verstanden werden. Die Beschränkung auf die rein ausschüttungsorientierte Sicht löst allenfalls das Problem der Zahlungen von Dritten und an Dritte, nicht jedoch das der Heterogenität der Eigentümer.[44]

Empirische Untersuchungen, die unter der Annahme homogener Erwartungen der Anteilseigner vorgenommen wurden, konnten zeigen, daß Wertänderungen von Unternehmen nicht auf

---

41 Vgl. Helbling, C. (1993), S. 157.
42 Vgl. Fickert, R. (1992), S. 57.
43 Seit 1.1.97 wird die Vermögensteuer nicht mehr erhoben.
44 Vgl. die Diskussion bei Helbling, C. (1990), S. 533ff..

Änderungen der Dividendenerwartungen zurückzuführen sind.[45] Ebenso zeigte sich, daß die Rendite von Aktien nicht signifikant von der Ausschüttungsquote abhängt.[46] Folglich konnte die Dividendenorientierung der Unternehmensbewertung am Kapitalmarkt nicht bewiesen werden. Problematisch erscheint jedoch bei den empirischen Tests, daß nur der Zusammenhang zwischen den aktuellen Dividenden bzw. deren Änderungen und den Unternehmenswerten untersucht wird, nicht des gesamten Stromes zukünftiger Dividenden bzw. deren Änderungen. Methodisch ließe sich der Zusammenhang allenfalls ex post untersuchen. Die vorliegenden empirischen Befunde sind insofern unzureichend.

3.2.2.2.3.　Bewertung der zahlungsorientierten Sicht des Unternehmens

Der Übergang von der „Sphäre Eigentümer vs. Unternehmen" zu der „Sphäre Unternehmen vs. Umfeld", d.h. zu den Zahlungsströmen zwischen Unternehmen und Unternehmensumfeld, stellt zwar eine Abstraktion von den individuellen situativen Bedingungen der einzelnen Eigentümer dar, ist jedoch dadurch in der Lage, das Unternehmen als Einheit unabhängig von der Interessenslage vieler einzelner Eigentümer zu bewerten. Außerdem können damit wertbestimmende Faktoren des Unternehmens möglichst klar offengelegt werden.[47] Die Tätigkeit des Unternehmens in seinem Umfeld ist letztendlich Quelle aller Zahlungen an die Eigentümer.

Die **zahlungsorientierte Sicht** betrachtet nur Ein- und Auszahlungen zwischen Unternehmen und Umfeld. Der resultierende Zukunftserfolg ist folglich durch Kreditgeschäfte mit Gläubigern und Schuldnern verzerrt und daher für den Normalfall der Wertermittlung ungeeignet. Gewinnt jedoch in Sonderfällen die Nebenbedingung der Liquidität an Oberhand, z.B. bei Leveraged Buyouts, so kann es interessant sein, angesichts fälliger Zahlungsverpflichtungen (z.B. aufgrund von Zinslasten und Tilgungsplänen) die Liquidität und die Liquidisierbarkeit der Unternehmensressourcen in den Vordergrund zu stellen.

3.2.2.2.4.　Bewertung der Cash Flow-orientierten Sicht des Unternehmens

Um Verzerrungen durch Kreditgeschäfte zu eliminieren ist an Stelle des Zahlungsüberschusses der Einnahmenüberschuß (= Cash Flow)[48] als Bewertungsgrundlage zu wählen. Die Nettoentnahmeerwartungen ergeben sich dann als Residualgröße der erwarteten künftigen Einnahmen und Ausgaben zwischen Unternehmen und Unternehmensumfeld (Residualtheorie).[49] Einnahmen und Ausgaben berücksichtigen im Gegensatz zu Erträgen und Aufwendungen keine periodisierten Zahlungsströme, wie z.B. Abschreibungen oder Zuführungen zu langfristigen Rückstellungen, sondern stellen Veränderung des Geldvermögens des Unternehmens dar.

---

[45] Vgl. z.B. die Untersuchungen von Shiller, R.J. (1981), S. 421ff.; Mankiw, N.G. /Romer, D. /Shapiro, M.D. (1985), S. 677ff. und West, K.D. (1988), S. 37ff., sowie die Darstellung bei König, R.J. (1989), S. 48f..

[46] Vgl. Black, F./Scholes, M. (1974), S. 1ff. und Sharpe, W.F./Sin, H.B. (1975), S. 60ff. für den US-Kapitalmarkt und König, R.J. (1989), S. 168ff. und S. 177 für den deutschen Kapitalmarkt; jedoch eine Bestätigung des Zusammenhanges für den US-Markt bei Litzenberger, R.H./Ramashwamy, K. (1982), S. 429ff..

[47] Vgl. Fickert, R. (1992), S. 59.

[48] Zum Begriff des Cash Flows vgl. en détail Kapitel 3.3.4.2. Ermittlung des Freien Cash Flow.

[49] Vgl. Coenenberg, A.G. (1981), S. 227 und Süchting, J. (1989), S. 454.

Da die einzahlungsorientierte Sicht des Eigentümers trotz theoretischer Überlegenheit nicht praktikabel erscheint, wird als quasi „second best"-Lösung die Cash Flow-orientierte Sicht in Theorie und Praxis eindeutig präferiert[50]. Hierzu ist jedoch folgendes anzumerken:

❑ **Bemessungsgrundlage der Dividende** als wesentliche Einnahme des Eigentümers ist rechtlich nicht der Einnahmenüberschuß des Unternehmens, sondern nach § 58 IV AktG, § 29 I GmbHG, § 121 I HGB und § 168 I HGB das abgegrenzte Periodenergebnis auf Basis von Aufwand und Ertrag, der Jahresüberschuß.

❑ **Steuerbemessungsgrundlage** ist ebenfalls das periodenabgegrenzte Ergebnis auf Basis von Aufwand und Ertrag und nicht der Einnahmenüberschuß. In der Theorie wurde allerdings wiederholt eine Cash Flow-Steuer diskutiert.

❑ Selbst wenn theoretisch der Einnahmenüberschuß als Bemessungsgrundlage gewählt wird, muß dieser nicht zwangsläufig voll ausgeschüttet werden. Sind genügend Investitionsmöglichkeiten im Unternehmen mit einer Rendite über der Alternativrendite der Eigentümer vorhanden, ist die Ausschüttung rational nicht sinnvoll. Wird dennoch angenommen, daß der Einnahmenüberschuß voll ausgeschüttet wird (**Vollausschüttungshypothese**),[51] so wird der daraus ermittelte Unternehmenswert unterschätzt. Die Vollausschüttungshypothese führt insofern zu einer vorsichtigen Schätzung des Unternehmenswertes. Sind die internen Investitionsalternativen unrentabler als eine vergleichbare Alternativanlage, was aufgrund der gezeigten empirischen Ergebnisse[52], der Free Cash Flow-These[53] und der Hybris-These[54] zumindest für möglich erachtet werden muß, wird der Unternehmenswert überschätzt.[55]

❑ In einer Welt mit Preisänderungen ist sicherzustellen, daß die mengenmäßige Substanz des Unternehmens gewährleistet bleibt. Anstatt der nominalen **Geldkapitalerhaltung**, wie sie z.B. im Jahresabschluß nach HGB und EStG enthalten ist, ist eine **Sachkapitalerhaltung** anzusetzen, die der Erhaltung der eigenkapitalfinanzierten Substanz des Unternehmens dient, d.h. der Erhaltung der mengenmäßigen Wertschöpfungsressourcen des Unternehmens. Da der Wert des Fremdkapitals ebenfalls z.B. im Falle der Inflation sinkt, braucht nur die mit Eigenkapital finanzierte **Nettosubstanz** des Unternehmens erhalten werden. Folglich dürfen sog. **Scheingewinne**, d.h. Gewinnanteile, die keine Substanzmehrung darstellen, nicht ausgeschüttet werden. Die Einnahmenüberschüsse müssen ohne Scheingewinne in die Unternehmensbewertung eingehen.[56]

---

50 Vgl. Busse v. Colbe, W. (1957), S. 39ff.; Coenenberg, A.G. (1981), S. 227; Dörner, W. (1992), S. 42; Jonas, M. (1995), S. 84 sowie die Ergebnisse der empirischen Befragung bei Peemöller, V.H./Bömelburg, P./Denkmann, A. (1994), S. 746.

51 Vgl. Dörner, W. (1992), S. 47; Ballwieser, W. (1993), S. 153 und Jonas, M. (1995), S. 85.

52 Vgl. z.B. die Ergebnisse von *Bühner* in Kap. 2.1.2.2.2.1. Empirische Untersuchungen zur "Suboptimalität" von Management-Entscheidungen.

53 Vgl. zur Free Cash Flow-These Jensen, M.C. (1986), S. 323ff.; Jensen, M.C. (1988), S. 28f. und Bruner, R.F. (1988), S. 199.

54 Vgl. zur Hybris-These Roll, R. (1986), S. 197ff..

55 Vgl. Coenenberg, A.G. (1981), S. 227f. und Süchting, J. (1989), S. 447ff..

56 Vgl. Coenenberg, A.G. (1981), S. 227 sowie UEC (1980), S. 3 und Institut der Wirtschaftsprüfer (1983), S. 474f..

3.2.2.2.5. Bewertung der gewinnorientierten Sicht des Unternehmens

Die Einnahmenüberschußrechnung wird sowohl vom Berufsstand der Wirtschaftsprüfer in Deutschland, dem Institut der Wirtschaftsprüfer (IdW), als auch von seiner europäischen Interessenvertretung, der Union Européenne des Experts Comptable (UEC), als die theoretisch richtige Vorgehensweise anerkannt, da durch diese auch die finanziellen Bindungen oder Freisetzungen durch den Erwerb bzw. die Fortführung des Unternehmens sichtbar werden.[57] Dennoch empfehlen das Institut der Wirtschaftsprüfer (IdW) und die UEC-Kommission die auf Aufwendungen und Erträgen fußende **modifizierte Ertragswert-Methode**.[58]

Für das Abgehen von der Cash Flow-orientierten Sicht werden eine Reihe von Argumenten genannt, die aus Sicht der Steuerungsfunktion der Unternehmensbewertung kritisch beleuchtet werden sollen:

❑ Da das Unternehmen als ein **Konglomerat verschiedenster laufender Projekte** mit unterschiedlichen Planungshorizonten zu betrachten sei und diese Projekte zu unterschiedlichen Zeitpunkten beginnen, würde die praktische Ermittlung des Unternehmenswertes zu einem bestimmten Zeitpunkt erschwert. *Dörner* führt an, daß zum Bewertungszeitpunkt bereits Projekte beginnen, die in der Vergangenheit bereits zu Ausgaben geführt haben und in der Zukunft nur zu Einnahmen führen werden. Der Unternehmenswert sei für diese Unternehmen geschönigt, wenn nicht ein entsprechend langer Planungshorizont gewählt wird, der die Ersatzbeschaffung bzw. Reinvestition berücksichtige.[59] Eine Periodisierung von Investitionsaufwendungen wie z.B. in der Ertragsüberschußrechnung umgehe die Problematik, da die Anfangsinvestition z.B. über Abschreibungen in den Ertragsüberschüssen aller Perioden enthalten sei.

Dem ist entgegen zu halten, daß nicht alle vom Unternehmen erbrachten Vorleistungen periodisiert werden, sondern allenfalls die nach § 247 I,II HGB als Anlagevermögen aktivierbaren Vermögensgegenstände. Z.B. können Forschungs- und Entwicklungskosten bzw. Markterschließungskosten nicht bzw. nur sehr eingeschränkt bei Kapitalgesellschaften über § 269 I HGB als Bilanzierungshilfe für Aufwendungen für die Ingangsetzung und Erweiterung des Geschäftsbetriebes aktiviert werden. Diese Bilanzierungshilfe kann zudem in der Steuerbilanz nicht angesetzt werden, da die Voraussetzungen eines Wirtschaftsgutes nicht erfüllt sind. Nicht entgeltlich erworbene immaterielle Vermögensgegenstände des Anlagevermögens wie z.B. eigenerstellte Software, selbst entwickeltes Produkt- oder Verfahrens-Know how fallen unter das Aktivierungsverbot des § 248 II HGB. Folglich werden diese Vorleistungen sofort in voller Höhe ergebniswirksam. Zudem stellt sich die Frage, ob anstelle der steuerlichen Nutzungsdauer nicht die wirtschaftliche Nutzungsdauer zu wählen wäre, die für den Reinvestitionsbedarf entscheidend ist. Sofern der Entwicklungstrend eines Unternehmens hinsichtlich seiner Struktur (z.B. Softwareanteil, jährlicher Reinvestitionsbedarf etc.) stabil ist, kann ferner entsprechend der Bodensatztheorie von einer jährlich konstanten bzw. gleichmäßig wachsenden Reinvestition ausgegangen werden.

---

[57] Vgl. UEC (1980), S. 3; Institut der Wirtschaftsprüfer (1983), S. 470 und Dörner, W. (1992), S. 15.

[58] Vgl. UEC (1980), S. 3f.; Institut der Wirtschaftsprüfer (1983), S. 470 und Dörner, W. (1992), S. 42ff..

[59] Vgl. die Fußnote bei Dörner, W. (1992), S. 44; ebenso Helbling, C. (1990), S. 535 und Helbling, C. (1993), S. 160.

❑ Der zur weitgehenden Abbildung der Rückflußstruktur aller laufenden Projekte notwendige langfristige Planungshorizont erfordere eine **Schätzung** weit in der Zukunft liegender Rückflüsse, die mit großen Unsicherheiten verbunden sei.[60]

Es ist jedoch festzuhalten, daß auch der handelsrechtliche und steuerrechtliche Jahresabschluß nicht ohne Unschärfen auskommt, da z.B. Nutzungsdauern für die Periodisierung von Investitionsausgaben gewählt werden müssen oder z.B. Rückstellungen für zukünftige wirtschaftliche Belastungen gebildet werden müssen. Insofern schlägt die Unsicherheit aufgrund der notwendigen Langfristigkeit der Einnahmenüberschußrechnung auch auf die Ertragsüberschußrechnung durch.

❑ Eine **Umformung** des durch die Periodisierung und durch die Wertkonventionen der Bilanz- und Erfolgsrechnung geprägten Zahlenwerkes im Sinne einer Einnahmenüberschußrechnung sei schwieriger als eine um Komponenten der Einnahmeüberschußrechnung modifizierte Ertragsüberschußrechnung.[61]

Die Aussage muß bei einer i.S. der Steuerungsfunktion geforderten internen Analyse sicher anders bewertet werden als bei einer auf das externe Rechnungswesen gestützten Unternehmenswertbestimmung durch den externen Wirtschaftsprüfer. Unternehmensintern steht das Zahlenwerk bei gut geführten Unternehmen im Rahmen der Finanz- und Finanzierungsrechnung bereits zur Verfügung und kann entsprechend genutzt werden.[62]

❑ Da die Steuerbemessungsgrundlage für Steuern von Einkommen, Ertrag und Vermögen der Jahresabschluß ist, führt die **Berücksichtigung von Steuerwirkungen** zu zusätzlichen Problemen bei der Einnahmenüberschußrechnung.

Wie bereits oben ausgeführt, ist dem Argument aufgrund des existierenden Steuersystems beizupflichten.

❑ Wird die Zinswirkung von Finanzunter- oder -überdeckung mit Hilfe einer Finanzbedarfsrechnung[63] zusätzlich berücksichtigt, führt die modifizierte Ertragsüberschußrechnung zu **vergleichbaren rechnerischen Ergebnissen** wie die Einnahmenüberschußrechnung.

Es ist zu fragen, weshalb für die intern orientierte Steuerungsfunktion der Unternehmensbewertung nicht von Grund auf eine Einnahmenüberschußrechnung gewählt wird, wenn durch die auch vom Berufsstand der Wirtschaftsprüfer geforderte Finanzbedarfsrechnung wieder eine Einnahmenüberschußrechnung erstellt werden muß, um die Ertragsüberschußrechnung modifizieren zu können.[64] Die vorgeschlagene Vorgehensweise erscheint nur dann sinnvoll, wenn der externe Bewerter mangels besserer Datenbasis auf den Jahresabschluß zurückgreifen muß. Sie erübrigt sich jedoch für die unternehmensinterne Steuerungsfunktion. Die Schätzprobleme bei der Gewinnung der Zahlungsströme,

---

[60] Vgl. Busse v. Colbe, W. (1981), Sp. 599; Sieben, G. (1988), S. 361; Dörner, W. (1992), S. 44 und Helbling, C. (1993), S. 160.

[61] Vgl. UEC (1980), S. 3; Institut der Wirtschaftsprüfer (1983), S. 470 und Dörner, W. (1992), S. 45 sowie speziell zur Problematik der derivativen Gewinnung von Einnahmeüberschüssen aus dem Jahresabschluß Mayer, A. (1989), S. 299ff. und Haller, A./Jakoby, S. (1994), S. 644.

[62] *Helbling* hält den Cash Flow-orientierten Ansatz für die entscheidungsorientierte Unternehmensbewertung im Gegensatz zur schiedsgutachterlichen Bewertung für gut geeignet. Vgl. Helbling, C. (1993), S. 160.

[63] Vgl. zur Finanzbedarfsrechnung en detail Dörner, W. (1992), S. 76ff..

[64] *Dörner* verweist explizit auf die Ableitung der Finanzdeckungsrechnung aus der Kapitalflußrechnung. Vgl. Dörner, W. (1992), S. 77.

die die Ertragsüberschußrechnung vermeiden sollten, kommen hierdurch über den Umweg der Finanzbedarfsrechnung zurück, wenngleich sie durch die Beschränkung auf die Zinswirkung im Volumen kleiner sind.[65] Zudem wird auch von Seiten der Gutachter in jüngster Zeit Kritik laut, die gängige Ertragswertmethode lasse dem Bewerter bei der Bestimmung wesentlicher wertbeeinflussender Größen einen zu weiten Spielraum.[66]

❑ Der Bewertungspraktiker, d.h. vielfach der Wirtschaftsprüfer, sei aufgrund seiner **fachlichen Nähe zum externen Rechnungswesen** mit Ertrags- und Aufwandsgrößen vertrauter als mit Einnahmen- und Ausgabengrößen.[67]

Dem Argument ist bezüglich der externen Funktionen der Unternehmensbewertung zuzustimmen. Für interne Steuerungszwecke im Rahmen eines unternehmenswertorientierten Controlling wird jedoch i.d.R. kein externer Wirtschaftsprüfer, sondern ein unternehmensinterner Bewerter herangezogen werden, so daß der Einwand für die Steuerungsfunktion hinfällig wird.

3.2.2.2.6. *Mögliche Zukunftserfolgswerte und das Lücke-Theorem*

Nach der Diskussion über die Eignung der fünf verschiedenen Bewertungsansätze stellt sich abschließend die Frage, ob die verschiedenen Bewertungsansätze nicht zum selben Unternehmenswert führen und daher gegeneinander ausgetauscht werden können. Die von *Lücke* entwickelten investitionstheoretischen Grundlagen[68] lassen sich ebenfalls auf die Unternehmensbewertung übertragen (**Lücke-Theorem**).[69] Die fünfte Bewertungsvariante, die einzahlungsorientierte Sicht des Eigentümers, die auch Rückflüsse von und an Dritte berücksichtigt, kann wegen des Verstosses gegen die nachfolgende **Grundannahme** des Lücke-Theorems nicht betrachtet werden:[70]

$$\sum_{t=1}^{T}\left(Entnahmen_t - Einlagen_t\right)=\sum_{t=1}^{T}\left(Einzahlungen_t - Auszahlungen_t\right)=$$

$$=\sum_{t=1}^{T}\left(Einnahmen_t - Ausgaben_t\right) = \sum_{t=1}^{T}\left(Erträge_t - Aufwendungen_t\right)$$

Die Grundannahme besagt, daß über den Planungshorizont t = 1, ... ,T die Summe der Entnahmeüberschüsse, die Summe der Einzahlungsüberschüsse, die Summe der Einnahmeüberschüsse und die Summe der Ertragsüberschüsse identisch sind, d.h. daß allenfalls die zeitliche Verteilung differiert, nicht jedoch die absolute Höhe der Rechungsgrößen über den Planungshorizont.[71] Werden auch Zahlungen von Dritten und an Dritte berücksichtigt, wird das geschlossene System verlassen und die Identität der Summe der Zahlungen ist nicht mehr gewährleistet, da z.B. Zahlungen für Transaktionskosten des Eigentümers (z.B. Depotgebühr) auf Unternehmensebene nicht als Auszahlung, Ausgabe oder Aufwand erfaßt werden.[72] Die

---

[65] Vgl. Dörner, W. (1992), S. 48.

[66] Vgl. z.B. Jonas, M. (1995), S. 84.

[67] Vgl. Sieben, G. (1988), S. 361.

[68] Vgl. Lücke, W. (1955), S. 310ff; Lücke, W. (1965), S. 3ff.; Bitz, M. (1976), S. 485ff. und Kloock, J. (1984), S. 75ff..

[69] Vgl. Hax, H. (1985), S. 148ff.; Gerling, C. (1985), S. 196ff.; Fickert, R. (1985), S. 132ff; Fickert, R. (1986), S. 47ff., S. 109ff. und S. 124ff und Sieben, G. (1988), S. 362ff..

[70] Vgl. auch Fickert, R. (1992), S. 58.

[71] Vgl. auch der Hinweis bei UEC (1980), S. 3.

[72] Vgl. Fickert, R. (1992), S. 58.

Grundannahme wird in der Praxis aufgrund auseinander fallender Rechnungswesengrößen, z.B. aufgrund der Thesaurierung von Gewinnen, aufgrund von Kreditgeschäften und aufgrund der Periodisierung von Erträgen und Aufwendungen umso eher verletzt, je kürzer der Planungshorizont gewählt wird.

Im Falle eines unendlichen Planungshorizonts, d.h. eine Liquidation des Unternehmens wird nicht in Erwägung gezogen, und im Falle eines i.d.R. zum Bewertungszeitpunkts schon bestehenden Unternehmens können die vier verbleibenden Bewertungsansätze bei Annahme eines vollkommenen Kapitalmarktes (einheitlicher Zinssatz i) und bei Geltung der Grundannahme ineinander überführt werden. Es wird dabei von der Zwei-Phasen-Methode ausgegangen, d.h. daß in der ersten Phase (t=0,...,T) die Rückflüsse detailliert geplant werden, wohingegen in der zweiten Phase (t > T) von konstanten Rückflüssen und der Vollausschüttung,

$$\text{d.h. } \overline{Entnahmeüberschuß} = \overline{Ertragsüberschuß},$$

ausgegangen wird:[73]

$$
\begin{aligned}
Zukunftserfolgswert &= \sum_{t=1}^{T} \frac{\left(Entnahmeüberschuß_t\right)}{(1+i)^t} + \frac{\overline{Entnahmeüberschuß}}{i \bullet (1+i)^T} = \\
&= \sum_{t=1}^{T} \frac{\left(Einzahlungsüberschuß_t - i \bullet LM_{t-1}\right)}{(1+i)^t} + \frac{\overline{Einzahlungsüberschuß} - i \bullet LM_T}{i \bullet (1+i)^T} + LM_0 = \\
&= \sum_{t=1}^{T} \frac{\left(Einnahmenüberschuß_t - i \bullet NGV_{t-1}\right)}{(1+i)^t} + \frac{\overline{Einnahmenüberschuß} - i \bullet NGV_T}{i \bullet (1+i)^T} + NGV_0 = \\
&= \sum_{t=1}^{T} \frac{\left(Ertragsüberschuß_t - i \bullet EK_{t-1}\right)}{(1+i)^t} + \frac{\overline{Ertragsüberschuß} - i \bullet EK_T}{i \bullet (1+i)^T} + EK_0
\end{aligned}
$$

mit *LM:= Liquide Mittel*;   *NGV:= Nettogeldvermögen*;   *EK:= Eigenkapital*

Wie die Überleitung zeigt,[74] kann bei den gesetzten Annahmen der Zukunftserfolgswert auf Basis aller vier Vorgehensweisen abgeleitet werden. Sie zeigt jedoch auch, daß zur theoretisch richtigen Ermittlung des Zukunftserfolgswertes Korrekturen der Einzahlungs-, der Einnahmen- und der Ertragsüberschüsse erforderlich sind, die die kalkulatorischen Zinsen auf die vorhandenen liquiden Mittel, das vorhandene Nettogeldvermögen oder auf das Eigenkapital berücksichtigen.[75]

Um diese Korrekturen vornehmen zu können, müssen jedoch die liquiden Mittel, das Nettogeldvermögen oder das Eigenkapital für die Perioden t = 1, ... , T, d.h. für die erste Phase, bekannt sein. Hierzu ist wiederum eine aussagekräftige und möglichst exakte Finanz-, Finanzierungs- und Erfolgsrechnung notwendig. Die Substitution einer Methode durch eine andere führt daher dazu, daß auf beide Methoden gleichzeitig zurückgegriffen werden muß.[76] Z.B. ist zur Korrektur der Ertragsüberschüsse nach dem Lücke-Theorem die Kenntnis des Eigenkapi-

---

73 In Anlehnung an die vom IdW vorgeschlagene Drei-Phasen-Methode, die hier auf zwei Perioden verkürzt wurde. Vgl. UEC (1980), S. 4 und Institut der Wirtschaftsprüfer (1983), S. 471.

74 Vom Verfasser erweiterte Ableitung nach Sieben, G. (1988), S. 367ff..

75 Vgl. auch der Hinweis auf die Finanzdeckungsrechnung im HFA 2/83 bei Institut der Wirtschaftsprüfer (1983), S. 470.

76 Vgl. Sieben, G. (1988), S. 371 sowie allgemein zur Problematik Steiner, J. (1981), S. 91ff..

tals notwendig. Um dieses ermitteln zu können, muß bekannt sein, welche Einlagen und Entnahmen getätigt wurden, d.h. wie hoch die Entnahmeüberschüsse sind.

3.2.2.3. Geeignete Ansätze zur Ermittlung des Zukunftserfolgswertes

Die Wahl der Bewertungsmethode hängt von den vom Bewerter verfolgten Zielgrößen und Bewertungszwecken ab.[77] Wie die Analyse zeigt, ist die Cash Flow-orientierte Sicht neben der unpraktikablen einzahlungsorientierten Sicht des Eigentümers das theoretisch adäquateste Verfahren. Der Dominanz der gewinnorientierten Sicht in der praktischen Anwendung bei Wirtschaftsprüfern[78] und der Argumentation des Berufsstandes der Wirtschaftsprüfer stehen in einigen Punkte Einwände gegenüber. Zudem greifen die zitierten Vorteile des gewinnorientierten Ansatzes nicht für die unternehmensinterne wertorientierte Steuerung. Es stellt sich daher die Frage, ob für die interne Steuerungsfunktion eines unternehmenswertorientierten strategischen Controlling nicht direkt auf die theoretisch richtigere Einnahmenüberschußrechnung zurückgegriffen werden soll. Die Shareholder Value-Ansätze gehen genau diesen Weg, indem sie der Unternehmensbewertung Cash Flow-Größen zugrunde legen.

zugrunde liegende Erfolgsgröße	Wirtschafts-prüfungsges ellschaften	M&A-Beratun-gen	Unterneh-mensbera-tungen	Invest-ment-banken	Beteili-gungsun-ternehmen	Industrie-unterneh-men	Banken	Σ
Jahresüberschuß	0 %	19 %	5 %	7 %	17 %	8 %	14 %	9 %
Modifizierter Jahresüberschuß	46 %	47 %	21 %	8 %	37 %	34 %	32 %	31 %
Ausschüttungen/ Dividenden	23 %	1 %	0 %	1 %	4 %	5 %	0 %	4 %
Einnahmen-überschuß[79]	22 %	14 %	0 %	0 %	0 %	7 %	4 %	6 %
Cash Flow	9 %	19 %	74 %	84 %	42 %	40 %	50 %	49 %
Andere[80]	0 %	0 %	0 %	0 %	0 %	6 %	0 %	1 %
Σ	100 %	100 %	100 %	100 %	100 %	100 %	100 %	100 %
Anzahl ausgewer-teter Fragebögen	8	7	12	9	8	6	10	60

Abb. 3.4.: Erfolgsgrößen von praktizierten Ansätzen zur Ermittlung des Zukunftserfolgswertes[81]

---

[77] Vgl. Coenenberg, A.G./Sieben, G. (1976), Sp. 4070; Sieben, G. (1988), S. 362 und Volkart, R. (1992), S. 815.

[78] Vgl. Helbling, C. (1993), S. 157f. und Peemöller, V.H./Bömelburg, P./Denkmann, A. (1994), S. 742.

[79] Eine definitorische Abgrenzung zwischen Einnahmenüberschüssen und Cash Flow erfolgt in der Studie jedoch nicht.

[80] Dabei handelt es sich um Eigenkapitalein- und -auszahlungen. Vgl. Peemöller, V.H./Bömelburg, P./Denkmann, A. (1994), S. 744.

[81] Vgl. Peemöller, V.H./Bömelburg, P./Denkmann, A. (1994), S. 741ff..

Die empirische Untersuchung von *Peemöller/Bömelburg/Denkmann* zeigt, daß Cash Flow-Größen mittlerweile auch in der praktischen Anwendung der Unternehmensbewertung - soweit nicht Wirtschaftsprüfer und reine M&A-Beratungen betroffen sind - eine hohe Bedeutung zu kommt.[82] Dagegen konnte *Helbling* in einer etwas älteren Studie für die Schweiz eine starke Dominanz von Kombinationen aus dem Ertrags- und Substanzwert feststellen.[83]

3.2.3. Liquidationswert

Da dem Eigentümer neben der Fortführung des Unternehmens auch die Liquidation des Unternehmens offensteht, muß der potentiell erzielbare Liquidationswert in das Steuerungskonzept einbezogen werden. In Deutschland ist kein Fall einer vollständigen Auflösung eines börsennotierten Unternehmens mit der Ausnahme der IG Farben i.L. in den letzten Jahrzehnten bekannt geworden. Im mittelständischen Bereich tritt der Fall dagegen häufiger auf, wenn z.B. keine Firmennachfolger vorhanden sind oder die Erben an einer Fortführung kein Interesse zeigen. Zudem zeigt sich bei vielen Unternehmensübernahmen, daß die späteren Eigentümer Unternehmensteile wieder weiterveräußerten, d.h. Teilliquidationen vornahmen. Der Liquidationswert kann als **"quasi abgewandelter Ertragswert"** definiert werden, der sich aus Rückflüssen eines bestimmten Abwicklungsprojektes ergibt.[84] Der Liquidationswert stellt folglich einen Spezialfall des Zukunftserfolgswertes dar.[85] Methodisch kann daher auf die bereits diskutierten Verfahren zurückgegriffen werden.

3.2.4. Der Einfluß des Substanzwertes auf den Entscheidungswert

Im Gegensatz zum Zukunftserfolgswert stellt der Substanzwert eine vergangenheitsorientierte Status-Analyse dar.[86] Da der Substanzwert den Wert aller bis zum Bewertungszeitpunkt angesammelten Vermögensgegenstände und Schulden und nicht das zukünftige, mehrperiodige Entnahmepotential des Unternehmens wie beim Zukunftserfolgswert darstellt, können Substanzwert und Zukunftserfolgswert auseinanderfallen. Dies ist z.B. bei ertragsschwachen Unternehmen, bei Unternehmen mit hohen Umsatzanteilen in Schrumpfungsmärkten oder in speziellen Situationen, wie z.B. bei der Bewertung ehemaliger volkseigener Betriebe in den neuen Bundesländern,[87] gegeben.[88] Während der Liquidationswert von der Zerschlagung des Unternehmens oder einzelner Unternehmensteile ausgeht, beruht der Substanzwert auf dem Prinzip des going concern, d.h. der Unternehmensfortführung und stellt folglich den Betrag dar, der alternativ für den Aufbau eines identischen Unternehmens aufzuwenden wäre.[89] Dabei ist von einer **nutzenidentischen**, nicht von einer güteridentischen **Reproduktion** auszugehen, d.h. die fiktive Anschaffung besserer, eventuell preiswerterer Maschinen mit gleichen Nutzungsmöglichkeiten wird zugelassen und der Bewertung zugrunde gelegt.

---

[82] Vgl. Peemöller, V.H./Bömelburg, P./Denkmann, A. (1994), S. 743f. sowie ebenso die jüngste Studie von Prietze, O./Walker, A. (1995), S. 205.

[83] Vgl. Helbling, C. (1989a), S. 561ff..

[84] Vgl. Dörner, W. (1992), S. 14 und Ballwieser, W. (1993), S. 153.

[85] Vgl. auch ähnlich Institut der Wirtschaftsprüfer (1983), S. 473.

[86] Vgl. Jung, H. (1993), S. 213.

[87] Vgl. Institut der Wirtschaftsprüfer (1990b), S. 403f. und Diedrich, R. (1991), S. 155ff..

[88] Vgl. Dörner, W. (1992), S. 14.

[89] Vgl. Sieben, G. (1963), S. 80 und Sieben, G. (1993), Sp. 4327.

Je nach Umfang der einbezogenen Vermögensgegenstände und Schulden und je nach Art von deren Bewertung können verschiedene **Arten des Substanzwertes** unterschieden werden:[90]

	Umfang des Substanzwertes		
Bewertung zu	aktivierte Vermögensgegenstände und Schulden	aktivierbare Vermögensgegenstände und Schulden[91]	gesamte Ressourcen und Belastungen eines Unternehmens[92]
Anschaffungs- bzw. Herstellungskosten oder niederer Korrekturwert	Eigenkapital	Teilrekonstruktionsaltwert	Vollrekonstruktionsaltwert
Wiederbeschaffungskosten	Reproduktionskosten	Teilrekonstruktionsneuwert	Vollrekonstruktionsneuwert

Abb. 3.5.: Arten des Substanzwertes

Dem Substanzwert kommen daher im Rahmen der unternehmenswertorientierten Steuerung folgende **Aufgaben** zu:

❑ **Direkte Bedeutung:**

Für den Fall, daß der Bewerter vor der Frage steht, das Unternehmen oder einen Unternehmensteil selbst zu errichten oder das bereits vorhandene Unternehmen bzw. den Unternehmensteil zu erwerben (make or buy-Entscheidung), wird der Substanzwert eine Alternative zum Zukunftserfolgswert oder Marktwert. Da der Substanzwert jedoch gegenwarts- und damit einpunktbezogen ist, eignet er sich nur eingeschränkt als Entscheidungswert. Bei einer Interpretation des Substanzwertes "im Sinne ersparter Ausgaben"[93] sind allenfalls die jetzigen bzw. zukünftig zu leistenden Investitionsausgaben, nicht jedoch deren Rückflüsse an den Eigentümer bekannt.[94] Der Vergleich mit dem Marktwert oder dem Fortführungswert bleibt daher unvollständig.

❑ **Indirekte Bedeutung:**[95]

    ❑ Der Substanzwert liefert die **rechnerischen Grundlagen** für die Ermittlung des Zukunftserfolgswertes (z.B. Abschreibungen, Zinsen).[96]

    ❑ Der Substanzwert gibt wertvolle Informationen (z.B. Altersstruktur des Anlagevermögens) zur **Ermittlung des zukünftig notwendigen Investitionsvolumens**, um die Leistungsfähigkeit des Unternehmens zu erhalten.[97]

---

[90] Vgl. Sieben, G. (1993), Sp. 4327.

[91] d.h. z.B. zusätzlich Goodwill, nicht entgeltlich erworbene materielle Vermögensgegenstände oder Altzusagen von Pensionsverpflichtungen.

[92] d.h. z.B. zusätzlich immaterielle Vermögensgegenstände des Anlagevermögens oder der originäre Firmenwert.

[93] Vgl. Sieben, G. (1963), S. 80.

[94] Vgl. Sieben, G. (1993), Sp. 4327.

[95] Vgl. im folgenden Dörner, W. (1992), S. 124.

[96] Vgl. den Grundsatz der Substanzbezogenheit des Erfolges bei Institut der Wirtschaftsprüfer (1983), S. 475.

[97] Zum Grundsatz der erfolgsorientierten Substanzerhaltung vgl. Institut der Wirtschaftsprüfer (1983), S. 474f..

❑   Der Substanzwert ist Ansatzpunkt für die **Bewertung des nicht betriebs-
notwendigen Vermögens**, das gesondert zu bewerten ist, da es nicht mit der
Erstellung der eigentlichen Unternehmensleistung im Zusammenhang steht
und leichter aus dem Unternehmen oder Unternehmensteil herauszulösen
ist.[98] Bei einer Änderung der Nutzung (z.B. Immobilienverwertung statt
Nutzung als Warenhaus bei Handelsunternehmen) empfiehlt sich dann eine
Bewertung der aktuellen Substanz; im Falle der Veräußerung entspricht der
Substanzwert dem Liquidationswert.[99]

❑   Wie noch zu zeigen sein wird, eignen sich substanzwertähnliche Größen, um
absolute **Wertbeiträge** (z.B. in Mio. DM) von strategischen Geschäftseinheiten oder einzelnen Strategien zu **relativieren** (z.B. als jährliche Rendite
in %) und somit bei knappen Ressourcen bezüglich ihrer Förderwürdigkeit
in eine Rangfolge bringen zu können.[100]

Der Substanzwert übernimmt folglich nur Hilfsfunktionen für die Ermittlung des Zukunftserfolgswertes, indem sich der Bewerter der vorhandenen Substanz bewußt wird. Es ist jedoch
stets zu berücksichtigen, ob bei Strategiebewertungen make or buy-Entscheidungen zum Tragen kommen (z.B. beim Einstieg in neue Geschäftsfelder) bzw. als Alternativen zu erwägen
sind. Vermögensteile des Unternehmens sind daraufhin zu untersuchen, ob sie betriebsnotwendig sind und folglich mit den zukünftigen Rückflüssen zu bewerten sind, oder ob sie zur
Veräußerung oder anderweitigen Nutzung zur Verfügung stehen (z.B. beim umfangreichen
Wohnungsbesitz der Veba oder Immobilienbesitz der Bau- und Handelsunternehmen). Letztendlich mündet auch die Substanzwertbetrachtung in die Ableitung von Zahlungsströmen und
folglich in den Zukunftserfolgswert.

3.2.5. Marktorientierte Unternehmensbewertung

Während der Zukunftserfolgswert, der Liquidationswert und der Substanzwert synthetische
Bewertungsverfahren darstellen, die zwar wieder auf Marktgrößen wie Absatz- und Beschaffungspreise bzw. deren Mengen fußen, ermöglicht die Existenz des sekundären Kapitalmarktes (Handel einzelner Unternehmensanteile) und die Ausbildung des Marktes für Unternehmenskontrolle (Handel mit Paketen von Unternehmensanteilen, die Verfügungsrechte eröffnen) den Rückgriff auf die klassischen Preisbildungsgesetze von Angebot und Nachfrage.
Bei effizienten Märkten sollten der Marktwert und der Zukunftserfolgswert übereinstimmen,
wobei der Liquidationswert und der Substanzwert als unterstützende Wertkategorien des Zukunftserfolgswertes einzuordnen sind.

Wie bereits oben ausgeführt, wird für die USA zumindest von einer **mittelstrengen Kapitalmarkteffizienz** ausgegangen werden.[101] Für die Bundesrepublik Deutschland liegen wider-

---

[98] Vgl. Helbling, C. (1993), S. 157.
[99] Vgl. den Grundsatz der gesonderten Bewertung des nicht betriebsnotwendigen Vermögens bei Institut der
Wirtschaftsprüfer (1983), S. 474.
[100] Vgl. z.B. die Bruttoinvestitionsbasis im CFROI-Ansatz bei Lewis, T.G. (1994), S. 40ff. oder der Reproduk-
tionswert im Q-Wert-Ansatz von CMA bei Callard, C.G./Kleinman, D.C. (1985), S. 51ff..
[101] Vgl. Kapitel 2.2.2.4. Mangelnde Informationsverarbeitung am Markt.

sprechende empirische Untersuchungen auf Basis des CAPM vor.[102] Die strenge Kapitalmarkteffizienz, die auch die Verarbeitung von Insiderinformation umfaßt, erscheint schon institutionell nicht möglich zu sein.

In den USA ist der sog. **market approach** der dominierende Ansatz zur Unternehmensbewertung.[103] Eine Befragung deutscher "M&A-Berater" ergab, daß immerhin 44 % der Berater den Marktwert, vergleichbare börsennotierte Unternehmen oder vergleichbare Transaktionen zur externen Unternehmensbewertung nutzten.[104] Nach *Peemöller/Bömelburg/Denkmann* sind Börsenwerte (6 %) und entsprechende Vergleichspreise (8 %) bei Unternehmensbewertungen relativ selten vertreten, wenngleich die Nennungen bei Investmentbanken (17 % bzw. 24 %) und bci Banken (12 % bzw. 10 %) deutlich häufiger sind.[105]

3.2.5.1. Kapitalmarktorientierte Unternehmensbewertung

Bei Annahme einer zumindest mittelstrengen Effizienz des Kapitalmarktes kann der aktuelle Marktwert des Unternehmens als Maßstab für die Bewertung des Unternehmens herangezogen werden. Aufgrund des auch in Relation zum Bruttosozialprodukt wesentlich größeren Kapitalmarktes in anglo-amerikanischen Ländern ist die Orientierung am Kapitalmarkt in diesem Bereich weitaus häufiger.[106] Wie auch die Ergebnisse von *Peemöller/Bömelburg/Denkmann* zeigen, tragen international tätige Investmentbanken diese Sicht auch stärker nach Deutschland.[107] Die Gründe hierfür sind in zwei Punkten zu sehen:[108]

a) Eine weitaus größere Zahl börsennotierter Unternehmen ermöglicht den Vergleich mit Unternehmen ähnlicher Konstellation und Branche, ohne aufwendige detaillierte Analysen vornehmen zu müssen **(Branchenvergleiche)**.

b) Die Subjektivität der Unternehmensbewertung und deren Zukunftsbezogenheit stellen einen erheblichen Spielraum in der Bewertung von Unternehmen dar, der durch Vergleich mit aktuellen Kapitalmarktbewertungen als Kontrollwert abgesichert werden kann **(Marktwert als Kontrollwert)**.

Die kapitalmarktorientierte Unternehmensbewertung beschränkt sich jedoch auf die börsennotierten Unternehmen, die in Deutschland, z.B. im Vergleich zur Zahl der GmbHs eine relativ kleine Zahl darstellen. Zudem sind Branchenvergleiche mangels geeigneter Vergleichsunternehmen nur eingeschränkt möglich. Da diversifizierte Unternehmen danach streben, einzelne Unternehmensbereiche oder strategische Geschäftseinheiten zu bewerten, kann, selbst wenn das Unternehmen börsennotiert ist, eine synthetische Bewertung der einzelnen Unternehmensteile erforderlich sein. Der Nachweis der Effizienz von Kapitalmärkten beruht auf statistischen Verfahren, deren Aussagen für die Grundgesamtheit im Durchschnitt gelten, aber dennoch keine Punktprognosen der Unternehmenswerte einzelner Unternehmen erlauben.

---

[102] Vgl. Möller, H.-P. (1986a), S. 105ff., der das CAPM als Erklärungsansatz nicht zurückweist und Warfsmann, J. (1993), S. 155ff., der nur einen schwankenden und relativen geringen Erklärungsgehalt des CAPM nachweisen kann.

[103] Vgl. Sanfleber-Decher, M. (1992), S. 597.

[104] Vgl. Jung, H. (1993), S. 215.

[105] Vgl. Peemöller, V.H./Bömelburg, P./Denkmann, A. (1994), S. 742ff.; weitaus häufiger dagegen in der Befragung von Prietze, O./Walker, A. (1995), S. 205.

[106] Vgl. Jaensch, G. (1992), S. 383.

[107] Vgl. Peemöller, V.H./Bömelburg, P./Denkmann, A. (1994), S. 742f..

[108] Vgl. Ballwieser, W. (1991), S. 49; Jaensch, G. (1992), S. 382f.; Helbling, C. (1993), S. 158 und Jung, H. (1993), S. 234f..

Zudem sind eine ganze Reihe von Anomalien, wie z.B. die höhere Bewertung großer Unternehmen (**Size-Effekt**), zu beobachten.[109] Folglich können Aktienkurse kurzfristig von der effizienten Bewertung abweichen.[110] Daher ist die kapitalmarktorientierte Unternehmensbewertung für die Anwendung in Deutschland nur eingeschränkt möglich.

3.2.5.2. Marktorientierte Vergleichswerte

Liegen für das Unternehmen oder seine Geschäftseinheiten keine Börsenkurse vor, so kann dennoch auf Marktbewertungen zurückgegriffen werden, indem[111]

❑ **vergleichbare börsennotierte Unternehmen** herangezogen werden[112] oder

❑ **vergleichbare Transaktionen** (Akquisitionen oder erstmalige Börsenplazierungen)[113] zugrunde gelegt werden.

Nach der Auswahl geeigneter Vergleichsunternehmen oder -transaktionen erfolgt die Bewertung i.d.R. mit Hilfe von größenunabhängigen **Multiplikatoren (multiples)**, die mit einer größenabhängigen Kennzahl des Unternehmens (z.B. Jahresüberschuß, Betriebsergebnis, Umsatz, Cash Flow, Substanzwert, Buchwert des Anlagevermögens etc.) multipliziert werden.[114] Für den amerikanischen Markt konnten z.B. im Zeitraum 1982 bis 1990 folgende Multiplikatoren für den Gewinn vor Steuern und Zinsen (EBIT) und den Cash Flow ermittelt werden.[115]

Die Verwendung von marktorientierten Vergleichswerten, die mittels Multiplikatoren abgeleitet werden, ist nicht unproblematisch:[116]

❑ Wie die obigen Zeitreihen zeigen, sind die "multiples" über den Zeitablauf keineswegs konstant und scheinen um den Börsencrash im Oktober 1987 erheblich anzusteigen. Die Variabilität zeigt sich insbesondere bei der Börseneinführung von Unternehmen (going public).

❑ Häufig sind die richtigen Transaktionspreise bei Unternehmenskäufen nicht bekannt und müssen geschätzt werden.[117]

---

[109] Vgl. die Ausführungen unter Kapitel 2.1.2.2.4. Mangelnde Informationsverarbeitung am Markt.

[110] Vgl. ähnlicher Meinung Helbling, C. (1993), S. 158.

[111] Vgl. Rosenbloom, A.H. (1990), S. 303ff.; Ballwieser, W. (1991), S. 53; Sanfleber-Decher, M. (1992), S. 598; Ballwieser, W. (1993), S. 167f.; Helbling, C. (1993), S. 158 und Buchner, R./Englert, J. (1994), S. 1573ff..

[112] Als Datenquellen für die USA Standard & Poor´s Report, Standard & Poor´s Compustat Services, Moody´s OTC Industrial Manual, Disclosure Inc. oder Ward´s Business Directory und für die BRD z.B. die Hoppenstedt Datenbank.

[113] Als Datenquelle für US-Akquisitionen The W.T. Grimm & Co. Mergerstat Review und für US-Neuplazierungen The IPO Reporter oder IDD Information Services, für die BRD der M&A Review.

[114] Vgl. Bretzke, W.-R. (1988), S. 818ff.; Kluge, R.J. (1989), S. 44ff.; Barthel, C.W. (1990), S. 1150ff.; Ballwieser, W. (1991), S. 52ff.; Rosenbloom, A.H. (1990), S. 307ff. und Freier, J. (1990), S. 262ff..

[115] Vgl. Jung, H. (1993), S. 238 nach o.V. (1991), S. 71. Ähnliche Bandbreiten bei Gewinnmultiplikatoren auch bei Ballwieser, W. (1991), S. 62.

[116] Vgl. die Kritik bei Ballwieser, W. (1991), S. 54ff.; Jung, H. (1993), S. 238f. und Helbling, C. (1993), S. 158.

[117] Vgl. Kluge, R.J. (1989), S. 50.

	EBIT-Multiplikatoren		Cash Flow-Multiplikatoren	
Jahr	Anzahl analysierter Unternehmenskäufe	Durchschnittlicher Multiplikator	Anzahl analysierter Unternehmenskäufe	Durchschnittlicher Multiplikator
1982	308	1,049	282	7,213
1983	242	2,074	201	7,601
1984	424	1,690	413	4,498
1985	546	1,703	566	5,026
1986	553	0,437	603	8,787
1987	712	0,996	755	9,392
1988	714	6,302	737	10,132
1989	736	4,509	752	8,200
1990[118]	437	0,696	460	5,901

Abb. 3.6.: Durchschnittliche Multiplikatoren für realisierte US-Unternehmenstransaktion[119]

❑ Die Multiplikatoren differieren von Branche zu Branche.

❑ Während die Aktienkurse vergleichbarer Unternehmen Preise für die Erlangung von Minderheitenanteilen darstellen, handelt es sich bei Kaufpreisen aus Akquisitionen um Preise zur Erlangung der Unternehmenskontrolle.[120] Für den US-Markt kann eine sog. **"premium for control"**, d.h. der bezahlte Aufschlag, um die Verfügungsrechte über das Unternehmen zu erlangen, mit Hilfe einer sog. acquisition study aus dem W.F. Mergerstat Reviews abgeleitet werden.

❑ Die Vergleichswerte sind durch subjektive Unternehmenswertvorstellungen wie z.B. Synergie- und Restrukturierungspotentiale geprägt.

❑ Die Vergleichswerte sind nur aussagefähig, wenn sie Ergebnis eines funktionierenden Marktes mit ausreichender Zahl von potentiellen Käufern, zufriedenstellender Wettbewerbsintensität und ausreichenden Möglichkeiten zur Informationsbeschaffung und -verarbeitung in der betreffenden Branche sind.[121]

❑ Bei Verwendung von Umsatz, Gewinn oder Bilanzsumme als Basis für die "multiples" werden Größen des externen Rechnungswesens gewählt, die durch Verschuldung oder bilanzpolitische Maßnahmen verzerrt sein können.[122]

❑ Neu an der Börse eingeführte Unternehmen sind vielfach noch in der Aufbau- und Wachstumsphase. Das gleiche ist für Leveraged Buyouts gegeben, in denen aufgrund

---

[118] Nur die ersten neun Monate wurden berücksichtigt.
[119] Vgl. die Tabelle bei Jung, H. (1993), S. 238 nach o.V. (1991), S. 71.
[120] Vgl. Sanfleber-Decher, M. (1992), S. 600.
[121] Vgl. Mullen, M. (1990), S. 571ff.; Ballwieser, W. (1991), S. 57; Valcárcel, S. (1992), S. 593 und Sanfleber-Decher, M. (1992), S. 603.
[122] Vgl. Herter, R.N. (1994), S. 72.

des hohen Leverage Auschüttungen in den ersten Jahren nicht möglich sind. Daher entspricht die pauschale Vorgehensweise des hinter den Mulitplikatoren stehenden Ansatzes der ewigen Rente in diesen Fällen nicht den Unternehmensgegebenheiten.[123]

❏ Multiplikatoren ergeben sich aus am Kapitalmarkt festgestellten Preisen. Der Wert eines Unternehmens muß jedoch mit den Preisen keinesfalls identisch sein.

❏ Aufgrund unterschiedlicher nationaler Rechnungslegungs- und Steuervorschriften ist der internationale Vergleich der resultierenden "multiples" beeinträchtigt.

❏ Kursanomalien wie z.B. der Size-Effekt oder der Mochiai-Effekt gehen mit in die Durchschnittsbildung ein.[124]

Ähnlich wie direkte Marktwerte können aus Branchenvergleichen oder vergleichbaren Transaktionen abgeleitete Vergleichswerte allenfalls Hilfsfunktionen im unternehmenswertorientierten Controlling übernehmen.[125] Priorität sollte stets die differenzierte Ermittlung eines Zukunftserfolgswertes haben. Marktwerte und abgeleitete Marktwerte können als Vergleichswerte herangezogen werden, um die Plausibilität der eigenen Rechnung zu kontrollieren bzw. um auf mögliche Bandbreiten der Wertermittlung hinzuweisen. Bei gravierenden Abweichungen der errechneten und der marktlichen Unternehmenswerte entsteht sowohl ein unternehmensexterner als auch ein unternehmensinterner Kommunikationsbedarf. Unternehmensextern ist im Rahmen des Investor Relations darzulegen, warum das Management den Unternehmenswert z.B. höher einschätzt als der primäre oder sekundäre Kapitalmarkt. Unternehmensintern können im Austausch mit externen Bewertern und Kapitalmarktspezialisten bewertungsrelevante Informationen (wie z.B. Risiken oder Chancen auf den Absatzmärkten des Unternehmens) neu betrachtet und in die Diskussion eingebracht werden. Erst wenn eine differenzierte Ermittlung nicht mehr möglich ist, kann substituierend - allerdings mit den genannten Vorbehalten - auf die marktorientierte Unternehmensbewertung zurückgegriffen werden.

3.2.6. Der Shareholder Value-Ansatz

Nachdem nun vorangehend verschiedene konzeptionelle Ansätze zur Bewertung von Unternehmen und Unternehmensteilen hinsichtlich ihrer Eignung für ein unternehmenswertorientiertes Controlling beurteilt wurden, soll abschließend der in den letzten Jahren insbesondere im anglo-amerikanischen Sprachraum stark diskutierte **Shareholder Value-Ansatz** analysiert und konzeptionell eingeordnet werden.

Der Unternehmenswert ergibt sich beim Shareholder Value-Ansatz als Barwert sog. **Freier Cash Flows**. Die Freien Cash Flows repräsentieren diejenigen ausschüttungsfähigen Cash Flows, die nicht wieder in das laufende Geschäft mittels Ersatz- und/oder Erweiterungsinvestitionen in das Anlagevermögen oder in das Netto-Umlaufvermögen (**Net Working Capital oder Working Capital**)[126] reinvestiert werden müssen.[127] Der **Cash Flow** ist als vereinfachte

---

[123] Vgl. Ballwieser, W. (1991), S. 55f..

[124] Vgl. hierzu Kapitel 3.3.4.2.1.1. Das Capital Asset Pricing Model (CAPM).

[125] Zur Anwendung im Rahmen des unternehmenswertorientierten Controlling vgl. Siegert, T. (1994), S. 120ff. und Siegert, T. (1995), S. 592ff..

[126] Das Net Working Capital ergibt sich als Umlaufvermögen abzüglich kurzfristiger Verbindlichkeiten und stellt das per saldo im Umlaufvermögen gebundene Kapital dar. Vgl. Coenenberg, A.G. (1993), S. 513.

[127] *Clarke u.a.* sprechen von „discretionary cash flow". Vgl. Clarke, R.G. u.a. (1988), S. 23.

Form eines Umsatzüberschusses, d.h. einer Einnahmenüberschußrechnung, zu betrachten.[128] Nachfolgende Grunddefinitionen werden im weiteren Gang der Arbeit fortlaufend präzisiert werden:[129]

$$Shareholder\,Value = \sum_{t=1}^{\infty} \frac{Freier\,Cash\,Flow_t}{\left(1 + Kapitalkosten\right)^t}$$

Cash Flow

−   Investitionen in das Anlagevermögen

−   Investitionen in das Netto-Umlaufvermögen (Working Capital)

=   Freier Cash Flow

Der Shareholder Value-Ansatz ist aufgrund seiner zukunftsorientierten Sicht ein **Zukunftser-folgswert**. Wie schon ausgeführt, können jedoch auch mittels realisierter Vermögensabgänge bzw. ersparter Ausgaben Elemente des Liquidationswertes bzw. des Substanzwertes im Share-holder Value-Ansatz enthalten sein. Durch seine Orientierung am Cash Flow als Aus-gangspunkt der Berechnung enthält er Elemente der **Cash Flow-orientierten Sicht**.

Durch die Berücksichtigung notwendiger Investitionen in das Anlage- und Umlaufvermögen und das sich hier ergebende ausschüttungsfähige Potential (= Freier Cash Flow) sind jedoch zugleich auch Elemente der **zahlungsorientierten Sicht des Unternehmens** enthalten, da der Freie Cash Flow auf den aus der Umsatztätigkeit und nach erfolgten Investitionen verbleiben-den Liquiditätsüberschuß abstellt. Der Zahlungsaustausch mit Gläubigern und Schuldnern aufgrund von nicht leistungsbezogenen Kreditgeschäften bleibt jedoch außen vor, da nur lei-stungsbedingte Forderungen und Verbindlichkeiten dem Begriff Working Capital zugerechnet werden sollten.[130]

Der Shareholder Value-Ansatz beruht auf dem **Begriff des ökonomischen Gewinns** der **Er-folgskapitalerhaltung**,[131] wie bereits oben ausgeführt wurde.[132] Der ökonomische Gewinn stellt den Betrag dar, der entnommen werden kann, ohne den Zukunftserfolgswert des Unter-nehmens zu beeinträchtigen (**wertmäßiger Gewinnbegriff**).[133] Dadurch, daß notwendige In-vestitionen in das Anlage- und in das Umlaufvermögen vorab abgezogen werden, verbleibt der Teil des Cash Flow, der entnommen werden kann, ohne die zukünftige Entwicklung des Unternehmens zu gefährden. Andererseits kann im Falle der Liquidation der Shareholder Value die über einen bestimmten Zeitraum abschöpfbaren Rückflüsse umfassen (**Liquidati-onswert** als Spezialfall eines Shareholder Value). Eine Erfolgskapitalerhaltung wie beim öko-

---

[128] Vgl. Coenenberg, A.G. (1993), S. 528.

[129] Vgl. stellvertretend Rappaport, A. (1986), S. 51f. und Copeland, T./Koller, T./Murrin, J. (1991), S. 97ff..

[130] Die Abgrenzung des Begriffs Working Capital kann über die Laufzeit (Working Capital = kurzfristiges Um-laufvermögen minus kurzfristige Passiva) oder über den Kapitalkostencharakter (Working Capital = Um-laufvermögen minus kapitalkostenfreie Passiva) erfolgen. Vgl. hierzu Kapitel 3.3.4.2.1.4. Rechnerische Er-mittlung des Freien Cash Flow.

[131] Vgl. zuerst bei Canning, J.B. (1929), S. 154ff. sowie Schneider, D. (1963), S. 457ff.; Münstermann (1966), S. 579ff.; Schneider, D. (1968), S. 1ff. und Seicht (1970), S. 589ff., sowie die Ausführungen in Kapitel 2.1.2.2.2.2. Mögliche Ursachen der "Performance"-Schwächen.

[132] Vgl. Bühner, R./Weinberger, H.-J. (1991), S. 188 und Fickert, R. (1992), S. 55.

[133] Vgl. Coenenberg, A.G. (1993), S. 649f. und S. 681ff..

nomischen Gewinn wäre in diesem Falle nicht beabsichtigt. Der Abzug des Investitionsbedarfs beinhaltet jedoch auch Elemente des **Substanzwertes**, da der Substanzwert Anhaltspunkte liefern kann, welche Ersatz- bzw. Erweiterungsinvestitionen zu tätigen sind bzw. inwieweit das Working Capital auf- bzw. abzubauen ist.

Wie die Analyse zeigt, basiert der Shareholder Value-Ansatz auf der im Vergleich zur Ertragsüberschußrechnung "theoretisch richtigeren"[134] Einnahmenüberschußrechnung, die um Elemente der Einzahlungsüberschußrechnung ergänzt wird.

3.3. Ermittlung des Shareholder Value

Wie dargelegt, stellt der Shareholder Value einen speziellen Unternehmenswert auf Basis von Zukunftserfolgen dar, der teilweise auf Liquidations- und Substanzwerte zurückgreift. Marktwerte dienen als Vergleichs- und als Kontrollmaßstab für das Management. Der Shareholder Value ist als Wert die zentrale Steuergröße im unternehmenswertorientierten Controlling und kommt in seiner Bedeutung den Zielgrößen „Gewinn" oder „Liquidität" gleich. Daher soll nachfolgend ein Konzept entwickelt werden, wie der Shareholder Value als Basis der unternehmensinternen Steuerung zu ermitteln ist.

Folgende **Fragestellungen** sollen hierzu diskutiert werden:

1) Wie kann der Shareholder Value eines diversifizierten Unternehmens in die Wertbeiträge einzelner Einheiten zerlegt werden ? (3.3.1.)

2) Wie kann der Wertbeitrag der Unternehmenszentrale ermittelt werden ? (3.3.2.)

3) Ist bei der Ermittlung des Shareholder Value auf das Eigen- oder das Gesamtkapital abzustellen ? (3.3.3.)

4) Wie kann der Wertbeitrag einer einzelnen Geschäftseinheit gemessen werden ? (3.3.4.)

5) Wie kann der Wert des Fremdkapitals als Korrekturgröße zur Summe der einzelnen Wertbeiträge der dezentralen Einheiten und der Zentrale ermittelt werden ? (3.3.5.)

3.3.1. Zerlegung des Unternehmens in dezentrale Einheiten

Der **Shareholder Value** ist der Wert aller entnehmbaren Freien Cash Flows, die dem Eigentümer, d.h. dem Aktionär einer AG oder KGaA, dem Anteilseigner einer GmbH, dem Gesellschafter einer Personengesellschaft oder dem Eigentümer eines Einzelunternehmens, zustehen.[135] Folglich ist der Shareholder Value der Teil des Gesamtunternehmenswertes, der nach Abzug des Fremdkapitals, bewertet zu Marktpreisen, verbleibt.[136]

Shareholder Value = Unternehmenswert − Marktwert des Fremdkapitals

---

[134] Vgl. UEC (1980), S. 3; Institut der Wirtschaftsprüfer (1983), S. 470 und Dörner, W. (1992), S. 15.

[135] *Herter* definiert nicht ganz präzise den Unternehmenswert als mit dem Shareholder Value identisch. Vgl. Herter, R.N. (1994), S. 40.

[136] Vgl. Blyth, M.L./Friskey, E.A./Rappaport, A. (1986), S. 52ff.; Rappaport, A. (1986), S. 51; Volkart, R. (1990), S. 548; Bühner, R./Weinberger, H.J. (1991), S. 192 und Copeland, T./Koller, T./Murrin, J. (1991), S. 99.

Der Shareholder Value ist jedoch nur im Fall (streng) effizienter Märkte mit dem Marktwert des Eigenkapitals, d.h. dem Börsenwert des Unternehmens identisch. Im allgemeinen ist der Shareholder Value jedoch als unternehmensinterne Schätzung des externen Marktwertes zu verstehen.[137]

Wird das Unternehmen, wie im Schrifttum empfohlen,[138] in einen betriebsnotwendigen und einen nicht-betriebsnotwendigen Teil zerlegt, so ergibt sich nachfolgende Verfeinerung. Dabei ist zu beachten, daß das Fremdkapital auch zur Finanzierung des nicht-betriebsnotwendigen Vermögens dienen kann und insofern zumindest teilweise ebenfalls nicht betriebsnotwendig wäre. Der Wert des nicht-betriebsnotwendigen Vermögens kann mit Hilfe von Substanz- oder Liquidationswerten ermittelt werden. Die Aufteilung empfiehlt sich dann, wenn ruhendes Vermögen existiert (z.B. Immobilien oder Wertpapierbesitz), das nicht bewirtschaftet wird.[139]

$$Shareholder\ Value = \underbrace{Unternehmenswert}_{betriebsnotwendiger\ Teil} + \underbrace{nicht\text{-}betriebsnotwendiges\ Verm\ddot{o}gen}_{nicht\text{-}betriebsnotwendiger\ Teil}$$
$$-\ Marktwert\ des\ Fremdkapitals$$

Zur Ermittlung des Unternehmenswertes empfiehlt es sich, im Falle diversifizierter Unternehmen diese zunächst in einzelne Geschäftseinheiten zu zerlegen, für die differenziert und marktnäher Geschäftspläne für einen Planungshorizont von fünf bis zehn Jahren[140] ermittelt werden. Dies bietet auch den Vorteil, daß die einzelnen Geschäftseinheiten als selbständige Einheiten bewertet werden und dadurch Hinweise auf mögliche Wertsteigerungen durch Restrukturierungen (z.B. durch Spin-off, Verkauf, Management Buy-out oder Plazierung an der Börse) resultieren können **(Break-up Value)**.[141]

Da auch in der strategischen Planung zwischen Unternehmens- und Geschäftsfeldstrategien unterschieden wird, bietet es sich an, die **Gliederung in strategische Geschäftseinheiten (SGE)**[142] aus der strategischen Planung für die Ermittlung der Unternehmenswerte dezentraler Einheiten zugrunde zu legen. Dadurch läßt sich die für jede strategische Geschäftseinheit erstellte Geschäftsfeldstrategie auch für die Ermittlung von deren Wertbeiträgen nutzen. Die Gliederung in strategische Geschäftseinheiten sollte soweit als möglich der organisatorischen Gliederung entsprechen, um klare Verantwortungs- und Kompetenzbereiche zur Unternehmenssteuerung zu ermöglichen. In einer Studie des Verfassers zum strategischen Planungsverhalten gaben 78 % der befragten Unternehmen an, strategische Geschäftseinheiten zu bilden. Bei 37 % dieser Unternehmen waren die Gliederung der strategischen Geschäftseinheiten deckungsgleich mit der organisatorischen Gliederung; bei weiteren 37 % war sie feiner und nur bei 20 % nicht deckungsgleich (duale Organisationsstruktur).[143] Die Gliederung in strategische Geschäftseinheiten ist demnach i.d.R. differenzierter als die organisatorische Gliederung. Unter Umständen bietet es sich bei einer Vielzahl von strategischen Geschäfts-

---

[137] Vgl. Gomez, P./Ganz, M. (1992), S. 52.
[138] Vgl. Institut der Wirtschaftsprüfer (1983), S. 474; Rappaport, A. (1986), S. 51; Blyth, M.L./Friskey, E.A./Rappaport, A. (1986), S. 52; Bühner, R. (1990), S. 36; Weber, B. (1990), S. 576; Fickert, R. (1992), S. 60; Helbling, C. (1993), S. 157 und Unzeitig, E./Köthner, D. (1995), S. 72.
[139] Vgl. zum Problem der Einbeziehung oder Abspaltung von sog. nicht-betriebsnotwendigen Vermögen die Ausführungen in Kapitel 3.2.3. Liquidationswert und in Kapitel 3.3.4.2.1.4. Rechnerische Ermittlung des Freien Cash Flow .
[140] Vgl. Bühner, R./Weinberger, H.-J. (1991), S. 192 und Volkart, R. (1992), S. 816.
[141] Vgl. Copeland, T./Koller, T./Murrin, J. (1991), S. 247 und Zens, N.H./Rehnen, A. (1994), S. 89ff..
[142] Zur Bildung strategischer Geschäftseinheiten vgl. Abell, D.F. (1980), Eick, K.-G. (1982) und Henzler, H.A. (1978), S. 912ff..
[143] Vgl. Günther, T. (1991), S. 159f..

einheiten an, verwandte Geschäftseinheiten mit bzgl. Planungshorizont und Rückflußstruktur vergleichbaren Cash Flow- und Investitionsprofilen zusammenzufassen, um die Unternehmenswertermittlung wirtschaftlicher und einfacher zu gestalten.[144] Z.B. faßt die Siemens AG ihre ca. 300 strategische Geschäftseinheiten zu 80 Arbeitsgebieten zusammen, für die Shareholder Value-Analysen erstellt werden.

Fortan soll daher stets von „strategischen Geschäftseinheiten" - oder kurz „Geschäftseinheiten" - als Begriff für die aus der Zerlegung des Unternehmens in dezentrale Einheiten hervorgehenden Bewertungsobjekte gesprochen werden. Folglich ergibt sich der Unternehmenswert als Summe der Wertbeiträge der einzelnen strategischen Geschäftseinheiten zuzüglich des Wertbeitrags der Unternehmenszentrale bzw. mehrerer Zentraleinheiten **(Wertadditivität)**:[145]

$$\text{Shareholder Value} = \sum_{i=1}^{n} \text{Wertbeitrag der Geschäftseinheit}_i + \text{Wertbeitrag der Zentrale} +$$
$$+ \text{nicht} - \text{betriebsnotwendiges Vermögen} - \text{Marktwert des Fremdkapitals}$$

Es ist jedoch anzumerken, daß durch die Annahme der Wertadditivität **Risikoverbundeffekte** (Risikoausgleich zwischen einzelnen Geschäftseinheiten), **Erfolgsverbundeffekte** (Synergien zwischen einzelnen Geschäftseinheiten) und **Restriktionsverbundeffekte** (beschränkte Verwendbarkeit knappen Kapitals) wegdefiniert werden, die in der Realität durchaus bestehen.[146] Bei nicht diversifizierten Unternehmen verkürzt sich das Zerlegungsproblem darauf, daß nur für die Zentrale und für das operative Geschäft ein Wertbeitrag zu ermitteln ist. Nachfolgende Abbildung schematisiert diese **Zerlegung des Gesamtunternehmens** für den Gesamtkapitalansatz.

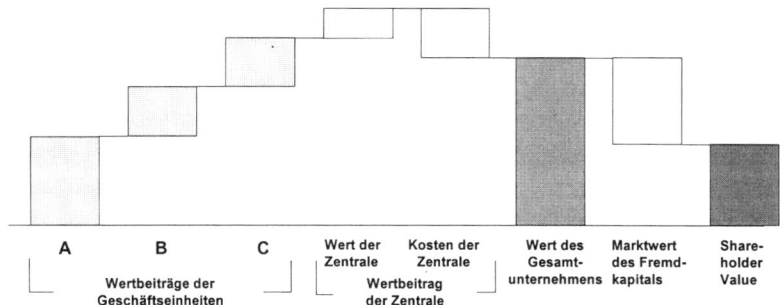

Abb. 3.7.: Zerlegung des Gesamtunternehmenswertes in Wertbeiträge einzelner strategischer Geschäftseinheiten[147]

Für die Ermittlung des notwendigen Datenkranzes ist es günstig, wenn für die Geschäftseinheiten auch separat **Rechnungswesendaten** wie z.B. zum Anlage- und Umlaufvermögen sowie für das Betriebsergebnis zur Verfügung stehen. Z.B. erstellt die Robert Bosch GmbH Bilanzen für ihre Geschäftsbereiche.[148] Die Studie des Autors zeigt ebenfalls, daß Unternehmen

---

[144] Vgl. z.B. der Grundsatz der Segmentwesentlichkeit bei Haller, A./Park, P. (1994), S. 511.
[145] Vgl. Copeland, T./Koller, T./Murrin, J. (1991), S. 99 und S. 247ff.; Höfner, K./Pohl, A. (1993), S. 52 und Herter, R.N. (1994), S. 75.
[146] Vgl. Hachmeister, D. (1995), S. 102ff. und zur Berücksichtigung von Synergien in der Unternehmensbewertung Busse v. Colbe, W. (1994), S. 595ff..
[147] Die Darstellung geht vom Gesamtkapitalansatz aus.
[148] Vgl. Herter, R.N. (1994), S. 75.

in der strategischen Planung sehr oft geschäftsfeldspezifische Rechnungswesendaten zur Analyse einsetzen.[149] Zudem existieren in einigen anglo-amerikanischen Ländern Vorschriften zur Veröffentlichung von Rechnungslegungsinformationen über einzelne produkt- und/oder marktorientierte Geschäftsbereiche (**Segmentberichterstattung**).[150] In Deutschland beschränken sie sich nach §§ 285 Nr. 4 und 314 Abs. 1 Nr. 3 i.V.m. §§ 286 Abs. 2, 288 und 314 Abs. 2 HGB auf die Aufgliederung der Umsatzerlöse nach Tätigkeitsbereichen und Regionen, die jedoch unterlassen werden können, wenn sie zu erheblichen Nachteilen für das Unternehmen führen.[151] Die gegenwärtige deutsche Rechtslage, aber auch internationale Rechnungslegungsstandards sind jedoch bezüglich ihres Inhaltes und ihrer Feingliederung (noch) unzufriedenstellend.[152] In den vorhandenen internationalen Standards werden bisher lediglich im SFAS No. 14 des FASB der USA auch Angaben (wie z.b. Abschreibungsaufwand des Segments oder Segmentinvestitionen) gefordert werden, die eine segmentspezifische Errechnung von Free Cash Flow-Größen ermöglichen. Im Draft Statement of Principles (DSOP) des International Accounting Standards Commitee (IASC) zur Überarbeitung des International Accounting Standard zur Segmentberichterstattung (IAS 7) werden ebenfalls vergleichbare Angaben gefordert.[153] Die primär an Gewinn, Umsatz und Vermögen orientierten Standards anderer Staaten bieten nur eingeschränkte Möglichkeiten zur unternehmenswertorientierten Steuerung.[154] Die gesetzlichen Vorschriften zur Segmentberichterstattung sind jedoch nur für eine externe Analyse (z.B. von Wettbewerbern) relevant.[155] Für die interne Analyse kann auf das Datenmaterial des internen Rechnungswesens zurückgegriffen werden.

Sollen letztendlich die einzelnen strategischen Geschäftseinheiten bezüglich ihres Wertbeitrags gesteuert und beurteilt werden, ist zu klären, wie Transaktionen zwischen den einzelnen Einheiten behandelt werden bzw. wie Synergien in die Wertermittlung eingehen. Liefer- und Leistungsbeziehungen können dabei zwischen zwei operativen Einheiten und zwischen einer operativen Einheit und zentralen Einheiten stattfinden. Beide Arten von Transaktionen führen zu dem Problem, ob Lieferungen und Leistungen untereinander verrechnet bzw. zu welchen (Verrechnungs-) Preisen sie bewertet werden.

Das erste **Problem der Verrechenbarkeit von Lieferungen und Leistungen** kann gelöst werden, wenn alle Einheiten als profit oder investment center geführt werden. Liegen jedoch auf einer der Seiten cost oder service center vor, (z.B. für die Geschäftsleitung, die Pressestelle etc.) so darf die abgebende Einheit ihre Leistungen und Lieferungen nicht in Rechnung stellen, wodurch die abnehmende Einheit begünstigt und ihr Wertbeitrag überhöht wird.[156] Die Intention muß daher sein, soweit als möglich profit center oder investment center einzurichten, u.U. auch für Einheiten, die bisher nur für Ihre Kosten verantwortlich waren (z.B. Personaldienste, zentrales Rechnungswesen, zentrale Forschung und Entwicklung). Zudem sollten Kosten von Zentralbereichen, die direkt einzelnen Geschäftseinheiten zuordenbar sind,

---

[149] Vgl. Günther, T. (1991), S. 182.

[150] Vgl. der Überblick bei Haller, A./Park, P. (1994), S. 499ff. und Veit, K.-R./Bernards, O. (1995), S. 493ff. sowie konzeptionell Haase, K.D. (1974) und Bernards, O. (1994).

[151] Die Rechnungslegungspraxis beschränkt sich zu großen Teilen auf diese Pflichtangaben. Vgl. die Studie bei Risse, A. (1995), S. 741.

[152] Vgl. Haller, A./Park, P. (1994), S. 520 und Veit, K.-R./Bernards, O. (1995), S. 493ff..

[153] Vgl. Risse, A. (1995), S. 739.

[154] Vgl. den Überblick bei Haller, A./Park, P. (1994), S. 506ff..

[155] Z.B. kann bei einer externen Analyse das investierte Anlagevermögen oder Working Capital mittels branchenüblicher Umschlagskennziffern aus den Umsatzerlösen abgeleitet werden. Vgl. Copeland, T./Koller, T./Murrin, J. (1991), S. 254.

[156] zu Formen der Organisation dezentraler Einheiten vgl. Coenenberg, A.G. (1993a), S. 433.

über interne Aufträge auf Ebene der Geschäftseinheiten erfaßt werden.[157] Teilweise wird empfohlen **fiktive Unternehmensbereiche** z.B. für "liquide Mittel", "Beteiligungen" oder "Unternehmensleitung" zu installieren, die einen eigenen Wertbeitrag erzielen können, indem sie Leistungen an die operativen Einheiten verkaufen (z.B. Bereitstellung von Kapital, strategische Beratung etc.).[158] Die verbleibenden cost center erscheinen dann zwangsläufig mangels Monetarisierbarkeit ihrer Leistungen als "Wertvernichter" im Unternehmensportfolio.[159]

Bei der Definition fiktiver Unternehmensbereiche ist jedoch zu prüfen, ob nicht z.B. hohe liquide Mittel auf erhaltene Kundenanzahlungen im Anlagegeschäft oder auf Pensionsrückstellungen für Mitarbeiter operativer Bereiche zurückzuführen sind. Das finanzielle Ergebnis wäre dann den operativen Bereichen zuzurechnen, da es durch deren Disposition entstanden ist. Ebenso wäre bei Beteiligungen zu prüfen, ob sie rein zur Vermögensanlage dienen oder ob sie operativ oder strategisch motiviert sind und folglich den Bereichen zuzuordnen wären.

Zur Frage der **zu verwendenden Verrechnungspreise** existieren unterschiedliche Ansätze wie marktorientierte, kostenorientierte oder sonstige Arten von Verrechnungspreisen.[160] Für Steuerungszwecke sind Marktpreise am adäquatesten, falls deren Voraussetzungen gegeben sind.[161] Sind z.B. die Marktvolumina beschränkt oder kein ausreichender Wettbewerb vorhanden, werden jedoch i.d.R. kostenorientierte Preise gewählt, die zu Verzerrungen der Wertbeiträge z.B. durch zu niedrige Anschaffungskosten bei Lieferungen in das Anlagevermögen oder überhöhte Freie Cash Flows bei Lieferungen in das Umlaufvermögen führen können. Die unternehmenswertorientierte Steuerung dezentraler Einheiten setzt folglich ein marktorientiertes Verrechnungspreissystem voraus, bei dem Bereiche soweit wie möglich wie externe Dritte behandelt werden, um eine interne Subventionierung über günstige Verrechnungspreise zu vermeiden.

Die Nutzung von **Synergien** zwischen dezentralen und/oder zentralen Einheiten erschwert die klare Zuordenbarkeit von Freien Cash Flows und Vermögensteilen auf Unternehmensbereiche. Synergien können im Produktionsbereich (z.B. economies of scale aufgrund besserer Auslastung, Fertigung von Vorprodukten für andere Unternehmensbereiche oder die Kuppelproduktion wie z.B. in der chemischen Industrie), im Technologiebereich (mehrfache Nutzung von Produkt- und Prozeßtechnologien), im Marketing (gemeinsame Nutzung von Vertriebskanälen oder Markennamen) und im Finanzbereich (höheres Verschuldungspotential und Steueroptimierung) bestehen.[162] Empirische Studien zeigen, daß die Synergiepotentiale in der Produktion zwar am höchsten noch vor den Bereichen Marketing, Finanzen und Administration eingestuft werden, jedoch in der Produktion weit unterdurchschnittlich nutzbar sind. Am ehesten machen sich finanzielle Synergien bemerkbar.[163]

Vorab ist zu klären, ob die Problematik der Synergien zwischen dezentralen Einheiten durch eine **Zusammenfassung von Bereichen** beseitigt werden kann, wenn zwei aufeinander fol-

---

[157] Vgl. Copeland, T./Koller, T./Murrin, J. (1991), S. 251.

[158] Vgl. Copeland, T./Koller, T./Murrin, J. (1991), S. 251; Höfner, K./Pohl, A. (1993), S. 52 und Herter, R.N. (1994), S. 251.

[159] Vgl. Copeland, T./Koller, T./Murrin, J. (1991), S. 251.

[160] Vgl. Coenenberg, A.G. (1993a), S. 434ff..

[161] zu den Voraussetzungen vgl. Coenenberg, A.G. (1993a), S. 435. Als Empfehlung für Shareholder Value-Analysen vgl. Copeland, T./Koller, T./Murrin, J. (1991), S. 256.

[162] Vgl. die abgewandelte Systematisierung bei Kitching, J. (1967), S. 92f.; Sigloch, J. (1974), S. 89ff. und Jung, H. (1993), S.. 53f..

[163] Vgl. die Studien von Kitching, J. (1967), S. 93 und Sigloch, J. (1974), S. 153.

gende Wertschöpfungsstufen, wie z.B. Produktion und Vertrieb, oder verwandte Produkt-
und/oder Marktbereiche zusammengefaßt werden.[164] In Anlehnung an Grundsätze ordnungsmäßiger Segmentberichterstattung sind ansonsten Vermögensteile sowie Freie Cash
Flows soweit als möglich den einzelnen **Bereichen zuzuweisen** bzw. **verursachungsgerecht
neu zu verteilen**, wenn verläßliche Bezugsgrößen, wie z.B. genutzte Kapazitätsanteile oder
Umsatzanteile, gefunden werden können.[165]

Es stellt sich z.B. die Frage, ob für die einzelnen Geschäftseinheiten ein individueller Steuersatz oder eine individuelle Kapitalstruktur zugrunde gelegt werden soll. Alternativ könnten
Durchschnittswerte des Gesamtunternehmens verwandt werden. *Copeland/Koller/Murrin*
plädieren für den ersten Vorschlag, da sie stand alone-Werte für die einzelnen Geschäftseinheiten gewinnen wollen, um sie z.B. mit potentiellen Marktpreisen für den Fall des Verkaufes
vergleichen zu können. Der Wertbeitrag des einzelnen Geschäftsfeldes würde sonst durch
Verrechnungen von Verlusten auf Konzernebene oder die konzernweite Nutzung von Ver-
lustvor- und -rückträgen ebenso verzerrt, wie durch das größere und zinsgünstigere Verschuldungspotential des Gesamtunternehmens.[166] Z.B. kämen die Verlustvorträge der Siemens-
Nixdorf AG über einen niedrigeren konzernweiten Steuersatz auch den anderen Arbeitsgebieten zu Gute. Dem ist jedoch entgegen zu halten, daß eine spezifische Zinssatz- und Steuer-
satzermittlung für jede Geschäftseinheit aufwendig ist, da Finanzierungsaufgaben in praxi
meist zentral erfolgen und gar keine vergleichbaren Konditionen für die Finanzierung der im
Volumen kleineren Geschäftsfelder vorhanden sein dürften. Zudem könnten die sich ergebenden fiktiven Steuer- und Zinszahlungen in der Summe über den effektiv gezahlten Zinsen
und Steuern liegen. Die Differenz zwischen den spezifischen Steuer- und Zinszahlungen unter
Annahme des „stand alone"-Wertes und den tatsächlichen Zahlungen wäre nach
Copeland/Koller/Murrin als Einnahme der Zentrale anzusetzen.[167] Hier ist in der Praxis zwischen Exaktheit bzw. höherer Aussagekraft und Einfachheit der Anwendung abzuwägen.

3.3.2. Wertbeitrag der Zentrale

Die Zerlegung in Geschäftseinheiten ist eng verzahnt mit der Berechnung des Wertbeitrages
der Zentrale. Nach den in obigem Kapitel formulierten Grundsätzen, sind die Kosten der Zentrale - soweit verursachungsgerecht zuordenbar - bei den einzelnen Geschäftseinheiten zu erfassen bzw. fiktive Geschäftseinheiten z.B. für „Beteiligungsverwaltung" oder „Inhouse Consulting" zu bilden. Wie nachfolgende Abbildung veranschaulicht, stehen den Auszahlungen
der dann verbleibenden Rest-Zentrale auch Nutzen gegenüber, die sich auch teilweise als Einzahlungen monetarisieren lassen:

---

[164] Vgl. den Vorschlag bei Copeland, T./Koller, T./Murrin, J. (1991), S. 251ff..
[165] Vgl. die Grundsätze zur Allokation von Gemeinschaftskosten oder Gemeinschaftsaktiva bei Haller, A./Park,
    P. (1994), S. 517ff..
[166] Vgl. Copeland, T./Koller, T./Murrin, J. (1991), S. 261f..
[167] Vgl. Copeland, T./Koller, T./Murrin, J. (1991), S. 260f..

Auszahlungen der Zentrale	Bewertbarkeit	Nutzen der Zentrale	Bewertbarkeit
❑ Kosten von unterstützenden Stabsabteilungen (Rechnungswesen, Finanzen, Steuern, Planung, Recht, Personal, Verwaltung etc.)	monetär	❑ Steuervorteile (internationale Steueroptimierung; Verlustvor- und -rückträge; Verlustausgleich)	monetär
❑ Grundstücks- und Einrichtungskosten	monetär	❑ größere Verschuldungskapazität und geringere Zinskosten[168]	monetär
❑ Personalkosten der Geschäftsleitung	monetär	❑ Nutzung von Synergien durch Portfolio-Management	monetär/nicht monetär
❑ Konzernweites Marketing	monetär	❑ Informationsvorteile	nicht monetär
❑ Konzernweite F&E	monetär	❑ Kommunikationsvorteile	nicht monetär
❑ Konzernweite Beratung	monetär	etc.	
❑ Soziales Engagement	monetär		
❑ Logistik und Kommunikation	monetär		
etc.			

Abb. 3.8.: Auszahlungen und Nutzen als Determinanten des Wertbeitrags der Zentrale[169]

Nicht zurechenbare und nicht monetarisierbare Synergien müssen zwangsläufig bei der Ermittlung der Freien Cash Flows der Zentrale unbehandelt bleiben und können allenfalls als qualitativer Faktor in die Analyse mit eingehen. In diesem Falle sind die Wertbeiträge nicht mehr streng als „stand alone"-Werte der Geschäftseinheiten bzw. der Zentrale z.B. für potentielle going public-Aktivitäten oder Desinvestitionen interpretierbar. Ebenso ist darauf zu achten, daß Auszahlungen und Einzahlungen nicht doppelt erfaßt werden. Werden z.B. im internen Rechnungswesen zentrale Umlagen den operativen Einheiten berechnet, sind diese in der Zentrale als Einzahlungen zu erfassen. Die dienstleistenden Einheiten fungieren somit als profit center.

Es stellt sich auch die Frage, mit welchen **Risiken die Aktivitäten der Zentrale** behaftet sind und folglich welche Zinssätze zur Diskontierung der Einzahlungen und Auszahlungen der Zentrale geeignet sind. Bezüglich der monetarisierbaren Ein- und Auszahlungen gelten folgende Empfehlungen:[170]

❑ Das durch die Abzugsfähigkeit von nicht-anrechenbaren Steuern (in USA corporate tax, in BRD Gewerbe- und Vermögensteuer[171]) entstehende Steuerschild der Fremdfinanzierung ist risikolos und daher mit dem **Fremdkapitalzinssatz** abzudiskontieren.[172]

---

[168] Inclusive hieraus resultierendes Steuerschild.
[169] Vgl. die Gliederung bei Copeland, T./Koller, T./Murrin, J. (1991), S. 257ff..
[170] Vgl. Copeland, T./Koller, T./Murrin, J. (1991), S. 269.
[171] Seit 1.1.97 wird die Vermögensteuer in Deutschland nicht mehr erhoben.
[172] *Hachmeister* berücksichtigt jedoch im Nichtrenten-Modell risikoangepaßte Kapitalkosten. Vgl. Hachmeister, D. (1995), S. 115.

❑   Steuervorteile durch internationale Steueroptimierung (z.B. mittels Verrechungspreise), durch Verlustausgleich oder durch Verlustvor- und -rückträge beziehen sich auf das Eigenkapital und sind daher mit den **Eigenkapitalkosten** zu diskontieren.[173]

❑   Die Auszahlungen der Zentrale sollten mit einem Mischzinssatz aus Fremdkapitalzinssatz und Kapitalkosten für unverschuldetes Eigenkapital, z.b. mit dem **gewichteten durchschnittlichen Kapitalkostensatz** diskontiert werden.

Der sich nach Diskontierung ergebende positive oder negative Wertbeitrag ist sehr vorsichtig zu interpretieren, da nicht alle Nutzen der Zentrale monetär bewertet werden können. Es bietet sich an, den Wertbetrag zum Marktwert, zur Bilanzsumme oder zum Umsatz in Bezug zu setzen und diese Relation mit der anderer Unternehmen zu vergleichen. *Copeland/Koller/Murrin* konnten z.B. zeigen, daß die aus der Segmentberichterstattung ableitbaren Kosten der Zentrale bei den 25 größten US-Unternehmen 1986 zwischen 8,5 % (Texaco) und 0,4 % (United Technology und McDonnell Douglas) des Marktwertes ausmachten.[174]

3.3.3. Eigenkapital- versus Gesamtkapitalansatz

Zur Ermittlung des Shareholder Value bieten sich zwei Vorgehensweisen an, die sich danach unterscheiden, auf welcher Ebene das Fremdkapital berücksichtigt wird.[175]

1)   **Der Eigenkapitalansatz (Nettomethode oder Flow to Equity bzw. Equity Approach):**

Hierbei wird der Wert jeder dezentralen Einheit (Geschäfteinheit oder zentrale Abteilung) dadurch ermittelt, daß die Freien Cash Flows, die an die Eigentümer gehen, mit den Kosten des Eigenkapitals abdiskontiert werden. Die Fremdkapitalgeber und deren Kosten bleiben außen vor. Folglich werden die Freien Cash Flows nach Zinsen (und Tilgungszahlungen) errechnet und das Fremdkapital schon auf Ebene der dezentralen Einheiten über die dort entstehenden Fremdkapitalzinsen berücksichtigt.[176]

$$Shareholder\ Value = \sum_{i=1}^{n} \sum_{t=1}^{\infty} \frac{Freier\ Cash\ Flow\ nach\ Zinsen_t}{(1+Eigenkapitalkostensatz)^t} + Wertbeitrag\ der\ Zentrale$$
$$+\ nicht-betriebsnotwendiges\ Vermögen$$

---

[173] *Copeland/Koller/Murrin* empfehlen "unlevered cost of equity" für Steuervorteile aus Steueroptimierung und "levered cost of equtiy" für die beiden anderen Arten von Steuervorteilen. Vgl. Copeland, T./Koller, T./Murrin, J. (1991), S. 269.

[174] Vgl. Copeland, T./Koller, T./Murrin, J. (1991), S. 258f..

[175] Vgl. z.B. die Brutto- bzw. Nettomethode des IdW bei Dörner, W. (1992), S. 112ff. und ebenso die Unterscheidung in der amerikanischen Literatur z.B. bei Clarke, R.G. u.a. (1988), S. 42ff. sowie speziell zum Shareholder Value-Ansatz Hachmeister, D. (1995), S. 97; Herter, R.N. (1994), S. 40; McTaggert, J.M./Kontes, P.W./Mankins, M.C. (1994), S. 299ff.; Ballwieser, W. (1994), S. 1383f.; Ballwieser, W. (1995), S. 122; Schmidt, J.G. (1995), S. 1089ff. und Kirsch, H.-J./Krause, C. (1996), S. 803ff..

[176] Vgl. Reimann, B.C. (1990), S. 192f.; Hachmeister, D. (1995), S. 94 und Hachmeister,·D. (1996), S. 253f. sowie Copeland, T./Koller, T./Murrin, J. (1991), S. 375ff. zur Bewertung von Banken und ebenso Fruhan, W.E. (1979), S. 7ff., der jedoch keine Freien Cash Flows sondern Dividendenzahlungen zugrunde legt.

2) **Der Gesamtkapitalansatz (Bruttomethode oder Total Capital bzw. Entity Approach):**

Bei dieser Vorgehensweise wird für jede dezentrale Einheit der Wertbeitrag zum Gesamtunternehmenswert gemessen und in einem zweiten Schritt erst die Fremdfinanzierung berücksichtigt. Dadurch sollen Leistungsbereich und Finanzierungsbereich getrennt werden.[177] Hierzu werden drei unterschiedliche Ansätze diskutiert:

1) **Der Weighted Average Cost of Capital (WACC)-Ansatz:**

Beim WACC-Ansatz soll die Finanzierung erst im Diskontierungszinsfuß berücksichtigt werden, indem der Freie Cash Flow vor Zinsen mit den durchschnittlichen Kosten des Gesamtkapitals abdiskontiert wird. Da bei der Berechnung der Freien Cash Flows eine Fremdverschuldung außer acht gelassen wird **(Debt-Free Approach)**, sind jedoch auch die sich ergebenden Steuern auf Basis einer 100%igen Eigenkapitalfinanzierung zu errechnen und Steuervorteile durch die Fremdfinanzierung (Tax shield) wieder hinzu zu zählen. Die Fremdfinanzierung und ihre Steuerwirkungen wird beim Gesamtkapitalansatz ausschließlich im Diskontierungszinssatz berücksichtigt.[178]

Die Freien Cash Flows vor Zinsen stellen jenes Zahlungspotential dar, das zur Deckung der Ansprüche von Gläubigern und Eigentümern verwandt werden kann. Erst nachdem der Unternehmenswert des Gesamtunternehmens ermittelt wurde, wird der Marktwert des Fremdkapitals subtrahiert.[179]

$$
Shareholder\ Value = \sum_{i=1}^{n} \sum_{t=1}^{\infty} \frac{Freier\ Cash\ Flow\ vor\ Zinsen_{nach\ Steuern,\ t}^{unverschuldet}}{(1 + Gesamtkapitalkostensatz_{mit\ Taxshield})^t}
$$
$$
+ Wertbeitrag\ der\ Zentrale
$$
$$
+ nicht-betriebsnotwendiges\ Vermögen
$$
$$
- Marktwert\ des\ Fremdkapitals
$$

mit

i = 1,....,n   Geschäftseinheit i von n Geschäftseinheiten

n   Anzahl der Geschäftseinheiten

t = 1,....,∞   Periode t eines unendlichen Planungshorizontes

2) **Der Total Cash Flow (TCF)-Ansatz:**

Beim Total Cash Flow-Ansatz wird die ursprünglich durch die Gesamtkapitalansätze beabsichtige Trennung von Finanzierungs- und Leistungsbereich aufgehoben, indem bei den Rückflüssen die tatsächlich gezahlten Steuern erfaßt werden und damit die Steuerersparnis durch die Fremdfinanzierung (Tax shield) bereits hinzugerechnet ist. Die Diskontierung erfolgt dann ebenfalls mit gewichteten Gesamtkapitalkosten, wobei die

---

[177] Vgl. Hachmeister, D. (1996), S. 254.

[178] Vgl. McTaggert, J.M./Kontes, P.W./Mankins, M.C. (1994), S. 305; Hachmeister, D. (1995), S. 61, S. 63 und S. 97ff.; Zens, N.H./Rehnen, A. (1994), S. 97; Jonas, M. (1995), S. 86 und Unzeitig, E./Köthner, D. (1995), S. 141.

[179] als Vertreter dieses Ansatzes, der in den USA vorherrscht, vgl. Blyth, M.L./Friskey, E.A./Rappaport, A. (1986), S. 52ff.; Rappaport, A. (1986), S. 51f.; Copeland, T./Koller, T./Murrin, J. (1991), S. 100ff.; Stewart, G.B. (1990), S. 253ff.; Bühner, R. (1990), S. 36f.; Senfleber-Decher, M. (1992), S. 601f.; Bühner, R./Weinberger, H.-J. (1991), S. 192 und Weber, B. (1990), S. 32 sowie Weber, B. (1991), S. 223f..

Fremdkapitalkosten vor Steuern, d.h. ohne Korrektur um das Tax Shield ermittelt werden.[180] Der Total Cash Flow-Ansatz scheidet daher für die praktische Anwendung aus.[181]

$$Shareholder\ Value = \sum_{i=1}^{n} \sum_{t=1}^{\infty} \frac{Freier\ Cash\ Flow\ vor\ Zinsen_{nach\ Steuern,\ t}^{verschuldet}}{(1 + Gesamtkapitalkostensatz_{ohne\ Taxshield})^{t}}$$

$$+ Wertbeitrag\ der\ Zentrale$$

$$+ nicht - betriebsnotwendiges\ Vermögen$$

$$- Marktwert\ des\ Fremdkapitals$$

3)   **Der Adjusted Present Value (APV)-Ansatz:**

Bei gravierenden Änderungen in der Kapitalstruktur (z.B. bei Leveraged Buyouts) ist für die einzelnen Jahre die Wirkung von Fremdkapital und Steuern detailliert zu berücksichtigen, wobei im Schrifttum der „**Adjusted Present Value**"-Ansatz empfohlen wird.[182] Dabei setzt sich der Wertbeitrag einer strategischen Geschäftseinheit aus einer finanzierungsunabhängigen, d.h. rein eigenfinanzierten, Wertkomponente und dem Marktwert des durch die Fremdfinanzierung bedingten Steuervorteils zusammen:[183]

$$Shareholder\ Value = \sum_{i=1}^{n} \left[\underbrace{\sum_{t=1}^{T} \frac{Free\ Cash\ Flow_{nach\ Steuern}^{unverschuldet}}{(1 + k_{EK})^{t}}}_{finanzierungsunabhängige\ Komponente} + \underbrace{\frac{Steuersatz \bullet k_{FK} \bullet FK_{t-1}}{\prod_{j=1}^{t}(1 + k_{j}^{APV})}}_{Wert\ des\ Steuervorteils} \right]$$

Der Diskontierungszinsfuß für den Wert des Steuervorteils kann nach Ezzel/Miles nur dann mit dem risikolosen Zinsfuß erfolgen, wenn die absolute Höhe des Tax shield sicher ist. Da jedoch die Steuerersparnis von der Höhe des Fremdkapitals der Vorperiode abhängt und diese wiederum vom Unternehmenswert der Vorperiode, kann der Unternehmenswert nur rekursiv gelöst werden. Die Abhängigkeit vom Unternehmenswert bedingt zudem eine Diskontierung des Steuervorteils mit den Kapitalkosten bei vollständiger Eigenfinanzierung zu diskontieren sind.[184]

Alle Ansätze führen bei Verwendung des Rentenmodells zum selben Shareholder Value, wenn die Gesamtkapitalkosten mit den Marktwerten des Eigen- und Fremdkapitals gewichtet werden.[185] Für das Nicht-Rentenmodell ergeben sich identische Unternehmenswerte, wenn die Fremdfinanzierung proportional zur Entwicklung des Gesamtunternehmenswertes erfolgt, da dann die Kapitalstruktur und folglich die gewichteten durchschnittlichen Kapitalkosten

---

[180] Vgl. Drukarczyk, J. (1993), S. 157 und S. 211 und Hachmeister, D. (1996), S. 255.

[181] Vgl. Hachmeister, D. (1996), S. 270.

[182] Vgl. z.B. Volpert, V. (1989), S. 178; Hachmeister, D. (1995), S. 131f.; Drukarczyk, J. (1995), S. 331; Drukarczyk, J./Richter, F. (1995), S. 559ff.; Richter, F. (1996), S. 1077ff. und Hachmeister, D. (1996), S. 255 und zum „Adjusted Present Value"-Ansatz die Ausführungen im Kapitel 3.3.4.3.3. Errechnung der gewichteten Kapitalkosten mit Steuern.

[183] Vgl. z.B. Copeland, T./Koller, T./Murrin, J. (1993), S. 194ff. und Drukarczyk, J. (1995), S. 331.

[184] Vgl. Ezzel, J.R./Miles, J.A. (1983), S. 30 und Hachmeister, D. (1996), S. 257ff..

[185] Vgl. zum Nachweis für den Fall ohne Steuern Jung, H. (1993), S. 220f. und Dörner, W. (1992), S. 112f.. sowie für den Fall mit Steuern Volpert, V. (1989), S. 146-148 und S. 161-166 und Drukarczyk, J. (1995), S. 329ff..

konstant bleiben (**marktwertkongruente Finanzierung**).[186] Vereinfachend kann hier auch von einer auf Marktwerten basierenden konstanten Zielkapitalstruktur ausgegangen werden.[187] Können diese Annahmen in der Realität nicht erfüllt werden, fallen Eigenkapital- und Gesamtkapitalansatz auseinander.[188] Sind die Ausschläge der Kapitalstruktur nicht nennenswert, kann die Vorgehensweise beibehalten werden, auch wenn die Unternehmenswerte allenfalls Approximationen darstellen.[189]

Da bei effizienten Märkten Shareholder Value und Marktwert des Eigenkapitals zusammenfallen, ergibt sich ein **Zirkelschluß**. Zur Errechnung der gewichteten Kapitalkosten muß die Höhe des Shareholder Value (= Marktwert des Eigenkapitals) bekannt sein, der hiermit erst errechnet werden soll.[190] Unterstellt man effiziente Märkte kann der Shareholder Value (=Marktwert des Eigenkapitals) bei gleichzeitiger Veränderung der gewichteten Kapitalkosten durch Iterationsschleifen mit Hilfe gängiger Tabellenkalkulationsprogramme errechnet werden.[191]

Im allgemeinen ist jedoch davon auszugehen, daß der unternehmensintern und damit „synthetisch" errechnete Shareholder Value nur eine Schätzung des Marktwertes darstellt.[192] Für die praktische Anwendung wird vorgeschlagen, anstatt der Marktwertes des Eigen- und Fremdkapitals vereinfachend deren Buchwerte zu verwenden.[193] Hierbei können sich jedoch erhebliche Unterschiede zwischen Gesamtkapital- und Eigenkapitalansatz ergeben. Ein weiterer Vorschlag besteht darin, sich an einer für die Zukunft geplanten Zielkapitalstruktur zu orientieren.[194] Unter Annahme nicht effizienter Märkte können auch die Börsenwerte gewählt werden, die in diesem Falle nicht mit dem Shareholder Value übereinstimmen müssen. Diese Vereinfachung kann zu unterschiedlichen Ergebnissen beider Vorgehensweisen führen.

Es ist nun zu fragen, ob der Eigenkapital- oder der Gesamtkapitalansatz für die unternehmenswertorientierte Steuerung besser geeignet ist. Im Schrifttum besteht eine **Präferenz für den Gesamtkapitalansatz**.[195] Als Gründe hierfür sind zu nennen:

❑ Da Finanzierungsentscheidungen sowohl das Eigen- als auch das Fremdkapital betreffen können (z.B. bei Akquisitionen, langfristigen Invesitionsprogrammen oder langfristigen Fertigungsaufträgen im Anlagebau), fordern *Bühner/Weinberger,* nicht nur das Eigenkapital als Quelle der Wertschaffung zu betrachten.[196] Die Forderung ist jedoch ohne Grundlage, da auch beim Eigenkapitalansatz Umschichtungen zwischen Eigen- und

---

[186] Implizit wird hier von einem linearen Zusammenhang von Eigenkapitalkosten und Fremdfinanzierung ausgegangen (Modigliani-Miller-Modell). Vgl. Hachmeister, D. (1996), S. 270.

[187] Vgl. Ballwieser, W. (1995), S. 124 sowie der rechnerische Nachweis bei Hachmeister, D. (1995), S. 120ff. und Hachmeister, D. (1996), S. 256ff.

[188] Vgl. z.B. die Beispielsrechnungen bei Hachmeister, D. (1995), S. 124ff..

[189] Vgl. Volpert, V. (1989), S. 195 und Drukarczyk, J. (1993), S. 160.

[190] Vgl. Jung, H. (1993), S. 221; Ballwieser, W. (1993), S. 167 und Hachmeister, D. (1996), S. 269.

[191] Vgl. Kirsch, H.-J./Krause, C. (1996), S. 804 sowie das Beispiel bei Jonas, M. (1995), S. 92.

[192] Vgl. Gomez, P./Ganz, M. (1992), S. 52.

[193] Vgl. Serfling, K./Paper, U. 18996), S. 61.

[194] Vgl. z.B. Ballwieser, W. (1994), S. 1385 und S. 1395ff., der sich hierzu jedoch sehr kritisch äußert.

[195] Vgl. Ballwieser, W. (1995), S. 121 und Hachmeister, D. (1995), S. 131. Jedoch die Kritik am Gesamtkapitalansatz bei Ballwieser, W. (1993), S. 166; Ballwieser, W. (1995), S. 126 und Schmidt, J.G. (1995), S. 1115, die jedoch nur die externe Unternehmensbewertung betrachten und die Verwendung zum unternehmenswertorientierten Controlling vernachlässigen. Für Banken wird wegen der gleichzeitigen Bedeutung des Aktiv- und Passivgeschäftes i.d.R. jedoch der Eigenkapitalansatz verwandt. Vgl. die Arbeiten von Kümmel, A.T. (1994) und Behm, U. (1994).

[196] Vgl. Bühner, R./Weinberger, H.-J. (1991), S. 192 und ähnlich Hachmeister, D. (1995), S. 97.

Fremdkapital über die vom Cash Flow abzuziehenden Zinsaufwendungen berücksichtigt werden.[197] Einleuchtender scheint, das dem Gesamtkapital auf der Aktivseite gegenüberstehende **Gesamtvermögen als eigentliche Quelle der Wertschaffung** des Unternehmens zu betrachten.[198]

❑   Strategische Geschäftseinheiten, deren Wertbeitrag zum Shareholder Value ermittelt werden soll, verfügen oft über **kein eigenes Eigenkapital**. Die Finanzierung erfolgt i.d.R. durch die Unternehmenszentrale. Zudem werden dezentralen Einheiten i. d. R. kalkulatorische Zinsen auf das gesamte gebundene Kapital berechnet. Folglich sind auch die effektiven Fremdkapitalzinsen einzelner Geschäftsbereiche schwer ermittelbar.[199]

❑   Die Bereichsverantwortlichen haben bei zentraler Finanzierung keine Möglichkeit, die **Kapitalstruktur** eigenständig zu ändern.[200] Die Kapitalkosten werden daher durch die Kapitalstruktur des Gesamtunternehmens bestimmt. *Anderson/Needles/Caldwell* sprechen hier von sog. „operating managers", für deren Beurteilung von Größen vor Steuern und vor Zinsen ausgegangen werden sollte.[201]

❑   Die **fiktive Zuweisung von Eigenkapital** zu strategischen Geschäftseinheiten,[202] wie sie bei einigen Unternehmen in Pilotstudien zur Umsetzung des Eigenkapitalansatzes praktiziert wurde (z.B. Siemens oder Bertelsmann), wirft die Frage auf, welchem Geschäftstyp welche Kapitalstruktur entspricht. Objektive Kriterien, die eine Differenzierung zwischen verschiedenen Geschäftseinheiten erlauben, sind jedoch schwer zu finden.

Eine differenzierte fiktive Zuordnung[203] nach Geschäftstypen oder nach einzelnen Vermögenspositionen (z.B. beim Anlagengeschäft 20 % Eigenkapital, 45 % Rückstellungen und 35 % Finanzschulden bzw. beim Produktgeschäft 35 % Eigenkapital, 35 % Rückstellungen und 30 % Finanzschulden) kann im Zeitablauf Änderungen bedingen, wenn sich Geschäftstypus oder Vermögensstruktur strategiebedingt ändern (z.B. im Automobilzulieferbereich der Übergang vom Komponenten- zum Systemlieferanten).

Liegt dagegen eine Holding mit rechtlich selbständigen Tochterunternehmen,[204] wie z.B. bei der Kaufhof Holding AG mit ihren börsennotierten Töchtern Oppermann Versand AG, Kaufhalle AG und Horten AG, vor, die selbst freien Zugang zum Kapitalmarkt haben und mit eigener Finanzautonomie ausgestattet sind, so sind die Voraussetzungen für den Eigenkapital-Ansatz gegeben.[205] Für deutsche Unternehmen ist dies jedoch eine Ausnahme, so daß der Gesamtkapitalansatz zu empfehlen ist. Da bei der Diskontierung anstatt unternehmensweiter Fremdkapitalkosten und Kapitalstrukturen auch bereichsindividuelle Werte gewählt werden können, ist der Gesamtkapitalansatz auch für derartige Holding-Strukturen anwendbar.

---

[197] Eine ähnliche Rückweisung des Argumentes findet sich bei Ballwieser, W. (1993), S. 166.

[198] Vgl. Copeland, T./Koller, T./Murrin, J. (1991), S. 104.

[199] Vgl. Haase, K.D. (1974), S. 85.

[200] Vgl. Herter, R.N. (1994), S. 120 und ebenso Richter, F. (1996), S. 1092f..

[201] Vgl. Anderson, H.R./Needles, B.E./Caldwell, J.C. (1989), S. 535ff..

[202] Dies führt insbesondere zu Problemen, wenn die strategischen Geschäftseinheiten nicht rechtlich selbständig sind.

[203] Vgl. zur Zuordnung nach Vermögenspositionen Liedl, R. (1988), S. 173ff..

[204] *Anderson/Needles/Caldwell* sprechen hier von „financial managers". Vgl. Anderson, H.R./Needles, B.E./Caldwell, J.C. (1989), S. 535ff..

[205] Vgl. ein ähnlicher Hinweis bei Höfner, K./Pohl, A. (1993), S. 52.

Nachfolgend soll daher stets vom Gesamtkapitalansatz nach der WACC-Version ausgegangen werden. Ersatzweise kann der APV-Ansatz gewählt werden.

3.3.4. Der Wertbeitrag einer einzelnen Geschäftseinheit

Der Wertbeitrag einer einzelnen Geschäftseinheit eines Unternehmens ist der Barwert aller zukünftigen Freien Cash Flows. Hieraus ergeben sich drei Fragestellungen:

1) Über welchen Zeitraum ist der Barwert zu berechnen (Planungshorizont)? (3.3.4.1.)

2) Welche Bestandteile sind bei der Berechnung der Freien Cash Flows zu berücksichtigen? (3.3.4.2.)

3) Welcher Diskontierungszinsfuß ist zur Barwertberechnung zu verwenden? (3.3.4.3.)

3.3.4.1. Planungshorizont

Um den Shareholder Value auf Basis des Gesamtkapitalansatzes für eine einzelne Geschäftseinheit berechnen zu können, sind zukünftige Freie Cash Flow zu diskontieren. Mit der Ausnahme des Spezialfalls der Liquidation ist i.d.R. von einem unendlichen Planungshorizont auszugehen (**going concern-Hypothese**). In der Unternehmenspraxis liegen operative Pläne meist nur für einen Zeitraum von einem Jahr bis zu fünf Jahren und strategische Pläne für eine Perspektive von fünf bis zehn Jahren vor.[206] In Anlehnung an die **Drei-Phasen-Methode** des HFA-Gutachtens 2/83 des Instituts der Wirtschaftsprüfer kann der Planungshorizont wie folgt strukturiert werden:[207]

Phase 1:	Planungszeitraum	naheliegende, detailliert planbare Zukunft mit konkreten Einzelplänen (fünf bis zehn Jahre)
Phase 2:	Anpassungszeitraum	Planung auf Basis von Trenderwartungen (folgende fünf bis zehn Jahre)
Phase 3:	Restzeitraum	Zukunftserfolg auf konstantem Niveau (Restzeitraum)

Abb. 3.9.: Drei-Phasen-Methode

Die differenzierende Vorgehensweise der Drei-Phasen-Methode ist aus folgenden **Gründen** zu empfehlen:

❏ **Detaillierte Planungen** sind aufgrund der mit Abstand vom Bewertungszeitpunkt zunehmenden Ungewißheit **nur für die überschaubare** und damit planbare nahe **Zukunft** möglich.[208]

❏ Die mit Entfernung vom Bewertungszeitpunkt **zunehmende Unschärfe** wird **durch die Diskontierung der Freien Cash Flows ausgeglichen**.[209] Bei einem Diskontierungs-

---

[206] Vgl. Günther, T. (1991), S. 146.
[207] Vgl. Institut der Wirtschaftsprüfer (1983), S. 471 und ebenso UEC (1980), S. 4 sowie die ausführliche Darstellung bei Dörner ,W. (1992), S. 50.
[208] Vgl. Dörner, W. (1992), S. 50 ud Helbling, C. (1993), S. 159.
[209] Vgl. Institut der Wirtschaftsprüfer (1983), S. 471 und Dörner, W. (1992), S. 51.

zinsfuß von 10 % geht ein Freier Cash Flow im zehnten Jahr nur noch mit 38,55 % seines Wertes in den Barwert ein.[210]

❏ Sind Abweichungen vom Trend im Abweichungs- und Restzeitraum symmetrisch verteilt, so **kompensieren sich positive und negative Effekte**.[211] In der Unternehmenspraxis sind jedoch sog. **hockey stick-Effekte** zu beobachten.[212] Mit zunehmender Entfernung zum Bewertungszeitpunkt erlangen Prognosen eine zunehmend positive Tendenz. Diese Effekte sollen durch die Anpassung an entsprechende Branchendurchschnitte für Wachstumsraten oder Rentabilitäten im sog. Anpassungszeitraum ausgeschaltet werden.[213]

❏ Auch Prognoseverfahren haben den Anspruch der **Einfachheit und Wirtschaftlichkeit** zu erfüllen, der nur im Planungszeitraum gegeben ist. Daher können gröbere Verfahren für die fernere Zukunft als ausreichend betrachtet werden.[214]

Nachfolgende Abbildung stellt das Drei-Phasen-Konzept anhand der Größe des Freien Cash Flows graphisch dar.

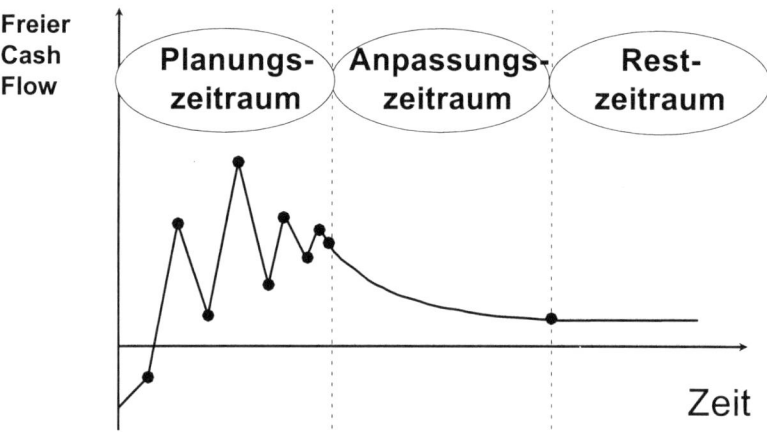

Abb. 3.10.: Drei-Phasen-Konzept der Unternehmensbewertung

Für die praktische Umsetzung ist vor allem bedeutend, wie lange der Planungs- bzw. Anpassungszeitraum gewählt wird. Für die Wahl der **Länge des Planungszeitraums** ergeben sich folgende Anhaltspunkte:

❏ Zum Ende des Planungszeitraumes sollten sich die Werte für die Freien Cash Flows, für das Wachstum und für die Investitionen in das Anlage- und Umlaufvermögen stabilisiert haben (z.B. konstante Prozentsätze des Umsatzes oder des Gesamtvermögens).[215]

---

[210] Vgl. auch die umfangreiche Tabelle bei Dörner, W. (1992), S. 51.

[211] Vgl. Institut der Wirtschaftsprüfer (1983), S. 471 und Dörner, W. (1992), S. 53.

[212] Vgl. z.B. Herter, R.N. (1994), S. 55 und Unzeitig, E./Köthner, D. (1995), S. 114.

[213] Das Institut der Wirtschaftsprüfer in Deutschland (IdW) spricht von „psychologischen Entschätzungen des Planenden". Vgl. Institut der Wirtschaftsprüfer (1983), S. 471.

[214] Vgl. Institut der Wirtschaftsprüfer (1983), S. 471.

[215] Vgl. Copeland, T./Koller, T./Murrin, J. (1991), S. 218f. und Fickert, R. (1992), S. 62.

Dies führt zu dem Dilemma, daß eigentlich die Rückflüsse über den Planungszeitraum hinaus bekannt sein müßten, um dies beurteilen zu können.[216]

❏ Der Planungshorizont sollte lang genug gewählt werden, so daß der Wertbeitrag des Planungszeitraums einen relativ großen Einfluß auf den gesamten Unternehmenswert (incl. des Wertes des Anpassungs- bzw. Restzeitraums) ausmacht. *Copeland* votiert daher für ein Überschreiten häufig kurz gegriffener operativer Planungszeiträume von z.B. drei Jahren.[217]

❏ Der Planungszeitraum ist umso länger, je rohstoffnäher die Branche ist, je stabiler die Technologie und die Nachfrage sind und je entfernter der Endverbraucher ist.[218] Aus Sicht der unternehmenswertorientierten Steuerung würde gerade in diesen Fällen jedoch ein kürzerer Planungshorizont ausreichen, da die Freien Cash Flows relativ stabil sein dürften.

❏ Da Strategien auf die Schaffung nachhaltiger Wettbewerbsvorteile zielen, sollte der Planungshorizont den Zeitraum des Aufbaus bzw. der Nutzung der Wettbewerbsvorteile umfassen. Als Anhaltspunkte bieten sich z.B. Lebenszyklen von Produkten oder Produktgruppen an.[219]

Bei externen Unternehmensbewertungen wird berufsständisch ein Planungszeitraum von fünf bis acht Jahren empfohlen.[220] Während *Bühner* für einen Zeitraum von drei bis fünf Jahren.[221] bzw. abweichend auch für fünf bis zehn Jahre votiert,[222] spricht *Rappaport* von einem Zeitraum von fünf bis zehn Jahren.[223] Die Länge des Anpassungszeitraum sollte an der Länge des Planungszeitraumes ausgerichtet werden.

Anstatt des Drei-Phasen-Konzeptes kann auch ein Zwei-Phasen-Konzept Verwendung finden,[224] wenn sich zum Ende des Planungszeitraumes die Freien Cash Flows bereits auf ein konstantes Niveau eingependelt haben und sich der Anpassungszeitraum somit erübrigt. In der Literatur dominiert die Zwei-Phasen-Methode,[225] während einige Industrieunternehmen (wie z.B. Siemens) die Drei-Phasen-Methode realisiert haben.

---

[216] Vgl. Teichmann, H. (1975), S. 259f. und Herter, R.N. (1994), S. 53.

[217] Vgl. Copeland, T./Koller, T./Murrin, J. (1991), S. 224.

[218] Vgl. Günther, T. (1991), S. 145f..

[219] Vgl. z.B. Rappaport, A. (1981), S. 141 und Herter, R.N. (1994), S. 53f. und S. 70.

[220] Vgl. den Hinweis im Wirtschaftsprüfer-Handbuch 1992 bei Dörner, W. (1992), S. 44.

[221] Vgl. Bühner, R. (1990), S. 37.

[222] Vgl. Bühner, R./Weinberger, H.-J. (1991), S. 192.

[223] Vgl. Rappaport, A. (1986), S. 109f. ebenso Gomez, P./Weber, B. (1989), S. 31; Volkart, R. (1992), S. 816; Helbling, C. (1993), S. 159 und Zens, N.H./Rehnen, A. (1994), S. 107.

[224] Vgl. auch der Hinweis bei UEC (1980), S. 4 sowie Rappaport, A. (1986), S. 59; Copeland, T./Koller, T./Murrin, J. (1991), S. 207; Helbling, C. (1990), S. 536 und Jonas, M. (1995), S. 91.

[225] Vgl. die Vorschläge bei Rappaport, A. (1986), S. 51; Bühner, R. (1990), S. 36; Bühner, R./Weinberger, H.-J. (1991), S. 193; Copeland, T./Koller, T./Murrin, J. (1991), S. 207; Fickert, R. (1992), S. 66 und Herter, R.N. (1994), S. 41.

3.3.4.2. Ermittlung der Freien Cash Flows

Für die zwei bzw. drei Phasen des Bewertungszeitraumes, d.h. den Planungs-, den Anpassungs- und den Restzeitraum, sind nun die erwarteten Freien Cash Flows zu schätzen.

3.3.4.2.1. Ermittlung der Freien Cash Flows für den Planungszeitraum

Die Ermittlung des Shareholder Value fußt maßgeblich auf der richtigen Ermittlung Freier Cash Flows. Nun soll analysiert werden, wie der Freie Cash Flow eines bestimmten Planjahres für eine strategische Geschäftseinheit ermittelt werden kann.

Wie bereits ausgeführt, kann der Freie Cash Flow grob wie folgt definiert werden:

Cash Flow

− Investitionen in das Anlagevermögen

− Investitionen in das Netto-Umlaufvermögen (Working Capital)

= Freier Cash Flow

3.3.4.2.1.1. Definitionen des Freien Cash Flows im Schrifttum

Nachdem über diesen grundsätzlichen Aufbau Einigkeit besteht, wurden eine Reihe von Ansätzen entwickelt, wie das Grundgerüst inhaltlich zu präzisieren ist. Nachfolgende Abbildung faßt die wichtigsten im Schrifttum diskutierten Ansätze zusammen, wobei bei einigen Autoren mangels expliziter Definition die Konzeption aus Beispielsrechnungen entnommen wurde:[226]

---

[226] Vgl. in Reihenfolge der Darstellung Rappaport, A. (1986), S. 51ff.; Copeland, T./Koller, T./Murrin, J. (1991), S. 100 und S. 109ff.; Reimann, B.C. (1990), S. 196f.; Stewart, G.B. (1990), S. 307f.; Bühner, R. (1990), S. 37ff.; Bühner, R. (1993), S. 751ff.; Gomez, P./Weber, B. (1989), S 30f. sowie ebenso Weber, B. (1990), S. 32; Weber, B. (1991), S. 222f. und Gomez, P. (1993), S. 92f.; Fickert, R. (1992), S. 64ff.; Höfner, K./Pohl, A. (1993), S. 54; Herter, R.N. (1994), S. 54ff. und Lewis, T.G. (1994), S. 40ff sowie ebenso Lewis, T.G./Lehmann, S. (1992), S. 10f. und Lewis, T.G./Stelter, D. (1993), S. 108; McTaggart, J.M./Kontes, P.W./Mankins, M.C. (1994), S. 299ff.; Hachmeister, D. (1995), S. 62ff. und Unzeitig, E./Köthner, D. (1995), S. 55ff.. Entsprechende Ansätze zum Shareholder Value-Ansatz bei Banken wurden wegen abweichender institutioneller Bedingungen nicht berücksichtigt. Vgl. z.B. die Arbeiten von Kümmel, A.T. (1994) und Behm, U. (1994).

Autor	Rappaport	Copeland/Koller/ Murrin	Reimann	Stewart
Jahr der Veröffent-lichung	1986	1990	1990	1990
Bezeichnung	Operating Cash Flow	Free Cash Flow	Cash Flow	Free Cash Flow
Ansatz	anglo-amerikanisch	anglo-amerikanisch	anglo-amerikanisch	anglo-amerikanisch
Definition	Betriebsergebnis vor Steuern und Zinsen – zahlungswirksame Steuern – Nettoinvestitionen in das Anlagever-mögen – Erhöhung des Working Capital	Betriebsergebnis nach Steuern und vor Zinsen + Abschreibungen – Bruttoinvestitionen in das Anlagever-mögen – Erhöhung des Working Capital	Betriebsergebnis nach Steuern[1] – Erhöhung des ab-nutzbaren Anla-gevermögens – Erhöhung des Working Capital	Betriebsergebnis nach Steuern und vor Zinsen – Erhöhung des An-lagevermögens – Erhöhung des Working Capital
Einbezug von Steuern	nach Steuern	nach Steuern	nach Steuern	nach Steuern[2]
Behandlung laten-ter Steuern	ohne latente Steuern[3]	ohne latente Steuern[4]	kein expliziter Hin-weis	ohne latente Steuern[5]
Berücksichtigung von Zinsen	vor Zinsen	vor Zinsen	kein expliziter Hin-weis	vor Zinsen
Basis des Ergeb-nisses	Betriebsergebnis	Betriebsergebnis	Betriebsergebnis	Betriebsergebnis
Umfang der Inve-stitionen in das Anlagevermögen	Ersatz- und Erweite-rungsinvestitionen	Ersatz- und Erweite-rungsinvestitionen	Ersatz- und Erweite-rungsinvestitionen (nur abnutzbares An-lagevermögen)	Ersatz- und Erweite-rungsinvestitionen
Umfang des Working Capital	Forderungen plus Vor-räte minus kurzfristige Verbindlichkeiten und Rückstellungen	Umlaufvermögen[6] minus kurzfristige Verbindlichkeiten	nicht näher spezifiziert	nicht näher spezifiziert

Autor	Bühner	Bühner	Gomez/Weber	Fickert
Jahr der Veröffent-lichung	1990	1993	1989-1993	1992
Bezeichnung	Operating Cash Flow (Netto Cash Flow)	Operating Cash Flow	Freier Cash Flow (Netto verfügbarer Cash Flow)	Freier Cash Flow
Ansatz	kontinentaleuropäisch	kontinentaleuropäisch	kontinentaleuropäisch	Anlehnung an anglo-amerikanische Begriffe (FAS 95)
Definition	Jahresüberschuß + Abschreibungen auf Sachanlagen[9] + Zinszahlungen + Ertragsteuern	Ergebnis der gewöhnlichen Geschäftstätigkeit[7] nach Steuern vor Zinsen − Steuern[10]	Betriebsergebnis vor Zinsen und nach Steuern + Abschreibungen[11] − Investitionen in das Anlagevermögen[12] − Investitionen in das Netto-Umlaufvermögen	Gewinn vor Steuern[8] − Steuern − Nettoinvestitionen in das Anlagevermögen − Zunahme des Netto-Umlaufvermögens (ohne flüssige Mittel)
Einbezug von Steuern	vor Steuern	nach Steuern	nach Steuern	nach Steuern
Behandlung latenter Steuern	kein expliziter Hinweis	kein expliziter Hinweis	ohne latente Steuern[13]	kein expliziter Hinweis
Berücksichtigung von Zinsen	vor Zinsen	vor Zinsen	vor Zinsen	vor Zinsen
Basis des Ergebnisses	Jahresüberschuß/-fehlbetrag[14]	Ergebnis der gewöhnlichen Geschäftstätigkeit	Betriebsergebnis	Betriebsergebnis
Umfang der Investitionen in das Anlagevermögen	nur beim Free Cash Flow werden Erweiterungsinvestitionen berücksichtigt	Ersatzinvestitionen	Ersatz- und Erweiterungsinvestitionen	Ersatz- und Erweiterungsinvestitionen
Umfang des Working Capital	nur beim Werttreiber-Konzept explizit berücksichtigt als Umlaufvermögen minus kurzfristige Verbindlichkeiten	nicht berücksichtigt	betriebsnotwendiges Umlaufvermögen minus kurzfristige Verbindlichkeiten (ohne liquide Mittel)	Umlaufvermögen (ohne liquide Mittel) minus kurzfristige Verbindlichkeiten und Steuerrückstellungen

Autor	Höfner/Pohl	Herter	Lewis	McTaggert/Kontes/Mankins
Jahr der Veröffentlichung	1993	1994	1994	1994
Bezeichnung	Free Cash Flow	Freier Cash Flow	Brutto Cash Flow	Operating Cash Flow[15]
Ansatz	kontinentaleuropäisch	kontinentaleuropäisch	anglo-amerikanisch/ kontinentaleuropäisch	anglo-amerikanisch
Definition	Betriebsergebnis vor Steuern und Zinsen – Fremdkapitalzinsen – Steuern – Investment[17]	Betriebsergebnis nach Zinsen vor Steuern + Δ Pensionsrückstellungen + kalk. Zinsen und sonstige Zusatzkosten[16] – Vermögen- und Gewerbesteuern – Nettoinvestitionen in das Anlagevermögen[19] – Veränderungen des Netto-Umlaufvermögens	Gewinn nach Steuern bereinigt nach DVFA + Zinsaufwand + Abschreibungen + Mietaufwendungen + FiFo/LiFo-Anpassung[18] + Inflationsgewinn/-verlust auf Netto-liquidität[20]	Betriebsergebnis vor Zinsen nach Steuern + Abschreibungen + Erhöhung Verbindlichkeiten + Erhöhung latente Steuern – Erhöhung von Forderungen und Vorräten – Erhöhung Liquide Mittel
Einbezug von Steuern	nach Steuern	vor Ertragsteuern[21]	nach Steuern	nach Steuern
Behandlung latenter Steuern	kein expliziter Hinweis	ohne latente Steuern	kein expliziter Hinweis	ohne latente Steuern
Berücksichtung von Zinsen	nach Zinsen	vor Zinsen	vor Zinsen	vor Zinsen
Basis des Ergebnisses	Betriebsergebnis	Betriebsergebnis	bereinigt um außerordentliches u. aperiod. Ergebnis nach DVFA	Betriebsergebnis
Umfang der Investitionen in das Anlagevermögen	nicht spezifiziert	Ersatz- und Erweiterungsinvestitionen	Ersatz- und Erweiterungsinvestitionen in CFROI-Ansatz	Ersatz- und Erweiterungsinvestitionen
Umfang des Working Capital	nicht spezifiziert	Umlaufvermögen minus kurzfristige und nicht-verzinsliche Verbindlichkeiten und Rückstellungen	anderer Ansatz; jedoch nicht-verzinsliche Verbindlichkeiten in "Bruttoinvestitionsbasis" nicht berücksichtigt.	Forderungen plus Vorräte plus Liquide Mittel minus Verbindlichkeiten

Autor	Hachmeister	Unzeitig/Köthner
Jahr der Veröffentlichung	1995	1995
Bezeichnung	Freier Cash Flow[22]	Freier Cash Flow
Ansatz	kontinentaleuropäisch	kontinentaleuropäisch
Definition	Jahresüberschuß vor Steuern	Betriebsergebnis vor Zinsen und vor Steuern
	+ Zinsaufwand	+ Kalkulatorische Kosten
	+ Δ Sonderposten mit Rücklageanteil	+ Kalkulatorische Abschreibungen
	+ Δ Pensionsrückstellungen	+ Δ Langfristige Rückstellungen
	− ΔAnlagevermögen	− Nettoinvestitionen
	− Δ Working Capital	− Δ Vorräte
	− zahlungswirksame Steuern	− Δ Abzugskapital
Einbezug von Steuern	nach Steuern[23]	vor Steuern
Behandlung latenter Steuern	ohne latente Steuern	kein expliziter Hinweis
Berücksichtigung von Zinsen	vor Zinsen	vor Zinsen
Basis des Ergebnisses	Jahresüberschuß	Betriebsergebnis
Umfang der Investitionen in das Anlagevermögen	Ersatz- und Erweiterungsinvestitionen	Ersatz- und Erweiterungsinvestitionen
Umfang des Working Capital	Umlaufvermögen minus nichtverzinsliches Fremdkapital	Vorräte und Bestände und kurzfristiges und nichtverzinsliches Fremdkapital[24]

Anmerkungen:

1) Im rechnerischen Beispiel wird nur von "profit after tax" gesprochen; jedoch läßt die Rechnung auf das Betriebsergebnis schließen. Vgl. Reimann, B.C. (1990), S. 196f.
2) Die Steuerwirkung des Zinsabzuges ist wieder zum Steueraufwand hinzuzurechnen. Vgl. Stewart, G.B. (1990), S. 308.
3) Latente Steuern werden ausgeschlossen. Vgl. Rappaport, A. (1986), S. 55.
4) Latente Steuern werden ausgeschlossen. Vgl. Copeland, T./Koller, T./Murrin, J. (1991), S. 115.
5) Latente Steuern werden ausgeschlossen. Vgl. Stewart, G.B. (1990), S. 308.
6) Explizit wird nur der betriebliche und unverzinsliche Teil des Working Capital betont. Vgl. Copeland, T./Koller, T./Murrin, J. (1991), S. 115.
7) Bedingt durch die externe Analyse von Geschäftsberichten. Vgl. Bühner, R. (1993), S. 768.
8) Es bleibt unklar, wie Zinsen berücksichtigt wurden. Aus Systematik ableitbar, daß Zinsen nicht zu berücksichtigen sind. Vgl. der Hinweis auf den EBIT im Ansatz *Rappaport's* bei Fickert, R. (1992), S. 65.
9) Inclusive immaterielle Vermögensgegenstände. Vgl. Bühner, R. (1990), S. 38.
10) In der Berechnungsformel für die interne Verzinsung in der empirischen Studie wird nochmals ein Cash Flow-Steuersatz angewandt, nach dem der zugrunde gelegte Cash Flow bereits durch Ertragsteuern gemindert wurde. Vgl. Bühner, R. (1993), S. 754.
11) *Gomez/Weber* verweisen darauf, daß exakter die Differenz zwischen unbarem Aufwand und unbarem Ertrag anzusetzen wäre. Vgl. Gomez, P./Weber, B. (1989), S. 31.
12) In ihrem Schema beziehen sich *Gomez/Weber* jedoch nur auf die Netto-Investitionen. Vgl. Gomez, P./Weber, B. (1989), S. 31.
13) Latente Steuern werden ausgeschlossen. Vgl. Gomez, P./Weber, B. (1989), S. 31.
14) Vgl. der explizite Hinweis bei Bühner, R. (1990), S. 38.
15) *McTaggert/Kontes/Mankins* verwenden sowohl den Eigenkapital-Ansatz (Equity Cash Flow) als auch den Gesamtkapital-Ansatz (Operating Cash Flow). Vgl. McTaggert, J.M./Kontes, P.W./Mankins, M.C. (1994), S. 303 und 305.
16) Z.B. kalkulatorische Wagnisse. Vgl. Herter, R.N. (1994), S. 58.
17) Ohne nähere Spezifikation. Vgl. Höfner, K./Pohl, A. (1993), S. 54.
18) Um Gewinndifferenzen aus unterschiedlicher Vorratsbewertung nach First in First out- oder Last in First out-Verbrauchsfolgeverfahren zur besseren Vergleichbarkeit zu eliminieren. Vgl. Lewis, T.G. (1994), S. 41f.
19) Berechnet als Bruttoinvestitionen minus kalkulatorische Abschreibungen. Vgl. Herter, R.N. (1994), S. 57f.
20) Dies wird damit begründet, das z.B. ein eventuell positiver Saldo von finanziellen Aktiva und nicht-verzinslichen Verbindlichkeiten im Zeitablauf Inflationsverluste erleidet. Vgl. Lewis, T.G. (1994), S. 42.
21) Nur Gewerbe- und Vermögensteuer werden berücksichtigt. Vgl. Herter, R.N. (1994), S. 45ff. und 58f.
22) *Hachmeister* stellt neben der retrograden Ermittlung auch eine progressive Ermittlungsvariante vor, die beide sehr detailliert die Ermittlung beschreiben. Vgl. Hachmeister, D. (1994), S. 65 und S. 70.
23) *Hachmeister* verweist jedoch darauf, daß das Tax Shield im Zahlungsstrom zu erfassen ist. Jedoch wird nicht erwähnt, welche Steuerarten zu berücksichtigen sind. Vgl. Hachmeister, D. (1994), S. 63.
24) *Unzeitig/Köthner* erwähnen Forderungen als Bestandteil des Working Capital nicht explizit. In ihrer Fallstudie sprechen sie nur von „sonstigem betrieblichen Umlaufvermögen". Des weiteren wird das Abzugskapital vom Cash Flow subtrahiert statt addiert; richtig jedoch in der Fallstudie. Vgl. Unzeitig, E./Köthner, D. (1995), S. 69 und S. 155.

Abb. 3.11.: Vergleich verschiedener unternehmenswertbezogener Cash Flow-Ansätze

Wie obige Zusammenstellung zeigt, sind sowohl die verwandten **Termini** als auch die **Definitionen des Freien Cash Flow** vielfältig und unterschiedlich. Für eine sinnvolle Entscheidungsunterstützung sind folgende Punkte anzumerken:

❑ Die von *Bühner* getroffene Unterscheidung zwischen dem Operating Cash Flow-Ansatz nach *Rappaport* und dem Free Cash Flow-Ansatz nach *Copeland/Koller/Murrin*[227] erweist sich nach genauerer Analyse als hinfällig, da beide Ansätze inhaltlich nahezu identisch sind.

❑ Die Behandlung von Ertragsteuern ist uneinheitlich und scheint teilweise durch die Unterschiede im Steuersystem (in den USA Doppelbesteuerung auf Unternehmens- und Investorenebene, in der BRD Anrechnung der Körperschaftsteuer auf die individuelle Ein-

---

[227] Vgl. die Diskussion bei Bühner, R. (1993), S. 751.

kommensteuer des Investors) bewirkt zu sein. Nur einige der Autoren verweisen explizit darauf, daß aufgrund der Orientierung an Cash Flow-Größen latente Steuerkomponenten auszuschließen sind, die erst in nachfolgenden Geschäftsjahren zu Ausgaben bzw. Auszahlungen führen.[228]

❑ Der Ausschluß der Zinsen von der Errechnung des Freien Cash Flow ist bis auf den Ansatz bei *Höfner/Pohl* einheitlich, da i.d.R. der Shareholder Value auf Basis des Gesamtkapitalansatzes errechnet wird und der Marktwert des Fremdkapitals anschließend vom Gesamtunternehmenswert subtrahiert wird.[229]

❑ Es werden sowohl das Betriebsergebnis des internen Rechnungswesens als auch der handelsrechtliche Jahresüberschuß bzw. das Ergebnis der gewöhnlichen Geschäftstätigkeit des externen Rechnungswesens als Ergebnisdefinition empfohlen, wobei letzteres nach dem Bilanzrichtliniengesetz sowohl betriebliche als auch außerordentliche Erfolgskomponenten umfaßt.[230]

❑ Bei den Investitionen werden stets die Erweiterungsinvestitionen, nicht jedoch immer die Ersatzinvestitionen einbezogen. *Reimann* erwähnt nur Investitionen in das abnutzbare Anlagevermögen.[231]

❑ Bei den Veränderungen des Netto-Umlaufvermögens werden teilweise die liquiden Mittel einbezogen, teilweise wird nur auf die nicht-liquiden Bestandteile abgestellt.

Es ist nun zu fragen, welcher der vorgestellten Ansätze der Grundidee des unternehmenswertorientierten Controlling entspricht und wie der Freie Cash Flow exakt zu definieren ist. Von Praktikern wird stets betont, daß es bei der Ermittlung des Shareholder Value nicht auf absolute theoretische Genauigkeit angesichts der Ungewißheit der Zukunft ankäme. Die Exaktheit des Berechnungsschema ist jedoch insofern wichtig, als von fehlerhaften Wertgrundlagen falsche Steuerungsimpulse ausgehen können. Um eine sowohl theoretisch zufriedenstellende als auch praktikable Definition des Freien Cash Flow abzuleiten, ist vorab zu analysieren, welche konzeptionelle Anforderungen der Freie Cash Flow im Rahmen einer unternehmenswertorientierten Steuerung zu erfüllen hat.

3.3.4.2.1.2. Konzeptionelle Einordnung des Freien Cash Flows

Cash Flow-Größen stellen vereinfachte Versionen eines Umsatzüberschusses dar, wie er in der Kapital- oder Mittelflußrechnung Verwendung findet. Der **Umsatzüberschuß** ist die Differenz von finanzwirksamen Erträgen und Aufwendungen (**Umsatzüberschuß im engeren Sinne**) bzw. von liquiditätswirksamen Erträgen und Aufwendungen (**Umsatzüberschuß im weiteren Sinne**). Diese können für

❑ Investitionen (Selbstfinanzierung)
❑ Dividendenzahlungen und
❑ Schuldentilgungen

verwandt werden.[232] Da Umsatzüberschußrechnungen als **partielle Kapitalflußrechnungen** Mittelverwendungen und Mittelquellen insbesondere im mittel- und langfristigen Bereich ver-

---

[228] Vgl. z.B. die Ansätze von Rappaport, A. (1986), S. 55; Copeland, T./Koller, T./Murrin, J. (1991), S. 115; Stewart, G.B. (1990), S. 308 und Gomez, P./Weber, B. (1989), S. 31.
[229] Vgl. die Diskussion in Kapitel 3.3.3. Eigenkapital- oder Gesamtkapitalansatz.
[230] Vgl. Coenenberg, A.G. (1993), S. 276f..
[231] Vgl. Reimann, B.C. (1990), S. 196.
[232] Vgl. in Ergänzung von Coenenberg, A.G. (1993), S. 515.

nachlässigen, wurden **Kapitalflußrechnungen** entwickelt, die alle Vermögens- und Kapitalpositionen umfassen.[233] Cash Flow-Größen lassen sich nun auf Basis einer Kapitalflußrechnung als Veränderung eines sog. **Fonds** definieren. Fonds stellen Konglomerate von Vermögensgegenständen (Aktivseite der Bilanz) und Schulden (Passivseite) dar.

Nach der Untersuchung von *Haller/Jakoby* veröffentlichten 66 % von 100 untersuchten Unternehmen aus den 150 umsatzstärksten Unternehmen im Geschäftsbericht Finanzierungsrechnungen, wovon wiederum 48,5 % Kapitalflußrechnungen mit ausgeschiedenem Fonds erstellen. Bei den 25 größten Unternehmen der Stichprobe sind es immerhin schon 84 %.[234]

Da der **Freie Cash Flow** die Netto-Mittelrückflüsse darstellt, die nicht wieder in das operative Geschäft zu investieren sind, kann er - wie nachfolgend hergeleitet wird - **als Veränderung des Fonds der liquiden Mittel vor Außenfinanzierung** betrachtet werden.[235] Der Fonds der liquiden Mittel, der in der Stellungnahme des HFA 1/1995 als „Finanzmittelfonds"[236] und im Statement of Financial Accounting Standards No. 95 des FASB als "Cash and Cash Equivalents" bezeichnet wird,[237] umfaßt die Position "Schecks, Kassenbestand, Bundesbank- und Postgiroguthaben, Guthaben bei Kreditinstituten" nach § 266 Abs. 2 HGB erhöht um kurzfristig liquidisierbare Wertpapiere des Umlaufvermögens sowie um den Saldo aus kurzfristigen Forderungen und Verbindlichkeiten mit einer Restlaufzeit von bis zu drei Monaten.[238] Bei Betrachtung der Bilanz kann der Fonds wie folgt abgegrenzt werden:

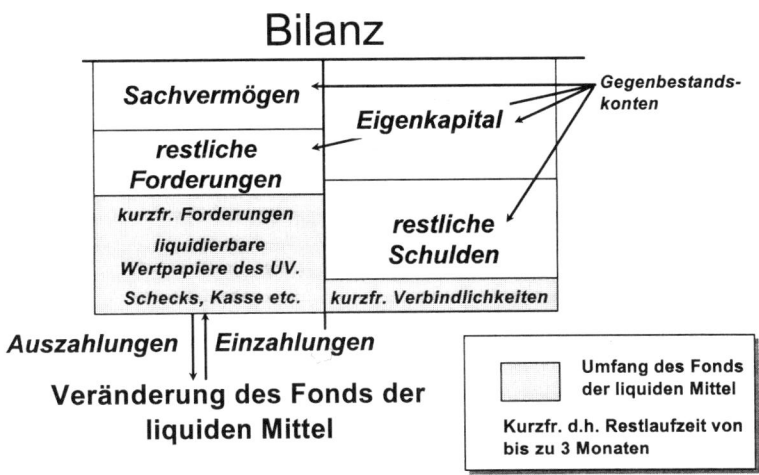

Abb. 3.12.: Abgrenzung des Fonds der liquiden Mittel

Anstatt nun bei konstanter Außenfinanzierung die Entstehung des Freien Cash Flows anhand der Veränderungen der liquiden Mittel zu beobachten, können durch drei Modifikationen viel-

---

[233] Vgl. die ausführliche Darstellung bei Coenenberg, A.G. (1993), S. 532ff. sowie die maßgeblichen Arbeiten von Busse v. Colbe, W. (1966), S. 88ff.; Busse v. Colbe, W. (1968), S. 9ff; Käfer, K. (1969) und Käfer, K. (1984).

[234] Vgl. Haller, A./Jakoby, S. (1994), S. 647.

[235] Vgl. z.B. ähnlich auch Stewart, G.B. (1990), S. 309ff. und Hachmeister, D. (1995), S. 60.

[236] Vgl. SG/HFA (1995), S. 477 und Institut der Wirtschaftsprüfer (1995), S. 73, sowie v. Wysocki, K. (1995), S. 469f..

[237] Vgl. FASB (1987), Ziff. 7 und 9.

[238] Vgl. Coenenberg, A.G./Cantner, J./Günther, E. (1994), S. 382.

fältige Einblicke in die Entstehung des Freien Cash Flow gewährt werden. Dies eröffnet für das unternehmenswertorientierte Controlling mehrere **Ansatzpunkte**:[239]

1)   **Einbezug der Gegenbeständerechnung**; d.h. der von der Free Cash Flow-Generierung betroffenen Vermögens- und Schuldenpositionen,

2)   **Berücksichtigung von Kontenumsätzen**; d.h. der Umsätze der betroffenen Vermögens- und Schuldenpositionen,

3)   **Einbezug der Gewinn- und Verlustrechnung**; d.h. der von der Free Cash Flow-Generierung betroffenen Ertrags- und Aufwandspositionen.

Die Entwicklung einer vollständigen Kapitalflußrechnung soll nun anhand des für den Shareholder Value-Ansatz relevanten Fonds der „liquiden Mittel" dargestellt werden.

Die Kapitalflußrechnung kann im ersten Schritt in einen Fondsnachweis und eine Gegenbeständerechnung zerlegt werden. Der **Fondsnachweis** zeigt direkt, welche liquiden Mittel zugeflossen und welche abgeflossen sind; der Saldo stellt die Fondsmitteländerung dar, die aus dem Freien Cash Flow oder aus Veränderungen der Außenfinanzierung gespeist werden kann. Die **Gegenbeständerechnung** veranschaulicht auf Basis von Bilanzänderungen, wie Fondsmittel verwendet wurden (z.B. Erhöhung des Anlagevermögens durch Erweiterungsinvestitionen) bzw. aus welchen Quellen Fondsmittel freigesetzt werden (z.B. Verkauf von Forderungen). Gegenbestandskonten sind dabei alle Bilanzpositionen, die nicht im Fonds enthalten sind. Die Salden der Gegenbeständerechnung und des Fondsnachweises sind dabei definitorisch identisch.

Fondsnachweis

Zunahme der liquiden Mittel	z.B. Eingang einer Forderung	L^+	Abnahme der liquiden Mittel	z. B. Kauf einer Maschine	L^-
					ΔF

$\Delta F = L^+ - L^-$

Gegenbeständerechnung

Fondsmittelquellen   **Fondsmittelverwendung**

Abnahme der aktiven Gegenbestandskonten	z.B. Verkauf von Forderungen	A_g^-	Zunahme der aktiven Gegenbestandskonten	z.B. Kauf einer Maschine	A_g^+
Zunahme der passiven Gegenbestands-konten	z.B. Kapitalerhöhung	P_g^+	Abnahme der passiven Gegenbestands-konten	z.B. Tilgung eines Kredits	P_g^-
					ΔF

$$\Delta F = \left(A_g^- + P_g^+ \right) - \left(A_g^+ + P_g^- \right)$$

Abb. 3.13.: Fondsnachweis und Gegenbeständerechnung

---

[239] Zur Ableitung einer vollständigen Kapitalflußrechnung vgl. Coenenberg, A.G. (1993), S. 535ff..

Da unterjährig nicht unbeträchtliche Beträge bewegt werden können und das unternehmenswertorientierte Controlling ebenfalls auf Strom- statt auf Bestandsgrößen abstellt, empfiehlt es sich, soweit wie möglich die **Umsätze auf den einzelnen Gegenbestandskonten** zusätzlich einzufügen. Stehen nur externe Jahresabschlußdaten zur Verfügung (wie z.B. bei der Analyse von Wettbewerbern) oder wird auf das externe Rechnungswesen zurückgegriffen (z.B. aus Vereinfachungsgründen), so können die im **Anlagespiegel** nach § 268 Abs. 2 HGB anzugebenden Kontenumsätze (Zugänge und Abgänge bzw. Abschreibungen und Zuschreibungen) für das Anlagevermögen[240] zusätzlich berücksichtigt werden. Für andere Bilanzpositionen (Umlaufvermögen und Eigen- und Fremdkapital) liegen allenfalls freiwillig oder im Rahmen des internen Rechnungswesens Kontenumsätze vor.

Obige Gegenbeständerechnung ist daher wie folgt zu modifizieren:

Gegenbeständerechnung

Fondsmittelquellen			**Fondsmittelverwendung**			
Aktivabnahmen	*z.B. Verkauf von Forderungen*	$A_{u,g}^{-}$	Aktivzunahmen	*z.B. Kauf von Rohstoffen*	$A_{u,g}^{+}$	Bestandsveränderungen unzerlegter Gegenbestandskonten
Passivzunahmen	*z.B. Kapitalerhöhungen*	$P_{u,g}^{+}$	Passivabnahmen	*z.B. Tilgung eines Kredits*	$P_{u,g}^{-}$	(Umlaufvermögen, Eigen- und Fremdkapital)
Habenumsätze von Aktivkonten	*z.B. Abschreibung von Anlagevermögen*	HUA_{g}^{+}	Sollumsätze von Aktivkonten	*z.B. Zugang von Maschinen*	SUA_{g}^{+}	Umsätze zerlegter Gegenbestandskonten
Habenumsätze von Passivkonten[241]		HUP_{g}^{+}	Sollumsätze von Passivkonten		SUP_{g}^{-}	(Anlagevermögen)
					ΔF	

$$\Delta F = (\ A_{u,g}^{-} + P_{u,g}^{+} + HUA_{g}^{+} + HUP_{g}^{+}\ ) - (\ A_{u,g}^{+} + P_{u,g}^{-} + SUA_{g}^{+} + SUP_{g}^{-}\ )$$

Abb. 3.14.: Gegenbeständerechnung mit zerlegten und unzerlegten Gegenbestandkonten

Da die Veränderung des Bilanzgewinns Bestandteil der Passivzu- bzw. -abnahmen der unzerlegten Gegenbestandskonten darstellt, bietet es sich hier an, die **Stromgrößen der Gewinn- und Verlustrechnung** als zusätzliche Erklärungskomponente für die Entstehung Freier Cash Flows in die Kapitalflußrechnung zu integrieren. Da der Bilanzgewinn als Differenz von GuV-Positionen betrachtet werden kann, ergibt sich folgende logische Definition:

---

[240] ebenso auch für die Position "Aufwendungen für die Ingangsetzung und Erweiterung des Geschäftsbetriebs" nach § 268 Abs. 2 S. 1 HGB.

[241] Werden mangels Datenbasis nur die Umsätze des Anlagevermögens betrachtet, ergeben sich zwangsläufig keine Soll- und Habenumsätze auf Passivkonten.

ΔBG	=	BG_t		$- BG_{t-1}$
ΔBG	=	Bilanzgewinn Periode t		$-$ Bilanzgewinn Periode t-1
		Erträge in t		Dividendenausschüttung
		$-$ Aufwendungen in t		$+$ Gewinnvortrag in t-1
		$-$ Rücklagenzuführung in t		$+$ Rücklagenzuführung aus dem
		$+$ Rücklagenauflösung in t		Bilanzgewinn
		$+$ Gewinnvortrag aus t-1		$+$ zusätzlicher Aufwand[242]
ΔBG	=	$U_t - AW_t - RLZ_t + RLA_t + GV_{t-1}$		$- D_{t-1} + GV_{t-1} + RLZBG_{t-1} + ZA_{t-1}$

Abb. 3.15.: Zerlegung der Veränderung des Bilanzgewinns

Gegenbeständerechnung

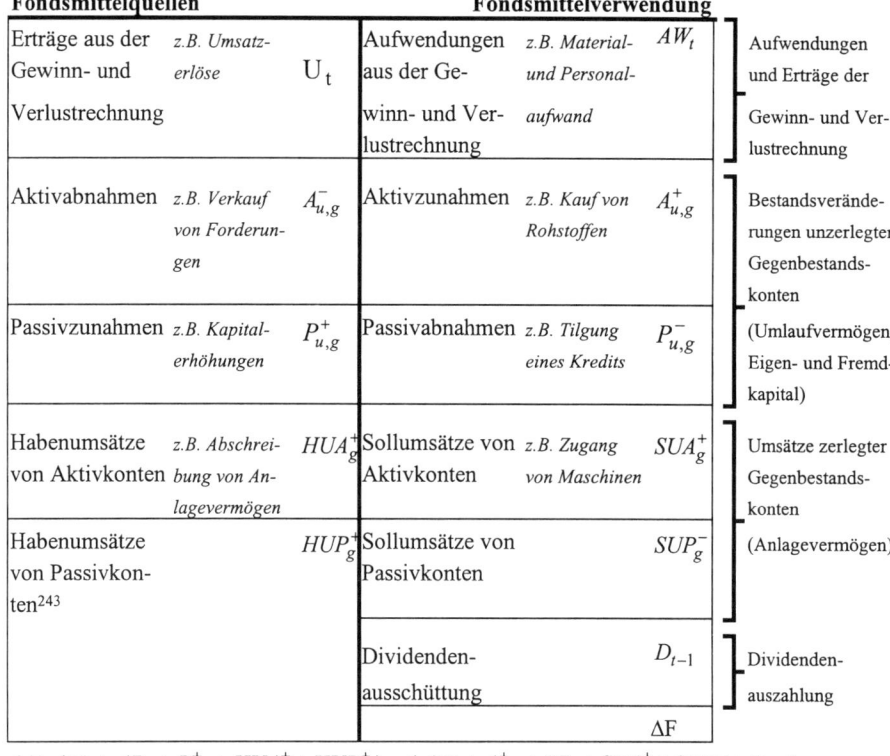

$$\Delta F = (U_t + A_{u,g}^- + P_{u,g}^+ + HUA_g^+ + HUP_g^+) - (AW_t + A_{u,g}^+ + P_{u,g}^- + SUA_g^+ + SUP_g^- + D_{t-1})$$

Abb. 3.16.: Gegenbeständerechnung mit Gegenbestandsumsätzen unter Einbezug der Gewinn- und Verlustrechnung

Bei Substitution der Änderung des Bilanzgewinns ΔBG durch die Gewinn- und Verlustgrößen ergibt sich letztendlich obige Kapitalflußrechnung des Fonds „liquide Mittel" mit Berück-

---

242 Vgl. zur Definition § 174 Abs. 2 Nr. 5 AktG.
243 Werden mangels Datenbasis nur die Umsätze des Anlagevermögens betrachtet, ergeben sich zwangsläufig keine Soll- und Habenumsätze auf Passivkonten.

sichtigung von Gegenbestandsumsätzen und unter Einbezug der Gewinn- und Verlustrechnung:[244]

Die vorliegende Form stellt die komplexeste, jedoch zugleich auch genaueste Art der Kapitalflußrechnung dar. Beim zusätzlichen Einbezug der Gewinn- und Verlustrechnung können sich einige Positionen kompensieren. So kommen z.B. Abschreibungen als Bestandteil der Aufwendungen AW_t und zugleich als Habenumsätze von zerlegten Aktivkonten HUA_g^+ vor und heben sich gegenseitig auf.

Ermittlung des Freien Cash Flow

I. Umsatzbereich

Ergebnis der gewöhnlichen Geschäftstätigkeit
− Finanzunwirksame Erträge
+ Finanzunwirksame Aufwendungen
− Sonstige betriebliche Erträge

= Ordentlicher Umsatzüberschuß im engen Sinne   ⇦ Ordentlicher, finanzwirksamer Umsatzüberschuß

+ Sonstige betriebliche Aufwendungen[245]
+ Außerordentliche Erträge
− Außerordentliche Aufwendungen

= Umsatzüberschuß im engen Sinne   ⇦Finanzwirksamer Umsatzüberschuß

+ als finanzwirksamer Aufwand erfaßte liquiditätsunwirksame Aktivabnahmen und Passivzunahmen

Cash Flow[246]

− als finanzwirksamer Ertrag erfaßte liquiditätsunwirksame Aktivzunahmen und Passivabnahmen

= Umsatzüberschuß im weiten Sinne I

Veränderung des Working Capital

− Zunahme kurzfristiger Aktiva (Restlaufzeit ≤ 1 Jahr)
− Abnahme kurzfristiger Passiva (Restlaufzeit ≤ 1 Jahr)

= Umsatzüberschuß im weiten Sinne II
+ Abnahme kurzfristiger Aktiva (Restlaufzeit ≤ 1 Jahr)
+ Zunahme kurzfristiger Passiva (Restlaufzeit ≤ 1 Jahr)

= Umsatzüberschuß im weiten Sinne III

---

[244] Die Zuführungen zu den Rücklagen bzw. deren Auflösung sowie der zusätzliche Aufwand ist bei den entsprechenden Passiv- bzw. Aufwandspositionen bereits berücksichtigt.

[245] Die sonstigen betrieblichen Aufwendungen wurden nicht im ordentlichen Umsatzüberschuß berücksichtigt, um diesen bei Unkenntnis der finanzunwirksamen Liquidations- und Bewertungserfolge nach § 277 Abs. 4 HGB gemäß der kaufmännischen Vorsicht nicht überzubewerten. Vgl. Coenenberg, A.G. (1993), S. 518f..

[246] Der Cash Flow-Begriff kann über den finanzwirksamen Umsatzüberschuß hinausgehen, wenn z.B. Rückstellungen gebildet werden, die erst in der Zukunft zu Liquiditätsabflüssen führen, jedoch jetzt schon als Schulden das Geldvermögen (= Finanzwirksamkeit) mindern. Vgl. Coenenberg, A.G. (1993), S. 532.

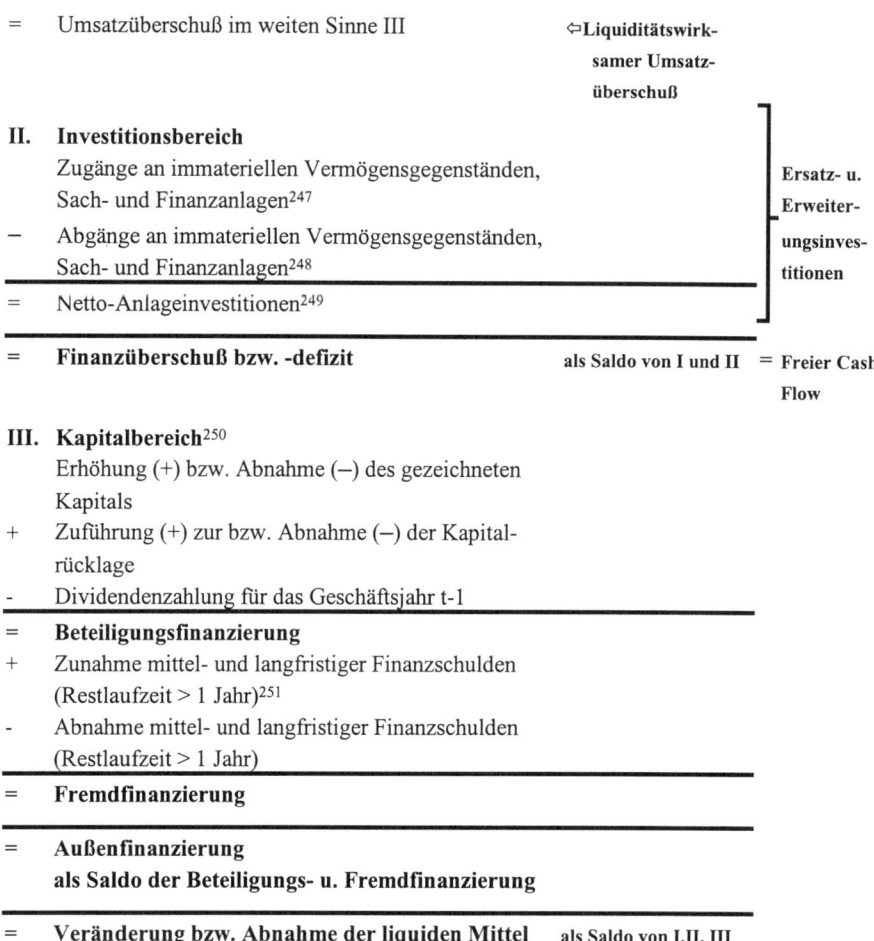

= Umsatzüberschuß im weiten Sinne III   ⇐Liquiditätswirk-
                                                 samer Umsatz-
                                                 überschuß

II. Investitionsbereich
       Zugänge an immateriellen Vermögensgegenständen,   Ersatz- u.
       Sach- und Finanzanlagen[247]   Erweiter-
-      Abgänge an immateriellen Vermögensgegenständen,   ungsinves-
       Sach- und Finanzanlagen[248]   titionen
= Netto-Anlageinvestitionen[249]

= **Finanzüberschuß bzw. -defizit**   als Saldo von I und II   = Freier Cash
                                                                     Flow

III. Kapitalbereich[250]
        Erhöhung (+) bzw. Abnahme (−) des gezeichneten
        Kapitals
+   Zuführung (+) zur bzw. Abnahme (−) der Kapital-
        rücklage
-       Dividendenzahlung für das Geschäftsjahr t-1

= **Beteiligungsfinanzierung**
+   Zunahme mittel- und langfristiger Finanzschulden
        (Restlaufzeit > 1 Jahr)[251]
-       Abnahme mittel- und langfristiger Finanzschulden
        (Restlaufzeit > 1 Jahr)

= **Fremdfinanzierung**

= **Außenfinanzierung**
  als Saldo der Beteiligungs- u. Fremdfinanzierung

= **Veränderung bzw. Abnahme der liquiden Mittel**   als Saldo von I,II, III

Abb. 3.17.: Kapitalflußrechnung nach Busse von Colbe und Freier Cash Flow

In einem letzten Schritt soll nun gezeigt werden, wie die relativ komplexe Kapitalflußrechnung so strukturiert werden kann, daß sie im Rahmen des unternehmenswertorientierten Controlling Verwendung finden kann, bzw. wie ein detailliertes Schema zur Ermittlung des Freien
Cash Flows in Anlehnung an Begriffe des Handelsrechtes abgeleitet werden kann.[252] Hierzu
kann ein Vorschlag von *Busse von Colbe* zur **Strukturierung der Kapitalflußrechnung**

---

[247] bewertet zu Anschaffungskosten.

[248] bewertet zu Liquidationserlösen, d.h. Restbuchwerte minus Abgangsverluste bzw. plus Abgangsgewinne.

[249] Zur Definition vgl. Coenenberg, A.G. (1993), S. 490. Gelegentlich wird auch die Differenz zwischen Inve-
stitionsumme und Abschreibungen als Nettoinvestition bezeichnet. Vgl. Herter, R.N. (1994), S. 60.

[250] Aufgrund der Einbeziehung von GuV-Positionen kürzen sich Veränderungen der Gewinnrücklagen heraus.

[251] Die Finanzschulden mit Restlaufzeiten bis zu einem Jahr, die nach § 268 Abs. 5 HGB gesondert in der Bilanz zu vermerken sind, wurden bereits bei Ermittlung des Umsatzüberschusses im weiteren Sinne berücksichtigt.

[252] Vgl. auch zur Verknüpfung von Kapitalflußrechnung und Freiem Cash Flow anhand eines einfachen Beispiels bei Fickert, R. (1992), S. 62ff..

aufgegriffen werden,[253] der auch in der Stellungnahme HFA 1/1995 wiederzufinden ist.[254] Der Vorschlag ist in der voranstehenden Abbildung wiedergegeben.

Bezüglich der **konzeptionellen Einordnung des Freien Cash Flow** können folgende Punkte festgehalten werden:

❏ Wie obenstehende Abbildung zeigt, kann der Freie Cash Flow als Zwischenergebnis einer **Kapitalflußrechnung mit dem ausgeschiedenen Fonds "Liquide Mittel"** definiert werden, die Umsätze von Gegenbestandskonten des Anlagevermögens und Größen der Gewinn- und Verlustrechnung enthält.

❏ Der Freie Cash Flow ist der **Finanzüberschuß bzw. -bedarf aus Umsatz- und Investitionstätigkeit**, der Eigen- und Fremdkapitalgebern zur Verfügung steht bzw. durch Eigen- und Fremdfinanzierung zu decken ist.

❏ Der dem Shareholder Value-Ansatz zugrunde liegende Cash Flow-Begriff enthält sowohl Komponenten des **Umsatzüberschusses im engeren Sinne** als auch des **Umsatzüberschusses im weiteren Sinne I** in der Definition nach *Coenenberg*.

❏ Veränderungen im Working Capital umfassen nur diejenigen kurzfristigen Positionen des Umlaufvermögens und der Schulden, die Gegenbestandskonten zum Fonds "Liquide Mittel" darstellen. Folglich können z.B. **Veränderungen der liquiden Mittel nicht Bestandteil des Working Capital** sein.

❏ Es sind nur finanzwirksame Aufwendungen und Erträge in die Cash Flow-Definition einzubeziehen, d.h. z.B. daß **latente Steuern auszugrenzen** sind.

❏ Die Struktur nach *Busse von Colbe* ermöglicht eine **Bereinigung des Freien Cash Flow um außerordentliche Komponenten**, indem nur mit dem ordentlichen Umsatzüberschuß im engen Sinne weitergerechnet wird.

❏ Die **Einteilung in einen Umsatz-, einen Investitions- und einen Kapitalbereich** bietet Ansatzpunkte einer unternehmenswertorientierten Steuerung, wie sie z.B. auch im Wertgeneratoren-Modell von *Rappaport* vertreten ist.[255]

❏ Im Falle einer internen Analyse können Probleme, die sich durch die mangelhafte Ableitbarkeit von **finanz- und zahlungswirksamen Aufwendungen und Erträgen** aus dem Jahresabschluß ergeben, wegen der möglichen Unterstützung durch Rechnungswesendaten beseitigt werden.[256]

❏ Das **Finanzergebnis** ist im Free Cash Flow enthalten, da hier auf Basis des externen Rechnungswesens das Gesamtunternehmen betrachtet wird, dem selbstverständlicherweise die Möglichkeit zur Finanzdisposition zukommt.

❏ Ebenso mindern **Zinsen und Steuern** als liquiditätswirksame Aufwendungen den Free Cash Flow. **Dividendenzahlungen** berühren jedoch als Mittelverwendungen nicht den Free Cash Flow und sind dem Kapitalbereich zugeordnet.

---

253 Vgl. Busse v. Colbe, W. (1966), S. 101ff..
254 Vgl. SG/HFA (1995), S. 478ff. und Institut der Wirtschaftsprüfer (1995), S. 73ff..
255 Vgl. Rappaport, A. (1986), S. 76f..
256 Vgl. Serfling, K./Marx, M. (1991), S. 349.

❑   Der Free Cash Flow kann als **Innenfinanzierungsspielraum** des Unternehmens interpretiert werden.

Die entwickelte theoretische Basis des Freien Cash Flows deckt sich auch mit **nationalen und internationalen Empfehlungen** zur Erstellung externer Finanzierungsrechnungen:

❑   Die Kommission für Methodik der Finanzanalyse der Deutschen Vereinigung für Finanzanalyse und Anlageberatung (DVFA) hat 1993 zusammen mit dem Arbeitskreis "Externe Unternehmensrechnung" der Schmalenbach-Gesellschaft - Deutsche Gesellschaft für Betriebswirtschaft e. V. (SG) eine gemeinsame Empfehlung zur **Ermittlung des Cash Flow nach DVFA/SG** entworfen.[257] Der darin zunächst ermittelte "Jahres-Cash Flow" enthält keine Veränderungen des Netto-Umlaufvermögens, jedoch aber Erträge aus dem Abgang des Anlagevermögens. Der "Cash Flow nach DVFA/SG" ergibt sich aus dem "Jahres-Cash Flow", indem ungewöhnliche zahlungswirksame Aufwendungen und Erträge von wesentlicher Bedeutung bereinigt werden.[258] Der Jahres-Cash Flow stellt daher eine inhaltlich reduzierte Fassung eines Umsatzüberschusses i.w.S. I dar. Der Cash Flow nach DVFA/SG entspricht einer Kurzfassung des ordentlichen Umsatzüberschusses i.w.S. I. Die Stellungnahme verweist explizit auf den reduzierten Charakter, der "im Rahmen einer umfassenderen Finanzflußrechnung" erweitert werden kann.[259] Der Jahres-Cash Flow in der Definition von DVFA/SG kann jedoch als Basis zur Ermittlung des Freien Cash Flow über die Zwischengröße "Umsatzüberschuß i.w.S. III" (= Cash Flow from Operations nach SFAS No. 95) gewählt werden, wenn folgende Korrekturen vorgenommen werden:[260]

Jahres-Cash Flow nach DVFA/SG

±   Veränderungen im Netto-Umlaufvermögen[261]

∓   Erfolge aus Abgängen des Anlagevermögens[262]

=   Umsatzüberschuß i.w.S. III

−   Investitionen in das Anlagevermögen

=   Freier Cash Flow

Abb. 3.18.: Überleitung von Jahres-Cash Flow nach DVFA/SG zum Freien Cash Flow

❑   Die Stellungnahme 1/78 des Hauptfachausschusses des Institut der Wirtschaftsprüfer in Deutschland **(HFA 1/78)**[263] kann trotz seiner Anpassung an die Begriffe des Bilanz-

---

[257] Vgl. DVFA/SG (1993), S. 599ff. sowie die Darstellung bei Coenenberg, A.G./Cantner, J./Günther, E. (1994), Sp. 375ff..

[258] Als wesentlich wird ein Betrag von mindestens 5 % des durchschnittlichen Jahres-Cash Flow der letzten drei Geschäftsjahre betrachtet. Vgl. DVFA/SG (1993), S. 601.

[259] Vgl. DVFA/SG (1993), S. 600.

[260] Vgl. der Hinweis in Fußnote 5 bei DVFA/SG (1993), S. 601 sowie SG/HFA (1995), S. 480 Fußnote 5.

[261] inclusive Veränderungen der kurzfristigen Rückstellungen, die dem Netto-Umlaufvermögen zugerechnet werden können.

[262] Die im Jahresüberschuß enthaltenen Erfolge aus Abgängen des Anlagevermögens sind bei der DVFA/SG-Stellungnahme nicht bereinigt. Bei der vom Verfasser in Anlehnung an *Busse von Colbe* vorgeschlagenen Kapitalflußrechnung sind diese jedoch als Teil der Liquidationserlöse bei den Abgängen an immateriellen Vermögensgegenständen, Sach- und Finanzanlagen des Investitionsbereichs enthalten.

[263] Vgl. Institut der Wirtschaftsprüfer (1978), S. 207f..

richtliniengesetzes als überholt betrachtet werden.[264] So werden z.B. als relevante Fonds der Netto-Geldfonds, der Fonds des Netto-Geldvermögens und des Netto-Um-laufvermögens auch noch in der Fassung von 1990 empfohlen, obwohl die internationalen Stellungnahmen i.d.R. mit dem Fonds der liquiden Mittel arbeiten.[265]

❑ Der **Arbeitskreis "Finanzierungsrechnung"** der Schmalenbach-Gesellschaft - Deutsche Gesellschaft für Betriebswirtschaft e.V. hat sich mehrere Jahre mit einer Empfehlung zur Ausgestaltung einer externen Finanzierungsrechnung beschäftigt.[266] Bereits der erste Entwurf von 1993[267] als auch die nun veröffentliche **Stellungnahme HFA 1/1995** in Zusammenarbeit mit dem Hauptfachausschuß des Instituts der Wirtschaftprüfer in Deutschland[268] befinden sich sowohl im Einklang mit dem neu erarbeiteten Cash Flow nach DVFA/SG als auch mit den mittlerweile veröffentlichten internationalen Empfehlungen. Der Mittelzufluß/-abfluß aus laufender Geschäftstätigkeit kann dabei, wie oben dargestellt, auch aus dem "Jahres-Cash Flow", wie er in der DVFA/SG-Stellungnahme zum Cash Flow definiert wurde, abgeleitet werden. Ausdrücklich erwähnt wird jedoch auch, daß, wie im Vorschlag des Verfassers, von einem operativen Ergebnis ausgegangen werden kann.[269] Die Gliederung erfolgt wie in obigem Vorschlag des Verfassers in einen Bereich der laufenden Geschäftstätigkeit sowie einen Investitions- und Finanzierungsbereich. Als Fonds wird ebenfalls der Fonds der liquiden Mittel verwandt, der jedoch als „Finanzmittelfonds" bezeichnet wird. Die Ermittlung kann direkt (ausgehend von den Einzahlungen von Abnehmern) oder indirekt (ausgehend vom Jahresüberschuß) erfolgen.

❑ Der in obiger Darstellung definierte Umsatzüberschuß i.w.S. III entspricht sowohl dem „Mittelzufluß/-abfluß aus laufender Geschäftstätigkeit" der Stellungnahme HFA 1/1995[270] als auch dem "Cash Flow from Operations" wie er in **internationalen Stellungnahmen**[271] wie z.B. im Statement of Financial Accounting Standards (SFAS) No. 95 des Financial Accounting Standards Board (FASB) der USA, dem Financial Reporting Standard (FRS) No. 1 "Cash Flow Statements" des Accounting Standards Board für Großbritanien, dem "Cash Flow Statement" des International Accounting Standards Committee (IASC), IAS 7 i.d.F von 1992 oder der Cash Flow-Formel der Österreichischen Vereinigung für Finanzanalyse und Anlageberatung (ÖVFA) zu finden ist.[272] Die Stellungnahmen gehen vom Fonds der liquiden Mittel (Cash and Cash Equivalents)

[264] Vgl. Institut der Wirtschaftsprüfer (1990a), S. 53ff..

[265] Vgl. Haller, A./Jakoby, S. (1994), S. 646.

[266] Vgl. z.B. die Veröffentlichung von Buchmann, R./Chmielewicz, K. (1990).

[267] Vgl. v. Wysocki, K. (1993), S. 65ff. sowie Institut der Wirtschaftsprüfer/SG (1994a), S. 426ff. und identisch Institut der Wirtschaftsprüfer/SG (1994b), S. 278ff..

[268] Vgl. SG/HFA (1995), S. 476ff.; Institut der Wirtschaftsprüfer (1995), S. 72ff.; Amen, M. (1995), S. 498ff.; Mansch, H./Stolberg, K./v. Wysocki, K. (1995), S. 185ff. und v. Wysocki, K. (1995), S. 466ff..

[269] Vgl. SG/HFA (1995), S. 480 und Institut der Wirtschaftsprüfer (1995), S. 75.

[270] Vgl. SG/HFA (1995), S. 478ff. und Institut der Wirtschaftsprüfer (1995), S. 74.

[271] Vgl. FASB (1987), Par. 14ff.; ASB (1991), S. 129ff.; IASC (1992) und ÖVFA (1993).

[272] Vgl. DVFA/SG (1993), S. 601.

aus.[273] In einigen internationalen Statements wird die Größe "Cash Flow from Operations" jedoch noch weiter untergliedert.[274]

❑   Die Struktur obiger Kapitalflußrechnung entspricht der, wie sie nach dem **Statement of Financial Accounting Standards (SFAS) No. 95** des Financial Accounting Standards Board (FASB) gefordert wird.[275] Das SFAS No. 95 war richtungsweisend für nachfolgende Stellungnahmen im anglo-amerikanischen Raum.[276]

3.3.4.2.1.3. Die Bedeutung von Steuern und Zinsen bei der Ermittlung des Freien Cash Flow

Die Behandlung von Steuern und Zinsen bei der Errechnung des Cash Flows, der wiederum in den Freien Cash Flow eingeht, ist - wie obiger Vergleich der Ansätze des Schrifttums zeigt - einer der Hauptunterschiede, insbesondere zwischen anglo-amerikanischen und kontinentaleuropäischen Ansätzen.

Nachdem oben bereits der **Gesamtkapitalansatz** dem Eigenkapitalansatz vorgezogen wurde, liegt es nahe, den **Cash Flow vor Zinsen** zu definieren, um Unterschiede in der Finanzierung auf Ebene der Geschäftseinheiten auszuschalten und um den Cash Flow als Resultat des Einsatzes von sowohl Eigen- als auch Gesamtkapital zu definieren.[277]

Im Rahmen der Diskussion alternativer Ansätze der Unternehmensbewertung wurde empfohlen, der Unternehmensbewertung anstelle der Zahlungen an die Eigentümer besser Zahlungsströme zwischen dem Unternehmen und seinem Umfeld zugrunde zu legen, um die Heterogenität der Eigentümer außen vor zu lassen. Folglich ist damit auch der **Unternehmenswert vor Steuern der Eigentümer** zu ermitteln, um nicht individuelle Einflußgrößen zahlreicher Investoren berücksichtigen zu müssen.[278] Dies ermöglicht auch eine bessere Vergleichbarkeit mit anonymen Marktwerten, bei denen die "vom Unternehmen sozusagen für den Eigentümer geleisteten Steuerzahlungen mitberücksichtigt werden."[279] Zu klären bleibt, in welchem Umfang Unternehmenssteuern zu berücksichtigen sind.[280]

Für die Behandlung von Steuern im Ansatz des Freien Cash Flow sind folgende drei Punkte von Bedeutung:[281]

1)   Während in den USA Unternehmensgewinne sowohl beim Unternehmen als „corporate tax" als auch beim Eigentümer als „private income tax" besteuert werden **(Doppelbesteuerung)**, werden in der Bundesrepublik Deutschland die von Kapitalge-

---

[273] d.h. Position "Schecks, Kassenbestand, Bundesbank - und Postgiroguthaben, Guthaben bei Kreditinstituten" nach § 266 II HGB (Cash) erhöht um kurzfristig liquidisierbare Wertpapiere des Umlaufvermögens sowie den Saldo aus kurzfristigen Forderungen und Verbindlichkeiten mit einer Laufzeit von bis zu drei Monaten (Cash Equivalents). Vgl. FASB (1987), Ziff. 7 und 9.

[274] Vgl. Chmielewicz, K. (1993), S. 60ff..

[275] Vgl. zur Verbindung von Shareholder Value-Ansatz und Kapitalflußrechnung Fickert, R. (1992), S. 62ff. sowie generell zum SFAS No. 95 Haller, A. (1989), S. 351ff.; Serfling, K./Marx, M. (1991), S. 345ff. und Haller, A./Jakoby, S. (1994), S. 641. *Serfling/Marx* verweisen auf die Ähnlichkeit der Kapitalflußrechnung nach *Busse v. Colbe* mit dem SFAS No. 95. Vgl. Serfling, K./Marx, M. (1991), S. 348.

[276] Vgl. Haller, A./Jakoby, S. (1994), S. 641.

[277] Vgl. die Diskussion im Kapitel 3.3.3. Eigenkapital- oder Gesamtkapitalansatz.

[278] Vgl. ähnlich Ballwieser, W. (1991), S. 53; Dörner, W. (1992), S. 82f.; Richter, F./Stiglbrunner, K. (1993), S. 413; Hachmeister, D. (1995), S. 133; Breid, V. (1994), S. 199; Jonas, M. (1995), S. 86 und S. 94 sowie Unzeitig, E./Köthner, D. (1995), S. 141.

[279] Herter, R.N (1994), S. 51.

[280] Vgl. hierzu auch z.B. Dirrigl, H. (1988) und Leuthier, R. (1988), S. 505ff..

[281] Vgl. auch die Ausführungen bei Bühner, R. (1990), S. 45ff. und Herter, R.N. (1994), S. 45ff..

sellschaften gezahlten Körperschaftsteuern auf ausgeschüttete Gewinne auf die individuelle Einkommensteuer des Eigentümers nach § 36 Abs. 2 Nr. 3 EStG angerechnet (**Anrechnungsverfahren**). Die differierenden Steuersysteme führen, wie nachfolgendes Beispiel veranschaulicht, zu Unterschieden in der steuerlichen Wirkung des Leverage-Effektes, d.h. der bewußten Fremdfinanzierung des Unternehmens.[282]

2) Zu berücksichtigen ist jedoch auch, daß die **Körperschaftsteuersätze** für thesaurierte Gewinne mit 45 % (§ 23 Abs. 1 KStG) und für ausgeschüttete Gewinne mit 30 %[283] (Ausschüttungsbelastung nach § 27 Abs. 1 KStG) auseinanderfallen und der Spitzensteuersatz der Einkommensteuer beim Eigentümer nach § 32a Abs. 1 EStG 53 % beträgt.

3) Während für die Körperschaftsteuer das Anrechnungsverfahren existiert, können die **Gewerbeertrag-, die Gewerbekapital- und die Vermögensteuer** nicht auf Steuerzahlungen des Eigentümers angerechnet werden. Die Vermögensteuer wurde bis 31.12.96 sowohl bei der juristischen Person als auch beim Eigentümer (doppelt) erhoben.[284] Sowohl die private als auch die auf juristische Personen bezogene Vermögensteuer wurde mit Wirkung vom 1.1.97 abgeschafft.

Ausgehend von folgenden Grunddaten soll die Wirkung von Steuern auf den Freien Cash Flow untersucht werden:

Beispiel:

Der Betrieb einer strategische Geschäftseinheit erfordert einen Kapitaleinsatz von 1.000, wobei im betrachteten Jahr ein Betriebsergebnis vor Steuern und Zinsen von 200 erwirtschaftet wird. Hierbei wurden als finanzunwirksame Aufwendungen nur Abschreibungen in Höhe von 50 gewinnmindernd berücksichtigt. Fremdkapital kann zu 10 % p.a. aufgenommen werden.

Freibeträge (z.B. bei der Einkommensteuer bei Einkünften aus Kapitalvermögen 6.100,-- DM bei Ledigen bzw. 12.200,-- DM bei Zusammenveranlagten oder bei der GewESt und GewKSt) sollen unberücksichtigt bleiben.[285] Da die Vermögensteuer erst jüngst, d.h. ab 1.1.97, nicht mehr erhoben wird, soll die nunmehr „alte" steuerrechtliche Lage als Beispiel für die Wirkung von Substanzsteuern noch dargestellt, jedoch um die neue steuerrechtliche Situation ergänzt werden. Es werden folgende Steuersätze zugrunde gelegt:

---

[282] Zum Überblick über Steuersysteme dritter Länder vgl. Jacobs, O.H./Spengel, C. (1995), S. 431ff..

[283] Die Prozentsätze gelten jeweils ab dem Veranlagungszeitraum 1994.

[284] Die Abschaffung der Gewerbekapitalsteuer wird seit mehreren Jahren diskutiert, wurde jedoch für den Veranlagungszeitraum 1997 auch in den neuen Bundesländern eingeführt. Dort wird sie jedoch derzeit nicht erhoben.

[285] Die Steuerfreiheit von Kursgewinnen im Privatvermögen nach § 23 Abs. 1 Nr. 1b EStG, wenn zwischen An- und Verkauf mehr als sechs Monate verstrichen sind, bleibt ebenfalls ohne Berücksichtigung.

Steuerart	Steuersatz	Steuerbemessungsgrundlage
❑ **Körperschaftsteuer**		
Thesaurierungssatz	45%	zu versteuerndes Einkommen nach § 8 Abs. 1 und § 23 Abs. 1 KStG i.V. §§ 4 und 5 EStG
Ausschüttungssatz	30%	ausgeschüttete Gewinne vor Körperschaftsteuer nach § 27 Abs. 1 KStG
❑ **Einkommensteuer**		
Grenzsteuersatz	53%	zu versteuerndes Einkommen § 2 Abs. 5 EStG
❑ **Gewerbesteuer**		
Hebesatz	z.B. 400%	Hebesatz wird von jeder Gemeinde individuell festgelegt.
Gewerbeertrag-steuersatz	5%	Gewinn aus Gewerbebetrieb plus Hinzurechnungen (z.B. 50 % Dauerschuldzinsen) minus Kürzungen § 7 bis 9 GewStG i.V. § 15 EStG (als Betriebsausgabe von sich selbst abzugsfähig)
Gewerbekapital-steuersatz	0,2%	Einheitswert des Gewerbebetriebs plus Hinzurechnungen (z.B. 50 % der Dauerschulden) minus Kürzungen § 12 GewStG[286] (als Betriebsausgabe von der Gewerbeertragsteuer abzugsfähig)
❑ **Vermögensteuer**	0,6%	75 % des 500.000 DM übersteigenden Gesamtvermögens nach § 4 VStG i.V. §§ 114 bis 120 BewG Die Vermögensteuer wird ab 1.1.97 nicht mehr erhoben.

Abb. 3.19.: Steuerarten, -sätze und -bemessungsgrundlagen im deutschen Steuersystem

Beschränkt man sich zunächst auf die Körperschaftsteuer, so sollen das Anrechnungsverfahren und die Doppelbesteuerung anhand von sechs Szenarien verglichen werden:

	Vollausschüttung						60 % Thesaurierung					
	Szenario 1		Szenario 2		Szenario 3		Szenario 4		Szenario 5		Szenario 6	
Eigenkapitalanteil	100%	100%	30%	30%	0%	0%	100%	100%	30%	30%	0%	0%
Ausschüttungsquote	100%	100%	100%	100%	100%	100%	40%	40%	40%	40%	40%	40%
Steuersystem	A	D	A	D	A	D	A	D	A	D	A	D
Jahresüberschuß vor Steuern und Zinsen	200	200	200	200	200	200	200	200	200	200	200	200
− Zinsaufwand	0	0	70	70	100	100	0	0	70	70	100	100
= Jahresüberschuß vor Steuern und nach Zinsen	200	200	130	130	100	100	200	200	130	130	100	100

---

[286] Pensionsrückstellungen gehören jedoch nach Abschnitt 47 Abs. 15 S. 8 GewStR nicht zu den Dauerschulden.

Jahresüberschuß vor Steuern und nach Zinsen	200	200	130	130	100	100	200	200	130	130	100	100
− Körperschaftsteuer auf thesaurierte Gewinne	0		0		0		54		35,1		27	
− Körperschaftsteuer auf ausgeschüttete Gewinne	60		39		30		24		15,6		12	
− Körperschaftsteuer[287]		60		39		30		60		39		30
= Jahresüberschuß	140	140	91	91	70	70	122	140	79,3	91	61	70
− Einstellung in Gewinnrücklagen	0	0	0	0	0	0	66	84	42,9	54,6	33	42
= Bilanzgewinn (=Bardividende)	140	140	91	91	70	70	56	56	36,4	36,4	28	28

Legende: A: Anrechnungsverfahren

            D: Doppelbesteuerung

Abb. 3.20.: Berechnung von Jahresüberschuß und Bilanzgewinn für Anrechnungs- und Doppelbesteuerungsverfahren

Einnahmen des Investors:

Dividende	140	140	91	91	70	70	56	56	36,4	36,4	28	28
+ Steuergutschrift in Periode t	60	0	39	0	30	0	24	0	15,6	0	12	0
= Bruttodividende	200	140	130	91	100	70	80	56	52	36,4	40	28
+ Barwert späterer möglicher Dividenden aufgrund Thesaurierung[288]	0	0	0	0	0	0	120	84	78	54,6	60	42
= insgesamt mögliche Dividende	200	140	130	91	100	70	200	140	130	91	100	70
+ Zinseinnahmen	0	0	70	70	100	100	0	0	70	70	100	100
= Einnahmen des Investors	200	140	200	161	200	170	200	140	200	161	200	170

---

[287] Bei der Doppelbesteuerung des US-Steuersystems wurde einheitlich zur besseren Vergleichbarkeit mit dem deutschen Ausschüttungssteuersatz von 30 % gerechnet. Es ist jedoch zu berücksichtigen, daß in den USA nicht nur die federal corporate tax, sondern auch state und local taxes zu berücksichtigen sind. Vgl. Copeland, T./Koller, T./Murrin, J. (1991), S. 114.

[288] Der Barwert späterer möglicher Dividenden ist mit dem Thesaurierungsbetrag vor Steuern identisch, da angenommen wird, daß einbehaltene Gewinne sich in Höhe des Fremdkapitalzinssatzes von 10 % rentieren.

Einnahmen auf Unternehmensebene:

Jahresüberschuß vor Steuern und Zinsen (A)	200		200		200		200		200		200	
Jahresüberschuß nach Steuern, vor Zinsen (D)		140		161		170		140		161		170
= Einnahmenstrom auf Unternehmensebene	200	140	200	161	200	170	200	140	200	161	200	170

Abb. 3.21.: Einnahmen des Investors und Einnahmen auf Unternehmensebene im Vergleich

Nach der Grundkonzeption des Shareholder Value-Ansatzes sollen Entscheidungen danach ausgerichtet werden, welche Netto-Mittelzuflüsse dem Eigentümer zur Verfügung gestellt werden können. Folglich müßte auch die Cash Flow-Definition auf Unternehmensebene so gewählt werden, daß sie den Einnahmen entspricht, die beim Eigentümer ankommen. Um die Wirkung von Fremdkapital und deren Zinsen untersuchen zu können, wird in obiger Vergleichsrechnung von einem Investor ausgegangen, der dem Unternehmen sowohl das Eigenals auch das Fremdkapital zur Verfügung stellt.

Aus dem Beispiel können folgende Schlußfolgerungen gewonnen werden:

1) Bei der **Doppelbesteuerung** erhöht sich c.p. der Cash Flow mit zunehmender Fremdkapitalfinanzierung, da die Zinsen als abzugsfähige Betriebsausgabe den Gewinn und damit die Steuerschuld mindern, zugleich dem Investor jedoch die Zinsen ohne Besteuerung auf Unternehmensebene als Cash Flow zufließen. Es besteht ein sog. **"Steuerschild" (tax shield) des Fremdkapitals** in Höhe von

   Steuerschild = Unternehmenssteuersatz * Fremdkapitalzinsen.

   Z.B. sind beim Szenario 2 (30 % Eigenfinanzierung) im Falle der Doppelbesteuerung die Einnahmen des Investors mit 161 um das Steuerschild in Höhe von 0,3 * 70 = 21 größer als beim Szenario 1 (100 % Eigenfinanzierung).

2) Beim **Anrechnungsverfahren** entfällt das Steuerschild des Fremdkapitals **im Falle der Vollausschüttung**, da die Unternehmenssteuern auf den ausgeschütteten Gewinn in Höhe von 30 % zu einer Körperschaftsteuergutschrift beim Investor führen und die Bruttodividende zuzüglich der Zinsen dem Gewinn vor Steuern und Zinsen identisch ist.[289] Die Gewinne werden quasi direkt ohne effektive Steuerminderung an die Eigentümer durchgereicht und unterliegen nur der persönlichen Einkommensteuer des Investors.[290]

3) Im Falle der zumindest teilweisen **Thesaurierung von Gewinnen** kann beim **Anrechnungsverfahren** die Körperschaftsteuergutschrift erst bei der späteren Ausschüttung der Gewinne erfolgen. Nur wenn, wie in obigen Beispiel, davon ausgegangen wird, daß einbehaltene Gewinne eine Rendite r erwirtschaften, die mit einer Alternativanlage i (z.B. am Kapitalmarkt) identisch ist (r = i), entspricht der Barwert späterer Ausschüttungen der Bruttodividende einer sofortigen Ausschüttung. Ein Steuerschild des Fremdkapitals

---

[289] Vgl. ebenso Richter, F./Stiglbrunner, K. (1993), S. 413.
[290] Vgl. auch einen ähnlichen Hinweis im Wirtschaftsprüfer-Handbuch 1992 bei Dörner, W. (1992), S. 82f..

besteht in diesem Falle (r=i) nicht.[291] Eine vergleichbare Lösung ergibt sich, wenn - wie in der deutschen Literatur zur Unternehmensbewertung üblich[292] - von der Vollaus-schüttungshypothese ausgegangen wird.

Im Falle von r ≠ i kann es sowohl zu einem rechnerischen Vorteil für das Fremdkapital (r < i) und auch für das Eigenkapital (r > i) kommen. Dies jedoch als Steuerschild zu de-klarieren, ist fraglich, da dann die Steuerwirkung der Finanzierungsentscheidung und die eigentliche Rentabilität eines Investitionsprojektes vermengt werden. Erwirtschaften thesaurierte Gewinne Renditen, die nahe am Kapitalmarktzinssatz liegen, d.h. r ≈ i, so kann das Steuerschild vernachlässigt werden. Die Rendite r kann auch nach *Dörner* in ersparten Fremdkapitalzinsen liegen, wodurch r sehr nahe bei i liegen würde.[293]

Steuern auf thesaurierte Gewinne als verloren zu betrachten und bei der Ermittlung des Freien Cash Flows abzuziehen,[294] ist nicht sinnvoll, da dann der Investor durch sofortige Ausschüttung und gleichzeitige Kapitalerhöhung (Schütt-aus-Hol-zurück-Prinzip) eine erhebliche Wertsteigerung gegenüber der Thesaurierung erzielen könnte.[295]

4) Der Vergleich des Anrechnungsverfahrens mit der Doppelbesteuerung von Gewinnen auf Unternehmens- und Eigentümerebene zeigt, daß **im Falle der Anrechnung** der **Gewinn vor Steuern und vor Zinsen** der Cash Flow-Definition zugrunde zu legen ist,[296] während bei der **Doppelbesteuerung** die Unternehmenssteuern auf den Gewinn nicht an den Investor weitergereicht werden und folglich der **Gewinn nach Steuern und vor Zinsen** zu verwenden ist.

Die Verwendung von Nachsteuergrößen ist daher auch in den US-amerikanischen An-sätzen von *Rappaport, Reimann, Copeland/Koller/Murrin* und *Stewart* vorzufinden[297] und für Unternehmen in Ländern mit Doppelbesteuerung adäquat. Sie ist ebenfalls an-zuwenden für deutsche Unternehmen, wenn deren Eigentümer nicht unbeschränkt ein-kommen- und körperschaftsteuerpflichtig sind (z.B. bei Unternehmen mit Mehrheitsbe-sitz ausländischer Eigentümer)[298] und sofern das jeweilige bilaterale Doppelbesteue-rungsabkommen keine Anrechnung ermöglicht.

5) Die **Bildung stiller Reserven** stellt nichts anderes als eine steuerunwirksame Thesaurie-rung von Gewinnen dar. Die Steuerzahlung wird auf den Zeitpunkt der Auflösung der stillen Reserven verschoben. Die Steuerminderung gilt jedoch sowohl für das Eigen- und Fremdkapital und ist folglich finanzierungsunabhängig. *Herter* schlägt vor, die Steuerwirkung stiller Reserven nur bei Spezialrechnungen zu berücksichtigen.[299]

---

[291] Einige Autoren vernachlässigen die Wiederanlage thesaurierter Gewinne und kommen aufgrund der Abdis-kontierung zukünftiger Körperschaftsteuergutschriften zu einem Steuerschild des Fremdkapitals. Vgl. Büh-ner, R. (1990), S. 45ff und Herter, R.N. (1994), S. 46f..

[292] Zur Vollausschüttungshypothese vgl. z.B. Dörner, W. (1992), S. 47; Ballwieser, W. (1993), S. 153 und Hachmeister, D. (1995), S. 136ff..

[293] Vgl. die Argumentation bei Dörner, W. (1992), S. 29 Fußnote 111.

[294] Vgl. Richter, F./Stiglbrunner, K. (1993), S. 413.

[295] Vgl. ähnlich auch Jonas, M. (1995), S. 94.

[296] Vgl. ähnlich Dörner, W. (1992), S. 180 und Ballwieser, W. (1994), S. 1402.

[297] Vgl. Rappaport, A. (1986), S. 51ff.; Copeland, T./Koller, T./Murrin, J. (1991), S. 100 und S. 109ff.; Rei-mann, B.C. (1990), S. 196f. und Stewart, G.B. (1990), S. 307f..

[298] Vgl. auch Herter, R.N. (1994), S. 51.

[299] Vgl. Herter, R.N. (1994), S. 51f. sowie der ähnliche Vorschlag bei Dörner, W. (1992), S. 133ff..

6)   Im Schrifttum wird des weiteren auf eine mögliche **Doppelbelastung thesaurierter Gewinne im Fall der Veräußerung**, d.h. eine Benachteiligung der Eigenfinanzierung, verwiesen. Bei der Veräußerung von Anteilen aus dem Betriebsvermögen ohne Nutzung des § 6b EStG oder bei Anteilen aus dem Privatvermögen, die eine Mehrheitsbeteiligung darstellen, fallen neben der Körperschaftsteuer auf den thesaurierten Gewinn auch noch persönliche Einkommensteuer an.[300] Dem ist jedoch entgegen zu halten, daß der Erwerber auch eine Körperschaftsteuergutschrift erhält, die der Verkäufer in seiner Kaufpreisforderung berücksichtigen wird. Folglich wäre auch in diesen beiden Fällen der Verkäufer nicht doppelt belastet. Eine Benachteiligung der Eigenfinanzierung besteht folglich nicht. Bei Berücksichtigung des ermäßigten Steuersatzes[301] bei der Einkommensteuer nach § 34 Abs. 1 und Abs. 2 Nr. 1 EStG kann eher von einer Vergünstigung gesprochen werden.

Als Fazit soll nach der Betrachtung der Körperschaftsteuer festgehalten werden, daß aufgrund des Anrechnungsverfahrens ein Steuerschild des Fremdkapitals mit der Ausnahme ausländischer Anteilseigner bei Bewertung deutscher Unternehmen nicht zu berücksichtigen ist und der **Cash Flow vor Steuern und Zinsen** zu berechnen ist.

Werden nun die **Gewerbeertrag-, die Gewerbekapital- und die Vermögensteuer** zusätzlich berücksichtigt, ist das Beispiel wie folgt zu modifizieren, wobei das Szenario 5 (30 % Eigenfinanzierung, 40 % Ausschüttungsquote) als komplexester Fall zugrunde gelegt wird:

	Betrag	Berechnungsformel
Jahresüberschuß vor Steuern und Zinsen	200,000	
– Zinsaufwand	70,000	
= Jahresüberschuß vor Steuern und nach Zinsen	130,000	
– Gewerbekapitalsteuer	5,200	$4 \bullet 0,2\ \%\ von$ $(0,3 \bullet 1000 + 0,5 \bullet 0,7 \bullet 1000)$
= Bemessungsgrundlage für Gewerbeertragsteuer	124,800	
– Gewerbeertragsteuer	26,633	$\dfrac{0,05 \bullet 400\%}{1 + 0,05 \bullet 400\%} \bullet (124,8 + 0,5 * 70)$
= Jahresüberschuß vor KSt	98,167	
– Körperschaftsteuer auf thesaurierte Gewinne	26,505	$45\%\, v.(0,6 \bullet 98,167)$
– Körperschaftsteuer auf ausgeschüttete Gewinne	11,780	$30\%\, v.(0,4 \bullet 98,167)$
– Vermögensteuer	1,350	$0,6\%\, v.(75\%\, v.0,3 \bullet 1000)$
= Jahresüberschuß	58,532	
– Einstellung in Gewinnrücklagen	31,045	58,532-27,487
= Bilanzgewinn (=Bardividende)	27,487	$70\%\, v.(0,4 \bullet 98,167)$

---

[300] Vgl. Herter, R.N. (1994), S. 47.
[301] Der ermäßigte Steuersatz beträgt nach § 34 Abs. 1 S. 2 EStG die Hälfte des durchschnittlichen Steuersatzes.

Nach Abschaffung der Vermögensteuer ergibt sich folgende Rechnung:

= Jahresüberschuß vor KSt	98,167	
– Körperschaftsteuer auf thesaurierte Gewinne	26,505	$45\% v. (0,6 \bullet 98,167)$
– Körperschaftsteuer auf ausgeschüttete Gewinne	11,780	$30\% v. (0,4 \bullet 98,167)$
= Jahresüberschuß	59,882	
– Einstellung in Gewinnrücklagen	32,395	59,882-27,487
= Bilanzgewinn (=Bardividende)	27,487	$70\% v. (0,4 \bullet 98,167)$

Abb. 3.22.: Ergebnisrechnung unter Berücksichtigung von Gewerbe- und Vermögensteuer

Es ist anzumerken, daß die Gewerbeertragsteuer nach Abschnitt 22 Abs. 1 Nr. 2,3 EStR von ihrer eigenen und die Gewerbekapitalsteuer von der Bemessungsgrundlage der Gewerbeertragsteuer abzugsfähig ist. Die Vermögensteuer hingegen durfte nach alter Rechtslage nach § 10 Nr. 2 KStG nicht als Betriebsausgabe gewinnmindernd berücksichtigt werden.

Einnahmen des Investors:

	Betrag	Berechnungsformel
Dividende	27,487	
+ Körperschaftsteuergutschrift in Periode t	11,780	$\dfrac{30}{70} \bullet 27,487$
= Bruttodividende	39,267	
+ Barwert späterer möglicher Dividenden aufgrund Thesaurierung[302]	56,445	$\dfrac{100}{55} \bullet 31,045$
= insgesamt mögliche Dividende	95,712	
+ Zinseinnahmen	70,000	
= Einnahmen des Investors	165,712	

Nach Abschaffung der Vermögensteuer ergibt sich folgende Rechnung:

	Betrag	Berechnungsformel
Dividende	27,487	
+ Körperschaftsteuergutschrift in Periode t	11,780	$\dfrac{30}{70} \bullet 27,487$
= Bruttodividende	39,267	
+ Barwert späterer möglicher Dividenden aufgrund Thesaurierung[303]	58,900	$\dfrac{100}{55} \bullet 32,395$
= insgesamt mögliche Dividende	98,167	
+ Zinseinnahmen	70,000	
= Einnahmen des Investors	168,167	

---

[302] Der Barwert möglicher späterer Dividenden ist mit dem Thesaurierungsbetrag vor Steuern identisch, da angenommen wird, daß einbehaltene Gewinne sich in Höhe des Fremdkapitalzinssatzes von 10 % rentieren.

[303] Der Barwert möglicher späterer Dividenden ist mit dem Thesaurierungsbetrag vor Steuern identisch, da angenommen wird, daß einbehaltene Gewinne sich in Höhe des Fremdkapitalzinssatzes von 10 % rentieren.

Einnahmen auf Unternehmensebene:

Jahresüberschuß vor Steuern und Zinsen	200,000
– Gewerbeertragsteuer	26,633
– Gewerbekapitalsteuer	5,200
– Vermögensteuer	1,350
– Körperschaftsteuer aufgrund Vermögensteuer[304]	1,105 $\frac{45}{55} \cdot 1{,}350$
= Jahresüberschuß vor Zinsen und nach nichtan- rechenbaren Steuern	165,712

Nach Abschaffung der Vermögensteuer ergibt sich folgende Rechnung:

Jahresüberschuß vor Steuern und Zinsen	200,000
– Gewerbeertragsteuer	26,633
– Gewerbekapitalsteuer	5,200
= Jahresüberschuß vor Zinsen und nach nichtan- rechenbaren Steuern	168,167

Abb. 3.23.: Vergleich der Einnahmen des Investors und der Einnahmen auf Unternehmensebene bei Berücksichtigung von Gewerbe- und Vermögensteuer

Bei zusätzlicher Berücksichtigung von Gewerbeertrag-, Gewerbekapital- und Vermögensteuer sind folgende **Ergebnisse** festzuhalten:

1) Da bei diesen drei Steuerarten keine Anrechnung auf die individuelle Einkommensteuer oder Vermögensteuer des Investors erfolgt, mindern diese den dem Investor zur Verfügung stehenden Einnahmenstrom. Folglich sind sie auch in der Cash Flow-Definition dadurch zu berücksichtigen, als daß der **Cash Flow nach Gewerbesteuer und Vermögensteuer** zu errechnen ist.[305] Nach Abschaffung der Vermögensteuer ist nur mehr die Gewerbesteuer als Steuerart zu berücksichtigen.

2) Da die Vermögensteuer nicht als Betriebsausgabe abzugsfähig ist und aus Nachsteuergewinnen zu begleichen ist, erhöht sich hierdurch auch die erforderliche Körperschaftsteuer (**Definitiv-Körperschaftsteuer**) und ist ebenfalls vom Cash Flow zu subtrahieren.[306] Des weiteren erhöht sich durch die zu zahlende Vermögensteuer auch die Gewerbeertragsteuer um folgenden Betrag (**Definitiv-Gewerbeertragsteuer**):

Hebesatz • GewESt-Satz • (Vermögensteuer + Definitiv-Körperschaftsteuer)

im Beispiel:

400 % •   0,05   • (1,350   +   1,105   ) = 0,491

---

[304] Da die Vermögensteuer nach § 10 Abs. 2 KStG nicht als Betriebsausgabe abzugsfähig ist, ist sie aus bereits zu versteuernden Gewinnen zu entrichten. Der hierzu erforderliche Vorsteuerbetrag übersteigt folglich den Vermögensteuerbetrag.

[305] Vgl. ein ähnliches Ergebnis bei Herter, R.N. (1994), S. 50f.. und Jonas, M. (1995), S. 94 sowie auch ähnlich für die Gewerbeertragsteuer Dörner, W. (1992), S. 83. *Hachmeister* erwähnt nur die Gewerbeertragsteuer. Vgl. Hachmeister, D. (1995), S. 138f..

[306] Dies gilt nicht nur für die Vermögensteuer, sondern z.B. auch für 50 % der Aufsichtsratvergütungen und weitere nicht abzugsfähige Aufwendungen. Vgl. Dörner, W. (1992), S. 180.

Im Beispiel ist der Betrag im Gesamtbetrag der Gewerbeertragsteuer enthalten.

Durch die Abschaffung der Vermögensteuer sind diese Abzugskomponenten hinfällig geworden.

3) Die fehlende Anrechnung der drei Steuerarten bedingt, daß die Finanzierung über Fremdkapital aufgrund der Abzugsfähigkeit der Zinsaufwendungen zu Gewinnminderungen bzw. aufgrund der Abzugsfähigkeit von Schulden zu Minderungen des Gesamtvermögens und folglich zu **Steuerschildern** führt.[307]

Der mit dem Grundkonzept des Shareholder Value konforme Cash Flow-Ansatz hat nur die Gewerbeertragsteuer, die Gewerbekapitalsteuer, die Vermögensteuer und die durch letztere induzierten zusätzlichen Körperschafts- und Gewerbeertragsteuern zu berücksichtigen. Die anrechenbare Körperschaftsteuer ist nicht zu berücksichtigen.[308] Nach Abschaffung der Vermögensteuer ist jedoch nur die Gewerbeertrag und die Gewerbekapitalsteuer als Cash Flowmindernd zu betrachten. Entsprechend sind bei Bewertungen ausländischer Unternehmen, diejenigen Steuern im Steuerschild bzw. als Korrektur im Cash Flow-Ansatz zu berücksichtigen, die nicht zur Anrechnung beim Eigentümer führen.

Soll ein unternehmenswertorientiertes Controlling für Personengesellschaften oder Einzelunternehmen konzipiert werden, kommt man nicht umhin, die private Einkommensteuer der Betrachtung zugrunde zu legen. Ähnlich ist auch vorzugehen, wenn Alternativanlagen anders besteuert werden.[309]

3.3.4.2.1.4. Rechnerische Ermittlung des Freien Cash Flow

Aus der Synthese der voranstehenden Analyse existierender Ansätze zur Ermittlung des Freien Cash Flows im Schrifttum (3.3.4.2.1.1), der zugrunde liegenden Konzeption einer Kapitalflußrechnung auf Basis des Fonds der liquiden Mittel (3.3.4.2.1.2.) und den Überlegungen zur Berücksichtigung von Steuern und Zinsen (3.3.4.2.1.3.) soll nun ein Vorschlag unterbreitet werden, wie der Freie Cash Flow im Planungszeitraum zu ermitteln ist.

In den Vorschlag fließen folgende Überlegungen ein:

❑   Es werden **nur zahlungswirksame Steuern** berücksichtigt. Latente Steuern bleiben außer Ansatz.[310]

❑   **Nur nicht-anrechenbare Steuern** (GewESt, GewKSt, VSt, Definitiv-KSt, Definitiv-GewESt) sind bei der Cash Flow-Ermittlung als Abflüsse zu berücksichtigen.

❑   Zur Planung und zur Prognose zukünftiger Freier Cash Flows sind **nur nachhaltige Cash Flow-Komponenten** heranzuziehen.[311] Der zugrunde liegende Cash Flow ist daher zumindest zu Analysezwecken in einen **betrieblichen Cash Flow**, einen **Finanz-Cash Flow** (z.B. Zinserträge und Beteiligungserträge) und einen **außerordentlichen Cash Flow** zu zerlegen, wobei Letzterer wiederum in aperiodische (z.B. gelegentliche

---

[307] Bei der Gewerbeertrag- und Gewerbekapitalsteuer werden Zinsen für Dauerschulden bzw. Dauerschulden durch die hälftige Hinzurechnung zur Bemessungsgrundlage nur zu 50 % berücksichtigt.

[308] Vgl. ähnlich Kirsch, H.-J./Krause, C. (1996), S. 801.

[309] Vgl. Dörner, W. (1992), S. 83.

[310] Vgl. z.B. Copeland, T./Koller, T./Murrin, J. (1991), S. 114.

[311] Vgl. auch den Grundsatz der Bewertung nachhaltig entziehbarer, verfügbarer Einnahmenüberschüsse des IdW bei Institut der Wirtschaftsprüfer (1983), S. 473f. und Dörner, W. (1992), S. 28 sowie ebenso Richter, F./Stiglbrunner, K. (1993), S. 420f..

Grundstücksverkäufe eines Warenhauskonzerns, Abfindungsaufwendungen bei Restrukturierungen) und außergewöhnliche Cash Flow-Komponenten (z.B. Katastrophenfälle) zerlegt werden kann. Dabei sollten die auf die einzelnen Gewinnkomponenten entfallenden Steuern ebenfalls aufgespalten werden.[312]

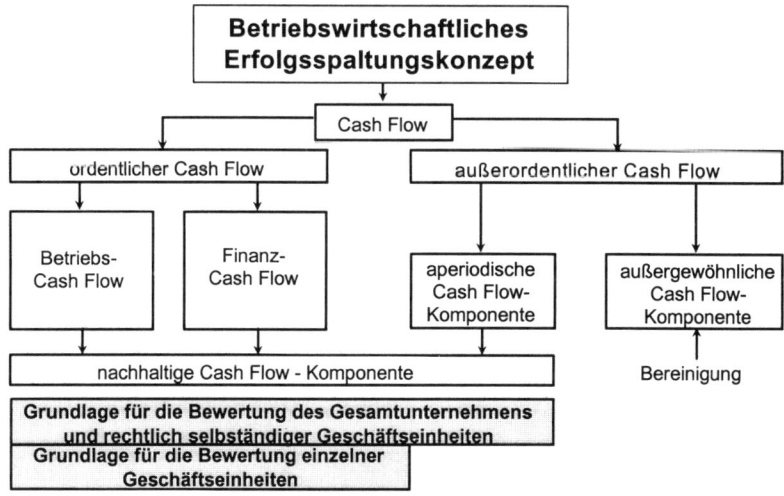

Abb. 3.24.: Erfolgsspaltung des Cash Flows

Die Frage der **Erfolgsspaltung** ist auf die individuelle Unternehmenssituation abzustellen. Ein Finanzergebnis kann operativen Charakter haben, wenn z.B. bei langfristigen Fertigungsaufträgen der Projektmanager eine attraktive Vorfinanzierung durch den Kunden aushandelt, die zu Zinsergebnissen führt. Des weiteren gehen substanzstarke Unternehmen der Brauindustrie und des Einzelhandels dazu über, ihre Immobilien gezielt zu bewirtschaften und hieraus aperiodische Erfolge (z.B. beim Verkauf einer Gewerbeimmobilie) zu erzielen. Im Sinne der Wertschaffung sind beide Fälle als Freie Cash Flows abzubilden und in die Definition einzubeziehen. Der so definierte nachhaltige Cash Flow entspricht bezüglich seiner Zerlegung, nicht jedoch seines Umfanges dem "Ergebnis aus gewöhnlicher Geschäftätigkeit" nach § 275 Abs. 2 und 3 HGB. Folglich ist der Cash Flow-Begriff bei der Bewertung des Gesamtunternehmens oder rechtlich selbständiger Tochterunternehmen weiter zu fassen (Betriebs-Cash Flow plus Finanz-Cash Flow plus aperiodische Cash Flow-Komponenten)[313] als wenn einzelne Geschäftseinheiten ohne eigene finanzielle Entscheidungskompetenz bewertet werden (Bewertung auf Basis des Betriebs-Cash Flow).[314]

❑   Es sind **sowohl Ersatz- als auch Erweiterungsinvestitionen** zu berücksichtigen, da beide aus dem am Markt generierten Cash Flows zu finanzieren sind.[315]

---

[312] Vgl. hierzu Richter, F./Stiglbrunner, K. (1993), S. 413 und S. 420f..

[313] Vgl. hierzu z.B. den Ansatz von Bühner, R. (1993), S. 768.

[314] Vgl. die Ausrichtung der amerikanischen Ansätze von Rappaport, A. (1986), S. 51ff.; Reimann, B.C. (1990), S. 196f.; Stewart, G.B. (1990), S. 307f. und Copeland, T./Koller, T./Murrin, J. (1991), S. 100 und S. 109ff..

[315] Die Beschränkung auf Erweiterungsinvestitionen bei *Bühner* wird auf *Rappaport* zurückgeführt, obwohl dieser auch Ersatzinvestitionen berücksichtigt. Vgl. Bühner, R. (1990), S. 53 und Rappaport, A. (1986), S. 53. sowie die Kritik von Gaitanides, M./Raster, M. (1995), S. 262 an der abweichenden Darstellung *Bühners*.

❑ Wie das Institut der Wirtschaftsprüfer[316] schlagen auch einige Autoren[317] vor, **nicht be-triebsnotwendiges Vermögen** separat zu behandeln, mit seinem Liquidationswert an-zusetzen und zum Unternehmenswert zu addieren, der nun auf Basis des betriebsnot-wendigen Vermögens ermittelt wurde. Wie bereits erwähnt, kann jedoch im Einzelfall aus nicht betriebsnotwendigem Vermögen ein zusätzlicher Geschäftsbereich (z.B. Im-mobilienverwaltung und -erschließung) entstehen, der dadurch wieder betrieblich werden würde. Es ist jedoch auch der umgekehrte Fall denkbar (z.B. bei Schließung oder Zu-sammenlegung von Betriebsstätten). Der Übergang ist zudem fließend, wenn nicht-be-triebsnotwendiges Vermögen mit Liquidationswerten als Cash Flows in die Unterneh-mensbewertung eingebracht wird und der Liquidationswert als Spezialfall des Zu-kunftserfolgswertes betrachtet wird.[318]

❑ Nach obiger in Anlehnung an *Busse von Colbe* erstellten Kapitalflußrechnung wurde das **Working Capital** als Umlaufvermögen abzüglich kurzfristiger Passiva definiert. Die Kapitalflußrechnung betont hierbei den Liquiditätsaspekt und will eine Größe für das kurzfristig gebundene und freisetzbare Kapital ermitteln.[319] Beim Shareholder Va-lue-Konzept werden vom Cash Flow Investitionen in das Anlagevermögen und in das Working Capital, d.h. die Investitionen in das gebundene Kapital, abgezogen. Der re-sultierende Freie Cash Flow stellt somit die frei verfügbaren Rückflüsse dar, die aus dem gebundenen Kapital fließen und denen Renditeforderungen von Eigen- und Fremdkapitalgebern gegenüberstehen.[320] Daher empfiehlt sich zur Errechnung des Working Capital, vom Umlaufvermögen diejenigen Teile des Fremdkapitals abzuzie-hen, denen keine Kapitalkostenforderungen gegenüberstehen **(kapitalkostenfreie Pas-siva)**.[321] Den kapitalkostenfreien Passiva können z.B. Verbindlichkeiten aus Lieferun-gen und Leistungen, erhaltene Anzahlungen, Rückstellungen für Steuern oder Ge-währleistungen zugeordnet werden.

Der häufig anzutreffende Abzug **„kurzfristiger Verbindlichkeiten"**[322] ist daher nicht ganz exakt, da darin auch z.B. kurzfristige Bankkredite enthalten sind, die zins- und ka-pitalkostenwirksam sind. Ein Großteil der kurzfristigen Verbindlichkeiten ist jedoch auch, wie obige Beispiele zeigen, kapitalkostenfrei. Des weiteren ist bei einigen Autoren (z.B. *Lewis* und *Lehmann*) auch der Begriff der **„nicht-verzinslichen Verbindlichkei-ten"**[323]zu finden, der in zweierlei Hinsicht mißverständlich ist:

❑ Erstens schließt der Begriff „Verbindlichkeiten" nach herrschendem Handelsrecht Rückstellungen aus, obwohl sie explizit von den Autoren als Beispiele genannt werden.

❑ Zweitens sind z.B. Pensionsrückstellungen nicht verzinslich, da sie keine Zins-zahlungen an Dritte nach sich ziehen, aber sehr wohl mit Kapitalkosten belastet.

---

[316] Vgl. Institut der Wirtschatsprüfer (1983), S. 474.
[317] Vgl. z.B. Rappaport, A. (1986), S. 51; Bühner, R. (1990), S. 36 und Copeland, T./Koller, T./Murrin, J. (1991), S. 116.
[318] Vgl. hierzu die Ausführungen in Kapitel 3.2.3. Liquidationswert.
[319] Vgl. hierzu auch Coenenberg, A.G. (1993), S. 513.
[320] Vgl. Lehmann, S. (1994), S. 100.
[321] Vgl. die entsprechenden Definitionen bei Rappaport, A. (1986), S. 54 und Copeland, T./Koller, T./Murrin, J. (1991), S. 115.
[322] Vgl. z.B. Bühner, R. (1990), S. 54 und Gomez, P./Weber, B. (1989), S. 31.
[323] Vgl. z.B. Lewis, T.G. (1994), S. 41 und S. 61f. und Lehmann, S. (1994), S. 100ff..

❑   Selbstverständlich scheint eigentlich auch, **alle nicht liquiden Aktiv- und Passivposi-
tionen**[324] bei den Investitionen in das Anlagevermögen und Working Capital zu berücksichtigen. Eine Beschränkung auf das abnutzbare Anlagevermögen wie im Beispiel bei
Reimann ist nicht akzeptabel.[325]

❑   Die Berücksichtigung des Grundsatzes der **Substanzerhaltung**[326] kann differenziert
über die detaillierte Planung der notwendigen Investitionen in das Anlage- und Umlaufvermögen erfolgen. Dabei ist jedoch auch zu prüfen, ob eine langfristige Substanzerhaltung strategisch sinnvoll ist oder ob nicht ein kurzfristiger (Verkauf) oder langfristiger
Ausstieg (Cash out-Strategie) wünschenswert ist.

❑   Es ist zu empfehlen, sowohl die Freien Cash Flows als auch den Kalkulationszinsfuß
auf nominaler Basis zu wählen, da nominale Größen i.d.R. auch in der normalen Planung angewandt werden und folglich besser zu schätzen sind. Dennoch bleibt festzuhalten, daß die Wahl realer Größen im Nenner und im Zähler zu vergleichbaren Ergebnissen führen muß.[327] Zudem ist es bei der nominalen Rechnung möglich, Komponenten des Cash Flows, die unterschiedlichen Inflationsraten unterliegen (z.B. Auseinanderfallen von Beschaffungs- und Absatzpreisentwicklung oder differenzierte Inflationsraten
auf der Kostenseite), besser gerecht zu werden.[328]

❑   Die Unterscheidung zwischen **materiellen und immateriellen Investitionen** spielt für
die Ermittlung des Freien Cash Flows keine Rolle, da nur die Liquiditätswirkung relevant ist und nicht die Frage, ob die Ausgabe aktiviert werden kann oder als Aufwand zu
erfassen ist.[329] Sollen jedoch Renditen ermittelt werden, ist für die Berechnung des investierten Kapitals im Nenner dennoch in Erwägung zu ziehen, ob immaterielle Vorleistungen wie z.B. F&E- oder Werbeausgaben, originärer Goodwill, selbsterstellte Software etc. in der internen Planungsrechnung bei längerfristiger Nutzung im Unternehmen
nicht wie Anlagevermögen aktiviert und abgeschrieben wird.[330]

❑   **Miet- und Leasingausgaben** stellen nach *Lewis* nichts anderes als Zins- und Tilgungs-
raten für fremdfinanzierte Aktiva dar und sind daher wie diese bei der Cash Flow-Ermittlung nicht abzuziehen. Der Argumenation ist jedoch nur dann beizupflichten, wenn
- wie im CFROI-Ansatz von *Lewis* - der Kapitaleinsatz um kapitalisierte Miet- und
Leasingaufwendungen erhöht wird.[331] Dies ist dann adäquat, wenn die Frage Kauf oder
Miete bzw. Leasing als dispositive Entscheidung ausgeschlossen werden soll, um z.B.
die Effizienz des Kerngeschäft unabhängig von der Finanzierung beurteilen zu können.
Ähnlich wie bei der Frage der Einbeziehung der Kapitalstruktur kann diese Problem-
stellung   nur   anhand   der   jeweiligen   Entscheidungskompetenz   des   operativen

---

[324] Aufgrund des Kapitalflußrechnungsansatzes müssen alle Gegenbestandskonten zur Position "Liquide Mittel"
     berücksichtigt werden.

[325] Vgl. Reimann, B.C. (1990), S. 196.

[326] Vgl. Institut der Wirtschaftsprüfer (1983), S. 474f. und Dörner, W. (1992), S. 37f..

[327] *Jonas* geht davon aus, daß der reale Ansatz in der Ertragswert-Praxis dominiert. Vgl. Jonas, M. (1995), S. 87.

[328] Zu ähnlichen Ergebnissen kommen auch Herter, R.N. (1994), S. 52 und Jonas, M. (1995), S. 87.

[329] Z.B. kann selbstentwickelte Software, die an Kunden veräußert wird, als Umlaufvermögen im Gegensatz
     zum Fall der eigenen Nutzung aktiviert werden.

[330] Vgl. z.B. Lewis, T.G. (1994), S. 58, der für aktivierte Werbeausgaben eine Abschreibung über vier bis fünf
     und bei F&E-Ausgaben, je nach Branche, über drei bis zehn Jahre empfiehlt. Vgl. ebenso Copeland,
     T./Koller, T./Murrin, J. (1991), S. 115.

[331] Vgl. Lewis, T.G. (1994), S. 60f. und ebenso Copeland, T./Koller, T./Murrin, J. (1991), S. 118.

Managements beurteilt werden.[332] Fortan wird diese Kompetenz unterstellt und Miet-
und Leasingausgaben als Cash Flow-mindernd betrachtet.

❑ **Zinsaufwendungen** sind wegen des Gesamtkapitalansatzes nicht abzuziehen.[333]

❑ Um Einflüsse der Finanzierung gänzlich auszuschalten, eliminiert *Stewart* zurecht auch
das durch die Abzugsfähigkeit von Fremdkapitalzinsen bei der Steuerbemessungsgrundlage entstehende **Steuerschild**,[334] das für deutsche Verhältnisse auf die Gewerbesteuer
und die Vermögensteuer zu beschränken ist.[335] Da aufgrund des präferierten Gesamtkapitalansatzes Fremdkapitalzinsen auf operativer Ebene wie bereits erläutert nicht als
Cash Flow mindernd betrachtet werden, sollte auch das hieraus resultierende Steuerschild wieder addiert werden.[336] Steht jedoch auch die Kapitalstruktur zur Disposition
(z.B. auf Gesamtunternehmensebene oder bei rechtlich und wirtschaftlich selbständigen
Tochterunternehmen) sollten bei Wahl des Eigenkapitalansatzes sowohl Zinsen als auch
das Steuerschild unternehmenswertmindernd betrachtet werden.

❑ Aufgrund der dahinter stehenden Konzeption einer Kapitalflußrechnung mit dem ausgeschiedenen Fonds "Liquide Mittel" sind bei **Errechnung des Working Capital** die liquiden Mittel selbst nicht zu berücksichtigen. Liquide Mittel können dabei in
Anlehnung an SFAS No. 95 und § 266 Abs. 2 HGB als "Schecks, Kassenbestand, Bun-
desbank- und Postgiroguthaben, Guthaben bei Kreditinstituten" erhöht um kurzfristige
liquidisierbare Wertpapiere des Umlaufvermögens sowie um den Saldo aus kurzfristigen Forderungen und Verbindlichkeiten mit einer Restlaufzeit von bis zu drei Monaten
definiert werden.[337] Da Wertpapiere des Umlaufvermögens bereits Dispositionen darstellen und Gegenstand eines - wie oben geforderten - fiktiven Geschäftsbereichs
"Finanzen" sein können, sind diese als Teil des Working Capital zu betrachten.

❑ Der Eigentümer hat nach § 58 Abs. 4 AktG bzw. § 29 Abs. 1 GmbHG nur Anspruch auf
den Bilanzgewinn bzw. auf den um Gewinn- und Verlustvorträge korrigierten Jahresüberschuß der Obergesellschaft, d.h. der einzelnen Aktiengesellschaft oder GmbH, und
nicht des Konzerns. Für den hier verfolgten Zweck eines unternehmenswertorientierten
Controlling ist jedoch bei der Unternehmensbewertung wegen herrschender oder maß-
geblicher Einflußnahme auf die Tochtergesellschaften der **gesamte Konzern** der Bewertung zugrunde zu legen. Dies hat z.B. zur Folge, daß beim Finanz-Cash Flow nur
diejenigen Beteiligungserträge mit nicht vollkonsolidierten Tochterunternehmen oder
assoziierten Unternehmen verbleiben.

❑ Sofern keine Segmentberichterstattung erfolgt, die detailliert auch für einzelne Geschäftseinheiten erstellt wird, empfiehlt es sich, die Betriebsergebnisse des **internen**

---

[332] Vgl. die Diskussion zur Bewertung auf Basis des Eigen- oder Gesamtkapitals in Kapitel 3.3.3. Eigen- oder
Gesamtkapitalansatz.
[333] Vgl. Kapitel 3.3.3. Eigen- oder Gesamtkapitalansatz.
[334] Vgl. Stewart, G.B. (1990), S. 308; vgl. ähnliche Schlußfolgerung für Deutschland, jedoch unter Berücksichtigung auch der anderen Steuerarten Zens, N.H./Rehnen, A. (1994), S. 99f..
[335] Vgl. die Ergebnisse in Kapitel 3.3.4.2.1.3. Die Bedeutung von Steuern und Zinsen bei Ermittlung des Freien
Cash Flow.
[336] Vgl. ebenso McTaggart, J.M./Kontes, P.W./Mankins, M.C. (1994), S. 305; Zens, N.H./Rehnen, A. (1994), S.
97 und Unzeitig, E./Köthner, D. (1995), S. 141.
[337] Vgl. Coenenberg, A.G./Cantner, J./Günther, E. (1994), S. 382.

Rechnungswesens als Basis zu verwenden und entsprechend um kalkulatorische, nicht liquiditätswirksame Aufwendungen und Erträge zu korrigieren.[338]

Letztendlich soll die Ermittlung des Cash Flows wie die gesamte Bewertung trotz geforderter Exaktheit auch die **Grundsätze der Wirtschaftlichkeit und Wesentlichkeit** befolgen. Daher wird folgendes Free Cash Flow-Schema vorgeschlagen, wobei davon ausgegangen wird, daß Finanzierungentscheidungen auf Gesamtunternehmensebene und nicht auf der Ebene der Geschäftseinheiten getroffen werden:

Vorschlag zur Ermittlung des Freien Cash Flow

I. Umsatzbereich

	Betriebsergebnis nach kalk. Zinsen und vor Steuern[339] lt. internem Rechnungswesen
+	Kalk. Zinsen auf das Eigen- und Fremdkapital
+	Sonstige nicht-liquiditätswirksame kalkulatorische Zusatzkosten (z.B. Kalk. Unternehmerlohn, Kalk. Wagnisse, Kalk. Miete etc.)
=	**Ordentliches Betriebsergebnis vor Zinsen und Steuern analog zum externem Rechnungswesen**
+	Abschreibungen auf immaterielle Vermögensgegenstände des Anlagevermögens und auf Sachanlagen
–	Zuschreibungen zu immateriellen Vermögensgegenstände des Anlagevermögens und zu Sachanlagen
+	Abschreibungen auf Umlaufvermögen
–	Zuschreibungen zum Umlaufvermögen
+	Erhöhungen langfristiger Rückstellungen (z.B. aus Pensionen)
–	Minderungen langfristiger Rückstellungen
=	**Ordentlicher Cash Flow vor Zinsen und Steuern**
–	liquiditätswirksame Gewerbeertrag- und Gewerbekapitalsteuer
–	liquiditätswirksame Vermögensteuer
–	Definitiv-Körperschaftsteuer[340]
–	Definitiv-Gewerbeertragsteuer[341]
+	Steuerschild durch Fremdfinanzierung[342]
=	**Ordentlicher Cash Flow vor Zinsen und nach Steuern**

Cash Flow

---

[338] Vgl. auch den Vorschlag bei Herter, R.N. (1994), S. 57.

[339] Eventuell entsprechend der jeweils gewählten Erfolgsspaltung inclusive aperiodischer Erfolgskomponenten.

[340] bedingt durch die Nichtabzugsfähigkeit der Vermögensteuer bei der Körperschaftsteuer. Als Steuersatz ist der jeweilige Thesaurierungssteuersatz zu wählen.

[341] bedingt durch die Nichtabzugsfähigkeit der Vermögensteuer bei der Gewerbeertragsteuer.

[342] Zur Berechnung vgl. die Formel in Kapitel 3.3.4.2.1.3. Die Bedeutung von Steuern und Zinsen bei Ermittlung des Freien Cash Flow.

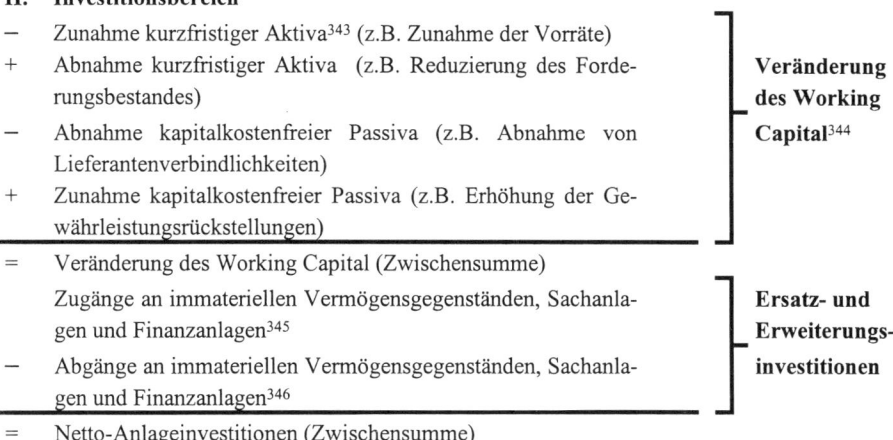

Ordentlicher Cash Flow vor Zinsen und nach Steuern

II. Investitionsbereich

–	Zunahme kurzfristiger Aktiva[343] (z.B. Zunahme der Vorräte)	
+	Abnahme kurzfristiger Aktiva (z.B. Reduzierung des Forderungsbestandes)	**Veränderung des Working Capital**[344]
–	Abnahme kapitalkostenfreier Passiva (z.B. Abnahme von Lieferantenverbindlichkeiten)	
+	Zunahme kapitalkostenfreier Passiva (z.B. Erhöhung der Gewährleistungsrückstellungen)	
=	Veränderung des Working Capital (Zwischensumme)	
	Zugänge an immateriellen Vermögensgegenständen, Sachanlagen und Finanzanlagen[345]	**Ersatz- und Erweiterungs-investitionen**
–	Abgänge an immateriellen Vermögensgegenständen, Sachanlagen und Finanzanlagen[346]	
=	Netto-Anlageinvestitionen (Zwischensumme)	

=   **Freier Cash Flow**

Abb. 3.25.: Eigener Vorschlag zur Berechnung des Freien Cash Flow

3.3.4.2.1.5. Prognose des Freien Cash Flow

Nachdem nun ausführlich dargestellt wurde, wie der Freie Cash Flow für ein bestimmtes Jahr ermittelt werden kann, stellt sich nun die Frage, wie ein zukunftsbezogener Strom von Freien Cash Flows gewonnen oder besser prognostiziert werden kann.

Für das eigene Unternehmen existieren i.d.R. operative und strategische Langfristpläne, die als Planungsbasis für die Prognose der Freien Cash Flows herangezogen werden können.[347] Jedoch können Probleme auftreten, wenn Freie Cash Flows für unternehmensexterne Objekte (z.B. Konkurrenten, Akquisitionskandidaten oder Anlageobjekte) zu prognostizieren sind. Der in diesem Falle notwendige Rückgriff auf historische Daten[348] kann durch Inflation, technologische Fortschritte, Produktmixveränderungen etc.[349] verfälschend wirken.

Bei unternehmensinternen Planungsverfahren ist sehr genau zu prüfen, ob die Planungsgrundlagen nicht durch den sog. **Hockey-Schläger-Effekt** die tatsächlichen Verhältnisse beschönigen. Als Hockey-Schläger-Effekt werden Pläne bezeichnet, die nach anfänglich (realistisch) prognostizierten sinkenden Planwerten plötzliche sehr optimistische Leistungssteigerungen annehmen.[350] Gerade bei langen Planungshorizonten und der unendlichen Be-

---

[343] ohne liquide Mittel.

[344] Zur Abgrenzung kann auf eine Restlaufzeit von bis zu einem Jahr abgestellt werden.

[345] bewertet zu Anschaffungskosten.

[346] Bei getrennter Erfassung aperiodischer Cash Flow-Komponenten bewertet zu Liquidationserlösen, d.h. Restbuchwerte minus Abgangsverluste und plus Abgangsgewinne.

[347] Vgl. Rappaport, A. (1986), S. 54 sowie die Übersicht über verschiedene Ansätze der modellgestützten Planung bei Ballwieser, W. (1990), S. 111ff. und Breid, V. (1994), S. 164ff..

[348] Vgl. Rappaport, A. (1981), S. 142.

[349] Vgl. Rappaport, A. (1986), S. 54.

[350] Vgl. Hax, A.C./Majluf, N.S. (1988), S. 28 und Herter, R.N. (1994), S. 54.

trachtung der Freien Cash Flows im Restzeitraum können Fehlprognosen zu hohen Sensitivitäten führen. Ebenso ist das Gegenteil, die Bildung von sog. „slacks", d.h. sog. Speckschichten durch Angabe zu niedriger Planwerte möglich, um bei Anreizsystemen entsprechende Zielüberschreitungen erzielen zu können.[351]

Die Ermittlung der Freien Cash Flows stützt sich auf monetäre Daten. Es ist daher zu gewährleisten, daß **operative und strategische Planung** soweit verzahnt sind, daß die i.d.R. langfristigeren und qualitativeren strategischen Planvorgaben in monetäre operative Planwerte umgebrochen werden können.[352] Wie die eigene empirische Studie des Verfassers zeigt, ist diese Verzahnung bei der Mehrheit der führenden deutschen Unternehmen gegeben.[353] Daher ist es möglich einen Bezug zwischen dem Unternehenswert und den dahinter stehenden Wertgeneratoren herstellen, wie dies z.B. auch im sog. **Wertgeneratoren-Modell** von *Rappaport* erfolgt.[354]

Rappaport identifziert fünf Wertgeneratoren, auf deren Basis er die Freien Cash Flows errechnet:[355]

Wertgenerator	Definition nach *Rappaport*
Umsatzwachstum	Umsatz laufendes Jahr zu Umsatz Vorjahr
Umsatzrendite	Betriebsergebnis vor Steuern und Zinsen in Prozent des Umsatzes
Steuersatz	zahlungswirksame Steuern in Prozent des Betriebsergebnisses; latente Steuern sind explizit ausgenommen
Erweiterungsinvestitionen in das Anlagevermögen	Investitionen in das Anlagevermögen abzüglich Abschreibungen
Erweiterungsinvestitionen für Working Capital	Erhöhung des Saldos aus Vorräten, Kundenforderungen, Lieferantenverbindlichkeiten und betriebsbedingten Rückstellungen[356]

Abb. 3.26.: Wertgeneratoren nach Rappaport

Der Freie Cash Flow läßt sich nun nach *Rappaport* wie folgt ermitteln:[357]

---

[351] Vgl. Herter, R.N. (1994), S. 175.

[352] Vgl. Day, G.S./Fahey, L. (1990) S. 156ff.; zur Verbindung von Industriekostenkurve und Shareholder Value vgl. Meyersiek, D. (1991), S. 236ff. oder zur Identifikation von Werttreibern bei Wenner, D.L./LeBer, R.W. (1990), S. 102f..

[353] Vgl. Günther, T. (1991), S. 164.

[354] Vgl. Rappaport, A. (1986), S. 50ff und ebenso Bühner, R./Weinberger, H.-J. (1991), S. 195 und Hachmeister, D. (1995), S. 54ff..

[355] Vgl. Rappaport, A. (1986), S. 50.

[356] Die Position „Liquide Mittel" ist explizit ausgenommen, wie bereits bei der Cash Flow-Definition dargelegt wurde. Vgl. Rappaport, A. (1986), S. 54.

[357] *Rappaport* selbst spricht schlicht von Cash Flow . Vgl. Rappaport, A. (1986), S. 52. An anderer Stelle wird auch der Begriff „Cash Flow from operations" aus FAS No. 95 genannt. Vgl. Rappaport, A. (1986), S. 26.

Freier Cash Flow = (Vorjahresumsatz • (1 + Umsatzwachstum) •

        • Umsatzrendite • (1 – Steuersatz))

        – Erweiterungsinvestitionen in das Anlagevermögen

        – Erweiterungsinvestitionen in das Working Capital

Für externe Analysen schlägt er vor, die Erweiterungsinvestitionen in das Anlagevermögen und in das Working Capital mit Hilfe von **Erweiterungsinvestitionsraten** auf Basis des geplanten Umsatzwachstums zu schätzen. Die Erweiterungsinvestitionsraten, die in diesem Falle als Durchschnitte von Vergangenheitsdaten gewonnen werden können, lassen sich dann wie folgt definieren:

Wertgenerator	Definition nach *Rappaport*
Erweiterungsinvestitionsrate für das Anlagevermögen	(Investitionen in das Anlagevermögen abzüglich Abschreibungen) in Prozent des absoluten Umsatzwachstums
Erweiterungsinvestitionsrate für Working Capital	Erhöhung des Saldos aus Vorräten, Kundenforderungen, Lieferantenverbindlichkeiten und betriebsbedingten Rückstellungen in Prozent des absoluten Umsatzwachstums

Abb. 3.27.: Definition der Erweiterungsinvestitionsraten nach Rappaport

Daraus ergibt sich ein etwas modifizierter, aber beträgsmäßig identischer Ansatz für den Freien Cash Flow:

     Freier Cash Flow = Vorjahresumsatz • (1 + Umsatzwachstum) •

           • Umsatzrendite • (1 – Steuersatz) -

           – Vorjahresumsatz • Umsatzwachstum •

            (Erweiterungsinvestitionsrate für das Anlagevermögen

             + Erweiterungsinvestitionsrate für das Working Capital)

Die Formel zeigt gleichzeitig, daß Umsatzwachstum nur dann erhöhend auf den Freien Cash Flow wirkt, wenn die Umsatzrendite nach Steuern über den Summen der beiden Erweiterungsinvestitionsraten liegt, d.h. das Wachstum selbstfinanziert ist (**Affordable Sales Growth**)[358]

An dieser Stelle sei gleichzeitig auf Fehlinterpretationen im Schrifttum hingewiesen, die irrtümlicherweise mit *Rappaport's* Ausführungen begründet wurden:[359]

1)   Die Übersetzung von *Rappaport's* Bezeichnung „Operating Profit Margin" als Umsatzüberschußrate ist unkorrekt, da, wie *Bühner/Weinberger* selbst ausführen,[360] die Umsatzüberschußrate den finanz- oder liquiditätswirksamen Erfolg meint. *Rappaport* zieht jedoch explizit in seiner Definition auch Abschreibungen ab, die weder finanz- noch liquiditätswirksam sind.[361]

---

358 Vgl. zur Kritik am Ansatz des Sustainable Growth Rappaport, A. (1986), S. 135ff.
359 Vgl. Bühner, R. (1990), S. 53ff.; Bühner, R./Weinberger, H.-J. (1991), S. 195 und Bühner, R. (1993), S. 751ff..
360 Vgl. Bühner, R./Weinberger, H.-J. (1991), S. 191 Fußnote 15 und ebenso Bühner, R. (1990), S. 54.
361 Vgl. Rappaport, A. (1986), S. 53.

2) Des weiteren entspricht die Bezeichnung „Cash-Flow Steuersatz" oder „Steuersatz be- zogen auf den Cash-Flow"[362] nicht der Definition *Rappaport*'s, der sich nicht auf den Cash Flow, sondern auf den „Operating Profit", d.h. den Betriebsgewinn, bezieht und mit „Cash income tax rate" nur den zahlungswirksamen Teil des auf den Betriebsge- winn bezogenen Steueraufwandes meint, indem er latente Steuern explizit aus- schließt.[363]

3) Wird wie bei *Bühner* an Stelle der Umsatzrendite die Umsatzüberschußrate gewählt, gleichzeitig jedoch bei den Investitionen nur die Erweiterungsinvestitionen betrachtet, kommt man zu einem von *Rappaport* abweichenden Begriff des Freien Cash Flows. Geht man z.B. vereinfachend von der Definition Cash Flow = Gewinn + Abschreibun- gen aus, so zeigt sich, daß *Bühner* Abschreibungen und damit Erhaltungsinvestitionen im Vergleich zu *Rappaport* nicht berücksichtigt, obwohl er in seinen Ausführungen auf *Rappaport* verweist. Da Abschreibungen in den meisten Unternehmen von erheblicher Bedeutung sind, ist der Freie Cash Flow nach *Bühner* wegen fehlender Berücksichti- gung von Ersatzinvestitionen überhöht.

Ansatz nach *Bühner*	Ansatz nach *Rappaport*
Cash Flow − Steuern − Erweiterungsinvestitionen in das An- lagevermögen − Erweiterungsinvestitionen in das Working Capital	Gewinn $\left\lceil\begin{array}{l}\text{Cash Flow}\\ -\text{ Abschreibungen}\\ \text{(= Ersatzinvestitionen)}\end{array}\right.$ − Steuern − Erweiterungsinvestitionen in das An- lagevermögen − Erweiterungsinvestitionen in das Working Capital
= „Freier Cash Flow" nach *Bühner*	= „Freier Cash Flow" nach *Rappaport*

Abb. 3.28.: Vergleich der Free Cash Flow-Begriffe bei Bühner und Rappaport

Um letztendlich einen Unternehmenswert ermitteln zu können, kommen als weitere Faktoren die **Wachstumsdauer** (als Indikator für die Länge des Planungshorizonts) und die **Kapital- kosten** (als Diskontierungsfaktor) hinzu.[364] Die häufig zitierte *Rappaport*-Formel[365] soll je- doch kritisch beleuchtet werden:

❏ Sie basiert auf leicht zugänglichen Daten des internen Rechnungswesens und ermöglicht daher eine schnelle und einfache Errechnung des Cash Flows.

❏ Die fünf erarbeiteten Wertgeneratoren sind auch in der etwas komplexeren oben abge- leiteten Free Cash Flow-Definition enthalten und zählen sicherlich zu den wesentlichen

---

[362] Vgl. Bühner, R. (1990), S. 57 und Bühner, R./Weinberger, H.-P. (1991), S. 195.
[363] Vgl. Rappaport, A. (1986), S. 55.
[364] Vgl. Rappaport, A. (1986), S. 50.
[365] Vgl. z.B. die Verwendung durch Hanssmann, F. (1988), S. 5; Bühner, R. (1990), S. 58;ʻGomez, P. (1990), S. 560; Bühner, R./Weinberger, H.-J. (1991), S. 195 und Fickert, R. (1992), S. 51.

Free Cash Flow-Determinanten. Der vereinfachende Wertgeneratoren-Ansatz erhöht dadurch die Kommunizierbarkeit und Akzeptanz des Shareholder Value-Ansatzes[366]

❏ Die Beziehung gilt in der vorgestellten Form nur für US-amerikanische Verhältnisse. Für die Bundesrepublik ist der Term „Steuersatz" durch die Gewerbe- und Vermögensteuer in Prozent des Gewinns zu ersetzen.[367] Dieser neue Term entspricht jedoch nicht ganz der Logik des deutschen Steuersystems, da dort zwischen ertragsabhängigen Steuern (KSt und GewESt) und vermögensabhängigen Steuern (GewKSt und VSt) zu unterscheiden ist.

❏ Die Wertgeneratoren von *Rappaport* sind bereits aggregierte Größen, die nur schwer erkennen lassen, welche Strategie oder welche unternehmerischen Entscheidungen en detail dahinter stehen.[368]

❏ Zudem wird die zeitliche Verteilung von Ausgaben und Einnahmen durch die statische Einpunkt-Betrachtung vernachläßigt. Z.B. könnten durch jetzige Vorleistungen (z.B. Steigerung der F&E oder Werbung) spätere höhere Rückflüsse erwirtschaftet werden, während bei statischer Betrachtung F&E und Werbung reduziert werden müßten, um die Umsatzüberschußrate zu steigern.[369]

Zur Prognose der Freien Cash Flows sind eine Fülle von mathematischen und statistischen Verfahren wie z.B. einfache oder multiple Regressionen, Zeitreihenmodelle, Box-Jenkins-Verfahren etc. einsetzbar.[370] Die empirische Befragung des Verfassers zum Stand des strategischen Controlling zeigte jedoch, daß allenfalls die einfachsten Verfahren - wenn überhaupt - eingesetzt werden.[371] Zugleich besteht ein Dilemma darin, daß mit zunehmender Variabilität der Unternehmensumfelder angesichts des gestiegenen Risikos der Informationsbedarf steigt, zugleich jedoch das Informationsangebot wegen der abnehmenden Relevanz gegenwärtiger und vergangener Informationen abnimmt. Prognosen sind insofern erschwert und legen es nahe, mehrwertige Prognosen, z.B. durch alternative Szenarien im Sinne von worst case-best case-Analysen, für die zukünftigen Freien Cash Flows abzugeben.

Folglich ist zu empfehlen, differenziertere Planungsmodelle unter Einbindung der strategischen und operativen Planung zu verwenden, die den individuellen Gegebenheiten des Unternehmens entsprechen.

3.3.4.2.2. *Ermittlung der Freien Cash Flows für den Anpassungszeitraum*

Für den Fall, daß sich zum Ende des Planungszeitraumes kein eingeschwungener Zustand mit konstanten, konstant wachsenden oder konstant fallenden Freien Cash Flows ergibt, kann in Anlehnung an die Drei-Phasen-Methode des Hauptfachgutachtens HFA 2/83 des Instituts der Wirtschaftsprüfer ein Anpassungszeitraum angehängt werden. Der Vorteil dieser zusätzlichen Planungsphase kann in folgenden Punkten gesehen werden:

❏ Die Möglichkeit zu einer realitätsnahen, detaillierten Unternehmensplanung ist nur für die nahe Zukunft gegeben. Danach machten es keinen Sinn, Planungen detailliert weiter

---

[366] Vgl. Bühner, R. (1993), S. 751 und ähnlich Hachmeister, D. (1995), S. 58f..
[367] Vgl. z.B. die Modifikation bei Herter, R.N. (1994), S. 55.
[368] Vgl. Hachmeister, D. (1995), S. 55.
[369] Vgl. Hachmeister, D. (1995), S. 59.
[370] Vgl. auch die Empfehlungen bei Dörner, W. (1992), S. 53ff..
[371] Vgl. Günther, T. (1991), S. 179ff..

zu führen. Der typische Hockey Stick-Effekt[372] und drohender Realitätsverlust zwingen zu **pauschalen Annahmen über die weitere Unternehmensentwicklung** anhand von Entwicklungstrends.[373]

❑   Da in der Planungsphase der Wertbeitrag einer Geschäftseinheit oder einer Strategie ermittelt werden soll und dieser auf der Erlangung von nachhaltigen Wettbewerbsvorteilen (z.B. Patentschutz einer Neuentwicklung, Einzigartigkeit einer Produkt- oder Verfahrenstechnologie, Loyalität eines Kundenstammes etc.) gegenüber der Konkurrenz fußt, ist der Planungszeitraum solange zu wählen, wie diese **Wettbewerbsvorteile** genutzt werden können. Anschließend verflüchtigen sich diese Vorteile (z.B. durch Imitation durch Wettbewerber, Auslaufen eines Patentschutzes, Markteintritt von zusätzlichen Wettbewerbern aufgrund attraktiver Überrenditen etc.),[374] so daß sich auch die Unternehmensentwicklung an den Durchschnitt der Branche anpaßt bis letztendlich nur mehr durchschnittliche Renditen und durchschnittliche Wachstumsraten erzielt werden können.[375] Diese Überlegungen lagen schon den mittlerweile theoretisch veralteten und sogar abgelehnten,[376] aber immer noch praktizierten Mittelwertverfahren der Unternehmensbewertung,[377] wie z.B. der Übergewinnverrentung oder -abschreibung zugrunde.[378]

Die Pauschalierung der weiteren Unternehmensentwicklung kann z.B. dadurch erfolgen, daß die Zahl der im Planungszeitraum beachteten Werttreiber auf wenige wesentliche Größen, wie z.B. die Free Cash Flow-Rendite[379] oder das Umsatzwachstum, reduziert wird. Kostenstrukturen oder Kapitalbindungen werden prozentual gemäß des am Ende des Planungszeitraums erreichten Niveaus festgeschrieben. Das notwendige Anlagevermögen wächst dann z.B. fortan proportional zum Umsatz ebenso wie die einzelnen Kostenblöcke.

Soll neben der Pauschalierung auch ein allmähliches Abschmelzen der erreichten Wettbewerbsvorteile erreicht werden, bietet sich ein sog. **Ramping-Verfahren**[380] an. Hierbei reduzieren sich die zum Ende des Planungszeitraumes erreichten Parameter, wie z.B. Wachstumsraten oder Free Cash Flow-Renditen, von Periode zu Periode, bis zum Ende des Anpassungszeitraumes branchenübliche Zielgrößen erreicht werden. Als mögliche Zielgröße kann z.B. der PIMS PAR RoI, ein RoI-Prognose-Modell auf Basis der PIMS-Datenbank[381] oder eine adäquate langfristige Branchenrendite gewählt werden. Derartige Ramping-Verfahren werden z.B. beim Q-Wert des Beratungsunternehmens CMA/HOLT[382] sowie bei Unternehmensbewertungen auf Basis des CFROI bei der Boston Consulting Group angewandt.[383]

Untersuchungen des Kapitalmarktes zeigen z.B., daß mit zunehmender Länge des Betrachtungshorizontes die Spannweiten zwischen minimalen und maximalen jährlichen Kapital-

---

[372] Vgl. hierzu die Ausführungen in Kapitel 3.3.4.1. Planungshorizont.

[373] Vgl. Herter, R.N. (1994), S. 71.

[374] Vgl. z.B. die gravierenden Wettbewerbsveränderungen im Halbleitermarkt, die zu ganz neuen Wettbewerbskonstellationen geführt haben. Vgl. Foster, R.N. (1986), S. 132ff..

[375] Vgl. Rappaport, A. (1986), S. 60f.; zu Knyphausen, D. (1992), S. 343 und Herter, R.N. (1994), S. 53.

[376] Vgl. z.B. Dörner, W. (1992), S. 124.

[377] Vgl. z.B. für Deutschland Jung, H. (1993), S. 215 und für die Schweiz Helbling, C. (1989a), S. 562.

[378] Vgl. Coenenberg, A.G. (1984a), S. 15f..

[379] z.B. definiert als Quotient von Freier Cash Flow zu gebundenem Kapital.

[380] Vgl. Reimann, B.C. (1990), S. 198ff. Anhang 2.

[381] Vgl. z.B. Buzzel, R.D./Gale, B.T. (1987), S. 241ff. und Hanssmann, F./Liebl, F./Brezina, W. (1993), S. 215ff..

[382] Vgl. Reimann, B.C. (1990), S. 26.

[383] Vgl. Lehmann, S. (1994), S. 178ff. und ebenso Lewis, T.G. (1994), S. 110ff..

marktrenditen beträchtlich gegen einen Mittelwert konvergieren. Nachfolgende Abbildung veranschaulicht die Ergebnisse der Vanguard Group of Valley Forge, Pennsylvania, für Aktien des US-amerikanischen Standard & Poor´s 500-Index im Zeitraum 1951 bis 1981.[384] Beim Vergleich von durchschnittlichen CFROI-Werten für die beiden Zeitspannen 1977 bis 1981 und 1982 bis 1986 zeigte sich bei 100 US-Aktiengesellschaften, daß Unternehmen, die in der ersten Zeitspanne überdurchschnittlich abschnitten, in der zweiten Zeitspanne Rentabilitätseinbußen hinnehmen mußten und umgekehrt.[385]

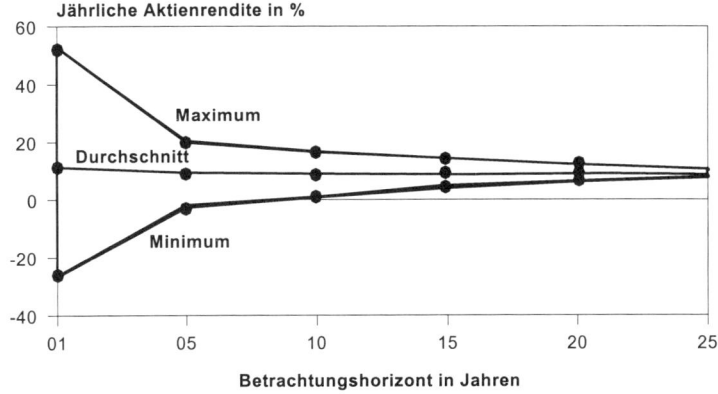

Abb. 3.29.: Konvergenz von Kapitalmarktrenditen mit zunehmendem Betrachtungshorizont[386]

Ob für die Anpassung eine **exponentielle Funktion**[387] **oder eine lineare Funktion** gewählt wird, ist im Einzelfall zu prüfen und stellt eine weitere Annahme in der Errechnung des Unternehmenswertes dar. Erstere sind eventuell zu empfehlen, wenn der Wettbewerbsvorteil sich sehr schnell verflüchtigt (z.B. durch Auslaufen eines Patentschutzes) oder erst allmählich einsetzt (z.B. beim Aufbau eines Markenwertes oder von Kundenloyalität) bzw. wenn kurze Innovations- und Marktlebenszyklen vorliegen. Die lineare Anpassung ist für langsamere, gleichförmigere Entwicklungen zu empfehlen. Je diversifizierter die zu beurteilende Einheit ist, um so eher werden sich steigende und fallende Unternehmensentwicklungen ausgleichen und umso gleichförmiger wird die Entwicklung des Gesamtbereiches ausfallen.

Die Vorgehensweise des Ramping-Verfahrens soll anhand eines einfachen Beispiels erläutert werden.

Beispiel:

Ein Unternehmen will für eine bestimmte strategische Geschäftseinheit den Wertbeitrag vereinfachend mit Hilfe des Wertgeneratoren-Modells nach *Rappaport* errechnen. Dabei soll nach einem Planungshorizont von sechs Jahren ein Anpassungszeitraum von fünf Jahren berücksichtigt werden. Am Ende des sechsten Planjahres (= Ende des Planungshorizontes) ergab sich ein Umsatzwachstum von 8 % und eine Umsatzrendite vor Steuern von 10 % **(Ausgangswerte).** Es wird damit gerechnet, daß das Umsatzwachstum langfristig auf den

---

[384] Vgl. Stewart, G.B. (1990), S. 79f..
[385] Vgl. Lehmann, S. (1994), S. 182f..
[386] Daten nach Stewart, G.B. (1990), S. 80.
[387] Vgl. z.B. bei der Unternehmensbewertung auf Basis des CFROI bei Lehmann, S. (1994), S. 184f. und Lewis, T.G. (1994), S. 111.

Branchendurchschnitt von 3 % und die Umsatzrendite auf 4 % sinken wird **(Zielwerte)**. Alle anderen Wertgeneratoren werden im Zeitablauf als konstant betrachtet. Der auf den Anpassungszeitraum entfallende Wertbeitrag läßt sich nun mit Hilfe des Ramping-Verfahrens wie folgt ermitteln:

1) **Ramping-Verfahren mit lineare Anpassung**

Jahr	6	7	8	9	10	11
Umsatz	120					
Umsatzwachstum	8,0%	7,0%	6,0%	5,0%	4,0%	3,0%
Umsatzrendite vor Steuern	10,0%	8,8%	7,6%	6,4%	5,2%	4,0%
Steuersatz	15,0%	15,0%	15,0%	15,0%	15,0%	15,0%
Erweiterungsinvestitionsrate AV	20,0%	20,0%	20,0%	20,0%	20,0%	20,0%
Erweiterungsinvestitionsrate WC	10,0%	10,0%	10,0%	10,0%	10,0%	10,0%
Umsatz	120,00	128,40	136,10	142,91	148,63	153,08
− Auszahlungswirksame Kosten		117,10	125,76	133,76	140,90	146,96
= Cash Flow vor Steuern		11,30	10,34	9,15	7,73	6,12
− Steuern		1,69	1,55	1,37	1,16	0,92
= Cash Flow nach Steuern		9,60	8,79	7,77	6,57	5,20
− Investitionen in das AV		1,68	1,54	1,36	1,14	0,89
− Δ Working Capital		0,84	0,77	0,68	0,57	0,45
= Freier Cash Flow		7,08	6,48	5,73	4,85	3,87

Abb. 3.30.: Ramping-Verfahren mit linearer Anpassung

Die Anpassung des Ausgangswertes eines Wertgenerators zum Ende des Planungshorizontes T_1 an den Zielwert zum Ende des Anpassungszeitraums der Länge T_2 erfolgt linear und kann für den Zeitpunkt t des Anpassungszeitraums wie folgt errechnet werden:

$$Wertgenerator_{T_1+t} = Ausgangswert_{T_1} - \frac{Ausgangswert_{T_1} - Zielwert_{T_1+T_2}}{Länge\,des\,Anpassungszeitraums\,T_2}$$

Für die Umsatzrendite vor Steuern im siebten Jahr ergibt sich daher folgender Wert:

$$Wertgenerator_{T_1+t} = 10,0\% - \frac{10,0\% - 4,0\%}{5} = 10,0\% - 1,2\% = 8,8\%$$

Als Wertbeitrag des Anpassungszeitraums ergibt sich ein Barwert der Freien Cash Flows von 21,82 (zum 01.01.07), dem ein Wert von 12,32 (= 21,82 / $1,1^6$) zum Betrachtungszeitpunkt 01.01.01 zukommt (Kapitalkosten = 10 %).

2) **Ramping-Verfahren mit einfach-exponentieller Anpassung**

Die Anpassung erfolgt nun exponentiell, indem angenommen wird, daß der Ausgangswert um einen konstanten Prozentsatz pro Periode sinkt bzw. steigt. Der notwendige Prozentsatz zur Erreichung des Zielwertes kann wie folgt errechnet werden:

$$Veränderungsprozentsatz = \left(\sqrt[T_2]{\frac{Zielwert_{T_1+T_2}}{Ausgangswert_{T_1}}} - 1 \right) \bullet 100$$

Jahr	6	7	8	9	10	11
Umsatz	120					
Umsatzwachstum	8,0%	6,6%	5,4%	4,4%	3,7%	3,0%
Umsatzrendite vor Steuern	10,0%	8,3%	6,9%	5,8%	4,8%	4,0%
Steuersatz	15,0%	15,0%	15,0%	15,0%	15,0%	15,0%
Erweiterungsinvestitionsrate AV	20,0%	20,0%	20,0%	20,0%	20,0%	20,0%
Erweiterungsinvestitionsrate WC	10,0%	10,0%	10,0%	10,0%	10,0%	10,0%
Umsatz	120,00	127,89	134,80	140,79	145,93	150,30
− Auszahlungswirksame Kosten		117,24	125,46	132,66	138,92	144,29
= Cash Flow vor Steuern		10,65	9,34	8,12	7,01	6,01
− Steuern		1,60	1,40	1,22	1,05	0,90
= Cash Flow nach Steuern		9,05	7,94	6,91	5,96	5,11
− Investitionen in das AV		1,58	1,38	1,20	1,03	0,88
− Δ Working Capital		0,79	0,69	0,60	0,51	0,44
= Freier Cash Flow		6,68	5,87	5,11	4,42	3,80

Abb. 3.31.: Ramping-Verfahren mit einfach-exponentieller Anpassung

Für die Umsatzrendite ergibt sich z.B. folgender Veränderungssatz:

$$Ver\ddot{a}nderungsprozentsatz = \left(\sqrt[5]{\frac{4}{10}} - 1 \right) \bullet 100 = -16,74\,\%$$

Der Veränderungsprozentsatz für das Umsatzwachstum beträgt analog −17,81 %. Damit können die zukünftigen Werte für die Wertgeneratoren wie folgt berechnet werden:

$$Wertgenerator_{T_1+t} = Ausgangswert_{T_1} \bullet \left(1 + Ver\ddot{a}nderungsprozentsatz \right)^t$$

Als Wertbeitrag des Anpassungszeitraums ergibt sich ein Barwert der Freien Cash Flows von 20,14 (zum 01.01.07), dem ein Wert von 11,37 zum Betrachtungszeitpunkt 01.01.01 entspricht.

3) **Ramping-Verfahren mit dem exponentiellen Konvergenz-Modell der Boston Consulting Group[388]**

Während die ersten beiden Verfahren stets im elften Jahr, d.h. dem letzten Jahr des Anpassungszeitraumes den Zielwert erreichen, wird der Zielwert im Konvergenz-Modell der Boston Consulting Group erst im Unendlichen erreicht, der Planwert nähert sich jedoch dem Zielwert exponentiell an.

Jahr	6	7	8	9	10	11
Umsatz	120					
Umsatzwachstum	8,0%	7,5%	7,1%	6,6%	6,3%	6,0%
Umsatzrendite vor Steuern	10,0%	9,4%	8,9%	8,4%	7,9%	7,5%
Steuersatz	15,0%	15,0%	15,0%	15,0%	15,0%	15,0%
Erweiterungsinvestitionsrate AV	20,0%	20,0%	20,0%	20,0%	20,0%	20,0%
Erweiterungsinvestitionsrate WC	10,0%	10,0%	10,0%	10,0%	10,0%	10,0%

---

[388] Vgl. Lewis, T.G. (1994), S. 110ff. und Lehmann, S. (1994), S. 178ff..

Jahr	6	7	8	9	10	11
Umsatz	120,00	129,00	138,09	147,27	156,52	165,84
− Auszahlungswirksame Kosten		116,87	125,86	134,94	144,10	153,33
= Cash Flow vor Steuern		12,13	12,24	12,33	12,42	12,51
− Steuern		1,82	1,84	1,85	1,86	1,88
= Cash Flow nach Steuern		10,31	10,40	10,48	10,56	10,63
− Investitionen in das AV		1,80	1,82	1,84	1,85	1,86
− Δ Working Capital		0,90	0,91	0,92	0,92	0,93
= Freier Cash Flow		7,61	7,67	7,73	7,78	7,84

Abb. 3.32.: Ramping-Verfahren nach dem exponentiellen Konvergenz-Modell von BCG

Im Konvergenz-Modell wird davon ausgegangen, daß sich die Differenz von Planwert und Zielwert in jedem Jahr um einen konstanten Prozentsatz vermindert. Der Prozentsatz kann im Gegensatz zur einfachen exponentiellen Anpassung nicht errechnet werden. Die BCG geht von einem Konvergenzwert von ± 10 % aus. Damit können die zukünftigen Planwerte für das Konvergenz-Modell wie folgt errechnet werden:

$$Wertgenerator_{T_1+t} = Ausgangswert_{T_1} + \left(Ausgangswert_{T_1} - Zielwert_{T_1+T_2} \right) \bullet$$
$$\bullet \left(Konvergenzfaktor^{t} - 1 \right)$$

mit Konvergenzfaktor = (1 + Konvergenzwert)

Im Beispiel ergibt sich aus einem Konvergenzwert von −10 % ein Konvergenzfaktor von 0,9.

Da der von BCG empfohlene Konvergenzfaktor von −10 % gewählt wurde, fällt das Ramping schwächer als in den ersten beiden Fällen aus. Folglich ist der Wertbeitrag des Anpassungszeitraums mit 16,51 (Wert zum 01.01.01) bzw. 29,25 (Wert zum 01.01.07) höher.

Abschließend sollen die drei vorgestellten Verfahren in nachfolgender Tabelle verglichen werden:

Jahr	6	7	8	9	10	11
Umsatzwachstum						
❑ lineares Ramping	8,0%	7,0%	6,0%	5,0%	4,0%	3,0%
❑ einfach-exponentielles Ramping	8,0%	6,6%	5,4%	4,4%	3,7%	3,0%
❑ Konvergenz-Modell nach BCG	8,0%	7,5%	7,1%	6,6%	6,3%	6,0%
Umsatzrendite						
❑ lineares Ramping	10,0%	8,8%	7,6%	6,4%	5,2%	4,0%
❑ einfach-exponentielles Ramping	10,0%	8,3%	6,9%	5,8%	4,8%	4,0%
❑ Konvergenz-Modell nach BCG	10,0%	9,4%	8,9%	8,4%	7,9%	7,5%

Jahr	6	7	8	9	10	11
Freier Cash Flow						
❑ lineares Ramping		7,08	6,48	5,73	4,85	3,87
❑ einfach-exponentielles Ramping		6,68	5,87	5,11	4,42	3,80
❑ Konvergenz-Modell nach BCG		7,61	7,67	7,73	7,78	7,84

Abb. 3.33.: Vergleich verschiedener Ramping-Verfahren

Die Berücksichtigung von Ramping-Verfahren im Anpassungszeitraum ist kritisch zu beleuchten:

1) Die Annahmen über den **Verlauf des Übergangs** sind meist willkürlich und nur schwer ex ante abzuschätzen, jedoch mit hohem Einfluß auf den Shareholder Value versehen.

2) Das Abschmelzen von Wettbewerbsvorteilen sollte **prinzipiell bereits im Planungszeitraum** berücksichtigt werden, da der Wertbeitrag hierdurch maßgeblich determiniert wird und sich daher eine exakte Planung anbietet. Falls die Datenlage hierzu nicht ausreichend ist, kann ersatzweise auf das Ramping-Verfahren zurückgegriffen werden.

3) Der **Übergang** vom Planungszeitraum zum Anpassungs- bzw. Restwertzeitraum sollte **nicht abrupt sondern kontinuierlich** erfolgen, da sonst von einem eingeschwungenen Zustand nicht gesprochen werden kann und ein Ramping-Verfahren zu willkürlichen Ergebnissen führen würde.

4) Das Ramping-Verfahren fußt einerseits auf der Annahme effizienter Märkte, die verhindern, daß Unternehmen langfristig Über- oder Unterrenditen verdienen. Da selbst für die Kapitalmärkte die Effizienz empirisch nur teilweise nachgewiesen werden konnte,[389] können jedoch andererseits langfristige Überrenditen auf den heterogenen Güter- und Dienstleisungsmärkten zumindest bisher empirisch nicht widerlegt werden.

5) Da in der theoretischen Argumentation von Überrenditen ausgegangen wird, stellt sich die Frage, ob die Überlegungen auch im Falle **signifikanter Unterrenditen** bedingt durch nachhaltige Wettbewerbsnachteile greifen. Im Umkehrschluß würde die Diffusion des Wettbewerbsvorteils des Konkurrenten auch zur Wettbewerbsverbesserung des benachteiligten Unternehmens führen. Berechtigt scheint jedoch der Hinweis von *Lehmann*, daß durch Druck seitens der Investoren Unterrenditenabgebaut werden.[390] Es besteht jedoch die Gefahr, daß durch Einbezug des Anpassungszeitraumes und des dadurch höheren Ausgangsniveaus für den Restwert Unternehmenswerte geschönt werden.

Während eine Pauschalierung von Entwicklungstendenzen in der Anpassungsphase aus Praktikabilitätsgründen geboten scheint, sollte jedoch besonders kritisch geprüft werden, ob ein Ramping-Verfahren gewählt wird. Die Wahl des Anpassungsmodus sowie die Anpassung von Unterrenditen an höhere Branchen- oder Vergleichsrenditen erscheint fragwürdig. Wenn

---

[389] Die mittelstrenge Effizienz gilt trotz methodischer Probleme für den US-amerikanischen Kapitalmarkt als empirisch erwiesen. Vgl. hierzu die Ausführungen in Kapitel 2.1.2.2.4. Mangelnde Informationsverarbeitung am Markt.

[390] Vgl. Lehmann, S. (1994), S. 182 und ebenso Lewis, T.G. (1994), S. 113.

Unternehmseinheiten während des gesamten Planungszeitraumes von i.d.R. fünf bis zehn Jahren Unterrenditen erwirtschaften, werden sie in der Regel aus dem Markt genommen.

3.3.4.2.3. Ermittlung des Restwertes

Da insbesondere juristische Personen kein definiertes Ende des Unternehmens kennen (going concern), kommt dem **Restwert** (terminal value oder residual value) die Aufgabe zu, den Beitrag zum Unternehmenswert zu ermitteln der über den Planungs- und Anpassungszeitraum hinaus entsteht. Dies trifft insbesondere für schnell wachsende Branchen, wie z.B. die High Tech-Industrien, zu, in denen positive Freie Cash Flows erst nach Abklingen des Wachstums erzielt werden.[391] Einen weiteren typischen Fall stellen Branchen mit hoher Markenbindung, wie z.B. die Nahrungsmittel-, Unterhaltungs- und Konsumgüterindustrie dar. Nachfolgende Abbildung zeigt für die 30 Unternehmen des Dow Jones Industrial Average den prozentualen Anteil am aktuellen Aktienkurs, der auf den Barwert der für die nächsten fünf Jahre geschätzten Dividenden entfällt:

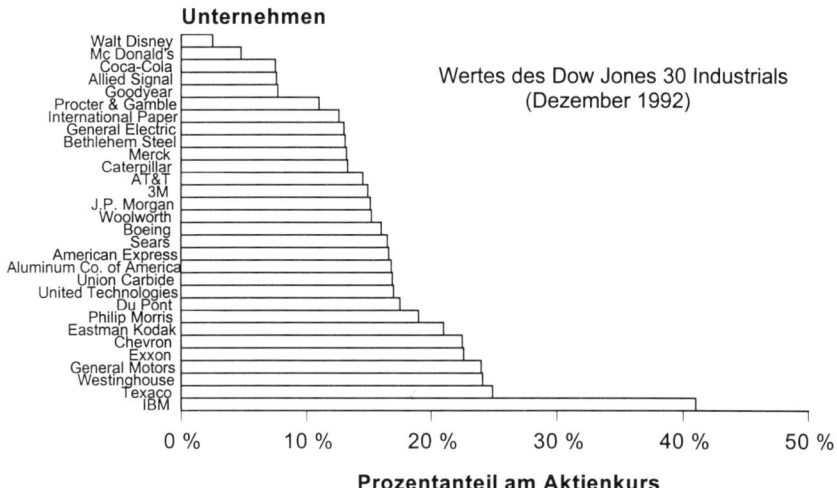

Abb. 3.34.: *Prozentualer Anteil der geschätzten Fünf-Jahres-Dividenden am Aktienkurs der Unternehmen des Dow Jones Industrial Average*[392]

Der Restwert enthält nur Zahlungsströme, die durch Maßnahmen im Planungszeitraum ausgelöst sind, aber über diesen hinausreichen. So wird z.B. Erweiterungs- und Ersatzinvestitionen außerhalb des Planungszeitraums ein Kapitalwert von Null zugeordnet, d.h. diese Investitionen sind - angesichts abgeschmolzener Wettbewerbsvorteile - gerade noch in der Lage, ie Kapitalkosten und folglich weder Über- noch Unterrenditen zu erzielen.[393] Wegen ihres fehlenden Wertbeitrages brauchen sie folglich auch nicht mehr gesondert betrachtet zu werden. Für die Berechnung können die Freien Cash Flows als konstant angenommen werden. Fälschlicherweise wird daher aufgrund der Restwertannahmen häufig von Nullwachstum oder

---

[391] Vgl. Rappaport, A. (1986), S. 59 und Copeland, T./Koller, T./Murrin, J. (1991), S. 208.

[392] Vgl. McTaggert, J.M./Kontes, P.W./Mankins, M.C. (1994), S. 62 sowie ähnliche Daten bei Rappaport, A. (1992), S. 87.

[393] Vgl. Rappaport, A. (1986), S. 60f.; Gomez, P./Weber, B. (1989), S. 34f.; Bühner, R./Weinberger, H.-J. (1991), S. 193; Bühner, R. (1994b), S. 18ff.; Herter, R.N. (1994), S. 69 und Unzeitig, E./Köthner, D. (1995), S. 132.

konstanten Cash Flows im Restwertzeitraum gesprochen.[394] Zudem können neue Strategien zusätzliche Wettbewerbsvorteile schaffen und hierdurch wiederum Überrenditen erzielen. *Copeland/Koller/Murrin* verweisen zurecht darauf, daß bei bestimmten Unternehmen (z.B. Coca-Cola oder Pepsi) davon auszugehen ist, daß sie auch in Zukunft Überrenditen erwirtschaften und die Freien Cash Flows daher wachsen werden. Hier sind entsprechende wachstumsorientierte Restwertannahmen zu wählen.[395]

Bei Restwertberechnungen wird der (konstante) Freie Cash Flow des Restwertzeitraums häufig mit dem letzten Freien Cash Flow des Planungszeitraums gleichgesetzt.[396] Er ist jedoch zu modifizieren, da z.B. die Wachstumsannahmen des Planungszeitraums nicht übernommen und zyklische Schwankungen bereinigt werden sollten. Eine gesonderte Ermittlung des Restwert-Free Cash Flows ist zu empfehlen.[397] Anstatt des Freien Cash Flows Gewinngrößen zu wählen,[398] stellt eine grobe Vereinfachung dar, da damit sämtliche eventuell notwendigen Investitionen auf reine Ersatzinvestitionen (= Abschreibungen) beschränkt werden. Dies führt insbesondere in der nachfolgenden Variante mit konstantem Wachstum zu Widersprüchen.[399]

Zur Ermittlung des Restwertes sind eine ganze Reihe von **Varianten** entwickelt worden, die nachfolgend vorgestellt werden sollen. Dabei wird von einem Zeitraum t = 1, ..., T ausgegangen, der den Planungszeitraum und auch den eventuellen Anpassungszeitraum umfaßt. Der Diskontierungszinssatz sei i (z.B. i = 0,12 d.h. 12 %), woraus sich ein Diskontierungsfaktor q = 1 + i (im Beispiel q = 1,12) ergibt.

1) **Annahme einer ewigen Rente:**[400]

Bei dieser gebräuchlichsten Methode wird davon ausgegangen, daß sich im Restzeitraum Investitionen nur mit den Kapitalkosten verzinsen, damit keinen Wertbeitrag leisten und deren Cash Flows daher nicht berücksichtigt werden müssen. Der Berechnung kann daher ein konstanter Freier Cash Flow (perpetuity cash flow) für den Restwertzeitraum zugrunde gelegt werden. Der Wert der ewigen Rente (perpetuity) bezogen auf den Entscheidungszeitpunkt t = 0 beträgt folglich:[401]

$$\text{Restwert} = \underbrace{\frac{\overline{Freier\ Cash\ Flow}}{i}}_{\text{Barwert der ewigen Rente}} \bullet \underbrace{\frac{1}{(1+i)^T}}_{\substack{\text{Abdiskontierung} \\ \text{auf Entscheidungs--} \\ \text{zeitpunkt } t=1}}$$

---

[394] Vgl. Copeland, T./Koller, T./Murrin, J. (1991), S. 214.

[395] Vgl. Copeland, T./Koller, T./Murrin, J. (1991), S. 228f..

[396] Vgl. Stewart, G.B. (1990), S. 314; Bühner, R./Weinberger, H.-J. (1991), S. 193; Zens, N.H./Rehnen, A. (1994), S. 107; Herter, R.N. (1994), S. 69 und Jonas, M. (1995), S. 91.

[397] Vgl. z.B. Copeland, T./Koller, T./Murrin, J. (1991), S. 224; Herter, R.N. (1994), S. 71; Hachmeister, D. (1995), S. 88 und Unzeitig, E./Köthner, D. (1995), S. 134.

[398] Vgl. z.B. Gomez, P. (1993), S. 262 und ähnlich Stewart, G.B. (1990), S. 314.

[399] Vgl. hierzu auch Copeland, T./Koller, T./Murrin, J. (1991), S. 214ff..

[400] Vgl. Rappaport, A. (1986), S.. 60ff.; Reimann, B.C. (1990), S. 21f.; Stewart, G.B. (1990), S. 314f.; Bühner, R. (1990), S. 49ff.; Copeland, T./Koller, T./Murrin, J. (1991), S. 213f.; Gomez, P. (1993), S. 262; Hachmeister, D. (1995), S. 88; Zens, N.H./Rehnen, A. (1994), S. 107 und Herter, R.N. (1994), S. 68ff..

[401] Der Barwert einer ewigen Rente ergibt sich als Grenzwert einer unendlichen geometrischen Reihe

$$\lim_{n\to\infty} \sum_{t=1}^{n} \overline{Freier\ Cash\ Flow} \bullet q^{-t} = \frac{\overline{Freier\ Cash\ Flow}}{q-1} = \frac{\overline{Freier\ Cash\ Flow}}{i}.$$

2)   **Annahme einer ewig wachsenden Rente:**[402]

Ist der Freie Cash Flow im Restzeitraum nicht konstant, sondern kann unterstellt werden, daß er mit einer konstanten Rate g (z.B. g=0,05, d.h. 5 % Wachstum) wächst. Wachstum kann sich schon alleine dadurch ergeben, daß der Freie Cash Flow inflationsbedingt steigt. Daher dürfte i. d. R. die Annahme einer ewig wachsenden Rente der Realität am nächsten kommen. Diese Tatsache wird in den Modellen mit konstanten ewigen Renten jedoch vernachläßigt.[403] Für den Fall g < i, d.h. das Wachstum ist geringer als der Diskontierungszinssatz, kann der Restwert wie folgt berechnet werden:

$$\text{Restwert} = \underbrace{\frac{\overline{Freier\,Cash\,Flow}}{i-g}}_{\text{Barwert der ewigen Rente}} \bullet \underbrace{\frac{1}{(1+i)^T}}_{\substack{\text{Abdiskontierung} \\ \text{auf Entscheidungs-} \\ \text{zeitpunkt\,t=1}}}$$

Im Vergleich zur konstanten ewigen Rente ist der Restwert bei der konstant wachsenden Rente um den Faktor $\dfrac{i}{i-g}$ größer.

Für den Fall g ≥ i gibt es keinen endlichen Grenzwert der ewig wachsenden Rente, da die einzelnen Freien Cash Flows stärker steigen als der Diskontierungszinssatz und ihr Barwert folglich stetig ansteigt. Der Restwert ist folglich unendlich groß.

Der konstante freie Cash Flow in obiger Formel für die ewig wachsende Rente kann auch nach *Copeland/Koller/Murrin* durch die Werttreiber Gewinn nach Steuern, das Gewinnwachstum g und die Rendite auf Erweiterungsinvestition r ausgedrückt werden.[404] Dadurch ergibt sich folgende Restwertformel:[405]

$$\text{Restwert} = \frac{\overline{Gewinn} \bullet \left(1 - \dfrac{g}{r}\right)}{i-g}$$

3)   **Multiplikatoren-Verfahren:**[406]

Durch Anknüpfung an die bereits im Rahmen der Unternehmensbewertung erläuterten marktorientierten Multiplikatoren-Verfahren[407] bietet sich die Möglichkeit, diese auf die Ermittlung des Restwertes zu beschränken und im Planungs- und Anpassungszeitraum detailliert zu planen. Der Restwert ergibt sich dabei durch Multiplikation einer Bezugsgröße mit einem Multiplikator, der aus Vergleichswerten der Branche, des Gesamtmarktes oder aktueller M&A-Transaktionen abgeleitet wird:

---

[402] Vgl. Copeland, T./Koller, T./Murrin, J. (1991), S. 210; Zens, N.H./Rehnen, A. (1994), S. 108; Herter, R.N. (1994), S. 70ff.; Hachmeister, D. (1995), S. 88; Jonas, M. (1995), S. 91 und Unzeitig, E./Köthner, D. (1995), S. 133f.

[403] Vgl. die Kritik bei Herter, R.N. (1994), S. 69.

[404] Vgl. der Nachweis der Identität der beiden Ausdrücke bei Copeland, T./Koller, T./Murrin, J. (1991), S. 399ff..

[405] Vgl. Copeland, T./Koller, T./Murrin, J. (1991), S. 210f. und ebenso Zens, N.H./Rehnen, A. (1994), S. 108.

[406] Vgl. Rappaport, A. (1986), S. 63; Copeland, T./Koller, T./Murrin, J. (1991), S. 217; Ballwieser, W. (1991), S. 61; Herter, R.N. (1994), S. 72; Hachmeister, D. (1995), S. 89 und Unzeitig, E./Köthner, D. (1995), S. 130.

[407] Vgl. Kapitel 3.2.5.2. Marktorientierte Vergleichswerte.

❑ **Market to Book Value-Ratios:**

Restwert = M/B-Ratio ● Buchwert des Eigenkapitals zum Ende des Planungs-bzw. Anpassungszeitraumes

❑ **Price/Earnings Ratios (Kurs/Gewinn-Verhältnisse KgV):**

Restwert = P/E-Ratio ● Gewinn nach Steuern und Zinsen zum Ende des Planungs-bzw. Anpassungszeitraumes[408]

❑ **Cash Flow-Multiplikatoren (Kurs/Cash Flow-Verhältnis):**

Restwert = Kurs/Cash Flow-Verhältnis ● Cash Flow zum Ende des Planungs-bzw. Anpassungszeitraumes

Bezüglich der Leistungsfähigkeit der Multiplikatoren-Verfahren kann auf die Kritik an den marktorientierten Vergleichswerten verwiesen werden.[409] Die zum Ende des Planungszeitraumes gewählte Bezugsgröße (z.B. der Buchwert des Eigenkapitals oder der Gewinn nach Steuern und Zinsen) sollte in ihrer Höhe repräsentativ für den Restzeitraum sein. Des weiteren ist zu prüfen, ob die Multiplikatoren auf die zu beurteilende Geschäftseinheit übertragen werden können, ob Multiplikatoren für den Restwertzeitraum prognostiziert werden können und ob nicht die zugrunde liegenden buchhalterische Größen zu Verzerrungen führen.[410] Der Vorteil der Multiplikatoren-Verfahren liegt in ihrer Nähe zum Markt, ihrer einfachen und schnellen Ermittlung und in ihrer Verständlichkeit.

4) **Einzelbewertungsverfahren:**

Im Gegensatz zu den obigen Verfahren, die von einer Bewertung des Unternehmens als Ganzes ausgehen, beruhen die nachfolgenden Verfahren der Restwertermittlung auf einer Bewertung einzelner Vermögensgegenstände und Schulden und lehnen sich daher mehr oder weniger stark an den Jahresabschluß an:

❑ **Liquidationswert als Restwert:**[411]

Hier wird davon ausgegangen, daß am Ende des Planungs- bzw. Anpassungszeitraumes nur der Liquidationserlös der Aktiva abzüglich der Zahlungsverpflichtungen der Passivseite zu erzielen ist. Realistischerweise wird diese Annahme nur zu wählen sein, wenn die Liquidation definitiv zur Disposition steht (z.B. bei Auslaufen eines Nutzungs- oder Abbaurechtes oder eines zeitlich begrenzten Vertrages).[412] Probleme bereiten die antizipative Festlegung der zukünftigen Liquidationswerte der Aktiva,[413] wenngleich der Cash Flow-Bezug den Grundideen der Shareholder Value-Rechnung entspricht.

Restwert = Liquidationswert am Ende des Planungs-/Anpassungszeitraumes

---

[408] Diese Vorgehensweise widerspricht methodisch dem Gesamtkapitalansatz. Da jedoch P/E-Ratio und auch die Gewinngröße nach Zinsen definiert sind, hebt sich der Fehler wieder auf.

[409] Vgl. z.B. Ballwieser, W. (1991), S. 56ff. sowie speziell zur Verwendung als Restwerte Rappaport, A. (1986), S. 63 und Hachmeister, D. (1995), S. 89.

[410] Vgl. z.B. Rappaport, A. (1986), S. 63.

[411] Vgl. Copeland, T./Koller, T./Murrin, J. (1991), S. 215 und Unzeitig, E./Köthner, D. (1995), S. 129f..

[412] Vgl. Hachmeister, D. (1995), S. 89; Herter, R.N. (1994), S. 68 sowie aus diesem Grunde ablehnend Unzeitig, E./Köthner, D. (1995), S. 130.

[413] Vgl. ebenso Hachmeister, D. (1995), S. 90.

❏   **Substanzwert als Restwert:**[414]

Der Restwert entspricht hier der zum Ende des Planungs- bzw. Anpassungszeitraumes vorhandenen Substanz. Zielsetzung ist daher nicht die Zerschlagung des zu bewertenden Bereichs, sondern die Fortführung. Der Substanzwert entspricht dem Wert, den ein potentieller Käufer für die nutzenidentische Reproduktion aufbringen müßte.[415] Der Substanzwert ist - auch wegen seiner vielen möglichen Ausprägungen - in der Realität schwer zu ermitteln. Insbesondere der Einbezug nicht aktivierbarer Vermögensgegenstände wie z.B. originärer Firmenwerte, Know How oder Kundenbeziehungen erschwert die praktische Anwendung.[416]

Restwert = Substanzwert am Ende des Planungs- bzw. Anpassungszeitraums

❏   **Buchwert als Restwert:**[417]

Wird der Restwert mit dem Nettovermögen (= bilanzielles Eigenkapital)[418] gleichgesetzt, d.h. dem Saldo aus Buchwert der Aktiva und Buchwert der Schulden, so lassen sich sowohl die Liquiditätsannahme als auch die Substanzwertannahme vereinfachend lösen. Selbstverständlicherweise werden jedoch die Intentionen der beiden ersetzten Annahmen nicht mehr erfüllt. Zudem kann der Buchwert durch Bilanzpolitik und Sachverhaltsgestaltung gekennzeichnet sein, die gerade bei der Bewertung von fremden Unternehmen oder Unternehmensteilen zu Verfälschungen führen kann.

Restwert = Nettovermögen am Ende des Planungs- bzw. Anpassungszeitraums

5)   **keine Berücksichtigung des Restwertes:**

Bei vorsichtiger bzw. pessimistischer Sicht kann auf die Berücksichtigung eines Restwertes verzichtet werden. Es wird jedoch dann unterstellt, daß im Planungs- bzw. Anpassungszeitraum die gesamte Wertschaffung erfolgt oder das zugrunde liegende Bewertungsobjekt über eine begrenzte Lebensdauer verfügt. Bei Weiterführung des Geschäftes kommt dem Restwert, wie nachfolgende Beispielsrechnung zeigt, jedoch i. d. R. eine hohe Bedeutung zu, da sich im Planungszeitraum geschaffene Erfolgspotentiale erst langfristig bemerkbar machen können. Dies ist z. B. beim Aufbau von Markenwerten, bei der regionalen Diversifikation oder bei der Erlangung einer Marktführerschaft gegeben.

Restwert = 0

Bei Annahme eines konstanten Freien Cash Flows nicht nur für den Restzeitraum, sondern auch für den Planungszeitraum kann der Erklärungsanteil des Restwerts quantifiziert werden.[419] Der Unternehmenswert entspricht in diesem Fall einer ewigen Rente von t=1, ... , ∞;

---

[414] Vgl. Unzeitig, E./Köthner, D. (1995), S. 131. *Copeland/Koller/Murrin* sprechen von „replacement-cost approach". Vgl. Copeland, T./Koller, T./Murrin, J. (1991), S. 215f..

[415] Vgl. zum Substanzwert die Ausführungen in Kapitel 3.2.4. Der Einfluß des Substanzwertes auf den Entscheidungswert.

[416] Ebenfalls ablehnend Hachmeister, D. (1995), S. 89.

[417] Vgl. Copeland, T./Koller, T./Murrin, J. (1991), S. 217f. und Unzeitig, E./Köthner, D. (1995), S. 130f..

[418] zu verstehen als bereinigtes bilanzielles Eigenkapital, d.h. z.B. zuzüglich des Eigenkapitalanteils des Sonderpostens mit Rücklageanteil.

[419] Ein Anpassungszeitraum braucht bei Annahme konstanter Freier Cash Flows nicht mehr berücksichtigt zu werden und fällt mit dem Planungszeitraum zusammen.

der Restwert ergibt sich für t=T+1, ... , ∞ ebenfalls als ewige Rente, die jedoch auf den Bewertungszeitpunkt t = 1 zu diskontieren ist. Der während des Planungszeitraumes von T Perioden geschaffene Wert ist der Wert einer geometrischen Reihe.

$$\text{Unternehmenswert} = \sum_{t=1}^{\infty} \frac{\overline{Freier\,Cash\,Flow}}{q^t} = \frac{\overline{Freier\,Cash\,Flow}}{q-1}$$

$$\text{Restwert} = \sum_{t=T+1}^{\infty} \frac{\overline{Freier\,Cash\,Flow}}{q^t} = \frac{\text{Ewige Rente}}{q^T} = \frac{\overline{Freier\,Cash\,Flow}}{(q-1)} \bullet \frac{1}{q^T}$$

$$\text{Geschaffener Wert im Planungszeitraum} = \sum_{t=1}^{T} \frac{\overline{Freier\,Cash\,Flow}}{q^t} = \frac{\overline{Freier\,Cash\,Flow}}{q^T} \bullet \frac{q^T-1}{q-1}$$

$$\text{Anteil des Restwertes am Unternehmenswert} = \frac{1}{q^T}$$

Wie aus obigen Formeln ableitbar, ist der Anteil des Restwertes am gesamten Unternehmenswert bei konstanten Freien Cash Flows gleich $1/q^T$ und sinkt folglich mit zunehmendem Diskontierungszinsfuß i = q−1 und mit zunehmender Länge des Planungszeitraumes T. Aus nachfolgender Tabelle kann der prozentuale Anteil für einige Parameterkombinationen entnommen werden.

Diskontierungs-satz i	Länge des Planungshorizontes						
	3 Jahre	5 Jahre	10 Jahre	15 Jahre	20 Jahre	25 Jahre	50 Jahre
5%	86,4%	78,4%	61,4%	48,1%	37,7%	29,5%	8,7%
10%	75,1%	62,1%	38,6%	23,9%	14,9%	9,2%	0,9%
15%	65,8%	49,7%	24,7%	12,3%	6,1%	3,0%	0,1%
20%	57,9%	40,2%	16,2%	6,5%	2,6%	1,0%	0,0%
25%	51,2%	32,8%	10,7%	3,5%	1,2%	0,4%	0,0%

Abb. 3.35.: Anteil des Restwertes am gesamten Unternehmenswert bei konstantem Freien Cash Flow p.a.

Für die in der Praxis am meisten anzutreffenden Planungshorizonte von fünf bis zehn Jahren[420] und gewichtete Kapitalkosten (= Diskontierungssatz) zwischen 5 % und 10 %[421] bewegt sich der Anteil des Restwertes am gesamten Unternehmenswert im vereinfachten Beispiel mit konstanten Freien Cash Flows zwischen 38,6 % und 78,4 %.[422] Dem Restwert und damit verknüpft auch der Wahl des Planungshorizonts kommt daher für die unternehmenswertorientierte Steuerung eine nicht zu unterschätzende Bedeutung zu. Das gewählte Rechenbeispiel ist jedoch insofern vereinfachend, da in der Praxis die Freien Cash Flows nicht konstant sein werden. Wird der Planungshorizont - wie empfohlen - so gewählt, daß Überrenditen innerhalb des Planungszeitraums verdient werden, kommt dem Restwert im Vergleich zum vereinfachten Beispiel sogar ein kleinerer Anteil am Unternehmenswert zu, sofern keine nennenswerten Vorlaufkosten, d.h. negative Freie Cash Flows, entstehen.

---

[420] Vgl. die Ergebnisse in Kapitel 3.3.4.1. Planungshorizont.
[421] Vgl. die gewichteten Kapitalkosten in der Studie von Bühner, R. (1993), S. 756f..
[422] In obiger Tabelle der mit Schraffur unterlegte Kasten.

3.3.4.3. Ermittlung des Diskontierungszinsfußes

3.3.4.3.1. Aufgaben des Diskontierungszinsfußes

Dem Diskontierungszinsfuß kommt die **Aufgabe** zu, durch Annahmen über die Finanzierungskosten und Wiederanlagemöglichkeiten die Komplexität der Entscheidungssituation zu reduzieren:[1]

1)   Freie Cash Flows unterschiedlicher Jahre werden bezüglich ihres **Zeitwertes** gleichnamig und damit zum Barwert (– Unternehmenswert) addierbar.

2)   Unterschiedliche Risiken verschiedener Anlageformen werden durch Berücksichtigung von **Risiken** im Diskontierungszinsfuß vergleichbar. Dabei wird jedoch nur das allgemeine Wagnis für unternehmerische Tätigkeit im Diskontierungszinsfuß erfaßt, da spezielle geschäftsspezifische Risiken in den Rückflüssen abgebildet werden sollen.

3)   Finanzierung und Investition können durch einen einheitlichen Diskontierungszinsfuß getrennt betrachtet (**Fisher-Separationstheorem**)[2] und folglich auch Unternehmen und Unternehmensteile unabhängig von der Finanzierung bewertet werden.

Die **Höhe des Diskontierungszinssatzes** drückt aus, welchen Wert das Management auf der einen und die Eigentümer auf der anderen Seite einem zukünftigen Freien Cash Flow beimessen. Der Diskontierungszinssatz ist folglich durch die Handlungsalternativen der beiden Parteien bestimmt, wobei das Risiko aus Vergleichsgründen identisch zu wählen ist.

Der **Investor** als principal kann sein Kapital alternativ in Eigen- oder Fremdkapital anderer Unternehmen investieren. Da einführend die Gesamtkapitalsicht gegenüber der Eigenkapitalsicht präferiert wurde, ist nun, um methodisch konform zu bleiben, davon auszugehen, daß der „fiktive" Investor sowohl am Eigen- als auch am Fremdkapital beteiligt ist.[3] Da das Eigenkapital als Haftungskapital mit einem höheren Risiko behaftet ist, möchte der Investor eine - im Vergleich zur quasi risikofreien Anlage in Fremdkapital - risikoangepaßte Verzinsung erhalten. Die Alternativrendite für sein investiertes Kapital ergibt sich dann aus einer Mischung seiner geforderten Eigen- und Fremdkapitalrendite, die einer Anlage mit vergleichbaren Risiken entspricht (**Opportunitätskosten**).

Für das **Management** als agent des Eigentümers stellen sich im Prinzip die gleichen Handlungsalternativen. Eventuelle Mittelüberschüsse können ebenfalls sowohl in risikoäquivalente Eigenkapitalanteile als auch in Fremdkapitalanteile investiert werden. Die Alternative kann jedoch auch im Rückkauf eigener Aktien gesehen werden.[4] Die Alternativrendite wird bei effizienten Märkten der des einzelnen Investors entsprechen. Benötigt das Management jedoch Kapital, so sieht es sich bei der Ausgabe neuer Aktien wiederum der Forderung der einzelnen Investoren nach einer risikoangepaßten Verzinsung gegenüber,[5] ebenso wie beim Fremdkapital die Kapitalmarktzinsen zu zahlen sind.

---

1   Vgl. Ballwieser, W. (1990), S. 167ff. und Ballwieser, W. (1993), S. 159 sowie ähnlich Ballwieser, W. (1981), S. 97ff.
2   Vgl. Fisher (1930), sowie die Darstellung bei Günther, T. (1994a), Sp. 958ff..
3   Daß es sich dabei um unterschiedliche Personen handeln kann, ist für die Betrachtung irrelevant.
4   Vgl. Schneider, D. (1992), S. 516.
5   Vgl. Schneider, D. (1992), S. 516.

Folglich besteht sowohl beim Management als auch beim Kapitalgeber selbst die **Alternativ-rendite** in den **gewichteten Kapitalkosten** des Unternehmens, die sich aus den gewichteten Eigen- und Fremdkapitalrenditen ergibt. Der Wert zukünftiger Zahlungsströme und damit der Shareholder Value ergibt sich folglich durch Diskontierung mit den gewichteten Kapitalkosten. Während in der traditionellen deutschen Unternehmensbewertung der Diskontierungs-zinsfuß eher pauschal ermittelt wird (i.d.R. landesüblicher Zinsfuß plus Risikoaufschlag minus Geldentwertungsabschlag),[6] greifen amerikanische Ansätze auf die Finanzierungstheorie zurück.[7]

3.3.4.3.2. Ermittlung der gewichteten Kapitalkosten

Als **Kapitalkosten** werden die von den jeweiligen Kapitalgebern gestellten Ansprüche auf finanzielle Rückflüsse (Zinszahlungen, Dividenden und Kursgewinne) bezeichnet, die durch die knappe Ressource Kapital entstehen.[8] *Schneider* bezeichnet jedoch den Kapitalkostenbegriff angesichts enger Voraussetzungen als fragwürdig und präferiert für Investitionsentscheidungen den Begriff der "Mindestverzinsung".[9] In der Tat sind die gewichteten Kapitalkosten als durchschnittliche Mindestverzinsung zu verstehen, die Projekte erbringen müssen, um über die Ansprüche der Kapitalgeber hinaus eine Wertsteigerung zu bewirken.[10]

Betrachtet man die Passivseite der Bilanz, lassen sich vier unterschiedliche Finanzierungs-quellen unterscheiden:[11]

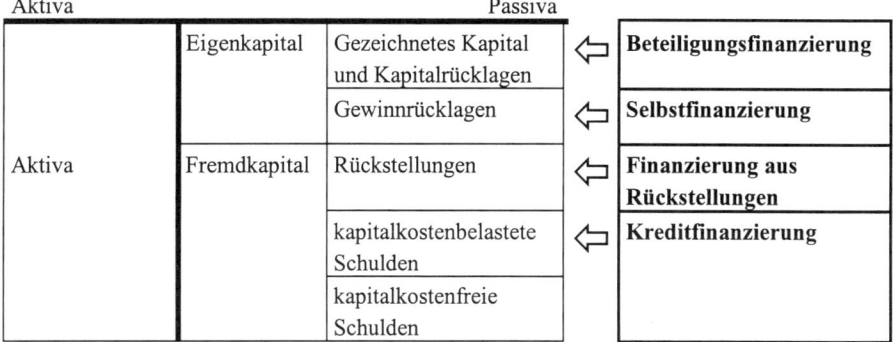

Abb. 3.36.: Finanzierungsquellen und Finanzierungsart

Alle vier Finanzierungsarten sollen nun einzeln diskutiert werden, um ihnen Kapitalkosten zuweisen zu können.

3.3.4.3.2.1. Kapitalkosten der Beteiligungsfinanzierung

Da bei der Beteiligungsfinanzierung eine Verzinsung vertraglich nicht vereinbart ist, wurden in der Kapitalmarkttheorie verschiedene Ansätze zur Ableitung von Kapitalkosten für Anteils-

6   Vgl. Münstermann, H. (1970), S. 75ff.; Ballwieser, W. (1981), S. 99ff.; Moxter, A. (1983), S. 193ff.; Ballwieser, W. (1988), S. 798ff. ; Dörner, W. (1992), S. 94f. und Baetge, J./Krause, C. (1994), S. 436.
7   Vgl. Sanfleber-Decher, M. (1992), S. 603.
8   Vgl. Spremann, K. (1991), S. 177, der jedoch auch die Ansprüche auf Information und Mitentscheidung den Kapitalkosten zurechnet.
9   Vgl. Schneider, D. (1992), S. 523ff..
10   Vgl. Copeland, T./Koller, T./Murrin, J. (1991), S. 171.
11   Vgl. Perridon, L./Steiner, M. (1991), S. 273ff..

werte entwickelt. In den amerikanischen Shareholder Value-Ansätzen wurde insbesondere das Capital Asset Pricing Model (CAPM) und die Arbitrage Pricing Theory (APT) betrachtet.[12] Letztere stellt eine Verallgemeinerung des CAPM dar. Während das CAPM in den USA bei Finanzinstituten bereits allgemeines Gedankengut geworden ist,[13] haben beide Konzepte im deutschsprachigem Raum noch wenig Eingang in die Praxis gefunden. In der Studie von *Prietze/Walker* war das CAPM nur bei der Hälfte der befragten Personen aus 120 deutschen Unternehmen der Top 500 bekannt, wobei das Verständnis als oberflächlich bewertet wurde. Dennoch wurden die Renditeerwartung der Investoren und Risikoaufschläge auf das Fremdkapital als dominierende Methoden zur Bestimmung der Eigenkapitalkosten genannt.[14]

In der Unternehmenspraxis ist des öftern das Argument zu finden, daß die Kapitalkosten sich bei der Beteiligungsfinanzierung nur aus den auf den Emissionskurs zu zahlenden Dividenden ergeben und daher Opportunitätskosten, wie z.B. mittels CAPM oder APT errechnet, irrelevant seien. Für die Unternehmen sei es daher günstig, einen möglichst hohen Emissionkurs zu realisieren. Zudem seien Kurssteigerungen dem sekundären Kapitalmarkt zuzuschreiben und beträfen das Unternehmen nicht.

Tatsächlich greift die Finanzierungstheorie diese Argumente auf, indem z.B. bei Dividendendiskontierungsmodellen Kurse aus dem Strom zukünftiger Dividendenzahlungen erklärt werden.[15] Kurssteigerungen resultieren demnach in gestiegenen Erwartungen bzgl. zukünftiger Dividendenzahlungen, die vom Unternehmen zu erwirtschaften sind. Das Unternehmen sieht sich daher den am Kapitalmarkt geforderten Renditen direkt ausgesetzt; die Opportunitätskosten werden bei effizienten Märkten zu tatsächlichen Kapitalkosten. Bezüglich der Emissionskurse kann jedoch gezeigt werden, daß die Höhe des Emissionkurses für den Unternehmenswert und folglich für die Kapitalkosten irrelevant ist, da sich Emissionskurs und Bezugsrecht stets zu einer konstanten Summe ergänzen.[16] Zudem spielt es keine Rolle, ob die Kapitalerhöhung von Alt- oder Neuaktionären vorgenommen wird, da die Kapitalkosten von Kapitalerhöhungen den Finanzierungskosten entsprechen, die Altaktionäre für den Emissionsbetrag haben.[17] Wertsteigerungen resultieren alleine aus den durch die Beteiligungsfinanzierung ermöglichten Investitionen, wobei davon ausgegangen wird, daß die Wertsteigerung bereits im Zeitpunkt der Ankündigung der Investition erfolgt.[18] Fortan wird deshalb davon ausgegangen, daß es bei der Beteiligungsfinanzierung keine Rolle spielt, ob das Kapital aus bereits bei der Gründung eingelegtem "altem" Kapital, aus "neuem" Kapital der Altaktionäre oder aus "neuem" Kapital der Neuaktionäre stammt.

---

12 Vgl. z.B. Rappaport, A. (1986), S. 57ff.; Clarke, R.G. u.a. (1988), S. 110ff.; Reimann, B.C. (1990), S. 193f.;Stewart, G.B. (1990), S. 274ff. und S. 431ff.; Copeland, T./Koller, T./Murrin, J. (1991), S. 190ff. sowie generell auch bei Unternehmensbewertungen in Deutschland Göppl, H. (1980), S. 237ff.; Coenenberg, A.G. (1981), S. 237ff.; Ossadnik, W. (1984), S. 208ff.; Coenenberg, A.G./Sautter, M.T. (1988), S. 703ff. und Ballwieser, W. (1990), S. 173ff..

13 Vgl. Lehmann, S. (1994), S. 25.

14 Vgl. Prietze, O./Walker, A. (1995), S. 203f..

15 Vgl. Drukarczyk, J. (1993), S. 51.

16 Vgl. Swoboda, P. (1986), S. 180ff. und Drukarczyk, J. (1993), S. 56 in Anlehnung an Miller, M.H./Modigliani, F. (1961), S. 411ff..

17 Vgl. Lehmann, M. (1978), S. 81 und Drukarczyk, J. (1993), S. 54ff..

18 Vgl. Drukarczyk, J. (1993), S. 63.

3.3.4.3.2.1.1. Das Capital Asset Pricing Model (CAPM)

Zielsetzung des **CAPM**[19] ist es, für eine individuelle Anlagemöglichkeit eine Renditeforderung zu formulieren, die ihrem "individuellen" Risiko gerecht wird. Dabei wird zunächst von folgenden **Annahmen** ausgegangen:[20]

❑   Die Anleger verhalten sich **risikoavers**, d.h. bei gleicher erwarteter Rendite wird die Anlage mit dem geringeren Risiko präferiert.[21]

❑   Die Anleger maximieren die Risiko-Nutzen-Relation des Endvermögens zum Ende **eines Planjahres**.

❑   Der **Kapitalmarkt** besteht aus einem Markt für risikobehaftete Wertpapiere und einem Markt für unbeschränkte und risikolose Geldanlagen und Geldaufnahmen. Auf letzterem gilt ein einheitlicher Zinssatz.

❑   Der **Kapitalmarkt ist vollkommen**, d.h. der Marktpreis wird nur durch das Risiko und die Rendite der einzelnen Anlagemöglichkeiten beeinflußt. Der Kapitalmarkt ist atomistisch, d.h. das Aufeinandertreffen sehr vieler Nachfrager und Anbieter führt dazu, daß der Marktpreis für den einzelnen ein Datum ist. Die Marktpreisbildung wird durch Steuern, Gesetze oder Präferenzen nicht beeinträchtigt. Transaktionskosten existieren nicht. Vollständige Markttransparenz ist gegeben, d.h. Informationen stehen allen frei und kostenlos zur Verfügung und alle Marktteilnehmer haben dieselben Renditeerwartungen.

❑   Sämtliche **Investitions- und Finanzierungsmöglichkeiten** werden auf vom Kapitalmarkt getrennten Märkten gehandelt und können mit Hilfe des Marktpreises auf dem Kapitalmarkt bewertet werden.[22] Die Gesamtmenge der Investitions- und Finanzierungsmöglichkeiten ist vorgegeben und sie sind beliebig teilbar.

Das Risiko einer Anlage wird dabei als Streuung der Rendite um die erwartete Rendite, d.h. als Standardabweichung, definiert. Zunächst wird nur der Kapitalmarkt betrachtet. Wenn der Investor in verschiedene alternative Anlagemöglichkeiten (= Wertpapiere von Unternehmen) investieren kann, sinkt das Risiko seines Gesamt-Portefeuilles.[23] Das Risiko des Gesamt-Portefeuille σ_p kann wie folgt errechnet werden:[24]

---

[19]   Vgl. Sharpe, W.F. (1964), S. 425ff.; Lintner, J. (1965), S. 13ff. und Mossin, J. (1966), S. 768ff. sowie die derivativen Darstellungen bei Möller, H.-P. (1986), S. 707ff. und Serfling, K./Marx, M. (1990), S. 364ff. und S. 425ff..

[20]   Vgl. Jensen, M.C. (1972), S. 5; Copeland, T.E./Weston, F.J. (1988), S. 194; Brigham, E.F./Gapenski, L.C. (1991), S. 139 und Schneider, D. (1992), S. 506f..

[21]   Vgl. zur Risikoaversion Bamberg, G./Coenenberg, A.G. (1994), S. 89.

[22]   *Schneider* spricht von einem Konkurrenzgleichgewicht auf dem Markt der Investitions- und Finanzierungsmöglichkeiten. Das Tobin-Separationstheorem ermöglicht eine Bewertung der Investitions- und Finanzierungsmöglichkeiten anhand des auf dem Kapitalmarkt abgeleiteten risikoangepaßten Zinssatzes, da jedes beliebige Risiko durch Kombination des Marktportfolios mit der risikolosen Anlage konstruiert werden kann. Vgl. Schneider, D. (1992), S. 496 und 505ff..

[23]   Zur von *Markowitz* entwickelte Portfolio-Theorie vgl. Markowitz, H.M. (1952), S. 77ff..

[24]   Vgl. Perridon, L./Steiner, M. (1991), S. 241.

$$\sigma_p = \sqrt{\sum_{i=1}^{n}\alpha_i^2 \bullet \sigma_i^2 + \sum_{i=1}^{n}\sum_{j \neq i}\alpha_i\alpha_j \bullet \rho_{i,j}\sigma_i\sigma_j} =$$

$$= \sqrt{\begin{array}{cc} \text{Summe der gewichteten} & \text{Summe der gewichteten} \\ \text{Varianzen der einzelnen} \;+\; & \text{Kovarianzen zwischen den} \\ \text{Wertpapiere der Unternehmen} & \text{Wertpapieren der Unternehmen} \end{array}}$$

mit

α_i := Gewichtung des Wertpapiers i

σ_i := Varianz der Rendite des Wertpapiers i

$\rho_{i,j}$:= Korrelation der Rendite des Wertpapiers i und der Rendite des Wertpapiers j

i=1,...,n := Index der n Wertpapiere des Portfeuilles

Die **spezifischen Risiken** einzelner Unternehmen, die z.B. im Produktprogramm, in den Management-Fähigkeiten oder in der technologischen Leistungsfähigkeit bestehen, können durch die Beteiligung an mehreren Unternehmen ausgeglichen werden, wenn die Renditen der einzelnen Unternehmen nicht vollkommen korreliert sind ($\rho_{i,j} < 1$).[25] Dies gilt insbesondere, wenn die Renditen sich gegenläufig entwickeln, d.h. negativ korreliert sind ($\rho_{i,j} < 0$). Falls die Renditen unabhängig voneinander sind ($\rho_{i,j} = 0$), kann gezeigt werden, daß das Risiko mit zunehmender Zahl von Unternehmen im Portfeuille vollständig diversifiziert werden kann.[26]

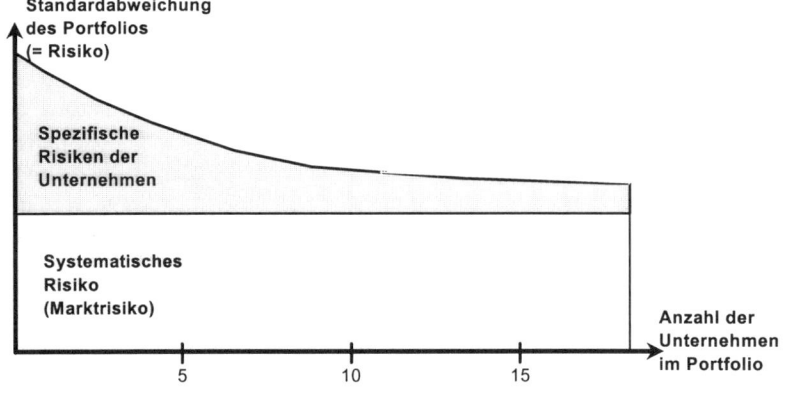

Abb. 3.37.: Spezifisches und systematisches Risiko

Dennoch kann das Risiko des Gesamt-Portefeuilles durch die Diversifikation im allgemeinen Fall nicht ganz eliminiert werden. Es verbleibt das sog. **systematische Risiko** oder **Marktrisiko**, das durch Faktoren bestimmt wird, die nicht nur ein Unternehmen, sondern viele Unternehmen betreffen. Beispiele hierfür sind das Zinsniveau, die konjunkturelle Entwicklung und die Entwicklung von Beschaffungs- und Absatzpreisen sowie von Wechselkursen.

---

[25] Vgl. Brealey, R.A./Myers, S.C. (1991), S. 136ff..

[26] Wegen $\lim_{n\to\infty}\delta_p = \lim_{n\to\infty}\dfrac{1}{\sqrt{n}}\delta_i = 0$ *für* $\delta_i = const$ *für alle i* , sinkt das Risiko des Portfeuille mit zunehmender Zahl der Unternehmen im Portfeuille. Vgl. Brealey, R.A./Myers, S.C. (1991), S. 142f..

Je nach Mischung und Zusammensetzung des Portfeuilles lassen sich nun verschiedene Rendite-Risiko-Kombinationen erreichen. Ein effizientes Portfeuille liegt vor, wenn bei gegebenem Risiko keine höhere Rendite bzw. bei gegebener Rendite kein geringeres Risiko erreicht werden kann. Der effiziente Rand $\overline{AB}$ in nachfolgender Abbildung stellt alle Portfeuilles da, die diese Bedingung erfüllen. Existiert nun ein Markt für risikolose Rentenpapiere, auf dem zu einem einheitlichen Zinssatz r_f Kapital aufgenommen und angelegt werden kann, so macht es nur Sinn, das Portfeuille M zu halten. Bei allen anderen Portfeuilles des effizienten Randes ist eine Renditeverbesserung bei konstantem Risiko durch Anlage bzw. Verschuldung auf dem Markt für risikolose Rentenpapiere möglich ist. Diese sog. **Kapitalmarktlinie** enthält alle Rendite-Risiko-Kombinationen, die bei Einbezug des Marktes für risikolose Rentenpapiere effizient sind. Das Portfeuille M wird zum Marktportfeuille, da alle rational operierenden Akteure versuchen werden, dieses zu halten. Die individuelle Risikoneigung wird nicht über den Kapitalmarkt oder die Investitionsmöglichkeiten, sondern über die Verschuldung in oder die Geldanlage von risikolosen Rentenpapieren erreicht **(Tobin´s Separationstheorem)**.[27] Im **Modell von *Black*[28]** wird zusätzlich auf die Annahme eines risikolosen Zinssatzes r_f durch Einführung eines sog. **Zero-Beta-Portfeuilles** verzichtet, das durch unbeschränkte Leerverkaufsmöglichkeit den Aufbau risikoloser Positionen ermöglicht.[29]

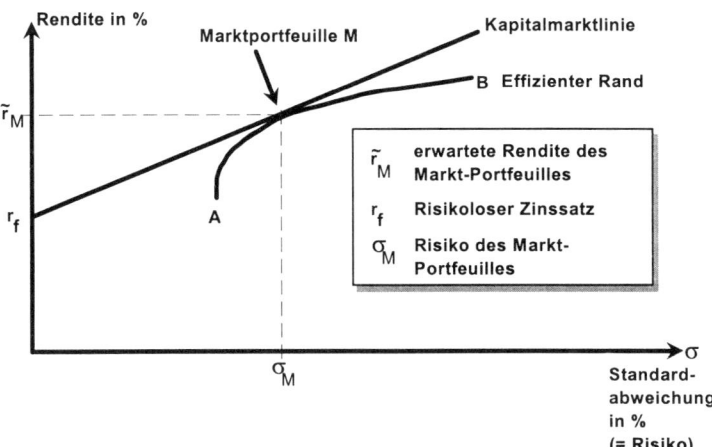

Abb. 3.38.: Die Kapitalmarktlinie

Aus der Kapitalmarktlinie läßt sich nun ableiten, welche Prämie ein Anleger für eine riskante Anlage verlangt. Da die Anleger das Marktportfeuille halten, erzielen sie bei einem Risiko von δ_M eine erwartete Rendite in Höhe von $\tilde{r}_M$.[30] Folglich verlangen sie eine **Risikoprämie des Marktes** in Höhe von $(\tilde{r}_M - r_f)$ zuzüglich zur risikolosen Anlage in Rentenpapieren. Bezogen auf das zugrundeliegende Risiko des Marktportfeuilles σ_M beträgt der **Marktpreis für das nicht diversifizierbare systematische Risiko:**

---

27 Vgl. Tobin, J. (1958), S. 65ff..
28 Vgl. Black, F. (1972), S. 444ff..
29 Statt r_f ist nun die erwartete Rendite des Zero-Beta-Portfolios zu wählen.
30 Von erwarteter Rendite muß deswegen gesprochen werden, da bei der gegebenen Entscheidungssituation unter Ungewißheit allenfalls Wahrscheinlichkeitsverteilungen für die konkreten Ausprägungen der Rendite angenommen werden können. Vgl. Schneider, D. (1992), S. 427ff. *Bamberg/Coenenberg* sprechen von Entscheidungen unter Risiko. Vgl. Bamberg, G./Coenenberg, A.G. (1994), S. 36ff..

$$\frac{(\tilde{r}_M - r_f)}{\sigma_M}$$

Nachdem nun auf dem Kapitalmarkt ein Marktpreis für das Risiko beobachtbar ist, läßt sich auch nach *Sharpe, Lintner* und *Mossin* die Renditeforderung für eine einzelne Investitionsmöglichkeit mit Hilfe des **CAPM** ableiten.[31] Da das spezifische Risiko einer Investition durch Diversifikation zumindest reduziert werden kann, liegt es nahe, das Risiko einer einzelnen Investition durch seine Beziehung zum Marktrisiko zu bewerten. Dabei ergibt sich folgender Zusammenhang:

$$\tilde{r}_i = r_f + \left[\tilde{r}_M - r_f \right] \bullet \beta_i$$

$$\begin{array}{ccccc} \text{Erwartete Rendite} & & \text{risikoloser} & \text{Risikoprämie} & \\ \text{einer Kapitalanlage i} & = & \text{Zinssatz} & + & \text{des Marktes} \end{array} \bullet \; \text{ß} - \text{Faktor der Kapitalanlage i}$$

Dieser Zusammenhang wird durch die Wertpapierlinie graphisch veranschaulicht.

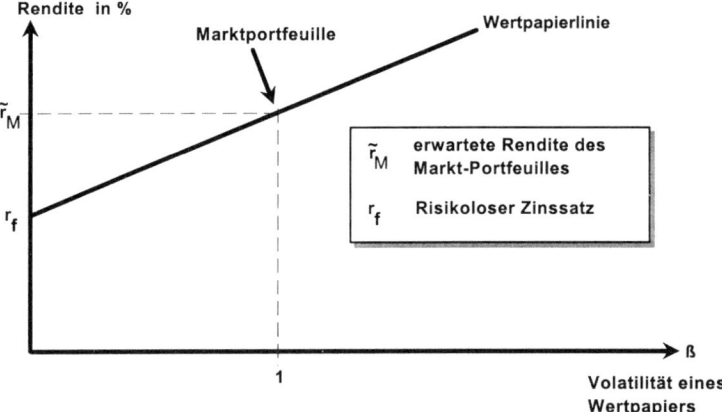

Abb. 3.39.: Wertpapierlinie

Der **ß-Faktor** steht für die Volatilität der erwarteten Rendite einer einzelnen Kapitalanlage gegenüber der Rendite am Markt. Der ß-Faktor umfaßt nach *Sharpe* nur das nicht diversifizierbare systematische Risiko.[32] Der ß-Faktor läßt sich wie folgt auf Basis von Kapitalmarktdaten berechnen:[33]

$$\beta_i = \frac{\sigma_{i,M}}{\sigma_M^2} = \frac{\rho_{i,M}\sigma_i\sigma_M}{\sigma_M^2} = \frac{\rho_{i,M}\sigma_i}{\sigma_M}$$

$$\begin{array}{cc} \text{ß} - \text{Faktor der einzelnen} & = \dfrac{\text{Kovarianz der Kapitalanlage mit dem Marktportfeuille}}{\text{Varianz des Marktportfeuilles}} \\ \text{Kapitalanlage} & \end{array}$$

Der ß-Faktor als individuelles Risikomaß läßt sich folgendermaßen betriebswirtschaftlich interpretieren:

---

[31] Vgl. Sharpe, W.F. (1964), S. 425ff.; Lintner, J. (1965), S. 13ff. und Mossin, J. (1966), S. 768ff..

[32] Vgl. Sharpe, W.F. (1964), S. 436 und 438f..

[33] Vgl. Brealey, R.A./Myers, S.C. (1991), S. 145f.; Schneider, D. (1992), S. 513f. und Perridon, L./Steiner, M. (1991), S. 250ff..

ß > 1:Die Kapitalanlage reagiert überproportional auf Veränderungen der Marktrendite. Z.B. schwankt die Rendite eines Wertpapiers mit einem ß von 2 doppelt so stark wie die einer Anlage im Marktportfeuille.

ß=1: Die Kapitalanlage reagiert vollkommen proportional zum Marktportfeuille. Das Marktportfeuille besitzt selbst ein ß von 1.

ß<1: Die Kapitalanlage reagiert unterproportional auf Veränderungen des Gesamtmarktes.

Das CAPM stellt ein relativ einfaches Modell dar, um risikoangepaßte Renditeforderungen für eine risikobehaftete Kapitalanlage zu ermitteln. Die empirische und theoretische Kapitalmarktforschung zum CAPM ist sehr umfangreich und war in den letzten Jahren durch starke Kritik am CAPM gekennzeichnet.[34] Folgende **Ergebnisse der Kapitalmarktforschung** können festgehalten werden:[35]

❑ Die zugrunde liegenden zentralen **Annahmen des CAPM[36]** werden als unrealistisch bezeichnet.[37]

❑ Ein Kapitalmarktmodell wie z.b. das CAPM oder auch das nachfolgend dargestellte APT kann nur getestet werden, wenn von **Informationseffizienz** ausgegangen wird. Informationseffizienz kann jedoch selbst nur anhand eines geltenden Kapitalmarktmodells überprüft werden. Kapitalmarktmodell und Informationseffizienz sind als verbundene Hypothesen zu betrachten und können daher nicht isoliert getestet werden.[38]

❑ Da das CAPM nur für **erwartete Renditen**, nicht jedoch für tatsächliche, am Markt beobachtbare Renditen formuliert wurde, kann es nicht direkt getestet werden.[39] *Fama/MacBeth* stellten daher die ß-Werte von 20 Portfolios über einen Fünf-Jahres-Zeitraum den tatsächlichen Renditen des nachfolgenden Fünf-Jahres-Zeitraumes gegenüber und konnten gute Erklärungsgehalte für den Zeitraum 1935-1968 nachweisen.[40]

❑ Tests des CAPM beziehen sich i.d.R. auf **Wertpapiere**. Die Theorie des CAPM umfaßt jedoch alle Kapitalanlagemöglichkeiten, d.h. auch nicht börsennotierte Investitionsmöglichkeiten. Nach *Roll* kann daher die Linearität des CAPM nicht allgemeingültig getestet werden.[41]

❑ Ein **linearer Zusammenhang** zwischen dem ß-Faktor und der erwarteten Rendite kann für die USA nicht zweifelsfrei bestätigt, aber auch nicht zurückgewiesen werden.[42]In einer Aufsehen erregenden Studie zeigten *Fama/French*, daß der ß-Faktor im Zeitraum 1963 bis 1990 wenig zur Erklärung von Aktienrenditen beitragen konnte. Der Börsen-

---

[34] Vgl. z.B. die "Schock"-Wirkung der Veröffentlichung von Fama, E.F./French, K.R. (1992), S. 427ff.
[35] Zum Überblick vgl. Roll, R. (1977), S. 129ff.; Perridon, L./Steiner, M. (1991), S. 257ff.; Schneider, D. (1992), S. 536ff. und Hachmeister, D. (1995), S. 174ff. und S. 188ff..
[36] Vgl. die obigen Ausführungen.
[37] Vgl. Schneider, D. (1992), S. 526ff..
[38] Vgl. Schneider, D. (1992), S. 541.
[39] *Spremann* spricht von einer Ex-ante-Version des CAPM, die prinzipiell nicht testbar ist. Vgl. Spremann, K. (1991), S. 476.
[40] Vgl. Fama, E.F./MacBeth, J.D. (1973), S. 607ff..
[41] Vgl. Roll, R. (1977), S. 129ff..
[42] Dabei wird zur empirischen Überprüfung auf das Marktmodell nach Sharpe, W.F. (1963), S. 277ff. zurückgegriffen.

kapitalisierung und dem M/B-Ratio kämen ein höherer Erklärungsanteil zu.[43] Für die BRD liegen für Teilzeiträume Falsifizierungen vor.[44] *Warfsmann* kann in einer jüngst veröffentlichten Studie auf Basis aller im Zeitraum Februar 1954 bis Dezember 1991 an der Frankfurter Börse notierten Aktien zwar wegen Schwächen der Testverfahren das CAPM nicht eindeutig ablehnen, kommt jedoch zu einem sehr geringen und im Zeitablauf stark schwankenden Erklärungsanteil.[45] Ältere deutsche Studien bestätigen die Variabilität im Zeitablauf, kommen jedoch in der Mehrzahl zu signifikant positiven Zusammenhängen.[46]

❑ Empirische Studien zeigen, daß die für die Extrapolation von Vergangenheitsdaten in die Zukunft notwendige **zeitliche Stabilität** durch die gewählte Methodik mitbestimmt wird.[47]

❑ Während in den USA der **risikolose Zinsfuß**[48] durchweg signifikant über Null liegt, traten bei deutschen Untersuchungen auch negative Werte auf.[49]

❑ Die **Risikoprämie** ist überwiegend positiv, wenngleich die Wertpapierlinie flacher als postuliert verläuft.[50]

❑ Da das CAPM nur für den **Ein-Perioden-Fall** definiert ist, sind nach *Schneider* für die Ermittlung mehrperiodiger Kapitalkosten zusätzliche Risikoprämien zu berücksichtigen:

  ❑ Risikoprämien für die Schwankung des risikolosen Marktzinssatzes im Zeitablauf,

  ❑ Risikoprämien für die Schwankung der Marktrisikoprämie im Zeitablauf und

  ❑ Risikoprämien für die Schwankung des systematischen Risikos im Zeitablauf.

Da zwischen den einzelnen Risiken Kovarianzen bestehen können, muß die gesamte Risikoprämie im Mehr-Perioden-Fall nicht zwangsläufig mit zunehmender Periodenzahl ansteigen.[51] In der Kapitalmarkttheorie wurde diese Kritik durch die Entwicklung eines intertemporalen CAPM-Modells verarbeitet,[52] das jedoch inhaltlich sehr anspruchsvoll ist und sich gerade in der Phase der theoretischen Modellierung und Überprüfung befindet.[53]

---

[43] Vgl. Fama, E.F./French, K.R. (1992), S. 427ff. sowie die Kritik bei Keppler, M. (1992), S. 268ff.; jedoch auch die Entgegnung durch Jegadeesh, N. (1992), S. 337f. und Roll, R./Ross, S.A. (1994), S. 101ff..

[44] Vgl. Guy, J.R.F. (1977), S. 71ff..

[45] Vgl. Warfsmann, J. (1993), S. 155ff. sowie ähnlich Ulschmid, C. (1994), S. 288ff..

[46] Vgl. Pogue, G.A./Solnik, B.H. (1974), S. 917ff.; Guy, J.R.F. (1977), S. 71ff.; Reiss, W./Mühlbradt, F.W. (1979), S. 41ff.; die Arbeit von Barlage, T. (1980); Möller, H.-P. (1986b), S. 712ff. sowie die Übersicht bei Möller, H.-P. (1984), S. 236.

[47] Vgl. Baetge, J./Krause, C. (1994), S. 453 und Ballwieser, W. (1995), S. 125 und die Studie von Ulschmid, C. (1994), S. 314ff..

[48] gemessen als empirisch ermittelter Parameter (sog. α-Wert als Achsenabschnitt an der Ordinate) einer Regressionsfunktion.

[49] Vgl. z.B. Pogue, G.A./Solnik, B.H. (1974), S. 917ff., die keinen signifikant von Null verschiedenen risikolosen Zinssatz nachweisen konnten.

[50] Vgl. z.B. die Ergebnisse von Geyer, A./Hauer, S. (1991), S. 65ff. und auch die Kritik am Shareholder Value-Ansatz bei Helbling, C. (1993), S. 162.

[51] Vgl. Schneider, D. (1992), S. 517ff.; ein ähnlicher Hinweis bei Helbling, C. (1993), S. 162.

[52] Vgl. die Darstellung bei Huang, C.-F./Litzenberger, R.H. (1988), S. 179ff. und Merton, R.C. (1990), S. 475ff. sowie die Ausführungen von Merton, R.C. (1973), S. 867ff.; Richard, S.F. (1979), S. 215ff.; Breeden, D.T. (1979), S. 265ff. und Wilhelm, J. (1980), S. 487ff..

[53] Vgl. z.B. Breeden, D.T./Gibbons, M.R./Litzenberger, R.H. (1989), S. 231ff..

❑ Das CAPM ist nicht in der Lage, eine Reihe von **Renditeanomalien** zu erklären:

    ❑ Kleinere Unternehmen, gemessen an ihrer Börsenkapitalisierung, verdienen über-durchschnittliche Aktienrenditen **(Size-Effekt)**.[54]

    ❑ Es besteht ein signifikant **positiver Zusammenhang von Verschuldungsgrad und Aktienrendite**.[55]

    ❑ Aktien mit momentan schlechter operativer Performance (z.B. gemessen in Rechnungswesengrößen wie ROS oder ROE) lassen überdurchschnittliche Renditen erwarten und vice versa **(Winner-Looser-Effekt)**.[56]

    ❑ Bei Existenz wechselseitiger Beteiligungen erzielen Aktien höhere Price/Earnings-Ratios (z.B. insbesondere am japanischen Markt) **(Mochiai-Effekt)**.[57]

    ❑ **Fundamentale Faktoren** wie z.B. Konsumentenpreise oder Zinsniveau, die in der Arbitrage Pricing Theory berücksichtigt werden, verfügen über einen signifikanten Einfluß auf die Aktienrenditen.[58]

❑ *Maul* kritisiert, daß der CAPM-Ansatz für die Unternehmensbewertung nicht brauchbar sei, da die **Entscheidungsalternative eines Unternehmenskäufers** nicht im Erwerb von Anteilen am Kapitalmarktportfeuille bestünde und das unsystematische Risiko entsprechend nicht „wegdiversifiziert" werden könne.[59] Für ein unternehmenswertorientiertes Controlling ist angesichts des zunehmenden Drucks institutioneller und privater Anleger dieser Einwand jedoch zurückzuweisen.

❑ *Baetge/Krause* kommen für die Daimler-Benz AG je nach gewähltem Zeitraum für das Datenmaterial zu gemäß CAPM ermittelten Renditen zwischen 0,984 % (Zeitraum 1987 bis 1991) und 17,406 % (Zeitraum 1982 bis 1991).[60] Die Ergebnisse verdeutlichen die erhebliche Sensitivität des CAPM bezüglich der zugrundeliegenden Datenbasis.

Die Kritik macht deutlich, daß das CAPM allenfalls der erste Schritt zur Festlegung risikoangepaßter Kapitalkosten der Beteiligungsfinanzierung sein kann. Der Anwender kann selbst prüfen, ob er den "CAPM"-Kapitalkostensatz übernehmen oder entsprechend modifzieren will. Dennoch ist festzuhalten, daß es derzeit keinen besseren und auch in der Praxis akzeptierten Erklärungsansatz gibt, der in der Lage ist, Risiken in Form von Risikoprämien quantitativ und intersubjektiv nachvollziehbar zu erfassen.[61]

---

[54] Vgl. Banz, R.W. (1981), S. 3ff.; Reinganum, M.R. (1981), S. 19ff. und Keim, D.B. (1990), S. 56ff. sowie die Überprüfung bei Jegadeesh, N. (1992), S. 337ff.. Für den deutschen Kapitalmarkt konnte ein Size-Effekt nur für Phasen mit Marktrenditen unter dem risikolosen Zinssatz (Down-Markt) gezeigt werden. Vgl. Oertmann, P. (1994), S. 229ff..

[55] Vgl. Bhandari, L.C. (1988), S. 507ff..

[56] Vgl. Basu, S. (1983), S. 129ff. sowie die Studien von *Clayman* und *Solt/Statman*. Vgl. Clayman, M. (1987), S. 54ff. und Solt, M.E./Statman, M. (1989), S. 39ff..

[57] Vgl. McDonald, J. (1989), S. 90ff. und Ikeda, M. (1992), S. 77ff. sowie zu Ringverflechtungen in Deutschland Adams, M. (1994), S. 148ff..

[58] Vgl. Ross, S.A. (1976), S. 341ff..

[59] Vgl. Maul, K.-H. (1992), S. 1258f. und Baetge, J./Krause, C. (1994), S. 454 und ähnlich Dirrigl, H. (1994), S. 419f. für unternehmensinterne Ressourcenallokationen.

[60] Vgl. Baetge, J./Krause, C. (1994), S. 453.

[61] Vgl. Coenenberg, A.G. (1981), S. 239; Mullins, D.W. (1982), S. 113; Ossadnik, W. (1984), S. 217; Baetge, J./Krumbholz, M. (1991), S. 29 und Dirrigl, H. (1994), S. 419.

3.3.4.3.2.1.2. Die Arbitrage Pricing Theory (APT)

Die **Arbitrage Pricing Theory (APT)** von *Ross* stellt eine Verallgemeinerung des CAPM dar.[62] Bei der APT wird die Prämie für das systematische Risiko des Marktes $(\tilde{r}_M - r_f)$ zerlegt in mehrere makroökonomische Risikofaktoren, die zusammen das systematische Risiko erklären.[63] Die geforderte Rendite einer Kapitalanlage ergibt sich dann wie folgt:

$$\tilde{r}_i = r_f + \sum_{j=1}^{n} \left[\tilde{r}_{Faktor\,j} - r_f \right] \bullet b_{i,j}$$

| Erwartete Rendite einer Kapitalanlage i | = | risikoloser Zinssatz | $+ \sum_{j=1}^{n}$ | Risikoprämie des Marktes für Faktor j | $\bullet$ | Sensitivität der Kapitalanlage i gegenüber dem Faktor j |

Wird als einziger Faktor die Rendite des Marktportfeuilles betrachtet und als Sensitivitätsfaktor der ß-Faktor gewählt, so geht die APT in das CAPM über.[64] Für den allgemeinen Fall blieb zunächst unklar, welche und wieviele makroökonomische Faktoren die erwartete Rendite beeinflussen, welche Risikoprämie den Faktoren zukommt und über welche Sensitivität diese Faktoren verfügen.[65]

Empirische Studien ergaben, daß folgenden makroökomischen Faktoren ein erheblicher Einfluß auf die erwarteten Renditen zukommt:

Makroökonomischer Faktor	Studie von *Chen/Roll/Ross*[66]	Studie von *The Alcar Group* Inc.[67]
Branchenproduktion	Branchenproduktionsindex	Branchenproduktionsindex
Inflation	Inflationsrate	kurzfristige Inflationsrate[68]
		langfristige Inflationsrate[69]
Zinsniveau	Differenz zwischen lang- und kurzfristigen Zinssätzen	kurzfristiger realer Zinssatz[70]
Risikoprämie	Differenz zwischen risikoreichen und risikoarmen Industrieanleihen	Differenz zwischen Industrieanleihen mit einem Aaa-Rating und denjenigen mit einem Baa-Rating

Abb. 3.40.: Makroökonomische Einflußfaktoren der Arbitrage Pricing Theory

Empirische Untersuchungen am US-amerikanischen Kapitalmarkt konnten zeigen, daß die APT dem CAPM überlegen ist.[71] Der Vorteil der APT besteht darin, daß die globale Risiko-

---

[62] Vgl. die grundlegende Arbeit bei Ross, S.A. (1976), S. 341ff. sowie die empirischen Tests des APT bei Roll, R./Ross, S.A. (1980), S. 1073ff.; Chen, N.-F. (1983), S. 1393ff. und Chen, N.-F./Roll, R./Ross, S.A. (1986), S. 383ff..

[63] Die erwartete Marktrendite der einzelnen Faktoren $\tilde{r}_{Faktor\,j}$ ergibt sich aus der Marktrendite speziell gebildeter Portefeuilles, die mit dem betreffenden makroökonomischen Faktor hoch korreliert sind. Vgl. Copeland, T./Koller, T./Murrin, J. (1991), S. 198 und Brealey, R.A./Myers, S.C. (1991), S. 172.

[64] Vgl. Brealey, R.A./Myers, S.C. (1991), S. 171.

[65] Vgl. Brealey, R.A./Myers, S.C. (1991), S. 171 und Herter, R.N. (1994), S. 115.

[66] Vgl. Chen, N.-F./Roll, R./Ross, S.A. (1986), S. 383ff..

[67] Vgl. die Ergebnisse des APT!-Programmes von The Alcar Group Inc. beschrieben bei Brealey, R.A./Myers, S.C. (1991), S. 171ff. und Copeland, T./Koller, T./Murrin, J. (1991), S. 198ff..

[68] gemessen als "unerwartete" Veränderungen des Consumer Price Index.

[69] als Differenz der Renditen von langfristigen und kurzfristigen US-Regierungsanleihen.

[70] als Differenz zwischen der Rendite von Treasury Bills und dem Anstieg des Consumer Price Index.

[71] Vgl. Roll, R./Ross, S.A. (1980), S. 1073ff.; Chen, N.-F. (1983), S. 1393ff. und Berry, M./Burmeister, E./McElroy, M. (1988), S. 29ff..

prämie des CAPM aufgebrochen wird und die unterschiedliche Risikozusammensetzung verschiedener Branchen und Sektoren ersichtlich wird.

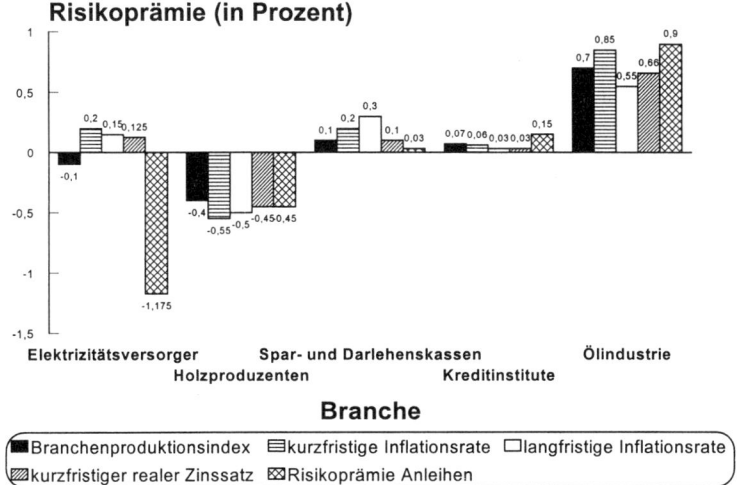

Abb. 3.41.: Branchenspezifische Unterschiede in den Risikoprämien der APT gegenüber der Risikoprämie nach CAPM[72]

Voranstehende Abbildung verdeutlicht das unterschiedliche Gewicht, das den fünf obigen makroökonomischen Risikofaktoren in verschiedenen Branchen zukommt. Hierzu wurde die Differenz zwischen der Risikoprämie nach dem CAPM und den verschiedenen Risikoprämien nach der APT mit Hilfe des APT!-Programmes von Alcar errechnet.[73]

Die Abbildung macht deutlich, daß die APT eine im Vergleich zum CAPM differenziertere Ermittlung von branchenspezifischen und über die unternehmensindividuellen ß-Faktoren auch unternehmensspezifischen Risikoprämien erlaubt. Ferner zeigt sich, daß die APT im Vergleich zum CAPM bei einigen Branchen zu abweichenden Risikoprämien und somit zu abweichenden geforderten Renditen führt. Bei Elektrizitätsversorgungsunternehmen zeigt sich z.B., daß die geringe Renditeforderung vor allem auf eine geringere Standard-Risikoprämie zurückzuführen ist. Bei den Energieversorgungsunternehmen scheinen die geforderten Anleihenrenditen bei exzellenten (Aaa-Rating) und schlechteren Unternehmen (Baa-Rating) aufgrund der geringen Zyklizität des Geschäftes enger zusammenzuliegen als bei anderen Branchen. Ölgesellschaften mit großen Ölreserven wird dagegen bei allen Risikofaktoren eine im Vergleich zum CAPM höhere Risikoprämie zugewiesen. In der Zusammenschau ergeben sich nachfolgende branchenspezifische Differenzen in den Eigenkapitalkosten zwischen CAPM und APT:

---

[72] Vgl. Copeland, T./Koller, T./Murrin, J. (1991), S. 200.
[73] Vgl. Copeland, T./Koller, T./Murrin, J. (1991), S. 200f. und ähnlich Brealey, R.A./Myers, S.C. (1991), S. 172f..

Branche	Anzahl der Unternehmen	geschätzteEigenkapitalkosten			Änderung des Unternehmens- wertes bei Bewertung nach
		CAPM	**APT**	**Differenz**	**APT gegenüber CAPM**[74]
Broker	10	17,1 %	17,4 %	- 0,3 %	- 1,7 %
Elektrizitätsversorger	39	12,7 %	11,8 %	+ 0,9 %	+ 7,6 %
Nahrungsmittel und Getränke	11	14,4 %	14,3 %	+ 0,1 %	+ 0,7 %
Holzproduzenten	7	16,8 %	15,0 %	+ 1,8 %*	+ 12,0 %
Große Spar- und Darlehnskassen	18	15,8 %	19,6 %	- 3,8 %*	- 17,7 %
Bergbau	15	14,7 %	14,2 %	+ 0,5 %	+ 3,5 %
Kreditinstitute	12	15,9 %	16,9 %	- 1,0 %*	- 5,9 %
Ölindustrie mit großen Reserven[75]	12	14,4 %	19,1 %	- 4,7 %*	- 24,6 %
Sachversicherungen	13	14,6 %	13,7 %	+ 0,9 %	+ 6,6 %

*   signifikant für einen α-Fehler von 5 %.

Abb. 3.42.: Vergleich der geforderten Renditen nach CAPM und APT für ausgewählte Branchen[76]

Wie obige Abbildung zeigt, ergeben sich bei der APT abweichende geforderte Renditen, die signifikant von denen des CAPM abweichen. Die sich hieraus ergebenden Wertänderungen für die betroffenen Unternehmen sind beträchtlich.

Die APT ermöglicht einerseits eine differenziertere und eventuell genauere Risikobetrachtung. Auf Shareholder Value-Analysen spezialisierte Beratungsunternehmen wie z.B. The Alcar Group nutzen bereits den APT-Ansatz zur Bestimmung der Eigenkapitalkosten.[77] Dennoch bestehen andererseits auch hier vergleichbare grundlegende theoretische Probleme wie beim CAPM, da dieses ja die Grundform des APT bildet.[78] Zudem ist es komplexer, erfordert einen größeren Datenbestand und Analyseaufwand und die empirische Erprobung ist noch nicht weit fortgeschritten.[79]

3.3.4.3.2.1.3. Plausibilitätstest zu den Kosten der Beteiligungsfinanzierung

Aufgrund der methodischen Probleme des CAPM und der APT bietet es sich an, die sich hieraus ergebenden risikoangepaßten Kapitalkosten einer Prüfung auf Plausibilität zu unterziehen.[80] Hierzu können zwei Wege bestritten werden:

---

[74] Bei der Annahme ewiger Renten ergibt sich die Änderung des Unternehmenswertes als Quotient der geschätzten Eigenkapitalkosten nach CAPM und APT. Zum besseren Vergleich wird dabei von unverschuldeten Unternehmen ausgegangen.

[75] d.h. mit Ölreserven, die mehr als 50 % der Aktiva ausmachen. Vgl. Copeland, T./Koller, T./Murrin, J. (1991), S. 201.

[76] Vgl. Copeland, T./Koller, T./Murrin, J. (1991), S. 201.

[77] Vgl. z.B. die Hinweise bei Copeland, T./Koller, T./Murrin, J. (1991), S. 201.

[78] Vgl. Franke, G. (1984), S. 109ff. und Shanken, J. (1985), S. 1189ff..

[79] Vgl. zu ersten Anwendungen in der BRD die Arbeit von Nowak, Th. (1994), S. 114ff. sowie Steiner, M./Nowak, Th. (1994), S. 347ff. und Ulschmid, C. (1994), S. 356ff. sowie die Übersicht bei Hachmeister, D. (1995), S. 235ff..

[80] Vgl. z.B. Baetge, J./Krause, C. (1994), S. 454 und Ballwieser, W. (1995), S. 126.

❑ **Vergleich mit anderen Ansätzen zur Ermittlung von risikoangepaßten Kapitalkosten:**

Die eventuell mit Hilfe des CAPM oder der APT gewonnenen risikoangepaßten Kosten der Beteiligungsfinanzierung können mit anderen Ansätzen zur Ableitung risikoangepaßter Kapitalkosten verglichen werden, um zu überprüfen, ob sich gravierende Abweichungen ergeben, die die Plausibilität der Werte in Frage stellen. Folgende alternative Verfahren sind hierzu anwendbar:

❑ **Am Kapitalmarkt beobachtbare Kapitalkosten:**

Bei börsennotierten Bewertungsobjekten können vergangenheitsbezogene Kapitalkosten direkt am Kapitalmarkt beobachtet werden. Für nicht-börsennotierte Objekte bieten sich Vergleiche mit anderen Unternehmen an.

❑ **Schätzung der Kapitalkosten mit Hilfe des Gordon-Shapiro-Modells:**[81]

Nach dem Gordon-Shapiro-Modell stellt der Unternehmenswert den Barwert einer konstant wachsenden ewigen Rente in Höhe der zu erwartenden Dividende dar:

$$\text{Marktwert}_{EK,t=0} = \frac{\text{Dividende}_{t=1}}{\tilde{r}_{EK} - g}$$

Durch Umformung läßt sich hieraus aus dem aktuellen Marktwert, den Schätzungen für Dividende, Gewinnwachstum g und bei Annahme einer konstanten Ausschüttungsquote die geforderte Eigenkapitalrendite $\tilde{r}_{EK}$ ermitteln:

$$\tilde{r}_{EK} = \frac{\text{Dividende}_{t=1}}{\text{Marktwert}_{EK,t=0}} + g$$

❑ **Ermittlung der internen Rendite geschätzter Cash Flows:** [82]

Auf Basis von Fundamentalanalysen werden zukünftige Cash Flows für einzelne Unternehmen geschätzt. Derjenige Zinssatz, der den Barwert der Cash Flow-Zahlungsreihe mit dem Börsenwert gleichnamig macht, ist die gesuchte Eigenkapitalrendite $\tilde{r}_{EK}$:

$$\text{Marktwert}_{EK} = \sum_{t=1}^{T} \frac{\text{Cash Flow}_t}{\left(1 + \tilde{r}_{EK}\right)^t} + \frac{\overline{\text{Cash Flow}}}{\tilde{r}_{EK}} \bullet \frac{1}{\left(1 + \tilde{r}_{EK}\right)^T}$$

Für den S&P 400-Index konnten hiermit geforderte Renditen von 14 bis 20 % empirisch gewonnen werden.

---

[81] Vgl. Gordon, M.J./Shapiro, E. (1956), S. 102ff.; Mullins, D.W. (1982), S. 112f.; Hachmeister, D. (1995), S. 158f. sowie ähnlich auf Basis von Cash Flows bei Olsen, E./Thomas, R. (1987), S. 11. Nach der Studie von *Prietze/Walker* bei deutschen Unternehmen nur von untergeordneter Bedeutung bei der Bestimmung der Eigenkapitalkosten. Vgl. Prietze, O./Walker, A. (1995), S. 203.

[82] Vgl. Strategic Planning Associates (1984), S. 576 und ähnlich Clarke, R.G. u.a. (1988), S. 104ff. sowie allgemeiner Hachmeister, D. (1995), S. 180f..

❑ **Ermittlung der Kapitalkosten aus dem Kurs/Gewinn-Verhältnis:**[83]

Die Kapitalkosten werden aus dem Kehrwert des aktuellen Kurs/Gewinn-Verhältnis ermittelt. Hinter dieser Praktikermethode verbirgt sich die Annahme einer ewigen Rente in Höhe des augenblicklichen Gewinns.

$$\tilde{r}_{EK} = \frac{1}{\left(\dfrac{Marktwert_{EK}}{Jahres\ddot{u}berschu\beta}\right)} = \frac{Jahres\ddot{u}berschu\beta}{Marktwert_{EK}}$$

❑ **Ermittlung der internen Rendite geschätzter Dividenden für einen Index:** [84]

Für einen Index (z.B. den S&P 400) wird die Index-Dividende (Average Dividend Index) geschätzt und mit der nominalen Wachstumsrate des Bruttosozialprodukts inflationiert. Diejenige Diskontierungsrate, die den Barwert der Dividenden mit dem Index gleichsetzt, ist die geforderte Rendite. Da bei dieser Vorgehensweise nur auf den Index abgestellt wird, ist die geforderte Rendite als geschätzte geforderte Rendite des Marktportfeuilles zu interpretieren, taugt jedoch nicht zur Bestimmung risikoangepaßter Renditen einzelner Bewertungsobjekte.

Die vorgeschlagenen Methoden können aufgrund der zugrundeliegenden Annahmen (z.B. ewige Rente oder konstantes Gewinnwachstum) und der Schätzprobleme bei externer Sicht allenfalls als grobe Vergleichsgrößen herangezogen werden.

❑ **Plausibilitätstest durch Umrechnung des Risikozuschlags in Sicherheitsäquivalente:**

Das Sicherheitsäquivalent entspricht dem sicheren Rückfluß, der dem unsicheren Freien Cash Flow gleichwertig ist.[85] Der „sichere" Freie Cash Flow, abgezinst mit den risikolosen Kapitalkosten, entspricht dem unsicheren Freien Cash Flow, der mit risikoangepaßten Kapitalkosten diskontiert wurde:[86]

$$\frac{S\ddot{A}(FCF_t)}{1+r_f} = \frac{FCF_t}{1+r_f+z_t}$$

Wurde die Risikoprämie über das CAPM, die APT oder diesbezügliche Substitute ermittelt, kann nun mit obiger Gleichung überprüft werden, ob die ermittelte Risikoprämie plausibel ist. Hierzu bieten sich zwei Vorgehensweisen an:

1) Aus der gegebenen Risikoprämie (z.B. 12 %) und dem geplanten Freien Cash Flow eines Jahres (z.B. 50 Mio. DM) kann bei gegebenem risikolosen Zinsfuß (z.B. 8 %) das Sicherheitsäquivalent mittels obiger Gleichung bestimmt werden:

$$S\ddot{A}(FCF_t) = \frac{FCF_t \bullet (1+r_f)}{1+r_f+z_t} = \frac{50\ \text{Mio.DM} \bullet (1+0{,}08)}{1+0{,}08+0{,}12} = 45\ \text{Mio.DM}$$

---

[83] Nach der Studie von Prietze/Walker ebenfalls nur von untergeordneter Bedeutung in deutschen Unternehmen. Vgl. Prietze, O./Walker, A. (1995), S. 203.

[84] Vgl. Strategic Planning Associates (1984), S. 577.

[85] Vgl. hierzu en detail Kapitel 4.2.7. Berücksichtigung von Risiken bei Shareholder Value-Rechnungen.

[86] Vgl. z.B. Ballwieser, W. (1990), S. 171ff. und Ballwieser, W. (1993), S. 155ff.

Wird das Sicherheitsäquivalent nun mit der Planung verglichen, wird ersichtlich, ob das Sicherheitsäquivalent innerhalb der Bandbreite möglicher Freier Cash Flows liegt. Erstreckt sich die mögliche Bandbreite des geplanten Freien Cash Flows z.B. von 47 Mio. DM bis 53 Mio. DM, wurde der Risikozuschlag zu hoch gewählt.

2) Da das Sicherheitsäquivalent nicht niedriger als der kleinstmögliche Freie Cash Flow sein kann, läßt sich ein maximal möglicher Risikozuschlag ermitteln:[87]

$$S\ddot{A}\left(FCF_t\right) \geq Min\left(FCF_t\right)$$

$$\frac{Min\left(FCF_t\right)}{1+r_f} = \frac{FCF_t}{1+r_f+z_t^{max}}$$

$$z_t^{max} = \left(\frac{FCF_t}{Min\left(FCF_t\right)} - 1\right) \bullet \left(1+r_f\right)$$

Im angeführten Beispiel wäre der maximal zulässige Risikozuschlag 6,89 %:

$$z_t^{max} = \left(\frac{50 \text{ Mio.DM}}{47 \text{ Mio.DM}} - 1\right) \bullet \left(1+0,08\right) = 0,0689$$

Die beiden Plausibilitätstests durch Verwendung von Sicherheitsäquivalenten sind in der Lage, dem Bewerter eine Einschätzung für die Adäquanz der gewählten Risikoprämie zu geben.[88]

Der Verfasser empfiehlt daher vor allem aus Gründen der Praktikabilität folgende dreistufige Vorgehensweise:

1) Ermittlung eines risikoangepaßten Kapitalkostensatzes auf Basis des CAPM.

2) Abgleich mit dem Kapitalkostensatz nach APT, sofern methodisch und datentechnisch zugänglich.

3) Plausibilitätstest des aus 1) und 2) resultierenden Kapitalkostensatzes mit Hilfe von Sicherheitsäquivalenten.

Da sowohl in der Literatur[89] als auch in der praktischen Anwendung der CAPM-Ansatz dominiert und zudem die Problembereiche der kapitalmarkttheoretischen Untermauerung vernachlässigt werden, beschränken sich (leider) viele Ansätze zum Shareholder Value auf obigen ersten Schritt.

---

[87] Vgl. Ballwieser, W. (1993), S. 161.

[88] Siegel kritisiert jedoch, daß die Plausibilitätstests nur für den Spezialfall ewiger Renten gelten. Vgl. Siegel, T. (1994), S. 468.

[89] Das APT wird nur bei Copeland, T./Koller, T./Murrin, J. (1991), S. 197ff. und bei Herter, R.N. (1994), S. 115 kurz erwähnt. Letzterer lehnt dies jedoch mangels empirischer Untersuchungen im deutschen Sprachraum ab.

3.3.4.3.2.1.4. Praktische Umsetzung des CAPM im Rahmen des Shareholder Value-Ansatzes

Da sich sowohl für das CAPM als auch die APT ähnliche Umsetzungsprobleme ergeben, sollen die Ausführungen auf das weitaus gebräuchlichere und weniger komplexe CAPM beschränkt werden.[90]

3.3.4.3.2.1.4.1. Datengewinnung

Zunächst stellt sich die Frage, wie die für das CAPM notwendigen Daten für deutsche Verhältnisse gewonnen werden können:

❑   **Risikoloser Zinssatz** r_f :

Da vollkommen risikofreie Rentenpapiere wegen des Zinsänderungs- und Inflationsrisikos nicht existieren, kommen staatliche Wertpapiere dem "Ideal" i.d.R. am nächsten. Es stellt sich die Frage, ob zum Vergleich kurz- oder langfristige Rentenpapiere heranzuziehen sind. Da das CAPM eigentlich ein Einperioden-Modell darstellt, müßten auch **kurzfristige** Rentenpapiere (z.B. Schatzanweisungen oder einjährige Finanzierungsschätze) zugrunde gelegt werden. Es ist ferner zu berücksichtigen, daß das Zinsänderungsrisiko und die Liquiditätsprämie mit zunehmender Laufzeit steigen, wodurch sich die Streuung (= Risiko) der Renditen erhöht.[91] Da jedoch die langfristige Generierung von Freien Cash Flows abdiskontiert werden soll, sollten Planungshorizont und Laufzeit des Rentenpapiers übereinstimmen. Zudem dient der risikolose Zinssatz auch zur Ermittlung der Risikoprämie des Marktes. Die im Marktportfeuille gehaltenen Wertpapiere stellen ebenfalls langfristige Kapitalbindungen dar. Des weiteren ist die Variabilität **langfristiger** Anleihen auf Inflationsänderungen geringer.[92] Für ein unternehmenswertorientiertes Controlling scheinen langfristige Anleihen adäquater zu sein. In Deutschland eignen sich hier je nach Planungshorizont z.B. Renditen von Zerobonds mit fünf bzw. zehn Jahren Restlaufzeit[93] oder ersatzweise effektive Renditen von fünfjährigen Bundesobligationen oder zehnjährigen Bundesanleihen.

Als Ausgangszinsfuß sind **langfristige durchschnittliche Zinsniveaus** anstatt **aktueller Zinsfüsse** zu wählen, da auch der Investor z.B. bei niedrigem Zinsniveau sich zunächst nur kurzfristig binden würde, um baldmöglichst höhere Zinssätze realisieren zu können.

❑   **Marktrendite** $\tilde{r}_M$ **bzw. Risikoprämie des Marktes** $(\tilde{r}_M - r_f)$:

Ist der risikolose Zinssatz r_f bekannt, muß nun die erwartete Marktrendite $\tilde{r}_M$ ermittelt werden, um aus beiden anschließend die Risikoprämie des Marktes ermitteln zu können. Zur empirischen Ermittlung sind folgende Punkte zu klären:

---

[90]   Bezüglich der rechentechnischen und datentechnischen Grundlagen des APT sei auf die APT!-Software der Alcar Group verwiesen.

[91]   Vgl. Copeland, T./Koller, T./Murrin, J. (1991), S. 192; Van Horne, J.C./Wachowicz, J.M. (1992), S. 438; Coenenberg, A.G./Sautter, M.T. (1988), S. 705f. und Gaitanides, M./Raster, M. (1995), S. 263. Zum empirischen Beleg vgl. Ibbotson Associates, Inc. (1989), zitiert nach Brealey, R.A./Myers, S.C. (1991), S. 135.

[92]   Vgl. Copeland, T./Koller, T./Murrin, J. (1991), S. 192.

[93]   Leider hat die Bundesschuldenverwaltung bisher noch keine Zerobonds mit entsprechender Laufzeit emittiert, so daß auf DM-Zerobonds von ausländischen Staaten oder inländischen Gesellschaften zurückgegriffen werden muß.

❑ **Ex-post- oder Ex-ante-Methode:**

Anstatt der erwarteten Marktrendite kann ein vergangenheitsbezogener, langfristiger Durchschnittswert gewählt werden, wie ihn z.B. die Studie von *Ibbotson Associates* für die USA[94] oder die Studien von *Stehle/Hartmond* oder *Bimberg* für Deutschland[95] liefern **(Ex-post-Methode)**. Ebenso gibt es jedoch auch Vorschläge, die erwartete Marktrendite aus den von Finanzanalysten erwarteten Dividenden und dem erwarteten Gewinnwachstum eines Index (z.B. S&P 500) unter Annahme einer konstanten Ausschüttungsquote zu bestimmen **(Ex-ante-Methode)**:[96]

$$\tilde{r}_M = \frac{\text{Dividende}_1}{\text{Kurs}_0} + \text{erwartetes Gewinnwachstum}$$

Trotz des Rückgriffes auf Vergangenheitsdaten ist die Ex-post-Methode zu präferieren, da die Ex-ante-Methode zu Schätzproblemen bezüglich des zukünftigen Gewinnwachstums führt und die Formel ewiges konstantes Wachstum unterstellt.

❑ **Auswahl des Marktportfeuilles:**

Hier empfiehlt sich die Wahl eines möglichst umfassenden Marktportfeuilles, wie dies z.B. der S&P 500 in den USA oder der FAZ- bzw. Commerzbank-Index darstellt.[97] Der Dow Jones Industrial-Durchschnitt oder der DAX-Index mit jeweils nur 30 Aktien würden nur einen Teilaspekt des Aktienmarktes abdecken.[98] Zudem kommt einzelnen Gesellschaften ein zu hoher Einfluß auf den Index zu.[99]

❑ **Länge des betrachteten Zeitfensters:**

Empirische Studien zeigen, daß sich Risikoprämien im Zeitablauf ändern können. Eine Untersuchung von The Vanguard Group of Valley Forge, Pennsylvania, zeigt für Aktien des US-amerikanischen Standard & Poor's 500-Index, daß die Spannweite der jährlichen Renditen im Zeitraum 1951 bis 1981 mit zunehmendem Betrachtungshorizont beträchtlich gegen den Mittelwert konvergiert.[100]

Copeland/Koller/Murrin empfehlen daher, ein möglichst großes Zeitfenster zur Bestimmung der Marktrendite und damit der Risikoprämie zu wählen, da hierin eine Fülle unterschiedlicher Ereignisse verarbeitet sei[101] und diese Vorgehens-

---

94 Vgl. Ibbotson Associates (1989); zitiert nach Brealey, R.A./Myers, S.C. (1991), S. 131.

95 Vgl. Bimberg, L.L. (1991) und Stehle, R./Hartmond, A. (1991), S. 371ff..

96 Vgl. die Vorgehensweise der Arbeit von Vandell, R.F./Kester, G.L. (1983) sowie ebenso Copeland, T./Koller, T./Murrin, J. (1991), S. 196.

97 Vgl. zum Auswahlproblem Steiner, M./Kleeberg, J. (1991), S. 171ff. und Roll, R./Ross, S.A. (1994), S. 101ff..

98 Aus theoretischer Sicht müßten nicht nur Aktien, sondern alle Investitionsmöglichkeiten einbezogen werden. Vgl. die Kritik von Roll, R. (1977), S. 129ff..

99 Vgl. z.B. das Problem geringerer Kovarianzen der im „schmalen" DAX-Index enthaltenen Aktiengesellschaften gegenüber der Verwendung „breiterer" Indizes als Kritik an der Studie *Bühners*. Vgl. Gaitanides, M./Raster, M. (1995), S. 263.

100 Vgl. Stewart, G.B. (1990), S. 79f. sowie die Abbildung 3.17. in Kapitel 3.3.4.2.2. Ermittlung des Freien Cash Flows für den Anpassungszeitraum.

101 In der von ihnen betrachteten Zeitspanne 1926 bis 1988 sind u.a. zwei Weltkriege, zwei gravierende Aktienkurseinbrüche und mehrere Boom- bzw. Rezessionsphasen enthalten.

weise den besten Schätzer für die Zukunft liefere. Dem wurde jedoch noch vor dem Crash 1987 entgegengehalten, daß derart lange Zeitfenster unrealistisch seien, da sich z.b. außerordentliche Ereignisse wie der Börsencrash von 1923 nicht wiederholen könnten.[102] Der Verfasser schließt sich hier der ersten Argumentation an, da für die Zukunft betrachtet keines der marktlichen Risiken von vorneherein ausgeschlossen werden darf.

Generell ist darauf zu achten, daß die Länge des betrachteten Zeitfensters für die Risikoprämie, für den risikolosen Zinssatz und die Länge des Planungshorizonts einander entsprechen sollten. Aufgrund der erwähnten Probleme empfiehlt sich daher ein längerer Betrachtungshorizont von mindestens zehn Jahren, soweit dies für die betrachtete strategische Geschäftseinheit oder die zu analysierende Strategie sinnvoll erscheint.[103]

❏ **Verwendung geometrischer oder arithmetischer Durchschnitte:**

Die Verwendung arithmetischer Durchschnitte zur Renditeberechnung bei langen Zeitfenstern kann zu Fehlschätzungen führen, falls die jährlichen Renditen starken Schwankungen unterliegen. Steigt eine Aktie im ersten Jahr von 200,-- DM auf 400,-- DM, d.h. um +100%, und fällt zum Ende des zweiten wieder auf 200,-- DM zurück, d.h. um −50 %, ergibt sich eine arithmetisch-durchschnittliche Rendite von +25 %[104], jedoch eine geometrisch-durchschnittliche Rendite von 0 %.[105] Es empfiehlt sich daher, stets mit geometrischen Durchschnitten zu arbeiten.[106]

❏ **Volatilität ß:**

Der ß-Faktor kann entweder aus empirischen Datenmaterial mit Hilfe des Marktmodells gewonnen werden oder direkt als Dienstleistung von diversen Informationsdiensten und Finanzdienstleistern bezogen werden. Für die Bundesrepublik bieten sich z.B. die im Handelsblatt publizierten ß-Faktoren der 30 DAX-Werte an. Das Manager-Magazin veröffentlicht die ß-Faktoren von über 650 börsennotierten deutschen Gesellschaften auf Diskette, wobei der FAZ-Index als Marktportfeuille verwandt wird.[107] Die Datenbank der Universität Karlsruhe umfaßt monatliche Renditen von 234 deutschen Werten, die zur Berechnung von ß-Werten genutzt werden kann. Die Großbanken sowie Niederlassungen ausländischer Investmentbanken und Broker bieten zusätzliche Informationsquellen an. In den USA offeriert z.B. BARRA ß-Werte von ca. 7.000 Gesellschaften an, die an der New York Stock Exchange, der American Stock Exchange oder an der NASDAQ gelistet sind.[108] Für andere europäische Staaten gibt es entsprechende Datenbanken (z.B. BARRA, Datastreaum, London Business School oder Erasmus-Universität, Rotterdam).[109] Aufgrund unterschiedlicher Erhebungs- und Auswertungsme-

---

[102] Es wurde z.B. vorgeschlagen, ein Zeitfenster von 1962-85 zu wählen, das in geringeren Risikoprämien von 2,5 bis 3,5 % und folglich höheren Unternehmenswerten resultierte. Vgl. Copeland, T./Koller, T./Murrin, J. (1991), S. 196.

[103] Vgl. Copeland, T./Koller, T./Murrin, J. (1991), S. 210 sowie Gaitanides, M./Raster, M. (1995), S. 263.

[104] (+100 % + (-50%)) / 2 = + 25 %

[105] $\sqrt{2,0 \bullet 0,5} - 1 = 0 \ \left[\%\right]$

[106] Vgl. Copeland, T./Koller, T./Murrin, J. (1991), S. 193ff. sowie zum Problem Baetge, J./Krause, C. (1994), S. 450f..

[107] Vgl. Herter, R.N. (1994), S. 114.

[108] Vgl. Copeland, T./Koller, T./Murrin, J. (1991), S. 197.

[109] Vgl. sehr ausführlich die Übersicht bei Copeland, T./Koller, T./Murrin, J. (1993), S. 401ff..

thoden können die ß-Werte verschiedener Studien oder Informationsdienste variieren. Bei Abweichungen von größer als 0,2 empfiehlt es sich, anstatt der individuellen ß-Werte die i.d.R. stabileren Branchen-ß-Werte zu verwenden.[110]

Bei der Ermittlung bzw. Verwendung von ß-Werten ist darauf zu achten, daß bei Ausdehnung der Zeitintervalle, für die Renditen erhoben werden (z.B. Tages-, Wochen oder Monatsrenditen), die ß-Werte ansteigen und auch das statistische Bestimmtheitsmaß für die Güte der Schätzung zunimmt **(Intervalling Effekt)**.[111] Es ist zu empfehlen, wöchentliche Renditen (1-Jahres-Betas) oder monatliche Renditen (4-Jahres-Betas) zu wählen und zusätzlich die Renditen zu logarithmieren, da hierdurch eher die Normalverteilungsbedingungen erfüllt sind.[112]

Betrachtete Portfolios	Durchschnittliche Rendite p.a. (nominal)	Durchschnittliche Rendite p.a. (real)	Durchschnittliche Risikoprämie	Standard-abweichung
US-Kapitalmarkt(1926-1988):[113]				
❑ Treasury Bills (Laufzeit < 1 Jahr)	3,6 %	0,5 %	0 %	3,3 %
❑ Government Bonds	4,7 %	1,7 %	1,1 %	8,5 %
❑ Corporate Bonds	5,3 %	2,4 %	1,7 %	8,4 %
❑ Common Stocks	12,1 %	8,8 %	8,4 %	20,9 %
Deutscher Kapitalmarkt (1954-1988):[114]				
❑ Sparbuch	3,6 %	0,5 %	k.A.	k.A.
❑ Monatsgeld	5,3 %	2,2 %	k.A.	k.A.
❑ langfristige Wertpapiere	7,5 %	3,9 %	0 %	k.A.
❑ Aktien	12,1 %	8,7 %	4,8 %[115]	k.A.
Deutscher Kapitalmarkt (1954-1992):[116]				
❑ Bundesanleihen	6,7 %	3,4 %	0 %	k.A.
❑ Aktien	11,2 %	7,8 %	4,4 %	k.A.
Deutscher Kapitalmarkt (1967-1991):[117]				
❑ öffentliche Anleihen	7,76 %	k.A.	0 %	k.A.
❑ Aktien	10,41 ^%	k.A.	2,65 %	k.A.

k.A.   keine Angaben in der betreffenden Studie

Abb. 3.43.: Empirische Renditen und Standardabweichungen am US-amerikanischen und am deutschen Kapitalmarkt

---

[110] Vgl. Copeland, T./Koller, T./Murrin, J. (1991), S. 197.
[111] Vgl. Frantzmann, H.-J.. (1990), S. 71ff..
[112] Vgl. Baetge, J./Krause, C. (1994), S. 442.
[113] Vgl. die Studie von Ibbotson Associates (1989); zitiert nach Brealey, R.A./Myers, S.C. (1991), S. 129ff.
[114] Vgl. die Studie von Stehle, R./Hartmond, A. (1991), S. 371ff..
[115] Die Risikoprämie wurde vom Verfasser zur besseren Vergleichbarkeit mit der Studie von *Bimberg* ebenfalls als Differenz der Aktienrendite und der Rendite der langfristigen Wertpapiere errechnet.
[116] Vgl. die Studie von Bimberg, L.L. (1991).
[117] Vgl. die Studie von Baetge, J./Krause, C. (1994), S. 452.

Voranstehend sind für den US-amerikanischen und den deutschen Kapitalmarkt die wichtigsten Rahmengrößen für die Ermittlung der Beteiligungskapitalkosten mittels CAPM zusammengefaßt. Der Rückgriff auf Vergangenheitswerte stellt insofern eine Vereinfachung dar, als für die Bewertung eigentlich zukunftsbezogene statt vergangenheitsbezogene ß-Faktoren benötigt werden.[118]

Da mit dem Shareholder Value-Ansatz ein mehrjähriger Planungshorizont erfaßt wird, stellt sich die Frage, wie eventuelle Änderungen der Komponenten berücksichtigt werden sollen, die den risikoangepaßten Eigenkapitalkostensatz beeinflussen. Zwei Lösungsmöglichkeiten bieten sich an:

❑   Für jedes Jahr wird ein individueller risikoangepaßter Eigenkapitalkostensatz festgelegt, indem entsprechend der augenblicklichen Zinsstrukturkurve ein aktueller Zinssatz für r_f gewählt wird und die nach obigen Prinzipien ermittelte Risikoprämie des Marktes addiert wird.[119]

❑   Es wird ein für alle Jahre einheitlicher, aktueller risikofreier Zins gewählt, der einem langfristigen Anleihezinssatz entspricht, jedoch um die Risikoprämie von langfristigen Anleihen im Vergleich zu kurzfristigen Festverzinslichen vermindert wird. Die Risikoprämie wird wie im ersten Fall gewählt.[120]

3.3.4.3.2.1.4.2. Anwendung des CAPM bei nicht-börsennotierten Bewertungsobjekten

Shareholder Value-Analysen können **Bewertungsobjekte** zum Gegenstand haben, die nicht am Kapitalmarkt börsentäglich bewertet werden:

❑   **Projekte** wie z.B. Markterschließungsstrategien oder Entwicklungen neuer Produkte,

❑   einzelne **strategische Geschäftseinheiten**, die Teile börsennotierter Unternehmen darstellen und

❑   ganze **rechtlich selbständige Unternehmen**, die nicht an einer Börse notiert werden, wie z.B. die Tochtergesellschaften einer Holding.

Da auch für diese Bewertungsobjekte risikoangepaßte Kapitalkosten ermittelt werden sollen, ist zu untersuchen, wie dies ohne direkten Rückgriff auf beobachtbare Kursentwicklungen der Bewertungsobjekte erreicht werden kann. Wird wieder das CAPM als Grundlage gewählt, so reduziert sich das Problem auf die Ermittlung des ß-Faktors, d.h. der (fiktiven) Volatilität der Renditen des Bewertungsobjektes im Vergleich zu den Renditen des Gesamtmarktes. Der risikolose Zinssatz r_f und die Marktprämie für das Risiko $(\tilde{r}_M - r_f)$ sind exogene Größen, die für alle Bewertungsobjekte gelten. Zur Ermittlung des ß-Faktors werden folgende Möglichkeiten diskutiert:[121]

❑   **Analogien aus Marktwerten vergleichbarer Unternehmen:**

Bei dieser in der amerikanischen Literatur als **Pure Play Technique** bezeichneten Vorgehensweise werden ß-Werte von vergleichbaren, börsennotierten Unternehmen auf das

---

[118] Zum Problem vgl. Baetge, J./Krause, C. (1994), S. 447f..
[119] Vgl. Brigham, E.F./Gapenski, L.C. (1991), S. 339f..
[120] Vgl. den Vorschlag bei Brealey, R.A./Myers, S.C. (1991), S. 194 sowie S. 205.
[121] Zur Übersicht vgl. AK Finanzierung (1996), S. 550ff..

nicht notierte Bewertungsobjekt übertragen (Pure Play Beta).[122] Dabei ist zu überprüfen, ob die beiden Unternehmen oder Unternehmensteile tatsächlich in ihrer Struktur (Produktprogramm, Kostenstruktur, Wertschöpfungskette und Wettbewerbsfaktoren) vergleichbar sind. Da die ß-Faktoren insbesondere von der Kapitalstruktur und dem resultierendenm Steuerschild beeinflußt sind, ist folgende Vorgehensweise zu wählen:[123]

Anpassungsmaßnahme	Zusammenhang
1) Berechnung des ß-Faktors eines unverschuldeten Unternehmens **(Unlevered ß)** aus dem ß-Faktor ß$_j$ für das verschuldete Vergleichsunternehmen j und aus der Kapitalstruktur des Vergleichsunternehmens	$\beta_j^u = \beta_j^v \bullet \left(\dfrac{EK_{M,j}^v}{EK_{M,j}^v + FK_{M,j} \bullet (1 - s_{Steuerschild})} \right)$
2) Berechnung des ß-Faktors für die geplante Kapitalstruktur des Unternehmens i **(Relevered ß)**	$\beta_i^v = \beta_j^u \bullet \left(1 + (1 - s_{Steuerschild}) \bullet \dfrac{FK_{M,i}}{EK_{M,i}^v} \right)$

Legende:

β_j^u ß-Faktor des (fiktiv) rein eigenfinanzierten Vergleichsunternehmens j

β_j^v ß-Faktor des verschuldeten Vergleichsunternehmens j

β_i^v ß-Faktor des verschuldeten Bewertungsobjektes i

$EK_{M,j}^v$ Eigenkapital des verschuldeten Vergleichsunternehmens j zu Marktwerten

$FK_{M,j}$ Fremdkapital des Vergleichsunternehmens j zu Marktwerten

$EK_{M,i}^v$ Eigenkapital des verschuldeten Bewertungsobjektes i zu Marktwerten

$FK_{M,i}$ Fremdkapital des Bewertungsobjektes i zu Marktwerten

$s_{Steuerschild}$ Steuervorteil (Steuerschild) durch Fremdfinanzierung in % des Fremdkapitals[124]

Abb. 3.44.: Pure Play Technique zur Ableitung von ß-Werten mit Hilfe von Analogien

Für Bewertungsobjekte in Ländern mit Doppelbesteuerung von Gewinnen ergibt sich ein erheblich größeres Steuerschild. An die Stelle des nachfolgend noch quantifizierten Steuerschildes tritt dann z.B. in den USA der Steuersatz für Corporate Tax. [125]

Beim zweiten Schritt der Pure Play Technique (Relevered ß) ergibt sich das Problem, daß einzelne Projekte oder nicht rechtlich-selbständige strategische Geschäftseinheiten

---

[122] Vgl. Hamada, R.S. (1972), S. 435ff.; Fuller, R.J./Kerr, H.S. (1981), S. 997ff.; Conine, T.E./Tamarkin, M. (1985), S. 54ff.; Copeland, T./Koller, T./Murrin, J. (1991), S. 264ff.; Unzeitig, E./Köthner, D. (1995), S. 78f. und AK Finanzierung (1996), S. 552f..

[123] Vgl. zur Vorgehensweise Herter, R.N. (1994), S. 102ff., der jedoch in seiner Formel die ß-Werte von verschuldeten und unverschuldeten Unternehmen vertauscht und zudem das Tax Shield nicht exakt spezifiziert hat. Korrekt dagegen Drukarczyk, J. (1993), S. 279ff. und S. 297 für das dargestellte deutsche Steuersystem.

[124] Zu dessen Höhe vergleiche die Ausführungen in Kapitel 3.3.4.3.3. Errechnung der gewichteten Kapitalkosten mit Steuern.

[125] Die klassischen Formeln gelten nur für eine Steuerwelt mit proportionaler Unternehmenssteuer und fehlender Einkommensteuer. Vgl. z.B. Perridon, L./Steiner, M. (1991), S. 444. Nach *Drukarczyk* auch für ein Steuersystem mit Doppelbesteuerung durch Unternehmen- und Einkommensteuer bei gleichzeitiger Abzugsfähigkeit der Fremdkapitalzinsen auf beiden Stufen. Vgl. Drukarczyk, J. (1993), S. 279 und S. 296.

i. d. R. über keine eigene Kapitalstruktur verfügen. Will man eine Kapitalstruktur nicht fiktiv zuweisen,[126] bleibt nur der Rückgriff auf die Kapitalstruktur einer übergeordneten Einheit, d.h. einerZwischenholding oder letztendlich dessamtunternehmens.

Des weiteren wird beim zweiten Schritt nach der reinen Pure Play Technique die Kapitalstruktur des Bewertungsobjektes auf Basis von Marktwerten ermittelt. Da das Bewertungsobjekt jedoch voraussetzungsgemäß nicht börsennotiert ist, sind geeignete Schätzungen insbesondere für das Eigenkapital zu wählen. Beim Fremdkapital liegen i.d.R. Buchwerte und Marktwerte enger zusammen, so daß ersatzweise auf Buchwerte zurückgegriffen werden kann. Wird auch für das Eigenkapital der Buchwert gewählt, wird der Fehler größer. In der praktischen Anwendung bieten sich ebenfalls der Rückgriff auf die Zielkapitalstruktur zu Marktwerten des Gesamtunternehmens oder einer Zwischenholding an, sofern diese börsennotiert sind.

Anstatt eines Vergleichsunternehmens kann auch mit **durchschnittlichen Branchenwerten** gearbeitet werden, da diese im Vergleich zu einzelnen Unternehmen stabiler sind (Industry Beta und/oder Peer Group Beta)[127] Dabei wird jedoch angenommen, daß das systematische Risiko der Branchenunternehmen relativ vergleichbar ist.

Vergleiche mit Referenzunternehmen sind jedoch dann problematisch, wenn - wie i.d.R. gegeben - die Unternehmen diversifiziert sind. Ihr Unternehmens-ß wird daher durch viele verschiedene Geschäftsbereiche geprägt. Reine branchenspezifische Vergleichswerte sind daher i.d.R. kaum erhältlich. Unter der Annahme, daß sich der Gesamtwert eines Unternehmens aus der Summe der Werte der einzelnen Geschäftsbereiche ergibt **(Theorem der Wertadditivität)**,[128] können mit Hilfe von **Verfahren der multiplen Regression und der linearen Optimierung** aus "gemischten"-Beta-Faktoren "branchenreine" Beta-Faktoren gewonnen werden.[129]

$$\beta_{Gesamtunternehmen} = \sum_{i=1}^{n} \left(\begin{array}{l} \text{Anteil des Unter} - \\ \text{nehmensbereichs i} \\ \text{am Marktwert} \end{array} \bullet \begin{array}{l} \text{ß} - \text{Wert eines} \\ \text{rein eigenfinanzierten} \\ \text{Geschäftsbereichs i} \end{array} \right)$$

Jedoch auch hier sind die ß-Faktoren zunächst um Finanzierungseinflüsse zu bereinigen. Zudem sind Informationen über den Wertanteil bzw. ersatzweise Buchwertanteil der einzelnen Bereiche erforderlich, wie ihn z.B. die Segmentberichterstattung liefern kann. Da die Segmentberichterstattung in Deutschland jedoch noch sehr rudimentär ist[130] und gesetzlich nach § 285 Nr. 4 HGB nur die Umsatzerlöse nach Tätigkeitsbereichen aufzuschlüsseln sind, ist die Datenbasis hierfür in Deutschland nicht gegeben.

❑   **Ableitung aus Rechnungswesendaten des Bewertungsobjektes:**

Die Rendite eines Unternehmens kann einerseits als Aktienrendite am Kapitalmarkt und andererseits als Rendite des eingesetzten Kapitals mit Hilfe des Rechnungswesens ge-

---

[126] Vgl. Kapitel 3.3.3. Eigenkapital- versus Gesamtkapitalansatz.

[127] Vgl. z.B. die Hinweise bei Brealey, R.A./Myers, S.C. (1991), S. 189 und Copeland, T./Koller, T./Murrin, J. (1991), S. 197 sowie AK Finanzierung (1996), S. 552ff., der zwischen Branchenvergleichen (Industry Beta) und Vergleichen mit Referenzgruppen (Peer Group Beta) differenziert.

[128] Dies unterstellt eine Vernachlässigung von positiven als auch negativen Synergien.

[129] Vgl. Boquist, J./Moore, W. (1983), S. 11ff. zitiert nach Herter, R.N. (1994), S. 104; Copeland, T./Koller, T./Murrin, J. (1991), S. 265 ff. und Ehrhardt, M.C./Bhagwat, Y.N. (1991), S. 60ff..

[130] Vgl. den internationalen Vergleich bei Haller, A./Park, P. (1994), S. 499ff..

messen werden. Den zweiten Weg nutzen die Ansätze zur Ableitung **fundamentaler Beta-Faktoren (Accounting-Beta)**.[131] Der ß-Faktor eines verschuldeten Unternehmens kann z.b. folgendermaßen zerlegt werden:[132]

$$\beta^v = \left(\frac{p - k_v}{EK_M^u} \right) \bullet \beta_o \bullet \left(1 + (1 - s_{Steuerschild}) \bullet \frac{FK_M}{EK_M^v} \right)$$

Legende:

p	Preisniveau
k_v	variable Stückkosten
β_o	ß-Faktor des unverschuldeten Bewertungsobjektes
EK_M^u	Eigenkapital des unverschuldeten Bewertungsobjektes zu Marktwerten
EK_M^v	Eigenkapital des verschuldeten Bewertungsobjektes zu Marktwerten
FK_M	Fremdkapital des Bewertungsobjektes zu Marktwerten
$s_{Steuerschild}$	Steuervorteil durch Fremdfinanzierung in % des Fremdkapitals[133]

Allgemein gilt dann:

$$\beta^v = f\left(\text{leistungswirtschaftlicherLeverage; Marktrisiko; finanzwirtschaftlicher Leverage} \right)$$

wobei die Komponenten der **Risikozerlegung** wie folgt definiert und ermittelt werden können:

Komponente	Definition	Ermittlungsformel
leistungswirtschaft-licher Leverage:	relative Veränderung der Brutto-gewinne (vor Zinsen) im Verhältnis zur relativen Veränderung der Um-satzerlöse	$\dfrac{\dfrac{\Delta Bruttogewinn}{Bruttogewinn}}{\dfrac{\Delta Umsatz}{Umsatz}}$
Marktrisiko	Volatilität der Umsätze des Bewer-tungsobjektes zu den Umsatzerlösen des Marktes	$\dfrac{Cov(Umsatz_i; Umsatz_M)}{Varianz(Umsatz_M)}$
finanzwirtschaftlicher Leverage	relative Veränderung der Nettoge-winne (nach Zinsen) im Verhältnis zur relativen Veränderung der Brut-togewinne (vor Zinsen)	$\dfrac{\dfrac{\Delta Gewinn}{Gewinn}}{\dfrac{\Delta Bruttogewinn}{Bruttogewinn}}$

Abb. 3.45.: Ermittlungsansatz für fundamentale ß-Faktoren

Einen weiteren Ansatz, der den Kapitalwert eines Projektes in die Komponenten Um-satz, variable Kosten und fixe Kosten zerlegt, stellen *Brealey/Myers* vor.[134] Damit sollen ß-Werte von rein eigenkapitalfinanzierten einzelnen Projekten ermittelt werden:[135]

---

[131] Der *AK Finanzierung* differenziert zwischen ß-Werten, die aus einer einzelnen Gewinngröße abgeleiteten werden (Earning Beta), und ß-Werten, die aus mehreren Rechnungswesen-Kennziffern gewonnen werden (Accounting Beta). Vgl. AK Finanzierung (1996), S. 555.

[132] Vgl. zur Herleitung Mandelker, G./Rhee, S. (1984), 45ff.; Chung, K. (1989), S. 343ff.; Bauer, C. (1992), S. 67ff. und S. 261ff.; Steiner, M./Bauer, C. (1992), S. 347ff. und Steiner, M./Beiker, H./Bauer, C. (1993), S. 101ff. sowie Beaver, W.H./Manegold, J. (1975), S. 231ff..

[133] Zu dessen Höhe vergleiche die Ausführungen in Kapitel 3.3.4.3.3. Errechnung der gewichteten Kapitalko-sten mit Steuern.

[134] Vgl. Brealey, R.A./Myers, S.C. (1991), S. 199f. sowie Herter, R.N. (1994), S. 107.

[135] Vgl. die Herleitung bei Brealey, R.A./Myers, S.C. (1991), S. 199f..

$$\beta^u_{Projekt} = \beta_{Umsatz} \bullet \left(1 + \frac{Barwert_{FixeKosten}}{Kapitalwert_{Projekt} + Barwert_{Investition}} \right)$$

Problematisch hierbei ist die Ermittlung des ß-Faktors für den Umsatz. Des weiteren ist hier ein Zirkelschluß enthalten, da zur Ermittlung des Kapitalwertes des Projektes bereits ein risikoadäquater Kalkulationszinsfuß erforderlich ist, der mit der ß-Schätzung eigentlich erst ermittelt werden soll. Ebenso bleibt im Ansatz unklar, gegenüber welcher Größe die Volatilität des Umsatzes gemessen wird. Für den praktischen Einsatz scheint der Vorschlag von *Brealey/Myers* nur bedingt tauglich.

In der Literatur werden eine Reihe weiterer Ansätze zur Ermittlung fundamentaler ß-Faktoren vorgeschlagen, auf die hier jedoch nur verwiesen werden soll. So schlagen z.B. *Copeland/Koller/Murrin* eine Regression von Bruttogewinnen (vor Zinsen) mit entsprechenden Kennzahlen eines Marktportfeuilles vor. [136] *Kulkarni/Powers/ Shannon*[137] ermitteln fundamentale spartenbezogene ß-Werte, indem sie Regressionen aus Gesamtkapitalrenditen (vor Steuern) derselben Sparte verschiedener Unternehmen bilden und um Einflüsse von Kapitalstruktur und Steuern bereinigen.[138] Neben dem Problem der Beschaffung spartenbezogener Unternehmensinformationen in Deutschland stellt sich jedoch auch bei der Betrachtung einzelner Sparten die Frage nach deren Vergleichbarkeit. Daher schlagen *Serfling/Pape* eine unternehmensübergreifende Auswertung der benötigten Unternehmensdaten vor.[139]

In **empirischen Untersuchungen** zu Accounting ß-Ansätzen dominiert die in obiger Abbildung beschriebene Risikozerlegung. In den Studien wurden ergänzend noch weitere Jahresabschlußkennzahlen, wie z.B. Maschinenquote oder Verschuldungsgrad, herangezogen, die den drei Komponenten des Accounting-Beta zugeordnet wurden.[140] US-amerikanische Untersuchungen führten zu teilweise widersprüchlichen Ergebnissen, konnten jedoch signifikante Zusammenhänge zwischen dem marktbezogenen, systematischen Risiko des CAPM und rechnungswesenbezogenen, internen Risikofaktoren bestätigen.[141]

Empirische Untersuchungen für Deutschland zeigen, daß fundamentale Beta-Faktoren "nicht in allen Bereichen mit wünschenswerter Signifikanz bestätigt werden"[142] können. Insbesondere wird dies auf Marktunvollkommenheiten wie mangelnde Marktgängigkeit bzw. Liquidität der Aktien am deutschen Kapitalmarkt zurückgeführt. Problematisch scheint auch der Rückgriff auf Daten des Jahresabschlusses aufgrund der bereits einführend diskutierten Möglichkeiten der Bilanzpolitik und beschränkten Relevanz für den Unternehmenswert. Da jedoch die Prognosequalität im Vergleich zur Annahme konstanter, aus historischen Kursdaten ermittelter Beta-Werte höher ist, wird die Methodik für Zukunftsbetrachtungen wie z.B. Shareholder Value-Analysen interessant, da

---

[136] Vgl. Copeland, T./Koller, T./Murrin, J. (1991), S. 267f..

[137] Vgl. Kulkarni, M.S./Powers, M./Shannon, D.S. (1991), S. 497ff..

[138] Vgl. die Darstellung bei Serfling, K./Pape, U. (1994), S. 519ff..

[139] Vgl. Serfling, K./Pape, U. (1994), S. 526.

[140] Vgl. Steiner, M./Bauer, C. (1992), S. 358 und Steiner, M./Beiker, H./Bauer, C. (1993), S. 109. Zur Übersicht über empirische Studien zu fundamentalen Beta-Faktoren vgl. Bauer, C. (1992), S. 106f..

[141] Vgl. z.B. Beaver, W./Kettler, P./Scholes, M. (1970), S. 654ff.; Lev, B. (1974), S. 627ff.; Thompson, D.J. (1976), S. 173ff.; Elgers, P.T./Murray, D. (1982), S. 358ff. und Mandelker, G./Rhee, S. (1984), S. 45ff.

[142] Steiner, M./Beiker, H./Bauer, C. (1993), S. 125 sowie ebenso Steiner, M./Bauer, C. (1992), S. 367.

bei Kenntnis der Regressionsfunktion eine Ableitung von zukünftigen ß-Werten aus Plandaten möglich ist.[143]

❑ **Weitere Verfahren:**

Während die empirische Forschung sich auf die Ableitung von Analogien aus Vergleichsunternehmen oder die Ermittlung von Accounting-Betas konzentriert, wurden in der Unternehmens- und Beratungspraxis verschiedene vereinfachte Ansätze zur Schätzung des systematischen Risikos entwickelt:

❑ **Ermittlung von ß-Faktoren nach *Rosenberg/Marathe*:**[144]

Im ersten Schritt werden für 36 Unternehmenskennzahlen normierte Auf- und Abschläge zum Ausgangs-ß-Faktor von 1,0 wie folgt ermittelt:

Unternehmenskennzahl	Auf- bzw. Abschlag bei einer Abweichung vom Mittelwert in Höhe einer Standardabweichung
Dividendenrendite	-0,044
Verbindlichkeiten/Gesamtvermögen	+0,041
etc.	etc.

Abb. 3.46.: Ermittlung von ß-Faktoren nach Rosenberg/Marathe

Beträgt die Dividendenrendite eines Unternehmens z.B. 5 % bei einer durchschnittlichen Dividendenrendite des Gesamtmarktes von 3 % und einer Standardabweichung von 1 %, so beträgt der resultierte Abschlag:

$$\frac{\text{Kennzahl}_{\text{Unternehmen}} - \text{Durchschn. Kennzahl}_{\text{Markt}}}{\text{Standardabweichung}_{\text{Markt}}} \bullet \text{Zu} - \text{bzw. Abschlag} =$$

$$\frac{5\% - 3\%}{1\%} \bullet \left(-0,044\right) = -0,088$$

Die einzelnen Auf- und Abschläge zu den 36 Unternehmenskennzahlen werden aufsummiert und zum Ausgangs-ß-Faktor von 1,0 addiert. In einem zweiten Schritt werden branchenspezifische Korrekturen der ß-Faktoren vorgenommen. Das Modell mit derzeit 60 Einflußgrößen und 55 Branchensegmenten wird vom Informationsdienst BARRA kommerziell angeboten.

❑ **Ermittlung von ß-Faktoren nach Stern Stewart & Co.:**[145]

Das amerikanische Beratungsunternehmen Stern Stewart & Co. legte ihrer Vorgehensweise eine Analyse von 1000 US-amerikanischen und kanadischen Unternehmen zugrunde. Diese Unternehmen wurden 42 Branchen zugeordnet, für die um den financial leverage (Financial Risk Index) bereinigte durchschnittliche ß-Faktoren (Business Risk Index) ermittelt wurden.[146] Soll der ß-Faktor für ein nicht-börsennotiertes Bewertungsobjekt ermittelt werden, wird in Umkehrung der

---

[143] Vgl. auch den expliziten Hinweis bei Steiner, M./Beiker, H./Bauer, C. (1993), S. 126.
[144] Zitiert nach Fuller, R.J./Farell, J.L. (1987), S. 341ff..
[145] Vgl. Stewart, G.B. (1990), S. 449ff..
[146] Vgl. die Liste der "levered" und "unlevered" ß-Werte bei Stewart, G.B. (1990), S. 451f..

Vorgehensweise von *Rosenberg/Marathe* zunächst der ß-Wert der zugehörigen Branche vorgegeben. Anschließend werden anhand von 18 Risikokennzahlen Zu- und Abschläge vorgenommen, deren Höhe vom Ausmaß der Abweichung vom Branchendurchschnitt abhängt.[147] Aufgrund des zugrundeliegenden Mehr-Faktoren-Modells sind die einzelnen Faktoren wie bei einer Nutzwertanalyse zu gewichten. Die Herkunft der Gewichtungsfaktoren und die Auswahl der 18 Risikokennzahlen wird nicht näher erläutert und bleibt subjektiv. Die Kennzahlen selbst sind vorwiegend dem Rechnungswesen entnommen und quantitativ formuliert. Zur Umsetzung wird eine eigene Software, das Finanseer-Programm, angeboten.

In beiden Quellen wird auf die zugrundeliegenden statistischen Zusammenhänge, Nachweise zur Vollständigkeit der Kennzahlen (z.B. mittels Diskriminanzanalysen) und auf Aussagen zur Güte der Schätzverfahren verzichtet. Eine genauere Beurteilung auch hinsichtlich der Übertragbarkeit auf deutsche Verhältnisse ist daher nicht möglich.

❏ **Qualitative Risikobewertungsmodelle:**

In der deutschen Unternehmenspraxis sind bei einigen Unternehmen vergleichbare **qualitative Risikobewertungsmodelle** entstanden, die auf unternehmensindividuell definierten Risikofaktoren basieren.[148] Einzelne Bewertungsobjekte werden bezüglich einer beschränkten Zahl von Faktoren (meist fünf bis zehn) subjektiv bewertet. Die einzelnen Bewertungen werden addiert und ergeben die Schätzung für den ß-Wert. Im nachfolgenden Beispiel wird für ein geringes Risiko ein Abschlag von 0,5 % je Risikofaktor von der Marktrendite gewährt, für mittleres bzw. hohes Risiko erfolgt kein Zuschlag bzw. ein Zuschlag von 1,0 %. Da im Beispiel das zukünftige Marktwachstum im Bereich Nachrichtentechnik als niedrig eingestuft wird, wird mit einer relativ stabilen Unternehmensentwicklung gerechnet und ein Abschlag von 0,5 % für diesen Faktor angesetzt. Eine Umrechnung in ß-Faktoren ist analog möglich. Per saldo ist der Halbleiterbereich (Risikozuschlag 3 %) des Beispielunternehmens wesentlich risikobehafteter als der Bereich Nachrichtentechnik (Risikoabschlag 2 %) und erfordert daher eine höhere Eigenkapitalrendite:

---

[147] Vgl. die Liste und Definition der Risikofaktoren sowie das Anwendungsbeispiel bei Stewart, G.B. (1990), S. 454ff. und ebenso zur Anwendung bei Dexter Corporation vgl. Chakravarthy, B./Loomis, W./Vrabel, J. (1988), S. 36.

[148] Vgl. Mirow, M. (1994), S. 99; Lewis, T.G. (1994), S. 86 sowie AK Finanzierung (1996), S. 556 und ähnlich der Vorschlag von *Zens/Rehnen*, Risiken auf Basis von Branchenstrukturanalysen zu bewerten. Vgl. Zens, N.H./Rehnen, A. (1994), S. 102f..

Unternehmensindividueller Risikofaktor	Nachrichtentechnik		Halbleiter	
	Bewertung	Aufschlag/ Abschlag	Bewertung	Aufschlag/ Abschlag
Zyklizität des Geschäfts	niedrig	−0,5 %	hoch	+1,0 %
Marktwachstum	niedrig	−0,5 %	stark	+1,0 %
Relative Wettbewerbsstärke	gut	−0,5 %	normal	±0,0 %
Technologischer Wandel	normal	±0,0 %	stark	+1,0 %
Vorhersagbarkeit der Cash Flows	gut	−0,5 %	normal	±0,0 %
Risikozuschlag/-abschlag		**−2,0 %**		**+3,0 %**

Abb. 3.47.: Qualitative Risikobewertung anhand eines Beispielunternehmens

Diese Verfahren sind einfach und schnell erstellbar, bergen jedoch sowohl bei der Kriterienauswahl, der Bewertung als auch der Gewichtung der Faktoren beträchtliche Manipulationsmöglichkeiten.

❑ **Rating-Verfahren:**

Rating-Verfahren wurden für die Klassifikation von Finanztiteln und deren Emittenten nach qualitativen und quantitativen Maßstäben (i.d.R. Länderrisiko, Branchenrisiko, Geschäftsrisiko und finanzielles Risiko sowie titelspezifische Risiken) entwickelt. Von Bedeutung sind vor allem die Ratings von Standard & Poor's und Moody's für Festverzinsliche. Da die Ratings nur eine ordinale Messung (z.B. Bewertung von AAA bis D bei Standard & Poor's) vornehmen, eignen sie sich allenfalls als ergänzende Information, um risikoangepaßte Eigenkapitalkosten u.U. für einzelne Geschäftsbereiche gewinnen zu können.[149]

Die ersten beiden vorgestellten Verfahren bieten - trotz einiger Schwächen - im Vergleich zu den letzten beiden Verfahren den Vorteil, direkt kardinale Vergleichswerte auf Basis einer großen Zahl von Unternehmen zu bieten. Auf Plausibilitätstests und den Vergleich mit möglichst mehreren alternativen Verfahren sollte wegen der Bedeutung des ß-Faktors und der Kapitalkosten für die Shareholder Value-Analyse nicht verzichtet werden.

3.3.4.3.2.2. Kapitalkosten der Selbstfinanzierung

Selbstfinanzierung liegt vor, wenn Gewinne nicht ausgeschüttet, sondern als Gewinnrücklagen einbehalten werden. Um die Kapitalkosten der Selbstfinanzierung quantifizieren zu können, ist zu fragen, welchen Zinsfuß Investitionsprojekte mindestens verdienen müssen, damit Eigentümer bereit sind, auf Ausschüttungen, d.h. Dividenden, zugunsten der Thesaurierung zu verzichten. Werden zunächst Transaktionskosten und Steuerzahlungen nicht berücksichtigt, sind die Kapitalkosten der Selbstfinanzierung mit den Opportunitätskosten des Eigentümers

---

[149] Vgl. zur Methodik Steiner, M. (1992), S. 509ff. und Hoffmann, P. (1991), 49ff. sowie auf Basis von Bilanzen Baetge, J. (1994), S. 1ff..

anzusetzen. Diese sind mit den Kosten der Beteiligungsfinanzierung identisch. Dennoch berücksichtigen in der Studie von *Prietze/Walker* nur 58 % der Unternehmen Kapitalkosten der Finanzierung über einbehaltene Gewinne.[150]

Werden zusätzlich **Steuern** berücksichtigt, so ist für Deutschland insbesondere der gespaltene Körperschaftsteuersatz relevant. Für das Wirtschaftsjahr 1995 beträgt der Ausschüttungssteuersatz 30 %, der Thesaurierungssteuersatz jedoch 45 %. Da bei späteren Ausschüttungen zunächst die niedrigere Ausschüttungsbelastung durch Erhöhung der Bardividende wieder hergestellt und zudem eine Körperschaftsteuergutschrift in Höhe der Ausschüttungsbelastung erfolgt, fallen aufgrund des Anrechnungsverfahrens allenfalls Zinswirkungen durch die spätere Ausschüttung an.

Bei Berücksichtigung der persönlichen Einkommensteuer können jedoch kritische Einkommensteuersätze errechnet werden, bei denen aufgrund der gespaltenen Körperschaftsteuertarife eine "Schütt-aus-hol-zurück"-Politik zu präferieren ist und somit eine optimale Ausschüttungspolitik existiert.[151]

Zu berücksichtigen sind ferner **Transaktionskosten**[152] für die Emission der neuen Anteile und **zusätzliche Vermögensteuerzahlungen** aufgrund des höheren Einheitswertes bei Thesaurierung.[153] Folglich gilt im deutschen Steuersystem und bei Annahme von Transaktionskosten die Identität der Kosten aus der Beteiligungs- und der Selbstfinanzierung nur eingeschränkt.[154] Die oben abgeleiteten risikoangepaßten Kosten der Beteiligungsfinanzierung können jedoch als gute Schätzung für die Selbstfinanzierungskosten gewählt werden. Fortan sollen daher die Kapitalkosten für Beteiligungsfinanzierung und Selbstfinanzierung zusammengefaßt als Eigenkapitalkosten bezeichnet werden, für die ein gemeinsamer risikoangepaßter Kapitalkostensatz verwendet wird.

3.3.4.3.2.3. Kapitalkosten der Finanzierung aus Rückstellungen

Rückstellungen stellen Fremdkapital dar, das entweder aus ungewissen Verbindlichkeiten gegenüber Dritten oder Rückstellungen ohne rechtliche Verpflichtung (Aufwandsrückstellungen) resultiert.[155] Während insbesondere den kurzfristigen Rückstellungen (z.B. Kulanz- oder Steuerrückstellungen) keine Kapitalkosten zuzuweisen sind, ist umstritten, ob bei langfristigen Rückstellungen, insbesondere bei den Pensionsrückstellungen, Kapitalkosten anfallen und, falls ja, in welcher Höhe.[156]

Pensionszusagen stellen quasi zeitlich bis zum Eintritt des Versorgungsfalles gestundete Personalaufwendungen dar. *Herter* schlägt vor, die Kapitalkosten aus dem internen Zinssatz zu errechnen, der sich aus den im Ansparungszeitraum gesparten Personalauszahlungen (= Einzahlungen) und den zukünftigen Pensionsauszahlungen ergibt.[157] Da sich die ersparten Personalauszahlungen i.d.R. schwer quantifizieren werden lassen, scheint dieser Weg wenig geeig-

---

150 Vgl. Prietze, O./Walker, A. (1995), S. 202.

151 Vgl. zur Berechnung für das deutsche Steuersystem Drukarczyk, J. (1993), S. 432ff..

152 Z.B. Kosten für Konsortialgebühren, Notariatsgebühren, Börsenprospekte etc. Vgl. Drukarczyk, J. (1993) S. 433.

153 Vgl. Kruschwitz, L. (1983), S. 683ff. und Drukarczyk, J. (1993), S. 434ff. Durch die Abschaffung der Vermögensteuer ab 1.1.97 dürfte der letztere Einwand hinfällig geworden sein.

154 Vgl. auch Drukarczyk, J. (1993), S. 439.

155 Vgl. Coenenberg, A.G. (1993), S. 193.

156 Vgl. Hieber, O.L. (1986); Kloster, U. (1988), S. 165ff. und Schneider, D. (1992), S. 368.

157 Vgl. Herter, R.N. (1994), S. 94 und ähnlich Richter, F./Stiglbrunner, K. (1993), S. 411.

net. Andere Autoren sprechen gar von einem "zinslosen Steuerkredit"[158]. Die teilweise in der Praxis anzutreffende Argumentation, Rückstellungen seien als quasi Eigenkapital mit Eigenkapitalkosten anzusetzen, ist abzulehnen, da Pensionsrückstellungen eindeutig zukünftige finanzielle Belastungen des Unternehmens gegenüber Dritten darstellen und damit als Fremdkapital zu klassifizieren sind.

Da die Pensionsrückstellungen in der Bilanz nach dem steuerlich vorgeschriebenen Teilwertverfahren als Barwert der zukünftigen Pensionsverpflichtungen zu bewerten sind, stellt der steuerlich vorgeschriebene Diskontierungszinssatz von 6 % einen laufend zu finanzierenden Aufwand dar. *Schneider* schließt daraus, daß über Pensionsrückstellungen finanzierte Investitionen mindestens eine Vorsteuerrendite von 6 % zu erwirtschaften haben.[159] Gewerbesteuer, Vermögensteuer und Definitiv-Körperschaftsteuer[160] brauchen nicht erwirtschaftet zu werden, da nach Abschnitt 47 Abs. 15 S. 8 GewStR Pensionsrückstellungen nicht zu den Dauerschulden gehören und als Fremdkapital das steuerliche Betriebsvermögen bei der Vermögensteuer mindern.[161]

Empirische Untersuchungen zeigen jedoch, daß die effektiven Kapitalkosten höher liegen.[162] Zur Ermittlung sind dem Barwert der Einzahlungen aus dem Steuerkredit (= Steuerersparnisse) der Barwert der Tilgungen (= Pensionszahlungen) gegenüberzustellen. Die beiden nachfolgenden Abbildungen stellen Ergebnisse von zwei empirischen Untersuchungen dar:

Eintrittsalter des Arbeitnehmers	Brutto-Zinskosten vor Steuern
30 Jahre	8,33 %
35 Jahre	8,52 %
40 Jahre	8,95 %
45 Jahre	9,30 %
50 Jahre	9,83 %
55 Jahre	10,60%

Abb. 3.48.: Kapitalkosten von Pensionsrückstellungen nach Haegert/Schwab[163]

Länge der Anwartschaftsphase	Länge der Rentenphase	
	20 Jahre	30 Jahre
5 Jahre	11,24 %	8,57 %
10 Jahre	10,13 %	8,06 %
15 Jahre	9,34 %	7,67 %

---

[158] Vgl. Franke, G./Hax, H. (1990), S. 465 und Haegert, L./Schwab, H. (1990), S. 91. In der Studie von *Prietze/Walker* berücksichtigen nur 49 % der Unternehmen Kapitalkosten der Pensionsrückstellungen. Vgl. Prietze, O./Walker, A. (1995), S. 202.

[159] Vgl. Schneider, D. (1992), S. 368 und letzendlich auch der Vorschlag bei Herter, R.N. (1994), S. 95.

[160] Ab 1.1.97 wird die Vermögensteuer nicht mehr erhoben, wodurch das Vermögensteuer- und das Definifiv-Körperschaftsteuer-Argument hinfällig geworden sind.

[161] Vgl. auch den Vergleich von Eigen- und Fremdkapitalfinanzierung in Kapitel 3.3.4.2.1.3. Die Bedeutung von Steuern und Zinsen bei Ermittlung des Freien Cash Flow sowie die dort erwähnten Änderungen durch die Abschaffung der Vermögensteuer.

[162] Vgl. z.B. die Studien von Haegert, L./Schwab, H. (1990), S. 85ff. und Drukarczyk, J. (1990), S. 333ff. sowie die gleichlautende Meinung von AK Finanzierung (1996), S. 560.

[163] Vgl. Haegert, L./Schwab, H. (1990), S. 85ff..

20 Jahre	8,76 %	7,37 %
25 Jahre	8,32 %	7,13 %
30 Jahre	7,98 %	6,94 %

Abb. 3.49.: Kapitalkosten von Pensionsrückstellungen nach Drukarczyk[164]

Beim Gesamtkapitalkostenansatz sind die steuerlichen Kapitalkosten in Höhe von 6 % als Fremdkapitalkosten aus dem häufig unter dem Personalaufwand verbuchten Aufwendungen zu bereinigen.[165] Die durchschnittlichen gewichteten Kapitalkosten sind mit den effektiven Kapitalkosten der Pensionsrückstellungen anzusetzen.[166]

In der Unternehmenspraxis ist gelegentlich die Argumentation zu finden, daß Pensionsrückstellungen und andere langfristige Rückstellungen mit Opportunitätskosten in Höhe der gewichteten Kapitalkosten anzusetzen wäre. Als Begründung wird angeführt, daß das Unternehmen bei Nichtbildung der Rückstellung sich genau zu diesem Mischzinssatz finanzieren müßte. Die Überlegung greift jedoch nur, wenn die Rückstellungsbildung bilanzpolitischer Natur ist, d.h. die Bildung bzw. Nichtbildung zur Disposition steht. Liegt jedoch tatsächliche eine ungewisse Verbindlichkeit vor, ist diese Wahlmöglichkeit zu verneinen.

Die Kapitalkostenproblematik für andere langfristige Rückstellungen kann unter Heranziehung tatsächlich angefallener Kapitalkosten analog gelöst werden.

3.3.4.3.2.4. Kapitalkosten der Kreditfinanzierung

Zur Ermittlung der Kapitalkosten der Kreditfinanzierung können zwei Wege beschritten werden:

1) Für jede einzelne Bilanzposition wird en détail geprüft, ob und in welcher Höhe Kapitalkosten angefallen sind und im Planungszeitraum anfallen werden. Als Grundlage können z.b. die abgeschlossenen Kreditverträge und Vereinbarungen dienen.[167]

2) Einfacher und praktikabler scheint jedoch, für alle Schulden unabhängig von ihrer Verzinslichkeit einen durchschnittlichen Fremdkapitalsatz zu errechnen, der die Grundlage für die Schätzung der zukünftigen, langfristigen Kapitalkosten bildet. Wie beim Eigenkapital kann auch hier die Zinsstruktur differenziert berücksichtigt oder ein langfristiger Durchschnittssatz gewählt werden.

Die Kapitalkosten umfassen nicht nur den Zinsaufwand, sondern auch Disagios, Währungsverluste und Nebenkosten (Notariatsgebühren, Druckkosten, Bankprovisionen etc.).[168] Dabei ist zu berücksichtigen, daß Kapitalkosten, wie z.B. bei den Pensionsrückstellungen oder beim Disagio, auch unter anderen Positionen der GuV verbucht sein können. Entscheidend für die Kapitalkosten sind nicht die nominalen, sondern die effektiven Zinssätze.[169]

---

[164] Vgl. Drukarczyk, J. (1990), S. 333ff..

[165] Einige Unternehmen, wie z.B. die Siemens AG, weisen jedoch in jüngster Zeit den Zinsanteil der Veränderungen von Pensionsrückstellungen zugunsten der Klarheit beim Zinsergebnis aus.

[166] Vgl. ähnlich Richter, F./Stiglbrunner, K. (1993), S. 412.

[167] Vgl. z.B. Bühner, R. (1993), S. 754 und Herter, R.N. (1994), S. 91f..

[168] Vgl. Herter, R.N. (1994), S. 90.

[169] Vgl. Copeland, T./Koller, T./Murrin, J. (1991), S. 183ff., die für eine Reihe von Varianten, wie z.B. Fremdwährungsschulden, Niedrigzinsanleihen oder steuerfreie Anleihen, Berechnungsbeispiele angeben.

Es ist zu empfehlen, zunächst eine Strukturbilanz zu erstellen, bei der z.B. erhaltene Anzahlungen nicht von den Vorräten subtrahiert, sondern als Fremdkapital auf der Passivseite ausgewiesen werden. Des weiteren darf Abzugskapital (kurzfristige Verbindlichkeiten) nicht mit dem Umlaufvermögen verrechnet sein, um nicht die Bilanzstruktur und den durchschnittlichen Fremdkapitalsatz zu verfälschen. Von Bedeutung sind auch Off-Balance-Finanzierungen wie z.B. langfristige Mietkontrakte oder Operating Leasing-Verträge. Da sie Alternativen zur Fremdfinanzierung darstellen, wird diskutiert, die passivierten Zahlungsverpflichtungen als Quasi-Fremdkapital bei gleichzeitiger Aktivierung der Vermögensgegenstände in die Strukturbilanz aufzunehmen.[170] Hierdurch will man eventuelle Verzerrungen in der Erfolgsmessung bereinigen. Die Kapitalkosten sind entsprechend von den Miet- bzw. Leasingkonten auf Zinsaufwandskonten umzugliedern. Dagegen spricht jedoch, daß diese Finanzierungsform gerade gewählt wurde, um die Kapitalbindung zu reduzieren. Dies sollte sich dann auch in den Shareholder Value-Rechnungen niederschlagen. In Analogie zur Behandlung von Miet- und Leasingaufwendungen bei der Berechnung der Freien Cash Flows werden deshalb Off-Balance-Finanzierungen nicht berücksichtigt.[171]

Da methodisch keine gravierenden Unterschiede in der Ermittlung der Kapitalkosten von Rückstellungen und Kreditfinanzierungen bestehen, läßt sich für beide Fremdkapitalblöcke ein gewichteter durchschnittlicher Fremdkapitalkostensatz angeben.[172]

3.3.4.3.3.   Errechnung der gewichteten Kapitalkosten mit Steuern

Wie bereits oben ausgeführt, ist die steuerliche Behandlung von Eigen- und Fremdkapital unterschiedlich.[173] Dies wirkt sich auch auf die durch sie bestimmten Kapitalkosten aus. Für das Fremdkapital kann auch beim deutschen Anrechnungsverfahren ein Steuerschild (Tax shield) festgestellt werden, da die vollständige Eigenfinanzierung zu einer höheren Gewerbe- und Vermögensteuerbelastung führt.[174] Durch die Abschaffung der Vermögensteuer reduziert sich jedoch der Tax shield der Fremdfinanzierung. Aufgrund der fehlenden Anrechnung der Corporate Taxes im US-amerikanischen Steuersystem und der hierdurch bewirkten doppelten Besteuerung, sowohl auf der Ebene des Unternehmens als auch des Eigentümers, werden zur Unterscheidung und für Shareholder Value-Analysen im US-Raum ergänzend die Formeln für das US-Steuersystem angegeben.

Die **Größe des Steuerschildes**[175] für das deutsche Steuersystem soll anhand eines einfachen Beispiels quantifiziert werden, wobei aufgrund der erst jüngst erfolgten Abschaffung der Vermögenssteuer die „alte" steuerrechtliche Lage als Beispiel für die Wirkung von Substanzsteuern ergänzend angeführt wird:

Beispiel:

Ein Unternehmen hat ein Gesamtkapital von 10.000 Geldeinheiten und erzielt hierauf eine Gesamtkapitalrendite (vor Steuern und Zinsen) in Höhe von 10 %. Die durchschnittlichen

---

[170] Vgl. z.B. die Diskussion bei Lewis, T.G. (1994), S. 60f...

[171] Vgl. Kapitel 3.3.4.2.1.4. Rechnerische Ermittlung des Freien Cash Flow.

[172] Anstatt der methodisch exakten Marktwerte können vereinfachend Buchwerte als Gewichte gewählt werden.

[173] Vgl. Kapitel 3.3.4.2.1.3. Die Bedeutung von Steuern und Zinsen bei Ermittlung des Freien Cash Flow.

[174] In der Studie von *Prietze/Walker* vernachläßigen 58 % der Unternehmen das Steuerschild bei Ermittlung der Fremdkapitalkosten im Falle von Unternehmensbewertungen. Vgl. Prietze, O./Walker, A. (1995), S. 203.

[175] Mögliche Freibeträge wurden nicht berücksichtigt. Das Fremdkapital besteht aus langfristigen Krediten.

Fremdkapitalkosten betragen 5 %. Gewinne werden voll ausgeschüttet. Die Anteilseigner sind zur Anrechnung der Körperschaftsteuer berechtigt.[176]

Es sollen nun zwei Finanzierungsvarianten bezüglich ihrer Wirkung auf Ergebnis, Steuern, Unternehmenswert und Kapitalkosten verglichen werden:[177]

A: reine Eigenfinanzierung
B: Aufnahme von Fremdkapital in Höhe von 8.000; Rest Eigenfinanzierung; d.h. buchhalterische Eigenkapitalquote 20 %[178]

	A	B	Berechnung
Jahresüberschuß vor Steuern und Zinsen ($JÜ_{brutto}$)	1000,--	1000,--	
− Zinsaufwand	0,--	400,--	
= Jahresüberschuß vor Steuern und nach Zinsen	1000,--	600,--	
− Gewerbekapitalsteuer	80,--	48,--	$H \cdot s_{GewKSt} \cdot (EK + 0{,}5 \cdot FK)$
− Gewerbeertragsteuer	153,33	125,33	$\dfrac{H \cdot s_{GewESt}}{1 + H \cdot s_{GewESt}} \cdot$ $\cdot (JÜ_{brutto} - GewKSt + 0{,}5 \cdot Zinsen)$
= Jahresüberschuß vor KSt	766,67	426,67	
− Vermögensteuer	45,--	9,--	$s_{VSt} \cdot (0{,}75 \cdot EK)$
− Definitiv-Körperschaftsteuer[179]	36,82	7,36	$\dfrac{s_{KSt}^{T}}{1 - s_{KSt}^{T}} \cdot VSt$
= Ausschüttbarer Gewinn	684,85	410,30	
− Körperschaftsteuer	205,45	123,09	$s_{KSt}^{A} \cdot \left(JÜ_{vor\ KSt} - VSt - KSt_{VSt}\right)$
= Jahresüberschuß	479,39	287,21	

Durch die Nichterhebung der Vermögensteuer ergeben sich nun folgende Modifikationen:

	A	B	
= Jahresüberschuß vor KSt (= Ausschüttbarer Gewinn)	766,67	426,67	
− Körperschaftsteuer	230,00	128,00	$s_{KSt}^{A} \cdot JÜ_{vor\ KSt}$
= Jahresüberschuß	536,67	298,67	

Legende: $s_{GewKSt} = 0{,}002$ $s_{KSt}^{T} = 0{,}045$ $s_{VSt} = 0{,}006$

$s_{GewESt} = 0{,}05$ $s_{KSt}^{A} = 0{,}030$

Abb. 3.50.: Berechnung des Jahresüberschusses im deutschen Steuersystem für alternative Kapitalstrukturen

---

[176] Bei ausländischen, nicht-anrechnungsberechtigten Anteilseignern wäre zusätzlich die Körperschaftsteuer bei der Ermittlung Freier Cash Flows zu subtrahieren.

[177] Vgl. auch die Ausführungen bei Perridon, L./Steiner, M. (1991), S. 410ff. und Schneider, D. (1992), S. 307ff.. Zu abweichenden Ergebnissen kommt Bühner, R. (1990), S. 45ff., der z.B. die Körperschaftsteuer mit berücksichtigt.

[178] Die auf Marktwerte bezogene Eigenkapitalquote beläuft sich, wie noch zu zeigen ist, auf 20,93 %.

[179] Da die Vermögensteuer eine nichtabzugsfähige Betriebsausgabe darstellt und aus zu versteuernden Gewinnen zu erwirtschaften ist, entsteht ein zusätzlicher Körperschaftsteueraufwand.

Zahlungen an die Investoren:

	A	B
Bardividende	479,39	287,21
+ Körperschaftsteuer-Gutschrift	205,45	123,09
+ Zinsen	0,--	400,--
= Jahresüberschuß vor Steuern und nach Zinsen	684,85	810,30

Differenz   **125,45**

Steuerschild des Fremdkapitals bzgl.

Gewerbe- und Vermögensteuer

Durch die Nichterhebung der Vermögensteuer ergibt sich nun folgendes Tax shield:

	A	B
Bardividende	536,67	298,67
+ Körperschaftsteuer-Gutschrift	230,00	128,00
+ Zinsen	0,--	400,--
= Jahresüberschuß vor Steuern und nach Zinsen	766,67	826,67

Differenz   **60**

Steuerschild des Fremdkapitals bzgl. der

Gewerbesteuer

Abb. 3.51.: Berechnung des Steuerschildes im deutschen Steuersystem

Das Steuerschild kann nun aus den Differenzen der Gewerbe-, Vermögen- und Definitiv-Körperschaftsteuer abgeleitet werden. Die Körperschaftsteuer selbst ist aufgrund des Anrechnungsverfahrens irrelevant, da die Brutto-Dividende mit dem Gewinn vor Körperschaftsteuer identisch ist.[180]

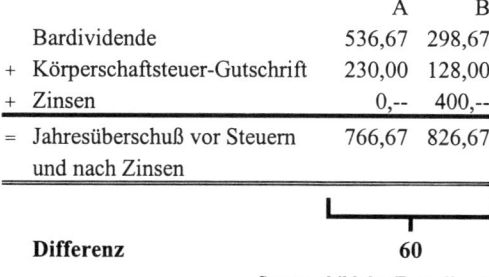

$$Steuerschild = \underbrace{0,5 \bullet H \bullet s_{GewESt} / \left(1 + H \bullet s_{GewESt}\right) \bullet \left(k_{FK} \bullet FK - H \bullet s_{GewKSt} \bullet FK\right)}_{Gewerbeertragsteuer} +$$

$$+ \underbrace{0,5 \bullet H \bullet s_{GewKSt} \bullet FK}_{Gewerbekapitalsteuer} + \underbrace{0,75 \bullet s_{VSt} \bullet FK}_{Vermögensteuer} + \underbrace{\left(0,75 \bullet s_{VSt} \bullet FK\right) \bullet s_{KSt}^{T} / \left(1 - s_{KSt}^{T}\right)}_{Definitiv - Körperschaftsteuer \, auf \, Vermögensteuer} =$$

$$= 0,5 \bullet 4 \bullet 0,05 / \left(1 + 4 \bullet 0,05\right) \bullet \left(k_{FK} \bullet FK - 4 \bullet 0,002 \bullet FK\right) +$$

$$+ 0,5 \bullet 4 \bullet 0,002 \bullet FK + 0,75 \bullet 0,006 \bullet FK + \left(0,75 \bullet 0,006 \bullet FK\right) \bullet 0,45 / \left(1 - 0,45\right) =$$

$$= 0,08\overline{33} \bullet \left(k_{FK} \bullet FK - 0,008 \bullet FK\right) + 0,004 \bullet FK + 0,0045 \bullet FK + 0,00368182 \bullet FK =$$

$$= 0,08\overline{33} \bullet k_{FK} \bullet FK + 0,01151515 \bullet FK$$

---

[180] Vgl. Swoboda, P. (1986) S. 159; Swoboda, P. (1991), S. 57 und Drukarczyk, J. (1993), S. 177ff..

Durch die Nichterhebung der Vermögensteuer ab 1.1..97 ergibt sich nun folgendes Tax shield:

$$Steuerschild = \underbrace{0,5 \bullet H \bullet s_{GewESt} \, / \left(1 + H \bullet s_{GewESt}\right) \bullet \left(k_{FK} \bullet FK - H \bullet s_{GewKSt} \bullet FK\right)}_{Gewerbeertragsteuer} + \underbrace{0,5 \bullet H \bullet s_{GewKSt} \bullet FK}_{Gewerbekapitalsteuer} =$$

$$= 0,5 \bullet 4 \bullet 0,05 \, / \left(1 + 4 \bullet 0,05\right) \bullet \left(k_{FK} \bullet FK - 4 \bullet 0,002 \bullet FK\right) + 0,5 \bullet 4 \bullet 0,002 \bullet FK =$$

$$= 0,08\overline{33} \bullet k_{FK} \bullet FK + 0,003 \bullet FK$$

Bei den Steuersätzen für den Veranlagungszeitraum 1996[181] ergibt sich daher ein Steuervorteil der Fremdfinanzierung, der sich auf ca. 8,33 % der Fremdkapitalzinsen und zusätzlich 1,15 % des Fremdkapitalbestandes beläuft.[182] Im Beispielfall mit einem Fremdkapital FK von 8.000 und einem Fremdkapitalzinssatz k_{FK} von 5 % ergibt sich daher als Steuerschild:

$$Steuerschild = 0,08\overline{33} \bullet 0,05 \bullet 8.000 + 0,01151515 \bullet 8.000 = 125,45412$$

Ab dem Veranlagungszeitraum 1997 verringert sich der Steuerschild durch den Wegfall der Vermögenssteuer, wobei das Steuerschild auf die Fremdkapitalzinsen unverändert bleibt, jedoch der Steuervorteil auf den Fremdkapitalbestand durch Wegfall der Substanzsteuer Vermögensteuer auf 0,33 % reduziert wird:

$$Steuerschild = 0,08\overline{33} \bullet 0,05 \bullet 8.000 + 0,00\overline{3} \bullet 8.000 = 60,00$$

Da das Steuerschild sowohl von den gezahlten und steuerlich abzugsfähigen Fremdkapitalzinsen als auch vom Fremdkapital abhängt, kann das Steuerschild wie folgt allgemein formuliert werden:

Steuerschild beim Anrechnungsverfahren (deutsches Steuersystem):

$$Steuerschild = s_{Steuerschild} \bullet FK = \left(s_{Steuerschild}^{Zins} \bullet k_{FK} + s_{Steuerschild}^{FK}\right) \bullet FK$$

mit

$$s_{Steuerschild}^{Zins} = 0,5 \bullet \frac{H \bullet s_{GewESt}}{1 + H \bullet s_{GewESt}} \, ;$$

$$s_{Steuerschild}^{FK} = 0,5 \bullet H \bullet s_{GewKSt} \bullet \left(1 - \frac{H \bullet s_{GewESt}}{1 + H \bullet s_{GewESt}}\right) + 0,75 \bullet s_{VSt} \bullet \left(\frac{s_{KSt}^{T}}{1 - s_{KSt}^{T}} + 1\right)$$

Ab dem Veranlagungszeitraum 1997 ergeben sich folgende neue Berechnungsformeln:

$$s_{Steuerschild}^{Zins} = 0,5 \bullet \frac{H \bullet s_{GewESt}}{1 + H \bullet s_{GewESt}} \, ;$$

$$s_{Steuerschild}^{FK} = 0,5 \bullet H \bullet s_{GewKSt} \bullet \left(1 - \frac{H \bullet s_{GewESt}}{1 + H \bullet s_{GewESt}}\right)$$

---

[181] Vgl. hierzu die Übersicht in Kapitel 3.3.4.2.1.3. Die Bedeutung von Steuern und Zinsen bei Ermittlung des Freien Cash Flow.

[182] Vgl. ähnliche Ergebnisse bei Richter, F./Stiglbrunner, K. (1993), S. 424. Obwohl sie in ihrer Abhandlung davon ausgehen, daß Steuern auf thesaurierte Gewinne „verloren" sind, kommen sie durch die Annahme der Vollausschüttung zu ähnlichen Ergebnissen.

Steuerschild bei der Doppelbesteuerung (z.B. US-Steuersystem):

$$Steuerschild = s_{Steuerschild} \bullet FK = s_{Corporate\,Tax} \bullet k_{FK} \bullet FK$$

Bei einer Corporate Tax Rate von 30 % ergibt sich dann:

$$Steuerschild = 0{,}30 \bullet k_{FK} \bullet FK$$

Ausgehend von den Kapitalkosten des Eigenkapitals und den Kapitalkosten des Fremdkapitals, die sich jeweils wiederum aus den mit den Marktwerten gewichteten Kapitalkosten der Beteiligungs- und Selbstfinanzierung bzw. aus den Kapitalkosten der Rückstellungen und der Kreditfinanzierung ergeben, resultiert nun unter Einbezug des Steuerschildes folgende Beziehung für die **gewichteten Gesamtkapitalkosten mit Steuern**:[183]

Anrechnungsverfahren (deutsches Steuersystem):

Kosten des Gesamtkapitals = Kosten des Eigenkapitals + Kosten des Fremdkapitals – Steuerschild

$$k_{GK} \bullet GK_M = k_{EK} \bullet EK_M + k_{FK} \bullet FK_M - s_{Steuerschild}^{Zins} \bullet k_{FK} \bullet FK_M - s_{Steuerschild}^{FK} \bullet FK_M$$

$$k_{GK} = k_{EK} \bullet \frac{EK_M}{GK_M} + k_{FK} \bullet \frac{FK_M}{GK_M} \bullet \left(1 - s_{Steuerschild}^{Zins}\right) - s_{Steuerschild}^{FK} \bullet \frac{FK_M}{GK_M}$$

Doppelbesteuerung (z.B. US-Steuersystem):

$$k_{GK} = k_{EK} \bullet \frac{EK_M}{GK_M} + k_{FK} \bullet \frac{FK_M}{GK_M} \bullet \left(1 - s_{Corporate\,Tax}\right)$$

Bei der Ermittlung der gewichteten Gesamtkapitalkosten sind ferner folgende Punkte zu beachten:

❑ Es stellt sich die Frage, ob von der momentanen **Ist-Kapitalstruktur** oder von der **Ziel-Kapitalstruktur** bei der Gewichtung von Eigenkapital- und Fremdkapitalanteilen auszugehen ist. Im Schrifttum wird für die Zielkapitalstruktur votiert, da die Finanzstruktur des Unternehmens sich im Zeitablauf ändern kann und letztendlich die zukünftige (Ziel)-Struktur die Finanzierung des Unternehmens bestimmt.[184] Die Annahme einer konstanten Zielkapitalstruktur bedeutet jedoch, daß das Fremdkapital jederzeit voll flexibel an die Veränderung des Gesamtunternehmenswert angepaßt werden kann, da sich ja der Marktwert des Eigenkapitals wegen der schwankenden Rückflüsse ändert.[185]

❑ Da die Kapitalstruktur, wie bereits dargelegt, vom Marktwert des Eigenkapitals (=Shareholder Value) abhängt, können gewichtete Kapitalkosten und Shareholder Value nur **iterativ** errechnet werden.[186]

❑ Im Schrifttum wird ausführlich diskutiert, ob ein **stichtagsbezogener Zinssatz**[187] oder ein prognostizierter **zukünftiger Zinssatz**[188] gewählt werden soll. Da von einer unend-

---

[183] Vgl. ähnlich Drukarczyk, J. (1993), S. 177ff. und S. 183, der jedoch die Kapitalkosten nach persönlicher Einkommensteuer betrachtet.

[184] Vgl. Rappaport, A. (1986), S. 56; Copeland, T./Koller, T./Murrin, J. (1991), S. 268; Helbling, C. (1993), S. 160 und Drukarczyk, J. (1995), S. 330; ebenso empirisch bei deutschen Unternehmen dominierend. Vgl. Prietze, O./Walker, A. (1995), S. 204.

[185] Vgl. zum Problem Ballwieser, W. (1994), S. 1395f. und der Beweis bei Hachmeister, D. (1995), S. 106ff..

[186] Vgl. Rappaport, A. (1986), S. 56; Ballwieser, W. (1993), S. 165 und Herter, R.N. (1994), S. 43 sowie zu Lösungsvorschlägen Kapitel 3.3.3. Eigenkapital- versus Gesamtkapitalansatz.

[187] Vgl. Matschke, M.J. (1979), S. 326; Ballwieser, W. (1981), S. 97 und Jaeckel, U. (1988), S. 552.

[188] Vgl. Münstermann, H. (1970), S. 74; Institut der Wirtschaftsprüfer (1983), S. 472; Hetzel, H. (1988), S. 725; Piltz, D.J. (1994), S. 27 und AK Finanzierung (1996), S. 558.

lichen Existenz des Unternehmens ausgegangen wird, ist theoretisch der interne Zinsfuß einer sich unendlich wiederholenden Investition in festverzinsliche Wertpapiere relevant, der kaum objektivierbar erscheint. Geht man von den Entscheidungsalternativen des Investors aus, so liegt aus Objektivierungsgründen nahe, den stichtagsbezogenen Zinssatz, d.h. das aktuelle Zinsniveau bzw. die aktuelle Zinsstrukturkurve der Bewertung zugrundezulegen. Die Entscheidungsalternative besteht eben in der Anlage zu den momentan geltenden Zinsstrukturen.[189] Für die unternehmensinterne Steuerung ist jedoch auch plausibel von zukünftig erwartbaren Zinssätzen auszugehen, um einerseits aktuelle Zinsschwankungen für die Beurteilung des Geschäftes außen vor zu lassen und um andererseits, die auch für einen Investor mögliche Umschichtung in später höher verzinsliche Anlagen zu berücksichtigen.

Die Richtigkeit des Ansatzes der gewichteten Gesamtkapitalkosten mit Steuern für das komplexe deutsche Steuersystem kann nun anhand der Berechnung des Unternehmenswertes gezeigt werden, da der Wert eines verschuldeten Unternehmens auf zwei Wegen errechnet werden kann:[190]

1) Der Wert des Unternehmens ergibt sich aus dem Wert des unverschuldeten Unternehmens zuzüglich des Barwertes des Steuervorteils durch die Fremdfinanzierung **(Adjusted Present Value Technique)**.[191]

Geht man im Beispiel von einer geforderten Eigenkapitalrendite vor persönlicher Einkommensteuer bei reiner Eigenfinanzierung von 9 % (r_{EK}^{u}) (= Eigenkapitalkosten) aus, so ergibt sich der Unternehmenswert des verschuldeten Unternehmens unter Annahme des Rentenmodells wie folgt:[192]

$$UW^{v} = UW^{u} + Barwert(Steuerschild)$$

$$UW^{v} = \frac{Bruttodividende^{u}}{k_{EK}^{u}} + \frac{Steuerschild}{k_{FK}}$$

$$UW^{v} = \frac{684,85}{0,09} + \frac{125,45}{0,05} = 10.118,52$$

Nach Wegfall der Vermögensteuer ergibt sich als Unternehmenswert:

$$UW^{v} = \frac{766,67}{0,09} + \frac{60}{0,05} = 9.718,52$$

---

[189] Vgl. ebenso Moxter, A. (1982), S. 172.

[190] Zum Nachweis der Identität im Renten- und im Endlichkeitsmodell vgl. Miles, J.A./Ezzell, J.R. (1980), S. 719ff.; Volpert, V. (1989), S. 116ff. und S. 163 und Hachmeister, D. (1995), S. 111ff..

[191] Vgl. Clarke, R.G. u.a. (1988), S. 42ff.; Stewart, G.B. (1990), S. 274ff.; Brealey, R.A./Myers, S.C. (1991), S. 461f. und Hachmeister, D. (1995), S. 99f. und S. 111ff..

[192] Für das Endlichkeitsmodell zeigt *Hachmeister* die generelle Identität der beiden Ansätze, ohne die Steuerkomponente näher zu spezifizieren. Vgl. Hachmeister, D. (1995), S. 113ff..

2) Der Wert des Unternehmens ergibt sich aus dem Gewinn nach nicht-anrechenbaren Steuern bei reiner Eigenfinanzierung,[193] diskontiert mit den durchschnittlichen Gesamtkapitalkosten mit Steuern (**Adjusted Weighted Averaged Cost of Capital**).[194]

$$k_{EK}^v = \frac{Bruttodividende^v}{EK_M} = \frac{Bruttodividende^v}{UW^v - FK_M} = \frac{410,30}{2.118,52} = 19,367\%$$

$$k_{GK}^v = k_{EK}^v \bullet \frac{EK_M^v}{GK_M} + k_{FK} \bullet \frac{FK_M}{GK_M} - s_{Steuerschild} \bullet \frac{FK_M}{GK_M}$$

$$k_{GK}^v = 19,367\% \bullet \frac{2.118,52}{10.118,52} + 5\% \bullet \frac{8.000}{10.118,52} \bullet (1 - 0,083\overline{3}) - 0,011515 \bullet \frac{8.000}{10.118,52}$$

$$k_{GK}^v = 6,768\%$$

$$UW^v = \frac{Bruttodividende^u}{k_{GK}^v} = \frac{684,85}{0,06768} = 10.118,52$$

Nach Wegfall der Vermögensteuer ergibt sich wiederum:

$$k_{EK}^v = \frac{426,67}{1.718,52} = 24,8276\%$$

$$k_{GK}^v = 24,8276\% \bullet \frac{1.718,52}{9.718,52} + 5\% \bullet \frac{8.000}{9.718,52} \bullet (1 - 0,083\overline{3}) - 0,00\overline{3} \bullet \frac{8.000}{9.718,52}$$

$$k_{GK}^v = 7,889\%$$

$$UW^v = \frac{Bruttodividende^u}{k_{GK}^v} = \frac{766,67}{0,07889} = 9.718,52$$

Da beide Wege und auch bei beiden Steuersystemen zum selben Unternehmenswert führen, kann obige Beziehung für die gewichteten Kapitalkosten im deutschen Steuersystem als bestätigt angesehen werden. Der Wegfall der Vermögensteuer führt aufgrund des wegfallenden Steuerschildes zu einer Erhöhung der gewichteten Gesamtkapitalkosten.

Herter schlägt angesichts der Komplexität des deutschen Steuersystems vor, pauschal von den Kapitalkosten für das Fremdkapital 1 % bei Kapitalgesellschaften und 0,5 % bei Personengesellschafen als Steuerschild abzuziehen.[195] Für obiges Beispiel mit Vermögensteuer würden sich daher folgende Werte ergeben:

Weg 1: Adjusted Present Value Technique:

$$Steuerschild = 1\% \, v. \, FK = 0,01 \bullet 8.000 = 80$$

$$UW^v = \frac{Bruttodividende^u}{k_{EK}^u} + \frac{Steuerschild}{k_{FK}}$$

$$UW^v = \frac{684,85}{0,09} + \frac{80}{0,05} = 9.209,44$$

---

[193] Da die gewichteten Kapitalkosten im Nenner als Mindestverzinsung pro investierter Geldeinheit unabhängig von deren Finanzierung interpretiert werden können, ist auch der Gewinn im Zähler ohne Einfluß der Fremdkapitalfinanzierung zu definieren. Folglich dürfen auch die Steuern nicht um das Steuerschild gemindert sein. Vgl. entsprechende Hinweise bei Swoboda, P. (1986) S. 60 und S. 72f.; Brealey, R.A./Myers, S.C. (1991), S. 462 (Fußnote 5); Copeland, T./Koller, T./Murrin, J. (1991), S. 109; Herter, R.N. (1994), S. 45f. und Zens, N.H./Rehnen, A. (1994), S. 92f..

[194] Vgl. zur Vorgehensweise auch Richter, F./Stiglbrunner, K. (1993), S. 412; Herter, R.N. (1994), S. 45f. und Unzeitig, E./Köthner, D. (1995), S. 140f.

[195] Vgl. Herter, R.N. (1994), S. 51.

Weg 2: Adjusted Weighted Averaged Cost of Capital:

$$k_{EK}^v = \frac{Bruttodividende^v}{UW^v - FK_M} = \frac{410,30}{1.209,44} = 33,925\%$$

$$k_{GK}^v = k_{EK}^v \bullet \frac{EK_M^v}{GK_M} + \left(k_{FK} - 0,01\right) \bullet \frac{FK_M}{GK_M}$$

$$k_{EK}^v = 33,925\% \bullet \frac{1.209,44}{9.209,44} + \left(5\% - 1\%\right) \bullet \frac{8.000}{9.209,44}$$

$$k_{GK}^v = 7,930\%$$

$$UW^v = \frac{Bruttodividende^u}{k_{GK}^v} = \frac{684,85}{0,07930} = 8.636,30$$

Wie die Zahlen veranschaulichen, führen die beiden Wege nicht zum selben Wert des verschuldeten Unternehmens, da *Herter's* Vorschlag nur eine grobe Schätzung darstellt und das Steuersystem nicht exakt berücksichtigt. Für die praktische Anwendung stellt sich die Frage, wie groß der Fehler durch die „Komplexitätsreduktion" ist.

Im Vergleich zur exakten Lösung ergibt sich eine Differenz von −1.482,27 oder −14,65 %. Wird jedoch die letztendliche Zielgröße der Marktwerte des Eigenkapitals, d.h. der Shareholder Value, betrachtet, ergibt sich eine Differenz von +2.118,52 bei der exakten Lösung zu +636,30 bei der vereinfachten Lösung und folglich eine Abweichung von −69,97 %. Da die Ausgangssituation (20 % buchhalterische Eigenkapitalquote, 9 % geforderte Eigenkapitalrendite bei unverschuldeten Unternehmen und 5 % Fremdkapitalzinslast) durchaus realistisch ist, zeigt das einfache Beispiel, welche erheblichen Verzerrungen durch einfache Pauschalierungen bei der Berücksichtigung von Steuern möglich sind.

3.3.5. Marktwert des Fremdkapitals

Aufgrund der obigen Empfehlung, den Shareholder Value mit Hilfe des Gesamtkapitalansatzes zu errechnen, muß nun vom Gesamtunternehmenswert der Marktwert des Fremdkapitals abgezogen werden, um zum Shareholder Value zu gelangen. Da von konstanten gewichteten durchschnittlichen Kapitalkosten wie beim Gesamtkapitalansatz nur ausgegangen werden kann, wenn die Zielkapitalstruktur durch eine am Marktwert orientierte Fremdfinanzierung konstant gehalten wird, ergibt sich der Marktwert des Fremdkapitals durch Multiplikation der Ziel-Fremdkapitalquote mit dem Gesamtunternehmenswert. Folglich ergibt sich auch der Shareholder Value aus der Multiplikation der Ziel-Eigenkapitalquote mit dem Gesamtunternehmenswert. Der Umweg über die Subtraktion des Marktwert des Fremdkapitals ist bei Achtung der theoretischen Konsistenz des Bewertungsansatzes überflüssig.[196]

Erfolgt jedoch keine zum Gesamtunternehmenswert proportionale Finanzierung, so führt der Gesamtkapitalansatz nur zu einer groben Schätzung des Shareholder Value. Entsprechend ist der Gesamtunternehmenswert noch explizit um den Marktwert des Fremdkapitals zu mindern.[197]

---

[196] Vgl. Hachmeister, D. (1995), S. 123f..

[197] Vgl. z.B. die Vorgehensweise bei Rappaport, A. (1986), S. 65ff.; Bühner, R. (1990), S. 58ff. und Copeland, T./Koller, T./Murrin, J. (1991), S. 101ff.

Das Fremdkapital setzt sich in Anlehnung an die deutsche Bilanzgliederung nach § 266 Abs. 2 HGB aus folgenden Positionen zusammen:[198]

- **Fremdkapitalanteil des Sonderposten mit Rücklageanteils**
- **Bilanzgewinn[199]**
- **Rückstellungen**
  - Rückstellungen für Pensionen und ähnliche Verpflichtungen
  - Steuerrückstellungen
  - Rückstellungen für latente Steuern
  - Sonstige Rückstellungen
- **Verbindlichkeiten**
  - Anleihen
  - Verbindlichkeiten gegenüber Kreditinstituten
  - Erhaltene Anzahlungen auf Bestellungen
  - Verbindlichkeiten aus Lieferungen und Leistungen
  - Verbindlichkeiten aus der Annahme gezogener Wechsel und der Ausstellung eigener Wechsel
  - Verbindlichkeiten gegenüber Unternehmen, mit denen ein Beteiligungsverhältnis besteht
  - Sonstige Verbindlichkeiten
- **Rechnungsabgrenzungsposten**

Da i.d.R. Buchwerte auf Gesamtunternehmensebene vorhanden sein werden, kann zunächst von diesen ausgegangen werden.[200] Vorschläge, direkt von den einzelnen Finanzierungskontrakten auszugehen,[201] sollten wegen der Vielzahl der Kontrakte und des erheblichen Aufwandes nur auf Anleihen und Großkredite beschränkt bleiben. Die bilanziellen Buchwerte sind dann anschließend - soweit möglich und nötig - an Marktwerte anzupassen. Dabei sind folgende Punkte zu berücksichtigen:

- Aufgrund des Höchstwertprinzips als Bewertungsgrundsatz für die Passivseite der Bilanz sind Rückstellungen und Schulden mit dem Maximum aus Rückzahlungsbetrag und Tageswert (= Marktwert) am Bilanzstichtag anzusetzen. Daher können die Buchwerte aufgrund des Vorsichtsprinzips zu einer Überschätzung des Fremdkapitals führen. Soweit die Daten vorhanden sind, können Anpassungen an niedrigere Marktwerte vorgenommen werden (z.B. bei Kursrückgang von Fremdwährungsschulden, bei aus steuerlichen Gründen überhöhter Rückstellungsbildung oder bei unverzinslichen oder niedrigverzinslichen Verbindlichkeiten).

- Der Sonderposten mit Rücklageanteil weist entweder sog. "steuerfreie" Rücklagen, die aufgrund gesetzlicher Steuererleichterungen (z.B. § 6b EStG oder Abschn. 35 EStR) gebildet wurden, oder über die handelsrechtlichen Abschreibungen hinausgehende steuerliche Abschreibungen nach § 281 Abs. 1 S. 1 HGB i.V.m. § 254 HGB aus. Da beide aus noch nicht versteuerten Gewinne bestehen, ist nur der Fremdkapitalanteil in Höhe des zu erwartenden Steuersatzes[202] zu berücksichtigen.

---

[198] Vgl. die um Pflichtangaben und Wahlrecht erweiterte Bilanzgliederung bei Coenenberg, A.G. (1993), S. 52.

[199] falls die Gewinn- und Verlustrechnung nach teilweiser Gewinnverwendung erstellt wurde.

[200] Vgl. die gleiche Vorgehensweise in der Studie von Bühner, R. (1993), S. 754.

[201] Vgl. Bühner, R. (1993), S. 754 oder Herter, R.N. (1994), S. 91f..

[202] d.h. sowohl die Steuerwirkungen durch die Gewerbesteuer als auch durch die Körperschaftsteuer.

❑ Aufgrund des Passivierungswahlrechtes für Pensionszusagen, die vor dem 1.1.1987 gegeben wurden (Altzusagen), ist der Buchwert bei unterlassener Passivierung um den Barwert der Altzusagen zu erhöhen. Die Altzusagen stellen effektive Schulden des Unternehmens dar. Des weiteren ist zu prüfen, ob der im Handelsrecht gewährte größere Spielraum beim Diskontierungssatz von mindestens 3 % und höchstens 6 % vom Unternehmen eventuell zur bilanzpolitischen Gestaltung mißbraucht wurde. Es empfiehlt sich, einheitlich den steuerlichen Satz nach § 6a Abs. 3 S. 3 EStG von 6 % zu wählen[203] bzw. gegebenenfalls an höhere effektive Kapitalkostensätze anzupassen.[204]

❑ Da latente Steuern keine effektiven Steuerschulden gegenüber dem Fiskus darstellen, ist hierfür kein Marktwert anzusetzen.

Die Höhe des Marktwertes des Fremdkapitals geht nicht nur als Abzugsposten in die Berechnung des Shareholder Value ein, sondern bestimmt indirekt auch den Fremdkapitalanteil, der zur Ermittlung der durchschnittlichen Kapitalkosten herangezogen wird. Prinzipiell ist jedoch eine geschäftsbereichsspezifische Kapitalstruktur zu wählen. Die Kapitalstruktur des Gesamtunternehmens dient jedoch hierzu stets als Leitgröße.

3.3.6. Die Shareholder Value-Formel

Zusammenfassend kann der **Shareholder Value für das Gesamtunternehmen** nach folgender Formel berechnet werden. Die **Wertbeiträge einer einzelnen Geschäftseinheit** gehen dabei in den Gesamtunternehmenswert ein:

Berechnung des Shareholder Value:

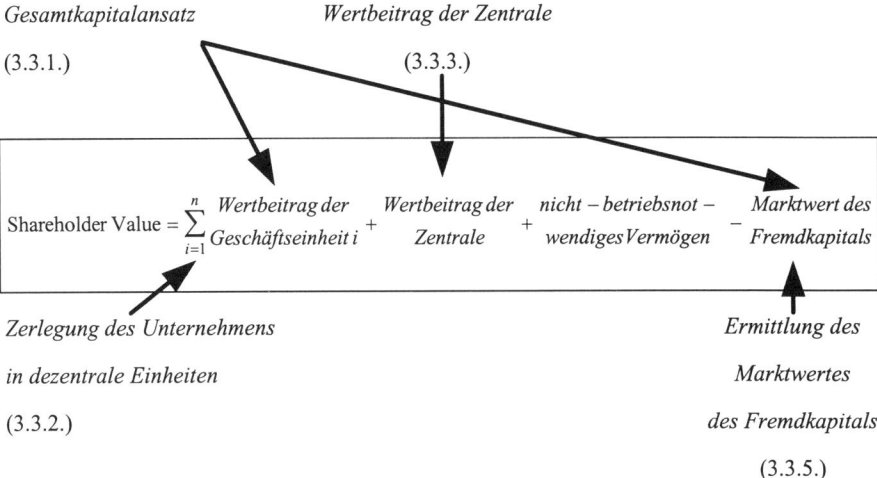

Gesamtkapitalansatz   *Wertbeitrag der Zentrale*

(3.3.1.)   (3.3.3.)

$$\text{Shareholder Value} = \sum_{i=1}^{n} \frac{\text{Wertbeitrag der}}{\text{Geschäftseinheit } i} + \frac{\text{Wertbeitrag der}}{\text{Zentrale}} + \frac{\text{nicht} - \text{betriebsnot} -}{\text{wendiges Vermögen}} - \frac{\text{Marktwert des}}{\text{Fremdkapitals}}$$

Zerlegung des Unternehmens   *Ermittlung des*

in dezentrale Einheiten   *Marktwertes*

(3.3.2.)   *des Fremdkapitals*

                                          (3.3.5.)

---

[203] Vgl. hierzu Coenenberg, A.G. (1993), S. 199 und S. 211.
[204] Vgl. hierzu Kapitel 3.3.4.3.2.3. Kapitalkosten der Finanzierung aus Rückstellungen.

Berechnung des Wertbeitrags einer Geschäftseinheit:

Planungshorizont   Ermittlung der Freien Cash Flows   Ermittlung des Restwertes

(3.3.4.1)   (3.3.4.2.1. und 3.3.4.2.2.)   (3.3.4.2.3.)

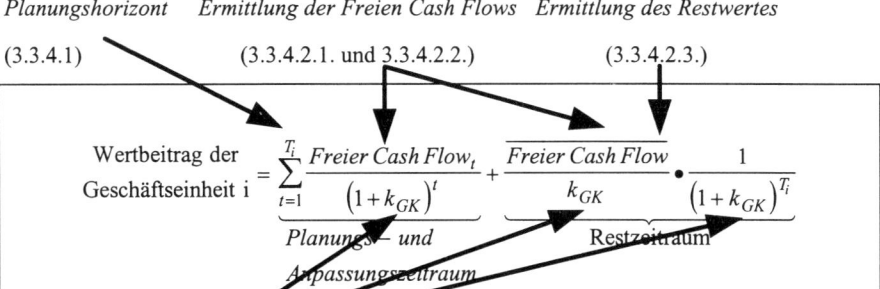

$$\text{Wertbeitrag der Geschäftseinheit } i = \underbrace{\sum_{t=1}^{T_i} \frac{Freier\ Cash\ Flow_t}{\left(1+k_{GK}\right)^t}}_{Planungs-\ und\ Anpassungszeitraum} + \underbrace{\frac{\overline{Freier\ Cash\ Flow}}{k_{GK}} \cdot \frac{1}{\left(1+k_{GK}\right)^{T_i}}}_{Restzeitraum}$$

Ermittlung des Diskontierungssatzes

       (3.3.4.3)

mit k_{GK} := Durchschnittliche gewichtete Kapitalkosten mit Steuern

4. Ausgestaltung des unternehmenswertorientierten Controlling

Nachdem einleitend die Notwendigkeit eines unternehmenswertorientierten Controlling dargestellt wurde (Kapitel 2.), anschließend der „Shareholder Value" als Zielgröße definiert und Möglichkeiten und Problembereiche seiner Berechnung aufgezeigt wurden (Kapitel 3.), soll nun gezeigt werden, wie die nun quantifizierte Zielgröße „Shareholder Value" bzw. hieraus abgeleitete oder ihm verwandte Größen (z.B. der Market to Book-Value oder der CFROI) zur Entscheidungsunterstützung genutzt werden können.

Zunächst soll gezeigt werden, inwiefern das „traditionelle" Controlling zu verändern ist bzw. in welchen Bereichen „nur" Ergänzungen geboten scheinen (Kapitel 4.1.). Anschließend werden verschiedene hieraus abgeleitete Einsatzgebiete für das operative (Kapitel 4.2.) und das strategische Controlling (Kapitel 4.3.) vorgestellt. Da das operative Instrumentarium, wie z.B. die unternehmenswertorientierten Erfolgskennzahlen, wiederum in Ansätze des strategischen Controlling einfließt, soll der operative vor dem strategischen Teil dargestellt werden. Die Vorsteuerungsfunktion des strategischen für das operative Controlling gebietet i.d.R. einen entgegengesetzten zeitlichen und planerischen Ablauf.[1]

4.1. Auswirkungen der Zielgröße „Shareholder Value" auf das Controlling

Wie im vorangehenden Kapitel dargelegt wurde, verfügt der „Shareholder Value" als spezieller Unternehmenswert über eine Reihe von Charakteristika, die geeignet sind, die in Kapitel zwei dargestellten Ansprüche an das Wertsteigerungsmanagement zu erfüllen. Zugleich stellen die Charakteristika einen **Anforderungskatalog** zur Ausgestaltung des unternehmenswertorientierten Controlling dar. Die nachfolgende Liste kann aus der Berechnungsformel des Shareholder Value abgeleitet werden.

Basieren Entscheidungen auf Kriterien, die diese Charakteristika nicht erfüllen, so kann es - muß es aber nicht - zu Fehlentscheidungen i.S. der Steigerung des Eigentümervermögens kommen. Das Controllingsystem ist daher daraufhin zu untersuchen, in welchen Teilbereichen Instrumente verwandt werden, die den Anforderungskatalog nicht erfüllen. Dies wird Gegenstand der beiden nachfolgenden Kapitel zum operativen und strategischen Controlling sein.

---

[1] Zur Vorsteuerungsfunktion vgl. Strasser, H. (1988), S. 377ff. und Coenenberg, A.G. (1990), S. 144ff..

Charakteristikum	Art und Weise der Umsetzung
Zukunftsbezug	durch Berücksichtigung der aus dem Bewertungsobjekt (z.B. aus einer Geschäftseinheit) fließenden **zukünftigen** Cash Flows und durch den **unendlichen** Betrachtungszeitraum
Mehrperiodigkeit	durch Diskontierung eines **Stromes** zukünftiger Cash Flows
Berücksichtigung des Zeitwertes des Geldes	durch **Abdiskontierung** nominaler Cash Flows mit einem nominalen **Diskontierungsfaktor**
Zahlungsorientierung	durch Berücksichtigung von **Cash Flows** anstatt z.B. von Gewinnen
Berücksichtigung von Risiken	durch Abdiskontierung mit einem **risikoangepaßten** Zinssatz
Marktwertorientierung	durch Verwendung von **Zahlungsgrößen statt Buchgrößen** durch **Bezug auf Marktwerte statt auf Buchwerte** (z.B. beim eingesetzten Vermögen)
Berücksichtigung des Finanzierungsbedarfs zukünftigen Wachstums	durch **Abzug der Investitionen** in das Anlagevermögen und in das Working Capital von den Cash Flows

Abb. 4.1.: Charakteristika des Shareholder Value-Ansatzes als Anforderungskatalog für ein unternehmenswertorientiertes Controlling

Wie bereits ausgeführt, verfolgen Unternehmen ein mehrdimensionales Zielsystem, das gedanklich in die Oberziele „nachhaltige Sicherung der Unternehmensexistenz", „Erfolg" und „Liquidität" zerlegt werden kann.[2] Die Zielgröße „Shareholder Value" als Quantifizierung des *Gälweiler'*schen Begriffs „Erfolgspotential" läßt sich dem Oberziel „nachhaltige Existenzsicherung" subsumieren. Es wäre daher vermessen anzunehmen, ein unternehmenswertorientiertes Controlling sei in der Lage, alle Aufgaben des Controlling zu übernehmen und allen Dimensionen des Zielsystems gerecht zu werden. Vielmehr kann der **Beitrag des unternehmenswertorientierten Controlling** wie folgt gesehen werden:

1) **Entwicklung „neuer" Instrumente** in den Bereichen, in denen vorhandene Instrumente im Sinne des Wertsteigerungsmanagement keine Entscheidungsgrundlage liefern bzw. die Gefahr von Fehlentscheidungen besteht (z.B. bei Erfolgskennzahlen zur Steuerung von dezentralen Einheiten).

2) **Einsatz bzw. Modifikation bereits vorhandener Instrumente** zur Anwendung bzgl. der Zielgröße „Shareholder Value". Hierbei ist zu differenzieren,

   ❑   ob die Instrumente direkt auf die Zielgröße „Shareholder Value" angewandt werden können (z.B. Abweichungsanalysen von (geplanten) Wertbeiträgen einer strategischen Geschäftseinheit) oder

   ❑   ob diese zur Erklärung von einzelnen Werttreibern beitragen und damit nur indirekt der Zielgröße „Shareholder Value" dienen (z.B. die Wertsteigerungskurve zur Erklärung der Mittelbindung in den Vorräten).

---

2   Vgl. die Ausführungen in Kapitel 2.8.2. Das Controllingsystem.

Beide Gruppen von Instrumenten treten nicht an die Stelle, sondern neben andere bereits existierende oder angewandte Controllinginstrumente. Dies ist insbesondere für die Phase der Einführung eines unternehmenswertorientierten Controlling von Bedeutung, da hier stets mit gewissen Vorbehalten gegenüber der „neuen" Methodik zu rechnen ist. Zweifelsohne ist es denkbar, daß einige der „neuen" Instrumente nach einer Akzeptanzphase „traditionelle" Ansätze verdrängen werden, wie dies bereits bei Unternehmen insbesondere in den USA geschehen ist.

Die nachfolgende Darstellung des unternehmenswertorientierten Controlling als Pyramide soll zudem zum Ausdruck bringen,

❑ daß eine Fülle möglicher Informationen über die Wertsteigerung nach oben zum Shareholder Value verdichtet wird (Bottom up) bzw. der Shareholder Value auf eine Vielzahl möglicher Werttreiber zurückgeführt werden kann (Top down) und

❑ daß die operative Planung, Realisation und Kontrolle in den einzelnen dezentralen Geschäftseinheiten die Basis für die Steigerung des Shareholder Value darstellt. Das strategische Controlling nimmt dabei eine Brückenfunktion ein, da es den strategischen Rahmen für die Umsetzung operativer Pläne setzt.

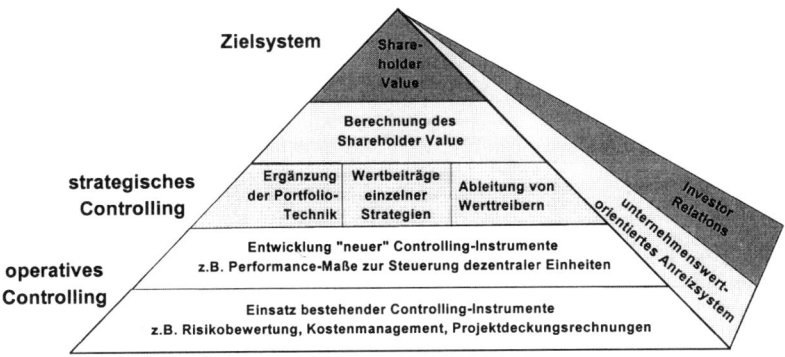

Abb. 4.2.: Unternehmenswertorientierte Controlling-"Pyramide"

In den nachfolgenden beiden Kapiteln soll nun anhand des obigen Anforderungskatalogs für den Shareholder Value-Ansatz untersucht werden, inwieweit ein unternehmenswertorientiertes Controlling die Entwicklung „neuer" bzw. die Anwendung vorhandener Instrumente in den verschiedenen Teilgebieten des operativen und strategischen Controlling erfordert.

4.2. Operative Elemente des unternehmenswertorientierten Controlling

4.2.1. Ansatzpunkte eines operativen unternehmenswertorientierten Controlling

Orientiert man sich an den Zielgrößen „Erfolg" und „Liquidität", die dem operativen Controlling zugrunde liegen, so lassen sich folgende Rechengrößen und Teilsysteme des operativen Controlling unterscheiden. [3] Als Fonds ist hierbei eine Zusammenfassung mehrerer Bilanzpositionen zu verstehen.

Zielgröße	Rechengröße	betroffener Fonds	Teilsystem des operativen Controlling
Liquidität	Einzahlungen/Auszahlungen	Liquide Mittel	Finanzrechnung
	Einnahmen/Ausgaben	Geldvermögen[4]	Finanzierungsrechnung
Erfolg	Erträge/Aufwendungen	Nettovermögen (= Eigenkapital)	Bilanz- und Erfolgsrechnung
	Leistungen/Kosten	Betriebsvermögen	Kosten- und Leistungsrechnung (incl. kalkulatorische Vermögensrechnung)

Abb. 4.3.: Zielgrößen und Teilsysteme des operativen Controlling

Die Teilsysteme des operativen Controlling sind nun daraufhin zu untersuchen, inwieweit sie den Anforderungskatalog des Shareholder Value-Ansatzes erfüllen. Dabei ergibt sich das Problem, daß die einzelnen Teilsysteme sowohl in der Theorie als auch in der Praxis nicht eindeutig voneinander abgrenzbar sind bzw. unternehmensspezifisch unterschiedliche Abgrenzungen vorliegen.

So bestimmt die Definition der Fristigkeit der bei der Finanzierungsrechnung zusätzlich zu den liquiden Mitteln einbezogenen Forderungen und Verbindlichkeiten, ob es sich um eine kurzfristige Finanzierungsrechnung (z.B. beim Einbezug nur der Forderungen und Verbindlichkeiten unter einem Jahr)[5] oder um eine langfristige Finanzierungsrechnung (z.B. beim Einbezug aller Forderungen und Verbindlichkeiten) handelt. Des weiteren orientieren Unternehmen ihre Kosten- und Leistungsrechnung stark an der Erfolgs- und Bilanzrechnung des externen Rechnungswesen. Dies trifft sowohl für kleine und mittelständische Unternehmen zu als auch für Großunternehmen.[6]

Wie die Analyse zeigt, sind Defizite der unternehmenswertorientierten Steuerung insbesondere in der Finanzrechnung, der Erfolgs- und Bilanzrechnung und der Kosten- und Leistungsrechnung festzustellen, während die Finanzierungsrechnung weitgehend die Charakteristika einer unternehmenswertorientierten Steuerung erfüllt. Um nun einen Handlungsbedarf für die Gestaltung eines unternehmenswertorientierten Controlling abzuleiten, ist jedoch auch die originäre Aufgabe der betreffenden Teilsysteme zu berücksichtigen.

---

[3] Vgl. Coenenberg, A.G. (1993a), S. 28f..
[4] Zu verstehen als Liquide Mittel plus Forderungen minus Verbindlichkeiten.
[5] Hierbei wird kurzfristig als Restlaufzeit von unter einem Jahr in Anlehnung an die Definition von § 268 Abs. 4 S. 1 HGB gewählt.
[6] So z.B. die Neuausrichtung des Rechnungswesens bei Siemens.Vgl. Ziegler, H. (1994), S. 177ff.

Anforderung	Finanzrechnung		Finanzierungsrech-nung		Bilanz- und Erfolgs-rechnung		Kosten- und Leistungsrechnung	
Zukunftsbezug	auf Gegenwart be-zogen	−	auf Gegenwart und Zukunft bezogen	+	auf Vergangenheit und Gegenwart be-zogen	−	auf Vergangenheit und Gegenwart be-zogen	−
Mehrperiodigkeit	≤ 1 Jahr (z.B. täglich, wö-chentlich, monat-lich, jährlich)	−	≥ 1 Jahr (z.B. jährlich und mehrjährig)	+	jährlich (§ 242 Abs. 1 u.,2 HGB und § 5 Abs. 1 EStG)	−	≤ 1 Jahr (z.B. monatlich, jährlich)	−
Berücksichtigung des Zeitwertes des Geldes	nein	−	teilweise bei dy-namischen Verfah-ren der Investiti-onsrechnung	+	teilweise bei der Bewertung (z.B. von Pensionsrück-stellungen)	⊗	nein	−
Zahlungs-orientierung	ja, da Ein- und Auszahlungen	+	ja, da Einnahmen und Ausgaben	+	nein, da Abgren-zungsgrundsätze	−	nein, da Wertver-zehr entscheidend	−
Berücksichtigung von Risiken	nein, da kurzfristig	−	teilweise pauschal bei Investitionen	⊗	teilweise über Im-paritätsprinzip	⊗	teilweise über Wag-niskosten	⊗
Marktwert-orientierung	ja, da Zeitwerte	+	ja, da Zeitwerte	+	wegen Impari-tätsprinzip nur bei Wertrückgang	⊗	ja, da Wiederbe-schaffungskosten zugrundegelegt	+
Berücksichtigung des Finanzie-rungsbedarfs zu-künftigen Wachs-tums	nein, da kurzfristig	−	ja, über Investitio-nen als Ausgabe	+	nein, da Investiti-onen nur anteilig über Abschreibun-gen erfolgswirk-sam	−	nein, da Investitio-nen nur anteilig über Abschreibungen er-folgswirksam	−
Aufgabe	Steuerung der kurzfri-stigen Liquidität		Steuerung der mittel- und langfristigen Li-quidität		Erfüllung der gesetz-lich kodifizierten In-formations- und Zah-lungsbemessungsfunk-tion (z.B. Dividende)		kurzfristige Steuerung des Betriebsgeschehens	

Legende:

+	Controlling-Teilsystem	erfüllt Anforderung
⊗	"	erfüllt Anforderung teilweise
−	"	erfüllt Anforderung nicht

Abb. 4.4.: Erfüllung des Anforderungskatalogs des Shareholder Value-Ansatzes durch die Teilsysteme des Controlling

Folglich scheiden sowohl die Finanzrechnung als auch die Erfolgs- und Bilanzrechnung von vornherein aus. Erstere dient der kurzfristigen Liquiditätssteuerung und letztere übernimmt als externer Teil des Rechnungswesens gesetzlich kodifiziert die Aufgabe der Information der Bilanzadressaten und der Zahlungsbemessung (Dividende, Tantiemen, Steuern etc.). Im ex-ternen Rechnungswesen böte sich eine pflichtmäßige Ergänzung des traditionellen Jahresab-schlusses und Lageberichts um unternehmenswertrelevante Informationen an; die gegenwär-tige Rechtslage bietet derzeit jedoch nur die Möglichkeit, auf freiwilliger Basis Angaben zu machen.

Ein unternehmenswertorientiertes Controlling wird sich daher auf eine **Synthese der mehrpe-riodigen Finanzierungsrechnung und der Kosten- und Leistungsrechnung** stützen. Die Kosten- und Leistungsrechnung ist zwar auch kurzfristig angelegt, kann jedoch aus folgenden Gründen in ein unternehmenswertorientiertes Controlling eingebunden werden:

❏   Die Kosten- und Leistungsrechnung ist das traditionelle Teilsystem zur Unterstützung betrieblicher Entscheidungen.

❏   Die Kosten- und Leistungsrechnung kann im Gegensatz zum externen Rechnungswesen aufgrund der fehlenden gesetzlichen Kodifizierung den jeweiligen Bedürfnissen des Unternehmens angepaßt werden.

❏   Die Kosten- und Leistungsrechnung wurde in den 80er Jahren durch ein Kostenmana-gement ergänzt, das durch die beabsichtigte Gestaltung des betrieblichen Wertschöp-fungsprozesses strategischen Charakter besitzt und daher über den kurzfristigen Zeitbe-zug hinausgreift.[7] Sowohl die Forderung nach einem „strategic management accoun-ting"[8] als auch neuere Kostenmanagementansätze, wie das sog. Target Costing,[9] das Life Cycle Costing[10] und die Prozeßkostenrechnung,[11] sind dieser Neuausrichtung zu-zurechnen.

Aus dem breiten Repertoire von Anwendungsmöglichkeiten operativer Instrumente bieten sich für ein operatives unternehmenswertorientiertes Controlling Bereiche an, die nachfolgend dargestellt und diskutiert werden sollen:

❏   Entwicklung von **unternehmenswertorientierten Erfolgskennzahlen** zur Steuerung dezentraler Unternehmenseinheiten zur Ergänzung „traditioneller" gewinnorientierter Kennzahlen (4.2.2.)

❏   **Unternehmenswertorientierte Kennzahlensysteme** zur Zerlegung der Zielgröße „Shareholder Value" und hieraus abgeleiteter Erfolgskennzahlen in Werttreiber, um Hinweise für die operative Steuerung zu erhalten. Dabei bieten sich eine stufenweise Zerlegung in die drei Betrachtungsebenen Gesamtunternehmen, strategische Geschäfts-einheit und Wirtschaftsjahr an (4.2.3.)

❏   Ergänzung der „traditionellen" Ergebnisrechnung um Aspekte des Shareholder Value-Ansatzes zu einer **unternehmenswertorientierten Ergebnisrechnung** für einzelne Produkte, Projekte oder das Gesamtunternehmen. (4.2.4.)

❏   Kontrolle geplanter Wertbeiträge durch eine **unternehmenswertorientierte Kontrolle und Abweichungsanalyse**, um rechtzeitig Zielunterschreitungen erfassen und Gegen-steuerungsmaßnahmen einleiten zu können. (4.2.5.)

❏   Erweiterung der periodenbezogenen, gewinnorientierten Gewinnschwellenanalyse um eine mehrperiodige, **unternehmenswertorientierte Break-Even-Analyse** (4.2.6.)

---

7   Vgl. Coenenberg, A.G (1993), S. 42f..
8   Vgl. Simmonds, K. (1989), S. 264ff..
9   Vgl. z.B. Horváth, P./Seidenschwarz, W. (1992), S. 142ff.; Seidenschwarz, W. (1993), S. 5ff. und Coenen-berg, A.G./Fischer, T.M./Schmitz, J. (1994), S. 1ff..
10   Vgl. z.B. Pfohl, H.-C./Wübbenhorst, K.L. (1983), S. 142ff.; Brown, R.J./Yanuck, R.R. (1985); Back-Hock, A. (1988); Fabrycky, W.J./Blanchard, B.S. (1991) sowie Coenenberg, A.G./Fischer, T./Schmitz, J. (1994), S. 29ff..
11   Vgl. z.B. Horváth, P./Mayer, R. (1989), S. 214ff. und Coenenberg, A.G./Fischer, T.M. (1991), S. 21ff..

❏   Darstellung von Instrumenten zur Berücksichtigung von **Unsicherheit und Risiko** bei langfristigen Shareholder Value-Analysen (4.2.7.).

❏   Ergänzung der Grundidee des Shareholder Value-Ansatzes durch **„traditionelle" Controlling-Instrumente**, die der Analyse und Steuerung einzelner Werttreiber dienen (4.2.8.).

❏   **Modifikation der „traditionellen" Kosten- und Leistungsrechnung und der „traditionellen" Finanzrechnung** um Charakteristika des Shareholder Value-Ansatzes (4.2.9.)

4.2.2. Erfolgskennzahlen zur Beurteilung von Unternehmen und zur Steuerung dezentraler Einheiten

Die Kritik an „traditionellen" Erfolgskennzahlen der Unternehmensführung war einer der Auslöser für die Entstehung des Shareholder Value-Ansatzes.[12] **Erfolgskennzahlen** sind Größen, die zum einen zur Beurteilung ganzer Unternehmen und zum anderen zur Steuerung dezentraler Einheiten (z.B. strategischer Geschäftseinheiten oder untergeordneter Einheiten),[13] insbesondere im Falle divisionalisierter Unternehmensstrukturen, dienen. Dabei stehen drei Aufgaben im Vordergrund:[14]

1)   Bereitstellung von Informationen als Entscheidungsgrundlage für Dritte

    (z.B. für die Unternehmensleitung, die über bedeutende strategische Maßnahmen für einzelne Divisionen zu entscheiden hat).

2)   Bereitstellung von Informationen als Entscheidungsgrundlage für das Beurteilungsobjekt selbst (Selbstinformation).

    (z.B. für die Leitung der dezentralen Einheit, ob gesetzte Ziele erreicht wurden oder ob gegengesteuert werden muß).

3)   Bereitstellung von Informationen zur Beurteilung der Leistung der Unternehmensleitung bzw. des Managements der dezentralen Einheit

Dabei ist jedoch zu berücksichtigen, daß insbesondere bei der Leistungsmessung zwischen beeinflußbaren (z.B. Effizienz der betrieblichen Abläufe) und nicht-beeinflußbaren Faktoren (z.B. Währungsrelationen und Kapitalmarktzinssätzen) unterschieden wird.[15]

---

12   Vgl. Rappaport, A. (1981), S. 140; Hofer, C. (1983), S. 43ff.; Johnson, W.B./Natarajan, A./Rappaport, A. (1985), S. 53; Blyth, M.L./Friskey, E.A./Rappaport, A. (1986), S. 48f.; Rappaport, A. (1986), S. 19ff.; Gomez, P. (1990), S. 559; Bühner, R. (1990), S. 13ff.; Copeland, T./Koller, T./Murrin, J. (1991), S. 73ff. und Fickert, R. (1992), S. 52. sowie die Darstellung in Kapitel 2.3. Kritik an "traditionellen" Steuergrößen der Unternehmensführung.

13   Fortan sollen strategische Geschäftseinheiten als Beispiel für dezentrale Einheiten betrachtet werden.

14   In Verallgemeinerung von Coenenberg, A.G. (1993a), S. 480.

15   Vgl. Ballwieser, W. (1994), S. 1399ff..

4.2.2.1. „Traditionelle" Erfolgskennzahlen zur Unternehmenssteuerung

Traditionell werden für die Unternehmenssteuerung eine Reihe von Rentabilitätskennzahlen verwandt, die wie folgt definiert werden können:[16]

Kennzahl			Definition
deutscher Begriff	anglo-amerikanischer Begriff	Abkürzung	
❏ Umsatzrentabilität	Return on Sales	RoS	$\dfrac{\text{Gewinn}}{\text{Umsatzerlöse}}$
❏ Eigenkapitalrentabilität	Return on Equity	RoE	$\dfrac{\text{Gewinn}}{\text{Eigenkapital}}$
❏ Gesamtkapitalrentabilität	Return on Capital	RoC	$\dfrac{\text{Gewinn} + \text{Zinsaufwand}}{\text{Gesamtkapital}}$
❏ Return on Investment[17]	Return on Investment	RoI	1) $\dfrac{\text{Gewinn}}{\text{Investment}}$[18] 2) $\dfrac{\text{Gewinn}}{\text{Gesamtvermögen}}$[19]
❏ Return on Assets	Return on Assets	RoA	$\dfrac{\text{Gewinn}}{\text{Gesamtvermögen}}$[20]
❏ Rentabilität der kontrollierbaren Kosten- und Vermögenspositionen	Return on Controllable Assets	RoCA	$\dfrac{\text{Gewinn}}{\text{Kontrollierbares Vermögen}}$[21]

Abb. 4.5.: Definition „traditioneller" Erfolgskennzahlen[22]

Der Zusammenhang der „traditionellen" Kennzahlen mit der Bilanz und der Gewinn- und Verlustrechnung ist in nachfolgender Abbildung dargestellt, wobei in der Darstellung von der ersten Definition des RoI ausgegangen wird:

---

[16] Vgl. nachfolgend in Anlehnung und Ergänzung von Coenenberg, A.G. (1993a), S. 496ff..

[17] Zur Definition des Return on Investment sind im deutschen Sprachraum unterschiedliche Darstellungen zu finden. Z.B. definiert ihn *Coenenberg* deckungsgleich mit der Gesamtkapitalrentabilität. Vgl. Coenenberg, A.G. (1993a), S. 497

[18] Mit Investment als Summe von Buchwert des Anlagevermögens und Working Capital. Vgl. z.B. die Definition im Rahmen der PIMS-Studie bei Buzzel, R.D./Gale, B.T. (1987), S. 37.

[19] Vgl. z.B. die Definitionen bei Solomons, D. (1971), S. 153 und Rappaport, A. (1986), S. 33, die mit der Definition des Return on Assets übereinstimmen.

[20] Das Gesamtvermögen ist per definitionem mit dem Gesamtkapital identisch.

[21] Bei der Gewinnberechnung werden nur Kosten- und Leistungspositionen berücksichtigt, die von der zu beurteilenden dezentralen Einheit direkt beeinflußt werden können. Zurechenbare oder zugeschlüsselte Größen werden nicht berücksichtigt. Vgl. z.B. Solomons, D. (1971), S. 74f., 83, 130f., 143f.; Poensgen, O.H. (1973), S. 280ff. sowie die Übersicht bei Coenenberg, A.G. (1993a), S. 501.

[22] Da der Erfolg sowohl auf Basis des internen Rechnungswesens (Wirtschaftsergebnis) als auch vereinfachend auf Basis des externen Rechnungswesens (Jahresüberschuß) ermittelt werden kann, wurde hier die allgemeine Bezeichnung „Gewinn" gewählt.

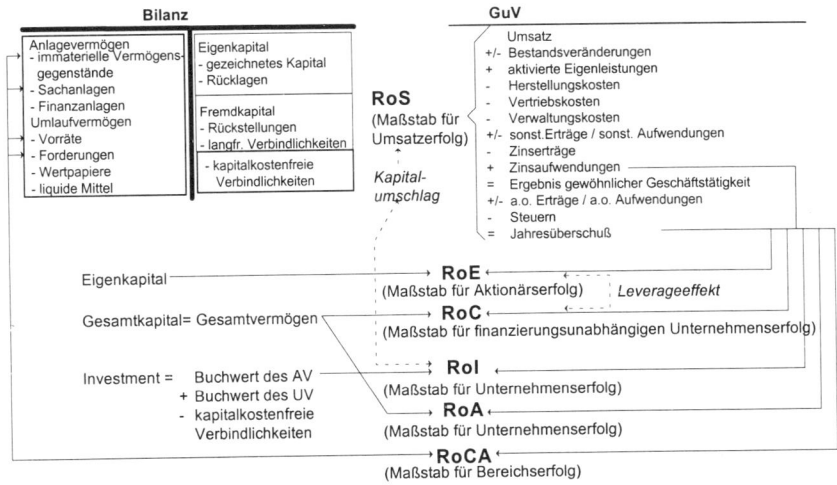

Abb. 4.6.: Zusammenhang von „traditionellen" Erfolgskennzahlen mit Bilanz und Gewinn- und
Verlustrechnung

Der RoI ist in den USA - in verschiedensten Abwandlungen - von den genannten Rentabilitätskennzahlen das am weitesten verbreitete Maß zu Steuerung dezentraler Einheiten, insbesondere wenn sie als Investment Center geführt werden.[23] Gegen den RoI, aber auch gegen die
anderen Rentabilitätskennzahlen werden eine Reihe von Vorbehalten vorgebracht, die in folgenden Punkten zusammengefaßt werden können:[24]

1) **Mangelnde Korrelation zwischen jahresabschlußorientierten Kennzahlen und der
Wertentwicklung am Kapitalmarkt.**

2) Unterschiedliche Ermittlung gewinnorientierter Größen aufgrund gesetzlicher Spielräume im externen Rechnungswesen.

3) **Mangelnde Berücksichtigung von Risiken.**

4) Mangelnde Berücksichtigung des Zeitwertes des Geldes und des Vermögens (Inflation).

5) Verzerrung von Erfolgskennzahlen aufgrund der Altersstruktur des Anlagevermögens.

6) Verzerrung von Erfolgskennzahlen durch Leasing und Goodwill-Ausweis.

7) Keine Würdigung von Unterschieden in der Finanzierungsstruktur (Leverage-Effekt).

8) **Keine Abbildung des Kapitalbedarfs zur Finanzierung zukünftigen Wachstums.**

9) **Vernachlässigung ökonomischer Wirkungen nach dem Betrachtungszeitraum.**

10) **Vergangenheitsorientierung.**

Wie bereits ausgeführt,[25] erfordern die fett markierten Argumente die Bildung unternehmenswertorientierter Erfolgskennzahlen,, während einige der Kritikpunkte durch nachfolgend dargestellte geeignete Modifikation der Rentabilitätskennzahlen behoben werden können:

---

23 Vgl. Reece, J.S./Cool, W.R. (1978), S. 30.
24 Vgl. zur Erklärung Kapitel 2.3. Kritik an „traditionellen" Steuergrößen der Unternehmensführung.
25 Vgl. Kapitel 2.3.11. Auswirkungen der Kritik an „traditionellen" Steuerungsgrößen.

❑ **Unterschiedliche Ermittlung gewinnorientierter Größen aufgrund gesetzlicher Spielräume im externen Rechnungswesen:**

Eine Verzerrung der Rentabilitätskennzahlen durch unterschiedliche Nutzung gesetzlicher Ansatz- und Bewertungsspielräume kann durch die Vorgabe einheitlicher Richtlinien für den Gesamtkonzern zumindest für die Beurteilung dezentraler Einheiten behoben werden. Schwierigkeiten ergeben sich jedoch dann, wenn nicht Einheiten eines Unternehmens, sondern verschiedene Unternehmen, womöglich sogar verschiedener Nationalität, verglichen werden sollen.

❑ **Mangelnde Berücksichtigung des Zeitwertes des Geldes und des Vermögens (Inflation):**

Der Zeitwert des Geldes kann dadurch berücksichtigt werden, daß anstatt der Gewinne aus der Finanzbuchhaltung **Betriebsergebnisse** aus der Kosten- und Leistungsrechnung gewählt werden. Da in der Kosten- und Leistungsrechnung der Bewertung Wiederbeschaffungskosten (**Sachkapitalerhaltung**) anstatt Anschaffungs- bzw. Herstellungskosten (**Geldkapitalerhaltung**) zugrundegelegt werden, werden Scheingewinne nicht ausgewiesen. Scheingewinne sind auf Wiederbeschaffungspreissteigerungen des ruhenden (nicht verbrauchten) Vermögens während einer Periode zurückzuführen. Daher stellen sie keine „echten" Gewinne dar, falls das Vermögen nach erfolgter Abnutzung in Zukunft zu höheren Preisen wiederbeschafft werden muß.[26] Ebenso sind auch bei den Vermögenspositionen **Wiederbeschaffungswerte** anstatt historischer Kosten anzusetzen.[27] Es verbleibt jedoch der Kritikpunkt, daß nominellen Größen im Zeitablauf unterschiedliche Werte beizumessen sind, die nur durch eine Diskontierung der Zahlungsströme verglichen werden können.

❑ **Verzerrung von Erfolgskennzahlen aufgrund der Altersstruktur des Anlagevermögens:**

Ein störender Einfluß der Altersstruktur des Anlagevermögens kann durch **Ansatz des Vermögens zu Bruttowerten**, d.h. zu historischen Anschaffungskosten, vermieden werden.[28] Wird zusätzlich die Inflation berücksichtigt, sind Wiederbeschaffungskosten zu wählen. Die Korrektur erübrigt sich bei dezentralen Einheiten mit großem, vielfältigem und in der Altersstruktur gestreutem Anlagenbestand. Durch Reinvestition der Abschreibungen bleibt dort c.p. das Vermögen zu Buchwerten relativ konstant.

❑ **Verzerrung von Erfolgskennzahlen durch Leasing und Goodwill-Ausweis:**

Durch den fiktiven Ansatz des Barwerts der Leasingverpflichtungen und durch Abspaltung von Teilen der Leasingraten als Zinsaufwendungen bzw. durch sofortige Verrechnung des Goodwills mit den Rücklagen kann derartigen Verzerrungen vorgebeugt werden.[29]

---

[26] Vgl. Coenenberg, A.G. (1993a), S. 489f..
[27] Vgl. Coenenberg, A.G. (1993a), S. 495 sowie die Kritik an Buchwertrenditen im Immobilienbereich bei Siegert, T. (1994), S. 119 und Siegert, T. (1994a), S. 71f.
[28] Vgl. Solomons, D. (1971), S. 134ff..
[29] Vgl. die Ausführungen in Kapitel 2.3.6. Verzerrung von Erfolgskennzahlen durch Leasing und Goodwill-Ausweis.

❑ **Keine Würdigung von Unterschieden in der Finanzierungsstruktur (Leverage-Effekt):**

Der Leverage-Effekt ist nur beim Vergleich einzelner Unternehmen und allenfalls beim Vergleich rechtlich selbständiger Tochterunternehmen mit einer von der Mutter unabhängigen Finanzierungspolitik zu berücksichtigen. Hierbei empfiehlt es sich, zusätzlich zum oben definierten RoI die (finanzierungsunabhängige) Gesamtkapitalrentabilität[30] und die (finanzierungsabhängige) Eigenkapitalrentabilität zu betrachten. Dezentrale Einheiten können jedoch i.d.R. aufgrund eines zentralen Finanzmanagement keine eigenständigen Finanzierungsentscheidungen treffen und verfügen über kein eigenes Eigen- oder Fremdkapital. Der RoE als Rentabilitätsmaß scheidet hier aus, während sich die Gesamtkapitalrendite als finanzierungsunabhängige Größe zur Steuerung anbietet.

Aufgrund der verbleibenden, in obiger Liste **fett** markierten, Kritikpunkte ist eine Ergänzung „traditioneller" Steuerungsgrößen um unternehmenswertorientierte Erfolgskennzahlen geboten. In den letzten Jahren wurden hierzu eine Fülle von Vorschlägen unterbreitet, die nachfolgend vorgestellt und kritisch analysiert werden sollen.

4.2.2.2. Der Cash Flow Return on Investment (CFROI)

Der Cash Flow Return on Investment (CFROI) ist eine Erfolgskennzahl, die von dem Beratungsunternehmen BCG/HOLT Planning Associates, Inc., Chicago, während einer Kooperation des internationalen Beratungsunternehmen The Boston Consulting Group (BCG) mit dem Finanzberatungsunternehmen HOLT entwickelt wurde.[31]

Der **CFROI** ist definiert als Brutto-Cash Flow, den ein Geschäft relativ zu dem darin investierten Kapital innerhalb eines Jahres erwirtschaftet.[32] Der CFROI ergibt sich als interner Zinsfuß des Cash Flow-Profils eines Unternehmens oder einer einzelnen dezentralen Einheit. Das Cash Flow-Profil ist durch vier Komponenten definiert:[33]

❑ **Bruttoinvestitionsbasis:**

Wiederbeschaffungskosten des Anlagevermögens plus Netto-Umlaufvermögen eines Geschäftes zuzüglich kapitalisierter Mietaufwendungen und abzüglich Goodwill als Anfangsauszahlung.

❑ **Nicht-abschreibungsfähige Aktiva:**

Wert des nicht-abnutzbaren Vermögens am Ende der Nutzungsdauer als einmalige Einzahlung, der ebenfalls in der Bruttoinvestitionsbasis als Anfangsauszahlung enthalten ist.

---

[30] Leasing-Finanzierungen können die Gesamtkapitalrentabilität sowohl im Zähler als auch im Nenner verzerren, wenn Teile der Leasingraten nicht als Zinsaufwand verbucht werden und der Leasing-Gegenstand nicht aktiviert wird.

[31] HOLT selbst wurde von vier ehemaligen Beratern der ebenfalls im Wertmanagement tätigen Callard, Madden and Associates (CMA) gegründet. 1991 wurde HOLT von BCG übernommen, um den entwickelten Bewertungsansatz für die weltweite Unternehmensberatung zu nutzen. Die US-Version wurde von *Rawley Thomas* von HOLT maßgeblich entwickelt und von *Tom Lewis*, als Chef der BCG-Praxisgruppe „Corporate Development" weltweit etabliert. Die Anpassung an deutsche Verhältnisse wurde von *Steffen Lehmann* im Rahmen eines Dissertationsprojektes durchgeführt. Vgl. Lehmann, S. (1994), S. 5ff.,

[32] Vgl. Lewis, T.G. (1994), S. 40.

[33] Vgl. Lehmann, S. (1994), S. 90 sowie die Darstellung bei Bühner, R. (1996), S. 394f..

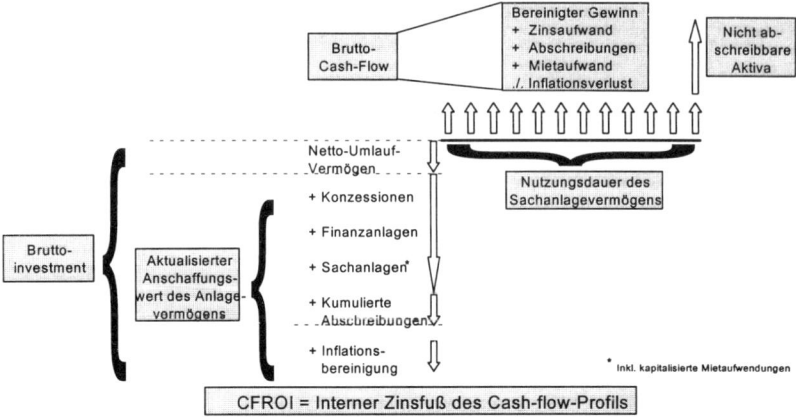

Abb. 4.7.: Definition des Cash Flow RoI (CFROI)

❑ **Brutto-Cash Flow p.a.:**

Um außerordentliche Komponenten nach DVFA/SG und Scheingewinne bereinigter vereinfachter Cash Flow vor Zinsen und vor Mietaufwand als konstante jährliche Einzahlung über die durchschnittliche Nutzungsdauer des Sachanlagevermögens.

❑ **Nutzungsdauer des Sachanlagevermögens:**

Durchschnittliche Nutzungsdauer des Sachanlagevermögens als Zeitraum, in dem Brutto-Cash Flows erzielt werden können.

Zur Ermittlung der einzelnen Komponenten des Cash Flow-Profils wird folgende Vorgehensweise empfohlen:[34]

1) **Ermittlung der Bruttoinvestitionsbasis:**

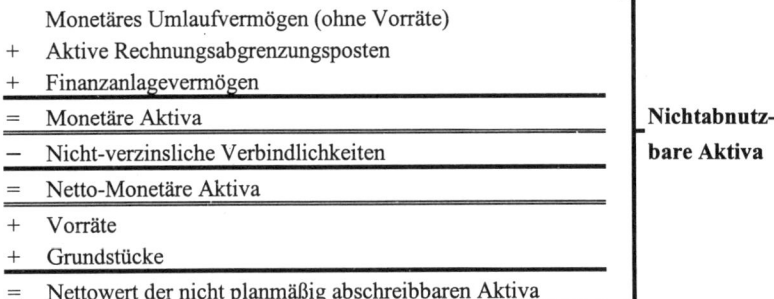

34 Vgl. Lewis, T.G./Lehmann, S. (1992), S. 8ff., identisch mit BCG (1992); Lewis, T.G./Stelter, D. (1993), S. 108 und S. 110 und detailliert Lewis, T.G. (1994), S. 40ff. sowie die Darstellung anhand einer externen Analyse der Hannover Papier AG bei Lehmann, S. (1994), S. 89ff..

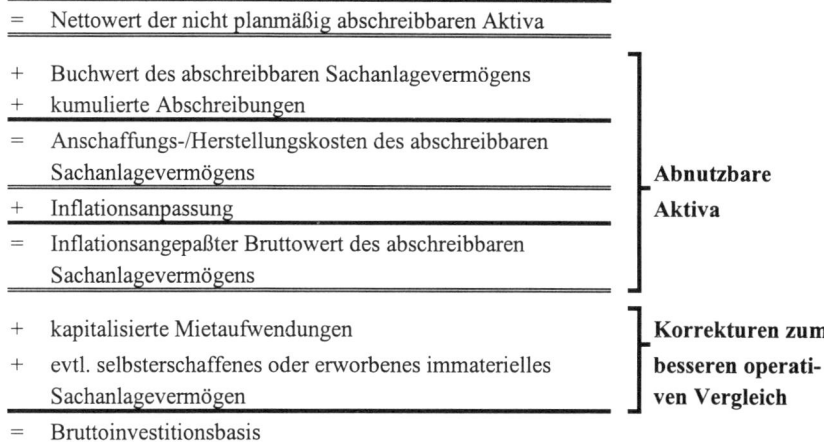

=	Nettowert der nicht planmäßig abschreibbaren Aktiva	
+	Buchwert des abschreibbaren Sachanlagevermögens	
+	kumulierte Abschreibungen	
=	Anschaffungs-/Herstellungskosten des abschreibbaren Sachanlagevermögens	**Abnutzbare**
+	Inflationsanpassung	**Aktiva**
=	Inflationsangepaßter Bruttowert des abschreibbaren Sachanlagevermögens	
+	kapitalisierte Mietaufwendungen	**Korrekturen zum**
+	evtl. selbsterschaffenes oder erworbenes immaterielles Sachanlagevermögen	**besseren operativen Vergleich**
=	Bruttoinvestitionsbasis	

Abb. 4.8.: Ermittlung der Bruttoinvestitionsbasis beim CFROI

❑ Als **nicht-verzinsliche Verbindlichkeiten** werden alle Verbindlichkeiten verstanden, „mit denen keine Verzinsungserwartungen verbunden sind."[35] Neben Verbindlichkeiten aus Lieferungen und Leistungen, Kundenanzahlungen und Steuerverbindlichkeiten werden auch Rückstellungen, insbesondere Pensionsrückstellungen, als unverzinslich betrachtet, da der Zinsaufwand aufgrund des steuerlich nach § 6a EStG vorgeschriebenen Diskontierungssatzes im externen Rechnungswesen häufig nicht getrennt ausgewiesen wird und nur schwer isolierbar sei.[36] Aus Sicht des externen Analysten ist der pragmatischen Vorgehensweise zuzustimmen. Es ist jedoch zu bedenken, daß Pensionszusagen sehr wohl verzinslich sind[37] und daß zur unternehmensinternen Steuerung die Information sicherlich erhoben werden kann. Zudem gehen einige Unternehmen dazu über, den Zinsanteil als Komponente des Zinsaufwandes auch im Jahresabschluß darzustellen.[38]

Lehmann zeigt anhand eines Beispiels, daß nicht eindeutig verzinsliche oder unverzinsliche Verbindlichkeiten durch einen Vergleich der prozentualen Zinslast auf eindeutig verzinsliches Fremdkapital mit aktuellen Marktzinssätzen der einen oder anderen Gruppe zugeordnet werden kann. Liegt z.B. die unternehmensspezifische Zinslast weit über dem aktuellen Marktzinssätzen, kann c.p. angenommen werden, daß weitere Teile des Fremdkapitals verzinslich sind.[39] Günstigere Konditionen als sie der Markt aktuell bietet (z.B. aus Altkrediten oder internationaler Finanzierung) bleiben jedoch unberücksichtigt.[40]

❑ Nach § 266 Abs. 2 HGB werden in der Bilanz **nicht-abnutzbare Grundstücke** und **abnutzbare Gebäude** zusammengefaßt. Dies kann wieder für den von *Lehmann* unterstellten Fall der externen Analyse bei der Inflationsanpassung zu Problemen führen,[41] da

---

35 Lehmann, S. (1994), S. 100.
36 Vgl. Lewis, T.G. (1994), S. 61f..
37 Vgl. hierzu die Diskussion in Kapitel 3.3.4.3.2.3. Kapitalkosten der Finanzierung aus Rückstellungen.
38 Vgl. z.B. den Siemens Jahresabschluß zum 30.09.94 im Geschäftsbericht '93.
39 Vgl. Lehmann, S. (1994), S. 102ff. und S. 107ff..
40 Vgl. Lehmann, S. (1994), S. 103.
41 Vgl. Lehmann, S. (1994), S. 112f..

diese nach BCG nur bei den Gebäuden erfolgt. Unternehmensintern dürfte die Aufspaltung jedoch i.d.R. keine Probleme bereiten.

❑   Die **kumulierten Abschreibungen** können auch steuerliche Sonderabschreibungen umfassen, wenn nicht ein indirekter Ausweis über den Sonderposten mit Rücklageanteil erfolgt. *Lehmann* setzt jedoch, um die durchschnittliche Nutzungsdauer berechnen zu können, die ausgewiesenen Abschreibungen den planmäßigen Abschreibungen gleich.[42]

❑   Nach Berechnung der durchschnittlichen Nutzungsdauer n des abnutzbaren Sachanlagevermögens werden die Zugänge der letzten n Jahre mit dem Inflationsindex des Bruttoinlandsprodukts auf den Bewertungszeitpunkt hochgerechnet (**Inflationsanpassung**).[43] Zielsetzung ist es jedoch nicht, einen Wiederbeschaffungswert oder Zeitwert des Anlagevermögens anzusetzen, sondern zu zeigen, welches Investment in heutigen Preisen im Unternehmen oder in der Geschäftseinheit gebunden ist.[44] Aus diesem Grunde müßte eigentlich auch bei Grundstücken eine Inflationierung vorgenommen werden.

❑   Um eine operative Vergleichbarkeit mit anderen Geschäftseinheiten zu ermöglichen, werden insbesondere bei Handelsunternehmen, aber auch bei Unternehmen mit nennenswertem Umfang geleaster oder gemieteter Vermögensgegenstände, der Bruttoinvestitionsbasis kapitalisierte **Miet- und Leasingaufwendungen** hinzugerechnet.[45] *Lewis* gibt jedoch keinen Hinweis zur Art und Weise der Berechnung der Kapitalisierungsbeträge. Bei festen Vertragslaufzeiten könnte ein Barwert aller Zahlungsverpflichtungen bzw. bei unbefristeten Verträgen eine ewige Rente mit dem durchschnittlichen Kapitalkostensatz als Diskontierungssatz angesetzt werden.

❑   In einigen Branchen, wie z.B. bei Werbeagenturen, Beratungs-, Handels- oder Pharmaunternehmen, stellen **selbst erschaffene immaterielle Vermögensgegenstände** (z.B. Image, Kundenbeziehungen, Produkt- und Fertigungs-Know How) erhebliche Teile des investierten Kapitals dar. *Lewis* empfiehlt daher, die Bruttoinvestitionsbasis durch fiktive Aktivierung[46] von langfristig wirksamen Aufwendungen (z.B. Werbung, Forschung & Entwicklung, Aufbau von Vertriebssystemen etc.) zu erhöhen und diese anschließend abzuschreiben (z.B. bei Werbemaßnahmen über vier bis fünf Jahre und bei Forschung & Entwicklung über drei bis zehn Jahre).[47]

❑   Bei durch Akquisitionen **erworbenem Goodwill**, d.h. dem über den Zeitwert der Vermögensgegenstände und Schulden hinaus bezahlten Kaufpreis, ist zu unterscheiden, ob die Rentabilität der Akquisition als Investitionsmaßnahme untersucht werden soll oder ob die Erfolgsmessung eines laufenden Geschäftes im Vordergrund steht. Während im ersten Falle eine Berücksichtigung des Goodwills in der Bruttoinvestitionsbasis

---

[42] Vgl. Lehmann, S. (1994), S. 113.

[43] Zur Berechnung vgl. das Beispiel bei Lehmann, S. (1994), S. 150.

[44] Vgl. Lewis, T.G. (1994), S. 52.

[45] Vgl. Lewis, T.G. (1994), S. 60f. sowie Lehmann, S. (1994), S. 88, der das Problem erwähnt, in der Beispielsrechnung jedoch nicht darauf eingeht. Vgl. allgemein zur Behandlung in Shareholder Value-Ansätzen die Diskussion in Kapitel 3.3.4.2.1.4. Rechnerische Ermittlung des Freien Cash Flow.

[46] Eine Aktivierung derartiger Aufwendungen ist nach § 269 HGB in Deutschland nur bei Kapitalgesellschaften im Falle der Ingangsetzung oder Erweiterung eines Geschäftsbetriebs in der Handelsbilanz, nicht jedoch in der Steuerbilanz möglich und muß nach § 282 HGB höchstens über vier Jahre abgeschrieben werden.

[47] Vgl. Lewis, T.G. (1994), S. 57ff..

empfohlen wird, besteht beim zweiten Fall die Gefahr, daß die jährliche operative Performance eines laufenden Geschäftes durch eventuelle überhöhte bezahlte Goodwills verzerrt wird. Daher soll der Goodwill hier vernachlässigt werden.[48]

2) **Ermittlung der durchschnittlichen Nutzungsdauer:**

Die Nutzungdauer gibt an, über welchen Zeitraum der aus der Bruttoinvestitionsbasis resultierende Cash Flow zurückfließt. Da der CFROI im BCG-Ansatz für ein ganzes Unternehmen oder eine Geschäftseinheit, bestehend aus einem Konglomerat einzelner Investitionen, errechnet werden soll, ist eine durchschnittliche Nutzungsdauer für das Bewertungsobjekt zu ermitteln. Nach *Lehmann* kann sie wie folgt errechnet werden:[49]

$$\text{Durchschnittliche Nutzungsdauer} = \frac{\text{Historische Anschaffungskosten}}{\text{Jährliche lineare planmäßige Abschreibung}}$$

Der Einwand, die tatsächlichen Nutzungsdauern lägen um den Faktor 1,5 bis 2 höher als die bilanziellen Nutzungsdauern,[50] wird von BCG unter Hinweis auf die in den USA gemachten Erfahrungen ohne nähere Begründung zurückgewiesen.[51]

Probleme in der praktischen Anwendung resultieren nun daraus, daß

❑ die Abschreibungsposition auch steuerliche Sonderabschreibungen enthalten kann,

❑ viele deutsche Unternehmen aus steuerlichen Gründen nicht linear, sondern gemischt abschreiben und

❑ die durchschnittliche Nutzungsdauer sich von Jahr zu Jahr durch Veränderungen in der Investitionsstruktur und im Investitionsvolumen verändern kann.

Aus der BCG/Holt-Datenbank ergibt sich für die „deutsche Durchschnitts-Aktiengesellschaft" aus einer Stichprobe von 45 deutschen Aktiengesellschaften ein Verhältnis von Buchwert zu historischen Anschaffungskosten von 33,1 % und eine empirische „steuerliche" Nutzungsdauer von 14,7 Jahren, wobei sich letztere wie folgt ergibt:

$$\text{"Steuerliche" Nutzungsdauer} = \frac{\text{Historische Anschaffungskosten}}{\text{Ausgewiesene jährliche Abschreibung}}$$

Wird nun angenommen, daß dieser Datenkranz auf Basis der gemischten Abschreibungsmethode zustande gekommen ist, wird nun nach BCG in einem iterativen Verfahren unter der weiteren Annahme, daß das durchschnittliche Umsatzwachstum der Stichprobe von 2 % mit dem Investitionswachstum identisch ist, eine Nutzungsdauer auf Basis des linearen Abschreibungsverfahrens errechnet werden.[52] Für die „deutsche Durchschnitts-AG" ergibt sich somit eine durchschnittliche Nutzungsdauer von 18 Jahren. Die komplizierte Umrechnung von der gemischten auf die lineare Abschreibung erübrigt sich bei der internen Analyse, da dort die kalkulatorischen Abschreibungssätze i.d.R. bekannt sind.[53]

---

48 Vgl. Lewis, T.G. (1994), S. 59f. und ebenso Lehmann, S. (1994), S. 89.
49 Vgl. Lehmann, S. (1994), S. 133.
50 Vgl. Jung, W. (1993), S. 204.
51 Vgl. Lehmann, S. (1994), S. 134.
52 Zum Verfahren vgl. die detaillierte Beschreibung bei Lehmann, S. (1994), S. 135ff..
53 Vgl. Lewis, T.G. (1994), S. 44.

3)   **Ermittlung des Brutto-Cash Flows**

Der Brutto-Cash Flow bleibt über die gesamte Nutzungsdauer konstant, wird jedoch wie der CFROI jährlich neu nach folgendem Schema berechnet:[54]

	Ergebnis nach Steuern gemäß DVFA/SG
+	Planmäßige Abschreibungen
+	Zinsaufwand
+	Miet- und Leasingaufwendungen
+	evtl. Anpassung von FiFo und LiFo
±	evtl. Inflationsgewinn/-verlust auf Nettoliquidität
=	Brutto-Cash Flow zu laufenden Preisen

Abb. 4.9.: Ermittlung des Brutto-Cash Flow beim CFROI

Hierzu scheinen folgende Anmerkungen angebracht:

❑   Da Pensionsrückstellungen beim CFROI nach BCG als „nicht-verzinsliche Verbindlichkeiten" vom Umlaufvermögen abgezogen werden, werden nach *Lehmann* **Zuführungen zu Pensionsrückstellungen** als ausgabewirksamer Aufwand klassifiziert und erhöhen daher nicht den Cash Flow.[55]

❑   Das Ergebnis wird nach dem Schema zur Ermittlung des **Ergebnisses nach DVFA/SG**[56] um außerordentliche und aperiodische Aufwendungen und Erträge und deren Steuerwirkung bereinigt. Die Steuerwirkung ist auf Basis eines Grenzsteuersatzes zu errechnen.[57]

❑   Als relevante **Steuerzahlungen** werden bei den Ertragsteuern sowohl die Gewerbeertragsteuer als auch die Körperschaftsteuer berücksichtigt, da nach *Lehmann* die Körperschaftsteuer „aus Sicht der Aktiengesellschaft zu einer Auszahlung führt".[58] Damit wird bezüglich des Steueransatzes eine Managementsicht und nicht eine Eigentümersicht verfolgt. *Lehmann* schlägt jedoch vor, die vorab gezahlte Körperschaftsteuer bei der Berechnung der Investorensteuern im Abzinsungsfaktor zu berücksichtigen.[59] Da jedoch der CFROI als interne Rendite selbst den Abzinsungsfaktor darstellt, ist eine Berücksichtigung nur in separaten DCF-Ansätzen möglich.

❑   Um den Einfluß des Leverage-Effektes auszuschalten, wird der Brutto-Cash Flow um den **Zinsaufwand** erhöht. Ein zusätzliches Tax Shield aus den Zinsen 5wird jedoch nicht berücksichtigt.

❑   Da **Miet- und Leasingaufwendungen** zum besseren operativen Vergleich bei der Errechnung der Bruttoinvestitionsbasis kapitalisiert wurden, erhöhen sie nun, wie die Zinsaufwendundungen, auch den Brutto-Cash Flow des CFROI.

---

[54] Vgl. Lewis, T.G. (1994), S. 41 und Lehmann, S. (1994), S. 115ff..
[55] Lehmann, S. (1994), S. 102.
[56] Vgl. DVFA/SG (1990).
[57] Vgl. Lehmann, S. (1994), S. 126f..
[58] Vgl. Lehmann, S. (1994), S. 125 und ebenso Lewis, T.G./Lehmann, S. (1992), S. 4.
[59] Vgl. Lehmann, S. (1994), S. 125 und S. 221ff..

❑   *Lewis* fordert in Ländern mit hohen Inflationsraten eine zusätzliche Erhöhung des Materialaufwandes, da z.b. bei einer **Vorratsbewertung** nach FiFo (First in First out) der Materialeinsatz bei steigenden Preisen unterbewertet wird und Scheingewinne ausgewiesen werden.[60]

❑   Ist der Saldo aus monetären Aktiva und „nicht-verzinslichen Verbindlichkeiten" positiv, so erleidet das Unternehmen bei Inflation im Zeitverlauf einen zusätzlichen Wertverlust. Bei nennenswerter Inflation sind diese **Inflationsverluste oder -gewinne** ebenfalls zu berücksichtigen.[61]

Die vier Komponenten des Cash Flow-Profils werden nun jährlich neu berechnet und hieraus der CFROI ermittelt. Insbesondere ist anzumerken, daß im Gegensatz zur Investitionsrechnung der Brutto-Cash Flow über die Nutzungsdauer als konstant angesetzt wird, um zu ermitteln, welche durchschnittliche Rendite c.p. unter Einfluß der Werttreiber eines Jahres möglich wäre. *Lewis* betont ausdrücklich den **Stichtagscharakter des CFROI**.[62] Es kann daher durch Vergleich mit dem Kapitalkostensatz des Unternehmens oder der strategischen Geschäftseinheit nur die Wertschaffung eines einzelnen Jahres, nicht jedoch des Unternehmens, der dezentralen Einheit oder des gesamten Projektes gemessen werden. Da es Intention des CFROI ist, eine reale Rentabilitätskennzahl zu errechnen, ist der CFROI auch mit einem realen Kapitalkostensatz zu vergleichen.[63] Auf Basis einer Stichprobe von 260 deutschen Unternehmen ermittelt BCG für 1992 für Deutschland einen durchschnittlichen realen gewichteten Kapitalkostensatz von 6,5 bis 7 %.[64] In empirischen Studien, die verschiedene buchhalterische und finanzwirtschaftliche Erfolgskennzahlen bzgl. ihrer Korrelation zum Kapitalmarkt zum Gegenstand hatten, konnte der CFROI die höchsten Korrelationen mit der Börsenbewertung aufweisen.[65] Die Verfasser der Studien stehen jedoch in enger Beziehung zu Holt oder BCG.

Auf Basis des CFROI kann nun der **Cash Value Added (CVA)**, d.h. der Betrag ermittelt werden, der über die realen, marktabgeleiteten Kapitalkosten hinaus vom Unternehmen oder von der Geschäftseinheit verdient wurde:[66]

$$CashValue\ Added = \left(CFROI\ -\ reale\ Kapitalkosten\right) \bullet Bruttoinvestitionsbasis$$

Der Cash Value Added stellt den in einer Periode (z. B. Jahr) erwirtschafteten realen Wertzuwachs auf Cash Flow-Basis dar. Da die drei determinierenden Größen CFROI, Kapitalkosten und Bruttoinvestitionsbasis von Jahr zu Jahr schwanken können, ist auch der CVA jährlich neu zu berechnen. Der Wertbeitrag einer Strategie, eines Projektes, einer Geschäftseinheit oder eines Unternehmens ergibt sich jedoch über das eine betrachtete Jahr hinaus. Mit Hilfe des CVA kann der Wert des Bewertungsobjekts wie folgt ermittelt werden:[67]

---

[60] Vgl. Lewis, T.G. (1994), S. 42.

[61] Vgl. Lewis, T.G. (1994), S. 42 und Lehmann, S. (1994), S. 123.

[62] Vgl. Lewis, T.G. (1994), S. 44.

[63] Vgl. Lewis, T.G./Lehmann, S. (1992), S. 13.

[64] Vgl. Lewis, T.G. (1994), S. 81ff., der jedoch die Vorgehensweise nicht detailliert erläutert; ebenso Lewis, T.G./Stelter, D. (1993), S. 112.

[65] Vgl. z.B. die Ergebnisse bei Thomas, R./Lipson, M. (1985), zitiert nach Reimann, B.C. (1990), S. 186ff.; Olsen, E./Thomas, R. (1987), S. 5ff.; Lewis, T.G./Stelter, D. (1993), S. 111 und Lewis, T.G. (1994), S. 46f. sowie die ausführliche Darstellung in Kapitel 2.3.1. Mangelnde Korrelation zwischen jahresabschlußorientierten Kennzahlen und der Wertentwicklung am Kapitalmarkt.

[66] Vgl. Lewis, T.G. (1994), S. 125f.

[67] Vgl. Lewis, T.G. (1994), S. 125f., der jedoch vereinfachend von einer ewigen Rente ausgeht.

$$\text{Gesamtunternehmenswert} = \underbrace{\sum_{t=1}^{\infty} \frac{CashValue\ Added_t}{\left(1 + k_{GK}^{real}\right)^t} + Investiertes\ Kapital_{t=0}}_{\text{Cash Flow Value Added – Ansatz}}$$

Analog wurden auch Ansätze entwickelt den Unternehmenswert auf Basis des CFROI zu ermitteln, wobei aus den jährlichen CFROI-Werten Freie Cash Flows abgeleitet werden.[68] Der Umweg über die schon recht anspruchsvolle Ableitung des CFROI erscheint umständlich, wenn die Freien Cash Flows auch gleich direkt berechnet werden können.

Zur Methodik des CFROI können eine Reihe von **Kritikpunkten** vorgebracht werden, die nachfolgend zusammengefaßt werden sollen:

❑   Die Schätzung der durchschnittlichen **Nutzungsdauer des Sachanlagevermögens** ist mit einer Reihe von Problemen in der praktischen Umsetzung behaftet:

  ❑   Sonderabschreibungen, die den Buchwert des Sachanlagevermögens verzerren können, werden nicht berücksichtigt.

  ❑   Die degressive Abschreibung wird bei *Lehmann* mit dem dreifachen Satz der entsprechenden linearen Abschreibungsdauer über die Nutzungsdauer angegeben. Das Steuerrecht beschränkt nach § 7 Abs. 2 EStG jedoch für Vermögens-gegenstände mit einer Nutzungsdauer von unter zehn Jahren den degressiven Ab-schreibungssatz auf 30 %.

Ansatz bei *Lehmann*	Ansatz im Steuerrecht
$Buchwert \bullet \left(3 \bullet \dfrac{100\%}{Nutzungsdauer} \right)$	$Buchwert \bullet Min\left\{ 30\%; \left(3 \bullet \dfrac{100\%}{Nutzungsdauer} \right) \right\}$

Abb. 4.10.: Ermittlung der degressiven Abschreibung beim CFROI nach Lehmann

❑   Die degressive Abschreibung ist nur für bewegliche Anlagegegenstände nach § 7 Abs. 2 EStG zulässig. *Lehmann* bezieht jedoch auch die Position „Grundstücke und Gebäude" als abschreibbar mit ein. Gerade durch die Position „Gebäude", die i.d.R. langfristig genutzt werden und gesondert nach § 7 Abs. 4 und 5 EStG abgeschrieben werden, kann die Nutzungsdauer erheblich verzerrt sein.

❑   Zur Umrechnung von der gemischten Abschreibung auf die lineare Abschreibung wird ein konstantes reales Wachstums der Investitionen unterstellt, das mit der Wachstumsrate des Umsatzes gleichgesetzt ist. Die Annahme der Konstanz und der Identität der Wachstumsraten erscheinen unrealistisch.[69]

❑   Beim Brutto-Cash Flow werden **Körperschaftsteuern** abgezogen und die Körper-schaftsteuergutschrift beim Investor nicht berücksichtigt.[70]

---

[68] Vgl. Lewis, T.G. (1994), S. 109ff. und Lehmann, S. (1994), S. 171ff..
[69] Vgl. ebenso Lehmann, S. (1994), S. 135.
[70] Vgl. hierzu Kapitel 3.3.4.2.1.3. Die Bedeutung von Steuern und Zinsen bei der Ermittlung des Freien Cash Flows.

❑ **Pensionsrückstellungen** werden als „nicht-verzinsliche Verbindlichkeiten" betrachtet und Zuführungen zu Pensionsrückstellungen erhöhen den Cash Flow nicht. Im ersten Fall werden die Kapitalkosten vernachlässigt. Im zweiten Fall bleibt unberücksichtigt, daß Zuführungen nicht finanzwirksamen Aufwand darstellen.

❑ Der Ansatz des internen Zinsfußes überschätzt die tatsächliche Rendite der Bruttoinvestitionsbasis, da nach dem Verfahren **Wiederanlagen** zum internen Zinsfuß und nicht zu realistischeren Kapitalmarktzinssätzen erfolgen. Die Rendite wird daher i.d.R. überschätzt.

❑ Der CFROI wird als Entscheidungskriterium zur Ressourcenallokation angeboten, indem nicht die zur Disposition stehende Investition, sondern der Geschäftsbereich, in den investiert werden soll, beurteilt wird.[71] Da der CFROI als jahresbezogenes Rendtemaß zur Beurteilung der Vorteilhaftigkeit einzelner Investitionen nicht geeignet ist, kann er auch nicht zur **Ressourcenallokation** verwandt werden. Er kann jedoch ex post und bei Betrachtung der CFROI mehrerer Jahre zur Beurteilung des Erfolgs dezentraler Einheiten herangezogen werden und dadurch Grundlage für strategische Entscheidungen hinsichtlich der **Förderungswürdigkeit** bestimmter Bereiche werden.

Eine abschließende Würdigung bzgl. einer Verbesserung gegenüber „traditionellen" Erfolgskennzahlen erfolgt in der Zusammenschau aller unternehmenswertorientierten Erfolgskennzahlen.

4.2.2.3. Unternehmswertorientierte Erfolgskennzahlen auf Basis der Marktwert/Buchwert-Ansätze

Die Grundidee der Marktwert/Buchwert (M/B)-Ansätze beruht auf der investitionstheoretischen Überlegung, wieviel DM der Investor für eine DM Investment zurückerhält. In der Investitionsrechnung wird das Verhältnis von Kapitalwert der Investition zum Barwert der Investitionsausgaben als **Kapitalwertrate** oder **Profitabilitätsindex** bezeichnet.[72]

Die erzielbaren Rückflüsse werden bei den Marktwert/Buchwert-Ansätzen als Marktwert bezeichnet und direkt als Börsenwert abgelesen oder indirekt als Barwert diskontierter Ertrags- oder Einnahmenüberschüsse gemessen. Das Investment wird im Form des Buchwertes des Eigenkapitals gemessen.[73] Für das unternehmenswertorientierte Controlling bedeutet dies, daß eine Investition oder eine Geschäftseinheit dann wertsteigernd für den Eigentümer ist, wenn der Barwert der Rückflüsse den Barwert des Investments übersteigt, d.h. das Market to Book Ratio (M/B) > 1 ist. Unabhängig von der gewählten Konzeption lassen sich für alle Marktwert/Buchwert-Ansätze folgende Entscheidungsregeln zur Bewertung von Unternehmen, dezentralen Geschäftseinheiten, einzelnen Strategien oder Investitionen ableiten:

---

[71] Vgl. z.B. Lewis, T.G./Lehmann, S. (1992), S. 1 und Lewis. T.G. (1994), S. 75.

[72] Vgl. zum Profitability Index z.B. Brealey, R.A./Myers, S.C. (1991), S. 85f.. Die Kennzahl „Kapitalwertrate" ist in der deutschen Literatur relativ selten zu finden. Vgl. z.B. Süchting, J. (1989), S. 421.

[73] Analog hierzu läßt sich auch ein Marktwert/Buchwert-Ratio für das Gesamtkapital als Relation von Marktwert des Eigen- und Fremdkapitals zu Buchwert des Gesamtvermögens bestimmen. Gebräuchlicher ist jedoch die Eigenkapital-Perspektive.

Marktwert/Buchwert-Verhältnis M/B	Auswirkung auf das Vermögen der Eigenkapitalgeber
M/B > 1	Wertsteigerung für Eigentümer
M/B = 1	Werterhaltung für Eigentümer
M/B < 1	Wertvernichtung für Eigentümer

Abb. 4.11.: Entscheidungsregeln auf Basis des Marktwert/Buchwert-Verhältnisses

Wie in nachfolgender Abbildung dargestellt, lassen sich folgende Ansätze unterscheiden:

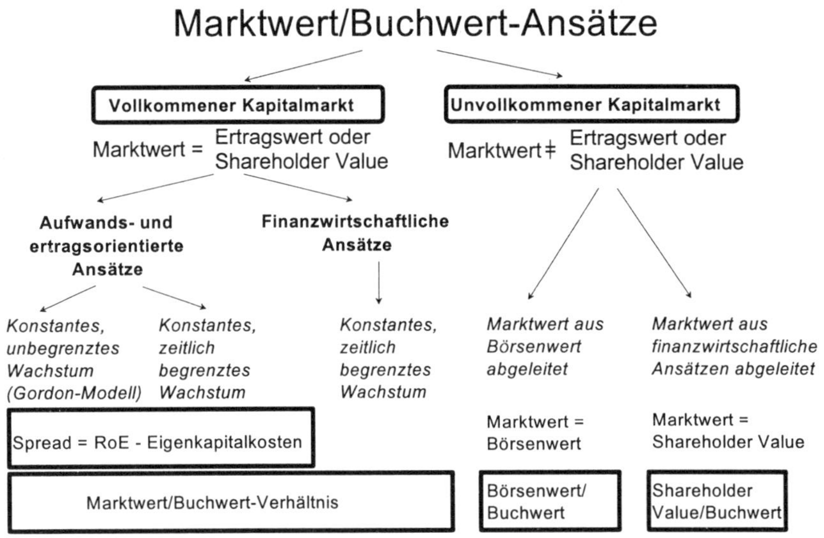

Abb. 4.12.: Marktwert/Buchwert-Ansätze

Die einzelnen Ansätze sollen nun vorgestellt und inhaltlich diskutiert werden.

4.2.2.3.1. Marktwert/Buchwert-Ansätze bei vollkommenen Kapitalmarkt

Im theoretischen Idealfall vollkommener Kapitalmärkte können Marktwert und Zukunftser-folgswert gleichgesetzt werden.[74] Der Marktwert kann daher aus den zukünftigen Rückflüssen abgeleitet werden. Während die aufwands- und ertragsorientierten Ansätze direkt auf die Auf-wendungen und Erträge des externen Rechnungswesen zurückgreifen, stützen sich finanzwirt-schaftliche Ansätze auf die Größen Einnahmen und Ausgaben, d.h. auf Cash Flows.[75]

4.2.2.3.1.1. Aufwands- und ertragsorientierte Ansätze (Equity-Spread)

Bei den aufwands- und ertragsorientierten Ansätzen wird versucht, den Marktwert des Eigen-kapitals oder genauer das Marktwert/Buchwert-Verhältnis mit Hilfe von buchhalterischen Größen aus dem Jahresabschluß zu erklären. Da die Differenz zwischen buchhalterischer Ei-

---

74 Vgl. Bischoff, J. (1994), S. 88 sowie die Ausführungen in Kapitel 3.2.5. Marktorientierte Unternehmensbe-wertung.

75 Vgl. Breid, V. (1994), S. 119ff.

genkapitalrendite und den Eigenkapitalkosten (**Rentabilitätsspanne oder Equity Spread**) im Vordergrund steht, werden die Ansätze auch als „**Equity-Spread"- bzw. „Contribution"-Modelle** bezeichnet. Der Begriff „Contribution" bedeutet „Beitrag"[76] und soll darstellen, welcher Betrag nach Abdeckung der Kapitalkosten des Eigenkapitals zur freien Verfügung für die Eigentümer des Unternehmens verbleibt. Die Ansätze gehen davon aus, daß der Marktwert des Eigenkapitals mit dem Barwert zukünftiger Dividendenzahlungen und/oder Kursgewinnen erklärt werden kann. Neben dem „Equity Spread" gibt es auch auf das Gesamtkapital bezogene „Spread"- bzw. „Contribution"-Ansätze. (RoI Spread, Economic Value Added, Market Value Added).[77]

Für den Anwender sind primär nur die aus den Ansätzen ableitbaren Werttreiber und Entscheidungsregeln von Bedeutung. Da jedoch für das Verständnis der Ansätze auch deren Annahmen bzw. Herleitung von Bedeutung ist, soll die Ableitung der jeweiligen Modelle nachfolgend kurz vorgestellt werden. Anschließend werden alle Ansätze einer gemeinsamen Bewertung unterzogen.

4.2.2.3.1.1.1. *Das Modell mit konstantem, zeitlich unbegrenztem Wachstum (Gordon-Modell)*

Den einfachsten Marktwert/Buchwert-Ansatz stellt das von *Williams* und *Gordon* entwickelte **Modell mit konstantem, zeitlich unbegrenztem Wachstum (Gordon-Modell)** dar.[78] Der Ansatz wurde von den Beratungsunternehmen Marakon Associates[79] und Strategic Planning Associates[80] aufgegriffen. Während Marakon hieraus die „Portfolio Profitability Matrix" entwickelte, kreierte Strategic Planning Associates die sog. „Value Curve".[81]

Zur Ermittlung des Marktwert/Buchwert-Verhältnisses wird zunächst der Marktwert dem Barwert zukünftiger Dividendenzahlungen an die Eigenkapitalgeber gleichgesetzt.[82] Zu dessen Berechnung wird von folgenden Annahmen ausgegangen:

❑ konstanter Verschuldungsgrad

❑ konstante Gesamtkapitalrendite

❑ konstante Fremdkapitalkosten

❑ Neuverschuldung ersetzt jährlich fällige Tilgungen

❑ keine Kapitalerhöhungen

❑ Wiederanlage aller Abschreibungen sowie der einbehaltenen Gewinne

❑ konstante Eigenkapitalkosten k_{EK}

❑ konstante Eigenkapitalrendite RoE

❑ konstante Thesaurierungsrate p

---

76 In Anlehnung an den Begriff des Deckungsbeitrags (contribution margin), d.h. des Beitrags, der nach Abdeckung der variablen Kosten zur Deckung der fixen Kosten und zur Erzielung eines Gewinns verbleibt.

77 Vgl. hierzu das Kapitel 4.2.2.3.1.2.1. Der Ansatz des Economic Value Added (EVA) und Kapitel 4.2.2.3.2.2. Der Börsenwert als Vergleichsmaßstab interner Rechnungen.

78 Vgl. die Arbeiten von Williams, J.B. (1938) und Gordon, M. (1959), S. 99ff..

79 Vgl. Marakon Associates (1981), S. 1ff..

80 Vgl. Strategic Planning Associates (1981), S. 1ff. und Strategic Planning Associates (1984), S. 571ff..

81 Vgl. Kapitel 4.3.2.1.2.1. Portfolio Profitability Matrix und Kapitel 4.3.2.1.2.3. Value Curve.

82 Vgl. im folgenden die Darstellung bei Hax, A.C./Majluf, N.S. (1984), S. 211ff. und Bischoff, J. (1994), S. 89ff..

❑ zeitlich unbegrenztes konstantes Wachstum g des Buchwertes des Eigenkapitals (= Wachstum des Jahresüberschusses)

Der Jahresüberschuß JÜ des Jahres t ergibt sich aus der jährlich konstanten Verzinsung RoE des Buchwertes des Eigenkapitals B im Jahr t:

$$JÜ_t = RoE \bullet B_t$$

Da jährlich p % des Jahresüberschusses thesauriert werden, steigt der Buchwert des Eigenkapitals von Jahr zu Jahr um g:

$$\Delta B = p \bullet JU = \underbrace{p \bullet RoE}_{g} \bullet B_t = g \bullet B_t$$

Der Buchwert des Eigenkapitals im Jahr t ergibt sich daher wie folgt:

$$B_t = B_{t-1} + \Delta B = (1+g)^{t-1} \bullet B_1$$

Die Ausschüttung im Jahre t an die Eigenkapitalgeber beläuft sich dann auf:

$$Ausschüttung = (1-p) \bullet JÜ_t = (1-p) \bullet RoE \bullet B_t = \left(1 - \frac{g}{RoE}\right) \bullet RoE \bullet (1+g)^{t-1} \bullet B_1 =$$

$$= (RoE - g) \bullet (1+g)^{t-1} \bullet B_1$$

Der Marktwert als Barwert aller zukünftigen Ausschüttungen kann dann bei obigen Annahmen wie folgt dargestellt werden, wobei aufgrund des Eigenkapitalansatzes die Diskontierung nur mit dem konstanten Eigenkapitalkostensatz k_{EK} erfolgt:

$$M = \sum_{t=1}^{\infty} \frac{(RoE - g) \bullet (1+g)^{t-1} \bullet B_1}{(1+k_{EK})^t} = (RoE - g) \bullet B_1 \bullet \sum_{t=1}^{\infty} \frac{(1+g)^{t-1}}{(1+k_{EK})^t} = \frac{(RoE - g) \bullet B_1}{k_{EK} - g}$$

mit $k_{EK} > g$

Durch Division mit dem Buchwert zum Betrachtungszeitpunkt B_1 (=B) ergibt sich dann das Marktwert/Buchwert-Verhältnis:

$$\frac{M}{B} = \frac{(RoE - g)}{(k_{EK} - g)}$$

mit $k_{EK} > g$

Für den unrealistischeren Fall $k_{EK} \leq g$, d.h. ein die Kapitalkosten übersteigendes unbeschränktes Gewinnwachstum, ergibt sich folgende Lösung:[83]

$$k_{EK} \leq g: \qquad \frac{M}{B} = \begin{cases} + \infty \; falls \, RoE > g \\ 0 \; falls \, RoE = g \\ - \infty \; falls \, RoE < g \end{cases}$$

---

[83] Für den Fall $k_{EK} \leq g$ wäre das Gewinnwachstum stärker als die erwartete Rendite der Eigenkapitalgeber. *Hax/Majluf* gehen davon aus, daß dieser Fall allenfalls kurzfristig eintreten kann. Vgl. Hax, A.C./Majluf, N.S. (1984), S. 214.

Obige generellen Entscheidungsregeln können nun für das Gordon-Modell ökonomisch präzisiert werden ($k_{EK} > g$):

Marktwert/Buchwert-Verhältnis	Eigenkapitalrendite zu Eigenkapitalkosten	Auswirkung des Wachstums	Auswirkung auf Vermögen der Eigentümer
M/B > 1	RoE > k_{EK}	Wachstum steigert Unternehmenswert	Wertsteigerung für Eigentümer
M/B = 1	RoE = k_{EK}	Wachstum ist wertneutral	Werterhaltung für Eigentümer
M/B < 1	RoE < k_{EK}	Wachstum mindert Unternehmenswert	Wertvernichtung für Eigentümer

Abb. 4.13.: Entscheidungsregeln für das Gordon-Modell

Unter den gesetzten Annahmen braucht daher nicht der Marktwert am Kapitalmarkt beobachtet bzw. der Buchwert des Eigenkapitals aus der Bilanz ermittelt werden, sondern die Entscheidung kann auf den Vergleich der beiden Kennzahlen Eigenkapitalrendite RoE und Eigenkapitalkosten k_{EK} beschränkt werden.

Trotz der restriktiven Annahmen können zwei wesentliche Ergebnisse festgehalten werden:

❑ Zusätzlicher Unternehmenswert wird nur geschaffen, wenn langfristig die Eigenkapitalrendite über den Eigenkapitalkosten liegt, d.h. die Rentabilitätsspanne oder der sog. „Equity Spread" (ROE - k_{EK}) positiv ist (ROE > k_{EK}). Die buchhalterische Hürde „Eigenkapitalrendite > 0", d.h. Jahresüberschuß > 0, greift zu kurz und birgt die Gefahr von Fehlentscheidungen aus Sicht des Wertsteigerungsmanagements. Das Gordon-Modell zeigt, daß die buchhalterische Sicht (als „traditionelle" Sicht des Managements) und die vermögensorientierte Sicht (der Eigentümer) auseinanderfallen können.

❑ Unternehmenswert wird nur geschaffen, wenn das Unternehmen positive Freie Eigenkapital Cash Flows erzielt, d.h. eine Rendite erwirtschaftet, die die wachstumsbedingte Reinvestitionsrate übersteigt (ROE > g). Andernfalls müßten die Eigentümer bei konstantem Verschuldungsgrad mittels permanenter Kapitalerhöhungen zur Finanzierung des Wachstums herangezogen werden. Dies würde jedoch den eingangs gesetzten Annahmen widersprechen.

❑ Wachstum per se ist nicht günstig, sondern nur dann vorteilhaft, wenn gleichzeitig eine über den Eigenkapitalkosten liegende Rendite erwirtschaftet wird.

Aus dem Gordon-Modell sind Ansätze entwickelt worden, die die Differenz von Eigenkapitalrendite RoE und Eigenkapitalkosten k_{EK}, d.h. den „Equity Spread" RoE - k_{EK}, in den Mittelpunkt der Betrachtung stellen.[84] Dies ermöglicht eine relative einfache unternehmenswertorientierte Erfolgsmessung und Steuerung, da nur diese beiden Größen verglichen werden müssen.

Während im Gordon-Modell sowohl die Eigenkapitalrendite RoE als auch die Eigenkapitalkosten k_{EK} als im Zeitablauf konstant betrachtet werden, besteht bei der Steuerung mittels Ren-

---

[84] Vgl. Reimann, B.C. (1988), S. 12.

tabilitätsspanne in der Praxis das Problem, daß sowohl Eigenkapitalrendite als auch die Eigenkapitalkosten von Jahr zu Jahr schwanken können. Obige Aussagen bezüglich der Schaffung
des Unternehmenswertes gelten daher nur dann, wenn die Eigenkapitalrendite stets über deren
Kosten liegt. Bei Schwankung beider Größen im Zeitablauf kann jedoch das Markt-
wert/Buchwert-Verhältnis nicht mehr mit obiger vereinfachter Formel berechnet werden.
Hierzu sind nur differenzierte finanzwirtschaftliche Ansätze in der Lage.[85]

4.2.2.3.1.1.2. Das Modell mit konstantem, zeitlich begrenztem Wachstum

Eine Weiterentwicklung des Gordon-Modells stellt das von *Malkiel* bereits 1963 konzipierte
und von *Fruhan* weiterentwickelte **Marktwert/Buchwert-Modell mit konstantem, zeitlich
begrenzten Wachstum** dar.[86] Im Gegensatz zum Gordon-Modell wird hier realitätsnäher davon ausgegangen, daß Unternehmen ein konstantes Wachstum nur über einen begrenzten Zeitraum von n Jahren aufrechterhalten können. Nach diesen n Jahren geht *Fruhan* von einem
vollkommenen Wettbewerb aus, d.h. das Unternehmen kann nur eine Eigenkapitalrendite erwirtschaften, die den Eigenkapitalkosten entspricht (RoE = k_{EK}).[87] Der Kapitalwert zusätzlicher Investitionen nach diesen n Jahren beträgt daher 0; Marktwert und Buchwert des Eigenkapitals sind dann identisch (M/B = 1).

Der Marktwert des Eigenkapitals ergibt sich nun unter sonst gleichen Annahmen wie im unendlichen Modell aus der Summe der Dividendenzahlungen im Planungszeitraum plus dem
Restwert des Eigenkapitals am Ende des Planungszeitraums. Der Restwert als Marktwert eines unendlichen Stromes von Gewinnen in Höhe von RoE (= k_{EK}) entspricht wegen M/B = 1
dem Buchwert des Eigenkapitals zum Ende des n-ten Jahres.

$$M = \underbrace{\sum_{t=1}^{n} \frac{(RoE - g) \bullet (1+g)^{t-1} \bullet B_1}{(1+k_{EK})^t}}_{\text{Marktwert des Planungszeitraums}} + \underbrace{\frac{(1+g)^n \bullet B_1}{(1+k_{EK})^n}}_{\text{Restwert}} = (RoE - g) \bullet B_1 \bullet \sum_{t=1}^{n} \frac{(1+g)^{t-1}}{(1+k_{EK})^t} + \frac{(1+g)^n \bullet B_1}{(1+k_{EK})^n} =$$

$$= \frac{(RoE - g) \bullet B_1}{k_{EK} - g} \bullet \left[1 - \frac{(1+g)^n}{(1+k_{EK})^n} \right] + \frac{(1+g)^n \bullet B_1}{(1+k_{EK})^n}$$

mit $k_{EK} > g$ sowie $g = p \bullet RoE$

Daraus läßt sich folgendes Marktwert/Buchwert-Verhältnis ableiten (B=B$_1$):

falls $k_{EK} \neq g$:

$$\frac{M}{B} = \frac{(RoE - g)}{k_{EK} - g} \bullet \left[1 - \frac{(1+g)^n}{(1+k_{EK})^n} \right] + \frac{(1+g)^n}{(1+k_{EK})^n}$$

falls $k_{EK} = g$:

$$\frac{M}{B} = \frac{n \bullet (RoE - k_{EK})}{1+k_{EK}} + 1$$

Für $\lim_{n \to \infty}$, d.h. für zeitlich unbeschränktes Wachstum, geht die Formel in die des Gordon-Modells über:

---

[85] Vgl. Kapitel 4.2.2.3.1.2. Finanzwirtschaftliche Ansätze.
[86] Vgl. Malkiel, B.G. (1963), S. 467ff. und Fruhan, W.E. (1979), S. 11ff. sowie die Beschreibung bei Hax,
      A.C./Majluf, N.S. (1984), S. 217ff.; Florin, G. (1988), S. 83ff. und Bischoff, J. (1994), S. 99ff..
[87] Vgl. Fruhan, W.E. (1979), S. 8f..

$$\lim_{n \to \infty} \frac{M}{B} = \lim_{n \to \infty} \frac{(RoE - g)}{k_{EK} - g} \bullet \left[1 - \frac{(1 + g)^n}{(1 + k_{EK})^n} \right] + \lim_{n \to \infty} \frac{(1 + g)^n}{(1 + k_{EK})^n} = \frac{(RoE - g)}{k_{EK} - g}$$

mit $k_{EK} > g$

Für $k_{EK} \leq g$ ergeben sich analoge Ergebnisse wie im Gordon-Modell.

Das Gordon-Modell stellt daher einen Spezialfall des allgemeineren Marktwert/Buchwert-Modells mit konstantem, zeitlich begrenztem Wachstum dar.

Wird des weiteren angenommen, daß kein Wachstum vorliegt (g=0), dann ergibt sich das Marktwert/Buchwert-Verhältnis aus der Relation der erwirtschafteten Eigenkapitalrendite und den Eigenkapitalkosten:[88]

$$\frac{M}{B} = \frac{RoE}{k_{EK}}$$

Die Beziehung ist mit der Praktikerformel für das Kurs/Gewinn-Verhältnis identisch, die jedoch nur für den Fall ohne Wachstum gilt:

$$\frac{M}{B} = \frac{KGV \bullet Gewinn}{B} = \frac{KGV \bullet RoE \bullet B}{B} = KGV \bullet RoE = \frac{RoE}{k_{EK}}$$

$$d.h. \quad KGV = \frac{1}{k_{EK}}$$

Das Marktwert/Buchwert-Verhältnis kann sowohl beim Modell mit unendlichem als auch beim Modell mit endlichem Wachstum aufgrund der gesetzten Annahmen durch einige wenige Faktoren **(Werttreiber)** erklärt werden:

❑   die buchhalterische Eigenkapitalrendite RoE

❑   die Eigenkapitalkosten k_{EK}

❑   das Wachstum des Buchwertes des Eigenkapitals g (= Wachstum des Jahresüberschusses), das sich aus dem Produkt der Reinvestitionsrate p (= Thesaurierungsrate) und der buchhalterischen Eigenkapitalrendite RoE ergibt ($g = p \bullet RoE$).

❑   der Anzahl der Jahre n mit konstantem Wachstum

     (Für das Gordon-Modell gilt: $n \to \infty$).

Nachfolgende Sensitivitätsanalyse soll die grundlegenden Zusammenhänge dieser vier Werttreiber an einem einfachen **Beispiel** erklären:

Die Eigenkapitalkosten k_{EK} betragen 10 %.

Für alternative Rentabilitätsspannen (RoE - k_{EK}), für alternative Jahre n mit konstantem Wachstum und für alternative Reinvestitionsraten p wird jeweils das Marktwert/Buchwert-Verhältnis und das Wachstum g sowohl für das Modell mit konstantem, zeitlich begrenztem Wachstum als auch für den Spezialfall des Gordon-Modells ($n \to \infty$) errechnet.[89]

---

88   Vgl. Stewart, G.B. (1990), S. 69.
89   in Anlehnung an Fruhan, W.E. (1979), S. 12 und Hax, A.C./Majluf, N.S. (1984), S. 220.

Rentabilitätsspanne RoE - k_{EK}

	-10%	-5%	0%	5%	10%	20%	M/B-Verhältnis
3	0,75	0,88	1,00	1,12	1,25	1,50	
5	0,62	0,81	1,00	1,19	1,38	1,76	
10	0,39	0,69	1,00	1,31	1,61	2,23	Reinvestitionsrate p
20	0,15	0,57	1,00	1,43	1,85	2,70	0%
50	0,00	0,50	1,00	1,50	1,99	2,98	(Vollausschüttung)
∞	0,00	0,50	1,00	1,50	2,00	3,00	
Wachstum g	0%	0%	0%	0%	0%	0%	

Rentabilitätsspanne RoE - k_{EK}

Jahre mit konstantem Wachstum n	-10%	-5%	0%	5%	10%	20%	M/B-Verhältnis
3	0,75	0,87	1,00	1,13	1,27	1,57	
5	0,62	0,80	1,00	1,22	1,45	2,00	
10	0,39	0,66	1,00	1,41	1,91	3,24	Reinvestitionsrate p
20	0,15	0,50	1,00	1,74	2,82	6,73	50%
50	0,00	0,35	1,00	2,37	5,55	33,92	
∞	0,00	0,33	1,00	3,00	+∞	+∞	
Wachstum g	0%	3%	5%	8%	10%	15%	

Rentabilitätsspanne RoE - k_{EK}

Jahre mit konstantem Wachstum n	-10%	-5%	0%	5%	10%	20%	M/B-Verhältnis
3	0,75	0,87	1,00	1,14	1,28	1,60	
5	0,62	0,80	1,00	1,23	1,49	2,11	
10	0,39	0,65	1,00	1,46	2,07	3,90	Reinvestitionsrate p
20	0,15	0,46	1,00	1,95	3,61	11,41	70%
50	0,00	0,27	1,00	3,55	13,41	212,62	
∞	0,00	0,23	1,00	+∞	+∞	+∞	
Wachstum g	0%	4%	7%	11%	14%	21%	

Rentabilitätsspanne RoE - k_{EK}

Jahre mit konstantem Wachstum n	-10%	-5%	0%	5%	10%	20%	M/B-Verhältnis
3	0,75	0,87	1,00	1,14	1,30	1,65	
5	0,62	0,79	1,00	1,25	1,55	2,31	
10	0,39	0,63	1,00	1,56	2,39	5,32	Reinvestitionsrate p
20	0,15	0,39	1,00	2,43	5,70	28,25	100%
50	0,00	0,10	1,00	9,23	77,52	4.241,6	(keine Ausschüttung)
∞	0,00	0,00	0,00	0,00	0,00	0,00	
Wachstum g	0%	5%	10%	15%	20%	30%	

Jahre mit konstantem Wachstum n	Rentabilitätsspanne RoE - k_{EK}						M/B-Verhältnis
	-10%	-5%	0%	5%	10%	20%	
3	0,75	0,86	1,00	1,16	1,35	1,83	
5	0,62	0,77	1,00	1,33	1,78	3,20	
10	0,39	0,55	1,00	2,08	4,38	17,56	Reinvestitionsrate
20	0,15	0,09	1,00	7,81	42,12	719,40	200%
50	0,00	-1,27	1,00	1.061	57.497	54,7 Mio	(Kapitalerhöhung)
∞	0,00	-∞	-∞	-∞	-∞	-∞	
Wachstum g	0%	10%	20%	30%	40%	60%	

Abb. 4.14.: Ermittlung des Marktwert/Buchwert-Verhältnisses im Modell mit konstantem, zeitlich begrenztem Wachstum

Folgende generalisierende Aussagen können anhand des Zahlenbeispiels aus dem Marktwert/Buchwert-Modell mit konstantem, zeitlich begrenztem Wachstum abgeleitet werden:

❑ Werden gerade die **Eigenkapitalkosten verdient** (Verzinsungsspanne RoE−k_{EK} = 0), so sind Marktwert und Buchwert des Eigenkapitals identisch (M/B = 1).

❑ Liegt die **buchhalterische Eigenkapitalrendite RoE** über den Eigenkapitalkosten k_{EK}, so wird Wert geschaffen, das Marktwert/Buchwert-Verhältnis ist größer eins und umgekehrt. Je größer c.p. die Verzinsungsspanne, desto größer das Marktwert/Buchwert-Verhältnis und damit die Wertsteigerung.

❑ Ein langer **Zeitraum mit Gewinnwachstum** ist nur dann positiv, wenn eine positive Verzinsungsspanne erwirtschaftet wird. Bei negativen Verzinsungsspannen kann das gesamt investierte Kapital aufgezehrt werden. Bei positiven Verzinsungsspannen ist das Marktwert/Buchwert-Verhältnis und damit die Wertsteigerung c.p. umso größer, je länger die Wachstumsphase ist.

❑ **Gewinnwachstum** führt nicht notwendigerweise zu Wertsteigerung. Werden gleichzeitig nicht die Kapitalkosten verdient, so führt zunehmendes Wachstum c.p. zu zunehmender Wertvernichtung, d.h. kleineren Marktwert/Buchwert-Verhältnissen.

❑ Werden die Eigenkapitalkosten nicht verdient, so führt eine höhere **Ausschüttung**, d.h. niedrigere Reinvestitionsrate, zu höheren Marktwert/Buchwert-Verhältnissen, d.h. geringerer Wertvernichtung. Im Falle positiver Verzinsungsspannen ist die größte Wertsteigerung bei der **Vollthesaurierung** der Gewinne oder gar bei zusätzlichen Kapitalerhöhungen zu erzielen.

4.2.2.3.1.1.3. Das Marktwert/Buchwert-RoE-Modell nach Wilcox

Ein ebenfalls auf der buchhalterischen Eigenkapitalrendite RoE und der Rentabilitätsspanne basierendes Modell stellt *Wilcox* vor.[90] Er geht von einem konstantem, zeitlich begrenztem Wachstum innerhalb eines Horizonts von n Jahren aus. Im Unterschied zu den beiden obigen Modellen wählt er jedoch eine stetige Verzinsung.

Die Kapitalmarktrendite eines Unternehmens ergibt sich aus der Summe der Dividendenrendite und der prozentualen Kurssteigerung:

---

[90] Vgl. Wilcox, J.W. (1984), S. 58ff..

$$k_{EK} = \underbrace{\frac{Dividendensumme}{Marktwert_{EK}}}_{Dividendenrendite} + \underbrace{\frac{Marktwertsteigerung}{Marktwert_{EK}}}_{prozentuale\ Kurssteigerung}$$

Da die Marktwertsteigerung sowohl aus einer Erhöhung des Buchwertes (= Wachstum g) des Eigenkapitals als auch einer Erhöhung des Marktwert/Buchwert-Verhältnisses an der Börse resultieren kann, ergibt sich die Rendite nun wie folgt:[91]

$$k_{EK} = \frac{D}{M} + \left(\underbrace{\frac{\Delta B}{B}}_{Wachstum} + \underbrace{\frac{\Delta(M/B)}{M/B}}_{\ddot{A}nderung\ der\ Bewertung} \right) = \frac{D}{M} + g + \frac{\Delta(M/B)}{M/B}$$

Löst man nach dem Marktwert/Buchwert-Verhältnis auf, dann ergibt sich das Marktwert/Buchwert-Verhältnis aus zwei Größen:

❑   der auf den Buchwert des Eigenkapitals bezogenen ewigen Dividendenrente bei Wachstum in Höhe von g und bei Eigenkapitalkosten von k_{EK} und

❑   der erwarteten Änderung des Marktwert/Buchwert-Verhältnisses.

Da annahmegemäß, wie auch bei obigem Modell mit begrenztem Wachstum, das Marktwert/Buchwert-Verhältnis am Ende des Wachstumszeitraums gleich eins sein wird, kann sich das Marktwert/Buchwert-Verhältnis nur in der Wachstumsphase ändern:

$$\frac{M}{B} = \underbrace{\frac{D/B}{k_{EK} - g}}_{\substack{ewige\ Rente \\ bei\ Wachstum}} + \underbrace{\frac{\Delta(M/B)}{k_{EK} - g}}_{\substack{erwartete\ Wertänderung \\ im\ Wachstumszeitraum}}$$

Da das Verhältnis von Dividendensumme zu Buchwert des Eigenkapitals (D/B) durch die buchhalterische Eigenkapitalrendite und das Wachstum ausgedrückt werden kann, ergibt sich ein den beiden vorangehenden Modellen vergleichbarer Ausdruck:

$$D/B = \frac{(RoE - p \bullet RoE) \bullet B}{B} = RoE - p \bullet RoE = RoE - g$$

$$\frac{M}{B} = \frac{RoE - g}{k_{EK} - g} + \frac{\Delta(M/B)}{k_{EK} - g}$$

Unter der Annahme, daß das Marktwert/Buchwert-Verhältnis sich bis zum Ende der Wachstumsphase auf M/B = 1 einstellen wird, erhält *Wilcox* nun folgende Definition des Marktwert/Buchwert-Verhältnisses **(komplexes Wilcox-Modell)**:[92]

$$\frac{M}{B} = \frac{RoE - g}{k_{EK} - g} + \frac{(k_{EK} - RoE) \bullet e^{-(k_{EK} - g) \bullet n}}{k_{EK} - g}$$

Wilcox vereinfacht seinen Marktwert/Buchwert-Ansatz, indem er die Aufteilung der erwirtschafteten Eigenkapitalrendite in Dividendenausschüttung (= erster Term) und Wachstum durch Gewinnthesaurierung (= zweiter Term) ignoriert und vereinfachend nur die Eigenkapi-

---

[91] Die dritte mögliche Alternative einer gleichzeitigen Steigerung von Buchwert des Eigenkapitals und Erhöhung des Marktwert/Buchwert-Verhältnisses wird von *Wilcox* unter Hinweis auf den kurzen Betrachtungszeitraum und das geringe Gewicht des Terms vernachläßigt. Vgl. Wilcox, J.W. (1984), S. 59.

[92] Vgl. Wilcox, J.W. (1984), S. 60.

talrendite betrachtet. Als Näherung für das Marktwert/Buchwert-Verhältnis erhält er dadurch (**einfaches Wilcox-Modell**):[93]

$$\frac{M}{B} = e^{\left(RoE - k_{EK}\right) \bullet n}$$

Durch Logarithmierung erhält er dann schließlich die Geradengleichung für die sog. „M/B-RoE-Gerade":[94]

$$\log\left(\frac{M}{B}\right) = -k_{EK} \bullet n + n \bullet RoE = \left(RoE - k_{EK}\right) \bullet n$$

Beide *Wilcox*-Modelle ermöglichen ökonomische Aussagen über Werttreiber und Entscheidungsregeln zur Steigerung des Unternehmenswertes:[95]

❑ Das Marktwert/Buchwert-Verhältnis steigt c.p. mit zunehmender **Rentabilitätsspanne** (RoE - k_{EK}) an. Der Equity Spread ist der zentrale Werttreiber des Ansatzes.

❑ Je größer die **Zahl der Jahre n mit konstantem Gewinnwachstum**, um so höher das Marktwert/Buchwert-Verhältnis.

❑ **Gewinnwachstum** ist nur dann wertsteigernd, wenn die Rentabilitätsspanne positiv ist.

❑ **Dividendenausschüttung** ist dann vorteilhaft, wenn negative Rentabilitätsspannen erwirtschaftet werden und vice versa.[96]

❑ Der **Financial Leverage** kann sowohl die Eigenkapitalrendite RoE, die Eigenkapitalkosten k_{EK} als auch die Jahre mit Gewinnwachstum n beeinflussen.[97] Das Wilcox-Modell selbst macht hierzu jedoch keine Aussage.

4.2.2.3.1.1.4. Kritische Beurteilung der aufwands- und ertragsorientierten Ansätze (Equity Spread-Ansätze)

Die aufwands- und ertragsorientierten Ansätze erlauben durch die Annahme eines vollkommenen Kapitalmarktes eine Verbindung zwischen marktlichen und buchhalterischen Erfolgskennzahlen. Aufgrund dieser Annahme ließe sich das Marktwert/Buchwert-Verhältnis jedoch auch direkt am Kapitalmarkt beobachten und der Umweg über die drei vorgestellten Modelle wäre unnötig. Empirische Studien von *Wilcox* und *Young/Sutcliffe* zeigen jedoch, daß die Equity Spread-Ansätze zu erheblichen Schätzfehlern im Vergleich zu tatsächlichen Marktwert/Buchwert-Ratios führen.[98] Es ist daher davon auszugehen, daß die Ansätze allenfalls Schätzungen für die tatsächlichen Marktwert/Buchwert-Relationen darstellen.

In den vorgestellten Ansätzen dient das Marktwert/Buchwert-Verhältnis als Ausgangspunkt, um einerseits wesentliche Werttreiber wie die Eigenkapitalrendite, die Eigenkapitalkosten, das Gewinnwachstum und die Reinvestitionsrate abzuleiten und um andererseits dem Management Entscheidungsregeln zur Erhöhung des Shareholder Value und zur Entscheidungs-

---

[93] Vgl. Wilcox, J.W. (1984), S. 60f..

[94] Vgl. ähnlich den „Index of Value Creation Potential", der das Produkt aus Threshold Spread, Dauer des Wachstums und Umsatzwachstum darstellt, bei Rappaport, A. (1986), S. 142f..

[95] Vgl. Wilcox, J.W. (1984), S. 65f..

[96] Die Dividendenausschüttung wird nur im komplexen Wilcox-Modell betrachtet. Vgl. Wilcox, J.W. (1984), S. 65f..

[97] Vgl. Wilcox, J.W. (1984), S. 66.

[98] Vgl. Wilcox, J.W. (1984), S. 62 und Young, D./Sutcliffe, B. (1989), S. 22ff. und S. 33f..

unterstützung an die Hand zu geben. Die Entscheidungsregeln ermöglichen zudem, das grundsätzlich mehrperiodige Problem der Wertsteigerung in einperiodige Vorgaben zu zerlegen. Ist in jeder einzelnen Periode gewährleistet, daß eine positive Rentabilitätsspanne erwirtschaftet wird, so wird auch in der Gesamtbetrachtung der Shareholder Value gesteigert werden können, obwohl die Konstanzannahme der Modelle verletzt wird. Zudem erleichtern die teilweise buchhalterischen Größen die Umsetzung und die Akzeptanz im operativen Tagesgeschäft, da sie wie z.B. die Eigenkapitalrendite „traditionell" angewandte Rentabilitätsmaße und Steuergrößen darstellen.

Die Equity-Spread-Ansätze geben jedoch auch zu einigen **Kritikpunkten** Anlaß:[99]

❑   Der RoE ist als **buchhalterische Rentabilität** periodenbezogen und durch die Abgrenzungsgrundsätze des Handelsrechts beeinflußt (z.B. bei Abschreibungen und bei der Rückstellungsbildung).[100] Zudem überschätzen buchhalterische Rentabilitäten i.d.R. die tatsächlichen „ökonomischen" Renditen.[101]

❑   Durch Ausübung von **Ansatz- und Bewertungswahlrechten** können buchhalterische Ergebnisse gezielt beeinflußt werden.

❑   Ein Vergleich der Eigenkapitalrendite RoE mit den Eigenkapitalkosten k_{EK} durch die Rentabilitätsspanne (RoE $-$ k_{EK}) sowie der Bezug des Marktwertes des Eigenkapitals zum Buchwert durch das Marktwert/Buchwert-Verhältnis stellt eine **Vermischung von buchhalterischen und marktbezogenen Bewertungsmaßstäben** dar und kann aufgrund der beiden voran genannten Kritikpunkte verzerrt sein und zu Fehlentscheidungen führen. Z.B. kann sich bei hohem Alter der Anlagen ein niedriger Buchwert und folglich ein hohes Marktwert/Buchwert-Verhältnis ergeben, ebenso wie durch niedrigere Abschreibungen ein hoher RoE und folglich eine hohe Rentabilitätsspanne möglich ist.[102]

❑   Wenn die Performance dezentraler Einheiten, wie z.B. von Unternehmensbereichen oder strategischen Geschäftseinheiten, gemessen werden soll, ergeben sich bei der (Eigenkapitals-)Rentabilitätsspanne Probleme, falls diese bei zentraler Finanzierung über **keine eigene Kapitalstruktur** verfügen. Mangels ausgewiesenem oder zuordenbarem Eigenkapital läßt sich dann keine Eigenkapitalrendite ermitteln.[103]

❑   Die **Schätzung der Werttreiber** (z.B. die Länge n der Wachstumsphase), die zur Ermittlung des Marktwert/Buchwert-Verhältnisses benötigt werden, ist mit Unsicherheiten behaftet. Daher sind hier wie bei den Shareholder Value-Ansätzen Unsicherheiten entsprechend zu berücksichtigen.[104]

---

[99] Vgl. Rappaport, A. (1983), S. 32ff; Woo, C.Y. (1984), S. 1031ff.; Varaiya, N./Kerin, R.A./Weeks, D. (1987), S. 487ff.; Reimann, B.C. (1988), S. 12; Reimann, B.C. (1990), S. 18ff.; Bühner, R./Weinberger, H.-J. (1991), S. 190f.; Bischoff, J. (1994), S. 102 und S. 108ff. und Unzeitig, E./Köthner, D. (1995), S. 109f..

[100] Vgl. Reimann, B.C. (1988), S. 12.

[101] Vgl. Solomon, E. (1966), S. 232ff.

[102] Vgl. Reimann, B.C. (1988), S. 12 und Bischoff, J. (1994), S. 108f..

[103] Vgl. Reimann, B.C. (1988), S. 12. Vgl. zum Problem Kapitel 3.3.3. Eigenkapital- versus Gesamtkapitalansatz.

[104] Vgl. Kapitel 4.2.7. Berücksichtigung von Risiken bei Shareholder Value-Rechnungen.

❑   Die **gesetzten Annahmen**[105] sind teilweise realitätsfern, jedoch notwendig, um vereinfachend generelle Aussagen ableiten zu können.

❑   Eigenkapitalrendite RoE, Eigenkapitalkosten k_{EK}, Gewinnwachstum g und Reinvestitionsrate p werden als **konstant angenommen**. Die einschränkende Annahme kann durch die explizite jährlich differenzierte Berechnung von Freien Cash Flows in der finanzwirtschaftlichen Betrachtung des Shareholder Value-Ansatzes aufgehoben werden.

❑   Die Ableitung **einperiodiger Entscheidungsregeln**, wie z.B. daß die Eigenkapitalrendite die Eigenkapitalkosten übersteigen sollte, führt dann zu Problemen, wenn die Forderung nicht in allen Perioden gewährleistet werden kann. Führen z.B. Anlaufkosten aufgrund von F&E-Maßnahmen oder aufgrund des Aufbaus eines Vertriebssystems zu geringen Gewinnen oder gar Verlusten, kann nur mit mehrperiodigen Shareholder Value-Ansätzen beurteilt werden, ob die Maßnahmen dennoch wertsteigernd sind. Die einperiodige Rentabilitätsspanne greift hier zu kurz und berücksichtigt eventuelle Restwerte nicht.

Die drei erstgenannten Kritikpunkte sollen durch die nachfolgend dargestellten finanzwirtschaftlichen Modelle behoben werden. Der Einwand der Konstanz der Werttreiber und der Einperiodigkeit der Entscheidungsregeln kann nur durch differenzierte Berechnung der jährlichen Freien Cash Flows, wie beim Shareholder Value-Ansatz üblich, behoben werden.[106]

4.2.2.3.1.2. Finanzwirtschaftliche Ansätze

Die finanzwirtschaftlichen Ansätze basieren auf den Zahlungsstromgrößen Einnahmen und Ausgaben anstatt auf den buchhalterischen Größen Ertrag und Aufwand.[107] Vertreter dieser Ansätze sind der **Economic Value Added (EVA)** des Beratungsunternehmens Stern Stewart und das **finanzwirtschaftliche Modell nach *Stern* und *Rappaport***, das in den **Value Return on Investment (VRoI)** mündet.[108]

4.2.2.3.1.2.1. Der Ansatz des Economic Value Added (EVA)

Ein der (Eigenkapital-)Rentabilitätsspanne (Equity Spread) von Marakon Associates vergleichbarer einperiodiger Ansatz, allerdings auf Basis von Einnahmen/Ausgaben-Größen, stellt der **Economic Value Added (EVA)** des Beratungsunternehmens Stern Stewart dar.[109] Gegenüber der Rentabilitätsspanne (RoE $-$ k_{EK}) bietet der EVA zwei wesentliche Verbesserungen:[110]

1)   Anstatt einer Betrachtung des Eigenkapitals wird das **gesamte investierte Kapital** betrachtet. Dies bietet insbesondere für die Beurteilung von nicht rechtlich selbständigen

---

[105] Vgl. z.B. die Annahmenliste bei der Beschreibung des Gordon-Modells in Kapitel 4.2.2.3.1.1.1. Das Modell mit konstantem, zeitlich unbegrenztem Wachstum (Gordon-Modell).

[106] Mehrperiodische Entscheidungsregeln sollen in Kapitel 4.2.2.3.2.2. Ableitung des Marktwert/Buchwert-Verhältnisses aus dem Shareholder Value-Ansatz betrachtet werden.

[107] Vgl. die Darstellung bei Bischoff, J. (1994), S. 101ff..

[108] Vgl. Rappaport, A. (1986), S. 64ff.; Stewart, G.B. (1990), S. 118ff. und Bischoff, J. (1994), S. 101ff.

[109] Vgl. Stewart, G.B. (1990), S. 118ff.; Finegan, P.T. (1991), S. 35ff. sowie die Darstellungen bei Reimann, B.C. (1988), S. 12f.; Ballwieser, W. (1994), S. 1387f.; Hachmeister, D. (1995), S. 150f.; Hostettler, S. (1995), S. 308ff. und Bühner, R. (1996), S. 3595f. sowie das verwandte Residualgewinn-Konzept bei Richter, F. (1996a), S. 31ff. und S. 170ff..

[110] Vgl. Reimann, B.C. (1988), S. 12f..

Geschäftseinheiten Vorteile, da diesen häufig keine eigene Kapitalstruktur zugewiesen wird.[111]

2)   An die Stelle der buchhalterischen Größen des Jahresabschlusses, d.h. konkret des RoE, tritt ein **Cash Flow-orientiertes Rentabilitätsmaß, Stewart´s R**.[112] Damit soll den marktbezogenen Kapitalkosten auch eine marktbezogene Rentabilitätsgröße gegenübergestellt werden.

Zunächst ist Stewart´s R für das Jahr t wie folgt zu berechnen:

$$Stewart's\ R_t = \frac{Operativer\ Cash\ Flow\ nach\ Steuern\ und\ vor\ Zinsen_t}{Investiertes\ Kapital_t}$$

Der **operative Cash Flow nach Steuern und vor Zinsen** kann nach *Stewart* wie folgt berechnet werden:[113]

Net Operating Profit (= Betriebsergebnis)[114]

+   Erhöhung der Wertberichtigungen auf Forderungen

+   Erhöhung der Differenz zwischen Ansatz der Vorräte mit der LIFO-Methode gegenüber der FIFO-Methode[115]

+   Abschreibungen von derivativen Geschäftswerten

+   Erhöhung des Barwertes kapitalisierter F&E-Aufwendungen[116]

+   sonstige betriebliche Erträge[117]

+   Erhöhung der sonstigen Rückstellungen

+   „marktwertbildende" Vorlaufkosten[118]

−   finanzwirksame Steuern[119]

=   **operativer Cash Flow nach Steuern und vor Zinsen**
    (NOPAT = Net Operating Profit after Taxes)

Abb. 4.15.: Ermittlung des operativen Cash Flow im EVA-Ansatz

Der **operative Cash Flow nach Steuern und vor Zinsen** (NOPAT = Net Operating Profit after Taxes) ergibt sich aus der Differenz finanzwirksamer betrieblicher Erträge und Aufwendungen. Als einziger nicht finanzwirksamer Aufwand werden die Abschreibungen abgezogen. *Stewart* begründet dies damit, daß Abschreibungen einerseits dem Ersatz abgenutzter Ablagen

---

[111] Vgl. zum Problem Kapitel 3.3.3. Eigenkapital- versus Gesamtkapitalansatz.

[112] Die Bezeichnung findet sich bei Reimann, B.C. (1988), S. 12, nicht jedoch bei *Stewart* selbst.

[113] Vgl. Stewart, G.B. (1990), S. 87ff., S. 112ff. und S. 742f. Rückgänge der aufgeführten Positionen sind entsprechend mit negativem Vorzeichen zu versehen.

[114] Entspricht dem Begriff des Betriebsergebnisses vor Steuern und Zinsen, wobei auch Abschreibungen, die eigentlich nicht finanzwirksam sind, als Minderung betrachtet werden. Vgl. Stewart, G.B. (1990), S. 86 sowie das Rechenbeispiel bei Stewart, G.B. (1990), S. 339ff..

[115] Wird in den USA i.d.R. im Anhang angegeben, wenn ein Unternehmen zu LIFO bewertet. Vgl. Stewart, G.B. (1990), S. 113. Nach § 256 HGB sind die Verbrauchsfolgeverfahren auch im deutschen Jahresabschluß anwendbar, jedoch braucht nach § 284 Abs. 2 Nr. 4 HGB nur ein Unterschiedsbetrag gegenüber dem Vorjahr im Falle erheblicher Unterschiede, nicht jedoch die Differenz zu einer anderen Bewertungsmethode angegeben werden.

[116] Nach deutschen Grundsätzen ordnungsmäßiger Buchführung nur im internen Rechnungswesen zulässig.

[117] Reine „passive" Finanzerträge werden explizit ausgenommen.

[118] wie z.B. Explorationskosten und Markterschließungskosten.

[119] Nach deutschem Steuersystem wären hier nur nicht anrechenbare Steuern, d.h. VSt und GewSt, zu berücksichtigen, soweit sie keine latenten Steuern darstellen. Vgl. die Grundlagen in Kapitel 3.3.4.2.1.3. Die Bedeutung von Steuern und Zinsen bei der Ermittlung des Freien Cash Flow.

dienen und daher „true economic expenses" darstellen und andererseits zur besseren Vergleichbarkeit mit geleasten Vermögensgegenständen berücksichtigt werden müssen.[120] Das erste Argument greift nur, wenn von Wachstum oder zumindest Substanzerhaltung ausgegangen wird, was z.B. bei Abschöpfungsstrategien in reifen Märkten nicht gegeben sein muß und die Generalität des Ansatzes einschränken würde. Gegen das zweite Argument ist einzuwenden, daß Abschreibungen periodisierte Aufwendungen darstellen und im Vergleich von Kauf versus Leasing bzw. Miete die Struktur der Zahlungsströme unterschiedlich sein wird.

Das **investierte Kapital** ergibt sich wie folgt:[121]

	Buchwert des Anlagevermögens
+	Buchwert des Umlaufvermögens
−	Nicht verzinsliche, kurzfristige Verbindlichkeiten
−	Marktgängige Wertpapiere
−	Anlagen im Bau[122]
+	(passivische) Wertberichtigungen auf Forderungen
+	Differenz zwischen Bewertung der Vorräte mit der LIFO-Methode gegenüber der FIFO-Methode
+	kumulierte Abschreibungen von derivativen Geschäftswerten
+	kapitalisierte Miet- und Leasingaufwendungen
+	kapitalisierte F&E-Aufwendungen (Abschreibung über 5 Jahre)
+	kapitalisierte „marktwertbildende" Vorlaufkosten
+	kumulierte außerordentliche Verluste nach Steuern[123]
=	**Investiertes Kapital**

Abb. 4.16.: Ermittlung des investierten Kapitals im EVA-Ansatz

Das investierte Kapital wird mit dem Anfangsbestand, bei Veränderungen von über ± 20 % mit dem Durchschnittswert angesetzt.

Der **Economic Value Added (EVA)** des Jahres t ergibt sich dann als Betrag, der über die durchschnittlichen Gesamtkapitalkosten k_{GK} hinaus mit dem investierten Kapital verdient wird:

$$Economic\,Value\,Added_t = \left(Stewart's\,R_t - k_{GK,t}\right) \bullet Investiertes\,Kapital_t$$

Die drei Determinanten Stewart´s R, Kapitalkosten und investiertes Kapital lassen sich den drei Entscheidungsebenen „Strategie/Operations", „Investition" und „Finanzierung" in Anlehnung an *Rappaport´s* Shareholder Value-Netzwerk zuordnen.[124] Der EVA entspricht einer

---

[120] Vgl. Stewart, G.B. (1990), S. 86.

[121] Vgl. Stewart, G.B. (1990), S. 87ff, S. 112ff. und S. 744.

[122] Anlagen im Bau werden nicht berücksichtigt, da sie (noch) nicht dem operativen Geschäft dienen. Vgl. Hostetler, S. (1995), S. 311.

[123] Hierdurch soll die durch das Vorsichts- und Imparitätsprinzip bewirkte unterschiedliche Behandlung von Vermögensminderungen und -steigerungen in der Handels- und Steuerbilanz revidiert werden. Z.B. müssen erfolglose Explorationen als sofortiger Aufwand verbucht werden, obwohl sie betriebswirtschaftlich Suchkosten und damit eine Investition in die letztendlich erfolgreiche Rohstofferschließung darstellen. Vgl. Stewart, G.B. (1990), S. 30f..

[124] Vgl. Hostetler, S. (1995), S. 309.

Cash Flow-orientierten Version des kalkulatorischen Gewinns (residual income), wobei die Kapitalkosten risikoangepaßte Eigenkapitalkosten enthalten.[125]

$$Economic\ Value\ Added_t =$$

$$= \left(\frac{Cash\ Flow\ nach\ Steuern\ und\ vor\ Zinsen_t}{Investiertes\ Kapital_t} - k_{GK,t} \right) \bullet Investiertes\ Kapital_t =$$

$$= Cash\ Flow\ nach\ Steuern\ und\ vor\ Zinsen_t - Kapitalkosten_t$$

Da der Economic Value Added als absolute Erfolgskennzahl größenabhängig ist, kann er zum Vergleich zwischen Unternehmen oder Geschäftseinheiten auf ein Basisjahr standardisiert werden. Dadurch kann gleichzeitig auch das Wachstum (des investierten Kapitals) berücksichtigt werden. Durch den Bezug zum investierten Kapital eines Basisjahres entspricht der **standardisierte Economic Value Added**:

$$Standardisierter\ Economic\ Value\ Added_t = \left(Stewart's\ R_t - k_{GK,t} \right) \bullet \frac{Investiertes\ Kapital_t}{Investiertes\ Kapital_{Basisjahr}}$$

Nach *Stewart* läßt der EVA folgende Wertsteigerungsmöglichkeiten erkennen (Werttreiber):[126]

❑   Mit zunehmendem **Stewart´s R** steigt der Unternehmenswert.

❑   Durch Reduktion der **durchschnittlichen Gesamtkapitalkosten** kann der Unternehmenswert erhöht werden.

❑   Nur wenn Stewart´s R über den Kapitalkosten liegt, ist **Wachstum**, d.h. eine Erhöhung des investierten Kapitals wertschaffend.

❑   Der **Abbau** von Geschäften mit negativer Verzinsungsspanne erhöht ebenfalls den Unternehmenswert.

Trotz der Verbesserungen gegenüber dem Equity Spread, die in der stärkeren finanzwirtschaftlichen Orientierung liegen, ist der EVA ein einperiodiges Maß. Wird jedoch ein mehrjähriger Strom von EVAs zugrundegelegt, ergibt sich nach *Stewart* definitionsgemäß der gleiche Gesamtunternehmenswert wie bei der Diskontierung Freier Cash Flows:[127]

$$Gesamtunternehmenswert = \underbrace{\sum_{t=1}^{\infty} \frac{Freier\ Cash\ Flow_t}{\left(1+k_{GK}\right)^t}}_{Freier\ Cash\ Flow-Ansatz} = \underbrace{\sum_{t=1}^{\infty} \frac{Economic\ Value\ Added_t}{\left(1+k_{GK}\right)^t} + Investiertes\ Kapital_{t=0}}_{Economic\ Value\ Added-Ansatz}$$

Folglich kann auch auf Basis des Economic Value Added der Gesamtunternehmenswert und damit auch der Shareholder Value ermittelt werden. Der Economic Value Added ist daher „nur" eine andere Darstellungsweise des Shareholder Value-Ansatzes. Während der Freie Cash Flow als Differenz von erwirtschaftetem Cash Flow und Investitionen in das Anlage- und Netto-Umlaufvermögen die in einem bestimmten Jahr frei werdende bzw. zusätzlich erforderliche Liquidität darstellt, ermittelt der Economic Value Added den Teil des Cash Flows, der nach Deckung der Kapitalkosten verbleibt. Probleme ergeben sich jedoch dadurch, daß

---

[125] Zum „residual income" vgl. z.B. Coenenberg, A.G. (1993a), S. 508 und Richter, F. (1996a), S. 31f.
[126] Vgl. Stewart, G.B. (1990), S. 118f..
[127] Vgl. Stewart, G.B. (1990), S. 175; Finegan, P.T. (1991), S. 35 und Hachmeister, D. (1995), S. 151f. sowie der rechnerische Vergleich der beiden Methoden am Beispiel des US-Handelsunternehmens Wal-Mart bei Stewart, G.B. (1990), S. 339ff..

i.d.R. nicht mit einem unendlichen Planungshorizont gerechnet werden kann, sondern nach einem festgelegten Planungshorizont ein Restwert angenommen wird. Dieser Restwert müßte nach dem zugrunde liegenden Lücke-Theorem auch in einen „Restwert-EVA" umgerechnet werden, um bei der Zwei- oder Drei-Phasen-Methode zur Identität der Unternehmenswerte zu gelangen.[128]

Da die Kapitalkosten des EVA-Ansatzes auch Opportunitätskosten enthalten und da bei der Ermittlung des „Net Operating Profit after Taxes", d.h. des Betriebsergebnisses, auch Abschreibungen abgezogen werden, stellt der EVA keine reine finanz- bzw. liquiditätswirksame Komponente dar. Dies widerspricht der Intention *Stewart's*, mit Stewart's R ein „cash-on-cash yield earned in the business" zu ermitteln.[129] Damit unterliegt EVA trotz teilweiser Bereinigung einiger Verzerrungen dennoch der buchhalterischen Abgrenzung, die gerade vermieden werden sollte.

Wenngleich die Cash Flow-Orientierung des EVA Mängel ausweist, ist doch *Stewart's* Meinung zu folgen, daß der EVA für die operative Umsetzung gegenüber dem Freien Cash Flow-Ansatz Vorteile besitzt.[130] Der Bereichsmanager kann unmittelbar und zunächst einperiodisch Werttreiber ableiten und Auswirkungen seiner Handlungsalternativen auf den Unternehmenswert abschätzen. So deutet z.B. bei hohem Wachstum ein positiver EVA auf Wertsteigerung hin, wohingegen der Freie Cash Flow aufgrund hohen Investitionsbedarfs in der Anlaufphase negativ sein kann. Der EVA wirkt dadurch, daß hohe Investitionen nur periodisch abgegrenzt als Abschreibungen, oder dadurch, daß Kapitalkosten in die Zielgröße EVA eingehen, gegenüber dem Freien Cash Flow als geglättet.

	Free Cash Flow-Ansatz	Economic Value Added-Ansatz
Definition	Free Cash Flow = = Cash Flow − Investitionen in Anlagevermögen und Working Capital = Betriebsergebnis + Abschreibungen − Investitionen in Anlagevermögen und Working Capital (vereinfacht)	EVA = = Cash Flow − Abschreibungen − Kapitalkosten auf investiertes Kapital = Betriebsergebnis − Kapitalkosten auf investiertes Kapital
Steuern	Cash Flow nach nicht-anrechenbaren Steuern	Betriebsergebnis nach nicht-anrechenbaren Steuern
Betrachtung	Cash Flow-Orientierung	teilweise Cash Flow-Orientierung teilweise Abgrenzungsrechnung
Werttreiber	nicht direkt ableitbar	direkt ableitbar

identischer Gesamtunternehmenswert

Abb. 4.17.: Vergleich von Free Cash Flow-Ansatz und Economic Value Added-Ansatz[131]

---

[128] Vgl. den Hinweis zum Problem bei Reimann, B.C. (1988), S. 13 sowie zum Lücke-Theorem Kapitel 3.2.2.2.6. Mögliche Zukunftserfolgswerte und das Lücke-Theorem.

[129] Vgl. Stewart, G.B. (1990), S. 742.

[130] Vgl. Stewart, G.B. (1990), S. 349f..

[131] angepaßt an das deutsche Steuersystem.

Die Glättung des EVA kann jedoch auch zu Fehlsteuerungen führen, da die zu finanzierenden Vorlaufkosten durch die Verwendung des Betriebsergebnisses nicht sichtbar werden. Dies widerspricht dem Grundgedanken des Shareholder Value-Ansatzes. Ebenso ergeben sich durch die Mischung mit der „Buchhaltungsgröße" Abschreibungen Ansatzpunkte für Manipulationen, da der geforderte Marktbezug sämtlicher Größen eingeschränkt wird. Daher ist beim EVA-Ansatz sehr genau darauf zu achten, ob die Abschreibungen verursachungsgerecht und frei von bilanziellen oder steuerlichen Überlegungen ermittelt wurden. Denn ein positiver EVA könnte auch durch Verlängerung der zugrunde gelegten Nutzungsdauer über geringere Abschreibungen erzeugt werden.

4.2.2.3.1.2.2. Der Ansatz des Tobin's Q

Der Ansatz des Q-Wertes (Q-ratio) stellt eine finanzwirtschaftliche Modifikation des Marktwert/Buchwert-Verhältnisses dar und beruht auf ursprünglich makroökonomischen Untersuchungen des Nobelpreisträgers *Tobin*,[132] wobei erste Ansätze bereits auf Gedankengut von *Marshall* und *Wicksell* zum Ende des 19. Jahrhunderts zurückzuführen sind.[133] *Tobin's* Ansatz wurde im Rahmen der unternehmenswertorientierten Steuerung aufgegriffen und vom Beratungsunternehmen Callard, Madden and Associates (CMA) ursprünglich zum effektiven Management von Wertpapierportfolios angewandt, jedoch sehr bald für die unternehmenswertorientierte Planung eingesetzt.[134] Vier Berater von CMA verließen CMA und gründeten die HOLT Planning Associates,[135] die später in der Boston Consulting Group aufging. Daher enthält das „Q-Ratio" von CMA viele Gedanken, die im CFROI der Boston Consulting Group wiederzufinden sind.

Der Q-Wert stellt das Verhältnis aus dem Marktwert des Gesamtkapitals eines Unternehmens oder einer Geschäfteinheit zu den Reproduktionskosten, d.h. zum Buchwert des Gesamtkapitals zu heutigen Preisen, dar.[136] Würde der Buchwert des Gesamtkapitals zu historischen Preisen, d.h. zu bilanziellen Werten, angesetzt werden, wäre der Q-Wert mit dem Marktwert/Buchwert-Verhältnis des Gesamtkapitals identisch.

$$Q - Wert = \frac{\text{Marktwert des Gesamtkapitals}}{\text{Reproduktionskosten des Gesamtkapitals}}$$

Werden die Reproduktionskosten als die Kosten betrachtet, die benötigt werden, um ein Unternehmen mit identischen Zahlungsüberschüssen zu errichten, so ergibt sich unter Verwendung des Zukunftserfolgswertes für den Marktwert folgender Zusammenhang:[137]

$$Q - Wert = \frac{\text{Marktwert des Gesamtkapitals}}{\text{Reproduktionskosten des Gesamtkapitals}} = \frac{\sum\limits_{t=1}^{T} \dfrac{Freier\ Cash\ Flow_t}{\left(1+k_{GK}\right)^t}}{\sum\limits_{t=1}^{T} \dfrac{Freier\ Cash\ Flow_t}{\left(1+r_{GK}^R\right)^t}}$$

---

[132] Vgl. die Arbeiten von Tobin, J. (1969) und Tobin, J./Brainard, W.R. (1977) und zur einzelwirtschaftlichen Anwendung z.B. Lindenberg, E.B./Ross, S.A. (1981), S. 1ff..

[133] Vgl. Marshall, A. (1920), S. 411f., der auf eine frühere Veröffentlichung von 1890 verweist und Wicksell, K. (1898), Vorwort S. III und S. 93ff..

[134] Vgl. Callard, C.G./Kleinman, D.C. (1985), S. 51ff.; Reimann, B.C. (1986), S. 8ff. Reimann, B.C. (1988), S. 18ff. und Reimann, B.C. (1990), S. 24ff..

[135] Vgl. Reimann, B.C. (1990), S. 25.

[136] Vgl. Callard, C.G./Kleinman, D.C. (1985), S. 51ff. und Reimann, B.C. (1990), S. 24.

[137] Vgl. die Herleitung bei Gehrke, N. (1994), S. 8ff..

mit

$r_{GK}^R :=$ Rentabilität des Gesamtkapitals auf Basis von Reproduktionskosten

$k_{GK} :=$ *Kapitalkosten* des Gesamtkapitals

Werden die Freien Cash Flows als konstant über einen unendlichen Planungshorizont betrachtet, kann der Q-Wert auch aus dem Verhältnis der Gesamtkapitalrendite und den Gesamtkapitalkosten ermittelt werden. Das Ergebnis entspricht dem des Marktwert/Buchwert-Modells mit unendlichem Wachstum für den Fall g=0. Zu berücksichtigen ist jedoch, daß die hier verwandte Rentabilität des Gesamtkapitals auf Basis der i.d.R. über den Buchwerten liegenden Reproduktionskosten errechnet ist. *Gehrke* verweist zu Recht auf das Problem, daß bei vielen volkswirtschaftlichen und betriebswirtschaftlichen Untersuchungen die Reproduktionskosten durch die Buchwerte ersetzt werden, was dem Gedanken des Q-Wertes widerspricht.[138]

$$Q - Wert = \frac{\text{Marktwert des Gesamtkapitals}}{\text{Reproduktionskosten des Gesamtkapitals}} = \frac{\sum_{t=1}^{T} \dfrac{\text{Freier Cash Flow}_t}{\left(1 + k_{GK}\right)^t}}{\sum_{t=1}^{T} \dfrac{\text{Freier Cash Flow}_t}{\left(1 + r_{GK}^R\right)^t}} = \frac{r_{GK}^R}{k_{GK}}$$

Die im Rahmen des **Wertsteigerungsmanagements** verwandten Q-Werte verzichten bewußt auf den Ersatz der Reproduktionskosten durch die Buchwerte und stellen explizit auf die Ermittlung einer inflationsbereinigten Steuerungsgröße ab.[139] Ebenso wird der Q-Wert nicht auf Basis ewiger Renten, sondern differenziert über diskontierte Freie Cash Flows ermittelt. Bei der Ermittlung des Q-Wertes sind nach CMA und HOLT folgende **Besonderheiten** zu beachten:

❑ Die Freien Cash Flows, das Wachstum des Vermögens und die Diskontierungszinssätze werden **um die Inflation bereinigt**, d.h. real errechnet.

❑ Der **Marktwert des Gesamtkapitals** wird als Barwert zukünftiger Freier Cash Flows über einen bestimmten Planungshorizont zuzüglich des Restwertes ermittelt. Die Vorgehensweise entspricht der Ermittlung des Shareholder Value.

❑ Es wird ein **Ramping-Verfahren** angewandt,[140] wobei die am Ende des Planungszeitraums erreichten realen RoI-Werte auf einen langfristigen Durchschnittswert von 7 % und die reale Wachstumsrate des Anlagevermögens auf 3 % abschmelzen.

❑ Als **Kapitalkostensatz** wird der reale Zinssatz verwandt, der den Strom zukünftiger Freier Cash Flows gerade so abzinst, daß sich als Barwert der aktuelle Börsenkurs ergibt. Dadurch wird jedoch eine Differenzierung des Risikos zwischen verschiedenen Geschäftseinheiten nicht mehr möglich, da ein unternehmensweiter Kapitalkostensatz Verwendung findet. Auf der anderen Seite ergaben sich bei einem differenzierenden, realen aus dem CAPM abgeleiteter Kapitalkostenssatz für den Zeitraum 1948 bis 1981 erhebliche Abweichungen zu empirischen Werten.[141]

---

[138] Vgl. Gehrke, N. (1994), S. 11 und 15, insbesondere Fußnote 32.

[139] Vgl. Reimann, B.C. (1990), S. 25.

[140] Vgl. hierzu Kapitel 3.3.4.2.2. Ermittlung der Freien Cash Flows für den Anpassungszeitraum.

[141] Vgl. die Studie von Corcoran, P.J./ Sahling, L.G. (1982) zitiert nach Reimann, B.C. (1990), S. 26.

❑ Die **Reproduktionskosten** entsprechen in ihrem Verständnis der Bruttoinvestitionsbasis des CFRoI,[142] wenngleich im Schrifttum keine detaillierte Definition der Vorgehensweise zu finden ist.

Abschließend kann der Q-Wert für die unternehmenswertorientierte Steuerung wie folgt definiert werden:[143]

$$Q-Wert = \frac{realer\ Marktwert\ des\ Gesamtkapitals}{Bruttoinvestitionsbasis} = \frac{\sum_{t=1}^{\infty} \dfrac{Freier\ Cash\ Flow_t^{real}}{\left(1 + k_{GK}^{emp.,real}\right)^t}}{Bruttoinvestitionsbasis}$$

Diese letzte Q-Wert-Definition enthält daher einerseits eine finanzwirtschaftliche Ermittlung des Unternehmenswertes über den Shareholder Value-Ansatz (Zähler) und ermöglicht andererseits eine Relativierung des absoluten Shareholder Value durch den Bezug mit einer inflationsangepaßten Investitionsgröße (Nenner). Da, wie die noch darzustellenden empirischen Ergebnisse zeigen, realen unternehmenswertorientierten Erfolgskennzahlen eine höhere kapitalmarktbezogene Aussagekraft zukommt, kann der Q-Wert als verbessertes „reales Marktwert/Buchwert-Verhältnis" verstanden werden.[144]

Reimann weist jedoch daraufhin, daß der Q-Wert in reifen Geschäften mit älteren, bereits teilweise abgeschriebenen Anlagen zu Problemen führen kann. Durch die Hochinflationierung vergangener historischer Anschaffungs- und/oder Herstellungskosten auf den Betrachtungszeitpunkt wird der Q-Wert im Vergleich zu neuen Geschäften mit identischen Rückflüssen gedrückt. Fällt der Q-Wert gar unter eins, würde eine Desinvestition des Geschäftes naheliegen. Der dann erzielte Liquidationserlös, der günstigsten Falls mit den Wiederbeschaffungskosten übereinstimmt, kann jedoch erheblich unter den hochinflationierten historischen Kosten liegen. Der Einwand *Reimann's* ist zugleich einerseits zurückzuweisen und andererseits zu unterstützen:

❑ Analog zum Verständnis der Bruttoinvestitionsbasis beim CFROI soll der Q-Wert als Erfolgskennzahl primär die **ex post**-Performance eines Unternehmens oder einer Geschäftseinheit messen. Hierzu ist zu fragen, ob das in der Vergangenheit investierte Kapital inflationsbereinigt eine ausreichende Rendite erwirtschaftet hat, d.h. der Q-Wert > 1 beträgt. Die Inflationierung wäre insofern gerechtfertigt.

❑ Soll dagegen die Förderungswürdigkeit eines Unternehmens oder einer Geschäftseinheit **ex ante** beurteilt werden, empfiehlt es sich, den Nenner der Q-Wert-Formel durch den aktuellen Wert des Gesamtvermögens zu ersetzen, um alternative Verwendungsmöglichkeiten (z.B. Immobilienmanagement oder Verkauf) einfließen zu lassen. Dabei sollte möglichst auf vorhandene Marktwerte (z.B. für Grundstücke, Gebäude oder immaterielle Werte) zurückgegriffen werden. Anstehende Neuinvestitionen können mit den Anschaffungs- bzw. Herstellungskosten angesetzt werden, da diese zum Investitionszeitpunkt den Marktwerten entsprechen.

Analog zum Marktwert/Buchwert-Verhältnis können abschließend folgende Entscheidungsregeln abgeleitet werden:

---

[142] Vgl. die Beschreibung bei Reimann, B.C. (1990), S. 25.
[143] Der unendliche Betrachtungszeitraum wird in einen Planungszeitraum, einen Anpassungszeitraum unter Verwendung eines Ramping-Verfahres und in den Restwertzeitraum zerlegt.
[144] Vgl. Reimann, B.C. (1990), S. 30.

Q-Wert	Auswirkung des Wachstums	Auswirkung auf Vermögen der Eigentümer
Q > 1	Wachstum steigert Unternehmenswert	Wertsteigerung für Eigentümer
Q = 1	Wachstum ist wertneutral	Werterhaltung für Eigentümer
Q < 1	Wachstum mindert Unternehmenswert	Wertvernichtung für Eigentümer

Abb. 4.18.: Entscheidungsregeln für den Tobin´s Q-Wert

Es ist jedoch zu beachten, daß sich im Einzelfall andere Entscheidungen als bei Anwendung des Marktwert/Buchwert-Verhältnisses ergeben können, da beim Q-Wert nur mit inflationsbereinigten Werten gerechnet wird.

4.2.2.3.1.2.3. Finanzwirtschaftliches Marktwertmodell nach Stern/Rappaport und Value RoI

Ein **finanzwirtschaftliches Marktwertmodell mit konstantem, zeitlich begrenztem Wachstum** wurde bereits 1979 von *Stern* konzipiert[145] und von *Rappaport* 1986 weiterentwickelt.[146]

Die Vorgehensweise entspricht der zur Ermittlung des Shareholder Value, wie sie bereits ausführlich dargestellt wurde. Zur Vereinfachung wird von der Konstanz der Werttreiber für den Planungszeitraum von n Jahren ausgegangen.[147] Der Marktwert des Eigenkapitals ergibt sich daher wie folgt:[148]

$$Marktwert_{EK} = Marktwert_{GK} + Marktwert\ des\ nicht-betriebsnotwendigen\ Vermögens - Marktwert_{FK}$$

$$M_{GK} = Marktwert_{Planungszeitraum} + Restwert$$

$$M_{GK} = \underbrace{\sum_{t=1}^{n} \frac{\left(NOPAT - I_{Netto}\right) \bullet \left(1+g\right)^{t-1}}{\left(1+k_{GK}\right)^{t}}}_{Marktwert\ im\ Planungszeitraum} + \underbrace{\frac{1}{\left(1+k_{GK}\right)^{n}} \bullet \sum_{t=n}^{\infty} \frac{\left(NOPAT - I_{Netto}\right) \bullet \left(1+g\right)^{n}}{\left(1+k_{GK}\right)^{t}}}_{Restwert}$$

$$M_{GK} = \frac{NOPAT \bullet \left(1-p\right)}{k_{GK} - g} \bullet \left[1 - \left(\frac{1+g}{1+k_{GK}}\right)^{n}\right] + \frac{NOPAT \bullet \left(1-p\right) \bullet \left(1+g\right)^{n}}{k_{GK} \bullet \left(1+k_{GK}\right)^{n}}$$

mit

NOPAT: Net Operating Profits after Taxes, d.h. Betriebsergebnis vor Zinsen und nach (amerikanischen) Steuern (in Deutschland nach nicht-anrechenbaren Steuern)[149]

I_{netto}: Erweiterungsinvestitionen in das Anlagevermögen und in das Working Capital

p: Reinvestitionsrate für Erweiterungsinvestitionen $\left(= \dfrac{I_{Netto}}{NOPAT}\right)$

---

[145] Vgl. der Hinweis ohne Quelle bei Bischoff, J. (1994), S. 101.

[146] Vgl. Rappaport, A. (1986), S. 64ff..

[147] Vgl. Rappaport, A. (1986), S. 64.

[148] zur Herleitung vgl. Clarke, R.G. et al. (1988), S. 71f. und Bischoff, J. (1994), S. 101ff..

[149] NOPAT entspricht in den USA dem Betriebsergebnis nach Steuern vor Zinsen, das mit Ausnahme der Abschreibungen um nicht-zahlungswirksame Aufwendungen und Erträge bereinigt ist. Vgl. Stewart, G.B. (1990), S. 86.

g: Gewinnwachstum

k_{GK}:   Gewichtete durchschnittliche Kapitalkosten

n: Anzahl der Jahre mit konstantem Wachstum

Da *Rappaport* den Cash Flow als „Gewinn plus Abschreibungen" definiert,[150] kann bei dieser Vereinfachung $\left(NOPAT - I_{Netto} \right)$ als Freier Gesamtkapital-Cash Flow betrachtet werden.[151] Analog zu den aufwands- und ertragsorientierten Ansätzen könnte der Marktwert des Eigenkapitals zum Buchwert in Bezug gesetzt werden. Um eine Vermischung von Buchwert und Marktwerten zu vermeiden, subtrahiert *Rappaport* vom prognostizierten Marktwert des Eigenkapitals den Marktwert bei unveränderter Fortführung (going concern) des Unternehmens („**Prestrategy Value**"). Der „Prestrategy Value" wäre einem Wert des Unternehmens „wie es steht und liegt" (objektivierter Unternehmenswert) vergleichbar.

Die Wertsteigerung kann nun wie folgt quantifiziert werden:

$$\text{Wertsteigerung} = \begin{matrix} Marktwert\ des \\ Eigenkapitals\ nach \\ Strategieänderung \end{matrix} - \begin{matrix} Marktwert\ des \\ Eigenkapitals\ vor \\ Strategieänderung \end{matrix}$$

Der Marktwert des Eigenkapitals vor Strategieänderung („Prestrategy Value") ergibt sich dann nach *Rappaport*'s Vorschlag als ewige Rente des Freien Cash Flows im ersten Jahr, d.h. ohne Wachstum, zuzüglich des Marktwertes des nicht-betriebsnotwendigen Vermögens abzüglich des Marktwertes des Fremdkapitals:

$$\begin{matrix} Marktwert\ des \\ Eigenkapitals\ vor \\ Strategieänderung \end{matrix} = \frac{Freier\ Cash\ Flow_{t=1}}{k_{GK}} + \begin{matrix} Marktwert\ des\ nicht- \\ betriebsnotwendigen \\ Vermögens \end{matrix} - \begin{matrix} Marktwert \\ des \\ Fremdkapitals \end{matrix}$$

Wird nun die Wertsteigerung zum Barwert der hierzu notwendigen Investitionsausgaben in Relation gesetzt, erhält man den sog. „**Value Return on Investment**" (**VRoI**):[152]

$$VRoI = \frac{Wertsteigerung}{Barwert\ der\ Investitionsausgaben}$$

Da der VRoI über den gesamten Wachstumszeitraum von n Jahren erzielt wurde bzw. prognostiziert ist, ist der VRoI zu Vergleichszwecken in den **jährlichen VRoI*** umzurechnen:[153]

$$VRoI^* = \sqrt[n]{1 + \frac{Wertsteigerung}{Barwert\ der\ Investitionsausgaben}}$$

Der VRoI führt jedoch zu unrealistischen Aussagen, wenn der „Prestrategy Value" z.B. aufgrund schlechter Ergebnisse im Basisjahr niedrig ausfällt, da *Rappaport* nur den Cash Flow des Basisjahres zur Ermittlung des „Prestrategy Value" zugrunde legt. Ebenso ergeben sich Probleme, wenn der Barwert der Investitionsausgaben sehr klein ist (z.B. bei Abschöpfungsstra-

---

[150] Vgl. Rappaport, A. (1986), S. 53.

[151] Vgl. die Anmerkung zu *Rappaport*'s Definition des Freien Cash Flows in Kapitel 3.3.4.2.1.5. Prognose des Freien Cash Flow.

[152] Vgl. Rappaport, A. (1983), S. 35 und Reimann, B.C. (1990), S. 23f. Vgl. jedoch die abweichende Definition als Kapitalwertrate von einzelnen Projekten bei Hachmeister, D. (1995), S. 153ff..

[153] *Rappaport* und *Reimann* beschränkten sich auf den VRoI für die Gesamtbetrachtung, der jedoch c.p. mit zunehmenden Planungshorizont ansteigt. Vgl. Rappaport, A. (1983), S. 35 und Reimann, B.C. (1990), S. 23.

tegien) oder negativ ist (z.B. bei Desinvestitionen). Bei Neugründungen („Start-ups") fehlt i.d.r. die Datenbasis für Schätzung des „Prestrategy Value".[154]

Rappaport beschränkt sich auf die Betrachtung der Wertsteigerung durch eine gewählte Strategie. Ob ein Geschäftsfeld an sich auch ohne Strategieänderung wertschaffend arbeitet, kann durch den VRoI nicht beurteilt werden. Hierzu ist der prognostizierte Shareholder Value zum investierten Vermögen in Bezug zu setzen, das zum Bewertungszeitpunkt vorhanden ist. Entscheidend ist jedoch, daß das investierte Vermögen mit Marktwerten anstatt mit Buchwerten angesetzt wird. Diesbezügliche Ansätze werden im nächsten Kapitel dargestellt.

4.2.2.3.1.2.4. Kritische Beurteilung der finanzwirtschaftlichen Ansätze

Die finanzwirtschaftlichen Ansätze bieten gegenüber den aufwands- und ertragsorientierten Ansätzen einige **Verbesserungen**, zugleich verbleiben jedoch auch eine **Kritikpunkte**:

❑ Durch die **Orientierung an Cash Flows** wird der Nachteil der Periodenabgrenzung (z.B. bei Abschreibungen oder Rückstellungen) der Equity-Spread-Ansätze vermieden. Beim EVA-Ansatz werden jedoch Abschreibungen als Cash Flow-mindernd betrachtet, um eine einjährige Erfolgskennzahl zu gewinnen. Zudem stellt das verwandte investierte Kapital eine Buchgröße dar.

❑ Durch die Cash-Flow-Orientierung wird - zumindest beim VRoI und beim Q-Wert - versucht, die Beeinflußung der Erfolgskennzahlen durch **Ansatz- und Bewertungswahlrechte** zu reduzieren, indem z.B. Abschreibungen oder Veränderungen von Rückstellungen als finanz- oder zahlungsunwirksame Größen nicht berücksichtigt werden. Der Kritikpunkt mag bei Verwendung unternehmensweit einheitlicher Ansatz- und Bewertungsvorschriften nichtzutreffen, ist jedoch für die Interpretation unternehmensübergreifender Vergleiche, wie z.B. der „The Stern Stewart Performance 1000"-Studie zum EVA von 1000 führenden US-Unternehmen,[155] von Bedeutung.

❑ Durch Berücksichtigung von inflationierten Werten als Reproduktionskosten beim Q-Wert oder durch Relativierung der Wertsteigerung am „Prestrategy Value" beim Ansatz Rappaports´ wird versucht, eine **Vermischung von marktbezogenen und buchhalterischen Größen** weitgehend zu vermeiden. Beim EVA-Ansatz erfolgt durch den Abzug von Abschreibungen beim Cash Flow und durch die buchhalterische Größe „investiertes Kapital" dennoch eine Mischung von Markt- und buchhalterischen Größen.

❑ Alle drei vorgestellten Ansätze gehen vom **Gesamtkapital-Ansatz** aus und vermeiden die Verzerrung der Erfolgskennzahlen durch den Leverage-Effekt, der i.d.R. nur im Verantwortungsbereich der Gesamtunternehmensleitung liegt.

❑ Der Q-Wert und der VRoI stellen **mehrperiodige Erfolgskennzahlen** dar. Der EVA ist vom Ansatz her zwar einperiodig, kann jedoch durch Diskontierung einer Zahlungsreihe, bestehend aus mehreren EVA-Werten, in den mehrperiodischen Shareholder-Value Ansatz überführt werden.

---

[154] Vgl. zu Problembereichen des VRoI Reimann, B.C. (1990), S. 23f..

[155] Vgl. Stewart, G.B. (1990), S. 179ff. und S. 747ff. Die Studie beruht eigentlich nur auf 900 Unternehmen, da nach *Stewart* die Jahresabschluß-Daten für einige Versorgungsunternehmen und Finanzinstitute einen entsprechenden Vergleich nicht zuließen. Vgl. Stewart, G.B. (1990), S. 180.

❏   Alle drei Ansätze erlauben **Aussagen über das Wertsteigerungspotential** zur Diskussion stehender Alternativen. Die Einperiodigkeit des EVA mag eventuell leichter kom-
munizierbar sein und zu einer höheren Akzeptanz im „traditionellen" Management führen als die komplexeren, mehrperiodischen Maße des Q-Wertes und des VRoI.

❏   Der VRoI betrachtet nur die Wertsteigerung durch eine erfolgte Strategieänderung. Das
Wertsteigerungspotential einer Geschäftseinheit bei going concern kann hierdurch jedoch nicht beurteilt werden, da der VRoI in der Definition *Rappaports* einen Vergleichsmaßstab benötigt.

Für die sachlogisch richtige Anwendung der drei dargestellten finanzwirtschaftlichen Erfolgskennzahlen sind ein exaktes Verständnis und eine intensive Auseinandersetzung mit der Definition und den dahinter stehenden Annahmen erforderlich, um Erfolgskennzahlen entsprechend interpretieren zu können.

4.2.2.3.2.   *Marktwert/Buchwert-Ansätze bei unvollkommenem Kapitalmarkt*

Ist ein vollkommener Kapitalmarkt nicht gegeben, dann kann nicht davon ausgegangen werden, daß der Marktwert des Eigenkapitals mit dem Zukunftserfolgswert identisch ist. Folglich
ist i.d.R. anzunehmen, daß der errechnete Shareholder Value vom Börsenwert abweicht und
daß die voranstehend beschriebenen Marktwert/Buchwert-Modelle und deren Aussagen nur
als **Näherungslösungen** zu betrachten sind. So ergab z.B. eine Umfrage von *Harris* bei 600
Unternehmen, daß nur 2 % des Top Managements ihre Aktien für überbewertet, dagegen
60 % für unterbewertet hielten.[156]

In diesem realistischeren Fall unvollkommener Kapitalmärkte bieten sich Näherungslösungen
zweierlei Art an:

1)   Die Bewertung am Kapitalmarkt bleibt außer acht und es wird nur mit den **intern ermittelten Unternehmenswerten** (= Shareholder Value oder Wertbeitrag von Geschäftseinheiten) gerechnet (Kapitel 4.2.2.3.2.1.)

2)   Die tatsächliche Bewertung am Kapitalmarkt wird **auf die interne Steuerung des Unternehmens übertragen** (Kapitel 4.2.2.3.2.2.)

4.2.2.3.2.1.   *Ableitung des Marktwert/Buchwert-Verhältnisses und verwandter Kennzahlen aus dem Shareholder Value-Ansatz*

Insbesondere bei dezentralen Einheiten (z.B. Unternehmensbereiche oder Tochterunternehmen), d.h. bei Einheiten, für die kein Bezug zum Kapitalmarkt möglich ist, kann zur unternehmenswertorientierten Steuerung nur auf einem unternehmensintern ermittelten Shareholder
Value bzw. Wertbeitrag zurückgegriffen werden. In diesen Fällen wird eine Art
„unternehmensinterner" synthetischer Kapitalmarkt geschaffen.[157] Die im Rahmen des
unternehmenswertorientierten Controlling ermittelten Shareholder Value-Werte und Wertbeiträge der einzelnen strategischen Geschäftseinheiten fungieren als unternehmenintern ermittelte fiktive Börsenwerte:

---

[156] Vgl. den Hinweis bei Reimann, B.C. (1988), S. 10.
[157] Vgl. Stein, I. (1993), S. 93ff..

bei Bewertungsobjekten ohne eigene Kapitalstruktur:

$$\text{Marktwert des Gesamtkapitals} \overset{!}{=} \text{Wertbeitrag}$$

bei Bewertungsobjekten mit eigener Kapitalstruktur:

$$\text{Marktwert des Eigenkapitals} \overset{!}{=} \text{Shareholder Value}$$

Notwendige Voraussetzung ist hierbei jedoch die Ermittlung nach unternehmensweit **einheitlichen Bewertungs- und Berechnungsmethoden**, die eine Vergleichbarkeit der Shareholder Value-Werte und folglich eine Entscheidungsunterstützung erlauben.

Zur Erfolgsmessung dezentraler Einheiten oder zum Vergleich rechtlich selbständiger Unternehmen ist der Shareholder Value-Ansatz als absolute Wertgröße nicht geeignet. Er ist daher in Bezug zu Vergleichsgrößen zu setzen, um vergleichbare unternehmenswertorientierte Erfolgskennzahlen zu gewinnen. Ausgangspunkt der Betrachtung soll die in Kapitel drei abgeleitete Formel zur Berechnung des Shareholder Value sein:

$$Shareholder\,Value = \sum_{i=1}^{n} \frac{Wertbeitrag\,der}{Gesch\ddot{a}ftseinheit\,i} + \frac{Wertbeitrag\,der}{Zentrale} + \frac{nicht-betriebsnot-}{wendiges\,Verm\ddot{o}gen} - \frac{Marktwert\,des}{Fremdkapitals}$$

Ansatzpunkte für Shareholder Value-basierte Erfolgskennzahlen

Die Grundstruktur **Shareholder Value-basierter Erfolgskennzahlen** wird durch zwei Größen bestimmt:

❑ **Umfang des Wertbeitrags:**

Soll eine **einzelne Geschäftseinheit i** beurteilt werden, muß man sich auf den **Wertbeitrag der Geschäftseinheit i** beschränken, sofern sie keine eigene Kapitalstruktur aufweist. Sollen dagegen rechtlich selbständige Unternehmen beurteilt werden, so können diese auch über eine Unternehmenszentrale, über nicht-betriebsnotwendiges Vermögen oder eigenes Fremdkapital verfügen. Daher ist bei der Beurteilung von **Unternehmen** der **Shareholder Value** als relevanter Wertbeitrag zu wählen.[158]

❑ **Umfang der Vergleichsgröße:**

Als Vergleichsbasis für die geschaffene Wertsteigerung bietet sich das **investierte Kapital bzw. Vermögen** (z.B. der VRoI)[159] an. Denkbar wären jedoch Relationen zum **Umsatz** oder zur **Wertschöpfung** des Unternehmens. So setzt z.B. *Rappaport* die Erhöhung des Shareholder Value in Bezug zur Umsatzsteigerung.[160]

Der **Bezug zum investierten Kapital** entspricht dabei der Sicht des Investors, der angesichts knappen Kapitals eine möglichst große Wertsteigerung beabsichtigt. Der Bezug zu Umsatz oder Wertschöpfung schaltet Werttreiber, wie z.B. den Kapitalumschlag oder die Wertschöpfungstiefe, aus, die Bestandteile des Entscheidungsspielraum des Managements i.S. einer Optimierung der Wertsteigerung bleiben sollten.

---

[158] ebenso bei fiktiver Zuweisung einer Kapitalstruktur.

[159] Vgl. Rappaport, A. (1981), S. 144f.; Rappaport, A. (1983), S. 35 und Reimann, B.C. (1990), S. 23 sowie die Darstellung in Kapitel 4.2.2.3.1.2. Finanzwirtschaftliche Ansätze.

[160] Vgl. Rappaport, A. (1981), S. 144f. und ebenso Weber, B. (1990), S. 577.

Beim investierten Vermögen wiederum können **Buchwerte, inflationsangepaßte Werte** (wie z.B. die Bruttoinvestitionsbasis im Ansatz des CFROI),[161] **Zeitwerte** oder **Wiederbeschaffungskosten** des Vermögens gewählt werden. Während die Inflationsanpassung historische Kapitaleinsätze mit durchschnittlichen Inflationsraten des Bruttosozialproduktes hochrechnet und damit zum Entscheidungszeitpunkt mit dem Barwert der Rückflüsse gleichnamig macht, berücksichtigen Zeitwerte zusätzlich brancheninpiduelle Preisänderungen und Leistungsänderungen. Wiederbeschaffungskosten berücksichtigen darüber hinaus auch Leistungsänderungen.[162]

Beispiel:

Ein vor zwei Jahren für DM 6.000,-- gekaufter Personal Computer mit einem 80386-Prozessor wäre heute bereits zu 2/3 abgeschrieben; der Buchwert beträgt folglich DM 2.000,--. Berücksichtigt man die Inflation der letzten beiden Jahre (4 % bzw. 4,2 %), so wäre der inflationsangepaßte Kapitaleinsatz heute DM 6.000,-- • 1,04 • 1,042 = DM 6.502,08. Der Zeitwert wäre jedoch mit z.B. DM 600,-- sehr gering, da mittlerweile erheblich leistungsfähigere Geräte auf dem Markt sind. Die Wiederbeschaffungskosten für einen neuen Personal Computer, allerdings mit Pentium-Prozessor und verbesserter Technologie, könnten jedoch wieder bei ca. 6.500,-- DM liegen.

Der Bezug zu Buchwerten wurde bereits als einer der Kritikpunkte an „traditionellen" Erfolgskennzahlen verworfen, wenngleich er sich in der Praxis aufgrund der Nähe zum Rechnungswesen anbieten würde. Wiederbeschaffungskosten und Zeitwerte beheben als Marktwerte diesen Mangel, sind jedoch i.d.R. aufwendig zu erheben, falls sie differenziert für alle Vermögensgegenstände erfaßt werden sollen. In der Praxis bietet sich eine Bündelung zu Vermögensgruppen oder die Verwendung pauschaler Bewertungssätze an. Wiederbeschaffungskosten können aufgrund der Verknüpfung von Bewertungs- und Leistungsänderungen, wie das PC-Beispiel zeigt, verzerrend wirken. Zeitwerte können in Einzelsituationen (z.B. bei der Immobilienbewirtschaftung oder in rohstoffnahen Bereichen) insbesondere bei Werterhöhungen interessante Einblicke in tatsächliche „ökonomische" Rentabilitäten gewähren. Aus Sicht der realen Verzinsung des Aktionärsvermögens und der ex post-Erfolgsmessung scheint eine Inflationsanpassung historischer Investitionen empfehlenswert. Der Investor könnte dann sehen, ob sein Investment eine (reale) Rendite abwirft, die (reale) Alternativrenditen in anderen Anlagemöglichkeiten übersteigt.

Des weiteren kann der Vermögensansatz das **Gesamtvermögen** (=Gesamtkapital) umfassen oder nur den Anteil, der den Eigentümern zusteht (**Nettovermögen**). Wird eine **einzelne Geschäftseinheit** beurteilt, so ist das **Gesamtvermögen** zu wählen, da der korrespondierende Wertbeitrag wegen fehlender Finanzautonomie mittels des Gesamtkapitalansatzes ermittelt wurde. Für rechtlich selbständige **Unternehmen**, für die der Gesamtunternehmenswert um den Marktwert des Fremdkapitals gemäß obiger Formel gekürzt wurde, ist folglich das um das Fremdkapital bereinigte Gesamtvermögen, d.h. das **Nettovermögen**, zu wählen.

---

[161] Zur Bruttoinvestitionsbasis des CFROI vgl. Lewis, T.G. (1994), S. 40ff. sowie zu dessen Berechnung Kapitel 4.2.2.2. Der Cash Flow Return on Investment (CFROI).
[162] Vgl. zur Problematik Lewis, T.G. (1994), S. 51ff. sowie zur Bedeutung von Zeitwerten bei der Renditerechnung von Immobilien Siegert, T. (1994), S. 118f. und Siegert, T. (1994a), S. 71f..

Zusammenfassend bieten sich folgende **Möglichkeiten der Relativierung Shareholder Value-basierter Erfolgskennzahlen**, wobei die aus Sicht des Verfassers zulässigen mit einem Kreuz gekennzeichnet wurden:

Umfang der Vergleichs-größe	Umfang des Wertbeitrags			
	Shareholder Value		Wertbeitrag der einzelnen Geschäftseinheit	
	Gesamtvermögen	Nettovermögen	Gesamtvermögen	Nettovermögen
Umsatz				
Wertschöpfung				
Investiertes Kapital		X	X	
Bewertung des investierten Kapitals zu:				
⇨ **Buchwert**				
⇨ **Inflationsangepaßtes**		X (ex post)	X (ex post)	
historisches Investment				
⇨ **Zeitwert**		X (ex ante)	X (ex ante)	
⇨ **Wiederbeschaffungskosten**		⊗	⊗	

Legende: X   empfohlene Vergleichsgröße

             ⊗   in Spezialsituation anwendbare Vergleichsgröße

Abb. 4.19.: Formulierung sinnvoller Shareholder Value-basierter Erfolgskennzahlen

Aus der Analyse ergeben sich die folgenden beiden **Shareholder Value-basierten Erfolgskennzahlen** für die ex post- wie auch für die ex ante-Betrachtung:

❏ **Beurteilung von rechtlich selbständigen Unternehmen:**

$$\frac{Shareholder\ Value}{Nettowert\ des\ inflationsangepaßten\ Nettovermögens} = \frac{SHV}{I_{Infl.}^{Netto}} \qquad \text{ex post}$$

$$\frac{Shareholder\ Value}{Zeitwert\ des\ Nettovermögens} = \frac{SHV}{I_{Zeitwert}^{Netto}} \qquad \text{ex ante}$$

❏ **Beurteilung von einzelnen Geschäftseinheiten:**

$$\frac{Wertbeitrag\ der\ Geschäftseinheit\ i}{inflationsangepaßtes\ Gesamtvermögen\ der\ Geschäftseinheit\ i} = \frac{WB_i}{I_{Infl.,i}^{Brutto}} \qquad \text{ex post}$$

$$\frac{Wertbeitrag\ der\ Geschäftseinheit\ i}{Zeitwert\ des\ Gesamtvermögens\ der\ Geschäftseinheit\ i} = \frac{WB_i}{I_{Zeitwert,i}^{Brutto}} \qquad \text{ex ante}$$

Diese Relationen entsprechen den Begriffen Profitability Index bzw. Kapitalwertrate, wie sie z.B. in der Investitionsrechnung Anwendung finden.[163] Die Relationen hängen jedoch von der

---

[163] Vgl. Rappaport, A. (1986), S. 117; Brealey, R.A./Myers, S.C. (1991), S. 85f. und Süchting, J. (1989), S. 421. Wie weiter unten ausgeführt wird, ist die Kapitalwertrate die Relation von Kapitalwert C_0 und investiertem Kapital I_0. Obige Relation von Shareholder Value bzw. Wertbeitrag und investiertem Kapital entspricht dem Wert (Kapitalwertrate + 1).

Länge des gewählten Planungs- bzw. Anpassungszeitraumes ab.[164] Während auf den Entscheidungszeitpunkt hin der inflationsangepaßte Kapitaleinsatz bzw. der Zeitwert gleich bleiben, steigen die Freien Cash Flows und damit der Wertbeitrag bzw. Shareholder Value mit zunehmendem Planungshorizont an, wenn, wie angenommen wurde, im Planungszeitraum über den Kapitalkosten liegende Renditen erwirtschaftet werden.

Daher bietet es sich in Analogie zur Investitionsrechnung an, eine **jährliche Shareholder Value-Rentabilität** zu bestimmen. Dies ist insbesondere dann relevant, wenn innerhalb des Unternehmens aufgrund unterschiedlicher Geschäftsstrukturen mit unterschiedlichen Planungshorizonten gerechnet wird. Des weiteren spricht für die Vorgehensweise, daß strategische Geschäftseinheiten trotz eines unendlichen Betrachtungshorizontes für das Gesamtunternehmen kürzere Lebenszyklen aufweisen und daher wie Investitionsprojekte betrachtet werden können. Der Restwert kann dabei als Liquidationswert am Ende des Planungs- bzw. Anpassungszeitraumes interpretiert werden.

Folgende drei Shareholder Value-Rentabilitäten können sowohl für die Beurteilung rechtlich selbständiger Unternehmen als auch einzelner Geschäftseinheiten angewandt werden:[165]

❑ **Marginale Shareholder Value-Rentabilität (interne Zinssatz-Methode):**

Analog zur internen Zinssatzmethode könnte derjenige Diskontierungsfaktor ermittelt werden, der den Strom der Freien Cash Flows mit dem investiertem Kapital gleichwertig macht. Da die interne Zinssatz-Methode unterstellt, daß die Wiederanlage überschüssiger und Kapitalaufnahme fehlender Finanzierungsbeträge ebenfalls zum internen Zinssatz erfolgt, ist die Methodik gerade bei hohen Renditen (z.B. > 10 %) als unrealistisch auszusondern.

❑ **Shareholder Value-Endwert-Rendite:**[166]

Im Gegensatz zur internen Zinssatzmethode erfolgt hier die Diskontierung stets zu den gewichteten Kapitalkosten, die entsprechend dem Shareholder Value-Ansatz die Opportunitätskosten des Unternehmens darstellen. In Analogie zum sog. Baldwin-Zinssatz der Investitionsrechnung wird davon ausgegangen, daß zum Entscheidungszeitpunkt t=0 ein Betrag in Höhe des investierten Kapitals $I_{t=0}^{Brutto}$ eingesetzt wird, dem am Ende des Betrachtungszeitpunktes, d.h. hier am Ende des Planungs- bzw. Anpassungszeitraums t=T, ein Betrag X zur Verfügung steht. Aus den Beträgen $I_{t=0}^{Brutto}$ und X läßt sich dann unter realistischen Wiederanlagebedingungen die Rendite errechnen. Der Barwert dieses Betrages X zum Entscheidungszeitpunkt t=0 ist nichts anderes als der Wertbeitrag der betrachteten strategischen Geschäftseinheit. Daher ergibt sich folgende Überleitung:

---

[164] Der Restzeitraum braucht nicht betrachtet zu werden, da angenommen wird, daß neue Investitionen keine Überrenditen mehr abwerfen, d.h. einen Kapitalwert von Null besitzen. Die Rentabilität wird allein durch Maßnahmen im Planungs- und Anpassungszeitraum bestimmt.

[165] Für die Darstellung wird von strategischen Geschäftseinheiten ohne eigene Kapitalstruktur ausgegangen. Es werden jedoch jeweils die Berechnungsformeln für Bereiche mit eigener Kapitalstruktur angegeben.

[166] Vgl. die reale Rendite bei Locarek, H. (1991), S. 91ff..

bei Bewertungsobjekten ohne eigene Kapitalstruktur:

$$I_{t=0}^{Brutto} \bullet \left(1 + r_{Endwert}^{GK}\right)^{T} = X = Wertbeitrag \bullet \left(1 + k_{GK}\right)^{T}$$

$$Shareholder\,Value - Endwertrendite \; r_{Endwert}^{GK} = \left(1 + k_{GK}\right) \bullet \sqrt[T]{\frac{Wertbeitrag}{I_{t=0}^{Brutto}}} - 1.$$

bei Bewertungsobjekten mit eigener Kapitalstruktur:

$$Shareholder\,Value - Endwertrendite \; r_{Endwert}^{EK} = \left(1 + k_{EK}\right) \bullet \sqrt[T]{\frac{Shareholder\,Value}{I_{t=0}^{Netto}}} - 1.$$

❑   **Shareholder Value-Überrendite:**

Subtrahiert man vom Shareholder Value das zum Zeitpunkt t=0 investierte Kapital, erhält man die Wertsteigerung, die im Planungs- bzw. Anpassungszeitraum erwartet wird. Aus dieser Wertsteigerung kann nun eine Überrendite errechnet werden, die über die Kapitalkosten hinaus erzielt wird:

bei Bewertungsobjekten ohne eigene Kapitalstruktur:

$$Shareholder\,Value - Überrendite \; r_{Überrendite}^{GK} = \sqrt[T]{\frac{Wertbeitrag}{I_{t=0}^{Brutto}}} - 1.$$

bei Bewertungsobjekten mit eigener Kapitalstruktur:

$$Shareholder\,Value - Überrendite \; r_{Überrendite}^{EK} = \sqrt[T]{\frac{Shareholder\,Value}{I_{t=0}^{Netto}}} - 1.$$

Definitionsgemäß gilt dabei folgender **Zusammenhang** zwischen der Shareholder Value-Endwertrendite und der Shareholder Value-Überrendite:

bei Bewertungsobjekten ohne eigene Kapitalstruktur:

$$\left(1 + k_{GK}\right) \bullet \left(1 + r_{Überrendite}^{GK}\right) = \left(1 + r_{Endwert}^{GK}\right)$$

bei Bewertungsobjekten mit eigener Kapitalstruktur:

$$\left(1 + k_{EK}\right) \bullet \left(1 + r_{Überrendite}^{EK}\right) = \left(1 + r_{Endwert}^{EK}\right)$$

Da beide Renditen ineinander übergeführt werden können, sind sie bezüglich ihrer **Entscheidungsrelevanz** austauschbar:

Schaffung von Unternehmenswert:

bei Bewertungsobjekten ohne eigene Kapitalstruktur:

$$Shareholder\,Value - Endwertrendite \, r_{Endwert}^{GK} > k_{GK} \Leftrightarrow Shareholder\,Value - Überrendite \, r_{Überrendite}^{GK} > 0$$

bei Bewertungsobjekten mit eigener Kapitalstruktur:

$$Shareholder\,Value - Endwertrendite \, r_{Endwert}^{EK} > k_{EK} \Leftrightarrow Shareholder\,Value - Überrendite \, r_{Überrendite}^{EK} > 0$$

Während die Shareholder Value-Endwertrendite und die Shareholder Value-Überrendite auf ein einzelnes Jahr bezogene durchschnittliche Renditen darstellen, stellt der **„Discounted Cash Flow Return"** (**„DCF Return"**) von *Rappaport* eine jährlich sich ändernde Rendite dar, die jedoch explizit den Shareholder Value berücksichtigt. Der „DCF Return" kann wie folgt ermittelt werden:[167]

$$DCF \ \text{Return}_t = \frac{Freier \ Cash \ Flow_t + \Delta_t \ Shareholder \ Value}{Shareholder \ Value_{t-1}} =$$

$$= \frac{Freier \ Cash \ Flow_t + \left(Shareholder \ Value_t - Shareholder \ Value_{t-1}\right)}{Shareholder \ Value_{t-1}}$$

Der jährliche DCF-Return, d.h. der prozentuale Wertbeitrag eines Jahres, setzt sich folglich aus dem in einem Jahr erwirtschafteten Freien Cash Flow und aus der Steigerung des Shareholder Value gegenüber dem Vorjahr zusammen. Die letztere Komponente besteht aus Freien Cash Flows der nachfolgenden Jahre, deren Ursache im betrachteten Jahr liegt (z.B. Werbekampagne zur Erhöhung des Marktanteils). Da sich der „DCF Return" von Jahr zu Jahr ändert, kann er die Rentabilität mehrperiodiger Handlungsalternativen im Gegensatz zu obigen jährlichen Shareholder Value-Rentabilitäten, die Projektrenditen darstellen, nicht beurteilen.

4.2.2.3.2.2. Der Börsenwert als Vergleichsmaßstab interner Rechnungen

Ergänzend zu den vorgestellten unternehmenswertorientierten Erfolgskennzahlen kann im Falle von **börsennotierten Unternehmen** deren Wertschaffung auch an der Börse abgelesen werden.[168] Voraussetzung hierzu ist jedoch, daß der Kapitalmarkt ausreichend effizient arbeitet, d.h. daß wertsteigernde Entscheidungen auch zur Höherbewertung an der Börse führen. Trotz erwähnter methodischer Probleme kann der Börsenwert mit dem Buchwert des Eigenkapitals oder einem inflationsangepaßten Wert verglichen werden, um effektive Marktwert/Buchwert-Ratios zu gewinnen. Derartige Vergleiche ermöglichen auch Einblicke, ob die „financial community" unternehmerische Entscheidungen ähnlich bewertet oder ob eventuell eine sog. **Wahrnehmungslücke** besteht, die durch Einsatz der Investor Relations beseitigt werden sollte. Gebräuchliche Kennzahlen für börsennotierte Bewertungsobjekte, die Börsenwerte nutzen, sind das effektive Marktwert/Buchwert-Verhältnis und der Market Value Added.

Das nachfolgende Beispiel der IBM Corp. zeigt, daß die Börse bereits Mitte der 60er Jahre das Wertsteigerungspotential, ausgedrückt im **effektiven Marktwert/Buchwert-Verhältnis**, zurückgenommen hat, obwohl Marktwert und Buchwert noch bis 1987 anstiegen. Mittlerweile hat sich die Bewertung der IBM an der Börse auf ein Durchschnitts-Marktwert/Buchwert-Verhältnis von zwei eingependelt.[169]

---

[167] Vgl. Rappaport, A. (1986), S. 32.

[168] Vgl. Blyth, M.L./Friskey, E.A./Rappaport, A. (1986), S. 48.

[169] Vgl. Siegert, T. (1995), S. 588ff..

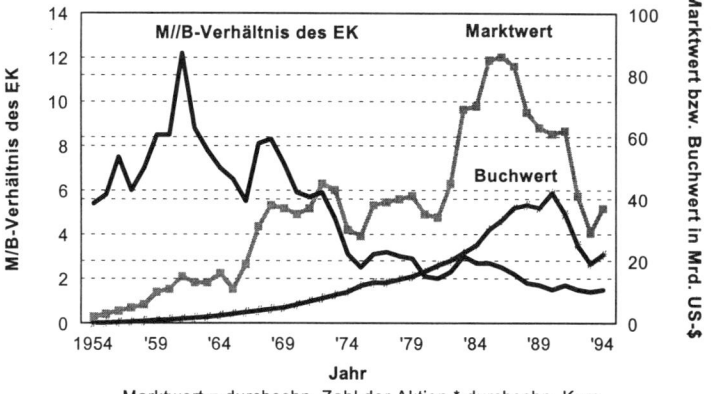

Abb. 4.20.: Effektives Marktwert/Buchwert-Verhältnis der IBM Corp. im Zeitraum 1954-1994.[170]

Der **Market Value Added (MVA)** ist der über das investierte Kapital hinausgehende Wert des Eigen- und Fremdkapitals, wie er einem Unternehmen von der Börse zu einem bestimmten Zeitpunkt beigemessen wird.[171] Der Begriff des MVA wurde von Stern, Stewart im Zusammenhang mit ihrem Ansatz des Economic Value Added (EVA) geprägt. Der Market Value Added ist als Börsenmaß das unternehmensexterne Pendant der unternehmensinternen Erfolgskennzahl Economic Value Added.[172] In einer empirischen Untersuchung vergleicht daher Stewart die Kennzahlen MVA und EVA für 1000 führende amerikanische Unternehmen:[173]

$$Market\,Value\,Added_t = Gesamtunternehmenswert_t - Investiertes\,Kapital_t$$

In der Definition von *Stewart* ergibt sich der **Gesamtunternehmenswert** als Börsenwert des Eigenkapitals plus Buchwert des Fremdkapitals abzüglich Buchwert der marktgängigen Wertpapiere und der Anlagen im Bau, um eine bessere Vergleichbarkeit aktiver Geschäftseinheiten zu erreichen. Das **investierte Kapital** ist definiert als Gesamtvermögen minus unverzinsliche, kurzfristige Passiva, wobei marktgängige Wertpapiere und Anlagen im Bau abgezogen werden, während der Barwert von Miet- und F&E-Aufwendungen sowie kumulierte Abschreibungen des Goodwill addiert werden.[174]

Unter Annahme eines effizienten Kapitalmarktes kann der MVA auch als Barwert aller zukünftigen Kapitalkostenüberschüsse, gemessen als diskontierte EVAs, betrachtet werden. Der Shareholder Value wäre dann auch mit dem Börsenwert des Eigenkapitals identisch. *Stewart* stellt dar, daß der Market Value Added sowohl mit dem von ihm präferierten EVA-Ansatz als auch auf Basis von Freien Cash Flows ermittelt werden kann:[175]

---

[170] Nach Daten aus mehreren Abbildungen bei Siegert, T. (1995), S. 588ff..

[171] Vgl. Stewart, G.B. (1990), S. 153 und die Darstellung bei Hostettler, S. (1995), S. 311f..

[172] Vgl. Stewart, G.B. (1990), S. 153ff.

[173] Vgl. die Arbeit von Stewart, G.B. (1990) sowie z.B. die Veröffentlichung von EVA- und MVA-Listen von US-Unternehmen in Fortune. Vgl. Walbert, L. (1993), S. 50ff..

[174] Darüber hinaus werden noch Bereinigungen der Forderungen und Vorräte vorgenommen. Vgl. Stewart, G.B. (1990), S. 743f..

[175] Vgl. Stewart, G.B. (1990), S. 175.

$$Market\ Value\ Added_t = \sum_{i=t}^{\infty} \frac{Economic\,Value\,Added_t}{\left(1+k_{GK}\right)^{i-t}} = \sum_{i=t}^{\infty} \frac{Freier\ Cash\ Flow_t}{\left(1+k_{GK}\right)^{i-t}} - Investiertes\,Kapital_t$$

Die Schaffung oder Vernichtung von Shareholder Value kann als Veränderung des Market Value Added innerhalb eines bestimmten Zeitraumes (z.B. fünf oder zehn Jahre) gemessen werden. Durch eine einfache Umformung werden auch hier zwei wesentliche Werttreiber sichtbar:

$$Market\ Value\ Added_t - \left(\frac{Gesamtunternehmenswert_t}{Investiertes\ Kapital_t} - 1\right) \bullet Investiertes\ Kapital_t$$

$$Market\ Value\ Added_t = \left(Value\ to\ Capital\ Ratio_t - 1\right) \bullet Investiertes\ Kapital_t$$

mit

$$Value\ to\ Capital\ Ratio_t = \frac{Marktwert\ des\ Gesamtkapitals_t}{Buchwert\ des\ investierten\ Kapitals_t} = \left(\frac{M}{B}\right)_{Gesamtkapital,t}$$

Zum einen schafft das Unternehmen Mehrwert, wenn das **Value to Capital Ratio**, d.h. das Market to Book Value Ratio bezogen auf das Gesamtkapital, größer als eins ist, d.h. jede investierte Mark diskontierte Rückflüsse von mehr als einer Mark bringt. Zum anderen ist Wachstum, d.h. eine Zunahme des investierten Kapitals, vorteilhaft, wenn das Value to Capital Ratio eins übersteigt.

Analog zum EVA kann auch die absolute Größe MVA zur besseren Vergleichbarkeit mit anderen Geschäftseinheiten oder Unternehmen durch Bezug auf das investierte Kapital eines Basisjahres standardisiert werden:[176]

$$Standardisierter\ Market\ Value\ Added_t = \left(Value\ to\ Capital\ Ratio_t - 1\right) \bullet \frac{Investiertes\ Kapital_t}{Investiertes\ Kapital_{Basisjahr}}$$

Für **nicht-börsennotierte Bewertungsobjekte** bietet sich eine Übertragung von empirisch gewonnenen marktlichen Bewertungsrelationen, wie z.B. über Marktwert/Buchwert-Multiplikatoren, an. Das Strategic Planning Institute (SPI) hat auf der Basis von 600 börsennotierten US-Unternehmen und der PIMS-Datenbank eine multiple Regressionsgleichung entwickelt, um Marktwert/Buchwert-Verhältnisse aus Rechnungswesen-Daten mit möglichst hohem Erklärungsanteil schätzen zu können.[177] Die Vorgehensweise geht dabei über die bereits dargestellten Marktwert/Buchwert-Ansätze hinaus, die zum einen auf der Annahme vollkommener Kapitalmärkte beruhen und zum anderen Marktwert/Buchwert-Ratios analytisch und nicht empirisch ableiten. Die Untersuchungen des SPI zeigten, daß die wichtigsten Determinanten der **empirischen Marktwert/Buchwert-Funktion** die Eigenkapitalrendite RoE, das Wachstum des Investments, die F&E-Ausgaben in Prozent des Umsatzes und die Zinsdeckungsrate als Maß für den Financial Leverage waren. Leider werden im Schrifttum keine Maße für die Güte der Schätzung angegeben. Unter der Voraussetzung entsprechender Schätzgenauigkeiten ließen sich mit der empirischen Marktwert/Buchwert-Funktion auch für

---

[176] Vgl. Stewart, G.B. (1990), S. 209.
[177] Vgl. Branch, B./Gale, B.T. (1984), S. 611ff.; Buzzell, R.D./Gale, B.T. (1987), S. 214ff. und Buzzell, R.D./Gale, B.T. (1989), S. 182ff..

nicht-börsennotierte Gesellschaften „geschätzte" Marktwerte ermitteln. Die Wertsteigerung ergäbe sich dann wie folgt:

$$Wertsteigerung_t = \left(\frac{M}{B}_{geschätzt,t} \bullet Investment_{Buchwert,t} \right) - \left(\frac{M}{B}_{geschätzt,t-1} \bullet Investment_{Buchwert,t-1} \right)$$

$$+ \left(Auszahlungen(+) \text{ an und } Einzahlungen(-) \text{ von Anteilseignern} \right)$$

Eine vergleichbare Vorgehensweise verfolgte in Deutschland die Franz Haniel & Cie. GmbH, Duisburg, die auf Basis von Multiplikatoren Marktwerte für ihre nicht-börsennotierten Unternehmensbereiche ermittelt, um anschließend deren **„Strategiebeitrag"** zu ermitteln:[178]

		1990 Ist	1991 Ist	1992 Ist	1993 Ist	1994 Budget
	Jahresüberschuß nach Steuern adjustiert	12	12	13	12	14
x	Kurs/Gewinn-Verhältnis	x 15	x 15	x 15	x 17	x 17
=	**Marktwert des Eigenkapitals I**	**180**	**180**	**195**	**204**	**238**
	Cash Flow adjustiert	37	38	40	42	43
x	Kurs/Cash Flow-Verhältnis	x 5	x 5	x 6	x 6	x 7
=	**Marktwert des Eigenkapitals II**	**185**	**190**	**240**	**252**	**301**
	EBIT[179] adjustiert	20	22	24	25	29
x	Kurs/EBIT-Verhältnis	x 10	x 10	x 10	x 12	x 12
=	Wert des Gesamtkapitals	200	220	240	300	348
−	Netto Finanzschulden[180]	- 47	- 62	-77	- 92	- 107
=	**Marktwert des Eigenkapitals III**	**153**	**158**	**163**	**208**	**241**
	Buchwert des Eigenkapitals	91	100	110	120	130
x	Marktwert/Buchwert-Verhältnis	x 2,0	x 2,0	x 2,2	x 2,2	x 2,4
=	**Marktwert des Eigenkapitals IV**	**182**	**200**	**242**	**264**	**312**
	Durchschnittlicher Marktwert des Eigenkapitals (I bis IV)	**175**	**182**	**210**	**232**	**273**
+	Aufgezinste Dividenden (+) bzw. Kapitalerhöhungen (−)	-	5	11	17	23
=	**Durchschnittlicher Marktwert incl. Zahlungen von/an Eigentümer**	**175**	**187**	**221**	**249**	**296**
−	Aufgezinster Marktwert des Eigenkapitals des Basisjahres 1990 (Sollwert) (Eigenkapitalkosten 10 %)	175	193	212	233	256[181]
=	**„Strategiebeitrag"**	**0**	**-5**	**10**	**17**	**41**

adjustiert := d.h. ohne a.o. Positionen

Abb. 4.21.: Ermittlung des „Strategiebeitrages" mittels markt-basierter Multiplikatoren bei Haniel[182]

---

[178] Vgl. Siegert, T. (1994), S. 120ff.; Siegert, T. (1994a), S. 73ff. und Siegert, T. (1995), S. 592ff. sowie ein ähnlicher Ansatz, jedoch ohne nähere Erläuterung bei der Varta AG. Vgl. Wever, W. (1991), S. 147f.

[179] EBIT = Earnings before Interest and Taxes, d.h. Gewinn vor Steuern und Zinsen.

[180] Es ist anzunehmen, daß es sich dabei um das Fremdkapital, gekürzt um das verzinsliche monetäre Umlaufvermögen, handelt.

[181] z.B. 175 • $(1,1^4)$ = 256,2175 gerundet 256.

[182] nach Siegert, T. (1995), S. 594.

Dabei wurde auf Basis von vier alternativen Multiplikatoren (Kurs-Gewinn-, Kurs-Cash Flow-, Kurs/EBIT-, Marktwert/Buchwert-Verhältnis) der Marktwert des Eigenkapitals errechnet. Der durchschnittliche Marktwert aller vier Alternativen wurde anschließend dem mit den Eigenkapitalkosten aufgezinsten Eigenkapital des Basisjahres („Soll-Eigenkapital") gegenüber gestellt, wobei Zahlungen von und an die Eigentümer noch zu berücksichtigen sind.[183] Die Multiplikatoren wurden dabei von vergleichbaren börsennotierten Unternehmen, z.B. unter Verwendung der jährlich veröffentlichten Daten von Morgan Stanley Capital International, oder aus vergleichbaren M&A-Transaktionen abgeleitet. Der „Strategiebeitrag" entspricht dem Überpar-Wert der über die Kapitalkosten hinaus erwirtschaftet wurde. *Siegert* bezeichnet diesen als Economic Value Added.[184] Der EVA nach *Stewart* ist jedoch auf das Gesamtkapital und nicht wie der Strategiebeitrag auf das Eigenkapital bezogen. Haniel hat diese Vorgehenweise mittlerweile zugunsten eines nach *Stewart* ermittelten EVA aufgegeben.

Die Veränderung der Multiplikatoren im Zeitablauf spiegelt einerseits die generelle Kapitalmarktsituation (z.B. das Zinsniveau) und andererseits die Lebenszyklusposition der Geschäftseinheit (z.B. zukünftige Wachstums- und Ertragschancen) wider. Die Aussagekraft und Güte der vorgestellten pragmatischen, marktabgeleiteten Vorgehensweise ist von der Zuverlässigkeit der verwendeten Multiplikatoren abhängig. *Ballwieser* verweist zurecht darauf, daß Multiplikatoren nur pauschalisierende Näherungslösungen für eine detailliertere Unternehmensbewertung darstellen.[185] Fehlschätzungen der Multiplikatoren oder der prognostizierten Basiswerte, wie z.B. des Jahresüberschusses nach Steuern, führen durch die multiplikative Verknüpfung zu erheblichen Änderungen des Marktwertes des Eigenkapitals.

Für ein unternehmenswertorientiertes Controlling sind Börsenwerte oder marktabgeleitete Unternehmenswerte folglich allenfalls als **Vergleichswerte** wertvoll, da sie bereits bei mittelgroßen Unternehmen hochaggregierte Werte darstellen, in die eine Fülle einzelner Informationen eingeflossen sind und die Ansatzpunkte zu einer detaillierten operativen Steuerung (z.B. Hinweise auf Werttreiber) vermissen lassen.

4.2.2.3.3. Empirische Ergebnisse zu Marktwert/Buchwert-Ansätzen

Zu den Marktwert/Buchwert-Ansätzen liegen eine Reihe von **empirischen Untersuchungen** vor, die zu folgenden Ergebnissen führten:

Empirische Untersuchungen zum Marktwert/Buchwert-Verhältnis (allgemein):

❑   *Fama/French* konnten für den US-Kapitalmarkt zeigen, daß Unternehmen mit einem **niedrigeren Markt/Buchwert-Verhältnis** in der Folgeperiode höhere Renditen am Aktienmarkt erzielen. *Fama/French* begründen dies mit schlechteren Zukunftsaussichten und einer höheren Konkursgefahr, die zu höheren Renditeforderungen der Eigenkapitalgeber führt.[186] Die Kapitalmarktrendite r_{EK} ist jedoch nicht mit der buchhalterischen Eigenkapitalrendite RoE zu verwechseln. *Gehrke* konnte die Ergebnisse mit abgeschwächter Wirkung auch für den deutschen Kapitalmarkt bestätigen.[187]

---

183 Die Rendite einer Anlage setzt sich aus der Dividendenrendite und der Kursrendite zusammen.
184 Vgl. Siegert, T. (1995), S. 594.
185 Vgl. Ballwieser, W. (1991), S. 62 und Ballwieser, W. (1993), S. 167f.
186 Vgl. Fama, E.F./French, K.R. (1992), S. 444, die sich bei ihrer Argumentation auf eine Studie von *Chan/Cheng* stützten. Vgl. Chan, K.C./Cheng, N.F. (1991), S. 1467ff..
187 Vgl. Gehrke, N. (1994), S. 194ff.:

❑ Zwischen der **aktuellen Eigenkapitalrendite** r_{EK} am Kapitalmarkt (= Eigenkapitalkosten) **und dem Marktwert/Buchwert-Verhältnis** konnte am deutschen Kapitalmarkt kein signifikant positiver Zusammenhang festgestellt werden.[188]

❑ Zwischen dem **Marktwert/Buchwert-Verhältnis und dem Kapitalmarkt-ß** besteht für den deutschen Kapitalmarkt ein signifikant negativer Zusammenhang (α= 5 % bzw. 10 %), d.h. das Marktwert/Buchwert-Verhältnis ist aufgrund höherer geforderter Eigenkapitalrenditen niedriger.[189]

Empirische Untersuchungen zum Gordon-Modell und zum Equity-Spread:

❑ Die Beratungsgesellschaft *Marakon* zeigt anhand der 30 Unternehmen des Dow Jones Industrial Average, daß das Market to Book-Ratio linear mit dem prognostizierten **Equity Spread** korreliert ist.[190] *Thomas/Lipson* kommen für den Zeitraum 1982 bis 1984 auf der Basis der Standard & Poor's 400-Unternehmen jedoch für den Equity Spread nur auf ein R^2 von 19 %; für den **RoI Spread** (RoI minus Gesamtkapitalkosten) steigt das R^2 auf 34 %. Ebenfalls auf Basis des Gesamtkapitals kam *Stewart* für 34 US-amerikanische Nahrungsmittelunternehmen zu hohen Korrelationen zwischen dem Value to Capital-Ratio und dem Fünfjahresdurchschnitt des **Quotienten aus Stewart's R und Gesamtkapitalkosten**[191] (R^2=63 %).[192] Diesbezügliche Studien liegen für den deutschen Kapitalmarkt (noch) nicht vor.

❑ *Buzzell/Gale* ermitteln im Rahmen der PIMS-Studien für 600 US-Unternehmen der Compustat Datenbank für die Jahre 1982-85 sowohl für den RoE als auch für das jährliche Wachstum des investierten Kapitals und die F&E-Intensität einen positiven Zusammenhang mit dem Marktwert/Buchwert-Verhältnis, ohne jedoch Korrelationsmaße zu veröffentlichen.[193]

❑ Nach empirischen Untersuchungen der Boston Consulting Group erklärte die **Eigenkapitalrendite RoE** im Jahre 1991 nur 28 % bzw. im Jahre 1992 nur 30 % der Varianz des **Marktwert/Buchwert-Verhältnisses** der Standard & Poor's 400-Werte am US-Kapitalmarkt.[194]

❑ Der Zusammenhang von **Buchrenditen (RoI, RoE und RoS) und Marktwert/Buchwert-Verhältnis** am deutschen Kapitalmarkt ist nach Untersuchungen von *Gehrke* sehr schwach (R^2 < 0,03).[195]

---

[188] Vgl. Gehrke, N. (1994), S. 190ff..

[189] Vgl. Gehrke, N. (1994), S. 188ff..

[190] Vgl. McTaggart, J.M. (1988), S. 28 und McTaggart, J.M./Kontes, P.W./Mankins, M.C. (1994), S. 80 sowie ebenso sowohl für historische als auch inflationsbereinigte Equity Spreads Fruhan, W.E. (1984), S. 90. Ein Bestimmtheitsmaß für die Güte des Zusammenhangs wird jedoch nicht angegeben.

[191] Der Quotient von Stewart's R und den Gesamtkapitalkosten stellt einen, wie oben beschrieben, Cash Flow-orientierten RoI Spread dar.

[192] Vgl. Stewart, G.B. (1990), S. 71ff..

[193] Vgl. Buzzell, R.D./Gale, B.T. (1987), S. 214ff. und ebenso Branch, B./Gale, B.T. (1984), S. 611ff..

[194] Vgl. Lewis, T.G./Stelter, D. (1993), S. 111 und Lewis, T.G. (1994), S. 46f..

[195] Vgl. Gehrke, N. (1994), S. 177ff..

Empirische Untersuchungen zu M/B-RoE-Modellen:

❑ *Wilcox* testet sein einfaches **M/B-RoE-Modell** anhand von 949 Aktiengesellschaften des Value Line Investment Survey über den wesentlich längeren Zeitraum 1976 bis 1980[196] und kommt im Vergleich zu Modellen auf Basis von Kurs-Gewinn-Verhältnissen zu relativ niedrigen Schätzfehlern.[197] Mit nachfolgendem vergleichbarem Ansatz gelangen auch *Young/Sutcliffe* für 80 britische Aktiengesellschaften zu ebenfalls guten Schätzungen der tatsächlichen Marktwert/Buchwert-Verhältnisse:[198]

$$\ln\left(\frac{M}{B}\right) = a_u + a_1 * RoE + andere\,Terme^{199}$$

Des weiteren ermitteln *Young/Sutcliffe* für das Jahr 1989 anhand ihrer Stichprobe von 80 britischen Unternehmen, welche Steigerung des Marktwertes des Eigenkapitals im Durchschnitt bei einer 10 %igen Erhöhung der Eigenkapitalrendite RoE in verschiedenen Branchen erzielt wurde:

Branche	Wertsteigerung in % pro 10 % Erhöhung der Eigenkapitalrendite RoE
Elektronik	71 %
Maschinenbau	69 %
Verpackungs- und Papierindustrie	49 %
Bauzulieferer	42 %

Abb. 4.22.: Empirische Zusammenhänge zwischen Marktwert/Buchwert-Verhältnis und RoE-Steigerung

Empirische Untersuchungen zum Economic Value Added und Market Value Added:

❑ Auf der Basis von 613 amerikanischen Aktiengesellschaften konnte *Stewart* ein R^2 von 0,97 für den Zusammenhang zwischen Änderungen der Zwei-Jahres-Durchschnitte des **EVA** und des **MVA** zwischen den Zeiträumen 1984-85 und 1987-88 gewinnen.[200] Wird nicht auf die Veränderungen, sondern auf die absoluten Werte abgestellt, ergibt sich für das Jahr 1988 nur ein R^2 von 0,61, da insbesondere bei negativem EVA, d.h. nicht erwirtschafteten Kapitalkosten, das MVA wegen vorhandener Substanzwerte unterdurchschnittlich zurückgeht. Ein Vergleich mit buchhalterischen Renditemaßen ergab jedoch für diese weitaus geringere R^2. Die Unternehmen waren jedoch in beiden Analysen zuvor zu Gruppen von 25 Unternehmen per Ranking gebündelt worden und in die Korrelation gingen nur die Gruppendurchschnitte ein. Des weiteren ist der Beobachtungszeit-

---

[196] Allerdings werden nur Gesellschaften einbezogen, die eine Standardabweichung des RoE von weniger als 0,05 hatten. Vgl. Wilcox, J.W. (1984), S. 61f..

[197] Vgl. die Ergebnisse bei Wilcox, J.W. (1984), S. 62.

[198] Das R^2 betrug in manchen Branchen bis zu 90 %, wobei zwei Drittel alleine durch die Eigenkapitalrendite RoE erklärt wird. Vgl. Young, D./Sutcliffe, B. (1989), S. 22ff und S. 33f..

[199] Nach den Autoren handelt es sich bei „anderen Termen" um die Unternehmensgröße, die Veränderung der Eigenkapitalrendite gegenüber dem Vorjahr und die zugehörige Branche. Vgl. Young, D./Sutcliffe, B. (1989), S. 34.

[200] In der Tabelle bei Finegan, P.T. (1991), S. 38 ist für das Jahr 1988 nur ein R^2 von 0,44 angegeben.

raum mit zwei Jahren relativ kurz.[201] Kein Überlegenheit des EVA konnten jedoch *Biddle/Bowen/Wallace* feststellen.[202]

Empirische Untersuchungen zum Q-Wert:

❑   *Lindenberg/Ross* ermitteln Q-Werte für 246 US-Unternehmen für die Jahre 1960-1977 und kommen zu einem **langfristigen durchschnittlichen Q-Wert** von 1,5, d.h. der Marktwert beträgt das 1,5-fache der auf Basis von Bilanzwerten geschätzten Reproduktionskosten.[203] Die Bandbreite weiterer, meist volkswirtschaftlicher Studien für die USA liegt bei 0,81 bis 2,09.[204] Für Deutschland ermittelt *Gehrke* auf Basis von einzelwirtschaftlichen Daten einen Mittelwert von 1,51. Andere, ältere Studien weisen eine Bandbreite im Q-Wert von 1,34 bis 3,19 auf.[205] Die Bandbreiten sind auf das unterschiedliche Design der Studien zurückzuführen. Wichtig erscheint hier, eine Meßlatte für vergleichbare Unternehmen von größer eins, z.B. bei 1,5 oder beim jeweiligen Branchen-Durchschnitt festzulegen, falls der Q-Wert als Erfolgskennzahl gewählt wird.

❑   *Thomas* von HOLT Planning Associates, der maßgeblich an der Entwicklung des CFROI beteiligt war, konnte zeigen, daß die Korrelation zwischen dem RoI-Spread und dem Marktwert/Buchwert-Ratio bei Verwendung von **nominalen Spreads** bei einem R^2 von 0,41 lag, während **reale Spreads** ein R^2 von 0,71 ergaben.[206] Daher sei realen unternehmenswertorientierten Kennzahlen, wie z.B. dem CFROI oder dem Q-Wert eine bessere Aussagekraft beizumessen.[207] Bezogen auf den Q-Wert als „reales Marktwert/Buchwert-Verhältnis" konnte der reale RoI Spread 65 % der Varianz erklären (R^2=65 %). Wird das reale Wachstum der Aktiva als zusätzliche Variable hinzugenommen, ergibt sich für den Q-Wert ein Erklärungsanteil von über 80 %.[208]

Empirische Untersuchungen zum Modell mit konstantem, zeitlich begrenztem Wachstum und zum Value RoI sind dem Verfasser nicht bekannt. Untersuchungen zu den Shareholder Value-basierten Erfolgskennzahlen (Shareholder Value-Endwert- und Shareholder Value-Überrendite) können noch nicht vorliegen, da diese Maße erst im Rahmen dieser Arbeit konzipiert wurden. Eine Würdigung der empirischen Ergebnisse erfolgt im Rahmen des abschließenden Vergleichs unternehmenswertorientierter Erfolgskennzahlen.[209]

4.2.2.4. Der Par Return on Investment (Par RoI) aus der PIMS-Studie

Im Jahre 1960 startete General Electric ein Projekt zur Gewinnung genereller „laws of the market place", d.h. allgemeiner strategischer Erfolgsfaktoren, um ihr breit diversifiziertes Portfolio zu überprüfen. Das als **PIMS** (**P**rofit **I**mpact of **M**arket **S**trategy) bezeichnete Projekt wurde ab 1972 vom Market Science Institute der Harvard Business School betreut. 1975

---

[201] Vgl. Stewart, G.B. (1990), S. 215ff. und Finegan, P.T. (1991), S. 37ff..
[202] Vgl. die Studie von Biddle, G.C./Bowen, R.M./Wallace, J.S. (1997).
[203] Vgl. Lindenberg, E.B./Ross, S.A. (1981), S. 23.
[204] Vgl. die Übersicht bei Gehrke, N. (1994), S. 154ff. sowie die jüngste Studie für Großbritanien von O´Sullivan, M. (1997).
[205] Vgl. Gehrke, N. (1994), S. 132ff. sowie die Übersicht auf S. 237.
[206] Vgl. Thomas, R. (1984) zitiert nach Reimann, B.C. (1990), S. 190 sowie mit denselben Ergebnissen Callard, C.G./Kleinmann, D.C. (1985), S. 51ff..
[207] Als Begründung werden die an inflationsbereinigten Ergebnissen orientierten Entscheidungen von Investoren genannt. Vgl. Reimann, B.C. (1990), S. 25.
[208] Vgl. die Studie von Thomas, R. (1984), zitiert nach Reimann, B.C. (1990), S. 190
[209] Vgl. Kapitel 4.2.2.5. Beurteilung der verschiedenen unternehmenswertorientierten Erfolgskennzahlen.

wurde die Datenbank vom **SPI** (**S**trategic **P**lanning **I**nstitute) übernommen. Seit 1978 wird die Datenbank vom PIMS Associates Inc., einer gewinnorientierten Beratungsgesellschaft mit europäischen Büros in London, Köln, Göteborg, Mailand und Wien, als Grundlage für die Beratung von Unternehmen genutzt.[210] Die PIMS-Datenbank umfaßt finanzielle und strategische Informationen von ca. 3000 Geschäftseinheiten aus 450 Unternehmen über einen Zeitraum von zwei bis zehn Jahren pro Geschäftseinheit.

Eine der vielen Auswertungsmöglichkeiten der Datenbank besteht in der Errechnung eines sog. **Par RoI**. Der Par RoI ist der für eine strategische Geschäftseinheit geschätzte Return on Investment, indem seine derzeitige strategische Position und die aktuelle Markt- und Branchensituation zugrundegelegt wird. Der Par RoI basiert auf einer multivariaten Regressionsanalyse, in die 28 der wichtigsten Faktoren aus der PIMS-Datenbank eingehen.[211] Bei Berücksichtigung von 18 weiteren Interaktionsvariablen, die den gemeinsamen Einfluß zweier Faktoren sowie zweier Indizes erklären, ergeben sich insgesamt 48 unabhängige Variablen.[212]

Im **PIMS Par RoI-Bericht** ist der Par RoI der untersuchten Geschäftseinheit zerlegt in die verschiedenen Einflüsse der einzelnen Faktoren des Par RoI-Modells. Nachfolgendes fiktives und verkürztes Beispiel soll die Funktionsweise darstellen:[213]

Einflußgröße (unabhängige Variable der Par RoI-Regressionsgleichung)	Wirkung der Einflußgröße auf den Par RoI der Geschäftseinheit	
	einzelner Faktor	Summe
❑ **Branchenstruktur**		
Reales Marktwachstum des Geschäftsfeldes	+ 0,8 %	
Konzentration der Abnehmer	+ 0,3 %	+ 1,1 %
❑ **Wettbewerbsposition des Unternehmens**		
Marktanteil	− 1,2 %	
Relative Qualität	+ 0,3 %	
Neuproduktrate	− 0,6 %	− 1,5 %
❑ **Wertschöpfungsstruktur des Unternehmens**		
Kapitalintensität	− 0,1 %	
Neuigkeitsgrad der Anlage	− 0,4 %	
Personalproduktivität	+ 0,2 %	− 0,3 %
❑ **Aktivitäten des Unternehmens**		
Marketingaufwand in % des Umsatzes	− 0,4 %	
F&E-Aufwand in % des Umsatzes	− 0,5 %	− 0,9 %
= Summe des Einflusses aller Faktoren		− 1,6 %
+ Durchschnittlicher RoI aller PIMS Geschäftseinheiten		+ 20,2 %
= Par RoI der Geschäftseinheit		+ 18,6 %

Abb. 4.23.: Ermittlung der Par RoI an einem vereinfachten, fiktiven Beispiel

---

[210] Vgl. Buzzel, R.D./Gale, B.T. (1987), S. 1ff.; Venohr, B. (1988), S. 47ff. und Buzzel, R.D./Gale, B.T. (1989), S. 3ff..

[211] Vgl. Venohr, B. (1988), S. 76ff. und Reimann, B.C. (1988), S. 21.

[212] Vgl. Venohr, B. (1988), S. 77.

[213] In Anlehnung an Buzzel, R.D./Gale, B.T. (1987), S. 273ff.; Reimann, B.C. (1988), S. 21 und Venohr, B. (1988), S. 95f..

Der PIMS Par RoI kann in mehrfacher Hinsicht einen wertvollen **Beitrag zur unternehmenswertorientierten Steuerung** leisten:[214]

❑ Da Studien gezeigt haben, daß das RoI-Modell 70 % der Schwankungen des RoI in den Geschäftsfeldern der PIMS-Datenbank erklärt, kann der Par RoI als **Benchmark für die mögliche zukünftige Entwicklung** einer Geschäftseinheit dienen.[215]

Liegt z.B. der tatsächliche RoI unter dem Par RoI, scheint die strategische Position der Geschäftseinheit und die Markt- und Branchensituation eine Steigerung des RoI zuzulassen. In der Folge kann durch die Verbesserung der operativen Performance c.p. auch der Unternehmenswert erhöht werden.[216] Liegt der Par RoI unter dem tatsächlichen RoI, ist die strategische Positionierung der Geschäftseinheit zu überdenken. Die momentane „Überrendite" kann auf Umfeldbedingungen zurückgeführt werden, die langfristig nicht bestehen bleiben (z.B. die Deregulierung von Fluggesellschaften und von Finanzdienstleistern).[217] *Kellinghusen/Wübbenhorst* beschreiben die Anwendung des Par RoI-Konzeptes zur strategischen Steuerung bei der Varta AG.[218]

❑ Empirische Studien zeigen, daß Unternehmen die den **Par RoI steigern** können, bzw. auf hohem Niveau über den Kapitalkosten halten, nennenswerte Wertsteigerungen erfahren.[219]

❑ Ebenso kann der Par RoI dazu beitragen, zu optimistische **Hockey Stick-Prognosen** zu erkennen (z.B. falls Plan-RoI >> Par RoI).[220] Der Par RoI bietet zudem Ansatzpunkte für das Ramping-Verfahren zur Ermittlung der Zielrendite und damit der Freien Cash Flows im Anpassungszeitraum.[221]

❑ Die das Par RoI-Modell erklärenden 28 unabhängigen Variablen stellen eine Art **Checkliste wichtiger Faktoren** dar, die bei der Planung zukünftiger Freier Cash Flows herangezogen werden kann.[222]

❑ Durch Benutzung sog. **Look-alikes**, d.h. Geschäftseinheiten aus der PIMS-Datenbank mit ähnlicher Ausgangssituation wie das zu bewertende Unternehmen, können die Auswirkungen verschiedener Strategieänderungen auf die Performance simuliert werden.[223] *Hanssmann/Liebl/Brezina* entwerfen auf Basis von Look-alikes aus der PIMS-Datenbank ein Modell zur Prognose des RoI für alternative Strategien und testet dies an zwei praktischen Fällen.[224]

Bezüglich der **Nutzbarkeit des Par RoI** zur unternehmenswertorientierten Steuerung sind folgende Punkte festzuhalten:

---

[214] Vgl. Reimann, B.C. (1988), S. 21.
[215] Vgl. Buzzel, R.D./Gale, B.T. (1987), S. 241ff. und Reimann, B.C. (1988), S. 21.
[216] Sind jedoch nennenswerte Investitionen erforderlich oder ist der RoI unter den Kapitalkosten, kann auch Unternehmenswert vernichtet werden.
[217] Vgl. z.B. das Beispiel der Dexter Corporation bei Buzzel, R.D./Gale, B.T. (1987), S. 242.
[218] Vgl. Kellinghusen, G./Wübbenhorst, K.L. (1989), S. 709ff. und ebenso Kellinghusen, G./Wübbenhorst, K. (1990), S. 30ff. sowie die Darstellung in Kapitel 4.3.2.1.3.1. Performance-„Portfolio" nach PIMS.
[219] Vgl. Buzzel, R.D./Gale, B.T. (1987), S.221ff.
[220] Vgl. z.B. das Beispiel zu Neuentwicklungen in der Medizintechnik bei Buzzel, R.D./Gale, B.T. (1987), S. 243 sowie ebenso Reimann, B.C. (1988), S. 21 und Wever, V. (1991), S. 150.
[221] Vgl. Kapitel 3.3.4.2.2. Ermittlung der Freien Cash Flows für den Anpassungszeitraum.
[222] Zur Liste der erklärenden Variablen vgl. Buzzel, R.D./Gale, B.T. (1987), S. 274 und S. 281.
[223] Vgl. Buzzel, R.D./Gale, B.T. (1987), S. 131ff..
[224] Vgl. Hanssmann, F./Liebl, F./Brezina, W. (1993), S. 215ff..

❑   Da der Par RoI ebenfalls auf dem RoI fußt, ist er mit den selben Kritikpunkten belastet, die den **„traditionellen"** Erfolgskennzahlen entgegengehalten werden (keine Berücksichtigung von Inflation, Risiko, Wachstum, mangelnde Cash Flow-Orientierung etc.). Der bereits Ende der 80er Jahre nicht mehr angebotene Cash Flow-PAR-Bericht, der 70 % der Variablität des auf das eingesetzte Kapital bezogenen Cash Flows erklärte, hätte zumindest den Mangel der Cash Flow-Orientierung beheben können.[225]

❑   Die **Validität** des Par RoI wird trotz des Bestimmtheitsmaßes R^2 von 70 bis 80 % in Frage gestellt, da z.B. das R^2 mit zunehmender Zahl der unabhängigen Variablen steigt.[226]

❑   Der Par RoI wird auf Basis einer statistisch optimalen Regressionsfunktion geschätzt und ist daher nicht auf **Ursache-Wirkungs-Zusammenhängen** begründet, die für den Praktiker zur Ableitung zukünftiger Renditeerwartungen von Interesse wären.[227]

❑   Da die meisten der den Par RoI erklärenden unabhängigen Variablen auf **Vierjahresdurchschnitten** beruhen, wird ein Teil der Variabilität der zugrundeliegenden Geschäftsfelder nivelliert.[228]

❑   Es stellt sich auch die Frage, ob der Par RoI zur **Prognose** verwendet werden kann.[229] Das von *Hanssmann/Liebl/Brezina* entwickelte Prognosemodell auf Basis von PIMS-Daten ist jedoch vielversprechend.[230]

❑   Da der Par RoI auf der umfangreichen, aber auch vielfältigen PIMS-Datenbank fußt, stellt sich die Frage, ob der Par RoI auch **Gültigkeit** für wenig vertretene Branchen (z.B. Dienstleistungen), Regionen (z.B. Asien) oder besondere Unternehmenssituationen (z.B. Neugründungen)[231] besitzt.[232]

❑   Wie eine Befragung des Verfassers von 121 deutschen Konzernunternehmen ergab, ist die **Anwendung** der PIMS-Studie in deutschen Unternehmen relativ selten.[233]

Der PIMS Par RoI-Ansatz kann aufgrund seiner Gewinnorientierung und seiner Einperiodigkeit nicht als unternehmenswertorientierte Erfolgskennzahl bezeichnet werden. Er bietet jedoch Möglichkeiten zur Unterstützung der Prognose Freier Cash Flows, indem er Vergleichswerte liefert, welchen RoI andere vergleichbare Unternehmen oder Geschäftseinheiten erreichen.

4.2.2.5. Beurteilung der verschiedenen unternehmenswertorientieren Erfolgskennzahlen

Die Forderung nach „verbesserten" Erfolgskennzahlen stellt eine der Entstehungsursachen des Shareholder Value-Konzeptes dar. In der Diskussion der Anwendungsmöglichkeiten des Sha-

---

225 Vgl. Venohr, B. (1988), S. 101f..
226 Vgl. zur Kritik z.B. Venohr, B. (1988), S. 82.
227 Vgl. Venohr, B.. (1988), S. 83f. und Barzen, D./Wahle, P. (1990), S. 100ff..
228 Vgl. Venohr, B. (1988), S. 85f..
229 Vgl. Venohr, B. (1988), S. 97ff..
230 Vgl. Hanssmann, F./Liebl, F./Brezina, W. (1993), S. 215ff..
231 Vgl. hierzu das spezielle „Business Start-Up Model" zur Untersuchung von Erfolgsfaktoren für junge Unternehmen oder Geschäftseinheiten. Vgl. Venohr, B. (1988), S. 113ff..
232 Zur Zusammensetzung der PIMS-Datenbank vgl. Buzzel, R.D./Gale, B.T. (1987), S. 34ff..
233 Vgl. Günther, T. (1991), S. 170ff..

reholder Value-Ansatzes nimmt diese Forderung einen ganz erheblichen Stellenwert ein. Gegen „traditionelle" Erfolgskennzahlen, wie z.B. die Umsatzrentabilität, die Eigen- und Gesamtkapitalrentabilität oder den Return on Investment wird eine Reihe m.E. teilweise begründeter teilweise unbegründeter Vorbehalte vorgebracht.[234] Beschränkt man sich auf die begründeten Vorbehalte, sind diese in folgenden **Kritikpunkten** zu sehen:

❑   Mangelnde Korrelation zwischen jahresabschlußorientierten Kennzahlen und der Wertentwicklung am Kapitalmarkt.

❑   Mangelnde Berücksichtigung von Risiken.

❑   Keine Abbildung des Kapitalbedarfs zur Finanzierung zukünftigen Wachstums.

❑   Vernachlässigung ökonomischer Wirkungen nach dem Betrachtungszeitraum.

❑   Vergangenheitsorientierung.

In der Wissenschaft und in der Unternehmenspraxis[235] ist in den letzten Jahren eine Reihe von Erfolgskennzahlen neu entwickelt worden. Hinzukommt die Anwendung von schon vorhandenen Bewertungsmaßen aus der Finanzierungs- und Kapitalmarkttheorie, die nun auch für die operative und strategische Steuerung im Rahmen eines unternehmenswertorientierten Controlling Anwendung finden können.

Den zu Beginn dieses Kapitels zusammengefaßten Anforderungen an den Shareholder Value-Ansatz folgend wurden die vorgestellten unternehmenswertorientierten Erfolgskennzahlen kritisch beleuchtet. Zusammengefaßt können folgende **Ergebnisse der Analyse** festgehalten werden:

❑   Der **CFROI** kommt aufgrund seiner weitgehenden Inflationsbereinigung und seiner Cash-Flow-Orientierung den Anforderungen des Shareholder Value-Ansatzes sehr nahe, besitzt jedoch den Nachteil, nur für eine bestimmte Periode werterklärend zu sein.

❑   Die **aufwands- und ertragsorientierten Ansätze** (Gordon-Modell, Modell mit konstantem, zeitlich begrenztem Wachstum und der Ansatz von *Wilcox*) stellen durch die Orientierung am Jahresabschluß und am vollkommenen Kapitalmarkt (Marktwert = Zukunftserfolgswert) einfache, wenngleich auch realitätsferne Ansätze dar.

❑   Die **finanzwirtschaftlichen Konzepte** (Economic Value Added, Tobin´s Q und Value RoI) orientieren sich an marktbezogenen Cash Flows, beruhen jedoch auch auf der Idee, direkt den Marktwert erklären zu können. Folglich stellen Sie eine Verbesserung gegenüber den aufwands- und ertragsorientierten Ansätzen dar, wenngleich einige Kritikpunkte verbleiben.

❑   Unterstellt man realistischer Weise einen unvollkommenen Kapitalmarkt (Marktwert ≠ Zukunftserfolgswert), so können **Shareholder Value-basierte Erfolgskennzahlen** ermittelt werden, die den Anspruchskatalog des Shareholder Value-Ansatzes weitgehend erfüllen. Dabei ist zu differenzieren, ob ein Bewertungsobjekt mit eigener Kapitalstruktur oder eine einzelne Geschäftseinheit ohne eigene Kapitalstruktur vorliegt. Zur Gewinnung der Erfolgskennzahlen werden der Shareholder Value oder der Wertbeitrag

---

[234] Vgl. die Ausführungen in Kapitel 2.3. Kritik an „traditionellen" Steuerungsgrößen der Unternehmensführung.

[235] dabei vor allem in der Beratungspraxis.

einer Geschäftseinheit zum inflationsangepaßten (ex post-Analyse) oder zum Zeitwert bewerteten (ex ante-Analyse) eingesetzten Vermögen in Beziehung gesetzt. Ergänzend kann die Shareholder Value-Endwert- oder die Shareholder Value-Überrendite als eine jährliche Renditezahl errechnet werden.

Unternehmenswertorientierte Erfolgskennzahl	**Beurteilungskriterium**									
	Korrelation mit dem Kapitalmarkt		Berücksichtigung von Risiken in Kapitalkosten[236]		Abbildung des Kapitalbedarfs zur Finanzierung von Wachstum		Berücksichtigung langfristiger ökonomischer Wirkungen		Vergangenheits-, Gegenwarts- oder Zukunftsorientierung[237]	
CFROI	hoch	+	ja	+	ja	+	nein, einperiodig	−	Gegenwart	−
Aufwands- und ertragsorientierte Ansätze:										
❑ Gordon-Modell	gering	−	ja	+	ja, aber pauschale Rate	⊗	ja, aber Konstanzannahme	⊗	Zukunft	+
❑ Modell mit konstantem, zeitlich begrenztem Wachstum	hoch[238].	⊗	ja	+	ja, aber pauschale Rate	+	ja, aber Konstanzannahme	⊗	Zukunft	+
❑ M/B-RoE-Modell nach Wilcox	hoch	+	ja	+	ja, aber pauschale Rate	+	ja, aber Konstanzannahme	⊗	Zukunft	+
Finanzwirtschaftliche Ansätze:										
❑ Economic Value Added	nicht eindeutig	⊗	ja	+	nein[239]	−	nein, einperiodig[240]	−	Gegenwart	−
❑ Tobin´s Q	hoch	+	ja	+	ja	+	ja	+	Zukunft	+
❑ Value RoI	k.A.	⊗	ja	+	ja	+	ja	+	Zukunft	+
Shareholder Value basierte Kennzahlen	k.A.	⊗	ja	+	ja	+	ja	+	Zukunft	+
Par RoI nach PIMS	hoch	+	nein	−	nein	−	nein	−	Gegenwart	−

Legende:

+	Erfolgskennzahl	erfüllt Beurteilungskriterium
⊗	"	erfüllt Beurteilungskriterium teilweise
−	"	erfüllt Beurteilungskriterium nicht

k.A. keine Angabe

Abb. 4.24.: Vergleich verschiedener unternehmenswertorientierter Erfolgskennzahlen

---

[236] Z. B. durch Vergleich oder durch Diskontierung mit risikoangepaßten Kapitalkosten.

[237] Unter Gegenwartssicht wird die Betrachtung eines einzelnen Jahres, unter Zukunftssicht die Betrachtung eines Zukunftserfolgswertes über einen Planungszeitraum mehrerer Jahre verstanden.

[238] Vgl. die Ergebnisse bei Fruhan, W.E. (1984), S. 89ff., jedoch ohne jegliches Gütekriterium.

[239] Abschreibungen werden als Cash Flow mindernd betrachtet.

[240] Der EVA-Ansatz kann jedoch in den Shareholder Value-Ansatz überführt werden.

❏ Als zusätzlicher Vergleichsmaßstab **(Plausibilitätsmaß)** kann der intern ermittelte Shareholder Value bei börsennotierten Unternehmen mit dem extern, auf dem Kapitalmarkt ermittelten **Börsenwert** verglichen werden.

❏ **Empirische Ergebnisse der Kapitalmarktforschung** zeigen,

    ❏ daß finanzwirtschaftlichen Ansätzen ein höherer Erklärungsanteil beizumessen ist als aufwands- und ertragswirtschaftlichen Ansätzen und

    ❏ daß reale Erfolgskennzahlen die Aktienkursentwicklung besser erklären als nominale Erfolgskennzahlen.

❏ Der **PAR RoI** aus der PIMS-Studie ist nicht als unternehmenswertorientierte Erfolgskennzahl zu klassifizieren, kann jedoch als Vergleichsmaß für Planungszwecke herangezogen werden. Er erlaubt eine Aussage, ob vergleichbare Unternehmen mit ähnlicher strategischer Ausgangssituation eine dem geplanten RoI vergleichbare Rendite erreichen können. Hierdurch können Hockey Stick-Effekte vermieden werden.

Voranstehende Abbildung soll die wichtigsten Ergebnisse der Analyse hinsichtlich der gegenüber „traditionellen" Erfolgskennzahlen erhobenen Kritikpunkte zusammenfassen.[241]

Abschließend bleibt festzuhalten, daß eine Anwendung der verschiedenen vorgeschlagenen unternehmenswertorientierten Erfolgskennzahlen eine intensive Beschäftigung mit den zugrunde liegenden Definitionen und Annahmen erfordert, um Ergebnisse sachlogisch richtig interpretieren zu können.

---

[241] Der Börsenwert als externer Vergleichsmaßstab wird dabei nicht gesondert betrachtet.

4.2.3. Unternehmenswertorientierte Kennzahlensysteme

Unternehmenswertorientierte Erfolgskennzahlen ermöglichen eine Steuerung dezentraler Einheiten, indem Wertsteigerungspotentiale am Vermögen relativiert werden, hieraus Entscheidungskriterien abgeleitet und globale Werttreiber wie z.b. Gewinnwachstum, Verzinsungsspannen oder Kapitalkosten begründet werden. Zudem bieten sie hierdurch Ansatzpunkte zur Leistungsbeurteilung des Managements, die zu einem unternehmenswertorientierten Anreizsystem ausgebaut werden können.

Da die oberste Zielsetzung „Shareholder Value" eine relativ komplexe Zielgröße darstellt, hat bereits *Rappaport* versucht, den Shareholder Value mittels eines Kennzahlensystems in einzelne Werttreiber zu zerlegen.[1] Mit Hilfe von Kennzahlensystemen können zum einen Ursachen für Änderungen des Shareholder Value abgeleitet werden **(Top down-Analyse)** und zum anderen Auswirkungen von einzelnen Werttreibern auf die oberste Zielsetzung „Shareholder Value" verfolgt werden **(Bottom up-Analyse)**. Die Werttreiber des Kennzahlensystems bilden Ansatzpunkte für wertsteigernde Entscheidungen des Managements. Der Ansatz *Rappaports* und die weiterer Autoren soll nachfolgend vorgestellt, bewertet und ergänzt werden.

4.2.3.1. Das Shareholder Value-Netzwerk

Rappaport nennt sein Kennzahlensystem **„Shareholder Value Network"**, da es die Zusammenhänge zwischen der Zielgröße „Schaffung von Shareholder Value" und den sie bestimmenden Werttreibern veranschaulichen soll.[2]

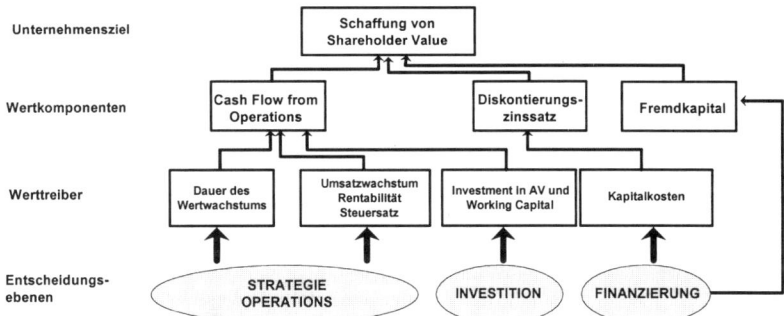

Abb. 4.25.: Shareholder Value-Netzwerk nach Rappaport[3]

Ausgehend vom obersten Unternehmensziel zerlegt er die komplexe Zielgröße Shareholder Value in die drei Wertkomponenten „Cash Flow from operations", Diskontierungssatz und Fremdkapital. Diese drei Wertkomponenten werden wiederum durch Werttreiber bestimmt, die auch dem Werttreiber-Modell zur Bestimmung der Freien Cash Flows zugrundeliegen.[4] *Rappaport* nennt hier explizit:

---

1 Vgl. Rappaport, A. (1986), S. 76.
2 Vgl. Rappaport, A. (1986), S. 76f. sowie die identische Darstellung bei Gomez, P./Weber, B. (1989), S. 30 und Gomez, P. (1990) S. 560.
3 Vgl. Rappaport, A. (1986), S 76.
4 Vgl. die Ausführungen in Kapitel 3.3.4.2.1.5. Prognose des Freien Cash Flow.

❑   die Zeitspanne, innerhalb der eine Wertsteigerung möglich ist,[5]

❑   das Umsatzwachstum,

❑   die Umsatzrendite auf Basis des ordentlichen Betriebsergebnisses,

❑   den Steuersatz für Steuern vom Einkommen und Ertrag,[6]

❑   die Investitionen in das Anlagevermögen,

❑   die Investitionen in das Working Capital und

❑   die Kosten des (Gesamt)Kapitals.

Rappaport ordnet den Werttreibern Entscheidungsbereiche des Managements zu. Umsatzwachstum, Umsatzrendite und Steuersatz werden dem **operativen Geschäft**, die Investition in das Anlagevermögen und das Working Capital dem **Investmentbereich** und die Kapitalkosten dem **Finanzierungsbereich** zugeordnet. Die Dauer der Wertschaffung wird keinem Bereich zugeordnet, da sie sowohl extern bestimmt sein (z.B. Auftreten von Konkurrenten, Substituten etc.) als auch vom operativen Managment beeinflußt werden kann (z.B. durch gezielten Ausbau und Pflege von Wettbewerbsvorteilen). Wie bereits schon ausgeführt, gibt es ein weites Spektrum von Möglichkeiten, wie die Entscheidungsbefugnis bezüglich der drei Dispositionsbereiche zwischen Unternehmensleitung und dezentralem Management aufgeteilt sind.

Vergleichbare Kennzahlensysteme sind auch von anderen Autoren vorgestellt worden:

❑   Die „Kennzahlenhierarchie" für ein unternehmenswertorientiertes Executive Informations System auf Basis des Eigenkapitalansatzes von *Bischoff*[7]

❑   Das „Werttreiber-Modell" zur Ableitung des CFROI von *Lewis*[8]

❑   Das „CFROI-Schema" bei *Lehmann*[9]

❑   Die Ableitung von „Key Value Drivers" auf Basis des Gesamtkapitalansatzes bei *Copeland/Koller/Murrin*[10]

❑   Die Zerlegung des „Warranted Equity Value" (= Shareholder Value) in den Eigen- und Gesamtkapitalansatz bei *McTaggart/Kontes/Mankins*[11]

❑   Die „EVA Drivers" zur Zerlegung der Erfolgskennzahl Economic Value Added (EVA) bei *Hostettler*[12]

Unterschiede zwischen den Kennzahlensystemen ergeben sich aufgrund des gewählten Berechnungsansatzes (Eigen- oder Gesamtkapitalansatz), des zeitlichen Umfanges (jährliche

---

5   Vgl. hierzu die Aussagen zum Zerfall von Wettbewerbsvorteilen und deren Berücksichtigung durch das sog. Ramping-Verfahren in Kapitel 3.3.4.2.2. Ermittlung der Freien Cash Flows für den Anpassungszeitraum.
6   nach deutschem Steuersystem sind nur die nicht-anrechenbaren Steuern von Bedeutung.
7   Vgl. Bischoff, J. (1994), S. 94.
8   Vgl. Lewis, T.G. (1994), S. 65f.
9   Vgl. Lehmann, S. (1994), S. 264ff. sowie der vergleichbare Ansatz zur Management-Bewertung bei Bühner, R. (1994b), S. 52.
10 Vgl. Copeland, T./Koller, T./Murrin, J. (1991), S. 121ff.
11 Vgl. McTaggart, J.M./Kontes, P.W./Mankins, M.C. (1994), S. 300.
12 Vgl. Hostettler, S. (1995), S. 310.

oder unendliche Betrachtung) und in der Art des Kennzahlensystems (Ordnungssystem oder Rechensystem):[13]

Kennzahlensystem	Beurteilungskriterium		
	Berechnungsansatz	Zielgröße und zeitlicher Umfang	Art des Kennzahlensystems
Kennzahlenhierarchie (*Bischoff*)	Eigenkapital-Ansatz	„Markt"wert des Eigenkapitals (mehrperiodig)	Ordnungssystem
Werttreiber-Modell (*Lewis*)	Gesamtkapital-Ansatz	CFROI (einperiodig)	Ordnungssystem
CFROI-Schema (*Lehmann*)	Gesamtkapital-Ansatz	CFROI (einperiodig)	Rechensystem
„Key Value Drivers"-Ansatz (*Copeland/Koller/Murrin*)	Gesamtkapital-Ansatz	Wert des Gesamtkapitals	Ordnungssystem; Rechensystem nur für Freien Cash Flow
Zerlegung des „Warranted Equity Value" (*McTaggart/Kontes/Mankins*)	Eigenkapital- und Gesamtkapital-Ansatz	Wert des Eigen- und Gesamtkapitals (mehrperiodig)	Ordnungssystem
„EVA Drivers" (*Hostettler*)	Gesamtkapital-Ansatz	EVA (einperiodig)	Rechensystem

Abb. 4.26.: Vergleich von unternehmenswertorientierten Kennzahlensystemen

Auch die unternehmenswertorientierten Kennzahlensysteme sollen wie alle abzuleitenden Controllinginstrumente die zu Beginn dieses Kapitels beschriebenen Anforderungen an das unternehmenswertorientierte Controlling erfüllen.[14] Ein Vergleich mit dem Anforderungsprofil führt zu folgenden Ergebnissen:

❑ In den Kennzahlensystemen von *Lewis* und *Lehmann* sind sowohl der Zukunftsbezug als auch die **Mehrperiodigkeit** der Zielgröße „Unternehmenswert" nicht gegeben, da die zugrundeliegende Erfolgskennzahl CFROI aufgrund ihres Stichtagscharakters als einperiodig zu klassifizieren ist.[15]

❑ Der Zukunftsbezug ist auch bei den mehrperiodigen Kennzahlenansätzen nur eingeschränkt gegeben, da diese als **Ordnungssysteme** keine quantitative Verknüpfung zwischen der mehrperiodigen Zielgröße „Unternehmenswert" und einperiodigen Werttreibern wie RoI, RoS oder Umsatzwachstum vorsehen. Zeitliche Verlagerungen von Ein- und Auszahlungen (wie z.B. höhere Anschaffungskosten jetzt zugunsten späterer niedrigerer Wartungskosten oder höhere Vorlaufkosen für Marketing und F&E zugunsten späterer höherer Marktanteile) können daher nicht abgebildet werden.

---

[13] Rechensysteme erlauben durch mathematische Operationen eine rechnerische Verknüpfung und Aggregation der Kennzahlen zur nächsthöheren Ebene, während bei Ordnungssystemen Kennzahlen nur in einem sachlogisch strukturierten Zusammenhang stehen. Vgl. Groll, K.-H. (1990), S. 21ff.

[14] Vgl. Kapitel 4.2.1. Ansatzpunkte eines operativen unternehmenswertorientierten Controlling.

[15] Vgl. Lewis, T.G. (1994), S. 44.

❏   Das Kennzahlensystem von *Bischoff* enthält gewinnorientierte Größen wie RoE oder RoI. Der Unternehmenswertbegriff basiert jedoch auf **zahlungsorientierten Größen**. Verzerrungen aufgrund der Abgrenzungsgrundsätze des Handels- und Steuerrechts sind möglichst zu vermeiden.

❏   Die Ansätze gehen i.d.R. vom **Wertbeitrag einer einzelnen Geschäftseinheit** aus. Bei diversifizierten Unternehmen sind jedoch gleichzeitig mehrere Geschäftseinheiten zu berücksichtigen.

❏   Sowohl die **Gliederungstiefe als auch die Gliederungsstruktur** der Kennzahlensysteme ist sehr unterschiedlich. Der konkrete Detaillierungsgrad ist jedoch auf die Geschäftsstruktur des einzelnen Unternehmens oder der einzelnen strategischen Geschäftseinheit abzustellen.[16]

Nachfolgend soll ein erweitertes Kennzahlensystem vorgeschlagen werden, das sowohl die Mehrperiodigkeit des Shareholder Value berücksichtigt, als auch eine quantitative Verknüpfung von Werttreibern mit dem Shareholder Value in der Form eines zahlungsorientierten Rechensystems erlaubt. Zudem soll nicht von einer einzelnen Geschäftseinheit, sondern vom Gesamtunternehmen ausgegangen werden.

4.2.3.2. Erweitertes unternehmenswertorientiertes Kennzahlensystem

Ausgehend von der im vorangehenden Kapitel erarbeiten Shareholder Value-Formel[17] läßt sich nun der Shareholder Value eines Unternehmens in einem modular aufgebauten, mehrstufigen und mehrperiodigen Kennzahlensystem als Basis für ein Management-Informations-System (MIS) darstellen.[18]

Analysestufen	Perspektive
Gesamtunternehmen	Unternehmenswert des Gesamtunternehmens bestehend aus den Wertbeiträgen einzelner Geschäftseinheiten
Geschäfteinheit	Wertbeitrag einer einzelnen Geschäftseinheit bestehend aus dem Free Cash Flow-Profil über den Planungs- und Anpassungszeitraum plus des Restwertes
Jahr	Wertbeitrag einer einzelnen Geschäftseinheit in einem bestimmten Jahr zusammengesetzt aus den Bestimmungsfaktoren des Freien Cash Flows (Werttreibern)

Abb. 4.27.: Analysestufen des erweiterten unternehmenswertorientierten Kennzahlensystems

---

[16]   Vgl. Bühner, R. (1994b), S. 53.
[17]   Vgl. Kapitel 3.3.6. Die Shareholder Value-Formel.
[18]   Vgl. den vergleichbaren Vorschlag bei Richter, F./Stiglbrunner, K. (1995), S. 21.

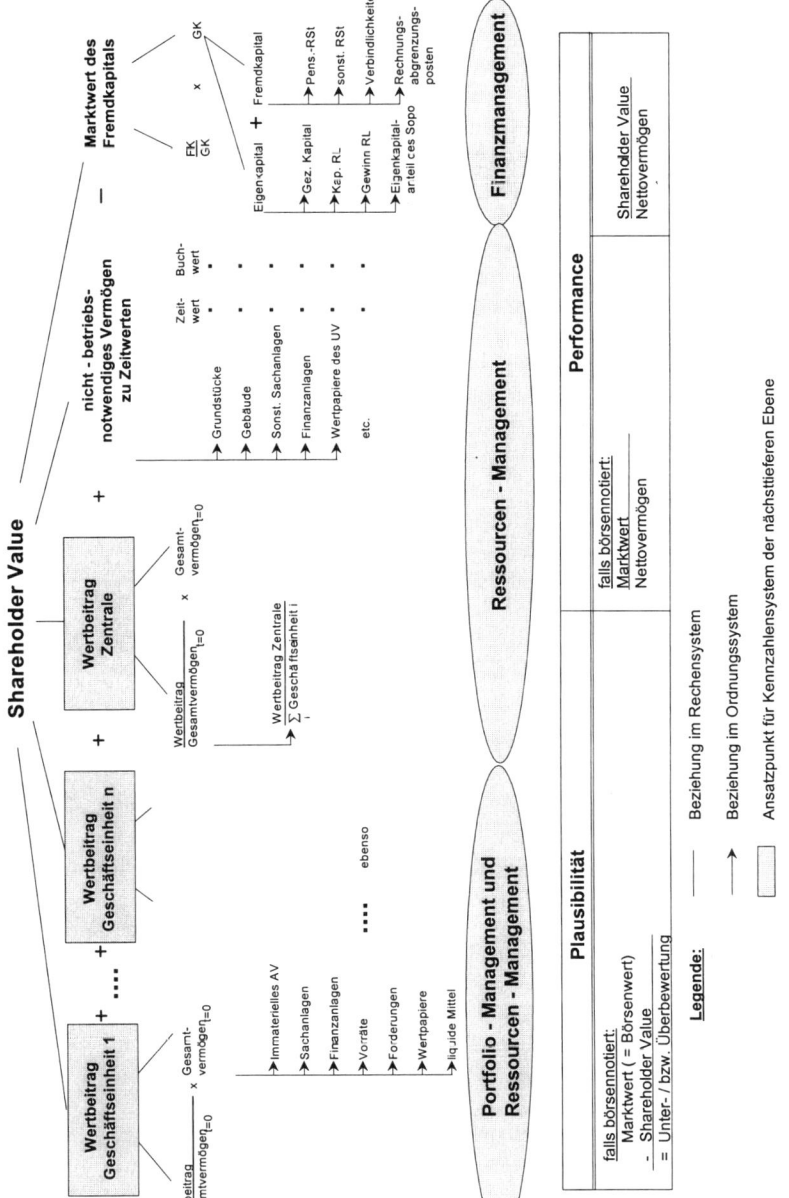

Abb. 4.28.: Erweitertes unternehmenswertorientiertes Kennzahlensystem: Gesamtunternehmensebene

4.2.3.2.1. Erweitertes unternehmenswertorientiertes Kennzahlensystem auf Gesamtunternehmensebene

Zunächst wird für das Gesamtunternehmen, wie nachfolgende Abbildung zeigt, der Shareholder Value unter Anwendung des Gesamtkapitalansatzes in seine einzelnen Elemente zerlegt.

Der **Wertbeitrag der einzelnen Geschäftseinheiten**, wie auch der der Zentrale kann nun weiter zerlegt werden in die Relation aus Wertbeitrag und Gesamtvermögen als Quasi-Marktwert/Buchwert-Relation und in das Gesamtvermögen selbst.[19] Beide Informationen können in unternehmenswertorientierte strategische Planungsinstrumente wie z.B. das „Leaning Brick Pile" einfließen.[20] Das Gesamtvermögen kann wiederum hinsichtlich seiner Struktur in immaterielles Anlagevermögen, Sachanlagevermögen, Finanzanlagen, Vorräte, Forderungen, Wertpapiere und Liquide Mittel zerlegt werden. Das Gesamtvermögen kann auch um kapitalkostenfreies Fremdkapital gekürzt als „Investiertes Kapital" definiert werden.[21]

Der **Wertbeitrag der Zentrale** kann zusätzlich zur Summe der Wertbeiträge der operativen Geschäftseinheiten als Beziehungszahl in Bezug gesetzt werden, um den Wertbeitrag der Zentrale zu relativieren. Ebenso sollte das **nicht-betriebsnotwendige Vermögen**, sofern hierfür keine eigene Geschäftseinheit gebildet wurde (wie z.B. die Immobilienbewirtschaftung bei VEBA Wohnen oder bei der Kaufhof Holding AG), in seine einzelnen Bestandteile (unbebaute Grundstücke, Gebäude, sonstige Sachanlagen, Finanzanlagen, Wertpapiere des Umlaufvermögens etc.) zerlegt werden. Interessant könnte neben dem Ausweis der nach dem Shareholder Value-Konzept geforderten Zeitwerte auch die Angabe der bilanziellen Buchwerte sein, um stille Reserven als Differenz der beiden Wertansätze aufzudecken.

Der Abzugsposten **„Marktwert des Fremdkapitals"** kann in den Verschuldungsgrad und das zu finanzierende Vermögen (= notwendige Gesamtkapital) zerlegt werden. Das Gesamtkapital setzt sich aus dem Fremd- und dem Eigenkapital zusammen, die wiederum ihrer Struktur nach gegliedert werden können.

Für börsennotierte Unternehmen kann zusätzlich der intern ermittelte Shareholder Value mit der externen Bewertung am Kapitalmarkt (Marktwert des Eigenkapitals) verglichen werden **(Plausibilitätstest)**.[22] Wie für einzelne Geschäftseinheiten kann nun auch auf der Ebene des Gesamtunternehmens das Verhältnis von Shareholder Value und Nettowert des Vermögens[23] und bei börsennotierten Unternehmen zusätzlich das Verhältnis von Marktwert und Nettowert des inflationsangepaßten Vermögens gebildet werden **(Performance)**.

Wird anstelle des inflationsangepaßten bzw. zu Zeitwerten bewerteten Vermögens der Buchwert aus dem Jahresabschluß oder der Wirtschaftlichkeitsrechnung gewählt, vereinfacht sich das Kennzahlensystem allerdings zulasten einer geringeren Erklärungskraft der Marktwerte.[24]

---

[19] Vgl. zur Relation von Wertbeitrag und Gesamtvermögen die Ausführungen in Kapitel 4.2.2.3.2.1. Ableitung des M/B-Verhältnisses und verwandter Kennzahlen aus dem Shareholder Value-Ansatz.

[20] Vgl. hierzu Kapitel 4.3.2.1.4. Leaning Brick Pile.

[21] Die Definition kommt dann der Bruttoinvestitionsbasis des CFROI sehr nahe.

[22] Für nicht-börsennotierte Unternehmen können unter Umständen mittels Multiplikatoren entsprechende Vergleichswerte gewonnen werden.

[23] Zum Begriff vgl. Kapitel 4.2.2.3.2.1. Ableitung des M/B-Verhältnisses und verwandter Kennzahlen aus dem Shareholder Value-Ansatz.

[24] Vgl. die empirischen Ergebnisse zu inflationsangepaßten Werten in Kapitel 4.2.2.3.3. Empirische Ergebnisse zu M/B-Ansätzen.

Auf Gesamtunternehmensebene können die einzelnen Kennzahlen den drei Bereichen Portfolio-Management, Ressourcen-Management und Finanz-Management zugeordnet werden. Aufgabe des **Portfolio-Management** ist es, den Mix einzelner Geschäftseinheiten so zu steuern, daß eine größtmögliche Steigerung des Shareholder Value erreicht wird. Im **Ressourcen-Management** sollen den strategischen Geschäftseinheiten entsprechend ihrer Förderwürdigkeit Ressourcen zugeteilt werden. Des weiteren ist einerseits die effiziente Nutzung zentraler Ressourcen, wie z.B. Grundlagen-F&E, Personalentwicklung, Koordination der Bereiche etc. zu gewährleisten und andererseits die im Wohle der Eigentümer sinnvolle Verwertung nicht-betriebsnotwendigen Vermögens sicherzustellen. Dem **Finanzmanagement** obliegt die Aufgabe einer Minimierung der risikoangepaßten Kapitalkosten des Gesamtunternehmens.

4.2.3.2.2. Erweitertes unternehmenswertorientiertes Kennzahlensystem auf der Ebene der Geschäftseinheiten

Auf der Ebene der Geschäftseinheiten soll nun der Wertbeitrag einer einzelnen Geschäftseinheit bzw. der Zentrale weiter zerlegt werden. Hierzu wird ein Kennzahlensystem mit der Spitzenkennzahl „Wertbeitrag der Geschäftseinheit i" entwickelt, das folgende Struktur aufweist:

Der Wertbeitrag einer einzelnen Geschäftseinheit i wird zerlegt in den **Barwert der** im Planungs- bzw. Anpassungszeitraum ermittelten **Freien Cash Flows** und in den **Restwert**. Diese beiden Wertgrößen sind wiederum auf vier unternehmenswertbestimmende Faktoren zurückzuführen:

❏   Den Strom der Freien Cash Flows im Planungs- bzw. Anpassungszeitraum,

❏   den Planungshorizont T_i, für den der Strom der Freien Cash Flows detailliert geplant wird,

❏   die Kosten des Gesamtkapitals $k_{GK,i}$ und

❏   den im Restzeitraum angenommenen konstanten Freien Cash Flow.[25]

Im Gegensatz zu den in der Literatur vorgeschlagenen Kennzahlensystemen, in denen **Freie Cash Flows** nur für ein oder ein repräsentatives Jahr betrachtet werden, wird hier explizit auf die zeitlichen und strukturellen Unterschiede im Freien Cash Flow im Planungs- bzw. Anpassungszeitraum abgestellt. Durch Verknüpfung mit der Barwertformel lassen sich diese Unterschiede auch rechnerisch in der Spitzenkennzahl des Wertbeitrages abbilden.

Der **Planungshorizont T_i** kann in die Länge des Planungszeitraums T_{1i}, für den die Freien Cash Flows detailliert aufgrund der verfolgten Strategie geplant werden, und in die Länge eines eventuell berücksichtigten Anpassungszeitraum T_{2i}, innerhalb dessen sich erzielte Umsatz- und Kapitalrenditen sowie Wachstumsgrößen wegen der Annahme erodierender Wettbewerbsvorteile auf Zielwerte reduzieren. Falls kein Anpassungszeitraum berücksichtigt wird, ist der gesamte Planungshorizont mit der Länge des Planungszeitraums identisch ($T_i = T_{1i}$).

---

[25] Bei abweichender Bestimmung des Restwertes ist das vorgeschlagene Kennzahlensystem ensprechend zu modifizieren. Vgl. die Vorschläge in Kapitel 3.3.4.2.3. Ermittlung des Restwertes.

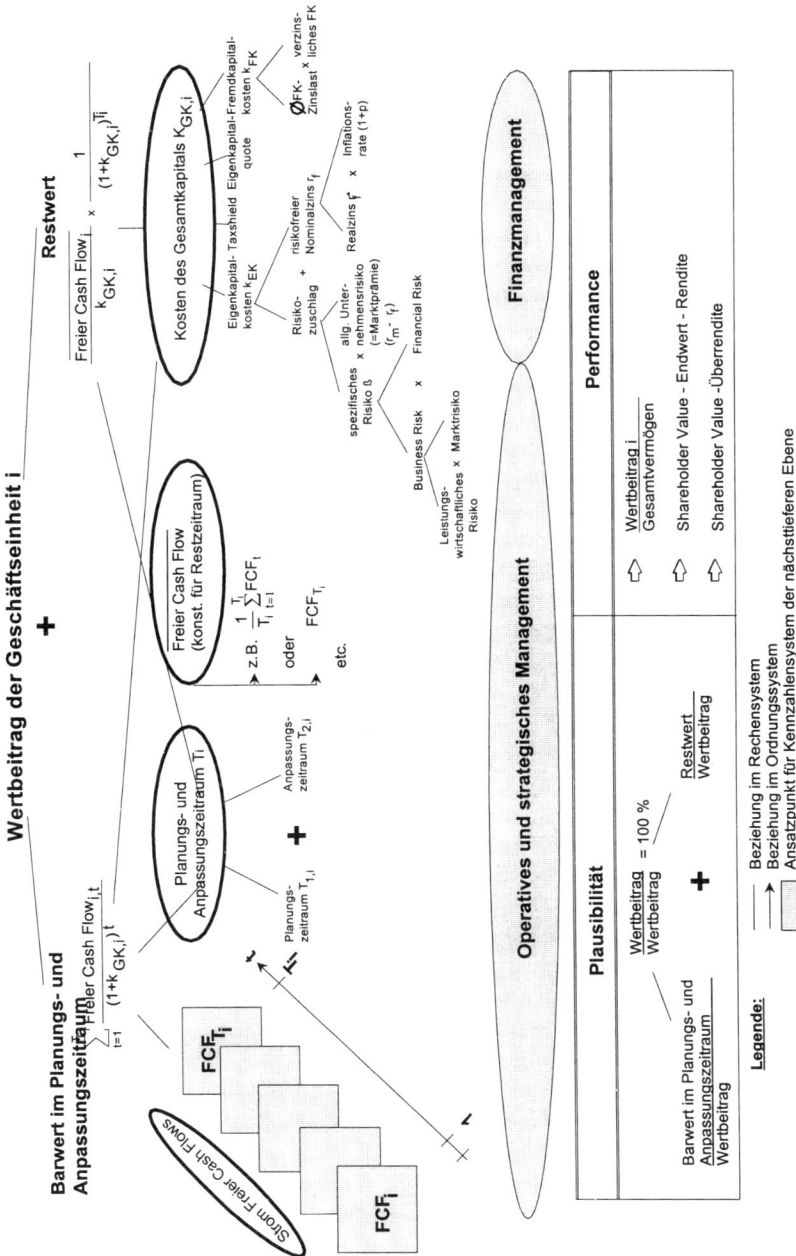

Abb. 4.29.: Erweitertes unternehmenswertorientiertes Kennzahlensystem: Ebene der Geschäftseinheiten

Der **Restwert** wird hier als ewige Rente definiert, dem der zu ermittelnde durchschnittliche Freie Cash Flow und die Kosten des Gesamtkapitals zugrunde liegen. Der durchschnittliche Freie Cash Flow kann nun wiederum aus dem Strom der Freien Cash Flows (z.B. als Durchschnitt der letzten drei oder fünf Jahre) errechnet oder explizit angegeben werden.

Den **Kosten des Gesamtkapitals** liegt im vorgeschlagenen Kennzahlensystem der CAPM-Ansatz zugrunde. Die bereits diskutierten alternativen Methoden (APT oder pauschaler Risikoaufschlag) können ersatzweise eingesetzt werden. Die Kosten des Gesamtkapitals können in die Eigen- und die Fremdkapitalkosten zerlegt werden.

Betrachtet man die **Eigenkapitalkosten**,[26] so können diese, wie obige Abbildung veranschaulicht, zunächst in den „risikofreien" Nominalzinssatz und den Risikozuschlag zerlegt werden. Der „risikofreie" Nominalzins kann wiederum in den Realzins und die Inflationsrate zerlegt werden, während sich der Risikozuschlag aus dem allgemeinen Unternehmensrisiko (beim CAPM die Marktprämie) und dem spezifischen Risiko eines Unternehmens (beim CAPM das mit Hilfe des ß-Faktors spezifizierte systematische, nicht-diversifizierbare Risiko) zusammensetzt. Letzteres Risiko kann wiederum nach dem Accounting-Beta-Ansatz auf das Risiko des Geschäfts („Business risk") und das Finanzierungsrisiko („Financial risk") zurückgeführt werden, das durch den Verschuldungsgrad bestimmt wird.[27] Das „Business Risk" wiederum kann in das leistungswirtschaftliche Risiko und in das Marktrisiko zerlegt werden. Für beide Risiken wurden im vorangehenden Kapitel entsprechende Indikatoren vorgestellt.[28]

Die **Kosten des Gesamtkapitals** ergeben sich aus der durchschnittlichen Zinslast auf das verzinsliche Kapital und aus der Höhe des verzinslichen Kapitals. Das unverzinsliche Fremdkapital (z.B. kurzfristige Steuerrückstellungen, erhaltene Kundenanzahlungen oder Lieferantenverbindlichkeiten) kann zusätzlich als Information angegeben werden.

Ähnlich wie beim Kennzahlensystem auf Gesamtunternehmensebene können auch hier abschließend die Plausibilität und die Performance angegeben werden. Von Interesse ist, wie hoch der Anteil des Restwertes, d.h. der Wertbeiträge nach dem Zeitraum detaillierter Planung, am Wertbeitrag der Geschäftseinheit i ist **(Plausibilität)**. Die **Performance** kann durch die Relation Wertbeitrag der Geschäftseinheit i zu deren inflationsangepaßtem bzw. zu Zeitwerten bewertetem Gesamtvermögen oder durch die Shareholder Value-Endwert-Rendite bzw. Shareholder Value-Überrendite gemessen werden.

4.2.3.2.3.   Erweitertes unternehmenswertorientiertes Kennzahlensystem auf der Ebene eines einzelnen Jahres

In Anlehnung an die in der Literatur dominierenden einjährigen Kennzahlensysteme soll nun der Freie Cash Flow eines einzelnen Jahres in weitere Werttreiber zerlegt werden.

Auf der ersten Ebene dieses Kennzahlensystems kann der Freie Cash Flow in den Cash Flow, in die Investitionen in das Anlagevermögen und in die Veränderung des Working Capital zerlegt werden.

---

[26] Vgl. hierzu der hier erweiterte Strukturierungsvorschlag von Gomez, P./Weber, B. (1989), S. 32.

[27] Vgl. Mandelker, G./Rhee, S. (1984), S. 45ff; Chung, K. (1989), S. 343ff. und Bauer, C. (1992), S. 67ff. und S. 261ff..

[28] Vgl. zu den Indikatoren den Accounting-Beta-Ansatz sowie zur Ermittlung von ß-Faktoren für alternative Kapitalstrukturen die pure-play-technique in Kapitel 3.3.4.3.2.1.3.2. Anwendung des CAPM bei nicht-börsennotierten Bewertungsobjekten.

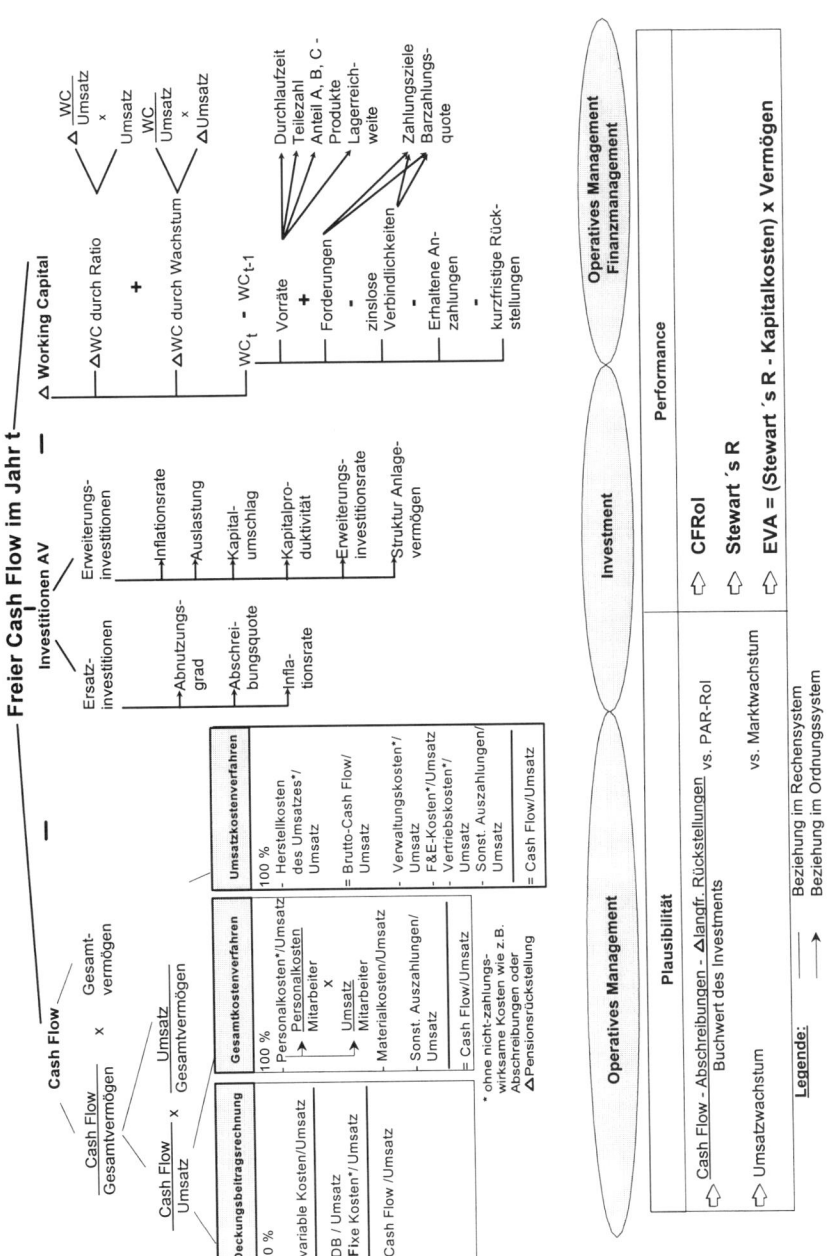

Abb. 4.30.: Erweitertes unternehmenswertorientiertes Kennzahlensystem: Jahresebene

In Anlehnung an die Struktur des DuPont-Schemas[29] kann nun der Cash Flow in die Cash Flow-Rendite des investierten Kapitals und den Vermögensbestand zerlegt werden. Die Cash Flow-Rendite, die im DuPont-Schema die Funktion des Return on Investment übernimmt, kann wiederum durch die Cash Flow-Rendite des Umsatzes und den Kapitalumschlag erklärt werden. So kann z.B. durch Erhöhung des Kapitalumschlages[30] ein Margeneinbruch auf der Absatzseite aufgefangen werden. Die Cash Flow-Rendite des Umsatzes kann nun in der nächsten Stufe auf **drei verschiedene Arten** bezüglich ihrer Struktur erklärt werden:

❑   Zerlegung mit Hilfe einer Cash Flow-orientierten Deckungsbeitragsrechnung

❑   Zerlegung mit Hilfe einer Cash Flow-orientierten Vollkostenrechnung auf Basis des Gesamtkostenverfahrens

❑   Zerlegung mit Hilfe einer Cash Flow-orientierten Vollkostenrechnung auf Basis des Umsatzkostenverfahrens

Die **Deckungsbeitragsrechnung** zeigt, ob eine Erhöhung der Absatzzahlen und damit eine Erhöhung der Deckungsbeiträge (falls diese positiv sind) eine bessere Abdeckung der ausgabenwirksamen fixen Kosten erlaubt. Außerdem stellen die Relationen „variable Kosten zu Umsatz" und „fixe Kosten zu Umsatz" Indikatoren für die Zyklizität des Geschäftes dar. Bei hohem Fixkostenanteil bewirken Absatzschwankungen stärkere Fluktuationen des Cash Flows.

Bei der Zerlegung mit Hilfe des **Gesamtkostenverfahrens** kann aufgrund der Primärkostengliederung, d.h. der Gliederung nach Kostenarten, die Sensitivität des Cash Flow bezüglich Änderungen von Inputfaktoren, wie z.B. Rohstoffpreis- oder Lohnerhöhungen, untersucht werden. Von Interesse können auch Faktoren wie die Personalintensität (Personalaufwand zu Umsatz) und die Materialintensität (Materialaufwand zu Umsatz) sein. Sie bilden Ansatzpunkte, um z.B. Outsourcing-Überlegungen (höherer Materialaufwand zugunsten niedrigerer Personal- und sonstiger Aufwendungen) bezüglich ihres Wertbeitrages zu bewerten.

Die für deutsche Unternehmen i.d.R. bedeutsamen Personalaufwendungen können weiter in die Personalproduktivität (Umsatz pro Mitarbeiter) und den Personalaufwand pro Mitarbeiter zerlegt werden. Die Produktivitätszahl kann z.B. als Benchmark für inner- und außerbetriebliche Vergleiche herangezogen werden.[31]

Die dritte Zerlegungsart nach dem **Umsatzkostenverfahren** erlaubt eine Gliederung nach den Sekundärkosten, d.h. nach Kostenstellen oder Kostenstellenbereichen. So ist z.B. erkenntlich, wieviel Prozent des Umsatzes der Brutto-Cash Flow, d.h. der nach Abzug der ausgabenwirksamen Herstellkosten des Umsatzes verbleibende Teil der Umsatzerlöse, ausmacht. Ebenso werden Relationszahlen für typische Funktionsbereiche, wie z.B. Verwaltung, Vertrieb und F&E, angeboten.

Die Cash Flow-Rendite des investierten Kapitals kann nicht nur über die Cash Flow-Rendite des Umsatzes, sondern auch über die Minderung des Kapitaleinsatzes pro DM Umsatz gesteigert werden. Da auf der Ebene einzelner Geschäftseinheiten die Kapitalseite (= Passiva) wegen eventuell fehlender Finanzautonomie häufig nicht bekannt ist, ist vom gebundenen Ver-

---

[29] Vgl. z.B. Perridon, L./Steiner, M. (1991), S. 492f..
[30] definiert als Umsatz / Gesamtvermögen.
[31] Vgl. z.B. ähnlich die Konzeption eines unternehmenswertorientierten Kennzahlensystems für Mitarbeiter bei Bühner, R. (1995a), S. 55ff.

mögen (= Aktiva) auszugehen. Dies wird jedoch im vorgestellten Kennzahlensystem durch die Komponenten „Investitionen in das Anlagevermögen" und „Veränderungen des Working Capital" abgedeckt, wodurch sich eine separate Erörterung erübrigt.

Die **Investitionen in das Anlagevermögen** sind dem Investitionsplan der Geschäftseinheit zu entnehmen. Rechentechnische Zusammenhänge mit Umsatz- oder Wachstumsgrößen können hergestellt werden, sind jedoch nicht zwangsläufig. Die von *Rappaport* pauschal konstatierte Erweiterungsinvestitionsrate für das Anlagevermögen als Relation von Erweiterungsinvestitionen zu absolutem Umsatzwachstum nimmt eine proportionale Entwicklung von Umsatz und Anlagevermögen an.[32] Nichtausgelastete Kapazitäten, Änderungen in der Wertschöpfungstiefe oder technologischer Fortschritt können jedoch zu Umsatzsteigerungen ohne Erhöhung des Anlagevermögens führen. Daher sollen im hier vorgeschlagenen Kennzahlensystem zwar einige Einflußgrößen für die Ersatz- und Erweiterungsinvestitionen genannt werden, jedoch ohne rechentechnischen Zusammenhang nur als Ordnungssystem angefügt werden:

Kennzahl	Definition	Erklärungsgehalt
Abnutzungsgrad	$\dfrac{\text{Kumulierte Abschreibungen}}{\text{AK / HK Anlagevermögen}}$	Indikator für das Alter des Anlagevermögens[33]
Abschreibungsquote	$\dfrac{\text{planmäßige Abschreibungen}}{\text{AK / HK Anlagevermögen}}$	Indikator für die Nutzungsdauer und Notwendigkeit zum Ersatz einer Anlage
Inflationsrate	Inflationsrate des BSP oder der Branche	Indikator für die inflationsbedingte Erhöhung der Investitionsauszahlungen
Auslastung	$\dfrac{\text{Wertschöpfung in DM}}{\text{Kapazität in DM Umsatz}}$	Indikator für die Auslastung und folglich für die Notwendigkeit von Erweiterungsinvestitionen
Kapitalumschlag	$\dfrac{\text{Umsatz}}{\text{Investiertes Vermögen}}$	Indikator für die notwendige Kapitalbindung pro Umsatz-DM
Kapitalproduktivität	$\dfrac{\text{Wertschöpfung}}{\text{Investiertes Vermögen}}$	Indikator für die notwendige Kapitalbinding bezogen auf die im Unternehmen erbrachter Leisung
Erweiterungsinvestitionsrate des Anlagevermögens	$\dfrac{\text{Erweiterungsinvestitionen}}{\Delta \text{Umsatz}}$	Indikator für die notwendigen Erweiterungsinvestitionen bei Umsatzsteigerungen
Struktur des Anlagevermögens	❏ Immaterielle Vermögensgegenstände ❏ Unbebaute Grundstücke, Gebäude ❏ Technische Anlagen/Maschinen ❏ Betriebs- und Geschäftsausstattung ❏ Anlagen im Bau ❏ Finanzanlagen	Struktur des Anlagevermögens, die soweit möglich als inflationsangepaßte historische Anschaffungs- oder Herstellungskosten oder zu Zeitwerten bewertet werden sollte

AK / HK: Anschaffungskosten bzw. Herstellungskosten

Abb. 4.31.: Ergänzende Kennzahlen zu den Ersatz- und Erweiterungsinvestitionen in das Anlagevermögen

---

[32] Vgl. Rappaport, A. (1986), S. 54.
[33] Verzerrungen durch rein steuerlich bedingte Abschreibungen sind soweit möglich zu bereinigen.

Die Investitionen in das Anlagevermögen können in die Ersatz- und in die Erweiterungsinvestitionen zerlegt werden. Aus externer Sicht werden die Ersatzinvestitionen häufig den Abschreibungen gleichgesetzt und der verbleibende Teil der Investitionen als Erweiterungsinvestitionen bezeichnet. Bei unternehmensinterner Analyse sollte die pauschale Vorgehensweise vermieden werden, da Ersatzinvestitionen durch Rationalisierung oder technischen Fortschritt sowie aus zeitlich strukturellen Gründen (z.B. Nachholung vergangener unterlassener Ersatzinvestitionen) erheblich vom Abschreibungsvolumen abweichen können. Des weiteren ist die Trennung zwischen Ersatz- und Erweiterungsinvestitionen häufig schwer möglich, da Ersatzinvestitionen i.d.R. dem produktiveren Stand der Technik folgen und somit auch Kapazitätserweiterungen nach sich ziehen.

Die dritte Determinante des Freien Cash Flow, die **Veränderung des Working Capital**, kann rechentechnisch in zwei Kennzahlen zerlegt werden:

❑   Die Veränderung des Working Capital aufgrund von Rationalisierungen, die wiederum auf die Veränderung der Working Capital-Bindung (Working Capital zu Umsatz) und die Höhe des Umsatzes zurückgeführt werden kann.

❑   Die Veränderung des Working Capital aufgrund von Wachstum, die sich aus der Working Capital-Bindung und der Veränderung des Umsatzes ergibt.

Die Aufspaltung ist insofern interessant, als z.B. bei Warenhäuseren beobachtet werden kann, daß Umsatzsteigerungen eigentlich c.p. auch zu einer höheren Bindung von Netto-Umlaufvermögen führen müßten, dies jedoch durch die Einführung von effizienten Warenwirtschafts- und Finanzmanagementsystemen ausgeglichen wird. Die Minderung des Working Capital durch Rationalisierung übersteigt deren wachstumsbedingte Erhöhung. Die von *Rappaport* verwandte konstante Erweiterungsinvestitionsrate wird dadurch in Frage gestellt.[34]

Ebenso wie das Anlagevermögen kann auch das Working Capital seiner Struktur nach zerlegt werden. Werden die Werte des laufenden Jahres mit denen des Vorjahres verglichen, ergeben sich interessante Aussagen über die weitere Unternehmensentwicklung bzw. Notwendigkeiten zur Gegensteuerung. Wie obiger Abbildung entnommen werden kann, sind vom Umlaufvermögen (Vorräte plus Forderungen) die zinslosen Fremdkapitalanteile abzuziehen, soweit sie in den Gestaltungsspielraum der Geschäftseinheit fallen. Ergänzend zu den rechentechnischen Zusammenhängen lassen sich auch hier weitere erklärende Kennzahlen angeben. Die nachfolgende Liste kann sicherlich nicht abschließend und vollständig sein und ist an die Wertschöpfungs- und Umfeldstruktur der Geschäftseinheit anzupassen.[35]

Die einzelnen Kennzahlenbereiche können nun wiederum verschiedenen Managementbereichen zugeordnet werden. Die Investitionen in das Anlagevermögen sind Bestandteil des Investitionsplans der Geschäftseinheit und werden daher dem **Investmentbereich** zugeordnet. Veränderungen des Working Capital können sowohl aus dem **Finanzmanagement** (Verbindlichkeiten, Forderungen, erhaltene Anzahlungen etc.) als auch aus dem **operativen Management** resultieren. Die Generierung von Cash Flows und die Steuerung seiner Determinanten ist ebenfalls dem **operativen Management** zuzuordnen.

---

[34] Vgl. Rappaport, A. (1986), S. 54.
[35] Bei den Forderungen und Verbindlichkeiten werden vereinfachend nur diejenigen aus Lieferungen und Leistungen betrachtet.

Auch auf dieser letzten Stufe des Kennzahlensystems können **Plausibilitätsüberlegungen** angestellt werden. So kann z.B. untersucht werden, ob keine Hockey-Stick-Effekte vorliegen, indem der geplante RoI mit dem PAR-RoI aufgrund der PIMS-Datenbank verglichen wird.[36] Des weiteren kann das geplante eigene Umsatzwachstum mit dem des Marktes verglichen werden, um eventuelle Fehlplanungen auszuschalten.

Kennzahl	Definition	Erklärungsgehalt
Durchlaufzeit	Zeit von der Annahme bis zur Auslieferung eines Auftrages	Indikator für die Kapitalbindung in Vorräten bzw. für die Zeitspanne der Vorfinanzierung durch das Unternehmen
Teilezahl	Anzahl der am Lager befindlichen Teile, Komponenten, Zwischen- und Endprodukte	Indikator für die Komplexität der Logistik und Materialwirtschaft und folglich für die Kapitalbindung an Vorräten
Anteil A-,B- und C-Produkte	Anteil der häufig (A-Teile) und selten verkauften Produkte (C-Teile) aufgrund einer ABC-Analyse	Indikator für die Umschlagsstruktur des Vorratsbestandes
Lagerreichweite	$\dfrac{\text{Umsatz}}{\text{Vorratsbestand}}$ kann nach Vor-, Halb- und Fertigfabrikaten getrennt ermittelt werden	Indikator für Umschlagsstruktur und Altersstruktur des Vorratsbestandes
Barzahlungsquote der Kunden	$\dfrac{\text{Bar} - \text{Umsätze}}{\text{Umsatz}}$	Indikator für die Höhe des Forderungsbestandes[37]
Barzahlungsquote gegenüber Lieferanten	$\dfrac{\text{Materialzugang gegen bar}}{\text{Materialzugang}}$	Indikator für die Höhe der Lieferantenverbindlichkeiten
Kundenziel	$\dfrac{\text{Durchschn. Forderungsbestand}}{\text{Umsatz}}$	Indikator für die Höhe des Forderungsbestandes und das Zahlungsverhalten der Kunden
Lieferantenziel	$\dfrac{\text{Durchschn. Verbindlichkeitsbestand}}{\text{Materialzugang}}$	Indikator für die Höhe des Verbindlichkeitenbestandes und das eigene Zahlungsverhalten

Abb. 4.32.: Ergänzende Kennzahlen zur Veränderung des Working Capital

Als unternehmenswertorientierte Erfolgskennzahlen bieten sich die einperiodigen Größen CFROI, Stewart's R und EVA an, wenngleich die bereits weiter oben geäußerten Vorbehalte auch hier zu berücksichtigen sind **(Performance)**.

Es sei zum Abschluß angemerkt, daß sämtliche Aufwands- und Kostenpositionen aufgrund des Cash Flow-Bezugs keine ausgabenunwirksamen Aufwendungen wie z.B. Abschreibungen oder Zuführungen zu langfristigen Rückstellungen enthalten sollten.

---

[36] Hierzu ist der Cash Flow um Abschreibungen und Veränderungen langfristiger Rückstellungen zu kürzen und aus Vergleichsgründen zum Buchwert des Vermögens in Relation zu setzen. Zum PAR-RoI vgl. Kapitel 4.2.2.4. Der Par Return on Investment (Par RoI) aus der PIMS-Studie.

[37] Der Forderungsbestand ergibt sich als nach den Barumsätzen verbleibender Teil der Gesamtumsätze.

4.2.3.2.4. *Würdigung des vorgeschlagenen Kennzahlensystems*

Zusammenfassend bringt das vorgeschlagene Kennzahlensystem folgende Erweiterungen gegenüber den vorhandenen unternehmenswertorientierten Kennzahlensystemen:

❑ Bei dem vorgeschlagenen Kennzahlensystem werden nicht nur ein Jahr, sondern mehrere Jahre gleichzeitig betrachtet. Hierdurch ist die Abbildung von Wertsteigerungsmaßnahmen über einen längeren Zeitraum möglich (**Zukunftsbezug**).

❑ Die Abbildung mehrerer Jahre erlaubt gleichzeitig die Simulation zeitlicher Verlagerungen von Maßnahmen (z.B. verspäteter Markteintritt, Streckung von F&E-Maßnahmen etc.) und deren Wirkung auf den Shareholder Value (**Mehrperiodigkeit**).

❑ Auf allen drei Ebenen ist das Kennzahlensystem als Rechensystem angelegt, d.h. Veränderungen auf den unteren Ebenen wirken sich direkt auf den Shareholder Value als Spitzenkennzahl aus. Des weiteren sind rechnerische Zusammenhänge zwischen den einzelnen Werttreibern erkennbar. Ergänzend wurden Kennzahlen i.S. eines Ordnungssystems angegeben, die den Planungs- und Steuerungsprozeß unterstützen sollen (**Rechen- und Ordnungssystem**).

❑ Es werden nur Cash Flow-orientierte Größen und keine Gewinngrößen erfaßt (**Cash Flow-Orientierung**).

❑ Mehrere Geschäftseinheiten sind nebeneinander plan- und steuerbar und erklären gemeinsam die Veränderung des Shareholder Value auf oberster Unternehmensebene (**Multi-Business-System**).

❑ Die Gliederung und Strukturierung ist den Gegebenheiten des Unternehmens und der einzelnen Geschäftseinheiten anzupassen. Das vorgeschlagene System soll hierzu Hilfestellung geben (**Flexibilität**).

4.2.4. Unternehmenswertorientierte Ergebnisrechnung

Das Periodenergebnis, wie es für interne Steuerungszwecke im Rahmen der kurzfristigen Ergebnisrechnung ermittelt wird, ist „traditionelle" Zielgröße des operativen Controlling. Wie bei der Ursachenanalyse dargestellt, will jedoch gerade der Shareholder Value-Ansatz die Fokusierung auf eine einzige „Zeitscheibe" überwinden. Die an das unternehmenswertorientierte Controlling gestellten Anforderungen, wie die Mehrperiodigkeit, die Zahlungsorientierung, der Zukunftsbezug oder die Berücksichtigung von Risiken und des Finanzbedarfs des Wachstums, sind folglich in einer modifizierten unternehmenswertorientierten Ergebnisrechnung zu berücksichtigen.

Zur Modifikation der kurzfristigen Ergebnisrechnung bieten sich **mehrere Ansatzpunkte**:

❑ Die kurzfristige Ergebnisrechnung kann in eine **kurzfristige Free Cash Flow-Rechnung** umgestaltet werden (Kapitel 4.2.5.1.)

❑ Anstatt einer Ergebnisrechnung kann eine **modifizierte Kapitalflußrechnung** verwandt werden (Kapitel 4.2.5.2.)

❑ Die unternehmenswertorientierte Ergebnisrechnung kann um eine **langfristige Ergebnisrechnung** ergänzt werden, die eine Analyse der in der Vergangenheit schon erreichten, in der Betrachtungsperiode realisierten und der in Zukunft geplanten Wertsteigerung ermöglicht (Kapitel 4.2.5.3.)

4.2.4.1. Kurzfristige Free Cash Flow-Rechnung

Eine Ergebnisrechnung auf Basis von Free Cash Flows ist in der Lage, zwei Charakteristika des Shareholder Value-Konzeptes zu erfüllen:

❑   die **Zahlungsorientierung** durch ausschließliche Berücksichtigung liquiditätswirksamer Aufwendungen und Erträge bzw. Kosten und Leistungen.[38]

❑   die **Berücksichtigung des Finanzierungsbedarfs des Wachstums** durch Abzug der Investitionen und der Erhöhungen des Working Capital vom Cash Flow.

An die Stelle der Zielgröße „Betriebsergebnis" tritt in der kurzfristigen Free Cash Flow-Rechnung die Zielgröße „Freier Cash Flow".[39] Die kurzfristige Free Cash Flow-Rechnung entspricht einer **partiellen Kapitalflußrechnung**, die nur den Umsatz- und den Investitionsbereich umfaßt. Sie kann analog zur vorgeschlagenen Kapitalflußrechnung in Anlehnung an *Busse von Colbe* en detail ausgestaltet werden.[40]

Beispiel:

Anhand eines fiktiven Beispiels eines Unternehmens, das aus den beiden Unternehmensbereichen „Drucker" (Farblaserdrucker, Schwarz/Weiß-Laserdrucker, Tintenstrahldrucker) und „Kopierer" (Laserkopierer, Farblaserkopierer) besteht, die wiederum in die angegebenen strategischen Geschäftseinheiten gegliedert sind, soll die Vorgehensweise erläutert werden.

Anmerkungen:

❑   Die Verwaltungskosten ergeben sich aus Verwaltungskosten der einzelnen strategischen Geschäftseinheiten (365 Mio. DM), aus Verwaltungskosten der beiden Unternehmensbereiche (15 Mio. DM) und aus Verwaltungskosten für die Unternehmenszentrale (10 Mio. DM).

❑   In der strategischen Geschäftseinheit „Tintenstrahldrucker" wurden in Höhe von 10 Mio. DM Mittelzuflüsse aus dem Verkauf von Anlagevermögen realisiert. Ebenso wurden im Unternehmensbereich „Kopierer" Anlagevermögen der Unternehmenszentrale in Höhe von 5 Mio. DM verkauft. Die Beträge stellen die Liquidationserlöse und nicht die Restbuchwerte dar.

❑   Die Unternehmensbereiche und die Unternehmenszentrale verfügen im Gegensatz zu den strategischen Geschäftseinheiten über kein eigenes Working Capital.

Unter Anwendung des international gebräuchlicheren Umsatzkostenverfahrens ergibt sich nun folgende kurzfristige Free Cash Flow-Rechnung, die sowohl in Kontoform als auch in Staffelform dargestellt werden kann:

---

[38] Der Kostenbegriff entspricht dann dem pagatorischen Kostenbegriff i.S. *Helmut Koch*s. Vgl. Koch, H. (1958), S. 361.

[39] Vgl. stark vereinfacht auch Rappaport, A. (1981), S. 147.

[40] Vgl. Busse v. Colbe, W. (1966), S. 101ff. sowie die eigene Darstellung in Kapitel 3.3.4.2.1.2. Konzeptionelle Einordnung des Freien Cash Flow.

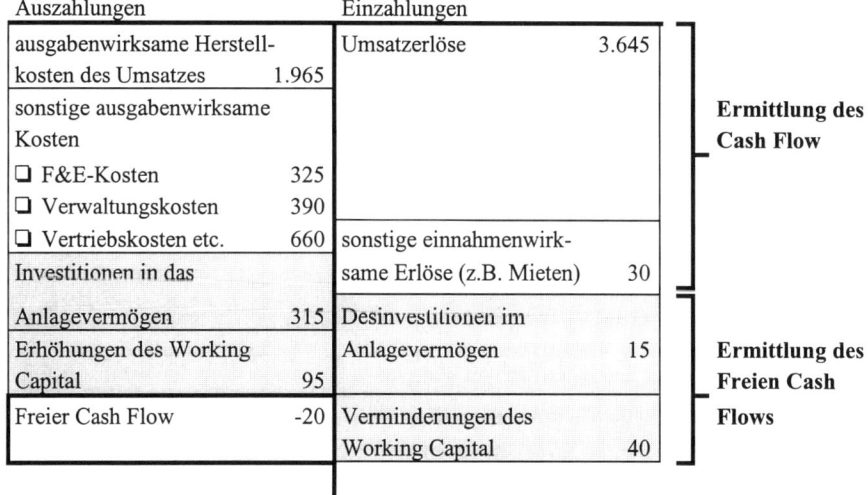

Auszahlungen		Einzahlungen		
ausgabenwirksame Herstell- kosten des Umsatzes	1.965	Umsatzerlöse	3.645	
sonstige ausgabenwirksame Kosten				**Ermittlung des** **Cash Flow**
❏ F&E-Kosten	325			
❏ Verwaltungskosten	390			
❏ Vertriebskosten etc.	660	sonstige einnahmenwirk-		
Investitionen in das		same Erlöse (z.B. Mieten)	30	
Anlagevermögen	315	Desinvestitionen im		
Erhöhungen des Working		Anlagevermögen	15	**Ermittlung des** **Freien Cash**
Capital	95			
Freier Cash Flow	-20	Verminderungen des		**Flows**
		Working Capital	40	

Abb. 4.33.: Kurzfristige Free Cash Flow-Rechnung als Kontoform

Die Free Cash Flow-Rechnung ist der Ansatzpunkt für das unterjährige Wertsteigerungsmanagement, da die Entstehung der frei verwendbaren Zahlungsüberschüsse abgebildet wird.[41] Die Struktur der kurzfristigen Free Cash Flow-Rechnung ist an die Gegebenheiten eines jeden Unternehmens und seiner Branche anzupassen und kann entsprechend verfeinert werden.

	Umsatzerlöse		3.645
−	ausgabenwirksame Herstellkosten des Umsatzes		-1.965
=	Brutto-Cash Flow aus dem Umsatz		1.680
−	sonstige ausgabenwirksame Kosten		
	❏ F&E-Kosten		-325
	❏ Verwaltungskosten		-390
	❏ Vertriebskosten etc.		-660
+	sonstige einnahmenwirksame Erlöse (z.B. Mieten)		+30
=	Cash Flow		335
	Investitionen in das Anlagevermögen	315	
	− Desinvestitionen im Anlagevermögen	-15	
− =	Netto-Anlageinvestitionen	300	-300
	Erhöhungen des Working Capital	95	
	− Verminderungen des Working Capital	-40	
− =	Δ Working Capital	55	-55
=	Freier Cash Flow		-20

Abb. 4.34.: Kurzfristige Free Cash Flow-Rechnung als Staffelform

---

[41] Zur exakten Berechnung des Freien Cash Flows sei auf die Diskussion in Kapitel 3.3.4.2.1. Ermittlung der Freien Cash Flows für den Planungszeitraum verwiesen.

Die kurzfristige Free Cash Flow-Rechnung kann als finanzwirtschaftliche Rechnung zur Erklärung der **Finanzlage** beitragen und ergänzend neben die kurzfristige Erfolgsrechnung treten, die der Darstellung der **Ertragslage** dient.[42]

Hinter dem Cash Flow bzw. Free Cash Flow eines Unternehmen verbirgt sich die Portfolio-Struktur eines Unternehmens. Der Begriff des „Free Cash Flow" entspricht Überlegungen, die bereits in den 70er Jahren im Rahmen der strategischen Planung angestellt wurden.[43] Im auch in Deutschland dominierenden Marktanteils-Marktwachstums-Portfolio der Boston Consulting Group ist beabsichtigt, daß strategische Geschäftseinheiten mit Cash Flow-"Überschüssen", d.h. die sog. „Cash Cows" mit positiven Freien Cash Flows, Cash-Verbraucher wie Star-Produkte oder Nachwuchs-Produkte alimentieren.[44]

Die vorgestellte Grobstruktur erlaubt bereits die Ableitung und Steuerung einiger interessanter **Kennzahlen**:

Kennzahl	Definition	Interpretation
❏ Brutto-Cash Flow-Rate	$\dfrac{Brutto - Cash\,Flow}{Umsatzerlöse} = \dfrac{1680}{3645} = 46,1\,\%$	Indikator für die finanz- und ertragswirtschaftliche Stärke der direkt mit dem Umsatz verbundenen Leistungen
❏ Cash Flow-Rate[45]	$\dfrac{Cash\,Flow}{Umsatzerlöse} = \dfrac{335}{3645} = 9,2\,\%$	Indikator für die finanz- und ertragswirtschaftliche Stärke eines Unternehmens
❏ Selbstfinanzierungsgrad (der Investitionen)[46]	$\dfrac{Netto - Anlageinvestitionen}{Cash\,Flow} =$ $= \dfrac{300}{335} = 89,6\,\%$	Indikator für die Fähigkeit, die Investitionen selbst zu finanzieren
❏ Selbstfinanzierungsgrad des Working Capital	$\dfrac{\Delta Working\,Capital}{Cash\,Flow} = \dfrac{55}{335} = 16,4\,\%$	Indikator für die Fähigkeit, die Erhöhungen des Working Capital selbst zu finanzieren bzw. für das Ausmaß von Freisetzungen an Working Capital
❏ Free-Cash Flow-Rate	$\dfrac{Freier\,Cash\,Flow}{Umsatzerlöse} = \dfrac{-20}{3645} = -0,5\,\%$	Indikator für den Umsatzprozentsatz, der frei für Kapitalgeber verwendet werden kann bzw. von ihnen aufzubringen ist

Abb. 4.35.: Aus der kurzfristigen Free-Cash Flow-Rechnung abgeleitete Kennzahlen

Analog zur stufenweisen Fixkostendeckungsrechnung[47] bietet es sich nun an, das gegenwärtige Potential Freie Cash Flows zu generieren, für verschiedene Aggregationsebenen im Un-

---

[42] Vgl. die Bezeichnung als „dritte Jahresrechnung" bei Käfer, K. (1969), S. 9f. sowie Coenenberg, A.G. (1993), S. 535.

[43] Vgl. Hedley, B. (1977), S. 9ff..

[44] Vgl. hierzu auch Kapitel 4.3.2.1.1. Das Marktanteils-Marktwachstums-Portfolio.

[45] Entspricht dem Begriff der „Umsatzüberschußrate", wie ihn z.B. *Bühner* verwendet. Vgl. Bühner, R./Weinberger, H.-J. (1991), S. 191 Fußnote 15 und ebenso Bühner, R. (1990), S. 54.

[46] Vgl. ähnlich Coenenberg, A.G. (1993), S. 530ff..

[47] Vgl. hierzu Agthe, K. (1959), S. 404ff. und die Ausführungen bei Coenenberg, A.G. (1993a), S. 225ff..

ternehmen zu betrachten. Ausgehend von den einzelnen strategischen Geschäftseinheiten kann die Entstehung des Freien Cash Flows zunächst zum Freien Cash Flow der Unternehmensbereiche und schließlich bis zum Freien Cash Flow für das Gesamtunternehmen aggregiert werden **(Stufenweise Free Cash Flow-Rechnung)**.

Unternehmensbereiche	Drucker			Kopierer	
Strategische Geschäftseinheiten	Farblaser-drucker	S/W-Laser-drucker	Tintenstrahl-drucker	Laser-kopierer	Farblaser-kopierer
Umsatzerlöse	500	1400	500	795	450
− ausgabenwirksame Herstellkosten des Umsatzes	-240	- 685	-350	-380	-310
= Brutto-Cash Flow aus Umsatz	**260**	**715**	**150**	**415**	**140**
− sonst. ausgabenwirksame Kosten					
❏ F&E-Kosten	-80	-100	-5	-50	-90
❏ Verwaltungskosten	-30	-100	-45	-180	-10
❏ Vertriebskosten etc.	-80	-400	-80	-70	-30
+ sonstige einnahmenwirksame Erlöse (z.B. Mieten)	+10	+5	0	+5	+10
= Cash Flow	**+80**	**+120**	**+20**	**+120**	**+20**
− Netto-Anlageinvestitionen	-100	-50	-20	-85	-30
− Δ Working Capital	-50	+30	+10	-20	-25
= Freier Cash Flow I	**-70**	**+100**	**+10**	**+15**	**-35**

	Drucker	Kopierer
∑ Freier Cash Flow I	+40	-20
− Kosten des Unternehmensbereichs	- 5	-10
− zentrale Investitionen des Bereichs in Anlagevermögen und WC[48]	-15	+5
= Freier Cash Flow II	**+20**	**-25**

∑ Freier Cash Flow II	- 5
− Kosten der Zentrale	-10
− zentrale Investitionen des Unternehmens in Anlagevermögen und Working Capital[49]	-5
= Freier Cash Flow III	**-20**

Abb. 4.36.: Stufenweise Freie Cash Flow-Rechnung

In beiden Richtungen bieten sich nun **Bottom-Up-** oder **Top-down-Analysen** an. Bottom-Up können Auswirkungen von einzelnen strategischen Geschäftseinheiten auf das Gesamtunternehmen beurteilt werden; top down kann untersucht werden, worauf z.B. ein unterdurchschnittlicher Freier Cash Flow des Gesamtunternehmens oder eines einzelnen Bereichs zu-

---

[48] z.B. F&E oder Logistik.
[49] z.B. Schulungszentrum oder zentrale Entwicklung.

rückzuführen ist. Der Top-down- und Bottom-Up-Ansatz wurde daher auch in die Konzeption des unternehmenswertorientierten Kennzahlensystems übernommen, indem drei Analyseebenen vorgeschlagen wurden.[50]

Durch den Cash Flow-Ansatz wird der Zahlungsorientierung der Ergebnisrechnung Ausdruck verliehen. Im Gegensatz zur alleinigen Betrachtung des Cash Flow wird der Kapitalbedarf zur Finanzierung zukünftigen Wachstums erst durch den Freien Cash Flow deutlich, indem Investitionen in das Anlagevermögen und das Netto-Umlaufvermögen berücksichtigt werden. So übersteigt beim Farblaserdrucker und -kopierer der (Re-)investitionsbedarf die Cash-Generierung durch den Umsatz (Cash-Verbraucher). In der Denkschiene des Marktanteils-/ Marktwachstumsportfolios der Boston Consulting Group kann es sich hierbei um Nachwuchsprodukte oder Starprodukte handeln, d.h. strategische Geschäftseinheiten mit überdurchschnittlichem Marktwachstum, in denen es gilt, die Marktführerschaft zu erreichen (Nachwuchsprodukte) oder die Kapazitäten (Produktion, Logistik, Vertrieb etc.) mit der Marktentwicklung mitwachsen zu lassen (Starprodukte). Der Bereich Schwarz-/Weiß-Laser ist ein klassisches Cash-Cow-Produkt, das erhebliche Freie Cash Flows erzielt, die teilweise auf Reduktionen des Working Capital zurückzuführen sind. Diese können z.B. durch Umsatzrückgänge mit entsprechender Minderung des Forderungs- und/oder Vorratsbestandes oder durch Rationalisierungen bedingt sein, die auf Erhöhung des Kapitalumschlags des Umlaufvermögens zurückzuführen sind. Die Geschäftseinheit Laserkopierer erfordert immer noch erhebliche Investitionen in das Anlagevermögen, die jedoch bereits aus dem laufenden Cash Flow finanziert werden.

Die Analyseebene des Freien Cash Flow I verdeutlicht den innerhalb des Unternehmens erfolgenden Finanzausgleich zwischen den einzelnen Geschäftseinheiten i.S. eines möglichst ausgewogenen Portfolios. Ohne die Kosten und die Investitionen der Bereiche oder der Zentrale erwirtschaften die Geschäftseinheiten in Summe einen positiven Freien Cash Flow von 20 Mio.

Da gerade in divisionalisierten Unternehmen Unternehmensbereiche oder das Gesamtunternehmen Aktivitäten entfalten und Investitionen tätigen, die mehreren Geschäftseinheiten zu Gute kommen können, empfiehlt sich eine stufenweise Zusammenfassung der Freien Cash Flows wie in einer stufenweisen Fixkostendeckungsrechnung. Das fiktive Beispiel zeigt, daß der Unternehmensbereich Drucker einen positiven Freien Cash Flow II abwirft, während der Unternehmensbereich Kopierer hieraus finanziert werden muß. Werden auch noch zentrale Investitionen und Kosten (z.B. Grundlagenforschung, Entwicklung von Kernkompetenzen, Infrastrukturmaßnahmen etc.) berücksichtigt, so wird das Unternehmen per Saldo zum Kapitalverbraucher. Da die Selbstfinanzierung nicht gewährleistet ist, müssen Eigenkapital- und Fremdkapitalgeber zur Finanzierung herangezogen werden. Die Free Cash Flow-Beiträge der strategischen Geschäftseinheiten reichen nicht aus, die zentrale „Zukunftsvorsorge" der Unternehmensbereiche und der Unternehmenszentrale zu finanzieren. Dies muß jedoch kein Negativum sein, sondern kann auch Indikator für eine zukunftsträchtige Unternehmensentwicklung sein.

---

50 Vgl. Kapitel 4.2.3.2. Erweitertes unternehmenswertorientiertes Kennzahlensystem.

4.2.4.2. Modifizierte Kapitalflußrechnung

Die obige kurzfristige Free Cash Flow-Rechnung entspricht bereits in Ausschnitten einer Kapitalflußrechnung,[51] wie sie der Ermittlung des Freien Cash Flows zugrunde gelegt wurde.[52] Die kurzfristige Free Cash Flow-Rechnung kann nun i.S. einer **vollständigen Kapitalflußrechnung** um den Nachweis der Verwendung eines positiven Freien Cash Flows bzw. um den Nachweis der Aufbringung eines negativen Freien Cash Flows ergänzt werden. Die Ergänzung entspricht dem „Kapitalbereich" in der Kapitalflußrechnung nach *Busse von Colbe*,[53] die dem eigenem Ermittlungsschema zugrundeliegt. Der „Umsatzbereich" und der „Investitionsbereich" sind bereits in der kurzfristigen Free Cash Flow-Rechnung enthalten. Die Kapitalflußrechnung wird dabei an die Konzeption und Begriffswelt des Shareholder Value-Ansatzes angepaßt.

Während obige kurzfristige Free Cash Flow-Rechnung damit als **„Entstehungsrechnung"** zu klassifizieren ist, kann in einer **„Verwendungsrechnung"** die finanzielle Verwendung eines positiven bzw. die finanzielle Deckung eines eventuell negativen Freien Cash Flows dargestellt werden. Da die „Entstehungsrechnung" bereits oben in ihrer einstufigen als auch ihrer mehrstufigen Ausprägung vorgestellt wurde, soll hier nur die „Verwendungsrechnung" in Fortsetzung obigen Beispiels sowohl als Kontoform als auch als Staffelform dargestellt werden. Da die Finanzierung i.d.R. zentral im Gesamtunternehmen erfolgt, kann die Verwendungsrechnung in der vorgestellten Form nur für das Gesamtunternehmen aufgestellt werden. Dadurch muß auch auf einen mehrstufigen Aufbau verzichtet werden. Aus Sicht der Kapitalgeber ergeben sich folgende Verwendungsrechnungen:

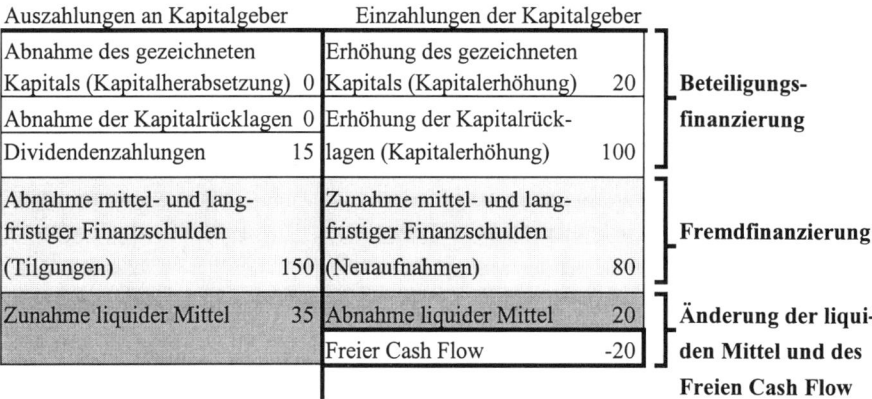

Abb. 4.37.: Verwendungsrechnung zum Freien Cash Flow in Kontoform

Der negative Freie Cash Flow wurde durch Einzahlungen der Eigenkapitalgeber von per saldo 105 Mio. DM finanziert, da zugleich an Fremdkapitalgeber per saldo 70 Mio. DM zurückgezahlt wurden und zudem die liquiden Mittel um 15 Mio. DM aufgestockt wurden. Bleiben die liquiden Mittel und die Fremdfinanzierung konstant, so ist der Freie Cash Flow mit dem Volumen der **Beteiligungsfinanzierung** gleichzusetzen. Wenn auch zusätzlich das gezeichnete

---

51 Vgl. der gleichen Meinung Rappaport, A. (1981), S. 146f..
52 Vgl. Kapitel 3.3.4.2.1.2. Konzeptionelle Einordnung des Freien Cash Flows und Kapitel 3.3.4.2.1.4. Rechnerische Ermittlung des Freien Cash Flow.
53 Vgl. Busse von Colbe, W. (1966), S. 101ff..

Kapital und die Kapitalrücklagen unverändert belassen werden, stellt der Freie Cash Flow das **Dividendenpotential** dar.

		Abnahme des gezeichneten Kapitals	0	
	–	Erhöhung des gezeichneten Kapitals	–20	
+	=	Veränderung des gezeichneten Kapitals	–20	–20
		Abnahme der Kapitalrücklagen	0	
	–	Erhöhung der Kapitalrücklagen	–100	
+	=	Veränderung der Kapitalrücklagen	–100	–100
+		Dividendenzahlung für das Vorjahr		+15
=		Beteiligungsfinanzierung		–105
		Abnahme mittel- und langfristiger Finanzschulden	150	
	–	Zunahme mittel- und langfristiger Finanzschulden	–80	
=		Fremdfinanzierung	+70	+70
=		Außenfinanzierung		–35
		Zunahme liquider Mittel	35	
	–	Abnahme liquider Mittel	–20	
=		Veränderung der liquiden Mittel	+15	+15
=		Free Cash Flow		–20

Abb. 4.38.: Verwendungsrechnung zum Freien Cash Flow in Staffelform

4.2.4.3. Langfristige Ergebnisrechnung

Die bisher vorgestellten Varianten einer unternehmenswertorientierten Ergebnisrechnung genügen nur dem Anspruch der Zahlungsorientierung und der Berücksichtigung zukünftigen Wachstums. Sie können daher nur zur einperiodigen unternehmenswertorientierten Steuerung verwandt werden und bedürfen der Ergänzung durch die traditionelle gewinnorientierte kurzfristige Ergebnisrechnung. Die gewinnorientierte kurzfristige Ergebnisrechung berücksichtigt durch die immanente sachliche und zeitliche Abgrenzung in beschränktem Umfang mehrperiodische Entscheidungswirkungen, wie z.B. zukünftige Gewährleistungszahlungen über Gewährleistungsrückstellungen oder Reinvestitionsbedarfe über kalkulatorische Abschreibungen. Auf die Kritik der gewinnorientierten Steuerung wurde bereits mehrfach verwiesen.

Ergänzend sollen nun auch i.S. einer vollständigen unternehmenswertorientierten Betrachtung die Kriterien der Zukunftsbezogenheit, der Mehrperiodigkeit, der Berücksichtigung des Zeitwertes des Geldes, der Berücksichtigung von Risiken und der Marktwertorientierung einbezogen werden.[54] Dies erfordert jedoch eine Dynamisierung der Ergebnisrechnung, d.h. insbesondere den Einbezug periodenübergreifender Wirkungen von Unternehmensentscheidungen.

Die Ergebnisrechnung dokumentiert dann neben dem „zahlungsorientierten" Erfolg einer einzelnen Zeitscheibe **(Periodenerfolg)**, d.h. eines Monat, eines Quartals, eines Halbjahres oder eines Jahres, auch den bis zum betrachteten Jahr erzielten Erfolg **(Vergangenheitserfolg)** so-

---

[54] Vgl. die Charakteristika des Shareholder Value-Ansatzes in Kapitel 4.1. Auswirkungen der Zielgröße „Shareholder Value" auf das Controlling.

wie eine Prognose über zukünftig noch zu erwirtschaftende Erfolge **(Zukunftserfolg)**. Als betrachtete Zeitscheibe kommt aus Wirtschaftlichkeitsgründen am ehesten das Wirtschaftsjahr in Frage, bei kürzeren Projekten auch das Halbjahr oder das Quartal.

Durch die Angabe des Vergangenheitserfolgs soll dabei zunächst nur die tatsächlich eingetretene Vergangenheitsentwicklung dokumentiert werden. Eine **Kontrolle** i.S. einer unternehmenswertorientierten Abweichungsanalyse wird im nachfolgenden Kapitel diskutiert werden. [55] Dem Vergangenheitserfolg sowie dem Periodenerfolg liegen daher tatsächlich realisierte Ist-Free Cash Flows zugrunde. Der Zukunftserfolg wird mit geplanten oder revidierten Planwerten ermittelt.

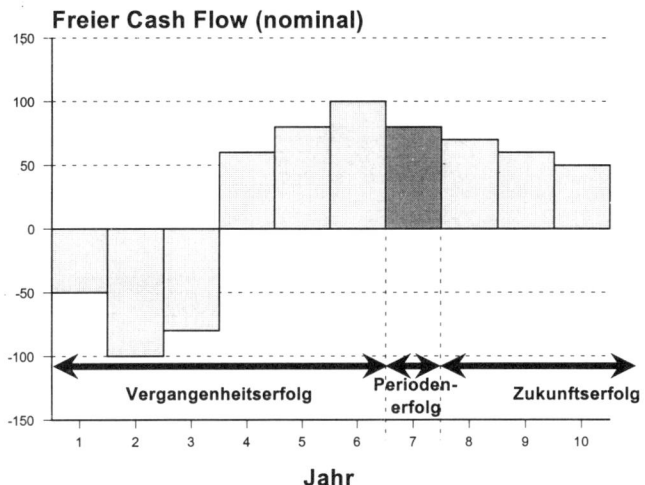

Abb. 4.39.: Unternehmenswertorientierte Erfolgsmessung[56]

Entscheidungsrelevant für die unternehmenswertorientierte Erfolgsmessung sind nur der Erfolg der laufenden Periode und der Zukunftserfolg, da nur sie durch noch zu treffende Entscheidungen beeinflußt werden können . Bereits *Rappaport* weist daraufhin, daß sich bei unternehmenswertorientierter Sicht der Erfolg aus dem erwirtschafteten Freien Cash Flow der Periode[57] und der Änderung des Unternehmenswertes gegenüber der Vorperiode zusammensetzt.[58]

Wie schon durch die drei Ebenen des unternehmenswertorientierten Kennzahlensystems zum Ausdruck gebracht wurde, bieten sich auch für die Dynamisierung der Ergebnisrechnung mehrere **Aggregationsebenen** an:

1)   Betrachtung einzelner Projekte oder Produktgruppen innerhalb einer Geschäftseinheit

2)   Betrachtung aller laufenden Projekte oder Produktgruppen einer Geschäftseinheit

3)   Betrachtung einer Geschäftseinheit innerhalb des Gesamtunternehmens

4)   Betrachtung aller Geschäftseinheiten des Gesamtunternehmens

---

[55] Vgl. Kapitel 4.2.6. Unternehmenswertorientierte Abweichungsanalyse.
[56] Die Abbildung beruht auf den Daten des Beispiels im nachfolgenden Abschnitt.
[57] Der von *Rappaport* verwandte Begriff des „Cash Flow" entspricht aufgrund seiner Definition dem hier verwandten Begriff des „Freien Cash Flow". Vgl. Rappaport, A. (1986), S. 52.
[58] Vgl. Rappaport, A. (1986), S. 32.

Projekte sind dabei zeitlich befristete Aktivitäten des Unternehmens, wie z.B. einzelne Projekte im Anlagenbau oder in der Softwareentwicklung (**Anlagengeschäft**). Einzelne Produktgruppen sind dagegen der Analysegegenständ im **Produktgeschäft**.

Die Vorgehensweiseen 1) und 3) sind beide Längsschnittsbetrachtungen, in denen einzelne Objekte unterschiedlichen Aggregationsgrades bezüglich ihres Wertbeitrags analysiert werden. Ebenso sind die Vorgehensweisen 2) und 4) ähnlich, da bei beiden sowohl eine **Querschnittsbetrachtung** (Welche Projekte, Produktgruppen oder Geschäftseinheiten leisten welchen Beitrag zum Unternehmenswert ?) als auch eine **Längsschnittsbetrachtung** (Welcher Wertbeitrag wurde in der Vergangenheit, welcher wurde in der aktuellen Periode und welcher wird in der Zukunft erwirtschaftet werden ?) erfolgt. Daher sollen die Betrachtungsperspektiven paarweise zu zwei Arten einer unternehmenswertorientierten Ergebnisrechnung zusammengefaßt werden:

❑   **Langfristige Produkt- bzw. Projektrechnung** (Vorgehensweise 1) und 3))

❑   **Langfristige Unternehmensergebnisrechnung** (Vorgehensweise 2) und 4))

4.2.4.3.1.   *Langfristige Produkt- bzw. Projektrechnung*

Die langfristige Produkt- bzw. Projektrechnung soll anhand eines einfachen Beispiels verdeutlicht werden:

Beispiel:

Ein Unternehmen hat für eine im Aufbau befindliche strategische Geschäftseinheit folgenden Business Plan entwickelt und will nun mit Hilfe der langfristigen Projektrechnung die Realisierung der Wertbeiträge in den einzelnen Jahren darstellen. Nach dem 10. Jahr wird mit jährlich konstanten Freien Cash Flows in Höhe von 20 gerechnet. Bei durchschnittlichen gewichteten Kapitalkosten von 10 % ergibt sich ein Restwert von 20 / 0,1 = 200 im 10. Jahr bzw. ein Barwert von $200 / 1,1^{10} = 77,11$ für das 1. Jahr:

Jahr	1	2	3	4	5	6	7	8	9	10	11-∞
Freier Cash Flow	-50	-100	-80	60	80	100	80	70	60	50	20
Barwert Freier Cash Flow$_t$	-45,45	-128,10	-188,20	-147,22	-97,55	-41,10	-0,05	32,61	58,05	77,33	154,44

Abb. 4.40.: Ausgangsdaten für die langfristige Produkt- bzw. Projektrechnung

Nach den vorliegenden Daten ergibt sich für die Geschäftseinheit einen **Wertbeitrag** von 154,44, wobei im Jahr 7 die Anfangsauszahlungen in den Jahren eins bis drei amortisiert sind. Wird nun ein einzelnes Jahr, z.B. das Jahr sechs, betrachtet, ergibt sich für die Geschäftseinheit auf Basis nachfolgender Daten ein Betriebsergebnis in Höhe von 50. Entsprechend obiger Vorschläge ist die **kurzfristige Ergebnisrechnung** zunächst in eine **kurzfristige Free Cash Flow-Rechnung** zu überführen.

	Kurzfristige Ergebnisrechnung	Zahlungswirksamkeit ──────────►	Kurzfr. Free Cash Flow-Rechnung
❑ Umsatzerlöse	1000	zahlungs-	1000
❑ Materialkosten	-280	wirksam	-280
❑ Personalkosten	-200		-200
❑ Kalk. Abschreibungen	-20	nicht zahlungs-	
❑ Zuführung zu Gewähr-leistungsrückstellungen	-30	wirksam	
❑ tatsächlich geleistete Gewährleistungen		zahlungswirksam	-25
❑ Zuführung zu Pensions-rückstellungen	-50	nicht zahlungs-wirksam	
❑ Zahlungen an Pensionäre		zahlungswirksam	-60
❑ Kalk. Zinsen	-30	wegen Gesamtka-pitalansatz irrelevant	
❑ Kalkulatorische Umlage für F&E-Kosten	-40	nicht berücksichtigen	
❑ Sonstige zahlungswirk-same Kosten	-300	zahlungswirksam	-300
	Betriebsergebnis 50		**Cash Flow 135**
❑ Investitionen			-25
❑ Δ Working Capital[59]			-10
			Free Cash Flow 100

Abb. 4.41.: Überleitung der kurzfristigen Ergebnisrechnung zur kurzfristigen Free Cash Flow-Rechnung

Der Wertbeitrag der betreffenden Periode (**Periodenerfolg**) ist nach dem Shareholder Value-Konzept der erwirtschaftete Freie Cash Flow in Höhe von 100, der im betreffenden Jahr über dem Betriebsergebnis liegt.

Da beim Shareholder Value-Konzept einzelne Bewertungsobjekte über mehrere Perioden, d.h. über ihren Lebenszyklus, betrachtet werden, soll sich jede Produktgruppe bzw. jedes Projekt über seinen Lebenszyklus selbst finanzieren und darüber hinaus einen Beitrag zur Wertsteigerung des Unternehmens leisten. Daher wird der Periodenerfolg, gemessen als Freier Cash Flow, z.B. nicht durch kalkulatorische Umlagen der F&E-Kosten gemindert, wie dies z.B. bei der Ermittlung des Betriebsergebnisses üblich ist. Die Umlagen enthalten Kosten für F&E-Projekte, die bereits die nächste Produkt- oder Verfahrensgeneration betreffen. Ein Ursache-Wirkungs-Zusammenhang mit dem kostentragenden Projekt bzw. Produkt besteht nicht. Daher scheint es geeigneter, in einer langfristigen Projekt- bzw. Produktrechnung F&E-Kosten als Vorlaufkosten zu erfassen, die in den folgenden Jahren zu amortisieren sind. Vergleichbare Überlegungen werden auch im Ansatz des **Life Cycle Costing** angewandt, wenn es aus Sicht der Hersteller betrachtet wird. Beim Life Cycle Costing wird die Kosten- und Erlösentwick-

---

[59] Um Doppelzählungen zu vermeiden, dürfen bei der gewählten Darstellung z.B. die Erhöhungen der Ge-währleistungsrückstellungen um 5 Geldeinheiten nicht als Zunahme kurzfristiger Passiva vom Umlaufver-mögen subtrahiert werden, da sonst wieder der buchhalterische Ausweis der Aufwendungen für Gewährlei-stung von -30 erreicht würde.

lung einzelner Projekte oder Produkte über ihren gesamten Lebenszyklus, d.h. von der Konzeption bis zur Entsorgung, als **dynamische Investitionsrechnung** betrachtet.[60] Der Kostenanfall soll dabei so gestaltet werden, das die Lebenszykluskosten über den Lebenszyklus optimal werden. Das Life Cycle Costing geht als Integration verschiedener Methoden der Systembewertung, der Prognose von Kosten, der Berücksichtigung von Risiken und Inflation sowie traditioneller Investitionsrechenverfahren über den hier betrachteten rein finanzwirtschaftlichen Aspekt jedoch hinaus.[61]

Um zusätzlich zum Freien Cash Flow auch die oben erwähnten zusätzlichen Charakteristika des Shareholder Value-Ansatzes zu berücksichtigen, ist die „Erfolgsgröße" Freier Cash Flow **(Periodenerfolg)** zu ergänzen um Informationen über den bereits vom Basisjahr bis zum sechsten Jahr geschaffenen Wertbeitrag **(Vergangenheitserfolg)** sowie über den zukünftig noch laut Planung zu erwirtschaftendem Wertbeitrag **(Zukunftserfolg)**. Dadurch kann die Höhe des im betrachteten Jahr tatsächlich erzielten Freien Cash Flows bezüglich seines Beitrages zum gesamten Wertbeitrag des Projektes oder Produktes in Bezug gesetzt werden. Zudem zeigt die Relation zwischen Vergangenheits-, Perioden- und Zukunftsergebnis, inwieweit die geplante Wertsteigerung bereits realisiert werden konnte.

Die drei Erfolgsbestandteile, die zu besseren Vergleichbarkeit jeweils auf den Beginn des ersten Jahres (Bewertungszeitpunkt 01.01.01.) bezogen wurden, können wie folgt definiert werden:

$$Vergangenheitserfolg = \sum_{i=1}^{t-1} \frac{Freier\,Cash\,Flow_i}{\left(1+k_{GK}\right)^i}$$

$$Periodenerfolg = Freier\,Cash\,Flow_t \bullet \frac{1}{\left(1+k_{GK}\right)^t}$$

$$Zukunftserfolg = \sum_{i=t+1}^{T} \frac{Freier\,Cash\,Flow_i}{\left(1+k_{GK}\right)^i} + \frac{Freier\,Cash\,Flow}{k_{GK} \bullet \left(1+k_{GK}\right)^T}$$

$$Wertbeitrag = Vergangenheitserfolg + Periodenerfolg + Zukunftserfolg$$

In nachfolgender Abbildung sind die Wertbeiträge gemäß obiger Definition für das Beispiel errechnet worden:

Jahr	1	2	3	4	5	6	7	8	9	10
Wertbeitrag der Geschäftseinheit absolut										
❑ Vergangenheitserfolg	0,00	-45,45	-128,10	-188,20	-147,22	-97,55	-41,10	-0,05	32,61	58,05
❑ Periodenerfolg	-45,45	-82,64	-60,11	40,98	49,67	56,45	41,05	32,66	25,45	19,28
❑ Zukunftserfolg	199,89	282,54	342,64	301,66	251,99	195,54	154,49	121,83	96,39	77,11
Summe (= Wertbeitrag der Geschäftseinheit)	154,44	154,44	154,44	154,44	154,44	154,44	154,44	154,44	154,44	154,44

---

[60] Vgl. hierzu beispielsweise Seldon M.R. (1979); Sherif, Y.S./Kolarik, W.J. (1981), S. 287ff.; Pfohl, H.C./Wübbenhorst, K.L. (1983), S. 142ff.; Back-Hock, A. (1988); Shields, M.D. /Young, S.M. (1991), S. 39ff. und Coenenberg, A.G./Fischer, T.M./Schmitz, J. (1994), S. 29ff..

[61] Vgl. Back-Hock, A. (1988), S. 8.

Summe (= Wertbeitrag der Geschäftseinheit)	154,44	154,44	154,44	154,44	154,44	154,44	154,44	154,44	154,44	154,44
Prozentualer Anteil am Wertbeitrag der Geschäftseinheit										
❑ Vergangenheitserfolg	0,0%	-29,4%	-82,9%	-122%	-95,3%	-63,2%	-26,6%	-0,0%	21,1%	37,6%
❑ Periodenerfolg	-29,4%	-53,5%	-38,9%	26,5%	32,2%	36,6%	26,6%	21,1%	16,5%	12,5%
❑ Zukunftserfolg	129,4%	182,9%	221,9%	195,3%	163,2%	126,6%	100,0%	78,9%	62,4%	49,9%
Summe	100,0%	100,0%	100,0%	100,0%	100,0%	100,0%	100,0%	100,0%	100,0%	100,0%

Abb. 4.42.: Vergangenheits-, Perioden- und Zukunftserfolg in der langfristigen Produkt- bzw. Projektrechnung (in Werten zum 01.01.01)

Abgezinst auf das Basisjahr der ursprünglichen Planung (01.01.01) ergibt sich ein **absoluter Wertbeitrag** des sechsten Jahres **(Periodenerfolg)** in Höhe von $100 / 1{,}1^6 = 56{,}45$. Um den geplanten Wertbeitrag des Geschäftsjahres zu realisieren, sind jedoch in den verbleibenden vier Jahren und im Restzeitraum noch Freie Cash Flows mit einem Barwert zum 01.01.01 in Höhe von 195,54 **(Zukunftserfolg)** zu erzielen, wobei der Restwert einen Barwert von 77,11 entspricht. Da der Barwert der bisherigen erzielten Freien Cash Flows mit -97,55 negativ ist **(Vergangenheitserfolg)**, sind die Vorlaufkosten bisher noch nicht durch entsprechende Rückflüsse abgedeckt; der Zukunftserfolg von 195,54 liegt über dem geplanten Wertbeitrag der strategischen Geschäftseinheit von 154,44.

Die **prozentuale Betrachtung** zeigt, daß der Beitrag des sechsten Jahres mit 36,6 % zum Wertbeitrag der strategischen Geschäftseinheit den höchsten Jahresbeitrag im Geschäftsplan darstellt und folglich von erheblicher Bedeutung für die Realisierung der Wertsteigerung ist. Da jedoch der Großteil des Wertbeitrags der Geschäftseinheit in den Jahren sechs bis zehn und im Restzeitraum noch zu realisieren ist, kommt der langfristigen unternehmenswertorientierten Steuerung angesichts eines prozentualen Anteils des Zukunftserfolges von 126,6 % (> 100 %, d.h. die Vorlaufkosten wurden noch nicht erwirtschaftet) erhebliche Bedeutung zu.

Äquivalent zur Bewertung zum 1.1.01. können jedoch die **Wertbeiträge** auch **auf das jeweilige Betrachtungsjahr bezogen** werden, indem die Teilbeiträge mit dem Kapitalkostensatz von 10 % hochgerechnet werden. Der Aussagegehalt ist konsequenterweise mit obiger Abbildung identisch:

Jahr	1	2	3	4	5	6	7	8	9	10
Wertbeitrag der Geschäftseinheit absolut										
❑ Vergangenheitserfolg	0,00	-55,00	-170,50	-275,55	-237,11	-172,82	-80,10	-0,11	76,88	150,57
❑ Periodenerfolg	-50,00	-100,00	-80,00	60,00	80,00	100,00	80,00	70,00	60,00	50,00
❑ Zukunftserfolg	219,88	341,87	456,06	441,66	405,83	346,41	301,05	261,16	227,27	200,00
Summe (= Wertbeitrag der Geschäftseinheit)	169,88	186,87	205,56	226,11	248,72	273,60	300,95	331,05	364,16	400,57

Abb. 4.43.: Vergangenheits-, Perioden- und Zukunftserfolg in der langfristigen Produkt- bzw. Projektrechnung (in Werten des jeweiligen Jahres)

Zusammenfassend ist festzuhalten, daß die strategische Geschäftseinheit im Jahr sechs zwar einen positiven Wertbeitrag liefert, die Geschäftseinheit bis zum sechsten Jahr jedoch noch einen Wertvernichter darstellt und das Risiko angesichts einer relativ spät im Planungszeitraum erfolgenden Realisierung der Wertbeiträge als nennenswert zu betrachten ist.

4.2.4.3.2. Langfristige Unternehmensergebnisrechnung

Werden alle Projekte bzw. Produktgruppen einer strategischen Geschäftseinheit bzw. alle strategischen Geschäftseinheiten eines Unternehmen zusammen betrachtet, setzt sich der Periodenerfolg aus der Summe der einzelnen Freien Cash Flows des betrachteten Jahres zusammen. Ebenso ergeben sich der Vergangenheitserfolg und der Zukunftserfolgs aus der Aggregation der einzelnen Zahlungsströme an Freien Cash Flows. Nachfolgende Abbildung stellt die Konzeption der langfristigen Unternehmensergebnisrechnung für ein Unternehmen, das aus mehreren strategischen Geschäftseinheiten besteht, dar.[62] Dabei wurde von unterschiedlichen Planungshorizonten der einzelnen strategischen Geschäftseinheiten ausgegangen. Der Restwert wird in der Abbildung jeweils dem letzten Jahr des Planungshorizonts zugeordnet:

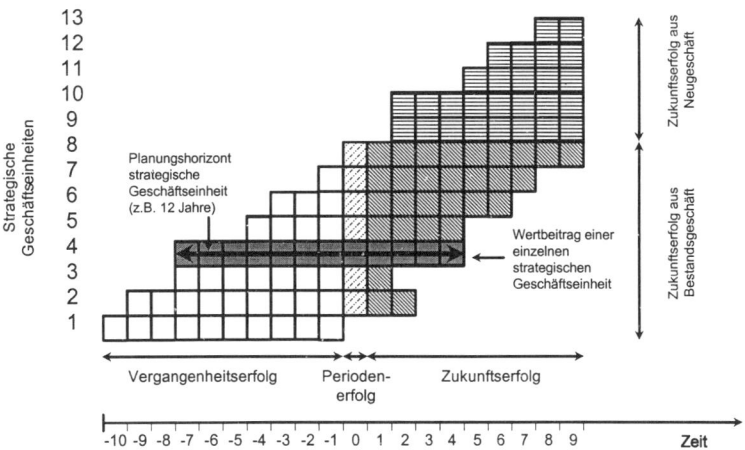

Abb. 4.44.: Konzeption der langfristigen Unternehmensergebnisrechnung

Die Vorgehensweise soll an einem einfachen Beispiel erläutert werden.

Beispiel:

Ein Unternehmen besitzt neben der strategischen Geschäftseinheit, die bereits Gegenstand der langfristigen Produkt- bzw. Projektrechnung war (= Geschäftseinheit A), vier weitere Geschäftseinheiten. Nun soll eine unternehmenswertorientierte Ergebnisrechnung für das gesamte Unternehmen durchgeführt werden, wobei wiederum zunächst vereinfachend davon ausgegangen wird, daß Plan- und Ist-Free Cash Flows übereinstimmen.[63] Die gewichteten Kapitalkosten betragen wieder 10 %. Die fünf Geschäftseinheiten werden im Jahr 0 bezüglich ihres Ergebnisbeitrages analysiert, wobei die Geschäftseinheiten B, C und D bereits in den

---

62 In gleicher Weise kann die Ergebnisrechnung für eine einzelne strategische Geschäftseinheit aufgebaut werden, die sich aus mehreren Produktgruppen (Produktgeschäft) oder Projekten (Anlagengeschäft) zusammensetzt. Vgl. z.B. die Anwendung für Finanzdienstleister bei Bonacker, M. u.a. (1995), S. 36.

63 Mit Unterschieden zwischen Plan- und Istwertbeiträgen beschäftigt sich Kapitel 4.2.5. Unternehmenswertorientierte Kontrolle und Abweichungsanalyse.

vorangehenden Jahren am Markt vertreten waren. Die Profile der Freien Cash Flows der fünf strategischen Geschäftseinheiten können nachfolgender Abbildung entnommen werden:

Jahr	-4	-3	-2	-1	0	1	2	3	4	5	6	7	8	9	10	FCF
Geschäftseinheit A						-50	-100	-80	60	80	100	80	70	60	50	20
Geschäftseinheit B	-30	-40	-30	10	20	40	50	40	20							10
Geschäftseinheit C			-100	-150	20	30	25	20	20	15	15	15	15	15	15	10
Geschäftseinheit D	10	10	15	20	20	20	20	20	20	20	20	20	20	20	20	15
Geschäftseinheit E							-200	80	90	130	40	30				15
Summe	-20	-30	-115	-120	60	40	-205	80	210	245	175	145	105	95	85	

FCF   konstanter Freier Cash Flow am Ende des jeweiligen Planungshorizontes als Basis für Restwertberechnung als konstante ewige Rente

Abb. 4.45.: Profil der Freien Cash Flows der einzelnen strategischen Geschäftseinheiten des Beispielsunternehmens

Bei den strategischen Geschäftseinheiten A und E handelt es sich um neue Geschäfte, die vom Unternehmen gerade erst aufgebaut werden. Die Geschäftseinheiten B und C wurden bereits vor fünf bzw. drei Jahren eingerichtet und die Geschäftseinheit D stellt ein stabiles, vielleicht schon seit Jahrzehnten im Unternehmen befindliches Geschäft dar.

Zunächst soll das Wertsteigerungspotential jeder einzelnen strategischen Geschäftseinheit ermittelt werden, indem der Barwert der Freien Cash Flows zum Zeitpunkt der jeweiligen Initiierung der strategischen Geschäftseinheiten ermittelt wird:

	Wertbeitrag der strategischen Geschäftseinheit (zum Zeitpunkt der Initiierung)	Zeitpunkt der Initiierung der strategischen Geschäftseinheit[64]	Wertbeitrag der strategischen Geschäftseinheit (zum 01.01.01)
Strategische Geschäftseinheit A	154,44	Jahr 1	154,44
Strategische Geschäftseinheit B	54,17	Jahr -4	87,24
Strategische Geschäftseinheit C	-79,79	Jahr -2	-106,20
Strategische Geschäftseinheit D	166,92	Jahr -4[65]	268,82
Strategische Geschäftseinheit E	167,15	Jahr 2	151,95

Abb. 4.46.: Wertbeitrag der fünf strategischen Geschäftseinheiten des Unternehmens

Vereinfachend wurde mit der Zwei-Phasen-Methode gerechnet, indem nur der Planungszeitraum und der Restwertzeitraum zugrundegelegt wurden. Als Restwert wurde die ewige Rente auf Basis des geschätzten Freien Cash Flows nach dem Planungszeitraums $\overline{FCF}$ gewählt. Beispielsweise ergibt sich der Wertbeitrag der strategischen Geschäftseinheit E zum 01.01.02 wie folgt:

---

[64] d.h. dem Jahr, in dem zum ersten Mal ein positiver oder negativer Freier Cash Flow entsteht.

[65] Da die Geschäfteinheit D eventuell schon seit Jahrzehnten im Unternehmen aktiv ist, wurde als Referenzjahr ersatzweise das Jahr -4 gewählt. Der Zeitwert des investierten Kapitals ist als Cash Flow-Minderung im Jahr -4 enthalten. Die Vorgehensweise ist insbesondere dann zu wählen, wenn Unternehmen unternehmenswertorientiertes Controlling neu einführen und Vergangenheitsdaten nicht vorliegen oder nur schwer zu ermitteln wären.

$$\underbrace{\frac{-200}{1,1} + \frac{80}{1,1^2} + \frac{90}{1,1^3} + \frac{130}{1,1^4} + \frac{40}{1,1^5} + \frac{30}{1,1^6}}_{\text{Wertbeitrag im Planungszeitraum}} + \underbrace{\frac{15}{0,1} \bullet \frac{1}{1,1^6}}_{\text{Restwert}} = 82,49 + 84,67 = 167,15$$

Von den fünf Geschäftseinheiten ist nur die Geschäftseinheit C ein Wertvernichter (Wertbeitrag < 0), da die Rückflüsse an Freien Cash Flows die Vorlauf-Auszahlungen nicht auszugleichen vermögen. Ein Vergleich der absoluten Wertbeiträge ist jedoch wegen der unterschiedlichen Bewertungsstichtage erst möglich, wenn die Wertbeiträge auf einen einheitlichen Stichtag, z.B. den 01.01.01, umgerechnet werden.[66] Für die Geschäftseinheit E ergibt sich dann ein Wertbeitrag zum 01.01.01 in Höhe von:

$$167,15 \bullet \frac{1}{1,1} = 151,95$$

Bei der Ergebnisrechnung steht jedoch nicht die Förderungswürdigkeit eines Projektes oder der Wertbeitrag eines strategischen Geschäftsfeldes im Mittelpunkt, sondern es soll anhand einer ausgewählten Zeitscheibe, im Beispiel des Jahres 0, der Wertbeitrag der einzelnen strategischen Geschäftseinheiten und die Entwicklung der jährlichen Erfolgsbeiträge ermittelt und analysiert werden.

Wie bei der langfristigen Produkt- bzw. Projektrechnung kann nun der Wertbeitrag der einzelnen strategischen Geschäftseinheit zum 01.01.01 in den Vergangenheitserfolg (Freie Cash Flows bis einschließlich Jahr 0), den Periodenerfolg (der Freie Cash Flow im Jahr 1) und den Zukunftserfolg (Freie Cash Flows ab dem Jahr 2) zerlegt werden. Die Zusammenschau aller strategischer Geschäftseinheiten in der langfristigen Unternehmensergebnisrechnung ermöglicht nun zusätzlich eine Strukturanalyse des Unternehmens. Folgende **Fragestellungen** lassen sich nun beantworten:

❏ In welchem Umfang haben die strategischen Geschäftseinheiten in der Vergangenheit zur Wertsteigerung des Unternehmens beigetragen **(Vergangenheitserfolg)** ?

❏ Wie hoch ist der Wertbeitrag der Geschäftseinheiten in der laufenden Periode 1 **(Periodenerfolg)** ?

❏ In welcher Struktur werden die Geschäftseinheiten in Zukunft zur Wertsteigerung beitragen **(Zukunftserfolg)** ?

❏ Welcher Anteil an der zukünftigen Wertsteigerung kommt aus bereits vorhandenen Geschäftseinheiten **(Zukunftserfolg aus dem Bestandsgeschäft)** ?

❏ Welchen Anteil sollen zukünftige Geschäftseinheiten zur Wertsteigerung beitragen **(Zukunftserfolg aus dem Neugeschäft)** ?

---

[66] Aufgrund der unterschiedlichen Planungshorizonte empfiehlt es sich, zusätzlich eine jahresbezogene Shareholder Value-Endwert oder -Überrendite zu errechnen.

Nachfolgende Abbildung faßt die wesentlichen Ergebnisse zusammen:

	Wertbeitrag SGE (zum 01.01.01)	Vergangenheits-erfolg (bis incl. Jahr -1)	Peri-oden-erfolg (Jahr 0)	Zukunftserfolg		
				Wertbeitrag Bestands-geschäfte	Wertbeitrag Neugeschäft	Summe (Jahre ab incl. 1)
Geschäftseinheit A	154,44	0	0		154,44	154,44
Geschäftseinheit B	87,24	-122,46	20,00	189,70		189,70
Geschäftseinheit C	-106,20	-286,00	20,00	159,80		159,80
Geschäftseinheit D	268,82	68,10	20,00	180,72		180,72
Geschäftseinheit E	151,95	0	0		151,95	151,95
Summe	556,25	-340,36	60,00	530,22	306,39	836,61

Abb. 4.47.: Langfristige Unternehmenserfolgsrechnung (am vereinfachten Beispiel)

Die oben gestellten Fragen können nun wie folgt beantwortet werden:

❑   Die bisherigen drei Geschäftseinheiten B, C und D haben bisher nur zu negativen Freien Cash Flows geführt und damit <u>bisher</u> per Saldo Unternehmenswert in Höhe von 340,36 vernichtet. Betrachtet man die einzelnen Geschäftseinheiten, konnte bisher nur Geschäftseinheit D zu einer Unternehmenswertsteigerung von 67,10 beitragen.

❑   Im betrachteten Geschäftsjahr 0 ist der Wertbeitrag aller Geschäftseinheiten identisch 20 Geldeinheiten. Der Wertbeitrag dieses Jahres macht 10,8 % des anvisierten Wertbeitrages in Höhe von 556,25 aus.

❑   Bei einem verbleibenden Planungshorizont von 10 Jahren und bei Kenntnis der bisherigen Wertvernichtung wird mit erheblichen positiven Freien Cash Flows in den kommenden Jahren gerechnet. Die Unternehmensergebnisrechnung bestätigt dies, da mit Zukunftserfolgen von 836,61 gerechnet wird, wobei der Wertbeitrag aller Geschäftseinheiten mit Werten zwischen 150 und 190 ähnlich ist. Das zukünftige Unternehmensportfolio scheint diesbezüglich ausgewogen gestaltet zu sein.

❑   Aus bereits tätigen Geschäftseinheiten (**Bestandsgeschäft**) resultieren dabei 63,4 % (530,22 von 836,61) des erwarteten Zukunftserfolges. Jedoch bereits die drei schon tätigen Geschäftseinheiten B, C und D sind in der Lage, den bisher negativen Vergangenheitserfolg abzudecken. Selbst wenn nur 52,9 % des anvisierten Zukunftserfolges des Bestandsgeschäftes realisiert werden sollten, verdient das Unternehmen zumindest seine Kapitalkosten:

$$\text{Vergangenheitserfolg} + \text{Periodenerfolg} = x \cdot \text{Zukunftserfolg Bestandsgeschäft}$$

$$-340,36 \quad + \quad 60 \quad = x \cdot \quad 530,22$$

$$x = \frac{-340,36 + 60}{530,22} = 52,9\%$$

❑   Neu zu erschließende Geschäftsfelder, denen naturgemäß ein höheres Risiko bezüglich der Planbarkeit und Realisierbarkeit zukommt, tragen mit 36,6 % erheblich zum Zukunftserfolg bei (**Neugeschäft**).

Die Aufteilung des Zukunftserfolges in Neugeschäft und Bestandsgeschäft ist insbesondere bei Finanzdienstleistern, d.h. z.B. bei Kreditinstituten, Versicherungen oder Bausparkassen, anzuwenden, da dort dem Geschäft häufig langfristige Verträge mit exakt quantifizierbaren Zahlungsströmen zugrunde liegen. Aus dem Bestand an bereits abgeschlossenen Kontrakten resultieren langfristige Wirkungen auf die erzielbaren Freien Cash Flows. Die Wachstumsstärke von Finanzdienstleistern schlägt sich im Neugeschäft und den hieraus zu erwartenden Wertbeiträgen nieder. In der Lebensversicherungswirtschaft wurde hierzu ein auf einzelnen Produkten (= Verträgen) basierender unternehmenswertorientierter Ansatz, die sog. „Appraisal Value-Methode"[67] entwickelt, die konzeptionell der langfristigen Unternehmenserfolgsrechnung entspricht.

Sowohl die langfristige Projekt- bzw. Produktrechnung als auch die langfristige Unternehmenserfolgsrechnung machen deutlich, daß dem Periodenerfolg in einem unternehmenswertorientierten Controlling nur eine untergeordnete Rolle zukommt. Sowohl im Sinne einer Entscheidungsunterstützung als auch zur Kontrolle der Zielerreichung ist er um den bisher erreichten langfristigen Vergangenheitserfolg **(Zielerreichungskontrolle)** sowie um den noch zu erwirtschaftenden Zukunftserfolg **(Entscheidungsunterstützung)** zu ergänzen.

4.2.5. Unternehmenswertorientierte Kontrolle und Abweichungsanalyse

Der Shareholder Value eines Unternehmens bzw. die Wertbeiträge einzelner strategischer Geschäftseinheiten beruhen auf einer zukunftsbezogenen Planung von Freien Cash Flows. Bei der Realisierung der erstellten Geschäftspläne treten i.d.R. Abweichungen zwischen Ist- und Planwerten auf. Um Fehlentwicklungen möglichst frühzeitig gegensteuern zu können, sind diese Abweichungen zu analysieren. Die Abweichungsanalyse soll dabei sowohl Aufgaben des **feedback**, d.h. der Kontrolle der Zielerreichung und zur Motivation der Verantwortlichen, als auch des **feedforward**, d.h. der rechtzeitigen Gegensteuerung, um den gewünschten Wertbeitrag letztendlich dennoch erreichen zu können.[68]

Erste Ansätze einer unternehmenswertorientierten Abweichungsanalyse wurden im Rahmen der Gestaltung eines unternehmenswertorientierten Erfolgsbeurteilungssystems von *Herter* entwickelt.[69] Er verwendet das Wertgeneratoren-Modell von *Rappaport*, um Abweichungen im Unternehmenswert durch Abweichungen bei den Wertgeneratoren zu erklären.[70] Dadurch können zugleich Ansatzpunkte zur Gegensteuerung gefunden werden. *Herter* beschränkt sich in seinen Ausführungen auf die Analyse von Gesamtabweichungen. Teilabweichungen werden nur auf Jahresebene und nicht jedoch auch über den gesamten Planungshorizont ermittelt. Ebenso erfolgt keine Zerlegung in Vergangenheits-, Perioden- und Zukunftserfolg, wie er für die Interpretation der Abweichungen von Bedeutung wäre.

Das Wertgeneratoren-Modell nach *Rappaport* muß nicht zwangsläufig der Abweichungsanalyse zugrundegelegt werden. Jede andere Zerlegung des Wertbeitrages einer Geschäftseinheit bzw. des Shareholder Value eines Unternehmens ist hierzu ebenso geeignet, sofern sie in der Lage ist, die Wertsteigerung zu erklären. An dieser Stelle sind unternehmensspezifische An-

---

[67] Vgl. hierzu Smart, I.C. (1977), S. 125ff.; Burrows, R.P./Whitehead, G.H. (1987), S. 411ff.; Lee, R.E. (1984), S. 1ff. und Goford, J. (1985), S. 99ff.

[68] Vgl. zu den Funktionen der Kontrolle langfristiger und strategischer Planungen Coenenberg, A.G./Baum, H.-G. (1987), S. 116ff. und Günther, T. (1991), S. 189ff..

[69] Vgl. Herter, R.N. (1994), S. 170ff..

[70] Vgl. Rappaport, A. (1986), S. 50ff. sowie die Ausführungen in Kapitel 3.3.4.2.1.5. Prognose des Freien Cash Flows.

passungen vorzunehmen.[71] In der nachfolgenden Darstellung der unternehmenswertorientierten Kontrolle und Abweichungsanalyse wird aus Gründen der einfacheren Darstellung das Wertgeneratoren-Modell zugrundegelegt.

Die unternehmenswertorientierte Kontrolle und Abweichungsanalyse kann in **fünf Schritte** zerlegt werden, die nachfolgend anhand eines vereinfachten Beispiels vorgestellt werden sollen:

Schritt 1:	Zerlegung des Wertbeitrages in Wertgeneratoren (4.2.5.1.)
Schritt 2:	Planung der Freien Cash Flows (4.2.5.2.)
Schritt 3:	Erfassung der Ist-Werte und Korrektur der Planung (rollierende Planung) (4.2.5.3.)
Schritt 4:	Analyse der Wertabweichungen (4.2.5.4.)
Schritt 5:	Interpretation der Wertabweichung (4.2.5.5.)

Abb. 4.48.: Ablauf der unternehmenswertorientierten Kontrolle und Abweichungsanalyse

Die Vorgehensweise soll an einen einfachen Beispiel vorgestellt werden, das an die Gegebenheiten des Unternehmens angepaßt und beliebig differenziert werden kann.

Beispiel:

In einer strategischen Geschäftseinheit eines Unternehmen wurde dessen Wertbeitrag zum Shareholder Value des Gesamtunternehmens im Jahre 0 ermittelt. Dabei wird von einem Planungshorizont von fünf Jahren ausgegangen und vereinfachend wiederum die Zwei-Phasen-Methode angewandt, d.h. auf einen Anpassungszeitraum wird verzichtet. Die durchschnittlichen Kapitalkosten des Gesamtkapitals betragen 10 %. Zum Ende des zweiten Jahres wird nun kontrolliert, inwieweit die ursprünglichen geplanten Wertbeiträge auch tatsächlich eingetreten sind und worauf eventuelle Abweichungen zurückzuführen sind.

4.2.5.1. Zerlegung des Wertbeitrages in Wertgeneratoren

Ähnlich wie bei der Abweichungsanalyse von Kosten, bei der zunächst mögliche Kostenbestimmungsfaktoren bestimmt werden,[72] werden bei der Abweichungsanalyse von Wertbeiträgen mögliche Wertgeneratoren festgestellt. Im hier gewählten Beispiel wurden in Anlehnung an *Rappaport* folgende **Wertgeneratoren** gewählt:[73]

❑   Umsatzwachstum

❑   Umsatzrendite vor Steuern

❑   Steuersatz

❑   Erweiterungsinvestitionsrate AV

❑   Erweiterungsinvestitionsrate WC

---

[71] Vgl. Herter, R.N. (1994), S. 170.

[72] Vgl. z.B. Haberstock, L. (1986), S. 263; Kilger, W. (1993), S. 171ff. und Coenenberg, A.G. (1993a), S. 354ff..

[73] Vgl. Rappaport, A. (1986), S. 50ff..

Da die Erweiterungsinvestitionsrate nur Erweiterungsinvestitionen umfaßt, ist die Umsatzrendite bereits um die nicht ausgabenwirksamen Abschreibungen (= Ersatzinvestitionen) gemindert. Ansonsten wird davon ausgegangen, daß die Umsatzerlöse voll ausgabenwirksam sind und die Umsatzrendite nur auf ausgabenwirksamen Erträgen und Aufwendungen fußt. Der Steuersatz umfaßt nur nicht-anrechenbare Steuerarten (GewSt und VSt sowie Definitiv-KSt) und wird als Prozentsatz des Gewinnes vor Steuern definiert.[74]

4.2.5.2. Planung der Freien Cash Flows

Für jedes einzelne Jahr des Planungshorizontes von fünf Jahren werden nun die Wertgeneratoren spezifiziert. Der Freie Cash Flow ergibt sich nun durch Verknüpfung der Wertgeneratoren:

$$\mathrm{Free\,Cash\,Flow}_t = \mathrm{Umsatz}_{t-1} \bullet (1 + \mathrm{Umsatzwachstum}_t) \bullet$$
$$\bullet\ \mathrm{Umsatzrendite}_t \bullet (1 - \mathrm{Steuersatz}_t) -$$
$$-\ \mathrm{Umsatz}_{t-1} \bullet \mathrm{Umsatzwachstum}_t$$
$$\bullet\ (\mathrm{Erweiterungsinvestitionsrate\ für\ das\ Anlagevermögen}_t$$
$$+\ \mathrm{Erweiterungsinvestitionsrate\ für\ das\ Working\ Capital}_t)$$

Z.B. ergibt sich der Freie Cash Flow für das erste Jahr wie folgt (in Mio. DM):

$$\mathrm{Free\,Cash\,Flow}_1 = 120 \bullet (1 + 0{,}05) \bullet 0{,}08 \bullet (1 - 0{,}15) -$$
$$-\ 120 \bullet 0{,}05 \bullet (0{,}20 + 0{,}10) = 6{,}77$$

Die geplanten Freien Cash Flows der einzelnen Jahre wurden im Basisjahr 0 berechnet und übernehmen die Funktion von Vorgabewerten oder Wertbeitragsbudgets **(unternehmenswertorientierte Budgetierung)**. Daraus ergibt sich ein geplanter Wertbeitrag der strategischen Geschäftseinheit in Höhe von 79,17 Mio. DM (zum 01.01.01).[75] Der Restwert wurde als ewige Rente basierend auf dem im Jahr 5 erzielten Freien Cash Flow errechnet.

4.2.5.3. Erfassung der Ist-Werte und Korrektur der Planung

Nachdem zwei Jahre vergangen sind, liegen für diese beiden Jahre **Ist-Werte** bezüglich der Wertgeneratoren vor. Es ist auch denkbar, daß wie bei der Abweichungsanalyse von Kosten, die Wertgeneratoren den Ist-Free Cash Flow nicht vollständig erklären können. Eine entsprechende resultierende Abweichung wäre als **Restabweichung** zu kennzeichnen. Diese soll hier jedoch nicht betrachtet werden.

Die bereits vergangenen zwei Jahre erlauben nun ebenfalls eine Überarbeitung des vorliegenden Geschäftsplanes bezüglich der noch verbleibenden drei Jahre des Planungszeitraumes **(Korrigierter Plan)**. Im Beispiel wird das Wachstumsziel von 5 % p.a. verfehlt und daher die Planung auf 4 % p.a. korrigiert. Die Umsatzrendite fiel in den ersten beiden Jahren höher als geplant aus. Im Beispiel wird dies auf Einsparungen zu Lasten späterer Jahre (z.B. unterlassene Marketing- oder Entwicklungsaufwendungen bzw. deren Verschiebung in folgende Jahre) zurückgeführt. Die Planwerte für die Jahre drei bis fünf werden entsprechend nach

---

[74] Zur Beschreibung der Wertgeneratoren-Modells nach *Rappaport* vgl. ausführlich Kapitel 3.3.4.2.1.5. Prognose des Freien Cash Flows.
[75] Vgl. Abbildung 4.50. in Kapitel 4.2.5.3. Erfassung der Ist-Werte und Korrektur der Planung.

unten korrigiert. Der Steuersatz bleibt unverändert.[76] Die beiden Erweiterungsinvestitionsraten wurden für die Jahre drei bis fünf an die durchschnittlichen Ist-Raten der ersten beiden Jahre angepaßt.

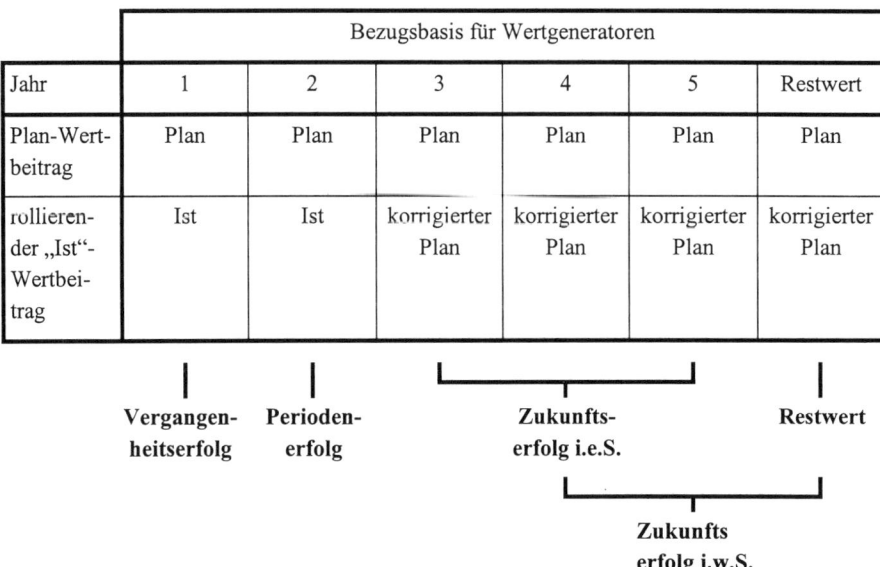

	Bezugsbasis für Wertgeneratoren					
Jahr	1	2	3	4	5	Restwert
Plan-Wert-beitrag	Plan	Plan	Plan	Plan	Plan	Plan
rollieren-der „Ist"-Wertbei-trag	Ist	Ist	korrigierter Plan	korrigierter Plan	korrigierter Plan	korrigierter Plan

Vergangen-　**Perioden-**　　　**Zukunfts-**　　　　**Restwert**
heitserfolg　**erfolg**　　　　**erfolg i.e.S.**

Zukunfts
erfolg i.w.S.

Abb. 4.49.: Konzeption der rollierenden Planung zur unternehmenswertorientierten Kontrolle und Abweichungsanalyse

Konzeptionell liegt durch die Anpassung ursprünglich geplanter Werte aufgrund besserer Erkenntnis eine **rollierende Planung** vor.[77] Die rollierende Planung erlaubt nicht nur eine Vergangenheitskontrolle der ursprünglichen Planung durch Plan-Ist-Vergleich **(feedback)**, sondern gibt auch wichtige Impulse zur Gegensteuerung möglicher unerwünschter Entwicklungen **(feedback)**, da der momentane Informationsstand auf den gesamten Planungshorizont hochprojeziert wird (Vergleich Korrigierter Plan - Plan). Die rollierende Planung erlaubt jedoch nicht, Strukturbrüche, wie z.B. plötzliche Nachfrageveränderungen, Kostenstrukturänderungen oder konjunkturelle Einbrüche, zu erklären. Hierzu sind ergänzend Methoden der strategischen Frühaufklärung anzuwenden.[78]

Die Zielerreichungskontrolle erfolgt nur für den **Vergangenheits- und Periodenerfolg** auf der Basis von Ist-Werten. Für den **Zukunftserfolg (i.w.S.)** wird auf Basis von korrigierten Planwerten gerechnet. Dabei wird der Zukunftserfolg zerlegt in die noch zu realisierenden Wertbeiträge im Planungszeitraum **(Zukunftserfolg i.e.S.)** und diejenigen im Restwertzeitraum **(Restwert)**. Der Einbezug von korrigierten Planwerten eröffnet jedoch gleichzeitig Möglichkeiten zur Manipulation, indem bei real negativer Unternehmensentwicklung zu optimistische korrigierte Planzahlen **("hockey stick"-Effekt)** und bei positiver Unternehmensentwicklung Puffer **("slacks")** eingebaut werden, um spätere Zielunterschreitungen ausglei-

---

[76] Es sei angemerkt, daß sich Änderungen in den Steuersätzen nicht nur auf die Freien Cash Flows, sondern über das Steuerschild auch auf die gewichteten Gesamtkapitalkosten und damit den Diskontierungsfaktor auswirken.

[77] Vgl. Herter, R.N. (1994) S. 175.

[78] Vgl. zur Übersicht Kreilkamp, E. (1987), S. 255ff. und Günther, T. (1991), S. 196ff.

chen zu können. Die durchaus bestehende Manipulationsgefahr wird jedoch durch die Einbindung in das Controllingsystem eingeschränkt: [79]

❑   Da die korrigierten Planzahlen gleichzeitig Planvorgaben für die Folgejahre darstellen, verschiebt sich im Falle zu optimistischer Plananpassungen die Abweichung auf die Folgeperioden. Die Gesamtabweichung wird jedoch zum Ende des Planungshorizontes umso gravierender. Aus Sicht des Controlling verschiebt sich jedoch leider dadurch auch die Möglichkeit zur Gegensteuerung nach hinten.

❑   Im Fall zu pessimistischer Planung läuft das Management Gefahr, keinen ausreichenden Wertbeitrag mehr zu schaffen und damit Investitionsmittel nicht mehr oder in geringerem Umfang bewilligt zu bekommen.

Beim Unternehmenswert als Zielgröße ist eine Zielerreichungskontrolle, die sich nur auf Ist-Werte stützt, nur bei tatsächlicher Liquidation der strategischen Geschäftseinheit möglich, da nur dann auch der Zukunftswert i.e.S. und der Restwert vom Markt mit Istwerten bewertet werden. Zudem sei darauf verwiesen, daß auch in die traditionelle Periodenrechnungslegung Planannahmen z.B. bezüglich der Nutzungsdauer bei Abschreibungen oder bezüglich der Lebensdauer bei Pensionsrückstellungen einfließen. [80]

Daher bieten sich nur die beiden Möglichkeiten, sich entweder nur auf den **Vergangenheits- bzw. Periodenerfolg** zu beschränken oder unter Kenntnis der eventuellen Manipulationsgefahr auch korrigierte Planwerte für den **Zukunftserfolg i.w.S.** heranzuziehen. Im Sinne der zukunftsbezogenen Unternehmenssteuerung wird nachfolgend der zweiten Alternative gefolgt.

Zum Betrachtungszeitpunkt Ende des zweiten Jahres wird nun ein revidierter Unternehmenswert ermittelt, wobei der Ist-Free Cash Flow des ersten Jahres das Vergangenheitsergebnis, der Ist-Free Cash Flow des zweiten Jahres das Gegenwartsergebnis und die korrigierten Plan-Free Cash Flows der Jahre drei bis fünf das Zukunftsergebnis darstellen, zu dem noch der Restwert hinzukommt. Letzterer wurde ebenfalls auf Basis des korrigierten Plan-Free Cash Flows des fünften Jahres errechnet. Unter Berücksichtigung der Kapitalkosten in Höhe von 10 % erhält man nun einen rollierenden „Ist"-Wertbeitrag Ende des zweiten Jahres in Höhe von 57,37 Mio. DM und folglich eine Gesamtabweichung von 21,80 Mio. DM. Der Wertbeitrag wird nach derzeitigem Stand gegenüber der Planung erheblich geringer ausfallen.

Würde nun Ende des dritten Jahres eine Zielerreichungskontrolle vorgenommen werden, so schreitet die rollierende Planung um ein Jahr weiter, d.h. das Vergangenheitsergebnis wird um einen Ist-Wert ergänzt und das Zukunftsergebnis sowie der Restwert werden eventuell auf Basis erneut korrigierter Plan-Werte neu berechnet.

Nachfolgende Abbildung faßt die Plandaten, die Istdaten und die korrigierten Plandaten für den Wertbeitrag der strategischen Geschäftseinheit zusammen:

---

[79]   Vgl. Herter, R.N. (1994), S. 175.
[80]   Vgl. Herter, R.N. (1994), S. 175.

Jahr	1		2		3		4		5	
Bezugsbasis	Plan	Ist	Plan	Ist	Plan	K.Plan	Plan	K.Plan	Plan	K.Plan
Wertgeneratoren										
❑ Umsatzwachstum	5,0%	4,0%	5,0%	4,0%	5,0%	4,0%	5,0%	4,0%	5,0%	4,0%
❑ Umsatzrendite vor Steuern	8,0%	10,0%	8,0%	9,0%	8,0%	5,5%	8,0%	5,5%	8,0%	5,5%
❑ Steuersatz	15,0%	15,0%	15,0%	15,0%	15,0%	15,0%	15,0%	15,0%	15,0%	15,0%
❑ Erweiterungsinvestitionsrate AV	20,0%	15,0%	20,0%	18,0%	20,0%	16,5%	20,0%	16,5%	20,0%	16,5%
❑ Erweiterungsinvestitionsrate WC	10,0%	12,0%	10,0%	15,0%	10,0%	13,5%	10,0%	13,5%	10,0%	13,5%
Umsatz	126,00	124,80	132,30	129,79	138,92	134,98	145,86	140,38	153,15	146,00
− Ausgabenwirksame Kosten	115,92	112,32	121,72	118,11	127,80	127,56	134,19	132,66	140,90	137,97
= Gewinn vor Steuern[81]	10,08	12,48	10,58	11,68	11,11	7,42	11,67	7,72	12,25	8,03
− Steuern	1,51	1,87	1,59	1,75	1,67	1,11	1,75	1,16	1,84	1,20
= Gewinn nach Steuern	8,57	10,61	9,00	9,93	9,45	6,31	9,92	6,56	10,41	6,83
− Investitionen Anlagevermögen	1,20	0,72	1,26	0,90	1,32	0,86	1,39	0,89	1,46	0,93
− Δ Working Capital	0,60	0,58	0,63	0,75	0,66	0,70	0,69	0,73	0,73	0,76
= Freier Cash Flow	6,77	9,31	7,11	8,28	7,46	4,75	7,83	4,94	8,23	5,14
Diskontierungsfaktor	0,9090	0,9090	0,8264	0,8264	0,7513	0,7513	0,6830	0,6830	0,6209	0,6209

Gesamtabweichung	Vergangen-heitserfolg	Periodenerfolg	Zukunfts-erfolg i.e.S.	Summe
Wertbeitrag Planungszeitraum Plan	6,15	5,87	16,07	28,09
Wertbeitrag Planungszeitraum Ist	8,47	6,84	10,14	25,45
=> Abweichung	2,31	0,97	-5,93	-2,64
Wertbeitrag Restwertzeitraum Plan				51,08
Wertbeitrag Restwertzeitraum Ist				31,92
=> Abweichung				-19,16
Wertbeitrag Summe Plan				79,17
Wertbeitrag Summe Ist				57,37
=> Abweichung				-21,80

• 6,209

Abb. 4.50.: Ermittlung der Gesamtabweichung

---

[81] Da vom Umsatz auch Abschreibungen als nicht ausgabenwirksame Kosten abgezogen werden, wird daher der Begriff „Gewinn" anstatt „Cash Flow" gewählt.

4.2.5.4. Analyse der Wertabweichungen

In Analogie zur Abweichungsanalyse bei Kosten kann nun die Gesamtabweichung des Wertbeitrags in Spezialabweichungen einzelner Wertgeneratoren zerlegt werden. Da der Free Cash Flow auf mehreren multiplikativen Verknüpfungen von Wertgeneratoren fußt, entsteht hier ebenso das Problem der Behandlung von **Abweichungsinterdepenzen** wie in der Abweichungsanalyse von Kosten oder Erlösen.[82] Ein höherer Gewinn vor Steuern kann z.B. zugleich auf ein höheres Umsatzwachstum und/oder eine höhere Umsatzrendite vor Steuern zurückgeführt werden.[83]

Zur **Verrechnung von Abweichungsinterdependenzen** wurden zur Kosten- und Erfolgskontrolle mehrere Ansätze entwickelt:[84]

❏   Alternative Abweichungsverrechnung

❏   Kumulative Abweichungsverrechnung

❏   Proportionale Abweichungsverrechnung

❏   Symmetrische Abweichungsverrechnung nach *Link*[85]

❏   Differenziert-kumulative Abweichungsverrechnung nach *Kloock*[86]

❏   Abweichungsverrechnung nach *Wilms*[87]

Die Eignung der verschiedenen Verfahren wird im Schrifttum unterschiedlich gesehen, da zwischen möglichst verursachungsgerechter Verrechnung und Interpretierbarkeit und - im Sinne der Praktikabilität - Einfachheit der Anwendung abzuwägen ist.[88] Exemplarisch sollen hier die **alternative und die kumulative Abweichungsverrechnung** betrachtet werden.

Der Wertbeitrag wird gemäß obiger Formel für das Wertgeneratoren-Modell durch die Ausprägung der einzelnen Wertgeneratoren bestimmt:

$$Wertbeitrag = f\left(Wertgenerator_1;...;Wertgenerator_n\right) = f\left(WG_1;...;WG_n\right)$$

Die Gesamtabweichung ergibt sich folglich als Differenz zweier Wertbeiträge, wobei einerseits die Planwerte und andererseits die Istwerte (für vergangene Perioden) bzw. korrigierten Planwerte (für zukünftige Perioden) eingehen:

$$Gesamtabweichung = Plan-Wertbeitrag - rollierender "Ist"-Wertbeitrag =$$
$$= f\left(WG_1^{Plan};...;WG_n^{Plan}\right) - f\left(WG_1^{Ist,Korr.Plan};...;WG_n^{Ist,korr.Plan}\right)$$

Die Bestimmung von Spezialabweichungen ist für die alternative und kumulative Abweichungsverrechnung unterschiedlich:[89]

---

82   Vgl. z.B. zu Abweichungsinterdependenzen bei Kosten Coenenberg, A.G. (1993a), S. 356ff..

83   Vgl. hierzu auch Herter, R.N. (1994), S. 178f..

84   Vgl. zur Übersicht stellvertretend Wilms, S. (1988), S. 65ff. und Coenenberg, A.G. (1993a), S. 358ff..

85   Vgl. Link, J. (1987), S. 780ff..

86   Vgl. Kloock, J. (1988), S. 423ff. und Wilms, S. (1988), S. 70ff..

87   Vgl. Wilms, S. (1988), S. 96ff..

88   Vgl. Link, J. (1987), S. 780ff.; Kloock, J. (1988) S. 423ff.; Wilms, S. (1988), S. 88 und Coenenberg, A.G. (1993a), S. 366.

89   Zur Vorgehensweise der beiden Verfahren vgl. Coenenberg, A.G. (1993a), S. 356ff. und Günther, T. (1994b), S. 828ff..

alternative Abweichungsverrechnung:

$$Wertabweichung\ des\ Wertgenerators\ k = f\left(WG_1^{Ist,korr.Plan};...;WG_k^{Ist,korr.Plan};...;WG_n^{Ist,korr.Plan}\right) -$$

$$- f\left(WG_1^{Ist,korr.Plan};...;WG_k^{Plan};...;WG_n^{Ist,korr.Plan}\right)$$

Bei der alternativen Abweichungsverrechnung gehen nicht analysierte Wertgeneratoren zu Ist-Werten bzw. korrigierten Planwerten ein. Nur der analysierte Wertgenerator geht im ersten Term zu Ist- bzw. korrigierten Planwerten, im zweiten Term jedoch zu Planwerten ein. Da alle Wertabweichungen die Sekundärabweichung und auch Abweichungen höherer Ordnung enthalten, führt die Vorgehensweise zu dem Nachteil, daß die Summe der Wertabweichungen nicht mit der Gesamtabweichung identisch ist.

kumulative Abweichungsverrechnung:

Bei der kumulativen Abweichungsverrechnung enthalten die zuerst abgespalten Abweichungen wesentliche Teile von Sekundärabweichungen und Abweichungen höherer Ordnung. Die Reihenfolge der Abweichungsanalyse bestimmt im Gegensatz zur alternativen Abweichungsverrechnung die absolute Höhe der Abweichung. Daher sollten solche Abweichungen zuerst abgespalten werden, die vom Unternehmen wenig beeinflußt werden können. Im Beispiel wurde das Umsatzwachstum gewählt, da es wegen konjunktureller Einflüsse oder wegen der Branchenstruktur nur zum Teil vom Unternehmen selbst gesteuert werden kann.[90] Ohne auf die Herleitung näher einzugehen, ist die zeitliche Bezugsbasis wie folgt zu wählen:

❏ Der zu analysierende Wertgenerator geht sowohl mit Planwerten als auch mit Ist- bzw. korrigierten Planwerten ein.

❏ Wurde ein Wertgenerator entsprechend der gewählten Reihenfolge der Abweichungsanalyse schon analysiert, so geht er mit Planwerten ein.

❏ Wurde der Wertgenerator noch nicht analysiert, so ist er mit Ist- bzw. korrigierten Planwerten zu bewerten.

Entspricht der untere Index der gewählten Reihenfolge der Abweichungsanalyse, läßt sich die Wertabweichung zusammenfassend wie folgt bestimmen:

$$Wertabweichung\ des\ Wertgenerators\ k =$$

$$= f\left(WG_1^{Plan};...;WG_k^{Ist,korr.Plan};...;WG_n^{Ist,korr.Plan}\right) - f\left(WG_1^{Plan};...;WG_k^{Plan};...;WG_n^{Ist,korr.Plan}\right)$$

Aufgrund der gewählten Vorgehensweise ist die Summe der Wertabweichungen mit der Gesamtabweichung identisch.

Anhand des Beispiels werden nun für die alternative und für die kumulative Abweichungsverrechnung die Abweichungen einzelner Wertgeneratoren (Wertabweichungen) ermittelt, um sie anschließend einer Interpretation zu unterziehen. Wegen der fehlenden Abweichung von Plan- und Ist-Steuersatz wird eine Wertabweichung für den Steuersatz nicht ermittelt.

---

[90] Vgl. ähnlich Herter, R.N. (1994), S. 178ff..

4.2.5.4.1. Alternative Abweichungsverrechnung

Wertabweichung des Umsatzwachstum

Jahr	1		2		3		4		5	
Zeitliche Bezugsbasis										
❑ Umsatzwachstum	Plan	Ist	Plan	Ist	Plan	K.Plan	Plan	K.Plan	Plan	K.Plan
❑ Umsatzrendite vor Steuern	Ist	Ist	Ist	Ist	K.Plan	K.Plan	K.Plan	K.Plan	K.Plan	K.Plan
❑ Steuersatz	Ist	Ist	Ist	Ist	K.Plan	K.Plan	K.Plan	K.Plan	K.Plan	K.Plan
❑ Erweiterungsinvestitionsrate AV	Ist	Ist	Ist	Ist	K.Plan	K.Plan	K.Plan	K.Plan	K.Plan	K.Plan
❑ Erweiterungsinvestitionsrate WC	Ist	Ist	Ist	Ist	K.Plan	K.Plan	K.Plan	K.Plan	K.Plan	K.Plan
Wertgeneratoren absolut										
❑ Umsatzwachstum	5,0%	4,0%	5,0%	4,0%	5,0%	4,0%	5,0%	4,0%	5,0%	4,0%
❑ Umsatzrendite vor Steuern	10,0%	10,0%	9,0%	9,0%	5,5%	5,5%	5,5%	5,5%	5,5%	5,5%
❑ Steuersatz	15,0%	15,0%	15,0%	15,0%	15,0%	15,0%	15,0%	15,0%	15,0%	15,0%
❑ Erweiterungsinvestitionsrate AV	15,0%	15,0%	18,0%	18,0%	16,5%	16,5%	16,5%	16,5%	16,5%	16,5%
❑ Erweiterungsinvestitionsrate WC	12,0%	12,0%	15,0%	15,0%	13,5%	13,5%	13,5%	13,5%	13,5%	13,5%
Umsatz	126,00	124,80	132,30	129,79	138,92	134,98	145,86	140,38	153,15	146,00
− Ausgabenwirksame Kosten	113,40	112,32	120,39	118,11	131,27	127,56	137,84	132,66	144,73	137,97
= Gewinn vor Steuern	12,60	12,48	11,91	11,68	7,64	7,42	8,02	7,72	8,42	8,03
− Steuern	1,89	1,87	1,79	1,75	1,15	1,11	1,20	1,16	1,26	1,20
= Gewinn nach Steuern	10,71	10,61	10,12	9,93	6,49	6,31	6,82	6,56	7,16	6,83
− Investitionen Anlagevermögen	0,90	0,72	1,13	0,90	1,09	0,86	1,15	0,89	1,20	0,93
− Δ Working Capital	0,72	0,58	0,95	0,75	0,89	0,70	0,94	0,73	0,98	0,76
= Freier Cash Flow	9,09	9,31	8,04	8,28	4,51	4,75	4,74	4,94	4,97	5,14

Abweichung des Umsatzwachstums	Vergangen-heitserfolg	Perioden-erfolg	Zukunfts-erfolg i.e.S.	Summe
Wertbeitrag Planungszeitraum Plan	8,26	6,65	9,71	24,62
Wertbeitrag Planungszeitraum Ist	8,47	6,84	10,14	25,45
=> Abweichung	0,20	0,20	0,43	0,83
Wertbeitrag Restwertzeitraum Plan				30,87
Wertbeitrag Restwertzeitraum Ist				31,92
=> Abweichung				1,05
Wertbeitrag Summe Plan				55,49
Wertbeitrag Summe Ist				57,37
=> Abweichung				1,88

Abb. 4.51.: Alternative Abweichungsverrechnung für das Umsatzwachstum

Der Freie Cash Flow und damit der Unternehmenswert steigen, obwohl das Umsatzwachstum niedriger ist, da die wachstumsbedingten Investitionsauszahlungen niedriger werden.

Wertabweichung der Umsatzrendite vor Steuern

Jahr	1		2		3		4		5	
Zeitliche Bezugsbasis										
❑ Umsatzwachstum	Ist	Ist	Ist	Ist	K.Plan	K.Plan	K.Plan	K.Plan	K.Plan	K.Plan
❑ Umsatzrendite vor Steuern	Plan	Ist	Plan	Ist	Plan	K.Plan	Plan	K.Plan	Plan	K.Plan
❑ Steuersatz	Ist	Ist	Ist	Ist	K.Plan	K.Plan	K.Plan	K.Plan	K.Plan	K.Plan
❑ Erweiterungsinvestitionsrate AV	Ist	Ist	Ist	Ist	K.Plan	K.Plan	K.Plan	K.Plan	K.Plan	K.Plan
❑ Erweiterungsinvestitionsrate WC	Ist	Ist	Ist	Ist	K.Plan	K.Plan	K.Plan	K.Plan	K.Plan	K.Plan
Wertgeneratoren absolut										
❑ Umsatzwachstum	4,0%	4,0%	4,0%	4,0%	4,0%	4,0%	4,0%	4,0%	4,0%	4,0%
❑ Umsatzrendite vor Steuern	8,0%	10,0%	8,0%	9,0%	8,0%	5,5%	8,0%	5,5%	8,0%	5,5%
❑ Steuersatz	15,0%	15,0%	15,0%	15,0%	15,0%	15,0%	15,0%	15,0%	15,0%	15,0%
❑ Erweiterungsinvestitionsrate AV	15,0%	15,0%	18,0%	18,0%	16,5%	16,5%	16,5%	16,5%	16,5%	16,5%
❑ Erweiterungsinvestitionsrate WC	12,0%	12,0%	15,0%	15,0%	13,5%	13,5%	13,5%	13,5%	13,5%	13,5%
Umsatz	124,80	124,80	129,79	129,79	134,98	134,98	140,38	140,38	146,00	146,00
− Ausgabenwirksame Kosten	114,82	112,32	119,41	118,11	124,18	127,56	129,15	132,66	134,32	137,97
= Gewinn vor Steuern	9,98	12,48	10,38	11,68	10,80	7,42	11,23	7,72	11,68	8,03
− Steuern	1,50	1,87	1,56	1,75	1,62	1,11	1,68	1,16	1,75	1,20
= Gewinn nach Steuern	8,49	10,61	8,83	9,93	9,18	6,31	9,55	6,56	9,93	6,83
− Investitionen Anlagevermögen	0,72	0,72	0,90	0,90	0,86	0,86	0,89	0,89	0,93	0,93
− Δ Working Capital	0,58	0,58	0,75	0,75	0,70	0,70	0,73	0,73	0,76	0,76
= Freier Cash Flow	7,19	9,31	7,18	8,28	7,62	4,75	7,93	4,94	8,24	5,14

Abweichung der Umsatzrendite vor Steuern	Vergangen-heitserfolg	Perioden-erfolg	Zukunfts-erfolg i.e.S.	Summe
Wertbeitrag Planungszeitraum Plan	6,54	5,93	16,26	28,73
Wertbeitrag Planungszeitraum Ist	8,47	6,84	10,14	25,45
=> Abweichung	1,93	0,91	-6,12	-3,28
Wertbeitrag Restwertzeitraum Plan				51,18
Wertbeitrag Restwertzeitraum Ist				31,92
=> Abweichung				-19,26
Wertbeitrag Summe Plan				79,91
Wertbeitrag Summe Ist				57,37
=> Abweichung				-22,54

Abb. 4.52.: Alternative Abweichungsverrechnung für die Umsatzrendite vor Steuern

Die in den ersten beiden Jahren höhere Umsatzrendite mindert per saldo den Unternehmenswert, da die geringere Rendite in nachfolgenden Jahren die Free Cash Flows belastet.

Wertabweichung der Erweiterungsinvestitionsrate für das Anlagevermögen

Jahr	1				2		3		4		5	
Zeitliche Bezugsbasis												
❏ Umsatzwachstum	Ist	Ist	Ist	Ist	K.Plan	K.Plan	K.Plan	K.Plan	K.Plan	K.Plan		
❏ Umsatzrendite vor Steuern	Ist	Ist	Ist	Ist	K.Plan	K.Plan	K.Plan	K.Plan	K.Plan	K.Plan		
❏ Steuersatz	Ist	Ist	Ist	Ist	K.Plan	K.Plan	K.Plan	K.Plan	K.Plan	K.Plan		
❏ Erweiterungsinvestitionsrate AV	Plan	Ist	Plan	Ist	Plan	K.Plan	Plan	K.Plan	Plan	K.Plan		
❏ Erweiterungsinvestitionsrate WC	Ist	Ist	Ist	Ist	K.Plan	K.Plan	K.Plan	K.Plan	K.Plan	K.Plan		
Wertgeneratoren absolut												
❏ Umsatzwachstum	4,0%	4,0%	4,0%	4,0%	4,0%	4,0%	4,0%	4,0%	4,0%	4,0%		
❏ Umsatzrendite vor Steuern	10,0%	10,0%	9,0%	9,0%	5,5%	5,5%	5,5%	5,5%	5,5%	5,5%		
❏ Steuersatz	15,0%	15,0%	15,0%	15,0%	15,0%	15,0%	15,0%	15,0%	15,0%	15,0%		
❏ Erweiterungsinvestitionsrate AV	20,0%	15,0%	20,0%	18,0%	20,0%	16,5%	20,0%	16,5%	20,0%	16,5%		
❏ Erweiterungsinvestitionsrate WC	12,0%	12,0%	15,0%	15,0%	13,5%	13,5%	13,5%	13,5%	13,5%	13,5%		
Umsatz	124,80	124,80	129,79	129,79	134,98	134,98	140,38	140,38	146,00	146,00		
− Ausgabenwirksame Kosten	112,32	112,32	118,11	118,11	127,56	127,56	132,66	132,66	137,97	137,97		
= Gewinn vor Steuern	12,48	12,48	11,68	11,68	7,42	7,42	7,72	7,72	8,03	8,03		
− Steuern	1,87	1,87	1,75	1,75	1,11	1,11	1,16	1,16	1,20	1,20		
= Gewinn nach Steuern	10,61	10,61	9,93	9,93	6,31	6,31	6,56	6,56	6,83	6,83		
− Investitionen Anlagevermögen	0,96	0,72	1,00	0,90	1,04	0,86	1,08	0,89	1,12	0,93		
− Δ Working Capital	0,58	0,58	0,75	0,75	0,70	0,70	0,73	0,73	0,76	0,76		
= Freier Cash Flow	9,07	9,31	8,18	8,28	4,57	4,75	4,75	4,94	4,94	5,14		

Abweichung der Erweiterungs-investitionsrate AV	Vergangen-heitserfolg	Perioden-erfolg	Zukunfts-erfolg i.e.S.	Summe
Wertbeitrag Planungszeitraum Plan	8,25	6,76	9,75	24,76
Wertbeitrag Planungszeitraum Ist	8,47	6,84	10,14	25,45
=> Abweichung	0,22	0,08	0,39	0,69
Wertbeitrag Restwertzeitraum Plan				30,70
Wertbeitrag Restwertzeitraum Ist				31,92
=> Abweichung				1,22
Wertbeitrag Summe Plan				55,46
Wertbeitrag Summe Ist				57,37
=> Abweichung				1,91

Abb. 4.53.: Alternative Abweichungsverrechnung für die Erweiterungsinvestitionsrate AV

Die niedrigere Erweiterungsinvestitionsrate für das Anlagevermögen erhöht den Freien Cash Flow und erhöht im Vergleich zur ursprünglichen Planung den Unternehmenswert.

Wertabweichung der Erweiterungsinvestitionsrate für das Working Capital

Jahr	1		2		3		4		5	
Zeitliche Bezugsbasis										
❏ Umsatzwachstum	Ist	Ist	Ist	Ist	K.Plan	K.Plan	K.Plan	K.Plan	K.Plan	K.Plan
❏ Umsatzrendite vor Steuern	Ist	Ist	Ist	Ist	K.Plan	K.Plan	K.Plan	K.Plan	K.Plan	K.Plan
❏ Steuersatz	Ist	Ist	Ist	Ist	K.Plan	K.Plan	K.Plan	K.Plan	K.Plan	K.Plan
❏ Erweiterungsinvestitionsrate AV	Ist	Ist	Ist	Ist	K.Plan	K.Plan	K.Plan	K.Plan	K.Plan	K.Plan
❏ Erweiterungsinvestitionsrate WC	Plan	Ist	Plan	Ist	Plan	K.Plan	Plan	K.Plan	Plan	K.Plan
Wertgeneratoren absolut										
❏ Umsatzwachstum	4,0%	4,0%	4,0%	4,0%	4,0%	4,0%	4,0%	4,0%	4,0%	4,0%
❏ Umsatzrendite vor Steuern	10,0%	10,0%	9,0%	9,0%	5,5%	5,5%	5,5%	5,5%	5,5%	5,5%
❏ Steuersatz	15,0%	15,0%	15,0%	15,0%	15,0%	15,0%	15,0%	15,0%	15,0%	15,0%
❏ Erweiterungsinvestitionsrate AV	15,0%	15,0%	18,0%	18,0%	16,5%	16,5%	16,5%	16,5%	16,5%	16,5%
❏ Erweiterungsinvestitionsrate WC	10,0%	12,0%	10,0%	15,0%	10,0%	13,5%	10,0%	13,5%	10,0%	13,5%
Umsatz	124,80	124,80	129,79	129,79	134,98	134,98	140,38	140,38	146,00	146,00
– Ausgabenwirksame Kosten	112,32	112,32	118,11	118,11	127,56	127,56	132,66	132,66	137,97	137,97
= Gewinn vor Steuern	12,48	12,48	11,68	11,68	7,42	7,42	7,72	7,72	8,03	8,03
– Steuern	1,87	1,87	1,75	1,75	1,11	1,11	1,16	1,16	1,20	1,20
= Gewinn nach Steuern	10,61	10,61	9,93	9,93	6,31	6,31	6,56	6,56	6,83	6,83
– Investitionen Anlagevermögen	0,72	0,72	0,90	0,90	0,86	0,86	0,89	0,89	0,93	0,93
– Δ Working Capital	0,48	0,58	0,50	0,75	0,52	0,70	0,54	0,73	0,56	0,76
= Freier Cash Flow	9,41	9,31	8,53	8,28	4,93	4,75	5,13	4,94	5,34	5,14

Abweichung der Erweiterungs- investitionsrate WC	Vergangen- heitserfolg	Perioden- erfolg	Zukunfts- erfolg i.e.S.	Summe
Wertbeitrag Planungszeitraum Plan	8,55	7,05	10,53	26,13
Wertbeitrag Planungszeitraum Ist	8,47	6,84	10,14	25,45
=> Abweichung	-0,09	-0,21	-0,39	-0,68
Wertbeitrag Restwertzeitraum Plan				33,14
Wertbeitrag Restwertzeitraum Ist				31,92
=> Abweichung				-1,22
Wertbeitrag Summe Plan				59,27
Wertbeitrag Summe Ist				57,37
=> Abweichung				-1,90

Abb. 4.54.: Alternative Abweichungsverrechnung für die Erweiterungsinvestitionsrate WC

Die höhere Erweiterungsinvestitionsrate für das Working Capital vermindert im Vergleich zur ursprünglichen Planung den Freien Cash Flow und damit den Unternehmenswert.

4.2.5.4.2. Kumulative Abweichungsverrechnung

Analog zur alternativen Abweichungsverrechnung ist nachfolgend die kumulative Abweichungsverrechnung darstellt. Da das Umsatzwachstum als erste Abweichung analysiert wird (1. Schritt), ergeben sich identische absolute Abweichungen wie bei der alternativen Abweichungsverrechnung. Auf eine erneute Darstellung wurde daher verzichtet.

2. Schritt: Wertabweichung der Umsatzrendite vor Steuern

Jahr	1		2		3		4		5	
Zeitliche Bezugsbasis										
❑ Umsatzwachstum	Plan	Plan	Plan	Plan	Plan	Plan	Plan	Plan	Plan	Plan
❑ Umsatzrendite vor Steuern	Plan	Ist	Plan	Ist	Plan	K.Plan	Plan	K.Plan	Plan	K.Plan
❑ Steuersatz	Ist	Ist	Ist	Ist	K.Plan	K.Plan	K.Plan	K.Plan	K.Plan	K.Plan
❑ Erweiterungsinvestitionsrate AV	Ist	Ist	Ist	Ist	K.Plan	K.Plan	K.Plan	K.Plan	K.Plan	K.Plan
❑ Erweiterungsinvestitionsrate WC	Ist	Ist	Ist	Ist	K.Plan	K.Plan	K.Plan	K.Plan	K.Plan	K.Plan
Wertgeneratoren absolut										
❑ Umsatzwachstum	5,0%	5,0%	5,0%	5,0%	5,0%	5,0%	5,0%	5,0%	5,0%	5,0%
❑ Umsatzrendite vor Steuern	8,0%	10,0%	8,0%	9,0%	8,0%	5,5%	8,0%	5,5%	8,0%	5,5%
❑ Steuersatz	15,0%	15,0%	15,0%	15,0%	15,0%	15,0%	15,0%	15,0%	15,0%	15,0%
❑ Erweiterungsinvestitionsrate AV	15,0%	15,0%	18,0%	18,0%	16,5%	16,5%	16,5%	16,5%	16,5%	16,5%
❑ Erweiterungsinvestitionsrate WC	12,0%	12,0%	15,0%	15,0%	13,5%	13,5%	13,5%	13,5%	13,5%	13,5%
Umsatz	126,00	126,00	132,30	132,30	138,92	138,92	145,86	145,86	153,15	153,15
− Ausgabenwirksame Kosten	115,92	113,40	121,72	120,39	127,80	131,27	134,19	137,84	140,90	144,73
= Gewinn vor Steuern	10,08	12,60	10,58	11,91	11,11	7,64	11,67	8,02	12,25	8,42
− Steuern	1,51	1,89	1,59	1,79	1,67	1,15	1,75	1,20	1,84	1,26
= Gewinn nach Steuern	8,57	10,71	9,00	10,12	9,45	6,49	9,92	6,82	10,41	7,16
− Investitionen Anlagevermögen	0,90	0,90	1,13	1,13	1,09	1,09	1,15	1,15	1,20	1,20
− Δ Working Capital	0,72	0,72	0,95	0,95	0,89	0,89	0,94	0,94	0,98	0,98
= Freier Cash Flow	6,95	9,09	6,92	8,04	7,46	4,51	7,83	4,74	8,23	4,97

Abweichung der Umsatzrendite vor Steuern	Vergangenheitserfolg	Periodenerfolg	Zukunftserfolg i.e.S.	Summe
Wertbeitrag Planungszeitraum Plan	6,32	5,72	16,07	28,10
Wertbeitrag Planungszeitraum Ist	8,26	6,65	9,71	24,62
=> Abweichung	1,95	0,93	-6,36	-3,48
Wertbeitrag Restwertzeitraum Plan				51,08
Wertbeitrag Restwertzeitraum Ist				30,87
=> Abweichung				-20,21
Wertbeitrag Summe Plan				79,18
Wertbeitrag Summe Ist				55,49
=> Abweichung				-23,69

Abb. 4.55.: Kumulative Abweichungsverrechnung für die Umsatzrendite vor Steuern

Der Steuersatz hat sich gegenüber der Planung nicht verändert und führt daher zu keiner Wertabweichung. Der dritte Schritt der kumulativen Abweichungsverrechnung entfällt daher.

4. Schritt: Wertabweichung der Erweiterungsinvestitionsrate für das Anlagevermögen

Jahr	1		2		3		4		5	
Zeitliche Bezugsbasis										
❏ Umsatzwachstum	Plan	Plan	Plan	Plan	Plan	Plan	Plan	Plan	Plan	Plan
❏ Umsatzrendite vor Steuern	Plan	Plan	Plan	Plan	Plan	Plan	Plan	Plan	Plan	Plan
❏ Steuersatz	Plan	Plan	Plan	Plan	Plan	Plan	Plan	Plan	Plan	Plan
❏ Erweiterungsinvestitionsrate AV	Plan	Ist	Plan	Ist	Plan	K.Plan	Plan	K.Plan	Plan	K.Plan
❏ Erweiterungsinvestitionsrate WC	Ist	Ist	Ist	Ist	K.Plan	K.Plan	K.Plan	K.Plan	K.Plan	K.Plan
Wertgeneratoren absolut										
❏ Umsatzwachstum	5,0%	5,0%	5,0%	5,0%	5,0%	5,0%	5,0%	5,0%	5,0%	5,0%
❏ Umsatzrendite vor Steuern	8,0%	8,0%	8,0%	8,0%	8,0%	8,0%	8,0%	8,0%	8,0%	8,0%
❏ Steuersatz	15,0%	15,0%	15,0%	15,0%	15,0%	15,0%	15,0%	15,0%	15,0%	15,0%
❏ Erweiterungsinvestitionsrate AV	20,0%	15,0%	20,0%	18,0%	20,0%	16,5%	20,0%	16,5%	20,0%	16,5%
❏ Erweiterungsinvestitionsrate WC	12,0%	12,0%	15,0%	15,0%	13,5%	13,5%	13,5%	13,5%	13,5%	13,5%
Umsatz	126,00	126,00	132,30	132,30	138,92	138,92	145,86	145,86	153,15	153,15
– Ausgabenwirksame Kosten	115,92	115,92	121,72	121,72	127,80	127,80	134,19	134,19	140,90	140,90
= Gewinn vor Steuern	10,08	10,08	10,58	10,58	11,11	11,11	11,67	11,67	12,25	12,25
– Steuern	1,51	1,51	1,59	1,59	1,67	1,67	1,75	1,75	1,84	1,84
= Gewinn nach Steuern	8,57	8,57	9,00	9,00	9,45	9,45	9,92	9,92	10,41	10,41
– Investitionen Anlagevermögen	1,20	0,90	1,26	1,13	1,32	1,09	1,39	1,15	1,46	1,20
– Δ Working Capital	0,72	0,72	0,95	0,95	0,89	0,89	0,94	0,94	0,98	0,98
= Freier Cash Flow	6,65	6,95	6,79	6,92	7,23	7,46	7,59	7,83	7,97	8,23

Abweichung der Erweiterungs-investitionsrate AV	Vergangen-heitserfolg	Perioden-erfolg	Zukunfts-erfolg i.e.S.	Summe
Wertbeitrag Planungszeitraum Plan	6,04	5,61	15,57	27,22
Wertbeitrag Planungszeitraum Ist	6,32	5,72	16,07	28,10
=> Abweichung	0,27	0,10	0,50	0,88
Wertbeitrag Restwertzeitraum Plan				49,50
Wertbeitrag Restwertzeitraum Ist				51,08
=> Abweichung				1,58
Wertbeitrag Summe Plan				76,72
Wertbeitrag Summe Ist				79,18
=> Abweichung				2,46

Abb. 4.56.: Kumulative Abweichungsverrechnung für die Erweiterungsinvestitionsrate des Anlagevermögens

5. Schritt: Wertabweichung der Erweiterungsinvestitionsrate für das Working Capital

Jahr	1		2		3		4		5	
Zeitliche Bezugsbasis										
❏ Umsatzwachstum	Plan	Plan	Plan	Plan	Plan	Plan	Plan	Plan	Plan	Plan
❏ Umsatzrendite vor Steuern	Plan	Plan	Plan	Plan	Plan	Plan	Plan	Plan	Plan	Plan
❏ Steuersatz	Plan	Plan	Plan	Plan	Plan	Plan	Plan	Plan	Plan	Plan
❏ Erweiterungsinvestitionsrate AV	Plan	Plan	Plan	Plan	Plan	Plan	Plan	Plan	Plan	Plan
❏ Erweiterungsinvestitionsrate WC	Plan	Ist	Plan	Ist	Plan	K.Plan	Plan	K.Plan	Plan	K.Plan
Wertgeneratoren absolut										
❏ Umsatzwachstum	5,0%	5,0%	5,0%	5,0%	5,0%	5,0%	5,0%	5,0%	5,0%	5,0%
❏ Umsatzrendite vor Steuern	8,0%	8,0%	8,0%	8,0%	8,0%	8,0%	8,0%	8,0%	8,0%	8,0%
❏ Steuersatz	15,0%	15,0%	15,0%	15,0%	15,0%	15,0%	15,0%	15,0%	15,0%	15,0%
❏ Erweiterungsinvestitionsrate AV	20,0%	20,0%	20,0%	20,0%	20,0%	20,0%	20,0%	20,0%	20,0%	20,0%
❏ Erweiterungsinvestitionsrate WC	10,0%	12,0%	10,0%	15,0%	10,0%	13,5%	10,0%	13,5%	10,0%	13,5%
Umsatz	126,00	126,00	132,30	132,30	138,92	138,92	145,86	145,86	153,15	153,15
− Ausgabenwirksame Kosten	115,92	115,92	121,72	121,72	127,80	127,80	134,19	134,19	140,90	140,90
= Gewinn vor Steuern	10,08	10,08	10,58	10,58	11,11	11,11	11,67	11,67	12,25	12,25
− Steuern	1,51	1,51	1,59	1,59	1,67	1,67	1,75	1,75	1,84	1,84
= Gewinn nach Steuern	8,57	8,57	9,00	9,00	9,45	9,45	9,92	9,92	10,41	10,41
− Investitionen Anlagevermögen	1,20	1,20	1,26	1,26	1,32	1,32	1,39	1,39	1,46	1,46
− Δ Working Capital	0,60	0,72	0,63	0,95	0,66	0,89	0,69	0,94	0,73	0,98
= Freier Cash Flow	6,77	6,65	7,11	6,79	7,46	7,23	7,83	7,59	8,23	7,97

Abweichung der Erweiterungs-investitionsrate WC	Vergangen-heitserfolg	Perioden-erfolg	Zukunfts-erfolg i.e.S.	Summe
Wertbeitrag Planungszeitraum Plan	6,15	5,87	16,07	28,09
Wertbeitrag Planungszeitraum Ist	6,04	5,61	15,57	27,22
=> Abweichung	-0,11	-0,26	-0,50	-0,87
Wertbeitrag Restwertzeitraum Plan				51,08
Wertbeitrag Restwertzeitraum Ist				49,50
=> Abweichung				-1,58
Wertbeitrag Summe Plan				79,17
Wertbeitrag Summe Ist				76,72
=> Abweichung				-2,45

Abb. 4.57.: Kumulative Abweichungsverrechnung für die Erweiterungsinvestitionsrate des Working Capital

4.2.5.5. Interpretation der Wertabweichung

Nachdem die einzelnen unternehmenswertbezogenen Spezialabweichungen sowohl für die alternative als auch für die kumulative Abweichungsanalyse ermittelt wurden, sollen sie nun bezüglich ihrer Konsequenz für die unternehmenswertorientierte Steuerung interpretiert werden. Zusammenfassend konnten folgende **Wertabweichungen** ermittelt werden:

Alternative Abweichungsverrechnung:

Wertgeneratoren	Abweichungen					
	Vergangen-heitserfolg (1)	Perioden-erfolg (2)	Zukunfts-erfolg i.e.S. (3)	Summe (4)= (1)+(2)+(3)	Restwert (5)	Endsumme (6)=(4)+(5)
❑ Umsatzwachstum	0,202	0,198	0,429	0,829	1,048	1,878
❑ Umsatzrendite vor Steuern	1,929	0,912	-6,119	-3,278	-19,264	-22,542
❑ Steuersatz	0,000	0,000	0,000	0,000	0,000	0,000
❑ Erweiterungsinvestitionsrate AV	0,218	0,083	0,388	0,688	1,220	1,909
❑ Erweiterungsinvestitionsrate WC	-0,087	-0,206	-0,388	-0,681	-1,220	-1,902
Summe der Abweichungen	2,261	0,986	-5,689	-2,442	-18,216	-20,658
im Vergleich mit	≠	≠	≠	≠	≠	≠
Gesamtabweichung	2,313	0,971	-5,926	-2,642	-19,160	-21,802

Abb. 4.58.: Ergebnisse der alternativen Abweichungsanalyse

Die Summe der einzelnen Wertabweichungen und die Gesamtabweichung fallen auseinander, da bei der alternativen Abweichungsverrechnung in allen Abweichungen Sekundärabweichungen und Abweichungen höherer Ordnung enthalten sind, d.h. die Abweichungen mehrfach verrechnet werden.

Kumulative Abweichungsverrechnung:

Wertgeneratoren	Abweichungen					
	Vergangen-heitserfolg (1)	Perioden-erfolg (2)	Zukunfts-erfolg i.e.S. (3)	Summe (4)= (1)+(2)+(3)	Restwert (5)	Endsumme (6)=(4)+(5)
❑ Umsatzwachstum	0,202	0,198	0,429	0,829	1,048	1,878
❑ Umsatzrendite vor Steuern	1,947	0,929	-6,356	-3,479	-20,208	-23,687
❑ Steuersatz	0,000	0,000	0,000	0,000	0,000	0,000
❑ Erweiterungsinvestitionsrate AV	0,273	0,104	0,498	0,875	1,585	2,460
❑ Erweiterungsinvestitionsrate WC	-0,109	-0,260	-0,498	-0,868	-1,585	-2,453
Summe der Abweichungen	2,313	0,971	-5,926	-2,642	-19,160	-21,802
im Vergleich mit	=	=	=	=	=	=
Gesamtabweichung	2,313	0,971	-5,926	-2,642	-19,160	-21,802

Abb. 4.59.: Ergebnisse der kumulativen Abweichungsanalyse

Bei der kumulativen Abweichungsverrechnung ist die Summe der einzelnen Wertabweichungen mit der Gesamtabweichung identisch, da Abweichungsinterdependenzen nur einmal verrechnet werden.

Zwischen der alternativen und der kumulativen Abweichungsverrechnung bestehen Unterschiede in der absoluten Höhe der Abweichungen. Diese sind umso größer je weiter hinten in der Reihenfolge die Abweichungen bei der kumulativen Abweichungsanalyse ermittelt 5wurden, da diese von Abweichungsinterdependenzen am wenigsten betroffen sind. Bei den Vorzeichen der Abweichungen, d.h. an der Frage, ob eine Unter- oder eine Überschreitung des geplanten Wertbeitrags vorliegt, ergeben sich jedoch keine Unterschiede.

Die ermittelten Abweichungen lassen folgende **Interpretation** bezüglich der unternehmenswertorientierten Steuerung der strategischen Geschäftseinheit zu:

❑ Bereits nach zwei vergangenen Jahren droht die Gefahr, daß der ursprünglich anvisierte Wertbeitrag von 79,2 Mio. DM um 21,8 Mio. DM **(= Gesamtabweichung)** unterschritten wird. War z.B. das zu Beginn des ersten Jahres investierte Gesamtvermögen 65 Mio. DM, besteht die Gefahr, daß die strategische Geschäftseinheit zum Wertvernichter (Wertbeitrag < investiertes Gesamtvermögen) wird. Die unternehmenswertorientierte Abweichungsanalyse ermöglicht, daß frühzeitig Gegensteuerungsmaßnahmen ergriffen werden.

❑ Wird die Gesamtabweichung in den **Vergangenheitserfolg, den Perioden-, den Zukunftserfolg i.e.S. und den Restwert** aufgespalten, so zeigt sich, daß bisher die geplanten Wertbeitragsziele sogar um 3,28 Mio. DM (Vergangenheitserfolg 2,31 Mio. DM plus Periodenerfolg 0,97 Mio. DM) überboten wurden, jedoch für die Zukunft mit erheblichen Planunterschreitungen gerechnet wird, die insbesondere im Restwert zu Buche schlagen (-5,92 Mio. DM für den Zukunftserfolg i.e.S. und -19,16 Mio. DM für den Restwert). Die Ergebnisse unterstreichen, daß eine langfristige „Pflege", insbesondere der Umsatzrendite, wichtiger ist als eine kurzfristige Optimierung.

❑ Der Rückgang des **Umsatzwachstums** gegenüber der Planung wirkt sich überraschenderweise positiv auf den Wertbeitrag aus und erhöht den Wertbeitrag gegenüber der Planung um 1,8 Mio. DM. Die Ergebnisse zeigen, daß Wachstum aus Sicht des Shareholder Value-Konzeptes nicht unbedingt wertsteigernd wirken kann. Die Ursache liegt darin, daß 100 DM zusätzlicher Umsatz 6,80 DM zusätzlichen Gewinn nach Steuern erbringen, jedoch ein zusätzliches Investment in Anlagevermögen von 30 DM erfordern:

zusätzlicher Gewinn nach Steuern (= Cash Flow nach Ersatzinvestitionen):

$$Umsatzwachstum \bullet Umsatzrendite \bullet (1 - Steuersatz) =$$
$$= \quad 100\,DM \quad \bullet \quad 0,08 \quad \bullet \quad (1 - 0,15) \quad = 6,80\,DM$$

zusätzlicher Investitionsbedarf:

$$Umsatzwachstum \bullet (Erweiterungsinvestitionsrate\ in\ das\ AV\ und\ in\ das\ WC) =$$
$$= \quad 100\,DM \quad \bullet \quad (0,20 + 0,10) \quad = 30,00\,DM$$

resultierender Freier Cash Flow:

$$+6,80\,DM - 30,00\,DM = -23,20\,DM$$

Angesichts der gegebenen Kosten- und Investitionsstruktur wäre nun einerseits zu fragen, ob das Umsatzwachstum beschränkt werden sollte bzw. ob andererseits das notwendige Investment in Anlagevermögen oder Umlaufvermögen z.B. durch eine Verringerung der Wertschöpfungstiefe oder eine Verbesserung des Warenwirtschaftssystems reduziert werden kann.

❑ Die Analyse der **Umsatzrendite vor Steuern** zeigt, daß eine kurzfristige Ergebnisver-besserung zu Lasten nachfolgender Jahre (z.B. unterlassene Marketing-, Vertriebs- oder Entwicklungsaufwendungen) aus Sicht des Shareholder Value-Konzeptes gravierende Folgen nach sich ziehen kann, die jedoch durch die Unternehmenswertbetrachtung zu Tage treten. Während Vergangenheits- und Periodenerfolg über Plan liegen, werden diese Vorteile bei weitem durch die erheblichen Minderungen der Wertbeiträge von Zukunftserfolg i.e.S. und Restwert aufgezehrt.

❑ Wie schon erläutert, wirkt eine Minderung des wachstumsbedingten Investitionsauf-wandes positiv auf die Wertbeiträge, wie die Reduktion der **Erweiterungsinvestitions-rate beim Anlagevermögen** und die Erhöhung der entsprechenden **Rate beim Wor-king Capital** veranschaulichen.

❑ Vergleicht man die einzelnen Wertabweichungen hinsichtlich ihrer absoluten Höhe, so ist die Gesamtabweichung primär durch die erwarteten Rückgänge der **sehr sensitiven Größe Umsatzrendite** bestimmt. Die anderen Wertabweichungen erklären jeweils ca. 10 % der Gesamtabweichung.

Die unternehmenswertorientierte Abweichungsanalyse verdeutlicht, daß sich Veränderungen von Wertgeneratoren durch die multiplikative Verknüpfung nicht nur innerhalb eines be-trachteten Jahres (Abweichungsinterdependenzen) verstärken oder abschwächen können, sondern durch die Mehrperioden-Betrachtung auch auf der zeitlichen Achse multiplizieren.[91] Wie das vereinfachte Beispiel zeigt, erlaubt die unternehmenswertorientierte Abweichungs-analyse eine frühzeitige Kontrolle sowohl im Sinne eines feedback als auch im Sinne eines feedforward.

---

[91] Vgl. ebenso Herter, R.N. (1994), S. 178.

4.2.6. Unternehmenswertorientierte Break-Even-Analyse

Einer der Kritikpunkte an der „traditionellen" gewinnorientierten Steuerung ist das Auseinanderfallen der vermögensorientierten Sicht des Eigentümers und der dem Management zugewiesenen primären Gewinnorientierung.[1] Da Wertsteigerung nur erfolgt, wenn zumindest die Kapitalkosten erwirtschaftet werden, ergeben sich neue Fragestellungen, welche Umsätze bzw. Mindestrenditen zu erreichen sind, um den Unternehmenswert konstant zu halten bzw. das investierte Kapital wieder zu erwirtschaften.

Einer kostenorientierten Break-Even-Analyse vergleichbar ist der auf *Rappaport* zurückzuführende Ansatz einer **unternehmenswertorientierten Break-Even-Analyse.** [2] *Bühner* bezeichnet sie als „Breakeven-Wert-Analyse".[3] Da die Rentabilität eines Unternehmens bzw. einer Geschäftseinheit einen der Haupt-Werttreiber darstellt, ist z.B. zu fragen, welche Umsatzrendite zu erwirtschaften ist, um gerade die Kapitalkosten abzudecken, d.h. einen Wertbeitrag von Null zu erwirtschaften (**unternehmenswertorientierte Mindest-Umsatzrendite oder Threshold Margin).**[4]

Hierzu können verschiedene **Anwendungsfälle** unterschieden werden:

❑ unternehmenswertorientierte Mindest-Umsatzrendite für ein Unternehmen ohne Wachstum (Kapitel 4.2.6.1.)

❑ unternehmenswertorientierte Mindest-Umsatzrendite für ein Unternehmen mit Wachstum bei Betrachtung nur eines Jahres (Kapitel 4.2.6.2.)

❑ unternehmenswertorientierte Mindest-Umsatzrendite für ein Unternehmen mit Wachstum bei Mehrjahres-Betrachtung (Kapitel 4.2.6.3.).

Die drei Anwendungsfälle sollen nun der Reihe nach vorgestellt und diskutiert werden.

4.2.6.1. Unternehmenswertorientierte Break-Even-Analyse bei Null-Wachstum

Erste Überlegungen unter Annahme des Null-Wachstums (d.h. keine Erweiterungsinvestitionen) sind auf *Bühner* zurückzuführen.[5] Trotz der gesetzten Annahmen erlaubt diese Vorgehensweise interessante Einblicke in die Werttreiber der Unternehmenswertsteigerung. Die im Vergleich zu *Bühner* variierte und erweiterte Vorgehensweise soll anhand eines einfachen Beispiels vorgestellt werden:

Beispiel:

Eine Geschäftseinheit realisiert p.a. einen konstanten Umsatz von 500 Mio. DM. Das Betriebsergebnis vor Steuern und Zinsen beträgt 6 % des Umsatzes (= Umsatzrendite vor Steuern und Zinsen). Der hierauf berechnete Steuersatz für die nicht-anrechenbaren Steuern beträgt 10 %.[6] Jährlich wird zusätzlich zur Reinvestition der Abschreibungen in Höhe von 1 %

1 Vgl. Rappaport, A. (1986), S. 1f. und S. 19; Bühner, R. (1990), S. 13 und Bühner, R./Weinberger, H.-J. (1991), S. 187f..

2 Vgl. die Begriffsprägung bei Rappaport, A. (1986), S. 69 und ähnlich Bühner, R. (1990), S. 53ff..

3 Vgl. Bühner, R. (1990), S. 53 und Bühner, R. (1990c), S. 40.

4 *Bühner* spricht von einer „Break-Even-Umsatzüberschußrate". Vgl. Bühner, R. (1990), S. 65.

5 Vgl. Bühner, R. (1990), S. 64ff. und Bühner, R. (1990c), S. 40.

6 Vgl. die Ausführungen in Kapitel 3.3.4.2.1.3. Die Bedeutung von Steuern und Zinsen bei der Ermittlung des Freien Cash Flow.

des Umsatzes in das Anlagevermögen investiert, um Einsparungen in selber Höhe des Working Capital zu erhalten (z.B. Investition in Warenwirtschaftssysteme zur Reduktion des Vorratsbestandes). Wachstumsfördernde Erweiterungsinvestitionen sind damit nicht beabsichtigt. Das investierte Kapital (Anlagevermögen und Working Capital) beträgt 225 Mio. DM. Die Kapitalkosten des Gesamtkapitals betragen 10 %.

Die Unternehmensleitung möchte wissen,

a)   welche Break-Even-Werte die Ausgangsparameter annehmen dürfen, damit die Geschäftseinheit einen Wertbeitrag von Null erwirtschaftet, d.h. die Kapitalkosten gerade abdeckt sind.

b)   welche Zielgrößen zu erreichen sind, um den momentanen Unternehmenswert um 60 Mio. zu steigern.

Unter der vereinfachenden Annahme der ewigen Rente errechnet sich der Unternehmenswert des Gesamtkapitals wie folgt:

$$Unternehmenswert = \frac{Ewige\ Rentenzahlung}{Kapitalkostensatz}$$

$$Unternehmenswert = \frac{Umsatz \bullet Umsatzrendite \bullet (1 - Steuersatz) - Inv.\,AV - Inv.\,Working\,Capital}{Kapitalkostensatz}$$

$$Unternehmenswert = \frac{500\ Mio. \bullet 0,06 \bullet (1 - 0,1) - (5 - 5)}{0,1} = 270\ Mio.$$

Sollen gerade die Kapitalkosten erwirtschaftet werden, ist der Unternehmenswert mit dem investierten Kapital von 225 Mio. DM gleichzusetzen (M/B-Verhältnis = 1). Ceteris paribus ergeben sich nun folgende Break-Even-Werte für die eingehenden Parameter, wobei die jeweiligen anderen Parameter den Werten der Ausgangsversion entsprechen:

Parameter	Parameterwert in Ausgangssituation *(Unternehmenswert 270 Mio. DM)*	Break-Even-Wert für Parameter c.p. *(Unternehmenswert 225 Mio. DM)*	erlaubte Veränderung gegenüber Ausgangssituation (Sicherheitsspanne)
Umsatz	500 Mio.	416,67 Mio.	− 16,67 %
Umsatzrendite in %	6 %	5 %	− 16,67 %
Steuersatz in %	10 %	25 %	+ 150 %
Investitionen in das Anlagevermögen	5 Mio.	9,5 Mio.	+ 90 %
Investition in das Working Capital	− 5 Mio	− 0,5 Mio.	− 90 %
Kapitalkosten des Gesamtkapitals in %	10 %	12 %	+ 20 %

Abb. 4.60.: Break-Even-Werte und Sicherheitsspanne für einzelne Werttreiber

Um einen Unternehmenswert von 225 Mio. zu erzielen und damit die Kapitalkosten von 10 % abzudecken, ist z.B. eine Umsatzrendite von 5 % vor Steuern und Zinsen erforderlich. Gegenüber der Ausgangssituation darf die Umsatzrendite um 16,67 % zurückgehen (**Sicherheitsspanne**). Der Break-Even-Wert von 5 % besagt, daß bei einer Umsatzrendite von größer als

5 % der Barwert der Rückflüsse aus der strategischen Geschäftseinheit (= Wertbeitrag des Geschäftseinheit) das investierte Kapital übersteigt.

Da jedoch schon ein Unternehmenswert von 270 Mio. DM erreicht wurde, führt eine Umsatzrendite von unter 6 % dazu, daß der Unternehmenswert sinkt. Folglich findet gegenüber der aktuellen Wertbeimessung eine **Wertvernichtung** statt, da bei Berechnung der 270 Mio. DM implizit angenommen wurde, daß die Geschäftseinheit diese 6 % verdienen wird. Diese Situation ist insbesondere dann gegeben, wenn das Unternehmen von Externen (z.B. an der Börse) bewertet wird, da dann dem Unternehmen auf dem Sekundärmarkt Wertsteigerungen zugewiesen werden, bevor diese überhaupt realisiert sind. Daher würde *Bühner* analog zu dem von ihm betrachteten Fall eines börsennotierten Unternehmens diese erforderliche Umsatzrendite von 6 % zurecht als seine **„Break-Even-Umsatzüberschußrate"** bezeichnen.[7] Da im hier betrachteten Fall kein externe Bewertung durch Dritte vorliegt, sondern dem Unternehmenswert von 270 Mio. DM die subjektive, unternehmensinterne Rechnung zugrunde liegt, soll hier als **Break-Even-Umsatzrendite** der Wert 5 % gewählt werden, bei dem der Wertbeitrag der Geschäftseinheit das investierte Kapital übertrifft. Der Break-Even-Wert beruht damit nicht auf potentiellen Wertsteigerungen, die vorab schon als realisiert betrachtet werden.

Alternativ zum Break-Even-Wert der Umsatzrendite von 5 % wäre c.p. ein Umsatzeinbruch von 500 Mio. DM auf 416,67 Mio. DM, d.h. um −16,67 % oder eine Erhöhung der Kapitalkosten um 2 % auf 12 %.

Läßt sich der strategischen Geschäftseinheit ein anteiliges Fremdkapital von 180 Mio. DM zuordnen, so ist, um einen Wert des Eigenkapitals von gerade 0 DM zu erreichen, eine Umsatzrendite von 4 % notwendig.[8] Dieser Punkt entspricht der Schmerzgrenze bei rein gewinnorientierter Sicht (Gewinn = 0).

Soll der gegenwärtige Marktwert gehalten werden, erhöht sich bei vermögensorientierter Sicht des Investors die Renditeforderung auf 6 % des Umsatzes[9] und eine weitere Wertsteigerung um 60 Mio. führt zu einer **Zielrendite** von 7,33 %. Für die einzelnen Werttreiber ergeben sich c.p. folgende **Zielwerte** und mögliche Maßnahmen, um die beabsichtige Wertsteigerung auf 330 Mio. zu erreichen:

---

[7] Vgl. das Beispiel und die Berechnung bei Bühner, R. (1990), S. 64f..

[8] $$\frac{500 \; Mio. \bullet 0,04 \bullet (1 - 0,1) - (5 - 5)}{0,1} = 180 \; Mio.$$

[9] Vgl. die Ausgangssituation.

Parameter	Parameterwert in Ausgangssituation *(Unternehmenswert 270 Mio.)*	Zielwerte für Parameter c.p. *(Unternehmenswert 330 Mio.)*	Beispiele für mögliche Maßnahmen
Umsatz	500 Mio.	611,11 Mio.	• Erhöhung des Marktanteils • Erschließung neuer Märkte etc.
Umsatzrendite	6 %	7,33 %	• Reduktion der Kosten • Verbesserung der Auslastung • Preiserhöhung etc.
Steuersatz	10 %	bei 0 % steigt der Unternehmenswert nur auf 300 Mio.	• als externer Faktor durch Gesetzgebung bestimmt • Steueroptimierung
Investitionen in das Anlagevermögen	5 Mio.	− 1 Mio	• Verbesserung der Prozeßabläufe und der Auslastung • Outsourcing etc.
Investitionen in das Working Capital	− 5 Mio	− 11 Mio	• Kürzere Durchlaufzeiten • Reduktion der Bestandsreichweiten etc.
Kapitalkosten des Gesamtkapitals	10 %	8,18 %	• Änderung der Kapitalstruktur • Informationspolitik etc.

Abb. 4.61.: Zielwerte und mögliche Maßnahmen als Ergebnis einer unternehmenswertorientierten Break-Even-Analyse

Betrachtet man nur die Umsatzrendite als Werttreiber läßt sich die unternehmenswertorientierte Break-Even-Analyse wie folgt graphisch darstellen:

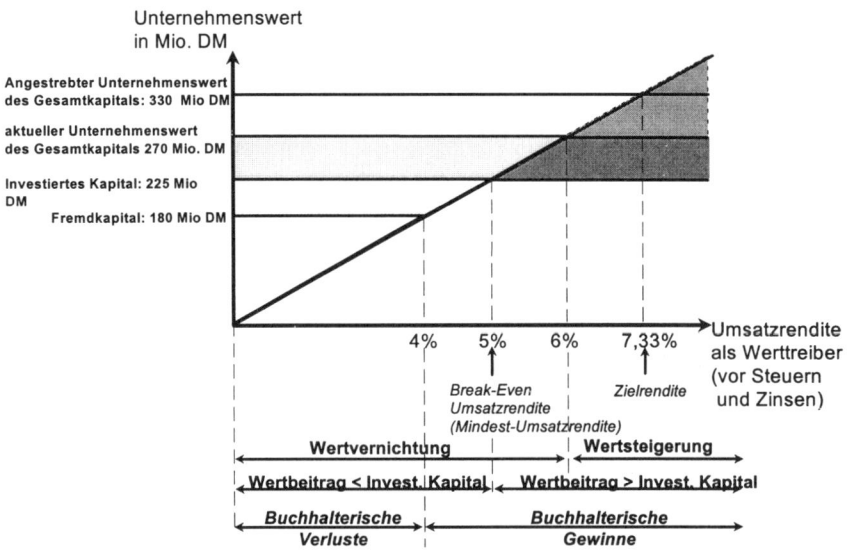

Abb. 4.62.: Unternehmenswertorientierte Break-Even-Analyse mit dem Werttreiber Umsatzrendite

Die vorgestellte, auf der ewigen Rente beruhende Analyse vernachlässigt das Wachstum von Unternehmen, erlaubt jedoch eine interessante, wenn auch pauschalierte Abschätzung bezüglich der betrieblichen Werttreiber. Problematisch erscheint jedoch die implizite ceteris paribus-Annahme bezüglich der nicht variierten Größen. Da sich der Marktwert des Eigenkapitals ändert, müßten folglich auch durch die Änderung der Gewichtungsfaktoren die Kapitalkosten verändert werden. Auf den **zirkulären Zusammenhang** wurde bereits hingewiesen.[10]

4.2.6.2. Unternehmenswertorientierte Break-Even-Analyse bei Wachstum und Ein-Perioden-Betrachtung

Unter Annahme im Zeitablauf konstanter Rückflüsse und Kapitalkosten kann die geforderte unternehmenswertorientierte Mindest-Umsatzrendite auch für den Fall mit Wachstum berechnet werden, wobei zunächst nur eine Periode (z.B. ein Jahr) betrachtet werden soll.[11]

Der Shareholder Value erhöht sich, wenn der Barwert der Rückflüsse den Barwert der notwendigen Investitionen übersteigt. Unter Anwendung des Wertgeneratoren-Modells von *Rappaport*[12] ergibt sich daher folgender Zusammenhang, wobei der Steuersatz nach deutschem Steuersystem nur die beim Eigentümer nicht-anrechenbaren Steuern umfassen soll:[13]

$$Erh\"{o}hung\ des\ Shareholder\ Value = Barwert\ der\ R\"{u}ckfl\"{u}sse - Barwert\ der\ erforderlichen\ Investitionen \overset{!}{=} 0$$

$$\frac{Erh\"{o}hung\ des}{Shareholder\ Value} = \frac{\Delta Umsatz \bullet Grenzumsatzrendite \bullet (1 - Steuersatz)}{Kapitalkostensatz\ des\ Gesamtkapitals} -$$

$$- \frac{\Delta Umsatz \bullet \left(Erweiterungsinvestitionsrate\ des\ Anlageverm\"{o}gens\ und\ Working\ Capitals\right)}{\left(1 + Kapitalkostensatz\ des\ Gesamtkapitals\right)} \overset{!}{=} 0$$

Dabei wird der Barwert der Rückflüsse als ewige Rente angenommen und davon ausgegangen, daß erste Rückflüsse wie auch die Investition am Ende der ersten Periode getätigt werden. Die Auflösung obiger Gleichung nach der erforderlichen **Grenzumsatzrendite (Incremental Threshold Margin)** für die getätigte Erweiterungsinvestition ergibt:

$$Grenzumsatzrendite = \frac{\left(Erweiterungsinvestitionsrate\ des\ Anlageverm\"{o}gens\ und\ Working\ Capitals\right) \bullet k_{GK}}{\left(1 + k_{GK}\right) \bullet \left(1 - Steuersatz\right)}$$

mit $k_{GK} := Kapitalkostensatz\ des\ Gesamtkapitals$

Beispiel:

In Fortführung obigen Beispiels wird nun ergänzend davon ausgegangen, daß für 100 DM zusätzlichen Umsatz eine Erweiterungsinvestition in Anlagevermögen von 45 DM und eine Erhöhung des Working Capital (z.B. durch Erhöhung der Vorräte oder des Forderungsbestandes) von 30 DM erforderlich sind.

Folglich ergibt sich die Grenzumsatzrendite wie folgt:

---

10 Vgl. die Ausführungen in Kapitel 3.3.3. Eigenkapital- versus Gesamtkapitalansatz.
11 Vgl. die Ableitung bei Rappaport, A. (1986), S. 72f..
12 Vgl. die Darstellung des Wertgeneratoren-Modells in Kapitel 3.3.4.2.1.5. Prognose des Freien Cash Flow.
13 Vgl. hierzu die Ausführungen in Kapitel 3.3.4.2.1.3. Die Bedeutung von Steuern und Zinsen bei der Ermittlung des Freien Cash Flow.

$$Erweiterungsinvestitionsrate\ des\ Anlagevermögens = \frac{\Delta Investition\ AV}{\Delta Umsatz} = \frac{45}{100} = 0,45$$

$$Erweiterungsinvestitionsrate\ des\ Working\ Capital = \frac{\Delta Investition\ Working\ Capital}{\Delta Umsatz} = \frac{30}{100} = 0,30$$

$$Grenzumsatzrendite = \frac{(0,45 + 0,3) \bullet 0,1}{(1 + 0,1) \bullet (1 - 0,1)} = 0,07575\ d.h.\ 7,58\%$$

Die Grenzumsatzrendite muß folglich so hoch sein, daß die (abgezinsten) Kapitalkosten auf die Erweiterungsinvestition verdient werden. Im Beispiel muß anstatt der bisherigen Umsatzrendite von 6 % die beabsichtigte Erweiterungsinvestition 7,58 % verdienen, um die Kapitalkosten abzudecken. Kann dies nicht erreicht werden, ist die Erweiterungsinvestition wertvernichtend.

Wie obige Definition der Grenzumsatzrendite deutlich macht, steigt daher die Grenzumsatzrendite mit zunehmenden Kapitalkosten, zunehmender Steuerbelastung und zunehmenden Erweiterungsinvestitionsraten. Des weiteren verdeutlicht auch die Grenzumsatzrendite durch ihren finanzwirtschaftlichen Ansatz den Unterschied zwischen der vermögensorientierten Sicht des Investors und der buchhalterischen Sicht „traditioneller" Jahresabschluß-Größen.[14] Bei der buchhalterischen Sicht würden allenfalls die Fremdkapitalkosten des zusätzlich gebundenen Kapitals und Abschreibungen auf zusätzliches Anlagevermögen berücksichtigt werden. Der Beschaffungsvorgang an sich ist gewinnneutral; Eigenkapitalkosten bleiben ebenfalls unberücksichtigt.

Wird davon ausgegangen, daß die bisherige Umsatzrendite eines Unternehmens oder einer Geschäftseinheit gehalten werden soll, kann eine **Mindestumsatzrendite (Treshold Margin)** für den Umsatz des kommenden Jahres errechnet werden:[15]

$$Mindestumsatzrendite = \frac{Vorperiodengewinn + Grenzumsatzrendite \bullet \Delta Umsatz}{Vorperiodenumsatz + \Delta Umsatz}$$

Beispiel:

Für obiges Beispiel ergibt sich als Mindestumsatzrendite für eine beabsichtigte Umsatzsteigerung von 500 Mio. auf 600 Mio.:

$$Mindestumsatzrendite = \frac{0,06 \bullet 500\ Mio. + 0,07578 \bullet 100\ Mio.}{500\ Mio. + 100\ Mio.} = 0,06263\ d.h.\ 6,263\%$$

Folglich ist im kommenden Jahr eine höhere Umsatzrendite zu erzielen, um die Kapitalkosten des Wachstums finanzieren zu können.

Die Grenz- und die Mindestumsatzrendite ermöglichen für die Einjahres-Betrachtung eine unternehmenswertorientierte Steuerung und geben dem Management Vorgaben für die anzustrebende Zielrendite. Analog zur Umsatzrendite können auch Grenzwerte für andere Parameter ermittelt werden.

---

[14] Vgl. hierzu Kapitel 2.1.2.2.2.2. Mögliche Ursachen der "Performance"-Schwächen.
[15] Vgl. Rappaport, A. (1986), S. 73.

4.2.6.3. Unternehmenswertorientierte Break-Even-Analyse bei Wachstum und Mehr-Perioden-Betrachtung

Für die beabsichtigte Mehrjahres-Betrachtung bei wachsenden Unternehmen kann der obige Vorschlag von *Rappaport* nur für den realitätsfernen Fall (relativ) konstanter Umfeld- und Unternehmensverhältnisse, d.h. bei Annahme der Konstanz der eingehenden Größen, ermittelt werden. Wird davon ausgegangen, daß die in einem Jahr erzielten Umsatzzuwächse in den Folgejahren konstant realisiert werden können (ewige Rente) und auch der Steuersatz, die Kapitalkosten und der Überschuß der mit der Umsatzsteigerung erzielten Istumsatzrendite über die Grenzumsatzrendite konstant bleibt, kann die durch eine Strategie erzielbare Wertsteigerung wie folgt ermittelt werden:[16]

$$Wertsteigerung = \sum_{t=1}^{\infty} \underbrace{\frac{\Delta Umsatz_t \bullet (1 - Steuersatz) \bullet (Istumsatzrendite - Grenzumsatzrendite)}{k_{GK}}}_{ewige\,Rente\,des\,Wertbeitrags\,p.a.} \bullet \frac{1}{(1 + k_{GK})^{t-1}}$$

mit $k_{GK} :=$ gewichtete, durchschnittliche Kosten des Gesamtkapitals

Der Vorschlag *Rappaport*s bringt keine neuen Informationen, da eine positive Differenz von Ist- und Grenzumsatzrendite bereits auf die Schaffung von Unternehmenswert hindeutet. Er erlaubt jedoch eine Abschätzung der realisierbaren Wertsteigerung als absolute Wertgröße.

Für den generellen Fall von im Zeitablauf schwankenden Werttreibern oder bei zeitlichem Auseinanderfallen von Investitions- und Rückflußphasen ist ein Unternehmen, eine einzelne Strategie oder eine strategische Geschäftseinheit über den ganzen Planungshorizont, eventuell unter Einbeziehung des Anpassungs- oder Restzeitraumes, zu betrachten **(Dynamische unternehmenswertorientierte Break-Even-Analyse)**. Break-Even-Werte lassen sich für die einzelnen Werttreiber eines Jahres dann allenfalls durch Simulation oder worst-case/best-case-Analysen ermitteln.[17] Einfacher scheint im generellen Fall der Ansatz der **Break-Even-Time** zu sein. Für einzelne Geschäftseinheiten oder Strategien wird die Frage gestellt, wie lange es dauert, bis materielle oder immaterielle Anlaufinvestitionen unter Berücksichtigung der Kapitalkosten erwirtschaftet sind, d.h. ein Break-Even-Wertbeitrag von Null erzielt wird.[18] Die Break-Even-Time stellt dann die Zeitspanne bis zu den ersten positiven kumulierten diskontierten Freien Cash Flows dar. Der Begriff „Break-Even-Time" wurde von Hewlett Packard im Rahmen der Planung und Überwachung von Produktentwicklungen und Markteinführungen und deren Visualisierung in der sog. **„Return Map"** geprägt und ist dem Begriff der dynamischen Amortisationsdauer der Investitionsrechnung vergleichbar.[19] In Analogie zur „Time to Market" der Return Map von Hewlett Packard kann eine sog. **„Time to Free Cash Flow"** als Zeitspanne bis zu den ersten positiven diskontierten Freien Cash Flows definiert werden. Sowohl die Break-Even-Time als auch die Time to Free Cash Flow können sowohl als Risiko- als auch als Performance-Maße betrachtet werden. Je länger beide in der Zukunft liegen, umso unsicherer können zukünftige Entwicklungen geschätzt werden **(Risiko)** und umso niedriger ist die Möglichkeit zur Wertschaffung bei gegebenen Vermarktungszeiträumen **(Performance)**. Da die zu beurteilenden Strategien oder Geschäftseinheiten sehr heterogen sein können, kann die Break-Even-Time zum jeweiligen Planungshorizont in Relation ge-

---

[16] Vgl. Rappaport, A. (1986), S. 74.
[17] Vgl. Kapitel 4.2.7. Berücksichtigung von Risiken bei Shareholder Value-Rechnungen.
[18] Vgl. den Hinweis bei Bühner, R. (1994), S. 7, der jedoch die Idee nicht weiterverfolgt oder ausführt.
[19] Vgl. House, C.H./Price, R.L. (1991), S. 92ff..

setzt werden, um einen vom gewählten Planungshorizont unabhängigen Indikator zu definieren.

Die Vorgehensweise soll an einem einfachen Beispiel erläutert werden:[20]

Beispiel:

Eine neue Geschäftseinheit soll innerhalb von drei Jahren neu aufgebaut werden. Innerhalb dieses Zeitraums wird mit negativen Freien Cash Flows gerechnet, denen sich Cash Flow-Überschüsse anschließen. Die Kapitalkosten des Gesamtkapitals betragen 10 %. Von folgenden Zahlungsströmen kann ausgegangen werden:

Jahr	1	2	3	4	5	6	7	8	9	10
Freier Cash Flow	-50	-100	-80	60	80	100	80	70	60	50

Abb. 4.63.: Freie Cash Flows für die dynamische unternehmenswertorientierte Break-Even-Analyse

Nach der Idee des Shareholder Value-Ansatzes ist die Verzinsung der Anlaufkosten in den ersten drei Jahren zu berücksichtigen. Werden die negativen Freien Cash Flows der Jahre eins, zwei und drei mit den Kapitalkosten aufgezinst, ergibt sich ein aufgrund der zu erwirtschaftenden Kapitalkosten von Jahr zu Jahr steigender Sollwert **(Kumulierte Soll-Wertbeitrag)**. Diesem stehen in den Folgejahren die zu erwirtschaftenden Überschüsse an Freien Cash Flows **(Kumulierter Ist-Wertbeitrag)** gegenüber. Erst wenn der kumulierte Ist-Wertbeitrag den Soll-Wertbeitrag übersteigt, trägt die Geschäftseinheit zur Steigerung des Unternehmenswertes bei. Ein einzelner positiver Freier Cash Flow oder gar Jahresüberschuß alleine ist nicht ausreichend.

Jahr t	1	2	3	4	5	6	7	8	9	10
Kum. Ist-Wertbeitrag$_t$				60	146,00	260,60	366,66	473,33	580,66	688,72
− Kum. Soll-Wertbeitrag$_t$	50	155,00	250,50	275,55	303,11	333,42	366,76	403,43	443,78	488,15
= Wertschaffung$_t$	-50,00	-155,00	-250,50	-215,55	-157,11	-72,82	-0,10	69,89	136,88	200,57

Abb. 4.64.: Kumulierter Soll- und Ist-Wertbeitrag

Der um die Kapitalkosten erhöhte Wert der Anlaufkosten beläuft sich bis zum Ende des Planungshorizontes auf 488,15. Ihm steht jedoch ein erzielter Endwert der Rückflüsse inclusive Wiederanlage der Überschüsse von 688,72 gegenüber. Per Saldo wird eine Wertsteigerung von 200,57 im Jahr 10 erzielt.

Im Beispiel wird die **Break-Even-Time**, d.h. ein per saldo Wertbeitrag von Null, im siebten Jahr erreicht (oder nach 70 % des Planungshorizonts).[21] Rechnerisch exakt ergibt sich die Break-Even-Time durch Interpolation mit 7,0014 Jahren. Die **Time to Free Cash Flow** beträgt im Beispiel drei Jahre (oder 30 % des Planungshorizonts) und stellt die finanzielle Vorlaufzeit der Geschäftseinheit dar.

---

[20] Die Daten des Beispiels wurden bereits im Kapitel 4.2.4.3.1. Langfristige Produkt- bzw. Projektrechnung verwandt.

[21] Auf Spezialfälle mit wechselnden Vorzeichen im Strom der freien Cash Flows (z.B. bei Entsorgungs- oder Abbruchkosten am Ende des Marktzyklus) soll nicht eingegangen werden.

Wenngleich der Shareholder Value-Gedanke mit Betrachtung der aufgezinsten Endwerte besser veranschaulicht werden kann, ist das gleiche Ergebnis auch durch Ermittlung des Barwertes der Freien Cash Flows ableitbar. Der Barwert der Wertsteigerung bis zum 10. Jahr beträgt 77,33, d.h. die Wertsteigerung von 200,57 im Jahr 10 ist zum Betrachtungszeitpunkt (01.01.01) 200,57 / $1,1^{10}$= 77,33 wert.

Jahr	1	2	3	4	5	6	7	8	9	10
Barwert Freier Cash Flow$_t$	-45,45	-128,10	-188,20	-147,22	-97,55	-41,10	-0,05	32,61	58,05	77,33

Abb. 4.65.: Barwert der Freien Cash Flows im Beispiel zur dynamischen unternehmenswertorientieten Break-Even-Analyse

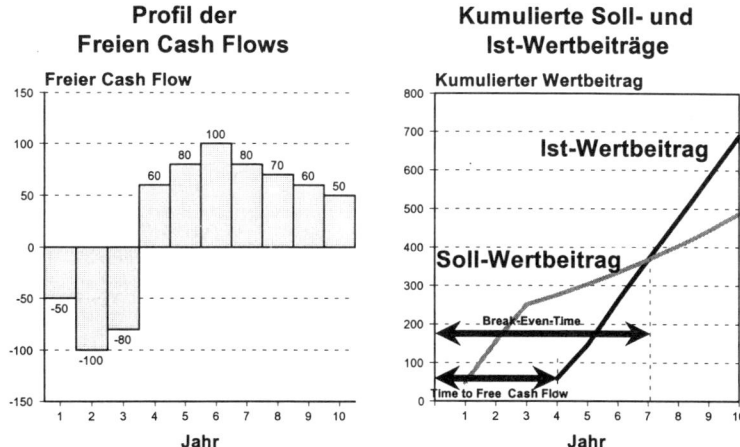

Abb. 4.66.: Dynamische unternehmenswertorientierte Break-Even-Analyse mit Break-Even-Time und Time to Free Cash Flow

Zielsetzung der dynamischen unternehmenswertorientierten Break-Even-Analyse muß es sein,

❑ die Anlaufphase soweit als möglich zu stauchen (z.B. durch Verkürzung von Entwicklungszeiten) **(Verschiebung der Soll-Wertbeitragskurve nach rechts)**,

❑ die Anlaufkosten zu reduzieren bzw. in die Zukunft zu verlagern (z.B. durch Leasing statt Kauf etc.) **(Abflachung der Soll-Wertbeitragskurve),**

❑ die Phase mit positiven Freien Cash Flows, d.h. den Marktzyklus soweit als möglich vorzuverlagern (z.B. durch Zukauf von Know How oder Vertriebskanälen) **(Verschiebung der Ist-Wertbeitragskurve nach links),**

❑ die Freien Cash Flows zu erhöhen (z.B. durch Kostenmanagement, Reduktion von Bestandsreichweiten, Outsourcing etc.) **(Verschiebung der Ist-Wertbeitragskurve nach oben)** und

❑ den Vermarktungszeitraum soweit als möglich auszudehnen (z.B. durch Relaunch, durch Aufbau von Eintrittsbarrieren etc.) **(Streckung der Ist-Wertbeitragskurve nach rechts).**

Nachfolgende Abbildung faßt die möglichen Ansatzpunkte zur Wertsteigerung zusammen.

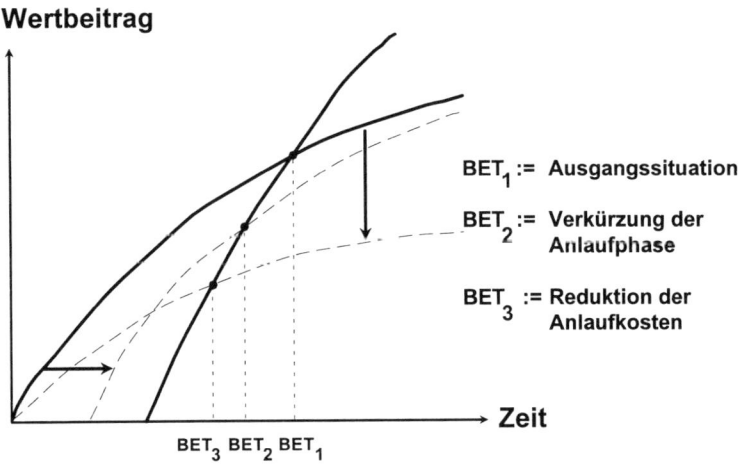

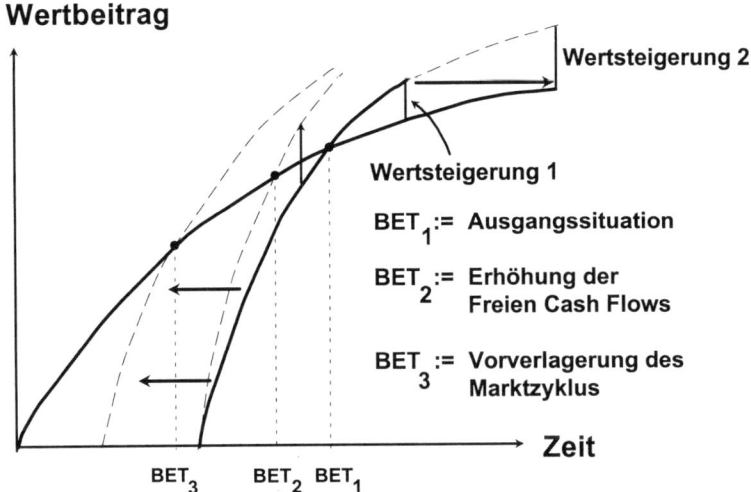

*Abb. 4.67.: Ansatzpunkte zur Wertsteigerung aufgrund der dynamischen unternehmenswertorien-
tierten Break-Even-Analyse*

Die Grundgedanken der dynamischen unternehmenswertorientierten Break-Even-Analyse
sind der Investitionsrechnung entnommen. Als Erweiterung des „traditionellen" Controlling
kann jedoch die **Projektbetrachtung** von Strategien, strategischen Geschäftseinheiten und
Projekten gewertet werden, die die Periodisierung der Kosten- und Leistungsrechnung und
des Jahresabschlusses ersetzt. Des weiteren kann der **Zeitwert des Geldes** durch Auf- bzw.
Abzinsung von Freien Cash Flows berücksichtigt und hierdurch Auswirkungen zeitlicher
Verlagerungen von Maßnahmen analysiert werden. Voraussetzung ist jedoch auch hier die
durch den **Zukunftsbezug** bedingte Planbarkeit.

Während die Mindestumsatzrendite bei Nullwachstum die einfachste Lösung erlaubt, ist sie
zugleich für allgemeine Anwendungsfälle wegen der oft erheblichen Schwankungen in der

Rückfluß- oder Investitionsstruktur aufgrund ihrer Annahmenvielfalt am wenigsten geeignet. Zunehmender Realitätsbezug führt auch hier zu steigender Komplexität.

4.2.7. Berücksichtigung von Risiken bei Shareholder Value-Rechnungen

Wie jede zukunftsbezogene Rechnung fußen auch die Shareholder Value-Rechnungen auf einer Reihe von Planungsannahmen, die durch **Risiko** gekennzeichnet sind.[22] Hinzu kommt eine Reihe von methodischen Annahmen bei der Ermittlung von Shareholder Value-Werten oder Wertbeiträgen (z.B. Geltung des CAPM, konstanter Zins im Planungshorizont, Restwertannahmen etc.).[23] Zur Herstellung von Risikoadäquanz mit alternativen Anlagemöglichkeiten des Investors ist neben obigen speziellen Unternehmensrisiken ferner das allgemeine unternehmerische Risiko zu berücksichtigen.[24] Zur Berücksichtigung der Risiken im unternehmenswertorientierten Controlling bieten sich mehrere Möglichkeiten, die nachfolgend kurz dargestellt und diskutiert werden sollen.[25] Es sei aber darauf verwiesen, daß Unsicherheiten nur soweit berücksichtigt werden können, wie sie vom Bewerter subjektiv wahrgenommen werden.

4.2.7.1. Risikozuschlag im Diskontierungszinfuß

Wie bereits ausgeführt wurde, ist in den Eigenkapitalkosten eine Risikoprämie enthalten, die die Risikoäquivalenz zu alternativen Anlagemöglichkeiten herstellen soll.[26] Werden das CAPM oder das APT als Risikobewertungsansätze gewählt, so stellt die Risikoprämie das systematische Risiko eines Unternehmens oder einer strategischen Geschäftseinheit dar. Auf alternative Möglichkeiten zur Ableitung risikoangepaßter Kapitalkosten wurde ebenfalls schon hingewiesen.[27] Analog hierzu kann auch die klassische Vorgehensweise bei Bewertungsgutachten in Deutschland gewählt werden, bei der ein individuell zu bestimmender Risikozuschlag auf den landesüblichen risikofreien Zinssatz aufgeschlagen wird. Logischerweise sind bei Verwendung von Risikozuschlägen zum Diskontierungszinfuß die geplanten Freien Cash Flows als Erwartungswerte möglicher Verteilungen der einzelnen Jahres-Free Cash Flows zu verstehen.[28]

4.2.7.2. Risikoabschlag bei den Freien Cash Flows

Äquivalent zur Risikoberücksichtigung im Zinssatz ist eine Berücksichtigung von Risiken über **Sicherheitsäquivalente** in den Zahlungsströmen.[29] Dazu werden zuerst die geschätzten

---

[22] Im Sinne der Entscheidungstheorie spricht man von „Risiko", wenn dem Entscheider subjektive oder objektive Wahrscheinlichkeiten über den Eintritt bestimmter Umfeldzustände bekannt sind, andernfalls liegt „Ungewißheit" vor. Vgl. z.B. Bamberg, G./Coenenberg, A.G. (1994), S. 66.

[23] Vgl. Volkart, R. (1992), S. 820.

[24] Vgl. Baetge, J./Krause, C. (1994), S. 454.

[25] Auf den einfachen Fall des Entscheidungs- oder Zustandsbaumes wird nicht näher eingegangen. Vgl. Ballwieser, W. (1990), S. 185ff.; Copeland, T./Koller, T./Murrin, J. (1991), S. 345ff. und Siegel, T. (1994), S. 462f..

[26] Vgl. z.B. Moxter, A. (1983), S. 155ff.; Ballwieser, W. (1993), S. 155ff. und Siegel, T. (1994), S. 463ff und die ausführliche Darstellung im Kapitel 3.3.4.3.2. Ermittlung der gewichteten Kapitalkosten.

[27] Vgl. Kapitel 3.3.4.3.2.1.3. Plausibilitätstest zu den Kosten der Beteiligungsfinanzierung.

[28] Vgl. Ballwieser, W. (1993), S. 166 und Ballwieser, W. (1994) S. 1397.

[29] Vgl. Ballwieser, W. (1991), S. 50ff.; Ballwieser, W. (1993), S. 155ff.; Siegel, T. (1994), S. 465ff. und Schmidt, J.G. (1995), S. 1101ff..

Rückflußbandbreiten zu Sicherheitsäquivalenten zusammengefaßt und anschließend mit einem risikofreien Zinssatz diskontiert. Für den allgemeinen **Zwei-Phasen-Fall** gilt:

$$\underbrace{\sum_{t=1}^{T} \frac{FCF_t}{\prod_{t^*=1}^{t}\left(1+r_f+z_{t^*}\right)} + \frac{\overline{FCF}}{\left(r_f+z_T\right)} \cdot \frac{1}{\left(1+r_f\right)^T}}_{\substack{\textit{Unternehmenswert auf Basis} \\ \textit{von Risikozuschlägen zum Zinsfuß}}} = \underbrace{\sum_{t=1}^{T}\frac{S\ddot{A}\left(FCF_t\right)}{\left(1+r_f\right)^t} + \frac{S\ddot{A}\left(\overline{FCF}\right)}{r_f} \cdot \frac{1}{\left(1+r_f\right)^T}}_{\substack{\textit{Unternehmenswert auf Basis} \\ \textit{von Sicherheitsäquivalenten}}}$$

mit FCF_t := Erwartungswert des Freien Cash Flow im Jahr t

   $\overline{FCF}$:= Erwartungswert des konstanten Freien Cash Flow im Restwertzeitraum

   r_f := risikoloser Zinssatz

   z_{t^*} := Risikozuschlag für das Jahr t*

   SÄ(FCF)   := Sicherheitsäquivalent eines Freien Cash Flow

Der Term $\prod_{t^*=1}^{t}\left(1+r_f+z_{t^*}\right)$ ist darauf zurückzuführen, daß sich die Unsicherheit über die Höhe des Freien Cash Flow im Zeitpunkt t erst über den Zeitraum t* = 1, ... , t auflöst. Löst sich die Unsicherheit z.B. erst in Periode t, so lassen sich **notwendiger Risikozuschlag und Sicherheitsäquivalent** wechselseitig bestimmen:

Es gilt: $z_{t^*} = 0$ *für* $t^* = 1,...,t-1$ *und* $z_{t^*} \neq 0$ *für* $t^* = t$

$$\underbrace{\sum_{t=1}^{T} \frac{FCF_t}{\left(1+r_f+z_{t^*}\right)\bullet\left(1+r_f\right)^{t-1}} + \frac{\overline{FCF}}{\left(r_f+z_T\right)} \cdot \frac{1}{\left(1+r_f\right)^T}}_{\substack{\textit{Unternehmenswert auf Basis} \\ \textit{von Risikozuschlägen zum Zinsfuß}}} = \underbrace{\sum_{t=1}^{T}\frac{S\ddot{A}\left(FCF_t\right)}{\left(1+r_f\right)^t} + \frac{S\ddot{A}\left(\overline{FCF}\right)}{r_f} \cdot \frac{1}{\left(1+r_f\right)^T}}_{\substack{\textit{Unternehmenswert auf Basis} \\ \textit{von Sicherheitsäquivalenten}}} \text{o}$$

der

$$\frac{S\ddot{A}\left(FCF_t\right)}{1+r_f} = \frac{FCF_t}{1+r_f+z_t}$$

Der Zusammenhang ermöglicht gegenseitige Plausibilitätstests, die bereits vorgestellt wurden.[30]

Das **Sicherheitsäquivalent** entspricht dem sicheren Rückfluß, der dem unsicheren Freien Cash Flow gleichwertig ist. Es kann theoretisch über eine Bernoulli-Nutzenfunktion wie folgt ermittelt werden:[31]

Nutzen des Sicherheitsäquivalents = Erwartungswert des Nutzens risikobehafteter Rückflüsse

Sicherheitsäquivalent $= u^{-1}\left(\textit{Erwartungswert } u\left(\textit{Rückfluß}\right)\right)$

mit $u(X) :=$ *Bernoulli – Nutzenfunktion des Entscheiders bezüglich des Rückflusses X*

---

30 Vgl. Kapitel 3.3.4.3.2.1.3. Plausibilitätstest zu den Kosten der Beteiligungsfinanzierung.
31 Vgl. Bamberg, G./Coenenberg, A.G. (1994), S. 76.

Im Falle von risikoscheuen Entscheidern ergibt sich eine konkave Nutzenfunktion und folglich ein Risikoabschlag bei den Freien Cash Flows.[32]

Für den praktischen Einsatz wird die Ermittlung von Sicherheitsäquivalenten über Nutzenfunktionen aus einer Reihe von Gründen (Messung der Nutzenfunktion, Kenntnis des Unternehmensumfeldes und der Eintrittswahrscheinlichkeiten von Umfeldzuständen etc.) kritisch betrachtet.[33] Wegen der Äquivalenz des Risikozuschlags zum risikofreien Zins und der Sicherheitsäquivalenzmethode können beide Methoden zum richtigen Ergebnis führen, falls der Risikozuschlag richtig gewählt wurde. Hieraus läßt sich bei Verwendung von risikoangepaßten Kapitalkosten ein Plausibilitätstest für die Höhe des gewählten Risikozuschlags z.B. nach CAPM oder APT gewinnen.[34]

4.2.7.3. Sensitivitätsanalysen

Um Entscheidungen auf Basis des unternehmenswertorientierten Controlling angesichts der Planungsunsicherheit und aufgrund der methodischen Annahmen abzusichern, bietet es sich an, die Variabilität von Entscheidungswerten bei Änderungen der eingehenden Parameter mittels einer sog. **Sensitivitätsanalyse** zu überprüfen.[35]

Beispiel:

Die Vorgehensweise[36] soll anhand des Beispiels erläutert werden, das schon der unternehmenswertorientierten Kontrolle und Abweichungsanalyse zugrunde lag.[37] Für eine strategische Geschäftseinheit wurde ein Wertbeitrag von 79,17 Mio. DM über einen Planungshorizont von fünf Jahren mit Hilfe des Wertgeneratoren-Modells nach *Rappaport* bestimmt. Das zugrunde liegende Free Cash Flow-Profil, das auf den erwarteten Planwerten für die Wertgeneratoren fußt, lautet (Kapitalkosten 10 %):

Jahr	1	2	3	4	5	6-∞
Freier Cash Flow	6,77	7,11	7,46	7,83	8,23	8,23

Abb. 4.68.: Free Cash Flow-Profil für die Sensitivitätsanalyse

Ausgehend von diesem Ausgangswert wird nun jeweils ein einzelner Parameter (= Wertgenerator) um einen konstanten Prozentsatz variiert und der Wertbeitrag der strategischen Geschäftseinheit neu ermittelt. In nachfolgender Tabelle sind die sich ergebenden Wertbeiträge aufgelistet:

---

[32] Vgl. Bamberg, G./Coenenberg, A.G. (1994), S. 79ff..

[33] Vgl. zur Kritik stellvertretend Schneider, D. (1985), S. 1680f. und Bamberg, G./Coenenberg, A.G. (1994), S. 94ff..

[34] Vgl. Kapitel Kapitel 3.3.4.3.2.1.3. Plausibilitätstest zu den Kosten der Beteiligungsfinanzierung.

[35] Vgl. Blyth, M.L./Friskey, E.A./Rappaport, A. (1986), S. 52ff.; Ballwieser, W. (1990), S. 189f.; Bühner, R. (1990), S. 94ff.;Day, G.S./Fahey, L. (1990), S. 162; Pümpin, C. (1990a), S. 556;Weber, B. (1990), S. 578; Ganz, M. (1992), S. 59f.; Gomez, P./Ganz, M. (1992), S. 52; Volkart, R. (1992), S. 817 und Steiner, H.-G./Maßner, W.C./Rees, M. (1994), S. 209ff..

[36] zur Vorgehensweise vgl. Dinkelbach, W. (1969), S. 25ff.; Kilger, W. (1965), S. 338ff. und Perlitz, M. (1977), S. 223ff..

[37] Vgl. auch das Beispiel bei Blyth, M.L./Friskey, E.A./Rappaport, A. (1986), S. 52ff..

	Variation der Parameter in %						
Wertgeneratoren (Parameter)	-50%	-20%	-10%	0%	10%	20%	50%
❑ Umsatzwachstum	80,76	79,9	79,55	79,17	78,75	78,3	76,72
❑ Umsatzrendite vor Steuern	29,06	59,13	69,15	79,17	89,19	99,22	129,29
❑ Steuersatz[38]	88,02	82,71	80,94	79,17	77,40	75,63	70,33
❑ Erweiterungsinvestitionsrate AV	86,19	81,98	80,58	79,17	77,77	76,36	72,15
❑ Erweiterungsinvestitionsrate WC	82,68	80,58	79,87	79,17	78,47	77,77	75,66
❑ Kapitalkosten	161,14	99,63	88,26	79,17	71,75	65,57	52

Abb. 4.69.: Sensitivitätsanalyse

Zur Visualisierung der Sensitivitätsanalyse kann die sog. Hoechster Spinne herangezogen:

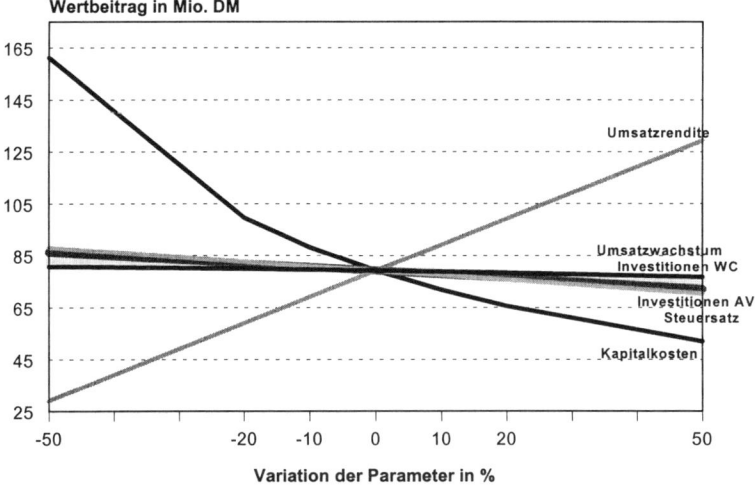

Abb. 4.70.: Hoechster Spinne zur Visualisierung der Sensitivitätsanalyse

Wie die Sensitivitätsanalyse veranschaulicht, sind die sensitivsten Parameter die Umsatzrendite und die Kapitalkosten.[39] In der Hoechster Spinne sind dies die Linienzüge mit der größten Steigung. Die Richtung des Anstiegs (fallend oder steigend) verdeutlicht die Wirkung auf den Wertbeitrag. Z. B. sinkt mit zunehmenden Kapitalkosten der Wertbeitrag. Ebenso können kritische Werte für einzelne Parameter abgeleitet werden. Beträgt das investierte Gesamtvermögen zu Beginn des ersten Jahres z.B. 60 Mio. DM, so führt ein Rückgang der Umsatzrendite um 20 % dazu, daß aus dem Werterzeuger ein Wertvernichter wird (Wertbeitrag = 59,13 Mio. DM < investiertes Gesamtvermögen = 60 Mio. DM).

---

[38] Bei der Variation des Steuersatzes müßten wegen des Steuerschildes auch simultan die Kapitalkosten verändert werden. Dies ist in der Berechnung nicht erfolgt.

[39] *Weber* geht davon aus, daß auch dem Steuersatz neben den beiden genannten Größen eine erhebliche Bedeutung für den Wertbeitrag zukommt. Er unterstellt jedoch, wie auch andere Autoren, wesentlich höhere Steuersätze. Vgl. Weber, B. (1990), S. 578.

Die Sensitivitätsanalyse zeigt auf relativ einfache Weise, wie stabil der erwartete Wertbeitrag gegenüber Änderungen der zugrundeliegenden Planungsannahmen ist. Die Sensitivitätsanalyse ist jedoch nicht wie der Risikozuschag zum Zinssatz oder wie das Sicherheitsäquivalent geeignet, das Risiko der Entscheidungssituation an sich abzubilden, da jeweils nur ein Parameter isoliert variiert wird, das Risiko jedoch durch die Summe aller eingehenden Parameter bestimmt wird.

4.2.7.4. Worst-case/Best-case-Analysen

Eine weitere Möglichkeit, das Risiko der hinter den geplanten Freien Cash Flows stehenden Planungsannahmen darzustellen, bieten sog. **Worst-case/Best-case-Analysen**.[40] Hierbei werden neben dem wahrscheinlichsten Fall (= Erwartungswert, „base case") Szenarien für den schlechtestens möglichen Fall („worst case") und für den bestens möglichen Fall („best case") gebildet. Es ist anzumerken, daß die Szenarien mit dem akutellen Informationsstand und der momentanen Risikoeinschätzung des Bewerters erstellt werden, und daher jegliche Art von „Überraschungen" nicht abzudecken vermögen.[41] Zudem sollten neben Veränderungen im Unternehmensumfeld auch mögliche Änderungen in der Geschäftspolitik des Unternehmens berücksichtigt werden **(flexible Planung)**[42]

Beispiel:

Die Vorgehensweise soll wieder anhand des obigen Beispiels auf Basis des Wertgeneratoren-Modells dargestellt werden. Die bisherige Berechnung des Wertbeitrags wird als „base case" d.h. als Erwartungswert interpretiert. Ermittelt werden sollen nun die Wertbeiträge der beiden Extrema, wie sie sich aus Sicht des Bewerters ergeben. Dabei ist nicht nur die Bandbreite der Wertbeiträge, sondern auch die Bandbreite der Wertgeneratoren gezielt zu betrachten:[43]

Wertgeneratoren	Worst Case	Base Case	Best Case
❑ Umsatzwachstum	1,0%	5,0%	8,0%
❑ Umsatzrendite vor Steuern	2,0%	8,0%	10,0%
❑ Steuersatz	25,0%	15,0%	10,0%
❑ Erweiterungsinvestitionsrate AV	25,0%	20,0%	5,0%
❑ Erweiterungsinvestitionsrate WC	15,0%	10,0%	6,0%

---

[40] Vgl. Rappaport, A. (1979), S. 105; Rappaport, A. (1981), S. 143f.; Reimann, B.C. (1990a), S. 63f.; Gomez, P. (1990), S. 561; Höfner, K./Pohl, A. (1993), S. 55; Hachmeister, D. (1994), S. 84 und Herter, R.N. (1994), S. 171ff..

[41] zur Szenarioanalyse vgl. Geschka, H./v. Reibnitz, U. (1982), S. 125ff.; Geschka, H./Hammer, R. (1983), S. 224ff. und die Arbeiten von v. Reibnitz, U. (1991); Meyer-Schönherr, M. (1992) und Mißler-Behr, M. (1993).

[42] Vgl. Hachmeister, D. (1994), S. 85f..

[43] Vgl. Ballwieser, W. (1993), S. 166.

Jahr	1			2			3		
	Worst Case	Base Case	Best Case	Worst Case	Base Case	Best Case	Worst Case	Base Case	Best Case
Umsatz	121,20	126,00	129,60	122,41	132,30	139,97	123,64	138,92	151,17
− Ausgabenwirksame Kosten	118,78	115,92	116,64	119,96	121,72	125,97	121,16	127,80	136,05
= Gewinn vor Steuern	2,42	10,08	12,96	2,45	10,58	14,00	2,47	11,11	15,12
− Steuern	0,61	1,51	1,30	0,61	1,59	1,40	0,62	1,67	1,51
= Gewinn nach Steuern	1,82	8,57	11,66	1,84	9,00	12,60	1,85	9,45	13,60
− Investitionen in das Anlagevermögen	0,30	1,20	0,48	0,30	1,26	0,52	0,31	1,32	0,56
− Δ Working Capital	0,18	0,60	0,58	0,18	0,63	0,62	0,18	0,66	0,67
= Freier Cash Flow	1,34	6,77	10,61	1,35	7,11	11,46	1,36	7,46	12,37

Jahr	4			5		
	Worst Case	Base Case	Best Case	Worst Case	Base Case	Best Case
Umsatz	124,87	145,86	163,26	126,12	153,15	176,32
− Ausgabenwirksame Kosten	122,38	134,19	146,93	123,60	140,90	158,69
= Gewinn vor Steuern	2,50	11,67	16,33	2,52	12,25	17,63
− Steuern	0,62	1,75	1,63	0,63	1,84	1,76
= Gewinn nach Steuern	1,87	9,92	14,69	1,89	10,41	15,87
− Investitionen in das Anlagevermögen	0,31	1,39	0,60	0,31	1,46	0,65
− Δ Working Capital	0,19	0,69	0,73	0,19	0,73	0,78
= Freier Cash Flow	1,38	7,83	13,36	1,39	8,23	14,43

	Worst Case	Base Case	Best Case
Wertbeitrag	13,81	79,17	136,11

Kapitalkosten   10%

Umsatz Jahr 0   120 Mio. DM

Abb. 4.71.: Worst-Case/Best-Case-Analyse

Im Beispiel ergibt sich eine ganz erhebliche Bandbreite des Wertbeitrages von 13,81 Mio. DM für den „worst case" bis 136,11 Mio.DM für den „best case". *Herter* schlägt vor, die Bandbreite mit Hilfe des sog. **Bandbreitenfaktor** zu standardisieren:[44]

$$Bandbreitenfaktor = \frac{\sqrt{\dfrac{\left(UW_{Worst} - \overline{UW}\right)^2 + \left(UW_{Base} - \overline{UW}\right)^2 + \left(UW_{Best} - \overline{UW}\right)^2}{3}}}{UW_{Base}} = 63,11\%$$

---

[44] Vgl. Herter, R.N. (1994), S. 176. Im Gegensatz zur Formel bei *Herter* wurde die Summe der Abweichungsquadrate durch die Anzahl der Terme (=3) anstatt durch den Faktor 2 geteilt.

Der Bandbreitenfaktor standardisiert die auf Basis der drei Wertbeiträge der Worst-case/Best-case-Analyse gewonnenen Standardabweichung in Relation zum ursprünglich erwarteten Wertbeitrag von 79,17 Mio. DM. Er kann z.B. zur Auslösung von Gegensteuerungsmaßnahmen genutzt werden, falls Wertgeneratoren die ursprünglichen Planwerte um - im Beispiel - mehr als 63,11 % unter- bzw. überschreiten.[45] Die Bandbreite des Wertbeitrages sollte sich ebenfalls in der Risikobewertung, sei es als Zuschlag im Diskontierungszinsfuß oder als Abschlag von den Freien Cash Flows beim Sicherheitsäquivalent niederschlagen. Negativ anzumerken ist, daß der Bandbreitenfaktor nur auf den drei gewählten Szenarios fußt und folglich statistisch auf wenigen Informationen begründet ist.

Die Worst-case/Best-case-Analyse kann dazu beitragen, die hinter der zunächst ermittelten einwertigem Zielgröße Shareholder Value stehenden Unsicherheiten aufzuzeigen und sowohl Wertvernichtungsrisiken als auch Wertsteigerungspotentiale erkennen zu lassen.

4.2.7.5. Monte Carlo-Simulationen

Bei **Monte-Carlo-Simulationen (Risikoprofilmethode)**[46] wird versucht, die Unsicherheit bezüglich der Planungsannahmen nachzubilden, indem eine Zielgröße, hier der Wertbeitrag oder Shareholder Value, in einzelne Determinanten, die Wertgeneratoren, zerlegt wird. Anschließend werden alle Wertgeneratoren gleichzeitig innerhalb vorher festgelegter Bandbreiten gemäß bestimmter Verteilungsannahmen (z.B. Gleichverteilung, Dreipunktverteilung oder Normalverteilung) variiert, wobei Standardzufallszahlen zur Simulation der Wertgeneratoren verwandt werden.

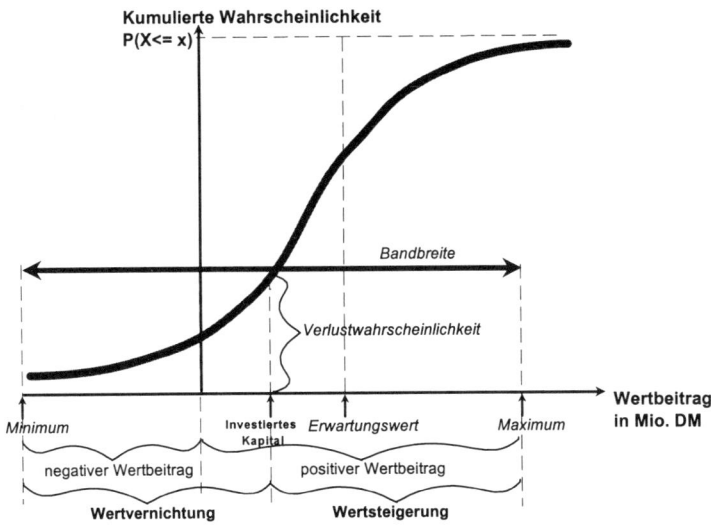

Abb. 4.72.: Risiko-Profil einer Monte Carlo-Simulation (fiktive Daten)

---

45 Im Falle der Normalverteilung des Wertbeitrages definiert er den sog. Ein-σ-Bereich, d.h. im Bereich von 79,17–0,6311•79,17=29,20 bis 79,17+0,6311•79,17=129,03 befinden sich 68,27 % aller Fälle. Vgl. Bamberg, G./Baur, F. (1993), S. 111.

46 Vgl. zur Monte Carlo-Simulation in der Unternehmensbewertung Coenenberg, A.G. (1970), S. 793ff.; Siegel, T. (1991), S. 619ff. und Siegel, T. (1994), S. 468ff. sowie allgemein zur Monte Carlo-Simulation vgl. Hertz, D.B. (1964), S. 95ff; Hertz, D.B./Thomas, H. (1982), S. 38ff.; Perlitz, M. (1979), S. 41ff sowie Witte, T. (1989), S. 513ff..

Aus den simulierten Wertgeneratoren wird anschließend der Wertbeitrag oder der Shareholder Value errechnet. Das Verfahren wird ausreichend oft durchgeführt (z.B. > 1000 Durchläufe), um die Bandbreite der Wertgeneratoren möglichst breit abzudecken. Als Ergebnis erhält man ein sog. **Risiko-Profil**, das die Verteilung des Wertbeitrags darstellt.

Aus dem Risiko-Profil können folgende Informationen gewonnen werden:

❑   die Wahrscheinlichkeit, daß die strategische Geschäftseinheit oder das Unternehmen zum Wertvernichter wird (Wertbeitrag < investiertes Kapital),

❑   die Bandbreite möglicher Wertbeiträge,

❑   den aufgrund der Simulation ermittelten Erwartungswert als arithmetischen Mittel aller Simulationsläufe und

❑   die aufgrund der Simulation ermittelte Standardabweichung.

Die Monte Carlo-Simulation kann im Vergleich zur Worst-case/Best-case-Analyse auch alle Werte zwischen den Extremszenarios abdecken. Des weiteren werden im Gegensatz zur Sensitivitätsanalyse alle Parameter gleichzeitig variiert und so eine bessere Einschätzung des Risikos ermöglicht, das sich im Wertbeitrag befindet. Das Verfahren ist jedoch wesentlich aufwendiger und im Gegensatz zur Sensitivitäts- oder Worst-case/Best-case-Analyse in der Praxis seltener anzutreffen.[47]

Die Umsetzung von Methoden zur Analyse von Risiken, wie z.B. die Sensitivitätsanalyse oder die Worst-case/Base-case-Analyse, sind, wie obiges Beispiel zeigt, bereits mit Standardtabellenkalkulationsprogrammen möglich. Spezialsoftware für das Shareholder Value-Konzept (z.B. der „Value Planner"™ der Alcar Group, Inc., der „Finanseer"™ von Stern Stewart & Company oder „Holt/Val"™ von HOLT Planning Associates, jetzt Boston Consulting Group), bieten hierzu eine Reihe von standardisierten Auswertungsmöglichkeiten.[48]

Prinzipiell können Risiken bei Shareholder Value-Rechnungen entweder als Zuschlag zum Diskontierungszinssatz oder als Abschlag von den geplanten Freien Cash Flows berücksichtigt werden. Die Ermittlung von Abschlägen vom Freien Cash Flow über Sicherheitsäquivalente ist trotz aller theoretischen Geeignetheit im Praxiseinsatz mit Fragezeichen zu versehen. Nicht zu vernachlässigen sind die Möglichkeiten zur Plausiblitätsprüfung, die der Ansatz der Sicherheitsäquivalente eröffnet.[49] Die Sensitivitätsanalyse und die Worst-case/Best-case-Analyse können zwar Indikatoren für die Unsicherheit, die im ermittelten Wertbeitrag enthalten ist, liefern, beschränken sich jedoch nur auf Teilbereiche der hinter dem Wertbeitrag stehenden Verteilungen. Die Monte Carlo-Simulation bietet eine Alternative zum Sicherheitsäquivalent, da der Bewerter aufgrund des ermittelten Risikoprofils selbst das zugrundeliegende Risiko bewerten kann und nicht wie beim Sicherheitsäquivalent eine Risikonutzenfunktion notwendig ist. Wie bereits bei den Kapitalkosten erläutert, wird aufgrund der Nähe des Shareholder Value-Konzepts zur Kapitalmarkttheorie empfohlen, zunächst den Risikozuschlag mit Hilfe des CAPM, des APT oder eines entsprechenden Substitutes zu ermitteln und diesen zusätzlich mit den oben erläuterten Verfahren auf Plausibilität zu überprüfen.

---

[47] Vgl. Günther, T. (1991), S. 189.

[48] Vgl. die Beschreibung des „Value Planner" von Alcar im Beispiel bei Blyth, M.L./Friskey, E.A./Rappaport, A. (1986), S. 51 und bei Klien, W./Michel, U. (1994), S. 158ff. sowie die Übersicht zur Standard-Software zum Wertsteigerungsmanagement bei Reimann, B.C. (1988a), S. 22ff..

[49] Vgl. Kapitel 3.3.4.3.2.1.3. Plausibilitätstest zu den Kosten der Beteiligungsfinanzierung.

4.2.8. Unterstützung des unternehmenswertorientierten Controlling durch „traditionelle" Controlling-Instrumente

Wie bereits einführend erläutert,[50] bedarf das unternehmenswertorientierte Controlling **teilweise neuer Instrumente** (z.B. unternehmenswertorientierte Erfolgskennzahlen), um eine Steuerung i.S. des Shareholder Value-Ansatzes sinnvoll gestalten zu können, teilweise können **vorhandene Instrumente** auf die „neue" Zielgröße „Shareholder Value" **übertragen** werden (z.B. die unternehmenswertorientierten Kennzahlensysteme, die Ergebnisrechnung sowie die Kontrolle und Abweichungsanalyse) und teilweise **unterstützen** eine Reihe bereits **vorhandener Instrumente** die Steigerung des Unternehmenswertes. Nachdem die ersten beiden Aspekte voranstehend bereits dargestellt wurden, soll nun der dritte Aspekte in den Mittelpunkt der Betrachtung treten.

Wie nachfolgende Abbildung erläutert, kann der **Shareholder Value** zunächst in die **Wertbeiträge einzelner strategischer Geschäftseinheiten** und diese wiederum in einzelne Wertgeneratoren dieser strategischen Geschäftseinheiten zerlegt werden.[51] Hinter diesen **Wertgeneratoren der ersten Ebene**, wie z.B. Umsatzrendite, Umsatzwachstum, Investment in das Anlagevermögen oder in das Working Capital, stehen wiederum eine Fülle von **Wertgeneratoren der zweiten Ebene**, die über eine Vielzahl „traditioneller" Controlling-Instrumente gesteuert werden können. Die Bezeichnung „traditionell" soll nicht den Eindruck erwecken, daß die hier anwendbaren Instrumente zum jahrzehntelangen Standard-Repertoire der Unternehmen gehören, sondern andeuten, daß es sich dabei nicht um typisch unternehmenswertorientierten Instrumente handelt.

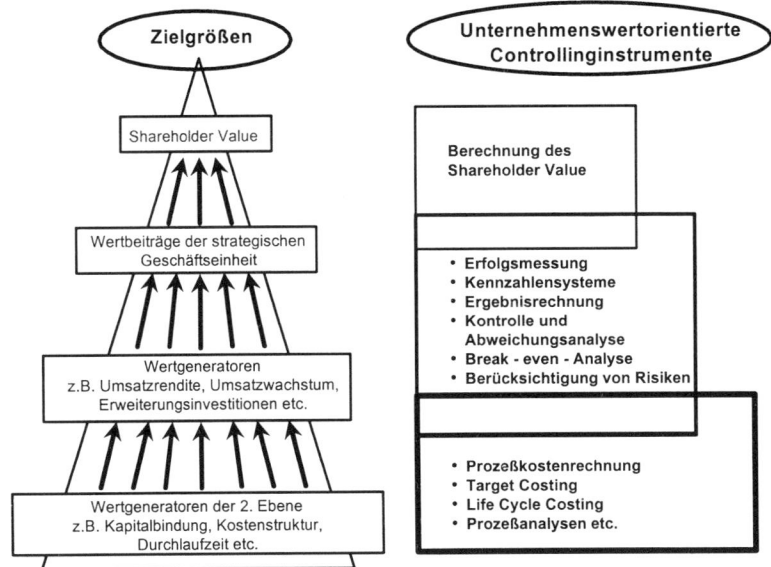

Abb. 4.73.: Zielgrößen und Instrumente des unternehmenswertorientierten Controlling

---

50 Vgl. Kapitel 4.1. Auswirkungen der Zielgröße „Shareholder Value" auf das Controlling.
51 Einige Faktoren, wie z.B. der Wertbeitrag der Zentrale oder der Marktwert des Fremdkapitals, wurden für die Darstellung zugunsten der Vereinfachung außer acht gelassen, sind jedoch selbstverständlicherweise, wie in der Arbeit erläutert, für eine exakte Vorgehensweise einzubeziehen.

Als **unterstützende Instrumente des „traditionellen" Controlling** sind insbesondere diejenigen geeignet, die den Charakteristika des Shareholder Value-Ansatzes nahe kommen.[52] Des weiteren sind insbesondere diejenigen Instrumente einzusetzen, die in der Lage sind, langfristig gestaltend auf Wertgeneratoren der ersten Ebene einzuwirken, wie dies Instrumenten des Kostenmanagement zuzuschreiben ist.[53] Anhand dreier ausgewählter Beispiele sollen Möglichkeiten der Unterstützung durch „traditionelle" Instrumente dargestellt werden:

❑   **Life Cycle Costing:**

Beim Life Cycle Costing[54] werden Produkte oder Projekte über ihren gesamten Lebenszyklus betrachtet und neben anderen Methoden auch mit Verfahren der dynamischen Investitionsrechnung bewertet. Damit sind zugleich eine Reihe von Charakteristika des Shareholder Value-Konzeptes (Zukunftsbezug, Mehrperiodigkeit, Berücksichtigung des Zeitwert des Geldes und Zahlungsorientierung) berücksichtigt. Von den beiden Varianten des Life Cycle Costing, d.h. der Betrachtung der anfallenden Kosten und Erlöse über den Lebenszyklus beim **Hersteller** bzw. Betrachtung aller anfallenden Kosten und Erlöse beim **Kunden**, ist die Herstellersicht die umfassendere, da z.B. bei der Konzeption und Konstruktion der Produkte auch die Lebenszykluskosten des Kunden einfließen sollten. Life Cycle Costing beabsichtigt eine bewußte **Gestaltung des Kostenanfalls** über den Lebenszyklus. Der Kapitalwert eines Produktes über den Lebenszyklus, wie er beim Life Cycle Costing bei Einbezug der Erlösseite ermittelt wird, entspricht dem Wertbeitrag dieses Produktes im Shareholder Value-Ansatz. Ein entsprechender Ansatz wurde im Rahmen der langfristigen Produkt- und Projektrechnung vorgestellt.[55]

❑   **Target Costing:**

Beim Target Costing[56] werden ausgehend von vorgegebenen Produkt- oder Projektpreisen und einer gewünschten Umsatzrendite Empfehlungen über die kostenmäßige Gewichtung einzelner Produkt- oder Dienstleistungskomponenten ausgesprochen. Der Markt bzw. die Wettbewerbssituation bestimmen dabei den anvisierten Produkt- bzw. Projektpreis. Präferenzen der Kunden werden durch die Erfassung von Kundenerwartungen bzgl. der Produkteigenschaften (Conjoint Measurement), die in die dahinter stehenden Komponenten umgebrochen werden, berücksichtigt. Target Costing wird insbesondere zur **Gestaltung der Kostenhöhe** eingesetzt, i.d.R. zur nachdrücklichen Senkung von Produkt- oder Projektkosten. Zur Realisierung der Kostenziele bezüglich einzelner Produktkomponenten können wiederum eine Reihe von Verfahren und Maßnahmen (z.B. Wertanalysen, Benchmarking, Outsourcing oder Prozeßanalysen) zur Anwendung kommen. Beim Target Costing wird die Forderung erhoben, nicht nur die Produkt- oder Projektkosten eines Jahres zu senken, sondern das Verfahren prinzipiell

---

[52] Vgl. zum Anforderungskatalog des Shareholder Value-Konzeptes Kapitel 4.1. Auswirkungen der Zielgröße „Shareholder Value" auf das Controlling.

[53] Vgl. Grundy, T. (1995), S. 80f..

[54] Vgl. zum Konzept des Life Cycle Costing beispielsweise Seldon M.R. (1979); Sherif, Y.S./Kolarik, W.J. (1981), S. 287ff.; Pfohl, H.C./Wübbenhorst, K.L. (1983), S. 142ff.; Brown, R.J./Yanuck, R.R. (1985); Back-Hock, A. (1988); Fabrycky, W.J./Blanchard, B.S. (1991) sowie Coenenberg, A.G./Fischer, T./Schmitz, J. (1994), S. 29ff..

[55] Vgl. Kapitel 4.2.4.3.1. Langfristige Produkt- bzw. Projektrechnung.

[56] Vgl. Sakurai, M. (1989), S. 39ff; Hiromoto, T. (1989), S. 320ff.; Seidenschwarz, W. (1991), S. 198ff.; Seidenschwarz, W. (1993); Horváth, P./Seidenschwarz, W. (1992), S. 142ff. und Coenenberg, A.G./Fischer, T./Schmitz, J. (1994), S. 1ff..

bei der Neugestaltung eines Produktes anzuwenden, um damit die Kosten über seinen gesamten Lebenszyklus senken zu können **(dynamisches Target Costing)**.[57] Damit ergeben sich wie beim Life Cycle Costing wiederum Ansatzpunkte für ein unternehmenswertorientiertes Controlling, indem z.B. eine bestimmte geforderte Kapital- oder Umsatzrendite durch Senkung der Produktkosten mittels Target Costing erreicht wird und dadurch ein Wertbeitrag für das Unternehmen erzielt wird.

❑ **Prozeßanalysen:**

Prozeßanalysen verfolgen das Ziel, durch Darstellung und Analyse der hinter dem Produktprogramm stehenden Geschäftsprozesse einerseits die **Prozeßstruktur** und andererseits die **Prozeßleistung** transparent zu machen. Intention ist es, die Prozesse schneller, kostengünstiger und qualitativ besser zu gestalten. Dies kann einerseits durch fallweise Erneuerung von Strukturen und Abläufen geschehen **(Reengineering)** und andererseits durch kontinuierliche Prozeßverbesserungen **(Kaizen, Continuous Improvement)** erfolgen.[58]

Hierzu wurde in den letzten Jahren eine Reihe von Controllinginstrumenten entwickelt, die ebenfalls ein unternehmenswertorientiertes Controlling unterstützen können. Der **Prozeßstrukturtransparenz** zuzuordnen sind Ansätze zur Geschäftsprozeßmodellierung wie z.B. das „**Blue Printing**"[59] oder das **Semantische Objektmodell von** *Ferstl/Sinz*,[60] die eine Darstellung der im Unternehmen erfolgenden Transaktionen, d.h. Leistungs- und Informationsaustausche, und deren Verbesserung beabsichtigen. Der **Prozeßleistungstransparenz**, d.h. der Messung des erreichten Standes bezüglich Kosten, Zeit und Qualität dienen z.B. die Prozeßkostenrechnung, das Halflife-Konzept oder die Wertzuwachskurve. Die **Prozeßkostenrechnung**[61] versucht den Kostenanfall von Produkten und Dienstleistungen möglichst verursachungsgerecht zu bestimmen, um Angriffspunkte zur Kostengestaltung zu finden. Das **Half-life-Konzept**[62] mißt die Verbesserung von Prozessen über die Zeitachse, während die **Wertzuwachskurve**[63] den Anstieg der Herstellkosten von der Annahme eines Auftrages bis zu dessen Auslieferung an den Kunden über die Zeitachse erfaßt.

Die Beispiele sollen verdeutlichen, daß Instrumente, die eine Gestaltung von Prozeßabläufen hinsichtlich Kosten, Zeit und Qualität erlauben, auch indirekt dem Ziel des „Shareholder Value" dienen.[64] Eine Kostenreduktion erhöht die Umsatzrendite und damit den Wertbeitrag der strategischen Geschäftseinheit. Die Verkürzung von zeitlichen Durchläufen kann zum einen vom Kunden über höhere Preise und folglich höhere Umsatzrendten honoriert werden und reduziert andererseits die Kapitalbindung im Wor-

---

57 Vgl. Coenenberg, A.G./Fischer, T./Schmitz, J. (1994), S. 34.

58 Vgl. Bühner, R. (1994a), S. 151ff..

59 Vgl. Shostack, L. (1984), S. 133ff..

60 Vgl. Ferstl, O.K./Sinz, E.J. (1993), S. 589ff..

61 Vgl. z.B. Horváth, P./Mayer, R. (1989), S. 214ff.; Coenenberg, A.G./Fischer, T.M. (1991), S. 21ff. und Fischer, T.M. (1993), S. 190ff..

62 Vgl. z.B. Fischer, T.M./Schmitz, J. (1994), S. 196ff. bzw. im Zusammenhang mit dem Shareholder Value-Ansatz Bühner, R. (1994a), S. 154.

63 Vgl. Bruse, H./Solaro, D. (1991), S. 223 und Fischer, T.M. (1993a), S. 367ff..

64 Vgl. z.B. zum Management von Anlagevermögen und Working Capital Bruse, H./Solaro, D. (1991), S. 217ff. und Serfling, K./Neumann, I. (1994), S. 575ff..

king Capital.[65] Ähnliche Effekte werden auch einer Verbesserung der Qualität zugeschrieben.

4.2.9. Modifikationen der „traditionellen" Kosten- und Leistungsrechnung und „traditionellen" Finanzrechnung

Zu Beginn dieses Kapitels wurden Ansatzpunkte eines operativen unternehmenswertorientierten Controlling diskutiert.[66] Ergebnis war, daß sich das unternehmenswertorientierte Controlling auf eine Synthese der mehrperiodigen Finanzrechnung und der Kosten- und Leistungsrechnung stützen muß. Voranstehend wurden eine Reihe von neuen oder modifizierten bzw. auf die Zielgröße „Shareholder Value" übertragenen Instrumente vorgestellt. Zum Abschluß des Kapitels stellt sich die Frage, ob nicht auch die „traditionelle" Kosten- und Leistungsrechnung und die „traditionelle" Finanzrechnung Modifikationen bedürfen, um eine unternehmenswertorientierte Steuerung zu erleichtern und bisher bestehende Widerstände aufzuheben.[67] Mit „traditionell" sollen all jene Verfahren, Methoden und Instrumente verstanden werden, die nicht explizit in diesem Kapitel betrachtet wurden. Bei Vorschlägen zur Modifikation der beiden Teilsysteme des Controlling sind jedoch einerseits deren originären Aufgaben zu würdigen und andererseits die Anforderungen des Shareholder Value-Ansatzes zu berücksichtigen.

Wendet man sich zunächst der **Kosten- und Leistungsrechnung** zu, so dient dieses der kurzfristigen Steuerung des Betriebsgeschehens. Daher ergibt sich zwangsläufig die Notwendigkeit zur sachlichen und zeitlichen Abgrenzung von Kosten und Leistungen, die einen langfristigen, mehrperiodigen Zukunftsbezug und damit eine explizite Berücksichtigung des Zeitwerts des Geldes beeinträchtigt. Möglich scheint jedoch eine geschäftseinheitenspezifische Berücksichtigung von Risiken, indem von Geschäftseinheit zu Geschäftseinheit **unterschiedliche Risikozuschläge zu den Eigenkapitalkosten** auch in der „traditionellen" Kosten- und Leistungsrechnung berücksichtigt werden. Damit kommen die risikoangepaßten Kapitalkosten auch im Betriebsergebnis der einzelnen strategischen Geschäftseinheiten zum Ausdruck. Inhaltlich erfolgt damit eine Annäherung an die Definition des Economic Value Added, der jedoch mit Ausnahme der Abschreibungen nur zahlungswirksame Größen enthält.

Die „traditionelle" Finanzierungsrechnung, der z.B. die mittel- und langfristige Finanzplanung, die Bilanz- und GuV-Planung sowie die Investitionsrechnung zuzurechen ist, erfüllt weitgehendst die Anforderungen des Shareholder Value-Ansatzes. Probleme in der Unterstützung eines unternehmenswertorientierten Controlling treten jedoch in zweierlei Hinsicht auf:

❑   An der „traditionellen" Investitionsrechnung wird kritisiert, daß diese allzu oft noch mit **pauschalen Renditeanforderungen (hurdle rates)** arbeitet, die Investitionsvorhaben erfüllen müssen, damit ihnen Ressourcen zugeteilt werden.[68] Da hierdurch die entste-

---

[65] Z.B. zeigt die Wertzuwachskurve, daß sowohl eine Reduktion der Kosten, der Durchlaufzeit als auch eine Verlagerung der Herstellung oder Montage an das Ende der Durchlaufzeit die Kapitalbindung als Fläche unter der Wertzuwachskurve reduziert. Vgl. Fischer, T.M. (1993), S. 367ff.

[66] Vgl. Kapitel 4.2.1. Ansatzpunkte eines operativen unternehmenswertorientierten Controlling.

[67] Vgl. hierzu die Erfüllung der Charakteristika des Shareholder Value-Ansatzes durch die Teilsysteme des Controlling in Kapitel 4.2.1. Ansatzpunkte eines operativen unternehmenswertorientierten Controlling.

[68] Vgl. die Kritik bei Wever, W. (1991), S. 143; Lewis, T.G./Lehmann, S. (1992), S. 3; Bühner, R. (1994), S. 7 und Lewis, T.G. (1994), S. 77.

henden Kapitalkosten und insbesondere zwischen einzelnen strategischen Geschäftseinheiten unterschiedliche Risiken nicht berücksichtigt werden, kommt es zur Fehlallokation von finanziellen Ressourcen. Die Boston Consulting Group geht davon aus, daß 35 bis 40 % der Investitionsbudgets in Bereiche fließen, die ihre (risikoangepaßten) Kapitalkosten nicht verdienen.[69]

Konsequenterweise müßten **von Geschäftseinheit zu Geschäftseinheit unterschiedliche Kapitalkosten** als Diskontierungszinsfüsse der Investitionsrechnung zugrundegelegt werden, wobei **Risiken** nach den vorgestellten Verfahren adäquat berücksichtigt werden könnten.[70] Analog hierzu wäre es, weiterhin hurdle rates zu verwenden, diese jedoch von Geschäftseinheit zu Geschäftseinheit entsprechend der risikoangepaßten Kapitalkosten zu differenzieren.[71]

Dirrigl kritisiert hierbei, daß das CAPM nur risikoangepaßte Kapitalkosten für Alternativen der Eigentümer, nicht jedoch für unternehmensinterne Alternativen bei der Ressourcenallokation (z.B. verschiedene lukrative Investitionsobjekte) abbilden kann.[72] Dem ist jedoch entgegen zu halten, daß bei Existenz mehrerer lukrativer Investitionsobjekte im Unternehmen deren Rendite die risikoangepaßten Kapitalkosten übersteigen, aus Sicht der Eigentümer zusätzliches Kapital aufgenommen werden müßte, um diese realisieren zu können. Das Management hat diesbezüglich letztendlich im Sinne der Eigentümer zu handeln.

❏   Des weiteren ist wegen der Cash Flow-Orientierung des Shareholder Value-Ansatzes zwingend zu gewährleisten, daß das unternehmenswertorientierte Controlling mit entsprechenden **Informationen** aus der ebenfalls finanz- und zahlungsorientierten Finanzierungsrechnung versorgt wird und eine entsprechende computergestützte **Schnittstelle** zur Verfügung steht.[73] Ansonsten verbleibt nur der ungenaue und mühsame Umweg über das externe Rechnungswesen.

---

[69]   Vgl. Lewis, T.G. (1994), S. 75.
[70]   Vgl. z.B. die Festlegung rendite-orientierter Mindestziele im diversifizierten Konzern in der Arbeit von Freygang, W. (1993).
[71]   Vgl. ebenso Meyersiek, D. (1991), S. 236; Höfner, K./Pohl, A. (1993), S. 55 und Ballwieser, W. (1995), S. 121. *Reimann* lehnt differenzierte hurdle rates ab, berücksichtigt unterschiedliche Risiken jedoch in den Freien Cash Flows. Vgl. Reimann, B.C. (1990a), S. 57ff..
[72]   Vgl. Dirrigl, H. (1994), S. 419f..
[73]   Vgl. Volkart, R. (1992), S. 817.

4.3. Strategische Elemente des unternehmenswertorientierten Controlling

Nach der Darstellung von operativen Instrumenten des unternehmenswertorientierten Controlling, die der rechnerischen Unterstützung von Unternehmensentscheidungen dienen, ist nun zu fragen, wie das strategische Controlling um Gedanken der unternehmenswertorientierten Steuerung ergänzt werden kann. **Strategisches Controlling** umfaßt dabei diejenigen Instrumente und Methoden, die - eingebettet in den kybernetischen Regelkreis - in der Lage sind, trotz permanenten Wandels im Unternehmensumfeld und im Unternehmen die Existenz des Unternehmens nachhaltig zu sichern und einen optimalen Deckungsgrad von unternehmerischen Stärken bzw. Schwächen mit umfeldbedingten Chancen bzw. Risiken herbeizuführen.[1]

4.3.1. Ansatzpunkte eines strategischen unternehmenswertorientierten Controlling

Freundliche und unfreundliche Übernahmen haben durch die Aufdeckung von Wertlücken gezeigt, daß insbesondere diejenigen Unternehmen Ziel von Übernahmeversuchen geworden sind bzw. an andere Unternehmen verkauft wurden, die nicht in der Lage waren, den Unternehmenswert zu steigern bzw. die Wertsteigerungspotentiale zu nutzen. Damit tritt die Steigerung des Unternehmenswert ergänzend zu den bisher verfolgten Oberzielen „Erfolgspotential", „Erfolg" und „Liquidität" hinzu.[2] Der Unternehmenswert kann gleichzeitig als monetäres Synonym für den *Gälweiler'*schen Begriff des „Erfolgspotentials"[3] dienen.

Damit hat auch das strategische Controlling im Unternehmen neben seiner bisherigen Aufgabe, Erfolgspotentiale als Bündel von strategischen Erfolgsfaktoren aufzudecken, gleichzeitig die Aufgabe, strategische Erfolgsfaktoren ausfindig zu machen, die in der Lage sind, den Unternehmenswert zu steigern **(Wertsteigerungspotential)**.[4]

Pümpin/Pritzl beschränken sich in ihrem Ansatz zur sog. „Eignerstrategie" nicht nur auf die Betrachtung des Unternehmens, sondern beziehen bewußt auch den Unternehmenseigner ein.[5] Dabei gehen sie in ihren Beispielen von Eigentümer-geführten Unternehmen aus, wie dies z.B. häufig in der mittelständischen Wirtschaft gegeben ist. Sie unterscheiden **drei strategische Betrachtungsebenen**:[6]

❑   **Die Eignerstrategie:**

Die Eignerstrategie stellt eine Übertragung des strategischen Gedankengutes auf die persönliche Lebensplanung einer natürlichen Person dar. In Analogie zur Unterneh-

---

[1]   Vgl. Coenenberg, A.G./Baum, H.-G. (1987), S. 37.
[2]   Vgl. ähnlich Siegwart, H. (1994), S. 397ff. und Breid, V. (1994), S. 21ff. und die Ausführungen in Kapitel 2.8.3. Einbettung des Unternehmenswertes in ein Controllingsystem.
[3]   Vgl. Gälweiler, A. (1974), S. 132.
[4]   Vgl. ähnlich Rappaport, A. (1992), S. 84ff.; Busse von Colbe, W. (1995), S. 714f. und Richter, F. (1996a), S. 56ff..
[5]   Vgl. Pümpin, C./Pritzl, R. (1991), S. 44ff..
[6]   Vgl. im folgenden Pümpin, C./Pritzl, R. (1991), S. 46ff..

mensstrategie ist es oberste Zielsetzung des Unternehmenseigners, seine (private) Existenz zu sichern. Ausgehend von den individuellen moralischen, psychologischen und traditionellen Werthaltungen, der Risikopolitik und den Zielsetzungen des Eigentümers (z.B. Vermögenserhaltung oder angemessene Verzinsung) ist ein ausgewogener Mix zwischen Risiken und Renditeerwartungen verschiedener Investitionsalternativen **(strategischer Investmenteinheiten (SIE))** anzustreben. Diese Alternativen bestehen nicht nur im Engagement in einem bestimmten Unternehmen, sondern umfassen darüber hinaus auch Mehrheits- oder Minderheitsbeteiligungen an dritten Unternehmen, Beteiligungen an Venture-Capital-Unternehmen oder Investments in festverzinsliche Wertpapiere oder in Immobilien.

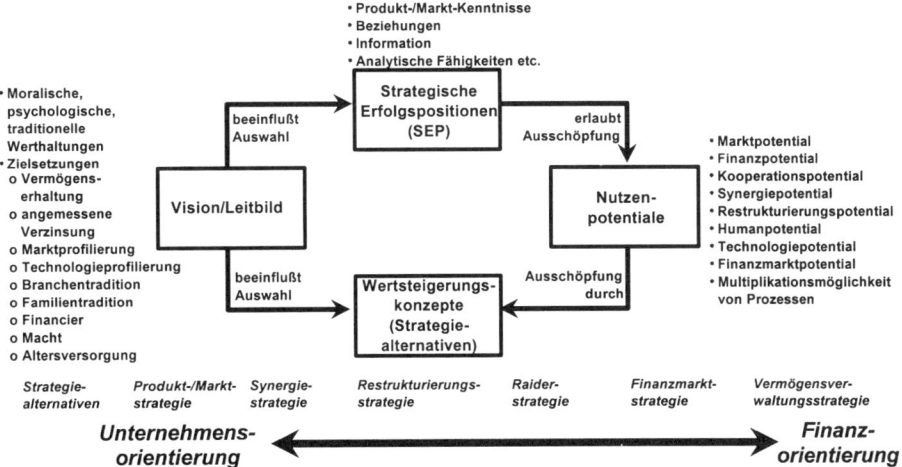

Abb. 4.74.: Bezugsrahmen zur Gewinnung von Eignerstrategien[7]

Der Eigentümer kann hierbei nach *Pümpin/Pritzl* eine Reihe **erworbener Fähigkeiten** (wie z.B. das Management-Know how, analytische Fähigkeiten oder Markt-, Branchen- und Technologiekenntnisse),[8] einsetzen, um **Nutzenpotentiale** (wie z.B. die Möglichkeit, qualifizierte Mitarbeiter zu gewinnen oder durch neue innovative Technologien, Wettbewerbsvorteile zu erzielen) zu erschließen und hiermit verschiedene strategische Stoßrichtungen zu verfolgen. Diese **Strategiealternativen** erstrecken sich vom direkten Engagement im Unternehmen (Produkt-/Markt-Strategie) bis hin zur rein passiven Vermögensverwaltungsstrategie. Letztendlich zielen alle Strategiealternativen des Eigentümers als Privatperson auf die Optimierung der **Wertsteigerung des persönlichen Gesamtvermögens** durch einen Mix der „strategischen Investmenteinheiten". Voranstehende Abbildung faßt den Bezugsrahmen zur Gewinnung von Eignerstrategien zusammen.

---

7   in Anlehnung an Pümpin, C./Pritzl, R. (1991), S. 47f..

8   von *Pümpin/Pritzl* in Anlehnung an die Unternehmensstrategie als strategische Erfolgspositionen bezeichnet. Vgl. Pümpin, C./Pritzl, R. (1991), S. 47ff..

❏ **Die Unternehmensstrategie:**

Die Unternehmensstrategie bezieht sich auf die strategische Positionierung eines einzigen Unternehmen aus den eventuell vielschichtigeren Unternehmensbeteiligungen des Unternehmenseigners. Auch bei der Unternehmensstrategie handelt es sich um die Gestaltung eines ausgewogenen Portfolios, nun jedoch bestehend aus einzelnen strategische Geschäftseinheiten des betrachteten Unternehmens (**Unternehmens- oder Konzernstrategie**). Dabei sind nun die Werthaltungen, die Risikopolitik und die Ziele des einzelnen Unternehmens als Kollektiv von Interessen einzelner Individuen (z.B. des Managements) zu berücksichtigen.[9]

❏ **Die Wettbewerbsstrategie:**

Wird nun wiederum innerhalb des Unternehmens eine einzelne strategische Geschäftseinheit betrachtet, so stellt sich die Frage, wie diese Geschäftseinheit im Markt und Wettbewerb zu positionieren ist, welche Ressourcen hierfür zur Verfügung stehen bzw. zur Verfügung gestellt werden müssen und welche Wettbewerbsvorteile (**strategische Erfolgsfaktoren oder strategische Erfolgspositionen**) aufgebaut, genutzt und ausgebaut werden können (**Wettbewerbs- oder Geschäftsfeldstrategie**).[10]

Die drei strategischen Betrachtungsebenen von *Pümpin/Pritzl* machen deutlich, daß die Handlungsalternativen der Eigentümer über diejenigen eines einzelnen Unternehmens, deren Anteilseigner sie sind, hinausgehen. Während die Unternehmensstrategie vom „going concern", d.h. vom Weiterleben und Überleben des Unternehmens ausgeht, ergeben sich für die Summe der Eigentümer auch die Möglichkeiten zum Verkauf, zum Leveraged Buy-out, zum Going Public oder gar zur Liquidation des Gesamtunternehmens oder einzelner Unternehmensteile.[11]

Die Eignerstrategie stellt quasi das Ergebnis der strategischen Planung für eine natürliche Person dar, die ihre Stärken möglichst optimal mit den Chancen ihres Umfeldes in Einklang bringen will. Die ergänzende Betrachtung der Eignerstrategie bietet sich insbesondere bei denjenigen Unternehmen an, die stark **personenbezogen** sind, wie z.B. bei Gesellschaften mit natürlichen Personen als Mehrheitsaktionären, bei Familiengesellschaften oder bei mittelständischen Unternehmen, die häufig von einer Unternehmerpersönlichkeit geprägt sind. Gerade hier eröffnet der Shareholder Value-Ansatz interessante Ansatzpunkte sowohl zur privaten als auch zur unternehmensbezogenen Wertsteigerung.

Wegen der Vielzahl und Heterogenität der Eigentümer ist die Ausrichtung an einer explizit formulierten Eignerstrategie i.S. *Pümpin/Pritzl*s bei **Publikumsgesellschaften** nur schwer möglich. Dennoch kann sowohl bei Publikumsgesellschaften als auch bei von wenigen Eigentümern bestimmten Unternehmen zumindest als kleinster gemeinsamer Nenner möglicher Eignerstrategien das **Interesse an einer Steigerung der Unternehmenswertes** abgeleitet werden.[12] Dadurch werden die Voraussetzungen geschaffen, um zusätzliche Möglichkeiten zur privaten Nutzenmaximierung ausschöpfen zu können.

---

9   Vgl. zur Ableitung von Unternehmensstrategien z.B. die Arbeit von Pümpin, C. (1990).
10 Vgl. z.B. die grundlegenden Arbeiten von Porter, M.E. (1980), Porter, M.E. (1985) oder Pümpin, C. (1986).
11 Vgl. auch Gomez, P. (1990), S. 561f..
12 *Pümpin/Pritzl* bezeichnen die Strategiealternativen der Eigner explizit als „Wertsteigerungskonzepte". Vgl. Pümpin, C./Pritzl, R. (1991), S. 49f..

Im Falle der Delegation der Geschäftsleitung an ein Management, wird das Management des Unternehmens (agents) gezwungen, das Interesse der Eigentümer (principals) an der Wertsteigerung des Unternehmens in das eigene Zielsystem zu inkorporieren und im Sinne der Eigentümer zu entscheiden. Grundgedanken zur Umsetzung dieser Zielübertragung wurden schon im Rahmen des Agency-Konzeptes vorgestellt.[13] Für die Unternehmens- und Wettbewerbsstrategie ergeben sich aus der Diskussion zur Eignerstrategie folgende Auswirkungen:

❑   Die **Unternehmensstrategie**, die einen optimalen Mix strategischer Geschäftseinheiten anstrebt, hat die von den Eigentümern zur Verfügung gestellten Ressourcen im Sinne der Steigerung des Unternehmenswert zu verwenden. Daher ist das klassische Portfolio-Management um eine Betrachtung des Wertsteigerungspotentials zu ergänzen.

❑   Bei der **Wettbewerbsstrategie** ist zu fragen, ob einerseits die einzelne strategische Geschäftseinheit einen Beitrag zur Steigerung des Unternehmenswert leistet und andererseits, in welcher Art alternative Strategien den Shareholder Value beeinflussen.[14]

Ein Strukturierungsmodell, das eine Verknüpfung von Wertsteigerungsziel der Eigentümer, Unternehmens- und Wettbewerbsstrategie sowie operativen Ansatzpunkten zur Steigerung des Unternehmenswertes darstellt, ist das **Restrukturierungs-Pentagon (Restructuring Pentagon)** nach *Copeland/Koller/Murrin*.[15] *Copeland/Koller/Murrin* gehen dabei von der **Wertlücke**, d.h. der Differenz zwischen dem aktuellen Marktwert und dem Unternehmenswert, gemessen als Shareholder Value, nach potentieller Restrukturierung aus. Je größer diese Lücke, desto größer die Gefahr feindlicher Übernahmen durch Raider und desto größer die Möglichkeit zur Wertsteigerung durch das Unternehmen selbst, auch wenn keine konkrete Übernahmegefahr besteht.[16]

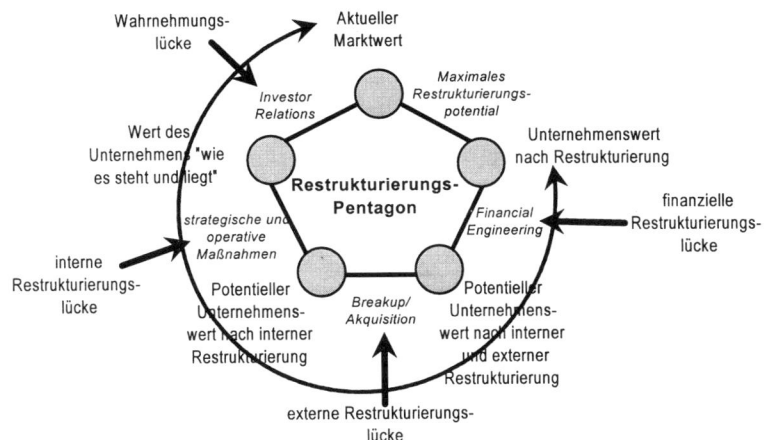

Abb. 4.75.: Restrukturierungs-Pentagon[17]

13 Vgl. Kapitel 2.2. Informationsasymmetrien als Erklärungsansatz für die Notwendigkeit des Shareholder Value-Ansatzes.

14 Vgl. Rappaport, A. (1981), S. 139 und Weber, B. (1990), S. 577.

15 Vgl. Copeland, T./Koller, T./Murrin, J. (1994), S. 36 und S. 316ff. und ebenso Murrin, J. (1989), S. 89ff..

16 In der zweiten Auflage ihres Buches sprechen *Copeland/Koller/Murrin* nur mehr von „Maximum value creation opportunity", um anzudeuten, daß die Wertlücke auch durch das Unternehmen selbst realisiert werden kann. Vgl. Copeland, T./Koller, T./Murrin, J. (1991), S. 249f. und Copeland, T./Koller, T./Murrin, J. (1994), S. 316f..

17 Vgl. Copeland, T./Koller, T./Murrin, J. (1994), S. 316.

Die Wertlücke kann nun in mehrere **Teillücken** aufgespalten werden, die im Restruktuie-rungs-Pentagon durch die Kanten repräsentiert werden:[18]

❑   Die Differenz zwischen dem aktuellen Marktwert und dem Wert des Unternehmens „wie es steht und liegt", wie ihn z.B. ein externer Bewerter des Unternehmens für den status quo ermitteln würde, beruht auf Unter- bzw. Überschätzungen des Unterneh-menswertes durch den Kapitalmarkt **(Wahrnehmungslücke)**. Für nicht-börsennotierte Unternehmen kann allenfalls auf etwaige marktorientierte Vergleichswerte zurückge-griffen werden.[19]

Ursachen können sowohl im unzureichenden Informationsangebot durch die Unter-nehmen als auch in der mangelnden Informationsverarbeitung am Markt liegen. Da zu-mindest eine mittelstrenge Kapitalmarkteffizienz unterstellt werden kann,[20] ergibt sich hieraus auch die Forderung nach einer Verbesserung der Investor Relations.[21]

❑   Durch unternehmensinterne Verbesserungsmaßnahmen (z.B. Erhöhung des Umsatz-wachstums, Erhöhung der Umsatzrendite durch Kostensenkungsprogramme oder Re-duktion von Mittelbindungen im Working Capital) soll mit dem vorhandenen Unter-nehmensportfolio der Unternehmenswert erhöht werden. Damit deckt diese Lücke, die man als **interne Restrukturierungslücke** bezeichnen kann, alle operativen Maßnahmen und alle strategischen Maßnahmen auf Geschäftsfeldebene ab. Hier sind die bereits dargestellten operativen unternehmenswertorientierten Controllinginstrumente und die noch darzustellenden strategischen Controllinginstrumente auf Geschäftsfeldebene ein-zuordnen.

❑   Wird nun zusätzlich auch die Gestaltung des Unternehmensportfolio miteinbezogen, so können durch Verkauf, Spin-Off, Liquidation oder Leveraged Buy-outs von Unterneh-mensteilen potentiell wertvernichtende Bereiche abgestoßen werden. Desgleichen kön-nen durch Akquisition oder Joint Ventures neue interessante Geschäftsfelder erschlos-sen werden. Durch strategische Umgestaltung des Unternehmensportfolios wird ver-sucht, den Shareholder Value des Unternehmens zu erhöhen **(externe Restrukturie-rungslücke)**.

❑   Die vierte Möglichkeit zur Erhöhung des Shareholder Value stellen Maßnahmen zur fi-nanziellen Umgestaltung des Unternehmens dar **(finanzielle Restrukturierungslücke)** (z.B. die Erhöhung des Leverage, der Rückkauf eigener Aktien oder die Senkung der Steuerbelastung durch internationale Steueroptimierung).

Strategische Maßnahmen im Bereich der Geschäftsfeldstrategie lassen sich der internen Re-strukturierungslücke, Maßnahmen im Bereich der Konzernstrategie sind der externen Restru-kurierungslücke und die funktionale Finanzstrategie der finanziellen Restrukturierungslücke zuzuordnen. Es ist nun zu fragen, welche Denkraster, Instrumente und Methoden zur Erschlie-ßung der einzelnen Teillücken heranzuziehen sind. Nachfolgend sollen getrennt für Unterneh-

---

[18] Vgl. Copeland, T./Koller, T./Murrin, J. (1994), S. 316ff. und ebenso die Darstellungen bei Gomez, P. (1990), S.561f.; Weber, B. (1990), S. 576f.; Guatri, L. (1991), S. 50ff. und Ganz, M. (1992), S. 23f.. und Gomez, P./Ganz, M. (1992), S. 46ff. sowie die Zerlegung in kurzfristige und langfristige Wertsteigerungspotentiale bei Hachmeister, D. (1994), S. 53.
[19] Vgl. z.B. die in Kapitel 3.2.5.2. Marktorientierte Vergleichswerte vorgestellten Möglichkeiten.
[20] Vgl. die Ausführungen im Kapitel 2.1.2.2.4. Mangelnde Informationsverarbeitung am Markt.
[21] Vgl. Link, R. (1993), S. 118; Paul, W. (1993), S. 139f. und S. 150f.; Dürr, M. (1994), S. 21ff. und Günther, T. (1994), S. 34ff..

mensstrategien und Wettbewerbsstrategien einzelne Elemente eines strategischen unternehmenswertorientierten Controlling vorgestellt werden. Auf die Möglichkeiten der finanziellen
Restrukturierung soll nicht gesondert eingegangen werden, da diese Maßnahmen dem Finanzierungsbereich zuzuordnen sind und zudem detailliert auf die institutionellen Rahmenbedingungen (z.B. Zins- und Währungsstrukturen, Kaufkraftparitäten, Kapitalmarktstruktur, nationale Steuersysteme und Doppelbesteuerungsabkommen) abzustimmen sind.

4.3.2. Strategisches unternehmenswertorientiertes Controlling für Unter-
nehmensstrategien

Bei Unternehmen mit mehreren Unternehmensbereichen (divisionalisierte Unternehmen) können die Aufgaben der Unternehmensstrategie wie folgt beschrieben werden:[22]

❑   Gewährleistung eines sowohl bezüglich der drei klassischen Zielgrößen des Controlling,
Erfolgspotential (monetarisiert als Shareholder Value), Erfolg und Liquidität, als auch
bezüglich des Risikos ausgewogener Mix von einzelnen strategischen Geschäftseinheiten und Sicherung einer diesbezüglich möglichst optimalen Ressourcen-
zuteilung **(Portfolio-Management)**. Da Risikoaspekte in den risikoangepaßten Kapitalkosten bereits bei der Berechnung des Wertbeitrages berücksichtigt werden können,
kann das Risiko der der Zielgröße „Erfolgspotential" zugeordnet werden.[23]

❑   Schaffung von **Synergien** zwischen den einzelnen dezentralen strategischen Geschäftseinheiten.

Durch Übernahme dieser beiden Aufgaben soll bei Berücksichtigung des Shareholder Value-
Ansatzes erreicht werden, daß der Wert des Gesamtkapitals des Unternehmens über der
Summe der „stand alone"-Wertbeiträge der einzelnen strategischen Geschäftseinheiten liegt.[24]
Dabei ist, wie bereits ausgeführt, jedoch zu beachten, daß sich Synergien erstens kaum mone-
tarisieren und zweitens sich nur schwer zwischen der Unternehmenszentrale und den dezentra-
len strategischen Geschäftseinheiten aufteilen lassen.[25]

4.3.2.1. Unternehmenswertorientiertes Portfolio-Management

Zur Darstellung und Analyse des Unternehmensportfeuilles wurden in den 70er und 80er Jahren eine Vielzahl von Instrumenten und Methoden entwickelt. I.d.R. wird dabei neben quantitativen Analysen, Stärken-Schwächenanalysen und Rechnungswesendaten auf die sog. **Matri-
zen-Technik**, d.h. die Darstellung der Unternehmenssituation im zweidimensionalen Raum,
zurückgegriffen.[26] Neben „**klassischen**" **Portfolios**, wie z.B. dem Marktanteils-Marktwachstums-Portfolio der Boston Consulting Group oder dem Marktattraktivitäts-Wettbewerbsstärken-Portfolio von McKinsey, die einen finanziellen Ausgleich zwischen einzelnen strategischen Geschäftseinheiten anstreben, sind in der Praxis vor allem sog. **Wettbewerbsmatrizen**

---

22   Vgl. Blyth, M.L./Friskey, E.A./Rappaport, A. (1986), S. 50; Porter, M.E. (1987), S. 43 und Gomez, P./Ganz,
M. (1992), S. 47.
23   Vgl. ähnlich Raster, M. (1995), S. 140ff..
24   Vgl. Rappaport, A. (1981), S. 147 und Gomez, P./Ganz, M. (1992), S. 47.
25   Zu diesem Problem vgl. Kapitel 3.3.2. Wertbeitrag der Zentrale.
26   Vgl. die Studie von Günther, T. (1991), S. 181f. sowie ähnliche Haspeslagh, P. (1982), S. 58ff.; Esser, W.-
M. u.a. (1984), S. 540; Hüttner, M./Czenskowsky, T. (1988) und Huber, B. (1989), S. 20.

zur Bestimmung des Wettbewerbs- und Geschäftstyps sowie **Technologie-Portfolios, Matrizen für schrumpfende Märkte und selbst konzipierte Matrixdarstellungen** zu finden.[27]

Die Einbeziehung des Zieles „Steigerung des Unternehmenswertes" in das Portfolio-Management verlangt eine **Ergänzung des existierenden Instrumentariums** um unternehmenswertorientierte Matrix- und Portfolio-Darstellungen. In den letzten Jahren wurden hierzu eine Reihe von Vorschlägen entwickelt, die nachfolgend dargestellt und kritisch betrachtet werden sollen.

Die Vielzahl der meist von Unternehmensberatern vorgestellten Ansätze läßt sich wie folgt gliedern:

❏   **„Klassische" Portfolios**, die von strategischen Erfolgsfaktoren ausgehen, lassen sich aus der Perspektive der Steigerung des Unternehmenswertes interpretieren. Hierzu ist im Schrifttum[28] insbesondere das Marktanteils-Marktwachstums-Portfolio der Boston Consulting Group diskutiert worden (4.3.2.1.1.).

❏   Ende der 80er, Anfang der 90er Jahren wurde eine Reihe von Matrixdarstellungen entwickelt, die strategische Geschäftseinheiten anhand ausgewählter, sensitiver Werttreiber darstellen **(Werttreiberorientierte Matrix-Darstellungen)** (4.3.2.1.2.).

❏   Des weiteren werden zur Steuerung von Unternehmensportfolios Matrixdarstellungen verwandt, die einem Maß für die aktuelle Performance einer strategischen Geschäftseinheit ein Maß für die langfristige oder strategische Performance gegenüberstellen. Die Matrizen sollen fortan als **Performance-Matrizen** bezeichnet werden (4.3.2.1.3.).

❏   Letztendlich soll das sog. **Leaning Brick Pile** vorgestellt werden, daß sich in die obigen drei Rubriken nur schwer einordnen läßt (4.3.2.1.4.).

Abschließend soll diskutiert werden, wie eine möglichst optimale Ressourcen-Allokation erreicht werden kann (4.3.2.1.5.).

4.3.2.1.1.   Das Marktanteils-Marktwachstums-Portfolio

Eine der ersten Portfolio-Darstellungen, das Marktanteils-Marktwachstums-Portfolio (Boston I-Portfolio) der Boston Consulting Group,[29] erlaubt zugleich einige interessante Aussagen für das unternehmenswertorientierte Controlling.[30] Wie bei allen Portfolio-Darstellungen sollen auch hier zwei Aufgaben erfüllt werden:

❏   **Komplexitätsreduktion:**

Eine Achse steht für die Stärken und Schwächen des Unternehmens, die im Boston I-Portfolio durch den Relativen Marktanteil[31] repräsentiert werden. Die zweite Achse stellt Chancen und Risiken im Unternehmensumfeld dar, die vereinfachend durch das

---

[27] Vgl. Günther, T. (1991), S. 183ff..

[28] Vgl. Clarke, R.G. u.a. (1988), S. 178ff. und Reimann, B.C.. (1990), S. 36ff..

[29] Vgl. Hedley, B. (1977), S. 9ff sowie die Darstellungen bei Coenenberg, A.G./Baum, H.-G. (1987), S. 77ff.; Dunst, K.H. (1983), S. 94ff.; Kreilkamp, E. (1987), S. 77ff. und Wind,Y./Mahajan, V. (1988), S. 33ff..

[30] Vgl. zur Verknüpfung von Portfolio-Technik und Shareholder Value-Ansatz die Ausführungen bei Clarke, R.G. u.a. (1988), S. 178ff.; Reimann, B.C.. (1990), S. 36ff. und Becker, G.M. (1995), S. 124.

[31] definiert als $\dfrac{\text{Marktanteil des betrachteten Unternehmens}}{\text{Marktanteil des größten Konkurrenten}}$

Reale Marktwachstum wiedergegeben werden. Durch die Gegenüberstellung der beiden Achsen im zweidimensionalen Raum sollen Stärken des Unternehmens mit Chancen im Unternehmensfeld abgeglichen werden und umgekehrt. Die einzelnen strategischen Geschäftseinheiten des Unternehmens werden nun anhand ihres Relativen Marktanteils und des Realen Marktwachstums positioniert.

❏ **Rasterung:**

Um den positionierten strategischen Geschäftseinheiten Strategieempfehlungen (sog. **Normstrategien**) zuordnen zu können, wird das Boston I-Portfolio in ein Vier-Feld-Raster zerlegt, indem i.d.R. beim Relativen Marktanteil von 1,0[32] und bei einem Realen Marktwachstum, das dem Branchendurchschnitt entspricht,[33] Trennlinien eingezogen werden. Den entstehenden vier Quadranten lassen sich nun entsprechende Bezeichnungen zur Charakterisierung der Positionierung, Lebenszyklus-Phasen und Normstrategien zuordnen:

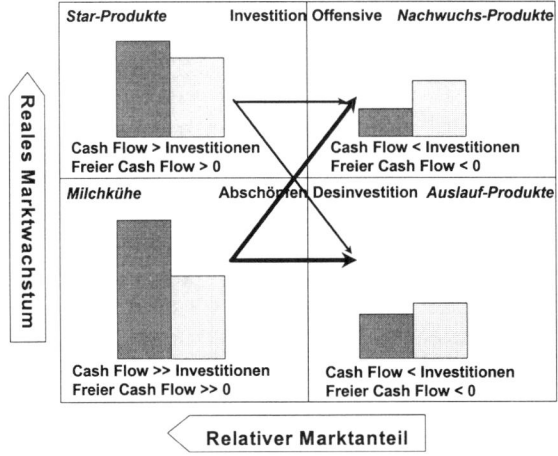

Abb. 4.76.: Marktanteils-Marktwachstums-Portfolio und Freier Cash Flow

Das Boston I-Portfolio wurde vor allem mit der Intention geschaffen, auf den inhärenten Finanzausgleich zwischen den strategischen Geschäftseinheiten hinzuweisen.[34] Wie in obiger Abbildung angegeben, ergeben sich idealtypisch die in nachfolgender Abbildung näher erläuterten Free Cash Flow-Positionen für die vier Quadranten.[35]

Die Free Cash Flow-Position in den Quadranten des Boston I-Portfolios war Gegenstand einiger **empirischer Studien**, deren Ergebnisse wie folgt zusammengefaßt werden können:

---

32 Ein Relativer Marktanteil von größer als 1,0 ist gleichzusetzen mit Marktführerschaft. Nach der Boston Consulting Group gibt es einen Unschärfe-Bereich beim Relativen Marktanteil zwischen 0,8 und 1,5, d.h. z.B. daß erst über einem Relativen Marktanteil von 1,5 von nachhaltiger Marktführerschaft gesprochen werden kann. Vgl. Hedley, B. (1977), S. 12.

33 Ein reales Marktwachstum, das über dem Branchendurchschnitt liegt, bedeutet, daß der Markt, in dem sich die strategische Geschäftseinheit befindet, schneller als die Branche wächst und damit i.d.R. unter Annahme eines idealtypischen Lebenszyklus höhere Gewinne zu erwarten sind. Werden Unternehmen mit sehr heterogener Produktstruktur analysiert, so ist als Trennlinie unter Umständen das Wachstum des Bruttosozialprodukts zu wählen.

34 Vgl. Hedley, B. (1977), S. 11.

35 Vgl. Coenenberg, A.G./Baum, H.-G. (1987), S. 79.

❑ Eine Studie von *Hambrick/MacMillian/Day* auf Basis von 1028 Geschäftseinheiten aus der PIMS-Datenbank ergab, daß Auslaufprodukte (dogs) wie Star-Produkte und Milchkühe im Durchschnitt positive Free Cash Flows abwarfen und zur Finanzierung der Nachwuchsprodukte beitragen konnten. Dennoch konnte gezeigt werden, daß die Milchkühe die höchsten Cash Flow-Renditen gefolgt von Dogs, Stars und Question Marks erzielen konnten.[36]

❑ Empirische Untersuchungen auf Basis der PIMS-Datenbank zeigten, daß 54 % der Nachwuchsprodukte entgegen der idealtypischen Free Cash Flow-Position dennoch Cash-Erzeuger[37] darstellen, während 28 % der Star-Produkte, 26 % der Milchkühe und 41 % der Auslaufprodukte Cash-Verbraucher darstellen. *Buzzel/Gale* bestätigen zwar, daß Relativer Marktanteil und Reales Marktwachstum positiv mit dem Free Cash Flow korreliert sind, daß jedoch das Boston I-Portfolio durch seine Reduktion auf diese beiden Erfolgsfaktoren eine Reihe weiterer strategischer Erfolgsfaktoren ausschließt, die den Freien Cash Flow ebenfalls beeinflussen.[38]

Strategische Positionierung	Free Cash Flow	Begründung
Nachwuchsprodukte (babies, question marks)	Cash Flow < Investitionen in AV und WC ➡ Free Cash Flow < 0	Produkt noch in der Einführungsphase mit erheblichen Anlaufkosten zur Markterschließung; erhebliche Investitionen in den Aufbau von Vertriebs- und Produktionskapazitäten
Star-Produkte (stars)	Cash Flow > Investitionen in AV und WC ➡ Free Cash Flow > 0[39]	Produkt in der Wachstumsphase mit bereits nennenswerten Cash Flows aus ansteigendem Absatz; jedoch erhebliche Investitionen in Aufbau von Produktionskapazitäten
Milchkühe (cash cows)	Cash Flow >> Investitionen in AV und WC ➡ Free Cash Flow >> 0	Produkt wächst nur mehr unterdurchschnittlich; nur mehr Ersatzinvestionen; erhebliche Cash Flows aus hohem Absatz
Auslaufprodukte (dogs, problems)	generell niedrigere Cash Flow und niedrigerer Investitionsbedarf; bei geringem Relativem Marktanteil und geringem Realen Marktwachstum negativer Free Cash Flow	Cash Flow niedrig wegen hoher Konkurrenz und Stagnation bzw. Schrumpfung des Absatzes; nur mehr Ersatzinvestitionen; jedoch auch Versteinerung der Produkte mit nachhaltig positiven Freien Cash Flows möglich

Abb. 4.77.: Free Cash Flow-Positionen der vier Quadranten im Marktanteils-Marktwachstums-Portfolio

---

[36] Vgl. Hambrick, D.C./MacMillan, I.C./Day, D.L. (1982), S. 510ff..

[37] Der Freie Cash Flow wird dabei als Gewinn nach Steuern plus Abschreibungen plus/minus Änderung des investierten Kapitals der strategischen Geschäftseinheit gemessen. Vgl. Buzzel, R.D./Gale, B.T. (1987), S. 12.

[38] Vgl. Buzzel, R.D./Gale, B.T. (1987), S. 11f..

[39] *Coenenberg/Baum* gehen bei Star-Produkten von Cash-Vernichtung aus, die sie mit dem anhaltenden Wachstum begründen. Empirische Belege werden jedoch nicht angeführt. Vgl. Coenenberg, A.G./Baum, H.-G. (1987), S. 80.

❑   *Swanson/Digman* wiederholten die Untersuchung von *Hambrick/MacMillian/ Day*, verwendeten jedoch anstatt einer Vier-Feld-Rasterung eine Neun-Feld-Rasterung, da eine Reihe von unterdurchschnittlich wachsenden Unternehmen im Dog-Bereich trotzdem ganz erhebliche positive Freie Cash Flows erzeugen konnten.[40] Indem sie die Free Cash Flow-Positionen der vier Eckzellen miteinander verglichen, konnten sie obige idealtypische Free Cash Flow-Positionen empirisch bestätigen.[41]

Der bereits erwähnte durch das Portfolio beabsichtigte **Finanzausgleich** besteht in zweierlei Hinsicht:

1)   Cash-Verbraucher (Free Cash Flow < 0), wie die Nachwuchsprodukte, können von Cash-Erzeugern (Free Cash Flow > 0), wie den Milchkühen und teilweise den Starprodukten, finanziert werden. Ist dieser Ausgleich gewährleistet, kann sich das Unternehmen selbst finanzieren und braucht keine Außenfinanzierung zu betreiben, d.h. der Freie Cash Flow des Gesamtunternehmens ist positiv **(finanzielle Querschnittsbetrachtung)**.

2)   Jedes Produkt soll sich über seinen Lebenszyklus selbst finanzieren, indem anfängliche Cash-Defizite (Free Cash Flow < 0) in der Einführungsphase (Nachwuchsprodukte) durch Cash-Überschüsse (Free Cash Flow >0) in der Reifephase und teilweise in der Wachstumsphase (Star-Produkte) ausgeglichen werden. Für die Stagnations- bzw. Schrumpfungsphase sind i.d.R. keine generellen Aussagen bezüglich der Free Cash Flow-Position möglich. Theoretisch könnte wie beim Life Cycle Costing der Barwert der Freien Cash Flows über den Lebenszyklus als Wertbeitrag der Produkte zum Shareholder Value ermittelt werden **(finanzielle Längsschnittbetrachtung)**. Ein entsprechender Ansatz wurde im Rahmen der langfristigen Produkt- bzw. Projektrechnung vorgestellt.[42]

Durch die finanzielle Perspektive, die das Boston I-Portfolio ermöglicht, ergeben sich Verbindungslinien zum Shareholder Value-Ansatz:

❑   Das Boston I-Portfolio erlaubt Hinweise auf die **augenblickliche Free Cash Flow-Situation** und damit den **Periodenerfolg** sowohl für die einzelnen strategischen Geschäftseinheiten als auch für das Gesamtunternehmen. Die Hinweise ergeben sich aus der Positionierung der strategischen Geschäftseinheiten im Portfolio, wobei zu berücksichtigen ist, daß hierbei idealtypische Abläufe zugrundegelegt wurden, die jedoch zumindest teilweise von der Empirie bestätigt wurden.

❑   Darüber hinaus sind unter der Annahme idealtypischer Entwicklungen **Prognosen der zukünftigen Free Cash Flow-Situation** und folglich der **Zukunftserfolge** möglich, wenn von einer Umsetzung der Normstrategien ausgegangen wird. Es sei jedoch auf die erheblichen Kritikpunkte an der Komplexitätsreduktion und der Rasterung sowie an den Normstrategien verwiesen, die unter der Voraussetzung guter Markt- und Branchenkenntnisse allenfalls eine Bandbreitenprognose zulassen.[43]

---

[40]   Vgl. zu diesem Problem auch Woo, C.Y.Y./Cooper, A.C. (1982), S. 84ff. und Hambrick, D.C./MacMillan, I.C. (1982), S. 84ff..

[41]   Vgl. Swanson, N.E./Digman, L.A. (1986), S. 17-1ff.

[42]   Vgl. hierzu Kapitel 4.2.4.3.1. Langfristige Produkt- bzw. Projektrechnung.

[43]   zur Kritik am Boston I-Portfolio vgl. Wind, Y./Mahajan, V./Swire, D.J. (1983), S. 89ff. sowie die Übersichten bei Coenenberg, A.G./Baum, H.-G. (1987), S. 85ff. und Kreilkamp, E. (1987), S. 474ff..

❑   Die Berücksichtigung der Shareholder Value-Sicht macht deutlich, welchen **finanzwirt-schaftlichen Hintergrund die Normstrategien** besitzen:[44]

Normstrategie (Quadrantbezeichnung)	Finanzwirtschaftlicher Hintergrund
Offensive (Nachwuchs-Produkte)	Das Erreichen eines hohen relativen Marktanteils ist notwendig, um erworbene Wettbewerbsvorteile (= Wertsteigerungspotentiale) z.B. aufgrund der Erfahrungskurve mittels niedriger Kosten in letztendlich überdurchschnittliche Rendi-ten[45] (= positive Freie Cash Flows) am Markt umsetzen zu können.[46]
Investition (Star-Produkte)	Konnte ein hoher relativer Marktanteil gesichert werden, so steigt der Wertbeitrag im Falle überdurchschnittlicher Rendi-ten um so stärker je höher gleichzeitig das Wachstum ist. Folglich ist ein Mitwachsen der Kapazität mit dem Absatz-potential geboten.
Abschöpfen (Milchkühe)	Ein Rückgang des Wachstums, kann durch eine Erhöhung bzw. Erhaltung der überdurchschnittlichen Rendite zumindest teilweise ausgeglichen werden.
Desinvestition (Auslauf-Produkte)	Jedes Kapitalinvestment in wachstumsschwache Märkte mit unterdurchschnittlichen Renditeaussichten führt zur Wert-vernichtung.

Abb. 4.78.: Finanzwirtschaftliche Interpretation der Normstrategien

❑   Auf Basis der beiden erstgenannten Punkte läßt sich die **momentane Ausgewogenheit des Unternehmensportfolios** beurteilen, da der verfügbare Free Cash Flow in Nach-wuchsprodukte investiert werden sollte. Das Portfolio sollte im Sinne der Zukunftsvor-sorge weder über zuviel Cash-Verbraucher (Nachwuchs- und Auslaufprodukte) noch über zuviel Cash-Erzeuger (Milchkühe und Star-Produkte) verfügen.

❑   Wird zusätzlich die zeitliche Dimension berücksichtigt, läßt sich die **Ausgewogenheit des Unternehmensportfolios auch für die Zukunft** zumindest grob abschätzen. Ver-fügt ein Unternehmen momentan z.B. über einen Schwerpunkt im Cash Cow-Bereich, so wird der momentane Free Cash Flow (Periodenerfolg) hoch sein, der zukünftig zu erwirtschaftende Free Cash Flow (Zukunftserfolg) könnte jedoch unterdurchschnittlich sein, da derzeit Nachwuchs- oder Star-Produkte und damit zukünftige Cash Cows feh-len. Folglich kann auch der Shareholder Value, der wesentlich durch zukünftige Wert-beiträge bestimmt wird, nicht zufriedenstellend ausfallen. Im entgegengesetzten Fall (Schwerpunkt im Nachwuchs-Bereich), wie er z.B. bei innovativen, stark wachsenden Technologieunternehmen gegeben ist, ist der Periodenerfolg gering, der Zukunftserfolg jedoch relativ hoch.

---

[44] Vgl. die generellen Aussagen zu Wachstum und Rentabilität in Kapitel 4.2.2. Performance-Messung zur Be-urteilung von Unternehmen und zur Steuerung dezentraler Einheiten.

[45] Mit „überdurchschnittlich" ist nicht nur der Vergleich zur Durchschnittsrendite der Branche gemeint, son-dern es wird auch ausgedrückt, daß die Kapitalrenditen über den Kapitalkosten liegen.

[46] Alternativ hierzu könnte unter Verzicht auf die Marktführerschaft eine Nischen- oder Differenzierungsstra-tegie ebenfalls zu überdurchschnittlichen Renditen führen. Die beiden Strategievarianten sind jedoch nicht durch das Boston I-Portfolio abgedeckt, da dieses vom Ziel der Kostenführerschaft ausgeht.

Entsprechend dem Lebenszyklus eines Unternehmens bzw. seiner einzelnen strategischen Geschäftseinheiten läßt sich die in nachfolgender Abbildung dargestellte **Aufteilung auf Periodenerfolg und Zukunftserfolg** ableiten.[47] Da der Zukunftserfolg einen Großteil des Shareholder Value des Unternehmens bzw. des Wertbeitrags einer einzelnen strategischen Geschäfteinheit bestimmt, kann er (fast) mit dem Shareholder Value identisch betrachtet werden.

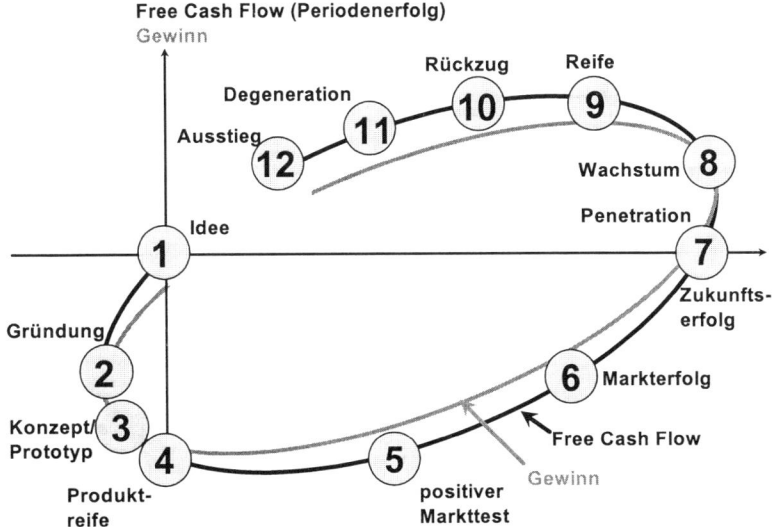

Abb. 4.79.: Periodenerfolg, Zukunftserfolg und Gewinn im Lebenszyklus[48]

Die Abbildung macht deutlich, daß in der Einführungsphase Unternehmenswert vernichtet wird, da den erheblichen Vorlaufkosten bis zur Produktreife nur vage Aussichten auf Rückflüsse gegenüber stehen. Gleichzeitig mindern die Vorlaufkosten den Gewinn und den Free Cash Flow. Mit zunehmendem Erfolg am Markt (Wachstumsphase) kann erst ein erheblicher Zukunftserfolg gesichert werden, obwohl Gewinn und Free Cash Flow durch den Kapazitätsaufbau noch negativ sind. Wird die Reifephase erreicht, wird der Zukunftserfolg sukzessive realisiert und der Wertbeitrag sinkt bis zum Ausstieg vom Markt. In der Abbildung wird davon ausgegangen, daß auch im Dog-Bereich noch Gewinne und positive Free Cash Flows erwirtschaftet werden. Andernfalls würde die Kurve wieder in den Verlustbereich eintauchen.

Dem Periodenerfolg, der den **Freien Cash Flow** eines einzelnen Jahres darstellt, wird der **Gewinn**, der nach abgrenzungstechnischen Grundsätzen ermittelt wird, gegenüber gestellt. Die Ellipse für den Gewinn ist flacher, da die Abgrenzungsgrundsätze eine Verteilung von Anfangsinvestitionen per Abschreibungen über den Vermarktungszyklus auslösen und die Gewinnentwicklung glätten. Sowohl für den Free Cash Flow des Periodenerfolgs als auch für den Gewinn läßt sich keine lineare Beziehung zum Wert-

---

47   Vgl. Siegert, T. (1994), S. 114ff. und ebenso Bischoff, J. (1994), S. 23f.. sowie ähnlich Seed, A.H. (1985), S. 47.

48   in Ablehnung und Abwandlung von Siegert, T. (1994), S. 115.

beitrag, gemessen als Zukunftserfolg, herstellen.[49] Somit spricht auch diese Lebenszyklus-Betrachtung gegen die alleinige Verwendung gewinnorientierter Erfolgskennzahlen und empfiehlt den Einbezug des Shareholder Value-Ansatzes.

Das Boston I-Portfolio ermöglicht Aussagen über die Generierung von Free Cash Flow in Abhängigkeit der wichtigen strategischen Erfolgsfaktoren Relativer Marktanteil und Reales Marktwachstum. Zudem kann die Ausgewogenheit des Unternehmensportfolios beurteilt werden, wobei wie bei dem Free Cash Flow-Generierungspotential sowohl eine statische Perspektive **(Gegenwartsbetrachtung)** als auch eine dynamische Perspektive **(Zukunftsbetrachtung)** möglich ist. Der Shareholder Value kann daher in den Periodenerfolg und in den Zukuftserfolg zerlegt werden. Durch den finanzwirtschaftlichen Bezug eignet sich das Boston I-Portfolio im Gegensatz zu generelleren Portfolio-Darstellungen wie z.B. dem **Marktattraktivitäts-Wettbewerbsstärken-Portfolio**[50] (nach McKinsey oder General Electric) oder dem **Lebenszyklus-Wettbewerbspositions-Portfolio**[51] (nach A.D. Little) im besonderen Maße für Shareholder Value-Analysen. Dennoch sollten die nicht unerheblichen Kritikpunkte an dem stark vereinfachten Portfolio-Konzept nicht vergessen werden.[52]

4.3.2.1.2. Werttreiberorientierte Matrix-Darstellungen

Die nachfolgend vorgestellten Matrix-Darstellungen verfolgen die Intention, die strategischen Geschäftseinheiten anhand wesentlicher Determinanten des Wertbeitrages **(Werttreiber)** zu charakterisieren **(Komplexitätsreduktion)** und nach erfolgter Klassifikation **(Rasterung)** Normstrategien für das Portfolio-Management abzuleiten. Folgende werttreiberorientierte Matrix-Darstellungen sollen eingehender vorgestellt und diskutiert werden:

❑   die Portfolio Profitability Matrix nach Marakon Associates (4.3.2.1.2.1.),

❑   die unternehmenswertorientierte Modifikation des Ronagraphen (4.3.2.1.2.2.),

❑   die Value Curve der Strategic Planning Associates (4.3.2.1.2.3.),

❑   das Wertbeitragsportfolio nach BCG (4.3.2.1.2.4.) und

❑   der Index of Value Creation Potential nach *Rappaport* (4.3.2.1.2.5.).

4.3.2.1.2.1. Portfolio Profitability Matrix

Aufbauend auf dem bereits dargestellten Gordon-Modell wurde von dem Beratungsunternehmen Marakon Associates ein Instrument zur Darstellung und Analyse des Unternehmensportfeuilles entwickelt, um damit Investitionsstrategien für die einzelnen Geschäftseinheiten zur Maximierung des Unternehmenswertes abzuleiten.[53] Marakon greift damit auf **aufwands-**

---

[49] Vgl. Siegert, T. (1994), S. 114.

[50] Vgl. Robinson, S.J.Q./Hichens, R.E./Wade, D.P. (1978), S. 8ff. und die Darstellungen bei Dunst, K.H. (1983), S. 100ff.; Coenenberg, A.G./Baum, H.-G. (1987), S. 82ff. und Kreilkamp, E. (1987), S. 487ff..

[51] Vgl. Thanheiser, H./Patel, P. (1977), S. 65; Hofer, C.W./Schendel, D. (1978), S. 104 und Sommerlatte, T./Deschamps, J.-P. (1986), S. 39ff..

[52] Zur Kritik vgl. Wind, Y./Mahajan, V./Swire, D.J. (1983), S. 89ff. sowie die Übersichten bei Coenenberg, A.G./Baum, H.-G. (1987), S. 85ff. und Kreilkamp, E. (1987), S. 474ff..

[53] Vgl. Marakon Associates (1981), S. 1ff. sowie die Darstellung bei Hax, A.C./Majluf, N.S. (1984), S. 231ff..

und ertragsorientierte Ansätze der Erfolgsmessung zurück, die bereits ausführlich dargestellt und kritisch analysiert wurden.[54]

Ausgangspunkt der Betrachtung ist das **Gordon-Modell**, das das M/B-Verhältnis in Abhängigkeit von Eigenkapitalrendite RoE, Wachstum des Eigenkapitals g und risikoangepaßten Kapitalkosten k_{EK} bestimmt:[55]

$$\frac{M}{B} = \frac{\left(RoE - g\right)}{\left(k_{EK} - g\right)}$$

Aus dem Gordon-Modell wird zunächst die **Marakon Profitability Matrix** abgeleitet, die die Eigenkapitalrentabilität RoE dem Wachstum g gegenüberstellt. In der nachfolgenden Abbildung der Matrix sind die sieben strategischen Geschäftseinheiten A bis G gesondert gekennzeichnet:

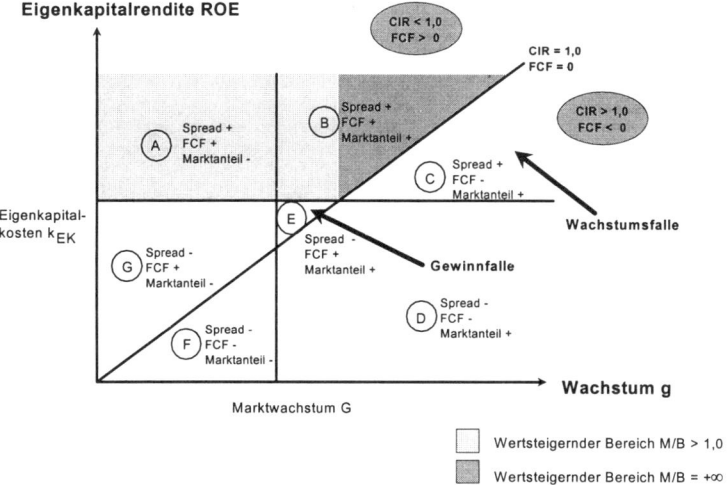

Abb. 4.80.: Marakon Profitability Matrix[56]

Die Darstellungstechnik kann wieder anhand der beiden Aufgaben von Matrix-Darstellungen erklärt werden:

❑ **Komplexitätsreduktion:**

Das Gordon-Modell stellt eine erhebliche Vereinfachung gegenüber Shareholder Value-basierten Erfolgskennzahlen dar, da auf gewinnorientierte statt Cash Flow-orientierte Größen zurückgegriffen wird und zudem von konstantem, zeitlich unbegrenzten Wachstum ausgegangen wird. Unter diesen vereinfachenden Prämissen reduziert sich die Darstellung auf die drei Werttreiber Eigenkapitalrendite RoE, Wachstum g und Ei-

---

[54] Vgl. zur Kritik insbesondere Kapitel 4.2.2.3.1.1.4. Kritische Beurteilung der aufwands- und ertragsorientierten Ansätze (Equity Spread-Ansätze).

[55] Vgl. en detail Kapitel 4.2.2.3.1.1.1. Das Modell mit konstantem, zeitlich unbegrenztem Wachstum (Gordon-Modell).

[56] in Anlehnung an Marakon Associates (1981), S. 6.

genkapitalkosten k_{EK}, wobei letztere für die Analyse als konstant angenommen werden. Dadurch verbleiben als Achsen die Eigenkapitalrendite RoE und das Wachstum g.

❏   **Rasterung:**

Die Eigenkapitalrendite ist dann wertsteigernd, wenn sie die Eigenkapitalkosten übersteigt, d.h. der Equity Spread positiv ist. Daher wird in Höhe der risikoangepaßten Eigenkapitalkosten k_{EK} die Trennlinie auf der RoE-Achse gezogen. Die Trennlinie an der Wachstumsachse wird in Höhe des durchschnittlichen Wachstums des Marktes G gewählt, auf dem die Geschäftseinheit des Unternehmens tätig ist.[57]

Eine dritte Trennlinie wird durch das sog. **Cash Investment Ratio (CIR)** bestimmt, das folgendermaßen definiert ist:

$$CIR = \frac{Investition\ von\ Eigenkapital}{Jahres\ddot{u}bersch\ddot{u}\beta} = \frac{g \bullet Buchwert_{EK}}{RoE \bullet Buchwert_{EK}} = \frac{g}{RoE}$$

Die Cash Investment Ratio stellt die Relation von wachstumsbedingt investiertem Eigenkapital und Rückflüssen an die Eigenkapitalgeber aus dem Geschäft dar. Da implizit die Kapitalstruktur als konstant betrachtet wird, muß das Eigenkapital proportional mit dem Wachstum g erhöht werden. Der Free Cash Flow ist aufgrund des von Marakon verfolgten Eigenkapital-Ansatzes und der Verwendung gewinnorientierter Größen als sog. **Eigenkapital-Free Cash Flow** zu verstehen, der hier wie folgt definiert ist:

Eigenkapital – Free Cash Flow = Jahresüberschuß – Investition von Eigenkapital

Daher ergibt sich folgender Zusammenhang:

Cash Investment Ratio	Eigenkapital-Free Cash Flow	Erklärung aus Sicht der Eigenkapitalgeber
CIR < 1	Eigenkapital-Free Cash Flow > 0	Investitionen in das Geschäft sind kleiner als die Rückflüsse aus dem Geschäft.
CIR = 1	Eigenkapital-Free Cash Flow = 0	Alle freigesetzten Mittel werden wieder reinvestiert.
CIR > 1	Eigenkapital-Free Cash Flow < 0	Investitionsbedarf des Geschäftses übersteigt Rückflüsse aus dem Geschäft.

Abb. 4.81.: Cash Investment Ratio und Eigenkapital-Free Cash Flow

Die Winkelhalbierende in der Marakon Profitability Matrix stellt daher die Trennlinie zwischen Bereichen positiver und negativer Eigenkapital-Free Cash Flows dar.

Aus der dreifachen Rasterung resultieren sieben Felder, die drei unterschiedliche Perspektiven zulassen:

---

[57]   Die Trennlinie beim Wachstum des Marktes ist abzugrenzen von der beim Boston I-Portfolio gewählten Trennlinie beim durchschnittlichen Wachstum der Branche, die sich aus den gewichteten durchschnittlichen Wachstumsraten der einzelnen Märkte ergibt. Bei der Profitability Matrix wird das Unternehmenswachstum zum Marktwachstum in Bezug gesetzt, während beim Boston I-Portfolio das Wachstum des Marktes, in dem die strategische Geschäftseinheit agiert, zum Branchenwachstum in Bezug gesetzt wird.

❑ **Spread-Perspektive:**

Die strategischen Geschäftseinheiten A, B und C in der Marakon Profitability Matrix erzielen Renditen, die über ihren Eigenkapitalkosten liegen, während die Geschäftseinheiten D, E, F und G weniger als die Eigenkapitalkosten erzielen.

❑ **Free Cash Flow-Perspektive:**

Betrachtet man das Vorzeichen des Eigenkapital-Free Cash Flow, so setzen die strategischen Geschäftseinheiten A, B, E und G über der Winkelhalbierenden liquide Mittel frei (Eigenkapital-Free Cash Flow > 0 bzw. CIR < 1) und die Geschäftseinheiten C, D, F unterhalb der Winkelhalbierenden verbrauchen Kapital (Eigenkapital-Free Cash Flow < 0 bzw. CIR > 1).

❑ **Marktanteils-Perspektive:**

Die Geschäftseinheiten, die stärker als der Marktdurchschnitt wachsen, werden Marktanteile hinzugewinnen (Geschäftseinheiten B, C, E und D), während die anderen Geschäftseinheiten (A, G und F) Marktanteile verlieren werden.

Von besonderem Interesse ist dabei die Situation der strategischen Geschäftseinheit C, die Marktanteile hinzugewinnt und auch ihre Kapitalkosten erwirtschaftet, jedoch so stark wächst, daß das Unternehmen ständig zusätzliches Kapital hinzuführen muß (**Wachstumsfalle**). Nach dem Boston I-Portfolio und dem Lebenszyklus-Konzept wäre die Geschäftseinheit C, die sich auf dem Weg zum Star-Produkt befindet, förderungswürdig. Bei konstantem, unendlichem Wachstum würde die Geschäftseinheit zum Kapitalvernichter (M/B = $-\infty$), sofern nicht in Zukunft das Wachstum reduziert oder die Rendite gesteigert werden kann.

Die Geschäftseinheit E steigert ebenfalls ihren Marktanteil und erwirtschaftet positive Freie Cash Flows, kann jedoch trotz eines eventuell ausgewiesenen Gewinns ihre Kapitalkosten nicht verdienen (**Gewinnfalle**). D.h. die abdiskontierten Freien Cash Flows sind kleiner als das investierte Kapital. Bei traditioneller Portfolio-Betrachtung würde ohne Analyse des Wertbeitrags die Geschäftseinheit zumindest mit „Halten" eingestuft werden. Die Wertsteigerungsanalyse zeigt jedoch, daß hier versucht werden muß, die Rentabilität zu steigern. Andernfalls sollte man die Geschäftseinheit desinvestieren. Die beiden Geschäftseinheiten E und C widersprechen dem intuitiven Vorgehen, das sich aus der isolierten Betrachtung ergibt und könnten zur Fehlallokation von Kapital Anlaß geben.

Der **Fall schrumpfender Geschäftseinheiten** (g < 0) wird in der Marakon Profitability Matrix nicht betrachtet. Ausgehend von obigem Marktwert/Buchwert-Verhältnis kann jedoch selbst in schrumpfenden Geschäftseinheiten eine Wertsteigerung (M/B > 1) erzielt werden, solange die Eigenkapitalrendite über den Eigenkapitalkosten liegt (RoE < k_{EK}). Das M/B-Verhältnis sinkt jedoch mit zunehmender Schrumpfung.[58]

Da die Marakon Profitability Matrix nur auf das M/B-Verhältnis des Gordon-Modells ausgerichtet ist, ergeben sich zusätzlich interessante Schlußfolgerungen, wenn für den Fall der Wertvernichtung (M/B < 1) ein **Liquidationswert L** (L < Buchwert B) in Erwägung gezogen

---

[58] Der Grenzwert beträgt: $\lim\limits_{g \to -\infty} M / B = 1$ für RoE > k_{EK}.

wird.[59] Betrachtet man das M/B-Verhältnis in Abhängigkeit der Eigenkapitalrendite RoE ergibt sich folgende Abbildung:

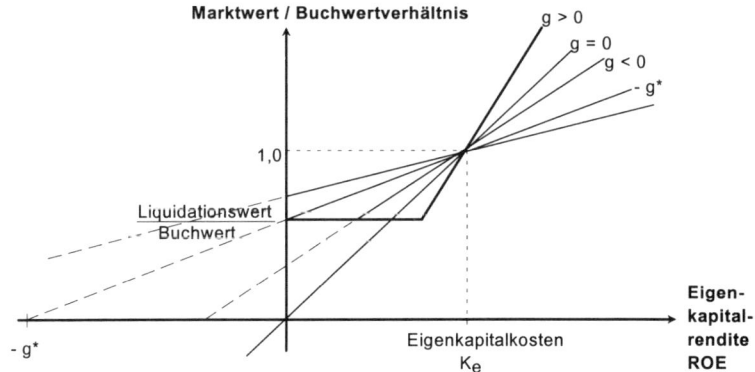

Abb. 4.82.: Berücksichtigung eines Liquidationswertes im Gordon-Modell[60]

Wie die Abbildung zeigt, ergibt sich die **Liquidation der strategischen Geschäftseinheit** als Alternative zur Fortführung nur für den Fall negativer Eigenkapitalspannen (RoE < k_{EK}). Interessanterweise lohnt sich die sofortige Liquidation um so eher, je größer das Wachstum g ist, da bei negativen Verzinsungsspannen die Wertvernichtung mit zunehmendem Wachstum größer wird. Bei geringerem Wachstum oder gar Schrumpfung wird die Liquidation als Alternative uninteressanter, da durch die Schrumpfung bereits Mittel freigesetzt werden. Ab einer Schrumpfung in Höhe von g* kommt aus unternehmenswertorientierter Sicht eine Liquidation nicht mehr in Betracht, da der Barwert der per Schrumpfung freigesetzten Mittel den Liquidationswert übersteigt. Negative Wachstumswerte g < 0 im Gordon-Modell sind ökonomisch als Ausschüttungen zu interpretieren, die über die Jahresüberschüsse hinausgehen. Dies kann bei rechtlich selbständigen Unternehmen durch Auflösung von Gewinnrücklagen oder gar durch Herabsetzung des Gezeichneten Kapitals erfolgen. Bei rechtlich nicht selbständigen Unternehmen ist dies mit einer Rückführung des investierten Kapitals gleichzusetzen.

Wird auch ein potentieller Verkaufswert als Liquidationswert für die strategische Geschäftseinheit betrachtet, so kann für wertvernichtende strategische Geschäftseinheiten abgeschätzt werden, ob ein **sofortiger Verkauf oder eine Fortführung** zu höheren Wertbeiträgen führt.

Marakon Associates verlassen das Gordon-Modell, indem sie in einer Variante ihrer Darstellung die Annahme konstanten, zeitlich unbegrenzten Wachstums aufheben und für eine **„post-planning period"** ein Wachstum identisch mit einem separat ermittelten Marktwachstum für den Restzeitraum annehmen. Dies führt zu einer veränderten Positionierung der Geschäftseinheiten für den Restzeitraum.[61]

Die Marakon Profitability Matrix kann als Erklärungsraster zur finanzwirtschaftlichen Positionierung von strategischen Geschäftseinheiten verwandt werden. Sie ist jedoch nicht in der Lage, ein Portfeuille unterschiedlicher Geschäftseinheiten darzustellen, da deren Eigenkapitalkosten risikobedingt und deren Marktwachstumraten i.d.R. unterschiedlich sein werden. Da-

---

[59] Vgl. die Grundidee bei Hax, A.C./Majluf, N.S. (1984), S. 215ff..

[60] In Anlehnung an Hax, A.C./Majluf, N.S. (1984), S. 217.

[61] Vgl. Marakon Associates (1981), S. 4.

her läßt sich die Marakon Profitability Matrix in die sog. **Marakon Portfolio Profitability Matrix** überführen, indem anstatt des RoE der RoE-Spread (RoE - k_{EK}) und anstatt des Wachstums g die Relation aus Wachstum der Geschäftseinheit und Marktwachstum gewählt wird (g / G). Die dritte Trennlinie läßt sich dann nicht mehr einzeichnen.

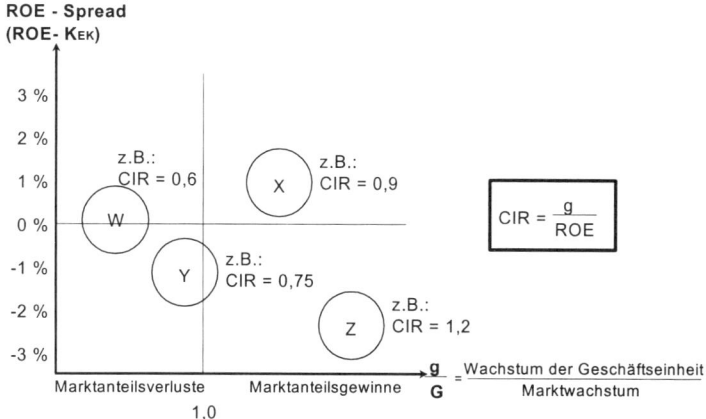

Abb. 4.83.: Marakon Portfolio Profitability Matrix (Eigenkapital-Ansatz)[62]

Die CIR kann jedoch separat errechnet und neben den Kreisflächen angegeben werden. Um die Bedeutung der analysierten strategischen Geschäftseinheiten zu unterstreichen, sollte analog zu gängigen Portfolio-Darstellungen die Kreisfläche proportional zum investierten Kapital dargestellt werden.[63]

Der oben beschriebene Aussagegehalt der Darstellung bleibt trotz der Normierung der beiden Achsen erhalten. Da strategische Geschäftseinheiten häufig über keine eigene Kapitalstruktur verfügen, sondern allenfalls eine Orientierung am Gesamtvermögen (= Gesamtkapital) möglich ist, ist zu empfehlen, die Equity Spreads (RoE - k_{EK}) durch RoI Spreads (RoI - k_{GK}) zu ersetzen.[64] An Stelle der Relation g / RoE für das Cash Investment Ratio könnte die Relation

$$CIR = \frac{Investitionen\ in\ Anlagevermögen\ und\ Working\ Capital}{Cash\ Flow}$$

gewählt werden. Der Cash Flow geht dabei vom Gewinn vor Zinsen aus und die Wachstumsrate wäre auf Basis des Wachstums des Gesamtkapitals anstatt des Eigenkapitals zu ermitteln. Nachfolgende Abbildung stellt den modifizierten Gesamtkapitalansatz dar.

Einen vergleichbaren Ansatz verwendet auch *Donaldson*, der allerdings auf Basis von Gewinngrößen jedoch ebenfalls bei Betrachtung des Gesamtkapitals aus dem CIR einen gleichgewichtigen Planungspfad für ein System finanzieller Zielsetzungen ableitet, bei dem ein Unternehmen weder Cash Flow-Verbraucher noch Cash Flow-Erzeuger ist **(Sustainable Growth-Modell)**.[65]

---

[62] in Anlehnung an Marakon Associates (1981), S. 7.
[63] Marakon Associates verzichtet auf diese Ergänzungsmöglichkeit.
[64] Vgl. auch Hax, A.C./Majluf, N.S. (1984), S. 233f. und Reimann, B. C. (1990), S. 129.
[65] Vgl. Donaldson, G. (1984), S. 64ff..

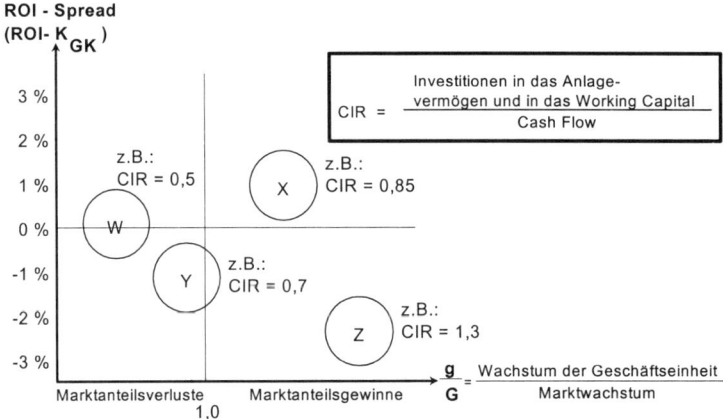

Abb. 4.84.: Marakon Portfolio Profitability Matrix (Gesamtkapital-Ansatz)

Der Beitrag der Portfolio Profitability Matrix zu einem unternehmenswertorientierten strategischen Controlling kann wie folgt beurteilt werden:

❏   Die Portfolio Profitability Matrix läßt sich als **finanzwirtschaftliches Pendant zum Boston I-Portfolio** auffassen. Während das Boston I-Portfolio von den beiden strategischen Erfolgsfaktoren Relativer Marktanteil und Reales Marktwachstum ausgeht und hieraus finanzwirtschaftliche Aussagen bezüglich Erfolg und Liquidität abgeleitet werden können, mißt die Portfolio Profitability Matrix Erfolg und Liquidität direkt. Wird als Determinante für hohe Equity-Spreads nur der Relative Marktanteil und als Determinante für die Free Cash Flow-Position das Wachstum gesehen,[66] läßt sich aus der allgemeineren Portfolio Profitability Matrix auch das speziellere Boston I-Portfolio erklären.

❏   Der dem Boston I-Portfolio inhärente statische und dynamische Finanzausgleich führt zur Forderung nach einem **ausgeglichenen Portfolio**. *Hax/Majluf* verweisen darauf, daß ausgeglichene Portfolios auch strategische Geschäftseinheiten beinhalten, die bei Betrachtung der Profitability Matrix als Cash Flow-verbrauchende Bereiche unterhalb der Winkelhalbierende betrachtet würden. **Optimale Portfolios** würden sich jedoch auf Bereiche mit positivem Equity-Spread und positivem Free Cash Flow beschränken.[67] Der scheinbare Widerspruch zwischen ausgeglichenen und optimalen Portfolios und damit zwischen der Interpretation des Boston I-Portfolio und der Portfolio Profitability Matrix kann aufgelöst werden, wenn der Wertbeitrag strategischer Geschäftseinheiten in den Periodenerfolg (positiver Free Cash Flow jetzt) und in den Zukunftserfolg (positive Free Cash Flows in der Zukunft) zerlegt wird. Optimale Portfolios würden sich auf die Betrachtung des Periodenerfolgs beschränken, während ausgeglichene Portfolios die „potentiellen" Zukunftserfolge einbeziehen und daher momentane negative Free Cash Flows als Anlaufkosten akzeptieren.

❏   Das Gordon-Modell, das der Portfolio Profitability Matrix zugrundeliegt, geht von einer stark vereinfachten Berechnung des Marktwertes aus. Wie bereits ausgeführt muß sich

---

[66]   Vgl. z.B. die Interpretation des mit der Profitability Matrix verwandten Ronagraphen bei Coenenberg, A.G./Baum, H.-G. (1987), S. 60.
[67]   Vgl. Hax, A.C./Majluf, N.S.. (1984), S. 147ff..

daher auch die Portfolio Profitability Matrix die **Schwächen des Gordon-Modells** (z.B. Konstanz der zugrunde liegenden Parameter, Gewinn- statt Cash Flow-Orientierung, ewiges Wachstum, Eigenkapitalansatz) anrechnen lassen.[68] Insbesondere der **Eigenkapitalansatz** stößt bei der Betrachtung von strategischen Geschäftseinheiten, denen nicht immer eine eigene Kapitalstruktur zugewiesen werden kann, auf Umsetzungsprobleme. Wie bereits oben ausgeführt, ist zur Portfolio-Steuerung der **Gesamtkapitalansatz** besser geeignet.

❑ Nach dem Gordon-Modell wird das ohne zusätzliche Finanzierung mögliche „**nachhaltige**" **Wachstum** einer strategischen Geschäftseinheit oder eines Unternehmens bei Verzicht auf Dividendenzahlungen durch die Eigenkapitalrendite beschränkt (CIR = 1, d.h. g^{max} = RoE). Werden Dividenden gezahlt, beschränkt sich das „nachhaltige" Wachstum auf den thesaurierten Teil der Eigenkapitalrendite (g^{max} = p • RoE, mit p als Thesaurierungsquote) **(Sustainable Growth-Modell)**.[69] *Rappaport* kritisiert diese Berechnung des „nachhaltigen" Wachstums, indem er anhand zweier Fälle darstellt, daß bei „sustainable growth" trotz rechnerischer finanzieller Ausgewogenheit Wert vernichtet werden kann. Die Ursache ist in der Verwendung von Gewinn-Größen anstatt von Cash Flow-Größen bei der Berechnung des CIR zu sehen.[70]

❑ Dennoch ist der Portfolio Profitability Matrix zugute zu halten, daß es trotz der inhärenten Vereinfachung drei i.d.R. sehr sensitive **Werttreiber**, Rentabilität, Kapitalkosten und Wachstum, analysiert[71] und damit in der Lage ist, das Wertsteigerungspotential abzubilden.

❑ Ist man bestrebt die Erfolgsmessung der strategischen Geschäftseinheiten sowohl methodisch adäquat als auch aussagekräftig zu gestalten, ist zu empfehlen, einerseits einen **Gesamtkosten-Ansatz** zu verwenden und andererseits die gewinnorientierten Spread-Maße durch **finanzwirtschaftliche Größen** zu ersetzen, die ohne Konstanzannahmen auskommen und auf Cash Flow-Größen basieren. Wie bereits ausgeführt sind hierzu die Shareholder Value-Endwert-Rendite, von der jedoch analog zum Equity-Spread die Gesamtkapitalkosten zu subtrahieren wären, oder die Shareholder Value-Überrendite geeignete Maße. Zu deren Begründung und Definition sei auf die vorangehenden Kapitel verwiesen.[72] Entsprechend kann die Portfolio Profitability Matrix, wie in nachfolgender Abbildung dargestellt, modifiziert werden.

Zusammenfassend ist die Portfolio Profitability Matrix durch ihre finanzwirtschaftliche Interpretierbarkeit allenfalls als Ergänzung, jedoch nicht als Ersatz „traditioneller" Portfolio-Darstellungen einzustufen, da letztere durch ihre komprimierte Darstellung von Erfolgsfaktoren über die reine finanzwirtschaftliche Sicht hinausgehen. Dennoch kann durch die Portfolio Profitability Matrix analysiert werden, ob strategische Geschäftseinheiten zur Steigerung des Un-

---

68 Vgl. zur Kritik die Ausführungen in Kapitel 4.2.2.3.1.1.1. Das Modell mit konstantem, zeitlich unbegrenztem Wachstum (Gordon-Modell), sowie generell zu Equity Spread-Ansätzen das Kapitel 4.2.2.3.1.1.3. Kritische Beurteilung der aufwands- und ertragsorientierten Ansätze (Equity Spread-Ansätze).

69 Vgl. Higgins, R.C. (1977), S. 7ff. und Clarke, R.G. u.a. (1988), S. 26ff..

70 Vgl. Rappaport, A. (1986), S. 135ff..

71 Vgl. z.B. die häufige Erwähnung gerade dieser Größen in Sensitivitätsanalysen. Vgl. z.B. Rappaport, A. (1986), S. 148ff.; Weber, B. (1990), S. 578 sowie Lewis, T.G. (1994), S. 35.

72 Vgl. Kapitel 4.2.2.3.2.1. Ableitung des M/B-Verhältnisses und verwandter Kennzahlen aus dem Shareholder Value-Ansatz.

ternehmenswertes beitragen bzw. ob eine eventuelle Wertvernichtung zugunsten zusätzlicher strategischer Aspekte in Kauf genommen wird.

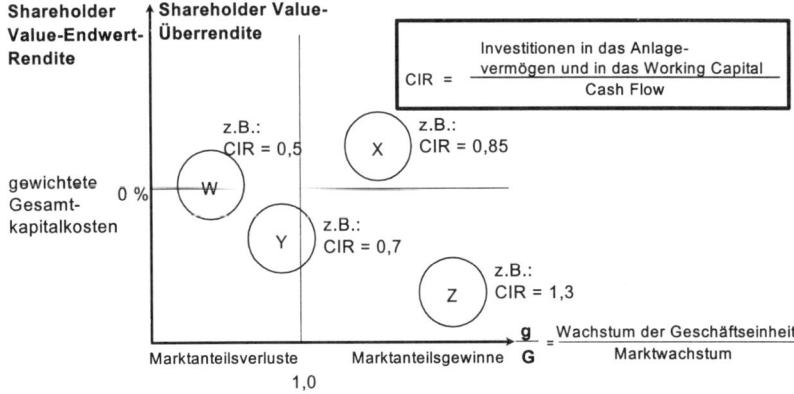

Abb. 4.85.: Modifizierte Portfolio Profitability Matrix (Gesamtkapital-Ansatz)

4.3.2.1.2.2. Unternehmenswertorientierte Modifikation des Ronagraphen

Eine der Profitability Matrix vergleichbare Vorgehensweise weist die sog. **Ronagraph-Methode** auf, bei der jedoch im Vergleich zur Portfolio Profitability Matrix nur die Spread-Perspektive und die Free Cash Flow-Perspektive verfolgt wird. Die Markanteils-Betrachtung bleibt außen vor.

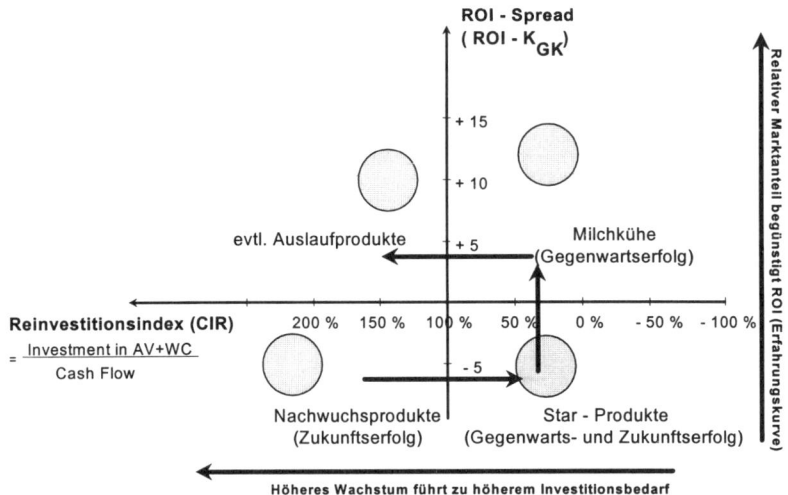

Abb. 4.86.: Unternehmenswertorientierte Modifikation des Ronagraphen

Dabei wird der RoI oder RoNA (Return on Net Assets) dem sog. **Reinvestitionsindex** gegenüber gestellt.[73] Letzterer entspricht in der Definition dem CIR. Der Ronagraph ermöglicht

---

[73] Vgl. Andreae, M. (1980), S. 95ff.; Krug, H. (1982), S. 119ff. sowie die Darstellung bei Coenenberg, A.G./Baum, H.-G. (1987), S. 59f..

eine Positionierung von strategischen Geschäftseinheiten entsprechend ihrer Ertragslage (RoI bzw. RoNA) und ihrer Liquiditätslage (Reinvestitionsindex), wie dies auch aus dem Boston I-Portfolio abgeleitet werden kann, das jedoch von den strategischen Erfolgsfaktoren Relativer Marktanteil und Reales Marktwachstum ausgeht. Für eine sinnvolle unternehmenswertorientierte Steuerung wäre der Ronagraph zu modifizieren, indem anstatt des RoI bzw. RoNA der RoI-Spread (RoI - k_{GK}) unter Berücksichtigung risikoangepaßter Kapitalkosten zu wählen wäre. Bezüglich einer unternehmenswertorientierten Interpretation sei wegen der Ähnlichkeiten zur Marakon Profitability Matrix und zum Boston I-Portfolio auf die dortigen Aussagen verwiesen.

4.3.2.1.2.3. Value Curve

Ähnlich wie die Portfolio Profitability Matrix beruht auch die sog. **Value Curve** des amerikanischen Beratungsunternehmens Strategic Planning Associates (SPA) auf dem vereinfachenden Gordon-Modell.[74] Anhand des Marktwert/Buchwert-Verhältnisses sollen zunächst einzelne Unternehmen analysiert werden; der Ansatz ist jedoch auch auf einzelne strategische Geschäftseinheiten übertragbar.

Das **Marktwert/Buchwert-Verhältnis** wird im Ansatz von SPA durch drei Größen definiert:

❏ die Erwartungen der Eigentümer bezüglich der (buchhalterischen) Eigenkapitalrendite RoE,

❏ die Erwartungen der Eigentümer bezüglich des Wachstums des Unternehmens g und

❏ die geforderte Rendite der Eigentümer r_{EK}, die nach der Kapitalmarkttheorie als Eigenkapitalkosten k_{EK} betrachtet werden können.[75]

SPA verzichtet auf die Angabe des funktionellen Zusammenhangs zwischen dem M/B-Ratio und den drei genannten Größen. Stattdessen wird das Marktwert/Buchwert-Verhältnis als Funktion des sog. **Value Leverage Index (VLI)** betrachtet. Der resultierende graphische Zusammenhang ist die **Value Curve**. Der Value Leverage Index ist folgendermaßen definiert:

$$\text{Value Leverage Index VLI} = \frac{\text{RoE}}{k_{EK}}$$

Der Value Leverage Index zeigt an, ob das Unternehmen oder eine strategische Geschäftseinheit die geforderte Rendite der Eigentümer (= Eigenkapitalkosten) verdient hat:

Value Leverage Index VLI	RoE versus k_{EK}	Erklärung
VLI > 1,0	RoE > k_{EK}	Die Eigenkapitalrendite übersteigt die geforderte Rendite der Eigentümer.
VLI = 1,0	RoE = k_{EK}	Es wurden gerade die Eigenkapitalkosten verdient.
VLI < 1,0	RoE < k_{EK}	Die geforderte Rendite wurde nicht verdient.

Abb. 4.87.: Value Leverage Index, Eigenkapitalrendite und Eigenkapitalkosten

---

74 Vgl. Strategic Planning Associates (1981), S. 1ff. und Strategic Planning Associates (1984), S. 571ff.. sowie die Kurzdarstellung bei Hax, A.C./Majluf, N.S. (1984), S. 227f..

75 SPA verweist ausdrücklich daraufhin, daß das M/B-Ratio von den Erwartungen der Investoren und nicht unmittelbar von den Ist-Ausprägungen der betrachteten Größen abhängt.

Für die Value Curve wird von SPA keine explizite Funktion angegeben. Aus der angegebenen Wertetabelle kann jedoch abgeleitet werden, daß für VLI > 1,0, d.h. für positive Equity-Spreads, das Gordon-Modell zugrundegelegt wurde. Für negative Equity Spreads ergibt sich wegen der Berücksichtigung von Liquidationswerten ein abgeflachter Verlauf. Rein analytisch müßte sich eine geknickte Kurve ergeben, wie bei der Betrachtung von Liquidationswerten in Zusammenhang mit der Profitability Matrix gezeigt wurde.[76] Die Autoren bleiben jedoch die Angabe eines funktionalen Zusammenhangs schuldig.

Für positive Equity Spreads ergibt sich aufgrund des Gordon-Modells folgender funktionale Zusammenhang:

$$M \, / \, B - Verh\ddot{a}ltnis = \frac{k_{EK}}{k_{EK} - g} \bullet VLI - \frac{g}{k_{EK} - g} \qquad \text{für VLI} > 1{,}0$$

Es sei nochmals darauf verwiesen, daß die Value Curve nur für Wachstumsraten kleiner als die Eigenkapitalkosten gilt ($k_{EK} > g$).[77] Den Hinweis bleibt SPA ebenfalls schuldig. Die Value Curve zeigt jedoch, daß mit zunehmenden Wachstum bis zum Punkt $g = k_{EK}$ das M/B-Verhältnis steigt und die Value Curve steiler wird.

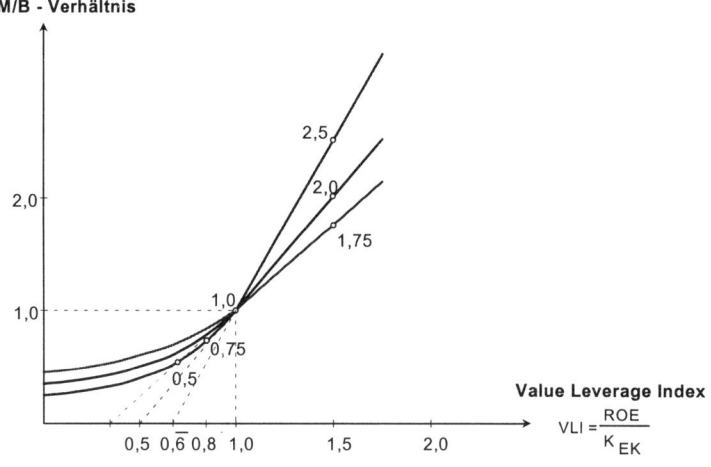

Abb. 4.88.: Value Curve

SPA präsentieren eine Reihe von **empirische Belegen** für die Value Curve anhand des US-Kapitalmarktes. Kriterien für die Güte der Value Curve, wie z.B. Bestimmtheitsmaße oder durchgeführte Tests, werden jedoch nicht angegeben.[78] SPA räumen jedoch Schwächen der Value Curve ein, wenn der Value Leverage Index auf Basis der Werte eines bestimmten Jahres errechnet wurde und dieses Jahr atypisch für die langfristige Entwicklung des Unternehmens ist. Als Ursachen werden anhand von Fällen außerordentliche Ereignisse, zyklische Branchen oder Phasen mit sehr starkem Wachstum genannt.[79] Da hinter der Value Curve das

76 Vgl. die Ausführungen in Kapitel 4.3.2.1.2. Portfolio Profitability Matrix.
77 Vgl. hierzu die Vorarbeiten in Kapitel 4.2.2.3.1.1.1. Das Modell mit konstántem, zeitlich unbegrenztem Wachstum (Gordon-Modell).
78 Vgl. Strategic Planning Associates (1981), S. 13ff. und Strategic Planning Associates (1984), S. 580ff..
79 Vgl. Strategic Planning Associates (1981), S. 17ff. und Strategic Planning Associates (1984), S. 582ff..

Gordon-Modell steht, werden zurecht die Annahmen zur Konstanz der drei Werttreiber Eigenkapitalrendite, Kapitalkosten und Wachstum in Frage gestellt.

Die Aussagen der Value Curve gelten bzgl. ihrer Intention nur für börsennotierte Unternehmen. SPA verweisen jedoch darauf, daß strategische Geschäftseinheiten analog bewertet werden können. Nach SPA können jedoch strategische Geschäftseinheiten im Gegensatz zum Gesamtunternehmen auch negative Wertbeiträge liefern, da sie von strategischen Geschäftseinheiten mit positiven Wertbeiträgen am Leben erhalten werden können (interne Subventionierung). Daher würde sich bei der Betrachtung von strategischen Geschäftseinheiten die Value Curve für negative Equity Spreads nicht abflachen.[80] Dem ist jedoch zu entgegnen, daß auch strategische Geschäftseinheiten einen Liquidationswert aufweisen bzw. durch die Entstehung des Marktes für Unternehmenskontrolle an andere Unternehmen verkauft werden können, die in der Lage sind, einen höheren Wertbeitrag zu erwirtschaften (Best Buyer). Daher sollte auch bei strategischen Geschäftseinheiten von Liquidationswerten ausgegangen werden, wie dies schon im Rahmen der Portfolio Profitability Matrix erläutert wurde.[81]

Aus der Value Curve können folgende **Schlußfolgerungen** für ein unternehmenswertorientiertes Portfolio-Management gewonnen werden:

❑ Nur strategische Geschäftseinheiten mit einem Value Leverage Index größer als eins **(positiver Equity-Spread)** führen zu Wertbeiträgen, die über dem investiertem Kapital liegen.

❑ **Wachstum** ist nur dann wertsteigernd, wenn eine Rendite über den Kapitalkosten verdient wird. Die Value Curve erwähnt jedoch nicht den Fall der **Wachstumsfalle,** d.h. eines prozentuales Wachstums, das über der Eigenkapitalrendite liegt und zu negativen Wertbeiträgen führen kann. Bei negativer Verzinsungsspanne führt höheres Unternehmenswachstum zu steigenden negativen Wertbeiträgen; das Wachstum ist daher zu beschränken.

❑ SPA unterscheidet aufgrund der Auswirkungen von Wachstum und Equity-Spread drei mögliche **Normstrategien**:

Normstrategie	Anwendungsbereich	Erklärung
Investition	VLI nachhaltig größer als eins	Wertschaffender Bereich; Wachstum begünstigt Wertsteigerung
Abschöpfen	VLI nahe bei eins	Investitionen nur, falls positiver Equity Spread erreicht werden kann; andernfalls Abschöpfen ohne zusätzlichen Ressourceneinsatz; letztendlich Desinvestition
Desinvestition	VLI wesentlich kleiner als eins	Da Turnaround wahrscheinlich nicht möglich, Desinvestition

Abb. 4.89.: Normstrategien der Value Curve nach SPA

❑ Eine Möglichkeit zur Erhöhung des Equity Spread und damit des VLI besteht in der Nutzung des Leverage-Effektes im Rahmen der **Finanzierungsstrategie.** Falls die Gesamtkapitalrendite die Fremdkapitalkosten übersteigt, führt eine zunehmende Ver-

---

80 Vgl. Strategic Planning Associates (1981), S. 27 und Strategic Planning Associates (1984), S. 591.
81 Vgl. auch die ähnliche Meinung bei Hax, A.C./Majluf, N.S. (1984), S. 215ff..

schuldung zu einer höheren Eigenkapitalrendite (Leverage-Effekt). Des weiteren könnte zur Unterstützung von Strategien (z.B. Preissenkung zur Erhöhung des Marktanteils) eine verringerte Gesamtkapitalrendite durch einen höheren Leverage ausgeglichen werden. SPA verweist jedoch zurecht auf die eventuell drohende Kapitalkostensteigerungen durch das erhöhte Financial Risk bei Eigentümern und Gläubigern, die dem Leverage-Effekt zugegen laufen würden.[82]

❑   Letztendlich ergeben sich auch Auswirkungen auf die **Dividendenpolitik**, wenn ein Unternehmen vorwiegend strategische Geschäftseinheiten mit negativen Equity-Spreads aufweist und des weiteren keine Möglichkeiten der Investition, Akquisition oder Kooperation in Bereichen mit positiven Verzinsungsspannen sieht.

❑   Die Value Curve erlaubt bei den gesetzten Annahmen des Gordon-Modells eine grobe Schätzung für den potentiell **nach Restrukturierung möglichen Unternehmenswert.**

Zusammenfassend betrachtet kommen die Aussagen der Value Curve denjenigen der Portfolio Profitability Matrix sehr nahe, da beide auf dem Gordon-Modell fußen. Beide Instrumente sind insofern gegeneinander austauschbar. Auch die dort bereits erläuterten, mit dem Gordon-Modell verbundenen Kritikpunkte (z.B. die Konstanzannahmen oder der Eigenkapitalansatz) sind auch hier anzuführen. Im Vergleich zur Portfolio Profitability Matrix sind jedoch bei der Value Curve, wie bereits ausgeführt, einige Mängel und Inkonsistenzen (z.B. fehlender funktionaler Zusammenhang für negative Equity Spreads, fehlender Hinweis auf Wachstumsfalle, keine Berücksichtigung von Liquidationswerten bei Geschäftseinheiten) festzustellen.

Einen der Value Curve vergleichbaren Ansatz verfolgen auch *Mitchell/Bernstein*, der dem M/B-Ratio Fünf-Jahres-Durchschnitte des RoE gegenüber stellt, um aus den Steigungen der so ermittelten Kurven Aussagen über wertsteigernde Branchen zu ziehen.[83] *Reimann* kritisiert jedoch *Mitchell/Bernstein's* Empfehlung, 60 % der Gewinne, des Vermögens und der Umsätze in „high-slope" Branchen zu positionieren, da ein Wechsel in Branchen, in denen das Unternehmen keine Erfahrungen besitzt, problematisch einzustufen ist.[84] *Wilcox* entwickelte auf Basis seines bereits dargestellten M/B-RoE-Modells eine **Value Line**, die auf einer exponentiellen Funktion fußt und zu einem ähnlichen Verlauf wie die Value Curve führt.[85]

4.3.2.1.2.4. Wertbeitragsportfolio nach BCG

Wie die Marakon Portfolio Profitability Matrix oder die Value Curve greift auch das sog. **Wertbeitragsportfolio** oder **CFROI/Wachstumsportfolio** der Boston Consulting Group auf die Werttreiber Rentabilität und Wachstum zurück.[86] Allerdings werden die beiden Werttreiber anders definiert. An der Rentabilitätsachse wird der CFROI mit den (realen) Kapitalkosten als Trennlinie abgetragen (CFROI-Spread = CFROI - reale Gesamtkapitalkosten). Die zweite Achse bildet das Wachstum, wobei der Branchendurchschnitt als Trennlinie fungiert.[87] Die

---

[82] Vgl. Strategic Planning Associates (1981), S. 33 und Strategic Planning Associates (1984), S. 595.
[83] Vgl. Mitchell, D.E./Bernstein, M.L. (1985), S. 27ff..
[84] Vgl. Reimann, B.C. (1990), S. 28 sowie zu Mißerfolgsquoten bei sog. „unrelated acquisitions" die Ergebnisse von Porter, M.E. (1987), S. 43ff. und Coley, S.C./Reinton, S.E. (1988), S. 29f..
[85] Vgl. Wilcox, J.W. (1984), S. 60f. sowie die Ausführungen in Kapitel 4.2.2.3.1.1.3. Das M/B-RoE-Modell nach *Wilcox.*
[86] Vgl. Lewis, T.G. (1994), S. 78ff..
[87] *Lewis* spricht nicht explizit von Branchenwachstum; seine Beschreibung läßt jedoch diesen Schluß zu. Vgl. Lewis, T.G. (1994), S. 79.

Bezeichnung „Portfolio" ist hier wegen der nicht beabsichtigten Ausgewogenheit zwischen den einzelnen Feldern der Darstellung nicht angebracht.

Abb. 4.90.: Wertbeitragsportfolio nach BCG

Lewis empfiehlt, das Portfolio sowohl für die Betrachtung der Vergangenheit als auch für den Planungshorizont zu erstellen, um beabsichtige Positionierungsänderungen erkennen sowie unrealistische Planungen aufdecken zu können.[88] Den vier Quadraten lassen sich folgende **Strategieempfehlungen** zuordnen:

❑ **Positiver CFROI-Spread; überdurchschnittliches Wachstum:**

Da die positive Verzinsungsspanne durch das überdurchschnittliche Wachstum verstärkt wird, bieten sich hier wachstumsbedingte Investitionen an.

❑ **Positiver CFROI-Spread; unterdurchschnittliches Wachstum:**

In diesem Quadranten sind Möglichkeiten zur externen Steigerung des Wachstums auszuschöpfen. Sind diese erreicht worden, ist zu prüfen, ob ein „Best Buyer" mit dem Geschäft noch zusätzliche Wertsteigerungen realisieren könnte.

❑ **Negativer CFROI-Spread; überdurchschnittliches Wachstum:**

Als wertvernichtender Bereich ist zu prüfen, ob rentabilitätssteigende Maßnahmen Erfolg versprechen, bevor in weiteres Wachstum investiert wird. Kann dies verneint werden, ist das Geschäfts abzustoßen.

❑ **Negativer CFROI-Spread; unterdurchschnittliches Wachstum:**

Beide Werttreibern geben hier negative Signale. In weitergehenden strategischen Analysen ist zu prüfen, ob durch Schrumpfung des Geschäfts oder durch Herauslösen von profitablen Bereichen eine Gesundung möglich ist. Andernfalls verbleibt die Desinvestition.

Bezüglich des Aussagegehalts bleibt das Wertbeitragsportfolio hinter der Portfolio Profitability Matrix zurück, da Angaben zum Free Cash Flow bzw. zur Marktanteilsposition unterbleiben. Insbesondere bleibt unerwähnt, daß hohes Wachstum selbst bei positiver Verzinsungs-

---

spanne auch zu negativen Wertbeiträgen führen kann (**Wachstumsfalle**), da die Cash Flows nicht ausreichen, um das Wachstum zu finanzieren. Durch die Verwendung des CFROI anstelle der Eigenkapitalrendite RoE wird jedoch eine dem Shareholder Value-Ansatz adäquatere Erfolgskennzahl gewählt, wenngleich dieser aufgrund seines statischen Charakters nur eine Jahresgröße darstellt.

4.3.2.1.2.5. Index of Value Creation Potential

Basierend auf seinem Wertgeneratoren-Modell identifiziert *Rappaport* drei Wertdeterminanten, die eine grobe Schätzung des Wertsteigerungspotentials mit Hilfe des sog. **Index of Value Creation Potential** erlauben:[89]

❑   Umsatzwachstum,

❑   Wachstumsdauer[90] und

❑   „Threshold spread", d.h. die Differenz zwischen Plan-Umsatzrendite und Mindestumsatzrendite.[91]

Da in der Mindestumsatzrendite die Kapitalkosten, der Steuersatz und die Erweiterungsinvestitionsraten des Anlagevermögen und des Working Capital zum Ausdruck kommen, sind alle fünf Wertgeneratoren zuzüglich der Kapitalkosten und der Wachstumsdauer in den drei Wertdeterminanten enthalten.

Der Index of Value Creation Potential stellt das Produkt dieser drei Wertdeterminanten dar:

Index of Value Creation Potential = Umsatzwachstum • Threshold Spread • Wachstumsdauer

Zudem kann das Unternehmensportfolio in einer Matrix dargestellt werden, indem das Produkt aus Umsatzwachstums und „Threshold spread" auf der einen und die Wachstumsdauer auf der anderen Achse abgebildet wird. Nachfolgendes einfaches Beispiel soll dies verdeutlichen:

Beispiel:

Ein Unternehmen verfügt über fünf strategische Geschäftseinheiten, für die der Index of Value Creation Potential wie folgt errechnet werden kann:

Geschäftseinheit	Umsatzwachstum in %	Threshold Spread	Produkt (1. Achse)	Wachstumsdauer in Jahren (2. Achse)	Index of Value Creation Potential
	(1)	(2)	(3) = (1) • (2)	(4)	(5) = (3) • (4)
A	15	3	45	5	225
B	2	2	4	8	32
C	9	1	9	5	45
D	7	2	14	10	140
E[92]	5	-2	-10	1	-10

Abb. 4.91.: Berechnung des Index of Value Creation Potential

---

[89] Vgl. Rappaport, A. (1986), S. 142f.

[90] D.h. die Zeitspanne, in der das Unternehmen eine über den Kapitalkosten liegende Kapitalrendite zu erzielen vermag.

[91] Zur Definition der Mindestumsatzrendite vgl. Kapitel 4.2.4.2. Unternehmenswertorientierte Break-Even-Analyse bei Wachstum und Ein-Perioden-Betrachtung.

[92] Die Geschäftseinheit E wird innerhalb eines Jahres verkauft oder liquidiert.

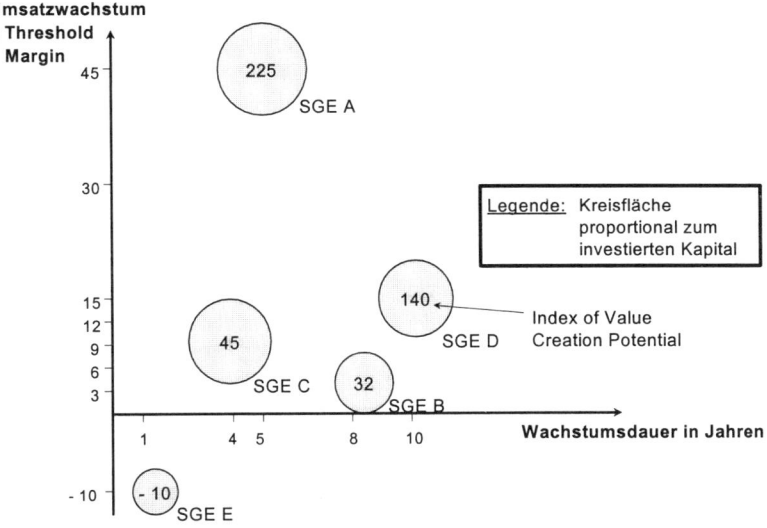

Abb. 4.92.: Matrixdarstellung zum Index of Value Creation Potential

Im Beispiel ist Geschäftseinheit E ein Wertvernichter und wird daher verkauft bzw. liquidiert. Das größte Wertsteigerungspotential weist die Geschäftseinheit A auf. Trotz des geringeren Umsatzwachstums kommt der Geschäftseinheit D aufgrund des höheren Treshold Spread und der längeren Wachstumsdauer ein größeres Wertsteigerungspotential als der Geschäftseinheit C zu. Trotz geringen Wachstums trägt auch die Geschäftseinheit B wegen ihrer hohen Überrendite und der achtjährigen Wachstumsdauer zur Unternehmenswertsteigerung bei.

Rappaport räumt explizit ein, daß der Index of Value Creation Potential eine sehr grobe Methode zur Deduktion von Wertsteigerungspotentialen darstellt. Insbesondere sind die Konstanzannahmen für Umsatzwachstum und Threshold Spread fraglich. Positiv zu vermerken ist jedoch die Cash Flow-Orientierung. Detaillierte Shareholder Value-Analysen sind zwangsläufig ergänzend heranzuziehen, um das Potential quantifizieren zu können. Dennoch enthält der Index trotz seiner relativ einfachen Konstruktion - wie bereits ausgeführt - sieben wesentliche Werttreiber.

4.3.2.1.3. Unternehmenswertorientierte Performance-Matrizen

Unternehmenswertorientierte Performance-Matrizen stellen für die einzelnen strategischen Geschäftseinheiten eines Unternehmens einem Maß für die aktuelle Ist-Performance (z.B. den RoI des laufenden Jahres) ein Maß für die zukünftige Performance (z.B. den Wertbeitrag einer Geschäftseinheit) gegenüber. Aus Sicht des unternehmenswertorientierten strategischen Controlling sollen hiermit Wertsteigerungspotentiale aufgespürt werden, um die Förderwürdigkeit von strategischen Geschäftseinheiten beurteilen zu können. Die nachfolgend vorgestellten Ansätze unterscheiden sich im wesentlichen durch die Wahl der jeweiligen Erfolgskennzahlen.

4.3.2.1.3.1. Performance-„Portfolio" nach PIMS

Ein Instrument zur Analyse von Wertsteigerungspotentialen stellt das sog. **Performance-**"**Portfolio**" aus der PIMS-Studie dar, wie es z.B. bei Varta Anwendung findet.[93] Dabei wird auf einer Achse die operative Performance einer strategischen Geschäftseinheit, gemessen als Abweichung des aktuellen RoI (z.B. auf Basis eines DuPont-Schemas) vom Par RoI gemäß den Erfolgsfaktoren der PIMS-Studie,[94] und auf der anderen Achse die strategische Performance, gemessen als Par RoI, dargestellt. Der Par RoI steht dabei für die potentiell erreichbare Rendite, d.h. diejenige Rendite, die vergleichbare Unternehmen aus der PIMS-Datenbank erreichen. Der Kreisdurchmesser entspricht dem Umsatz der strategischen Geschäftseinheit. Die Bezeichnung „Portfolio" ist irreführend, da eine gleichgewichtige Besetzung der einzelnen Felder des Portfolios (finanzieller Ausgleich) nicht beabsichtigt ist; die Bezeichnung als „Matrix" wäre hier adäquater.

Wie nachfolgende Abbildung verdeutlicht, kann für die strategischen Geschäftseinheiten eines Unternehmens die aktuelle Kapitalrendite mit dem Entwicklungspotential verglichen und eine Relativierung der Ist-Rendite am Entwicklungspotential vorgenommen werden. Das „Performance"-Portfolio wird in ein Neuner-Feld-Raster zerlegt und den einzelnen Achsenabschnitten werden Normstrategien zugeordnet. Empfehlungen für die Trennwerte werden leider im Schrifttum nicht angegeben.[95]

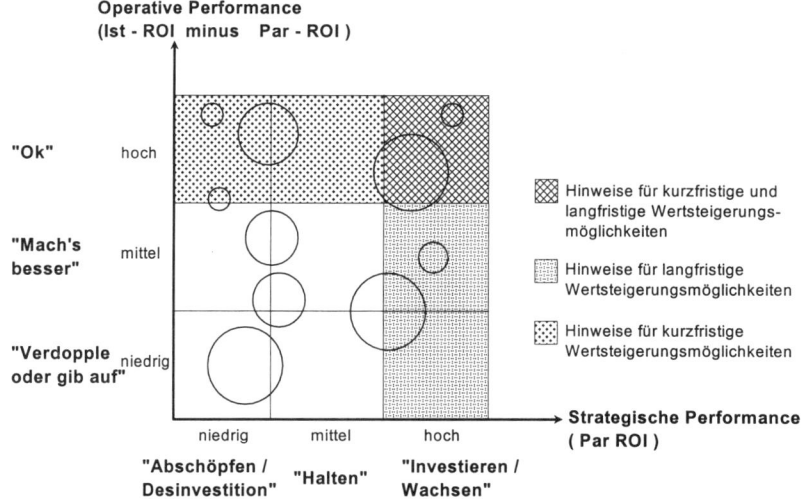

Abb. 4.93.: Performance-„Portfolio" nach PIMS

Bei einer unterdurchschnittlichen operativen Performance sind entweder die Anstrengungen zu „verdoppeln", um die Profitabilität zu erhöhen oder das Geschäftsfeld ist zu verlassen. Während eine überdurchschnittliche operative Performance als „OK" bezeichnet wird, wird

---

93 Die Begriffsbezeichnung wurde von *Kellinghusen/Wübbenhorst* gewählt. Vgl. Kellinghusen, G./Wübbenhorst,K.L. (1989), S. 714 und Kellinghusen, G./Wübbenhorst,K.L. (1990), S. 36. In der PIMS-Studie selbst wird nur von „Actual Versus Par ROI" gesprochen. Vgl. Buzzel, R.D./Gale, B.T. (1987), S. 241ff. sowie die Darstellung bei Reimann, B.C. (1990), S. 46f. Vergleichbar auch der Ansatz bei Guiniven, I./Fischer, D. (1987), S. 12ff. sowie Gomez, P./Ganz, M. (1992), S. 49.

94 Vgl. die Ausführungen in Kapitel 4.2.2.4. Der Par Return on Investment (Par RoI) aus der PIMS-Studie.

95 Vgl. Kellinghusen, G./Wübbenhorst, K.L. (1989), S. 714; Kellinghusen, G./Wübbenhorst, K.L. (1990), S. 36 und Wever, W. (1991), S. 145.

eine mittlere operative Performance als noch verbesserungswürdig klassifiziert. Die Strategieempfehlungen an der Achse für die strategische Performance entsprechen sowohl dem Gedankengut der klassischen Portfolio-Technik als auch dem des Shareholder Value-Ansatzes. Überdurchschnittliche Par RoI, d.h. mögliche Überrenditen, erfordern Investitionen und eine Wachstumspolitik, während eine unterdurchschnittliche strategische Performance zum Ausstieg bzw. zur Abschöpfung führen sollte. Die Mittelposition wird mit „Halten" bewertet.

Entscheidungsdilemmata entstehen, wenn nun eine strategische Geschäftseinheit über eine unterdurchschnittliche operative Performance jedoch über ein überdurchschnittliches Par RoI verfügt bzw. umgekehrt. Im ersten Falle ist zu prüfen, ob eine nachhaltige Rentabilitätssteigerung und damit ein Erreichen des Potentials überhaupt möglich ist. Andernfalls droht der Ausstieg aus dem Geschäft. Im zweiten Fall kann der aus strategischen Gründen anstehende Rückzug verlangsamt werden, um die momentan noch erzielbaren Überrenditen realisieren zu können oder die noch attraktive strategische Geschäftseinheit wird verkauft.

In einer anonymisierten Fallstudie zeigen *Kellinghusen/Wübbenhorst*, daß durch den Rückgriff auf Vergleichswerte der PIMS-Datenbank einerseits eine differenziertere Abbildung der strategischen Situation einer Geschäftseinheit im Vergleich zu Strategiekonzepten wie dem 7S-Konzept, dem Lebenszykluskonzept oder der Portfolio-Technik möglich ist. Andererseits eröffnen die erfaßten operativen Parameter eine Koppelung zwischen operativer und strategischer Planung. [96] So ist z.B. erkennbar, welche Geschäftseinheiten zwar die gesetzte Soll-Rendite von 15 % überbieten, jedoch über ein noch erheblich höheres Renditepotential verfügen (PAR-RoI > Ist-RoI) bzw. welche Geschäftsfelder abzustoßen wären, da die langfristig erreichbare RoI-Position erheblich unter dem aktuellen RoI-Wert liegt (PAR-RoI < Ist-RoI). Um Ansatzpunkte für operative Maßnahmen zu finden, können der PIMS PAR-Report oder der ROLA-Report (Report on Look-alikes) genutzt werden.[97]

Für das strategische unternehmenswertorientierte Controlling ergeben sich aus dem Performance-„Portfolio" folgende **Ansatzpunkte**:

❑   Die strategischen Geschäftseinheiten werden einer Bewertung hinsichtlich der momentanen und hinsichtlich der potentiellen Performance bzgl. eines der sensitivsten Werttreiber, dem RoI, unterzogen. Die **Allokation von Ressourcen** sollte sich an der strategischen Performance orientieren. Es ist jedoch zu berücksichtigen, daß die hinter dem Par RoI stehenden Einflußgrößen (= strategische Erfolgsfaktoren) auch langfristig gestaltbar sind und der Par RoI ebenfalls einer Dynamik unterliegt.

❑   Überdurchschnittliche operative sowie strategische Performance deuten auf „Überrenditen" hin, d.h. Renditen, die über den Kapitalkosten liegen können. Dadurch gibt das Portfolio **Hinweise auf Wertsteigerungspotentiale** in den strategischen Geschäftseinheiten. Eine genauere Aussage ist jedoch nicht möglich, da im Performance-„Portfolio" **Kapitalkosten nicht betrachtet** werden. Wünschenswert wäre hier, anstatt des RoI sog. RoI-Spreads, d.h. die Differenz von RoI und risikoangepaßten Kapitalkosten, zu verwenden. Operative „Überrenditen" bei gleichzeitig niedriger strategischer Performance beinhalten jedoch die Gefahr einer Kurzfristoptimierung zulasten einer zukunftsbezogenen Wertsteigerung, die sogar zur Wertvernichtung führen kann.

---

[96]   Vgl. Kellinghusen, G./Wübbenhorst, K.L. (1989) S. 711ff.; Kellinghusen, G./Wübbenhorst, K.L. (1990), S. 31ff. und Wever, W. (1991), S. 145.

[97]   Zu den Reports vgl. Kapitel 4.2.2.4. Der Par Return on Investment (Par RoI) aus der PIMS-Studie.

❑ Durch den Rückgriff auf die PIMS-Datenbank besteht die Möglichkeit zum Vergleich mit ähnlichen strategischen Geschäftseinheiten und deren RoI-Entwicklung. Hierdurch können zum einem **„Hockey Stick"-Effekte** (Plan-RoI > Par RoI) vermieden und zum anderen bisher **vernachlässigte Entwicklungspotentiale** (Plan-RoI < Par RoI) aufgezeigt werden. Dadurch lassen sich unternehmenswertorientierte Planungen auf Plausibilität prüfen.

❑ Ein Vergleich mit den Charakteristika des Shareholder Value-Ansatzes ergibt, daß zwar Zukunftsbezug und Mehrperiodigkeit durch die strategische Performance berücksichtigt sind, dennoch **wesentliche Kritierien**, wie z.B. der Zeitwert des Geldes (Kapitalkosten fehlen), Risiken, Zahlungsorientierung (hier Buchhaltungsgrößen), Marktwerte und Wachstum zumindest **nicht explizit berücksichtigt** werden.

❑ Abschließend sei auch auf die bereits erwähnte **Kritik am PIMS-Ansatz** verwiesen, die auch hier anzumerken ist.[98]

4.3.2.1.3.2. Value Creation Matrix

Um die augenblickliche, kurzfristige Performance (Periodenerfolg) mit der zukünftigen, langfristigen Performance (Zukunftserfolg) von strategischen Geschäftseinheiten vergleichen zu können, empfiehlt *Reimann* die Anwendung der sog. **Value Creation Matrix**.[99] Während der Periodenerfolg als RoI Spread (RoI - k_{GK}) gemessen wird, kann der Zukunftserfolg nach *Reimann* als „Net present value" abgebildet werden. *Reimann* bleibt jedoch schuldig, wie dieser zu bestimmen ist. M.E. bietet sich wieder ein Rückgriff auf die Shareholder Value-Endwert-Rendite oder die Shareholder Value-Überrendite an, da diese als durchschnittliche jährliche Renditen nicht vom Planungshorizont abhängen. Wie beim Boston I-Portfolio erfolgt eine Rasterung in Vier-Felder:

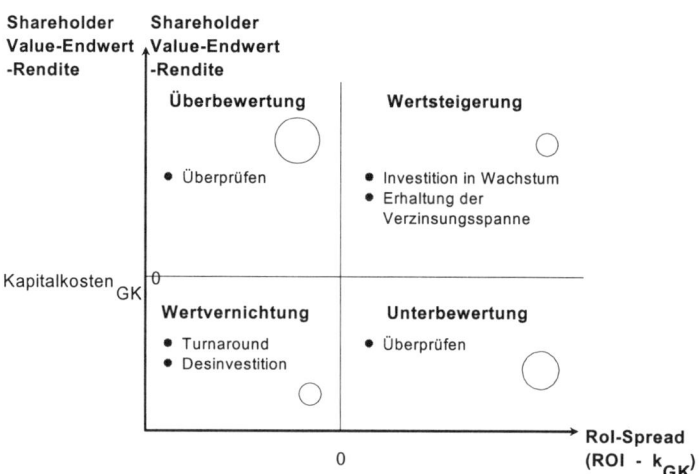

Abb. 4.94.: Modifizierte Value Creation Matrix[100]

Reimann ordnet den vier Quadranten, wie bei Matrixdarstellungen üblich, Bezeichnungen und Normstrategien zu:

---

[98] Vgl. Kapitel 4.2.2.4. Der Par Return on Investment (Par RoI) aus der PIMS-Studie.
[99] Vgl. Reimann, B.C. (1990), S. 129ff. sowie Reimann, B.C. (1987), S. 38ff..
[100] Bezüglich der langfristigen Performance modifizierte Darstellung nach Reimann, B.C. (1990), S. 130.

❏ **Wertsteigerung:**

Da sowohl der Perioden- als auch der Zukunftserfolg positiv sind, lohnen sich hier wachstumsbedingte Investitionen, da mit zunehmendem Wachstum auch der Wertbeitrag der strategischen Geschäftseinheiten steigt. Es ist jedoch darauf zu achten, daß stets die Kapitalkosten verdient werden (RoI > k_{GK}).

❏ **Überbewertung:**

Der gegenwärtige Wertbeitrag ist zwar negativ, in Zukunft wird jedoch mit positiven Wertbeiträgen gerechnet. *Reimann* empfiehlt in diesem Fall, detaillierte Analysen anzustellen, da z.B. zu optimistische Free Cash Flow-Planungen (Hockey Stick-Effekte), außerordentliche oder aperiodische Belastungen (z.B. Streiks, Katastrophenfälle, Rezession) oder Anlaufkosten als mögliche Erklärungsursachen zu nennen sind.

❏ **Wertvernichtung:**

Sowohl der Perioden- als auch der Zukunftserfolg sind negativ. Als Normstrategien ergeben sich die Desinvestition (z.B. Abschöpfen, Verkauf oder Liquidation) oder der Turnaround.

❏ **Unterbewertung:**

In diesem Fall steht einem positiven Periodenerfolg ein negativer Zukunftserfolg gegenüber. Auch hier empfiehlt *Reimann* ein selektives Vorgehen, unterstützt durch nähere Analysen, da der negative Zukunftserfolg sowohl auf einen drohenden Markteinbruch als auch auf Probleme in der Prognose zukünftiger Entwicklungen zurückgeführt werden kann. Als weitere Ursache ist die Verzerrung buchhalterischer Erfolgskennzahlen zu nennen, wenn z.B. hohe aktuelle Renditen auf stark abgeschriebene Anlagen zurückzuführen sind.

Nach der Darstellung der Methodik soll nun wiederum ihr **Beitrag zum strategischen unternehmenswertorientierten Controlling** beurteilt werden:

❏ Die Value Creation Matrix verfolgt mit der Gegenüberstellung von aktueller und potentieller, zukünftiger Performance eine vergleichbare Intention wie das Performance-„Portfolio" nach PIMS. Im Gegensatz zum Performance-„Portfolio" wird die zukünftige Performance nicht über den PIMS Par RoI, sondern über den Shareholder Value-Ansatz gemessen. Dadurch ist ein **direkter Bezug zum Unternehmenswert als Zielgröße** vorhanden.

❏ Durch den Vergleich mit der gegenwärtigen Performance, gemessen als RoI-Spread, kann die hinter dem Zukunftserfolg stehende **Planungsrechnung** auf Hockey Stick-Effekte, Fehleinschätzungen und Inkonsistenzen **überprüft** werden. *Reimann* räumt jedoch auch ein, daß auf den Einsatz „traditioneller" qualitativer strategischer Planungsinstrumente nicht verzichtet werden sollte.[101]

Abschließend bleibt jedoch zweifelhaft, ob die Value Creation Matrix einen „Mehrwert" im Vergleich zur quantitativen Shareholder Value-Rechnung bietet, die auch auf aktuellen Ausgangswerten wie dem RoI und den Kapitalkosten fußen muß.

---

[101] Vgl. Reimann, B.C. (1990), S. 133.

4.3.2.1.3.3. Planwert-Portfolio nach BCG

Das **Planwert-Portfolio** der Boston Consulting Group[102] folgt ebenfalls der bereits beim Performance-„Portfolio" nach PIMS und der Value Creation Matrix nach *Reimann* bzw. der vom Verfasser modifizierten Value Creation Matrix verfolgten Absicht, der aktuellen Performance die zukünftige Performance gegenüber zu stellen.

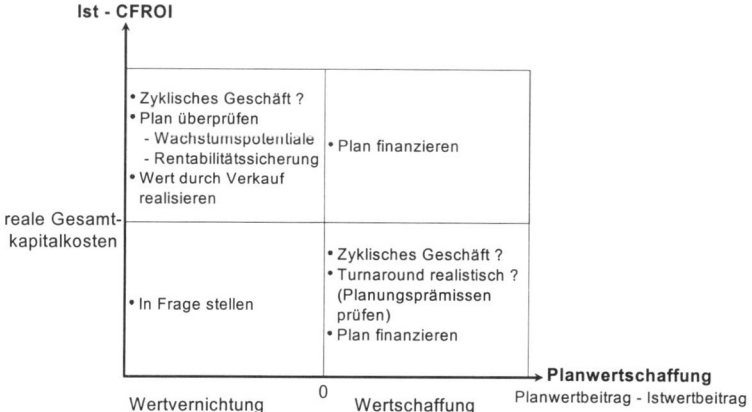

Abb. 4.95.: Planwert-Portfolio

Die aktuelle Performance wird beim Planwert-Portfolio durch den Ist-CFROI gemessen, während die zukünftige Performance durch die gegenüber dem Istzustand geplante Steigerung des Unternehmenswertes erfaßt wird.[103] Hierbei wird der Unternehmenswert vom CFROI ausgehend durch Prognose von Free Cash Flows gewonnen, wobei ein Ramping-Verfahren zur Anwendung kommt (CFROI-Konvergenz-Modell).[104] Die Bezeichnung „Portfolio" wäre wiederum durch die Bezeichnung „Matrix" zu ersetzen.

Die in der Abbildung vermerkten Strategieempfehlungen bzw. Fragestellungen entsprechen weitgehend den Ausführungen *Reimanns*[105] und sollen daher nicht mehr eingehend erläutert werden. Der von Lewis empfohlene CFROI als Maß für die aktuelle Performance stellt, wie bereits ausgeführt, eines der geeignetsten, wenn auch in der Ermittlung komplexesten unternehmenswertorientierten Performance-Maße dar, die auf einer einzelnen Periode beruhen. Die als Maß für die zukünftige Performance gewählte Planwertschaffung kann als absoluter Wert problematisch sein, da die Relativierung am investierten Kapital bzw. an der Länge des Planungshorizontes fehlt. Die schon mehrfach empfohlene Shareholder Value-Endwert-Rendite bzw. Shareholder Value-Überrendite scheint hier besser geeignet zu sein. Bezüglich des Beitrages zum unternehmenswertorientierten Portfolio-Management sei auf die Ausführungen zum Performance-„Portfolio" und zur Value Creation Matrix verwiesen.

---

[102] Vgl. Lewis, T.G. (1994), S. 135.

[103] Vgl. die ähnliche Vorgehensweise bei *Rappaport* in seinem Vergleich des „Created Shareholder Value" mit dem „Prestrategy value". Vgl. Rappaport, A. (1986), S. 65.

[104] Vgl. Lewis, T.G. (1994), S. 109ff..

[105] Vgl. Reimann, B.C. (1990), S. 129ff..

4.3.2.1.3.4. Werterzeugungs-/Cash Flow-Portfolio nach Höfner & Partner

Das von Höfner & Partner präsentierte **Werterzeugungs-/Cash Flow-Portfolio** beruht ebenfalls auf der schon beschriebenen Grundkonzeption der Performance-Matrizen.[106] Während die aktuelle Performance durch den **Freien Cash Flow** gemessen wird, bildet der **Economic Value Added (EVA)** die zukünftige Performance ab.

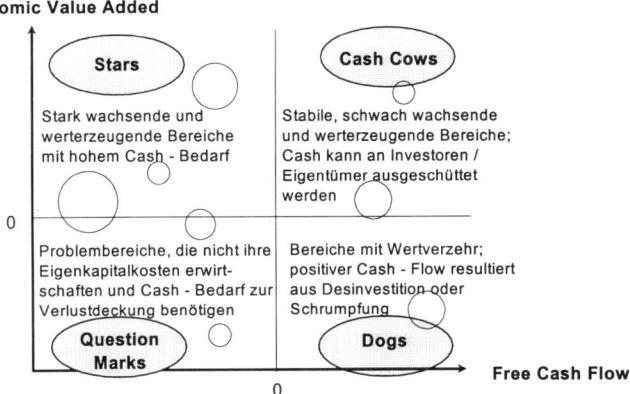

Abb. 4.96.: Werterzeugungs-/Cash Flow-Portfolio[107]

Die Kreisgröße in der Darstellung repräsentiert das jeweils gebundene Kapital. Angaben zur Wahl der Rasterung werden explizit nicht gemacht; aus dem Zusammenhang ist jedoch entnehmbar, daß diese jeweils bei Null liegt und folglich ein positiver Free Cash Flow bzw. ein positiver EVA als wünschenswert betrachtet wird. Die in vorangehender Abbildung angeführten Bezeichnungen der Quadranten entsprechen denen des Boston I-Portfolios und deuten auf die bereits aufgezeigte unternehmenswertorientierte Interpretierbarkeit des Boston I-Portfolios hin. *Höfner/Pohl* empfehlen wie *Lewis* für das Planwertportfolio eine Matrixdarstellung für die heutige Situation sowie für zukünftige Planperioden durchzuführen. Zielsetzung sollte es sein, Cash-Vernichter (Freier Cash Flow < 0) in Cash-Erzeuger (Freier Cash Flow > 0) und Wertvernichter (EVA < 0) in Werterzeuger (EVA > 0) überzuführen. Konkrete Normstrategien werden jedoch nicht angegeben.

Die beiden gewählten absoluten Größen haben den Nachteil, daß sie von der Größe der jeweiligen strategischen Geschäftseinheiten abhängen und dadurch eine kleine, aber wertsteigernde Geschäftseinheit an den Rand der Rasterung gedrängt wird. Sinnvollerweise wäre der Free Cash Flow zum investierten Gesamtvermögen (evtl. inflationsbereinigt oder zu Zeitwerten gemessen) in Relation zu setzen. Aufgrund der bereits angeführten Beurteilung des EVA (Einperioden-Maß; Erfolgsglättung durch Abzug der Abschreibungen)[108] ist die Shareholder Value-Endwert- bzw. -Überrendite dem EVA vorzuziehen, zumal *Höfner/Pohl* den EVA über den Eigenkapitalspread definieren und damit den Eigenkapitalansatz zugrundelegen,[109] während *Stewart* den EVA auf Basis des Cash Flow-orientierten Renditemaßes Stewart's R und auf Basis des Gesamtkapitalansatzes definiert. Es ist zudem zu hinterfragen, ob durch die

---

[106] Vgl. Höfner, K./Pohl, A. (1993), S. 57f. und Höfner, K./Pohl. A. (1994), S. 75ff..
[107] In Anlehnung an Höfner, K./Pohl, A. (1994), S. 77.
[108] Vgl. Kapitel 4.2.2.3.1.2.1. Der Ansatz des Economic Value Added (EVA).
[109] Vgl. Höfner, K./Pohl, A. (1993), S. 54 und Höfner, K./Pohl. A. (1994), S.73.

Verwendung des einperiodigen EVA die Beurteilung der langfristigen Performance und damit der Wertsteigerung möglich ist, die allenfalls auf Basis diskontierter EVAs zu beurteilen wäre.[110]

4.3.2.1.3.5. Market to Book Ratio versus Economic Value to Book Ratio-Matrix nach McKinsey & Co.

Eine weitere Variante, die aktuelle Performance der zukünftigen Performance gegenüber zu stellen stellt die **Market to Book Ratio versus Economic Value to Book Ratio-Matrix** von McKinsey & Co. dar.[111] Dabei wird für börsennotierte Unternehmen das am Markt beobachtbare M/B-Verhältnis dem sog. **Economic Value/Book Value Ratio (E/B-Ratio)** gegenüber gestellt. Das E/B-Ratio wird dabei auf Basis des Modells mit konstantem, aber zeitlich begrenztem Wachstum nach *Malkiel* und *Fruhan* geschätzt,[112] wobei Durchschnittswerte der letzten fünf oder zehn Jahre zugrunde gelegt werden. Durch den Vergleich von M/B-Ratio und E/B-Ratio soll zum einen gezeigt werden, ob der Kapitalmarkt die zukünftige Unternehmensentwicklung besser oder schlechter als in der Vergangenheit einschätzt und zum anderen können hieraus Hinweise auf mögliche Fehlentwicklungen gewonnen werden.

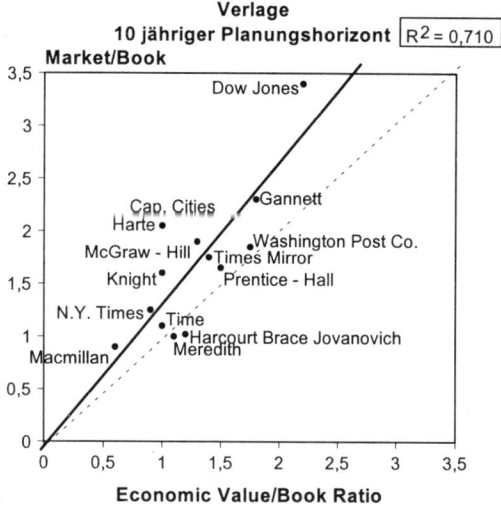

Abb. 4.97.: M/B versus E/B-Matrix am Beispiel von US-Verlagshäusern

Die Verwendung eines vom Kapitalmarkt abgeleiteten M/B-Ratios ist nur für börsennotierte Unternehmen geeignet. Für i.d.R. nicht börsennotierte strategische Geschäftseinheiten ist im Rahmen des Portfolio-Managements der Ansatz von McKinsey zu modifizieren. Anstelle des M/B-Ratios kann die Relation von Wertbeitrag und inflationsangepaßten bzw. zu Zeitwerten bewertetem Gesamtvermögen einer strategischen Geschäftseinheit gewählt werden. Bei der Berechnung des E/B-Ratios sind die bereits analysierten Kritikpunkte dieses Equity Spread-Ansatzes zu berücksichtigen.

---

[110] Vgl. Stewart, G.B. (1990), S. 175 und Finegan, P.T. (1991), S. 35.
[111] Vgl. Hax, A.C./Majluf, N.S. (1984), S. 227f..
[112] In nachfolgender Abbildung wird ein Wachstumszeitraum von n=10 Jahre gewählt. Vgl. zum Modell auch Kapitel 4.2.2.3.1.1.2. Das Modell mit konstantem, zeitlich begrenztem Wachstum.

4.3.2.1.3.6. Eigene unternehmenswertorientierte Performance-Matrix

Wie bereits ausgeführt, weisen die dargestellten Performance-Matrizen Inkonsistenzen bezüglich der Messung der aktuellen und der zukünftigen Performance auf. Zur Messung der aktuellen Performance ist m.E. der Freie Cash Flow vor Zinsen und nach nicht-anrechenbaren Steuern in Relation zum Gesamtvermögen der jeweiligen strategischen Geschäftseinheit zu verwenden, wobei das Gesamtvermögen ausgehend von historischen Anschaffungs- oder Herstellungskosten inflationsangepaßt oder soweit möglich zu Zeitwerten bewertet wurde. Dadurch wird zum einen ein Cash Flow-orientiertes Maß verwandt, daß den Freien Cash Flow als wesentliche Jahreszielgröße des Shareholder Value-Ansatzes enthält. Zugleich wird durch den Bezug auf das Gesamtvermögen ein Gesamtkapitalansatz verfolgt, der keiner Kapitalstruktur auf Ebene der strategischen Geschäftseinheiten bedarf. Die Verwendung historischer Anschaffungs- und Herstellungskosten vermeidet Verzerrungen aufgrund der Altersstruktur. Eine Inflationsanpassung oder eine Bewertung zu Zeitwerten der zu unterschiedlichen Zeitpunkten beschafften Vermögensgegenstände wäre geboten, wird jedoch häufig aus Wirtschaftlichkeitsgründen unterbleiben müssen.

Zur Messung der zukünftigen Performance ist eine Orientierung am geplanten zukünftigen Wertbeitrag sinnvoll, wie sie durch die Shareholder Value-Überrendite oder die Shareholder Value-Endwert-Rendite möglich ist. Hierdurch kann auf die Bewertung durch den Kapitalmarkt verzichtet werden. Zudem wird nicht nur auf ein einzelnes zukünftiges Jahr abgestellt, sondern der quasi unendliche Betrachtungshorizont des Wertbeitrages berücksichtigt. Die Errechnung einer Rendite beseitigt ferner Probleme, die durch von Geschäfteinheit zu Geschäfteinheit unterschiedlich lange Planungshorizonte entstehen können.[1]

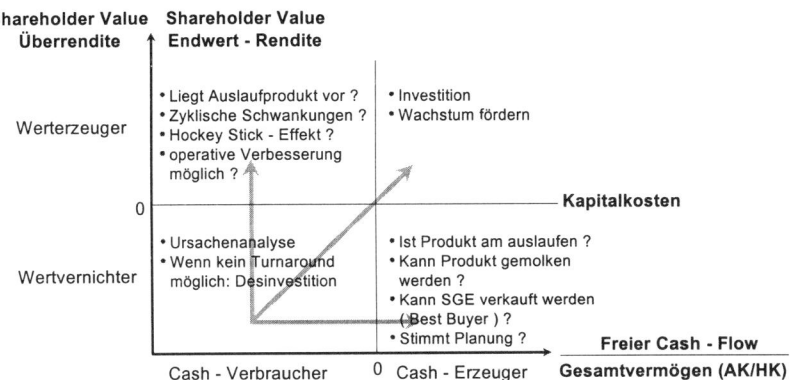

Abb. 4.98.: Eigene unternehmenswertorientierte Performance-Matrix

Folglich ergibt sich voranstehend dargestellte unternehmenswertorientierte Performance-Matrix, wobei bezüglich der Interpretation den Ausführungen zu den anderen Performance-Matrizen gefolgt werden kann.

---

[1] Zur Diskussion der Performance-Messung vgl. die Ausführungen in Kapitel 4.2.2.3.2.1. Ableitung des M/B-Verhältnisses und verwandter Kennzahlen aus dem Shareholder Value-Ansatz.

4.3.2.1.4. Leaning Brick Pile

Eine weitere Möglichkeit, das Portfeuille eines Unternehmens aus dem Shareholder Value-Blickwinkel zu analysieren, stellt das sog. „Leaning Brick Pile" (zu deutsch: schiefer Ziegelturm) dar. Hierbei wird dem Marktwert einzelner strategischer Geschäftseinheiten deren Buchwert gegenübergestellt.[2]

Da strategische Geschäftseinheiten i.d.R. nicht börsennotiert sind, ist zu fragen, wie die beiden Achsenwerte möglichst aussagekräftig ermittelt werden können. Wird aufgrund der häufig fehlenden finanziellen Autonomie vom Gesamtkapitalansatz ausgegangen, so kann der **Marktwert** durch den Wertbeitrag der strategischen Geschäftseinheiten ersetzt werden, der durch Diskontierung Freier Cash Flows gewonnen wird. Als **Buchwert** kann das eventuell inflationsangepaßte oder zu Zeitwerten bewertete Gesamtvermögen der Geschäftseinheit gewählt werden.[3] Anhand eines vereinfachten Beispiels soll die weitere Vorgehensweise dargestellt werden:

Beispiel:

Ein Unternehmen hat sechs strategische Geschäftseinheiten, SGE A bis SGE F, für die folgende Wertbeiträge und Buchwerte des Gesamtvermögens zusammengestellt wurden, wobei die Buchwerte inflationsangepaßt wurden:

Strategische Geschäftseinheit	Marktwert: Wertbeitrag	Buchwert: Gesamtvermögen	M/B-Verhält-nis	Rang nach M/B-Verhältnis
SGE A	230 Mio. DM	100 Mio. DM	2,33	1
SGE B	80 Mio. DM	60 Mio. DM	1,33	2
SGE C	80 Mio. DM	80 Mio. DM	1,00	3
SGE D	80 Mio. DM	120 Mio. DM	0,67	4
SGE E	- 50 Mio. DM	60 Mio. DM	-0,83	5
SGE F	- 60 Mio. DM	50 Mio. DM	-1,20	6

Abb. 4.99.: Ausgangsdaten für Leaning Brick Pile

Die strategischen Geschäftseinheiten werden nun entsprechend der mit dem M/B-Verhältnis ermittelten Rangfolge, beginnend mit dem höchstem M/B-Ratio kumulativ in das Leaning Brick Pile eingetragen.

Wie nachfolgende Abbildung deutlich macht, erzielen die strategischen Geschäftseinheiten A und B jeweils Wertbeiträge, die über dem investierten Kapitel liegen (M/B > 1). Die beiden Geschäftseinheiten sind zu fördern, da hier wachstumsbedingte Investitionen zur Steigerung des Unternehmenswertes beitragen. Die Geschäftseinheit C ist gerade in der Lage, das eingesetzte Kapital zu verzinsen (Wertbeitrag = investiertes Kapital bzw. M/B = 1). Die Geschäftseinheit D trägt zwar noch mit einem positiven Wertbeitrag von 80 Mio. DM zum Unternehmenswert bei, kann jedoch ihre Kapitalkosten nicht verdienen, da das investierte Kapital mit 120 Mio. DM den Wertbeitrag übersteigt (M/B < 1). Sowohl bei der Geschäftseinheit

---

[2] Vgl. Hax, A.C./Majluf, N.S. (1984), S. 236f.; Höfner, K./Pohl, A. (1993), S. 56f.; Höfner, K./Pohl, A. (1994), S. 74ff.; Lewis, T.G. (1994), S. 77 und Raster, M. (1995), S. 158ff..

[3] Vgl. zur Begründung Kapitel 4.2.2.3.2.1. Ableitung des M/B-Verhältnisses und verwandter Kennzahlen aus dem Shareholder Value-Ansatz.

C als auch bei der Geschäftseinheit D sollte geprüft werden, ob rentabilitätssteigernde Maßnahmen den Wertbeitrag erhöhen können. Eventuell können auch unattraktive Teile veräußert
und so das investierte Kapital verringert werden. Letztendlich kann auch geprüft werden, ob
ein eventueller Liquidationswert den Wertbeitrag übersteigt. Die Geschäftseinheiten E und F
können aufgrund ihres negativen Wertbeitrages nicht einmal eine positive Kapitalrendite
verdienen und vernichten daher Unternehmenswert. Hier ist zu prüfen, ob desinvestiert wird,
falls kein Turnaround möglich ist.

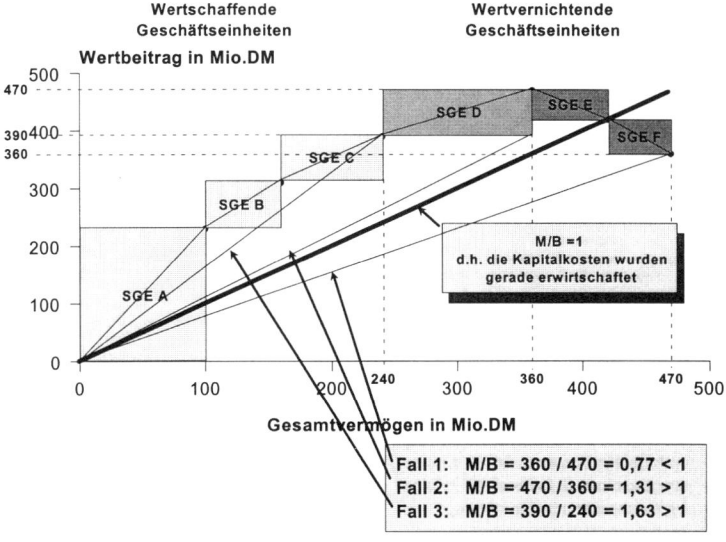

Abb. 4.100.: Leaning Brick Pile

Der Leaning Brick Pile macht deutlich, daß - ohne den Wertbeitrag der Zentrale explizit zu
betrachten - der Wert des Gesamtkapitals als Summe der Wertbeiträge der einzelnen strategischen Geschäftseinheiten derzeit 360 Mio. DM beträgt. Da das investierte Gesamtvermögen
jedoch 470 Mio. DM beträgt, weist das Gesamtunternehmen ein M/B-Ratio von 0,77, d.h.
kleiner als eins, auf und wäre damit insgesamt als Wertvernichter einzuordnen **(Fall 1)**. Das
Leaning Brick Pile zeigt jedoch auf, daß das Unternehmen ohne die Geschäftseinheiten E und
F einen Wert des Gesamtkapitals von 470 Mio. DM bei einem Gesamtvermögen von 360
Mio. DM aufweisen und mit einem M/B-Ratio von 1,31 als wertschaffendes Unternehmen
angesehen werden könnte **(Fall 2)**. Voraussetzung für diese Wertsteigerung wäre jedoch, daß
die Geschäftseinheiten E und F ohne zusätzliche Belastungen desinvestiert werden können
(z.B. keine Schließungskosten, Abfindungen etc.). Solange der Barwert der Stillegungs- oder
Desinvestitionskosten kleiner als der der ersparten negativen Wertbeiträge ist, lohnt sich die
Stillegung oder die Desinvestition.

Da auch die strategische Geschäftseinheit D ihre Kapitalkosten nicht verdient, würde zumindest das M/B-Ratio bei einem Verkauf der Geschäftseinheit zum erwarteten Wertbeitrag, d.h.
ohne Wertminderung für das Unternehmen, von 1,31 auf 1,63 (390 Mio. / 240 Mio. DM) steigen. Das Unternehmen wäre dann zwar nur noch halb so groß, jedoch aus Sicht der Eigentümer wertschaffend anstatt wertvernichtend **(Fall 3)**. Derartige Restrukturierungen sind in den

letzten Jahren bei führenden multinationalen Unternehmen durchgeführt worden, wie nachfolgendes Beispiel von General Electric verdeutlichen soll.[4]

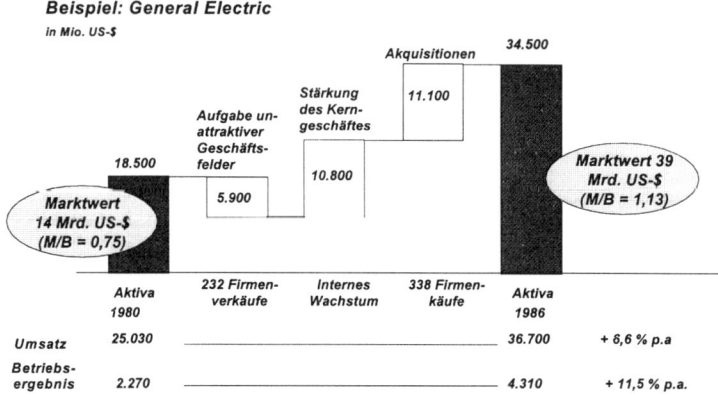

Abb. 4.101.: *Wirkung der Restrukturierung bei General Electric auf Marktwert und Buchwert[5]*

Das Leaning Brick Pile zieht gegenüber den vorangehenden Portfolio-Überlegungen neue Aspekte in Betracht, da Rückschlüsse von strategischen Entscheidungen für einzelne Geschäftseinheiten auf die **Gesamtunternehmenssituation** möglich sind. Ebenso erlaubt das Lean Brick Pile, die **Dimensionierung des Unternehmens** hinsichtlich der Wertschaffung im Unternehmen zu überprüfen. Das Leaning Brick Pile ist jedoch nicht in der Lage, die hinter dem Wertbeitrag stehenden wesentlichen **Werttreiber** darzustellen, wie dies z.B. durch das Wachstum, die Rentabilität oder die Marktanteilsentwicklung bei der Portfolio Profitability Matrix möglich ist. Durch die Annahme der Wertadditivität, die den Wert des Gesamtkapitals als Summe der einzelnen Wertbeiträge erfaßt, werden **Synergien** zumindest explizit nicht erfaßt.[6]

4.3.2.1.5. *Portfolio-Management und Ressourcen-Allokation*

Aufgabe des Portfolio-Managements ist es, durch die Gewährleistung eines ausgewogenen Mix von einzelnen strategischen Geschäftseinheiten zur Sicherung der Überlebensfähigkeit des Unternehmens beizutragen. Die Ausgewogenheit ist sowohl bezüglich der drei klassischen Zielgrößen des Controlling „**Erfolgspotential**", „**Erfolg**" und „**Liquidität**" als auch bezüglich des **Risikos** zu gewährleisten.

Aus Sicht des Shareholder Value-Ansatzes kommt dabei dem **Erfolgspotential**, das in Höhe des Shareholder Value gemessen werden kann, entscheidende Bedeutung zu. Unternehmen laufen Gefahr, von anderen Unternehmen übernommen zu werden, wenn sie nicht in der Lage sind, wertsteigernd zu arbeiten. Aber auch ohne konkrete **Übernahmegefahr**, die in Deutschland strukturell bedingt geringer ist als im anglo-amerikanischen Raum, kann mangelnde Wertsteigerung oder Wertvernichtung zum Ausscheiden führen, wenn z.B. die **Finan-**

4   Vgl. ein ähnliches Beispiel bei Wenner, D.L./LeBer, R.W. (1990), S. 99f. und Leber, H./Oberhausberg, U. (1994), S. 158.
5   Daten nach McKinsey und Compustat.
6   Vgl. zum Problem der Erfassung von Synergien im Shareholder Value-Ansatz Kapitel 3.3.1. Zerlegung des Unternehmens in dezentrale Einheiten.

zierung über Eigen- oder Fremdkapital im Wettbewerb mit anderen Unternehmen mangels Wertsteigerung schwieriger wird oder wenn auf Märkten **keine preisliche oder investive Reaktion** möglich ist, weil die Kapitalkostenhürde zu hoch ist oder Kapital in wertvernichtenden Geschäftseinheiten oder Projekten gebunden ist. Daher wird die Erhaltung bzw. Steigerung des Unternehmenswertes zur notwendigen Bedingung für das Überleben des Unternehmens. Kurzfristig zählen selbstverständlich auch die Sicherung der **Liquidität** und die Sicherung eines angemessenen **Erfolges** zu notwendigen Voraussetzungen des unternehmerischen Handelns, da Illiquidität und Überschuldung Auslösetatbestände für das Insolvenzverfahren darstellen. Mit Hilfe der risikoangepaßten Kapitalkosten kann bei der Berechnung des Wertbeitrages zudem das **Risiko** berücksichtigt werden. Das Risiko kann insofern der Zielgröße „Erfolgspotential" zugeordnet werden.

Angesichts von vier Zielgrößen (Erfolgspotential, Erfolg, Liquidität und Risiko) kann von einem partiell **optimalen Unternehmensportfeuille** eigentlich nicht gesprochen werden. Vielmehr ist von einem **ausgewogenen Portfeuille** auszugehen.[7] Legt man einen idealtypischen Lebenszyklus zugrunde, zeigt sich, daß dem Erfolgspotential (z.B. die Entwicklung eines vielversprechenden Produktes) Erfolg und Liquidität zeitlich nachgelagert sind, wobei die höchsten Gewinne in der Wachstumsphase und die höchsten Freien Cash Flows in der Reifephase zu erwarten sind.[8] Faßt man wegen der zeitlichen Nähe der Erfolgs- und Liquiditätsspitzen die Zielgrößen Erfolg und Liquidität auf einer Achse zusammen, lassen sie sich idealtypisch dem Erfolgspotential gegenüberstellen, um allgemeine Aussagen über die Förderwürdigkeit von strategischen Geschäftseinheiten abzuleiten. Das Risiko wird, wie bereits ausgeführt, dem Erfolgspotential zugeordnet, sofern dieses über den Shareholder Value-Ansatz gemessen wird.

Erfolgspotential (= Wertsteigerungspotential) / Risiko

		niedrig	hoch
Erfolg	hoch	*Milchkühe* kein Wertsteigerungspotential mehr; Abschöpfen um Erfolgs- bzw. Liquiditätsziel zu erfüllen	*Starprodukte* sowohl Erfolgs-/Liquiditätsziel als auch Wertsteigerungsziel erfüllt (Wunschsituation)
bzw. **Liquidität**	niedrig	*Problem- und Auslaufprodukte* Sowohl Erfolgs-/Liquiditätsziel als auch Wertsteigerungsziel nicht erfüllt (Position möglichst vermeiden)	*Nachwuchsprodukte* Vorlaufkosten notwendig um letztendlich Wertsteigerung zu ermöglichen

Abb. 4.102.: Erfolg, Liquidität, Risiko und Erfolgspotential als Determinanten der Förderwürdigkeit von strategischen Geschäftseinheiten

Wie obige Darstellung deutlich macht, würde ein **optimales Portfeuille** nur Starprodukte enthalten. Da jedoch die zeitliche Entwicklung von strategischen Geschäftseinheiten zu berücksichtigen ist, enthält ein **ausgewogenes Portfeuille** zwangsläufig auch Nachwuchsprodukte und Milchkühe. Problem- und Auslaufprodukte sind sowohl bezüglich des Erfolgspotentials als auch bezüglich Erfolg und Liquidität suboptimal und daher nicht förderungswürdig, sofern

---

7 Vgl. z.B. den Vergleich der Aussagen des Boston I-Portfolios (ausgewogenes Portfeuille) und der Profitability Matrix (optimales Portfeuille) bei Hax, A.C./Majluf, N.S. (1984), S. 147ff..

8 Vgl. stellvertretend Coenenberg, A.G./Baum, H.-G. (1987), S. 55ff..

kein Turnaround herbeigeführt werden kann. Des weiteren ist der Akzent der Förderung bei Nachwuchsprodukten und Milchkühe unterschiedlich. Nachwuchsprodukte müssen Marktanteile gewinnen und sich bezüglich Kosten, Zeit und Qualität Wettbewerbsvorteile erringen, während die Förderung bei Milchkühen auf die Erhaltung der Ertragskraft und der Cash Flows beschränkt werden kann.

Die mit Unterstützung der dargestellten Instrumente des Portfolio-Management mögliche Beurteilung der Förderwürdigkeit von strategischen Geschäftseinheiten hat unmittelbare Auswirkungen auf die **Verteilungen von Ressourcen**, die in Sachmitteln (Investitionen), Finanzmitteln oder Humankapital bestehen können.[9] Der Shareholder Value-Ansatz ermöglicht eine Messung des Erfolgspotentials von strategischen Geschäftsbereichen. Damit kann auch die **Ressourcen-Allokation am Wertsteigerungspotential ausgerichtet** werden, wobei jedoch die Gewährleistung von Erfolg und Liquidität als notwendige Rahmenbedingungen hinzutreten.

Bühner fordert explizit, den **Markt als Meßlatte für Ressourcen-Allokation** zu nutzen, wie ihn der Shareholder Value-Ansatz durch den Einbezug des Kapitalmarktes ermöglicht. Insbesondere kritisiert *Bühner* die nicht nur im staatlichen Bereich, sondern die auch bei großen diversifizierten Unternehmen anzutreffende **Subventionspolitik**, die in drei Dimensionen zerlegt werden kann:[10]

❑ **Operative Subventionierung:**

Durch die Konsolidierung von Gewinn- und Verlustbereichen innerhalb des Unternehmens sinken die Anreize, Innovationen zu fördern, die von Unternehmenskrisen ausgehen.[11] Ein unternehmensinternes Verbot des Verlustausgleichs, wäre nach *Bühner* in der Lage, die innerbetriebliche Innovationskraft zu fördern, um aus eigener Kraft die Kriste überwinden zu können.

❑ **Strategische Subventionierung:**

Vorhandene Finanzmittel werden in nicht wertsteigernde Geschäfte investiert, die nicht in der Lage sind, die Kapitalkosten zu erwirtschaften.[12] *Lewis* nennt als Ursachen hierfür die mangelnde Betrachtung der Performance der strategischen Geschäftseinheiten, das Kollegialitätsprinzip bei Vorstandsbeschlüssen, die Verwendung willkürlicher Mindestrenditen für Investitionen und den Budgetierungsprozeß.[13]

❑ **Ökonomische Subventionierung:**

Die Orientierung an buchhalterischen Größen kann zu Fehlsteuerungen führen, wenn das Geschäftsvermögen tatsächlich einen über den Buchwerten liegenden Marktwert aufweist. Die Aufspaltung von Unternehmen in einen operativen Bereich und einen Immobilienbereich wie z.B. bei Löwenbrau oder Holiday Inn oder die gezielte Immo-

---

9   Vgl. Schmalenbach-Gesellschaft (1977), S. 1ff..
10 Vgl. Bühner, R. (1989), S. 7.
11 Vgl. zu Krisen als Innovationsmotor die Studie von *Perlitz/Löbler*. Vgl. Perlitz, M./Löbler, H. (1985), S. 424ff..
12 Vgl. ebenso Lewis, T.G./Stelter, D. (1993), S. 110 und Lewis, T.G. (1994), S. 75.
13 Vgl. Lewis, T.G. (1994), S. 75ff..

bilienbewirtschaftung bei der Kaufhof Holding AG oder bei der VEBA AG dient dem Abbau ökonomischer Subventionierungen.[14]

Der Shareholder Value-Ansatz versucht, insbesondere die strategische und ökonomische Subventionierung zu umgehen und durch Orientierung an zukünftigen Erfolgspotentialen (= Wertsteigerungspotentialen) eine bessere Ressourcen-Verteilung zu ermöglichen.[15]

Die Entscheidung über die Durchführung von Investitionsmaßnahmen in den einzelnen strategischen Geschäftseinheiten, d.h. die Ressourcen-Verteilung, erfolgt traditionell mit Unterstützung der **Investitionsrechnung**. Der positive Kapitalwert einer Investition ist gleichbedeutend mit der Mehrung des Unternehmensvermögens, d.h. mit einer Wertsteigerung. Es stellt sich daher die Frage, ob die **Betrachtung des Wertsteigerungspotentials** von strategischen Geschäftseinheiten bei der Ressourcenallokation überhaupt notwendig ist.

Die Betrachtung einzelner Investitionsprojekte vernachlässigt die Betrachtung des Geschäftes, in das investiert werden soll.[16] Eine Investition in einen bisher wertvernichtenden Bereich, die zu einem positiven Kapitalwert führt, verbessert den eventuell negativen Wertbeitrag der Geschäftseinheit, eventuell wird die strategische Geschäftseinheit dadurch auch zum Werterzeuger. Die Frage ist jedoch, ob es sinnvoll ist, in einen Bereich mit Auslauf- oder Problemprodukten überhaupt zu investieren, da andere Bereiche mit Wachstumspotential höhere M/B-Ratios erzielen könnten. Die Betrachtung des Wertbeitrages der strategischen Geschäftseinheiten und damit die Portfolio-Betrachtung wird quasi zur „Eingangskontrolle" der Investitionsprojekte. Die Ressourcen-Allokation hat sich an diesem **strategischen Rahmen** zu orientieren, hinter dem jedoch wiederum die finanzwirtschaftlichen Überlegungen des Shareholder Value-Ansatzes stehen. Die Boston Consulting Group drückt dies dadurch aus, daß sie der Betrachtung des Wertsteigerungspotentials die Übereinstimmung mit der strategischen Vision des Unternehmens gegenüberstellt.

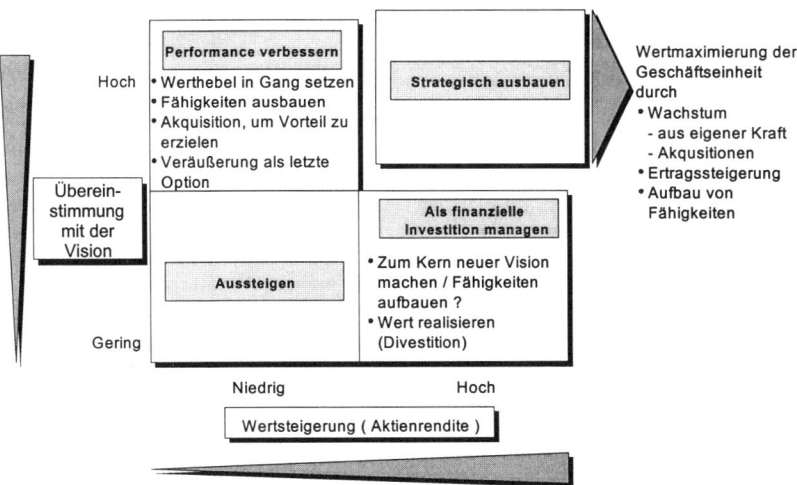

Abb. 4.103.: Abgleich von Wertsteigerungspotential und strategischer Vision[17]

14 Vgl. ebenso Bühner, R. (1990), S. 90 und Siegert, T. (1994), S. 119.
15 Vgl. zu Knyphausen, D. (1992), S. 332.
16 Vgl. Lewis, T.G. (1994), S. 75ff..
17 Vgl. Lewis, T.G. (1994), S. 37.

Aus obiger Abbildung sind die bei Kombination der jeweiligen Einstufung entstehenden Fragestellungen entnehmbar. Interessant sind insbesondere vom Unternehmen bisher betriebene Geschäfte, die zwar Wertsteigerungspotential aufweisen, jedoch nicht mit der Vision übereinstimmen (z.B. historisch gewachsener Immobilienbesitz oder vorhandene bisher wenig genutzte Daten- und Kommunikationsnetze). Hier stellt sich die Frage, ob aus diesen Geschäftseinheiten neue Kernfähigkeiten des Unternehmens entwickelt werden und damit die Vision des Unternehmens überdacht wird oder ob die Geschäftseinheiten desinvestiert werden und der Wertbeitrag realisiert wird.

Im Falle niedriger Übereinstimmung mit der Vision und bei geringem oder eventuell negativem Wertbeitrag wird wie bei den oben betrachteten Portfolios die Desinvestition empfohlen. Dabei ist jedoch zu berücksichtigen, daß der für die strategische Geschäftseinheit ermittelte Wertbeitrag auf Basis der Möglichkeiten und Fähigkeiten des Unternehmens (**subjektive Unternehmensbewertung**) ermittelt wurde. Ein potentieller Käufer ist aufgrund seiner bestehenden Kernkompetenzen eventuell in der Lage, die Ressourcen der Geschäftseinheit wertsteigernd zu nutzen. Im Falle des Verkaufs wird die Geschäftseinheit daher an den Käufer (**Best Buyer**) gehen, der sich das höchste Wertsteigerungspotential aus der Geschäftseinheit erhofft und daher bereit, ist den höchsten Kaufpreis zu zahlen. [18]

Sollte ein Unternehmen bei der Überprüfung der Förderungswürdigkeit ihrer strategischen Geschäftseinheiten zum Ergebnis kommen, nicht alle zur Verfügung stehenden finanziellen Ressourcen nutzen zu können, steht letztendlich auch die **Ausschüttung an den Eigentümer** als Dividende oder gar die **Kapitalherabsetzung bei Rückzahlung von Kapital** zur Debatte. In den USA haben einige Aktiengesellschaften (z.B. Exxon, Goodyear oder IBM) aus diesen Gründen Rückkaufprogramme für eigene Aktien initiiert. [19]

Im deutschen Rechtssystem ist der **Erwerb eigener Aktien** in § 71 AktG strikt geregelt. Danach ist nach § 71 Abs. 1 Nr. 6 i.V. § 237 Abs. 1 AktG ein **Rückkauf eigener Aktien** bei gleichzeitiger Kapitalherabsetzung durch Einziehung von Aktien möglich. Die Kapitalherabsetzung setzt jedoch voraus, daß allen Gläubigern Sicherheit geleistet wird, die sich innerhalb von sechs Monaten nach Bekanntmachung des Kapitalherabsetzungsbeschlusses melden und keine Befriedigung verlangen können. Ferner ist die Rückzahlung an die Aktionäre erst nach Ablauf einer sechsmonatigen Sperrfrist möglich. *Bühner* fragt angesicht dieser Hürden für die praktische Durchführung in der BRD zurecht, ob die Gefahr der Fehlallokation von überschüssigem Eigenkapital nicht den Tatbestand des § 71 Abs. 1 Nr.1 AktG der "Abwendung eines schweren, unmittelbar bevorstehenden Schadens von der Gesellschaft" erfüllt und damit ein Rückkauf ohne den Umweg über die Kapitalherabsetzung möglich wäre. [20] Der Rückkauf von Aktien ohne Kapitalherabsetzung würde jedoch beim Weg über § 71 Abs. 1 Nr. 1 AktG zur Bildung einer Rücklage für eigene Anteile nach § 272 Abs. 4 HGB führen, die aus vorhandenen Gewinnrücklagen oder dem Jahresüberschuß gespeist werden kann, quasi eine Ausschüttungssperre darstellt und daher der Intention des Rückkaufs widerspräche.

4.3.2.2. Nutzung von Synergien und Shareholder Value

Neben dem Portfolio-Management ist es Aufgabe der Unternehmensstrategie, Synergien zwischen den einzelnen strategischen Geschäftseinheiten zu gewährleisten und deren Nutzung zu

---

[18] Vgl. Fruhan, W.E. (1988), S. 68; Bühner, R. (1989), S. 7 und Bühner, R. (1990), S. 72ff. und S. 86ff..
[19] Vgl. z.B. Reimann, B.C. (1989), S. 21 und Mitchell, M.L. (1991), S. 25.
[20] Vgl. Bühner, R. (1989), S. 7.

fördern. Diesem Bereich ist auch die Nutzung strategischer Allianzen zuzuornden.[21] In einigen Konzepten zum Shareholder Value-Ansatz werden Synergien vernachlässigt, indem vereinfachend vom **Grundsatz der Wertadditivität** ausgegangen wird:[22]

$$Wert\ des\ Gesamtunternehmens_{GK} = \sum_{i} Wertbeitrag\ der\ strategischen\ Geschäftseinheit_i$$
$$+\ Wertbeitrag\ der\ Zentrale$$
$$+\ Wert\ des\ nicht-betriebsnotwendigen\ Vermögens$$

Der Ansatz ist dann zulässig, wenn quantifizierbare Synergien auf die einzelnen strategischen Geschäftseinheiten bzw. auf die Zentrale bereits aufgeteilt wurden.[23] Wie bereits dargestellt, ist jedoch die Quantifizierung von Synergien im Shareholder Value-Ansatz ein schwieriges Unterfangen und nur teilweise möglich.[24]

Die mangelnde Quantifizierbarkeit von Synergien führt dazu, daß innerhalb der Unternehmensstrategie Sorge zu tragen ist, daß Synergien genutzt werden. Der **Ansatz der Kernkompetenzen** kann hierzu einen Analyserahmen bieten.[25]

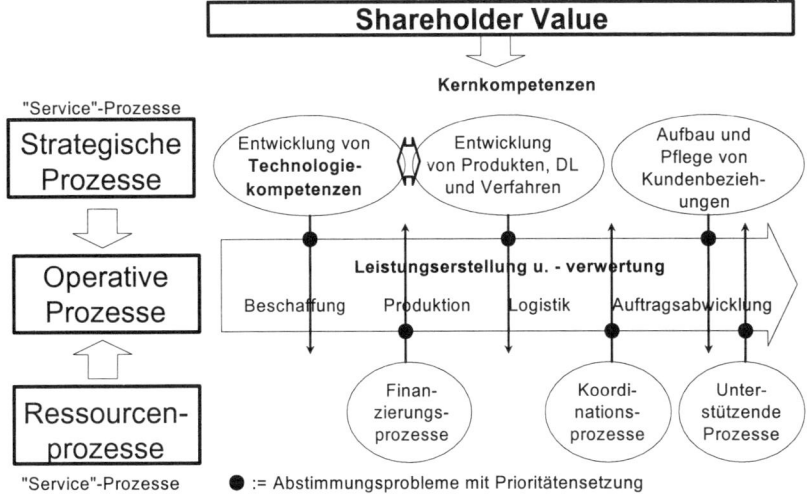

Abb. 4.104.: Kernkompetenzen und Shareholder Value

Synergien können nach obiger Strukturierung durch gemeinsame operative Ressourcennutzung in der Kapitalbeschaffung **(Finanzsynergien)**, in den koordinierenden Prozessen sowie in den unterstützenden Prozessen durch gemeinsame Nutzung der Infrastruktur und der Ver-

---

[21] Vgl. zum unternehmenswertorientierten Management strategischer Allianzen Michel, U. (1994), S. 20ff. und Horváth, P./Herter, R.N./Michel, U. (1994), S. 227ff..

[22] Vgl. z.B. die Vorgehensweisen bei Hax, A.C./Majluf, N.S. (1984), S. 236; Bühner, R. (1990), S. 84; Copeland, T./Koller, T./Murrin, J. (1991), S. 99; Höfner, K./Pohl, A. (1993), S.56 und Herter, R.N. (1994), S. 103.

[23] Vgl. ebenso Bühner, R. (1990), S.83f..

[24] Vgl. hierzu die Ausführungen in den Kapiteln 3.3.1. Zerlegung des Unternehmens in dezentrale Einheiten und 3.3.2. Wertbeitrag der Zentrale.

[25] Vgl. hierzu Prahalad, C.K./Hamel, G. (1990), S. 79ff.; Bühner, R. (1990), S. 72ff.; Stalk, G./Evans, P./Shulman, L.E. (1992), S. 57ff.; Lehmann, R. (1993), S. 76ff. und S. 135ff. und Müller-Merbach, H. (1994), S. 99ff..

waltung **(Organisationssynergien)** bestehen. Des weiteren entstehen Verbundvorteile durch die gemeinsame Nutzung von Technologiekompetenzen (z.B. die Motorentechnologie bei Honda oder die Feinoptik bei Canon) **(Technologiesynergien)**, die gemeinsame Erstellung von Produkten und Dienstleistungen sowie von Herstellverfahren **(Produktionssynergien)** und durch den gemeinsamen Aufbau und die Pflege von Kundenbeziehungen **(Marketingsynergien)**. Die Fähigkeiten, Technologie-, Produktions- oder Marketingsynergien zu nutzen, werden als sog. **Kernkompetenzen** bezeichnet, die vom Unternehmen bewußt zu pflegen sind und von Geschäftseinheit zu Geschäftseinheit übertragen werden sollten.

Empirische Befragungen zeigen, daß bei Akquisitionen dem Produktionsbereich die höchsten Synergien beigemessen werden. Danach folgen in ordinaler Reihenfolge die Bereiche Marketing, Finanzen und Organisation.[26] In der Untersuchung von *Kitching* wurde nach den tatsächlich realisierten Synergiepotentialen gefragt, wobei sich folgende Skala (0 = nicht realisiert; 100 = im hohen Grad realisiert) ergab:[27]

Finanzsynergien	Marketingsynergien	Technologiesynergien	Produktionssynergien
100	74	33	36

Abb. 4.105.: Realisationsgrade von Synergiepotentialen bei Akquisitionen[28]

Die Ergebnisse deuten daraufhin, daß die hohen beigemessenen Synergiepotentiale im Produktions- und Technologiebereich jedoch auch am schlechtesten zu realisieren sind.[29] Finanzielle Verbundvorteile sind dagegen am wahrscheinlichsten zu realisieren.[30]

Können Synergien nur eingeschränkt realisiert werden, stellt sich aus der Sicht der Eigentümer die Frage, ob es nicht im Sinne des Shareholder Value besser wäre, das Gesamtunternehmen in einzelne Gesellschaften zu zerlegen, an denen sich die Eigentümer entsprechend ihrer Präferenzen dann selbst beteiligen könnten. Andernfalls stellen sowohl die Kosten der Unternehmenszentrale als auch die bei Akquisitionen bezahlten Prämien nur unnötige Wertminderungen für die Eigentümer dar.[31]

4.3.3. Geschäftsfeldstrategien

4.3.3.1. Aufgaben der Geschäftsfeldstrategie

Während der **Unternehmensstrategie** die Aufgabe zukommt, zum einen einen ausgewogenen Mix einzelner strategischer Geschäftseinheiten und eine möglichst optimale Ressourcenallokation **(Portfolio-Management)** zu gewährleisten und zum anderen **Synergien** zwischen den einzelnen Einheiten zu generieren, beschäftigt sich die **Geschäftsfeldstrategie** mit der Strategiegewinnung für eine einzelne strategische Geschäftseinheit des Unternehmens.

---

[26] Vgl. Sigloch, J. (1974), S. 153.
[27] Organisationssynergien wurden nicht erfragt. Vgl. Kitching, J. (1967), S. 93.
[28] Darstellung in Anlehnung an Jung, H. (1993), S. 54.
[29] Vgl. ebenso die kapitalmarktorientierte Untersuchung von Elgers, P.T./Clark, J.J. (1980), S. 70ff..
[30] Vgl. ebenso Rappaport, A. (1981), S. 147 und Weber, B. (1990), S. 578.
[31] Zur Argumentation vgl. Porter, M.E. (1987), S. 46 und Rappaport, A. (1988), S. 46.

Bei der Geschäftsfeldstrategie geht es um die Frage, wie die von der betrachteten Geschäftseinheit erstellten Produkte und Dienstleistungen auf den Märkten positioniert werden **(Produkt-/Markt-Strategie)** und welche Ressourcen hierzu genutzt werden können bzw. benötigt werden **(Ressourcen-Strategie)**.[32] Bei der Produkt-/Markt-Strategie wird festgelegt, mit welchen Produktkonzepten bestimmten Kundenprobleme gelöst werden sollen und welcher Markt als relevant für die Geschäftseinheit betrachtet wird. Die Produkt-/Markt-Strategien sind mit den hierfür benötigten Ressourcen abzustimmen, wobei neben dem Sachkapital (Anlagevermögen und Vorräte) und Finanzkapital (Geldvermögen) das Humankapital (Erfahrungen, Know How, Kreativität etc.) von zunehmender Bedeutung ist.[33] *Pümpin* spricht im Hinblick auf die Schaffung eines Kundennutzens von sog. **Nutzenpotentialen**, die er analog in externe (≅ Produkt-/Marktstrategien) und interne Nutzenpotentiale (≅ Ressourcen-Strategien) zerlegt.[34] Nutzenpotentiale stellen latent oder effektiv vorhandene Konstellationen dar, die dem Unternehmen die Erschließung von **Wettbewerbsvorteilen** bieten.[35] Wettbewerbsvorteile liegen nach *Simon* dann vor, wenn ein Leistungsmerkmal für den Kunden wichtig ist, von ihm wahrgenommen wird und eine gewisse Nachhaltigkeit aufweist, d.h. von der Konkurrenz nicht schnell eingeholt werden kann.[36] Im einzelnen können nach *Pümpin* folgende Nutzenpotentiale unterschieden werden, wobei die Aufzählung nicht als abschließend zu betrachten ist:

Externe Nutzenpotentiale	Inhalt
❏ Marktpotential	Gesamtheit möglicher Absatzmengen eines Marktes für ein bestimmtes Produkt.
❏ Technologiepotential	Die sich durch die Nutzung einer spezifischen Technologie ergebenden Möglichkeiten.
❏ Externes Humankapital	Gesamtheit menschlicher Leistungsressourcen, die in ungenutzter Form in der Bevölkerung vorhanden sind.
❏ Finanzpotential	Die sich in bezug auf Finanzierungen/Finanztransaktionen (z.B. Going Public) ergebenden Chancen für ein Unternehmen.
❏ Übernahme- und Restrukturierungspotential	Gesamtheit von Drittfirmen, die einem Unternehmen für eine Übernahme zugänglich sind. Das Restrukturierungspotential umfaßt Wertsteigerungsmöglichkeiten, die sich in Bezug auf die akquirierten Unternehmen ergeben.
❏ Kooperationspotential	Die sich einem Unternehmen bietenden Möglichkeiten im Bereich von Joint Ventures und anderen Kooperationsformen.
❏ Beschaffungspotential	Möglichkeiten zur Nutzensteigerung, die einem Unternehmen durch den geschickten Einkauf und die Gestaltung von entsprechenden Systemen offenstehen.
usw.	

---

[32] Vgl. zur Trennung in Produkt-/Marktstrategien und Ressourcen-Strategien Coenenberg, A.G./Baum, H.-G. (1987), S. 33ff..

[33] Vgl. zu ressourcenorientierten Wertsteigerungsstrategien Raster, M. (1995), S. 168ff..

[34] Vgl. Pümpin, C. (1989), S. 47, S. 89ff. und S. 102; Pümpin, C. (1990a), S. 555f.; Pümpin, C. (1991), S. 27ff. sowie Gomez, P./Weber, B. (1989), S. 53 und Gomez, P. (1993), S. 71ff..

[35] Vgl. die ähnliche Definition bei Pümpin, C. (1989), S. 47 und S. 102 sowie gleichlautend bei Gomez, P. (1993), S. 156.

[36] Vgl. Simon, H. (1988), S. 464f..

Interne Nutzenpotentiale	
❑ Kostensenkungspotential	Möglichkeiten, die einem Unternehmen im Hinblick auf Kostensenkungen zur Verfügung stehen.
❑ Synergiepotential	Möglichkeiten des Unternehmens, bestehende Strukturen und Anlagen für neue Aktivitäten zu nutzen
❑ Organisatorisches Potential	Innerbetriebliche Möglichkeiten zur Leistungssteigerung durch die Gestaltung von Strukturen und Prozessen
❑ Bilanzpotential	Möglichkeiten, die einem Unternehmen durch eine zweckmäßige Nutzung von Aktiva und Passiva zur Verfügung stehen (asset redeployment)
usw.	

Abb. 4.106.: Interne und externe Nutzenpotentiale[37]

4.3.3.2. Generische Wettbewerbsstrategien, Kundennutzen und Wertsteigerungspotential

❑   Der Begriff „**Nutzenpotentiale**" deutet an, daß durch deren Nutzung Wettbewerbsvorteile geschaffen werden können, indem entweder ein höherer Kundennutzen geschaffen wird, der Preisdifferenzierung und damit höhere Erlöse ermöglicht, oder indem Ressourcen effizient genutzt werden, d.h. Kostenvorteile erwirtschaftet werden.

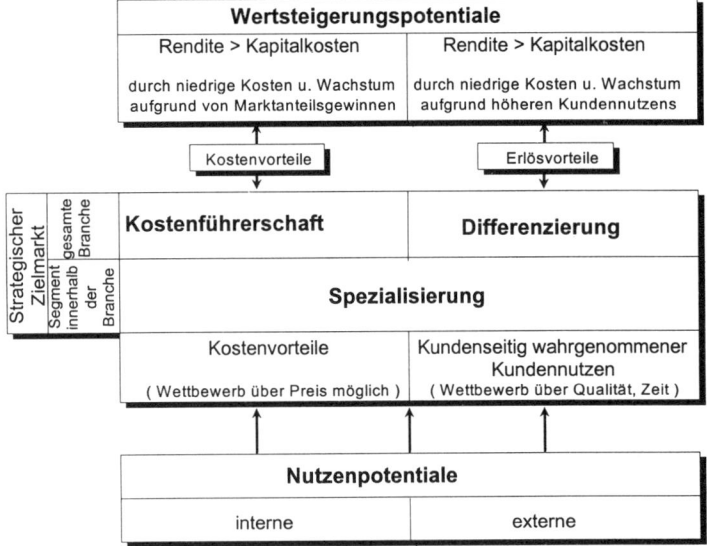

Abb. 4.107.: Zusammenhang von Nutzenpotentialen, generischen Wettbewerbsstrategien und Wertsteigerungspotentialen

Damit eröffnen sich gemäß der gängigen Systematisierung nach *Porter* drei mögliche Wege, Geschäftsfeldstrategien auszurichten (**generische Wettbewerbsstrategien**):[38]

---

37   Vgl. Pümpin, C. (1990a), S. 555.
38   Vgl. Porter, M.E. (1980), S. 36ff. und Porter, M.E. (1985), S. 11ff. sowie die Darstellung und Diskussion bei Coenenberg, A.G./Baum, H.-G. (1987), S. 103ff. und Homburg, C./Simon, H. (1995), Sp. 2753ff..

❑ Kostenführerschaft

❑ Differenzierung

❑ Spezialisierung

Der Zusammenhang zwischen Nutzenpotentialen, generischen Wettbewerbsstrategien und Wertsteigerungspotentialen läßt sich, wie in voranstehend dargestellt, systematisieren.

Werden Wertsteigerungspotentiale etwas verkürzt auf die beiden wesentlichen Werttreiber Rentabilitätsspanne und Wachstum zurückgeführt, ergeben sich Wersteigerungspotentiale einerseits, wenn über Kostenvorteile höhere Rentabilitätsspannen erzielt werden und dieser Kostenvorteil auch zu Zugewinnen beim Marktanteil (= Wachstum) verwandt wird, und andererseits, wenn der höhere Kundennutzen über höhere Preise ebenfalls die Rentabilitätsspanne erhöht und/oder aufgrund der Vorteile beim Kundennutzen das Umsatzwachstum steigt.

Letztendlich ist ein gutes Verhältnis von Kundennutzen und Kosten die originäre Ursache für positive Rentabilitätsspannen und Wachstum. Folglich kann auf der Ebene der strategischen Geschäftseinheiten der **Shareholder Value** auf den **Customer Value** zurückgeführt werden, wenn Customer Value als **Preis-/Leistungsverhältnis aus Kundensicht** bzw. als **Relation von Kundennutzen und Kosten aus Unternehmenssicht** verstanden wird. [39] *Bühner* wehrt sich jedoch in seiner Erwiderung zu *Gaitanides/Raster* zurecht dagegen, die Schaffung von Unternehmenswert auf die Schaffung von Kundennutzen verkürzen zu wollen, da letzterer nur schwer meßbar sei.[40]

Die Analyse kann nun weiter verfeinert werden, indem das Wertgeneratoren-Modell von *Rappaport* verwandt wird, um Auswirkungen der drei generischen Wettbewerbsstrategien auf den Wertbeitrag zu untersuchen. In nachfolgender Abbildung sind beispielhaft einige mögliche Auswirkungen systematisiert.[41]

Der Ansatz *Porter's* geht davon aus, daß strategische Geschäftseinheiten nur eine der drei generischen Wettbewerbsstrategien einschlagen können, da sie sich gegenseitig ausschließen.[42] Empirische Studien zeigten jedoch, daß jede Strategie eine Kombination von Erlös- und Kostenvorteilen darstellt[43] und mit Mischstrategien („stuck in the middle") keine signifikant schlechteren Renditen erwirtschaftet werden konnten.[44] *Corsten/Will* weisen zudem daraufhin, daß die Kombination heterogener Erfolgsfaktoren vom Wettbewerb gefordert wird und daher eine Spezialisierung verhindert. Zudem ermöglichen flexible Fertigungssysteme eine differenzierte Produktpalette bei gleichzeitiger effizienter, d.h. kostengünstiger Ressourcennutzung.[45]

---

[39] Vgl. ebenso Day, G.S./Fahey, L. (1990), S. 157; Bühner, R./Weinberger, H.-J. (1991), S. 197ff. und Gaitanides, M./Raster, M. (1995), S. 264.

[40] Vgl. Bühner, R. (1995), S. 268.

[41] Vgl. der Ansatz bei Gomez, P./Weber, B. (1989), S. 52f. und S. 64f. und vergleichbar Rappaport, A. (1986), S. 94ff. Von den von *Rappaport* neben den klassischen fünf Wertgeneratoren zusätzlich erwähnten beiden Faktoren Kapitalkosten und Wachstumsdauer, werden von *Gomez/Weber* nur die Kapitalkosten berücksichtigt. Vgl. Rappaport, A. (1986), S. 50.

[42] Vgl. Homburg, C./Simon, H. (1995), S. 2755.

[43] Vgl. Jones, G./Butler, J. (1988), S. 202ff..

[44] Vgl. Parker, B./Helms, M. (1992), S. 23ff.; Miller, D. (1992), S. 391ff. und Miller, A./Dess, G. (1993), S. 763ff..

[45] Vgl. Corsten, H./Will, T. (1992), S. 293ff..

Wertgeneratoren	Generische Wettbewerbsstrategien		
	Kostenführerschaft	Differenzierung	Spezialisierung
Umsatzwachstum	• Aggressive Preispolitik • Marktanteilsausweitung	• Hochpreispolitik • Ermitteln attraktiver Kundenprobleme	• Hochpreispolitik • Ermitteln attraktiver Marktsegmente • Erschließen neuer Vertriebskanälen
Umsatzrendite	• Optimierung der Produktionstiefe und -abläufe • Kostendegression und Erfahrungskurve • Reduktion der Logistikkosten • Kostenmanagement	• Ausrichten der Kostenstruktur auf den Kundennutzen • Hochpreispolitik	• Nutzung von Kostenvorteilen der Spezialisierung • Hochpreispolitik bei hohem Kundennutzen • Erschließen und Besetzen überlegener Beschaffungsquellen • Beschleunigen des Innovationsprozesses
Erweiterungsinvestitionen in das Anlagevermögen	• Rationalisierungsinvestitionen • Optimale Anlagennutzung • Verkauf schlecht genutzter Anlagen • Optimale Beschaffung	• Investitionen in differenzierungsfördernde Anlagen (z.B. Flexiblität oder Qualität) • Verkauf schlecht genutzter Anlagen • Optimale Beschaffung	• Optimale Anlagennutzung • Verkauf schlecht genutzter Anlagen • Optimale Beschaffung (z.B. make or buy)
Erweiterungsinvestitionen in das Working Capital	• Cash Management • Reduktion der Vorräte unter Beibehaltung der Lieferbereitschaft • Erhöhung des Debitorenumschlags	• Cash Management • Ausrichten der Verkaufskonditionen und der Lagerpolitik auf die Differenzierungsstrategie	• Cash Management • Ausrichten der Verkaufskonditionen und der Lagerpolitik auf die Spezialisierungsstrategie
Steuersatz*	• Optimierung der Kapitalstrukturen • Optimierung der Gesellschaftsstruktur • Optimierung in der Durchführung von Transaktionen (z.B. bei Akquisitionen)		
Kapitalkosten*	• Optimierung der Kapitalstrukturen • Senkung der Finanzierungskosten • Senkung des systematischen Risikos		
Wachstumsdauer	• Aufbau von Eintrittbarrieren für potentielle Konkurrenten • Erlangung eines rechtlichen Schutzes (Patente, Exklusivverträge etc.) • Aufbau von Image und Markennamen		

Legende: * soweit auf Ebene der strategischen Geschäftseinheiten überhaupt beeinflußbar

Abb. 4.108.: Auswirkungen der generischen Wettbewerbsstrategien auf die Wertgeneratoren

4.3.3.3. Die Valcor-Matrix

Um die Schaffung von möglichen Kundennutzen mit dem Shareholder Value-Ansatz zu ver-knüpfen, wurde von *Gomez/Weber* die sog. **Valcor-("Value is core")-Matrix** entwickelt,[46] die die Systematisierung in Nutzenpotentiale von *Pümpin*[47] mit dem Wertgeneratoren-Modell von *Rappaport*[48] verknüpft. Die Wertgeneratoren sind dabei durch den definitorischen Zu-sammenhang mit dem zu ermittelnden Wertbeitrag gegeben. Die zu analysierenden Nutzenpo-tentiale sind jedoch an die konkrete Unternehmenssituation anzupassen, d.h. auf relevante Nutzenpotentiale zu beschränken bzw. um zusätzliche bedeutsame Nutzenpotentiale zu erwei-tern.[49]

Zur Identifizierung relevanter Nutzenpotentiale eines Unternehmens bietet sich der Rückgriff auf das sog. **Unternehmensnetzwerk** an, das eine Verknüpfung von **Umfeldanalyse** (z.B. an-hand des Gedankengerüsts der fünf Wettbewerbskräfte nach *Porter*,[50] das dem Stakeholder-Ansatz[51] zuzuordnen ist) und **Unternehmensanalyse** (z.B. durch Analyse der Wertschöp-fungskette[52] bzw. des Wertschöpfungskreises[53] oder der Kernkompetenzen) darstellt.[54] Das Unternehmensnetzwerk entstammt dem St. Galler Management-Modell und beabsichtigt, li-neare Denkweisen durch ein **Denken in vernetzten Strukturen** zu ergänzen.

Für das Beispiel eines Zulieferers der Elektrizitätswirtschaft entwirft *Gomez* nachfolgend dar-gestellte Valcor-Matrix.[55]

Die Handlungsempfehlungen zu den beiden Wertgeneratoren **Kapitalkosten und Steuersatz** lassen sich i.d.R. nur auf der Ebene des Gesamtunternehmens, nicht jedoch für den Fall de-zentraler strategischer Geschäftseinheiten ohne eigene Kapitalstruktur verfolgen. Der Wert-generator **Wachstumsdauer** wird in der Valcor-Matrix zu Unrecht vernachlässigt, da gerade die Nachhaltigkeit von Wettbewerbsvorteilen für die Fähigkeit, über einen längeren Zeitraum positive Spreads zu verdienen und damit Wertbeiträge zu erzielen, verantwortlich ist.

Die Valcor-Matrix verzichtet auf die Angabe funktionaler Zusammenhänge zwischen den Wertgeneratoren und den Nutzenpotentialen. Sie stellt daher eine **qualitative Strukturie-rungshilfe** dar, die insbesondere für ein strukturiertes Brainstorming geeignet ist und damit als Ideenlieferant fungiert. Die Valcor-Matrix steht dabei nur für eine der möglichen Vorge-hensweisen. Das Shareholder Value-Konzept läßt sich jedoch auch mit neueren Manage-mentphilosophien wie **Lean Management, Kaizen oder Reengineering** verknüpfen, da diese

---

[46] Vgl. Gomez, P./Weber, B. (1989), S. 54 und ebenso Weber, B. (1990), S. 576; Gomez, P. (1990), S. 560; Weber, B. (1991), S. 226; Gomez, P./Ganz, M. (1993), S. 49f. und Gomez, P. (1993), S. 78f. und S. 195ff. sowie die Darstellung bei Herter, R.N. (1994), S. 62f..

[47] Vgl. Pümpin, C. (1989), S. 47, S. 89ff. und S. 102.

[48] Vgl. Rappaport, A. (1986), S. 50ff..

[49] Vgl. Gomez, P. (1993), S. 195.

[50] Vgl. Porter, M.E. (1983), S. 26 sowie im Rahmen des Shareholder Value-Ansatzes Rappaport, A. (1986), S. 81ff.; Clarke, R.G. u.a. (1988), S. 14ff. und Reimann, B.C. (1990), S. 56ff..

[51] Vgl. stellvertretend die Arbeiten von Miles, R./Snow, C. (1978) und Freeman, R.E. (1984).

[52] Vgl. Porter, M.E (1986), S. 62.

[53] Vgl. z.B. Coenenberg u.a. (1994), S. 87 sowie die Darstellung bei Günther, E. (1994), S. 89ff..

[54] Vgl. Gomez, P. (1993), S. 154ff.

[55] Vgl. Gomez, P. (1993), S. 195ff.

Philosophien letztendlich auch die wesentlichen Werttreiber beeinflussen und zur Steigerung des Unternehmenswertes führen.[56]

	Nutzenpotentiale				
Wertgeneratoren	Restrukturie-rungspotential	Finanzierungs-potential	Informatik und Logistikpotential	Humanpotential	Kooperations-potential
Umsatzwachs-tum	• Verselbständi-gung der Kernkompe-tenz „Elektronik"	• Gewährung günstigerer Zahlungsziele und Konditio-nen	• Vernetzung • Kundenservice • IAS-System	• Incentives für Verkäufer • Kundenorien-tierte Ausbil-dung	• Übernahme Konkurrent A zur Gewin-nung von Marktanteilen
Umsatzrendite	• Zusammen-schluß der Testaktivitäten	• Absicherung des Währungs-risikos • Hedging	• Computer In-tegrated Ma-nufacturing (CIM)	• Flexible Ar-beitszeiten • Qualitätszirkel	• Preispolitik in Abstimmung mit ausge-wählten Kon-kurrenten
Erweiterungs-investitionen in das Anlagever-mögen und das Working Capital	• Desinvestition der Liegen-schaften X und Y • Verkauf der Komponenten-division	• Sale and Lease back der Im-mobilien	• Reduktion des Working Capi-tal durch PPS	• Strategische Personalpla-nung	• Just-in-Time-Bewirtschaf-tung in Ab-sprache mit Lieferanten
Kapitalkosten	• Going Public	• Verbesserung der Investor Relations • konservative Ausschüttung	• Software-ge-stütztes Cash Management	• Trennung Treasu-rer/Controller • Bankkontakte	• Nutzung von Leveragepo-tential bei Übernahmen
Steuersatz	• Holding-Struktur	• Erhöhung des Fremdkapi-talanteils	• Steuerpla-nungspro-gramm	• Externer Steu-erexperte	• Steuervorteile durch Koope-rationen in neuen Bundes-ländern

Abb. 4.109.: Valcor-Matrix für einen Zulieferer der Elektrizitätswirtschaft

Die durch derartige qualitative Strukturierungshilfen und Konzepte gewonnenen Hand-lungsideen sind sowohl mit der strategischen Stoßrichtung der Geschäftseinheit als auch mit der Unternehmensstrategie und letztendlich bei eigentümerbestimmten Unternehmen auch mit der Eignerstrategien abzuklären.[57]

---

[56] Vgl. z.B. die Ausführungen von *Bühner* zu Lean Management, Kaizen und Reengineéring in Bühner, R. (1994a), S. 145ff. und von *Bösenberg/Metzen* zum strategischen Kapitaleinsatz im Lean Management in Bösenberg, D./Metzen, H. (1993), S. 184ff..

[57] Vgl. Blyth, M.L./Friskey, E.A./Rappaport, A. (1986), S. 55ff. und Gomez, P. (1993), S. 197f..

4.3.3.4. Bewertung von Strategien mit Hilfe des Shareholder Value-Ansatzes

Nachdem die aus der Valcor-Matrix gewonnenen Strategieempfehlungen mit der generellen Geschäftsfeldstrategie, der Unternehmensstrategie und eventuell der Eignerstrategie abgestimmt wurden, stellt sich aus dem Blickwinkel des strategischen unternehmenswertorientierten Controlling die Frage, ob die Strategien auch in der Lage sind, zur Steigerung des Unternehmenswertes beizutragen. Der Shareholder Value-Ansatz ermöglicht, Strategien nicht nur wie bisher hinsichtlich strategischer Erfolgsfaktoren zu beurteilen,[58] sondern zukünftige, geplante Wertbeiträge zu schätzen, die ergänzend zur traditionellen Strategiebewertung herangezogen werden können **(Value Based Planning)**. Dieser Versuch der Quantifizierung von Strategien wird als wesentliche Erweiterung des traditionellen strategischen Managements betrachtet.[59]

Nach *Rappaport* vollzieht sich die **Bewertung von Strategien mit Hilfe des Shareholder Value-Ansatzes** in folgenden fünf Schritten:[60]

1) Bestimmung einer Grenzumsatzrendite (v.St.) für zusätzlich erzielten Umsatz[61]

2) Vergleich der Mindestrendite mit der Vergangenheit und mit Zukunftsschätzungen (Plausibilitätscheck)[62]

3) Bestimmung des Strategiebetrages alternativer Strategien auf Geschäftsfeldebene[63]

4) Bewertung der finanziellen Tragbarkeit der Pläne[64]

5) Finanzielle Bewertung der Geschäftsfelder und des Gesamtunternehmens[65]

4.3.3.4.1. Bestimmung des Strategiebeitrages alternativer Strategien auf Geschäftsfeldebene

Da die Schritte 1), 2) und 4) und 5) in den vorangegangenen Kapitel bereits ausgeführt wurden, soll die Bewertung von Strategien (Schritt 3) abschließend an einem einfachen Beispiel vorgestellt werden.[66]

Beispiel:

Ein Hersteller von Polyesterfasern hat in den letzten Jahren mehrere Verfahren zur Weiterverwertung von Faserabfällen entwickelt. Das Unternehmen steht vor der Frage, ob und wenn ja, wie es die nun seit drei Jahren im Aufbau befindliche Geschäftseinheit weiterführen soll. Die

---

58 Vgl. z.B. bezüglich des Portfolio-Managements Coenenberg, A.G./Baum, H.-G. (1987), S. 47.

59 Vgl. Rappaport, A. (1981), S. 141ff.; Blyth, M.L./Friskey, E.A./Rappaport, A. (1986), S. 55ff.; Rappaport, A. (1986), S. 65ff.; Gomez, P./Weber, B. (1989), S. 184ff.; Weber, B. (1990), S. 575; Pümpin, C. (1990a), S. 554; Gomez, P. (1990), S. 561; Day, G.S./Fahey, L. (1990), S. 156 und Fickert, R. (1992), S. 50.

60 Vgl. Rappaport, A. (1981), S. 141ff. und ähnlich Rappaport, A. (1986), S. 65ff..

61 Vgl. hierzu auch Rappaport, A. (1986), S. 72f. sowie en detail Kapitel 4.2.4.2. Unternehmenswertorientierte Break-Even-Analyse bei Wachstum und Ein-Perioden-Betrachtung.

62 *Weber* fordert einen Vergleich mit Marktwerten, mit vergleichbaren Unternehmen oder Transaktionen. Vgl. Weber, B. (1990), S. 578 sowie ebenso Blyth, M.L./Friskey, E.A./Rappaport, A. (1986), S. 49.

63 Analoge Quantifizierungen bieten sich auch auf der Ebene des Gesamtunternehmens an. Vgl. z.B. zur Realteilung und zur Restrukturierung die Beispielsrechnungen bei Bühner, R. (1990), S. 83ff..

64 Vgl. Rappaport, A. (1986), S. 135ff. sowie die Kritik am Sustainable Growth-Modell in Kapitel 4.3.2.1.2.1. Portfolio Profitability Matrix.

65 Vgl. hierzu en detail Kapitel 3.3. Ermittlung des Shareholder Value.

66 Ähnliche Beispiele finden sich bei Rappaport, A. (1986), S. 119ff.; Blyth, M.L./Friskey, E.A./Rappaport, A. (1986), S. 48ff.; Bühner, R. (1990), S. 83ff.; Ganz, M. (1992), S. 54ff. und Gomez, P. (1993), S. 258ff..

Geschäftseinheit ist derzeit in den Verbund eines großen Konzerns eingebunden, könnte jedoch auch als rechtlich selbständiges Unternehmen mit Mehrheitsbeteiligung des Konzerns (100%) weitergeführt werden.

Folgende **strategische Alternativen** für die strategische Geschäftseinheit stehen zur Disposition:

Strategie A: Verkauf der Geschäftseinheit an auf dieses Gebiet spezialisierte Recyclingunternehmen („Best Buyer")

Strategic B: Fortführung der Geschäftseinheit im Unternehmensverbund, wobei

a)   eine langfristige Markterschließungsstrategie oder

b)   eine kurzfristige Ausschöpfung des Innovationsvorsprungs

zur Disposition steht.

Strategie C: Ausgliederung der Geschäftseinheit in eine rechtlich selbständige GmbH mit 100%igem Anteil des Mutterunternehmens, wobei wiederum

a)   eine langfristige Markterschließungsstrategie oder

b)   eine kurzfristige Ausschöpfung des Innovationsvorsprungs

möglich ist.

Auf Basis des vereinfachenden Wertgeneratoren-Modells nach *Rappaport* wurden für die drei Strategiealternativen sowie die beiden Varianten (Markterschließung bzw. Ausschöpfung des Innovationsvorsprungs) Free Cash Flow-Rechnungen (in Mio. DM) für einen Planungszeitraum von fünf Jahren erstellt. Die alternativen Wertbeiträge der strategischen Geschäftseinheit wurden zum 01.01.01 errechnet; das Jahr 0 diente als Basisjahr der Planung. Als Restwert wurde vereinfachend eine ewige Rente auf Basis des Freien Cash Flows im fünften Jahr gerechnet.

Bei der Bewertung von Strategien ist es nicht ausreichend, daß der Strategie ein positiver Wertbeitrag zugewiesen werden kann. Eine Strategie ist nur dann vorteilhaft, wenn ihr Wertbeitrag gegenüber dem Status quo höher ist. *Rappaport* schlägt vor, den Wertbeitrag des Status quo und damit den Vergleichswert als ewige Rente in Höhe des Freien Cash Flows des Basisjahres zu wählen und als Zinssatz die gewichteten Gesamtkapitalkosten zu verwenden (**„Prestrategy Value").**[67] Die Annahme einer ewigen Rente ist nur dann angebracht, wenn von weiterhin stabilen Verhältnissen ausgegangen wird (going concern) und sämtlichen Änderungen in den Freien Cash Flows Strategieänderungen zugewiesen werden. Bei stark wachsenden Geschäftseinheiten - wie im Beispiel - oder Start-ups sind die Voraussetzungen jedoch i.d.R. nicht gegeben. Hier bietet es sich an, wie im Beispiel, die Wertbeiträge verschiedener Strategievarianten direkt zu vergleichen.

Als sog. **„Prestrategy Value"** ergibt sich im Beispiel:

$$Prestrategy\ Value = \frac{Free\ Cash\ Flow_{Basisjahr\ t=0}}{Kapitalkosten_{GK}} = \frac{-0,28}{0,09} = -3,07\ Mio.DM$$

Bei Going Concern ist die Geschäftseinheit ein Wertvernichter („Prestrategy Value" < 0).

---

[67] Vgl. Rappaport, A. (1986), S. 68 und Blyth, M.L./Friskey, E.A./Rappaport, A. (1986), S. 52.

Strategie A: Verkauf an Best Buyer

Bei dieser Strategievariante wurde berechnet, welchen **Wertbeitrag die Geschäftseinheit für einen potentiellen Käufer** aus der Recycling-Industrie darstellen würde, wenn dieser aufgrund seiner erworbenen Kernkompetenzen kostengünstiger arbeiten könnte (Umsatzrendite plus 1 % gegenüber der Variante B1 Aufbau der Geschäftseinheit im Konzern), eine bessere Nutzung des Anlagevermögens (Erweiterungsinvestitionsrate -2,5 % gegenüber Variante B1) erreicht und mit einem geringerem Working Capital (Erweiterungsinvestitionsrate - 2,5 % gegenüber Variante B1) auskommt.

Jahr	0	1	2	3	4	5
Umsatzwachstum	20,0%	20,0%	15,0%	12,0%	11,0%	10,0%
Umsatzrendite vor Steuern	4,0%	6,0%	7,0%	8,0%	9,0%	9,0%
Steuersatz	15,0%	15,0%	15,0%	15,0%	15,0%	15,0%
Erweiterungsinvestitionsrate AV	25,0%	22,5%	22,5%	22,5%	22,5%	22,5%
Erweiterungsinvestitionsrate WC	15,0%	12,5%	12,5%	12,5%	12,5%	12,5%
Umsatz	6,00	7,20	8,28	9,27	10,29	11,32
− Auszahlungswirksame Kosten	5,76	6,77	7,70	8,53	9,37	10,30
= Cash Flow vor Steuern	0,24	0,43	0,58	0,74	0,93	1,02
− Steuern	0,04	0,06	0,09	0,11	0,14	0,15
= Cash Flow nach Steuern	0,20	0,37	0,49	0,63	0,79	0,87
− Investitionen AV	0,30	0,27	0,24	0,22	0,23	0,23
− Delta Working Capital	0,18	0,15	0,14	0,12	0,13	0,13
= Freier Cash Flow	-0,28	-0,05	0,11	0,28	0,43	0,51

Wertbeitrag Planungszeitraum	0,90
Wertbeitrag Restwertzeitraum	3,65
Gesamter Wertbeitrag laut Planung	4,55
„Prestrategy Value"	-3,07
Wertsteigerung	7,62

Abb. 4.110.: Wertbeitrag der Strategievariante A: Verkauf an Best Buyer

Der Wertbeitrag für den potentiellen Käufer beträgt 4,55 Mio. DM und bedeutet eine Wertsteigerung von 7,62 Mio. DM gegenüber dem Prestrategy Value. Der Wertbeitrag von 4,55 Mio. DM wäre unter den vereinfachten Bedingungen gleichzeitig die Preisobergrenze des Käufers bei Verkaufsverhandlungen. Das Beispiel zeigt, daß ein „Best Buyer" aufgrund seiner vorhandenen Kernkompetenzen in der Lage ist, den Unternehmenswert ganz erheblich zu steigern.

Strategie B1: Aufbau der strategischen Geschäftseinheit im Unternehmensverbund

Die Prognose der Freien Cash Flows der Strategievariante B1 basiert auf der Annahme, daß innerhalb des gegenwärtigen Unternehmenrahmens die Geschäftseinheit aufgebaut werden soll. Ziel ist es, das Umsatzwachstum zu fördern, wobei im Vergleich zur Strategievariante B2 (Abschöpfung des gegenwärtigen Innovationsvorsprungs) niedrigere Umsatzrenditen in Kauf genommen werden.

Jahr	0	1	2	3	4	5
Umsatzwachstum	20,0%	20,0%	15,0%	12,0%	11,0%	10,0%
Umsatzrendite vor Steuern	4,0%	5,0%	6,0%	7,0%	8,0%	8,0%
Steuersatz	15,0%	15,0%	15,0%	15,0%	15,0%	15,0%
Erweiterungsinvestitionsrate AV	25,0%	25,0%	25,0%	25,0%	25,0%	25,0%
Erweiterungsinvestitionsrate WC	15,0%	15,0%	15,0%	15,0%	15,0%	15,0%
Umsatz	6,00	7,20	8,28	9,27	10,29	11,32
– Auszahlungswirksame Kosten	5,76	6,84	7,78	8,62	9,47	10,42
= Cash Flow vor Steuern	0,24	0,36	0,50	0,65	0,82	0,91
– Steuern	0,04	0,05	0,07	0,10	0,12	0,14
= Cash Flow nach Steuern	0,20	0,31	0,42	0,55	0,70	0,77
– Investitionen AV	0,30	0,30	0,27	0,25	0,26	0,26
– Delta Working Capital	0,18	0,18	0,16	0,15	0,15	0,15
= Freier Cash Flow	-0,28	-0,17	0,00	0,15	0,29	0,36

Wertbeitrag Planungszeitraum	0,39
Wertbeitrag Restwertzeitraum	2,59
Gesamter Wertbeitrag laut Planung	2,98
„Prestrategy Value"	-3,07
Wertsteigerung	6,04

Abb. 4.111.: Wertbeitrag der Strategievariante B1: Aufbau der strategischen Geschäftseinheit im Unternehmensverbund

Die Strategie der Markterschließung trägt erheblich zur Steigerung des Unternehmenswertes bei, wobei mit 2,98 Mio. DM ein positiver Gesamtwertbeitrag erzielt wird.

Strategie B2: Abschöpfung der strategischen Geschäftseinheit im Unternehmensverbund

Bei dieser Variante wird ebenfalls der Verbleib im Unternehmensverbund vorausgesetzt, im Vergleich zur Variante B1 wird jedoch beabsichtigt, durch eine Hochpreisstrategie den erreichten Innovationsvorsprung abzuschöpfen. Dadurch können höhere Umsatzrenditen zulasten der Wachstumsraten erzielt werden. Im Vergleich zur Variante B1 sollen bei der Kapitalbindung im Anlagevermögen und im Working Capital keine nennenswerten Unterschiede bestehen.

Jahr	0	1	2	3	4	5
Umsatzwachstum	20,0%	15,0%	12,0%	10,0%	7,0%	5,0%
Umsatzrendite vor Steuern	4,0%	7,0%	10,0%	9,0%	7,0%	5,0%
Steuersatz	15,0%	15,0%	15,0%	15,0%	15,0%	15,0%
Erweiterungsinvestitionsrate AV	25,0%	25,0%	25,0%	25,0%	25,0%	25,0%
Erweiterungsinvestitionsrate WC	15,0%	15,0%	15,0%	15,0%	15,0%	15,0%
Umsatz	6,00	6,90	7,73	8,50	9,10	9,55
− Auszahlungswirksame Kosten	5,76	6,42	6,96	7,74	8,46	9,07
= Cash Flow vor Steuern	0,24	0,48	0,77	0,77	0,64	0,48
− Steuern	0,04	0,07	0,12	0,11	0,10	0,07
= Cash Flow nach Steuern	0,20	0,41	0,66	0,65	0,54	0,41
− Investitionen AV	0,30	0,23	0,21	0,19	0,15	0,11
− Delta Working Capital	0,18	0,14	0,12	0,12	0,09	0,07
= Freier Cash Flow	-0,28	0,05	0,33	0,34	0,30	0,22

Wertbeitrag Planungszeitraum	0,94
Wertbeitrag Restwertzeitraum	1,62
Gesamter Wertbeitrag laut Planung	2,56
„Prestrategy Value"	-3,07
Wertsteigerung	5,63

Abb. 4.112.: Wertbeitrag der Strategievariante B2: Abschöpfung der strategischen Geschäftseinheit im Unternehmensverbund

Die Abschöpfungsstrategie führt zwar zu einem im Vergleich zur Variante B1 von 0,39 Mio. DM auf 0,94 Mio. DM stark erhöhten Wertbeitrag im Planungszeitraum allerdings zu Lasten eines von 2,59 Mio. DM auf 1,62 Mio. DM verringerten Restwertes. Per Saldo resultiert die Abschöpfungsstrategie in einem geringerem Wertbeitrag von 2,56 Mio. DM, stellt jedoch immernoch eine Steigerung von 5,63 Mio. DM gegenüber dem „Prestrategy Value" dar.

Strategie C1: Aufbau der strategischen Geschäftseinheit als selbständiges Unternehmen

Bezüglich der verfolgten Geschäftsfeldstrategie entspricht die Strategie C1 derjenigen von Strategieversion B1, d.h. gezielter Aufbau der Geschäftseinheit. Im Unterschied zu B1 wird jedoch die Geschäftseinheit ausgegliedert, rechtlich verselbständigt und mit einer maßgeschneiderten Verwaltung und Infrastruktur versehen. Hierdurch steigen durch wegfallende Gemeinkostenumlagen die Umsatzrenditen um 3 %, wobei jedoch gleichzeitig Synergien im Einkauf und in der Logistik verloren gehen, die mit 1 % des Umsatzes zu Buche schlagen. Per Saldo ergibt sich eine Ergebiswirkung von +2 % des Umsatzes. Zudem steigen die Kapitalkosten aufgrund höherer Risiken von 9 % auf 11 %.

Jahr	0	1	2	3	4	5
Umsatzwachstum	20,0%	20,0%	15,0%	12,0%	11,0%	10,0%
Umsatzrendite vor Steuern	4,0%	7,0%	8,0%	9,0%	10,0%	10,0%
Steuersatz	15,0%	15,0%	15,0%	15,0%	15,0%	15,0%
Erweiterungsinvestitionsrate AV	25,0%	25,0%	25,0%	25,0%	25,0%	25,0%
Erweiterungsinvestitionsrate WC	15,0%	15,0%	15,0%	15,0%	15,0%	15,0%
Umsatz	6,00	7,20	8,28	9,27	10,29	11,32
− Auszahlungswirksame Kosten	5,76	6,70	7,62	8,44	9,26	10,19
= Cash Flow vor Steuern	0,24	0,50	0,66	0,83	1,03	1,13
− Steuern	0,04	0,08	0,10	0,13	0,15	0,17
= Cash Flow nach Steuern	0,20	0,43	0,56	0,71	0,87	0,96
− Investitionen AV	0,30	0,30	0,27	0,25	0,26	0,26
− Delta Working Capital	0,18	0,18	0,16	0,15	0,15	0,15
= Freier Cash Flow	-0,28	-0,05	0,13	0,31	0,47	0,55

Wertbeitrag Planungszeitraum	0,92
Wertbeitrag Restwertzeitraum	2,97
Gesamter Wertbeitrag laut Planung	3,89
„Prestrategy Value"	-3,07
Wertsteigerung	6,96

Abb. 4.113.: Wertbeitrag der Strategievariante C1: Aufbau der strategischen Geschäftseinheit als selbständiges Unternehmen

Gegenüber der Version B1 (Verbleib im Konzernverbund) ergibt sich durch die Ausgliederung der Geschäftseinheit eine Erhöhung des Wertbeitrages von 2,98 Mio. DM auf 3,89 Mio. DM, da im Beispiel die Kosten des Konzernverbundes die Synergien übersteigen.

Strategie C2: Abschöpfung der strategischen Geschäftseinheit als selbständiges Unternehmen

Die Version C2 entspricht bezüglich der verfolgten Geschäftsfeldstrategie der Strategievariante B2. Durch die Verselbständigung der Geschäftseinheit entstehen zudem die bereits bei Version C1 genannten Mehrkosten bzw. Kosteneinsparungen.

Jahr	0	1	2	3	4	5
Umsatzwachstum	20,0%	15,0%	12,0%	10,0%	7,0%	5,0%
Umsatzrendite vor Steuern	4,0%	9,0%	12,0%	11,0%	9,0%	7,0%
Steuersatz	15,0%	15,0%	15,0%	15,0%	15,0%	15,0%
Erweiterungsinvestitionsrate AV	25,0%	25,0%	25,0%	25,0%	25,0%	25,0%
Erweiterungsinvestitionsrate WC	15,0%	15,0%	15,0%	15,0%	15,0%	15,0%
Umsatz	6,00	6,90	7,73	8,50	9,10	9,55
− Auszahlungswirksame Kosten	5,76	6,28	6,80	7,57	8,28	8,88
= Cash Flow vor Steuern	0,24	0,62	0,93	0,94	0,82	0,67
− Steuern `	0,04	0,09	0,14	0,14	0,12	0,10
= Cash Flow nach Steuern	0,20	0,53	0,79	0,79	0,70	0,57
− Investitionen AV	0,30	0,23	0,21	0,19	0,15	0,11
− Delta Working Capital	0,18	0,14	0,12	0,12	0,09	0,07
= Freier Cash Flow	-0,28	0,17	0,46	0,49	0,46	0,39

Wertbeitrag Planungszeitraum	1,41
Wertbeitrag Restwertzeitraum	2,08
Gesamter Wertbeitrag laut Planung	3,49
„Prestrategy Value"	-3,07
Wertsteigerung	6,56

Abb. 4.114.: Wertbeitrag der Strategievariante C2: Abschöpfung der strategischen Geschäftseinheit als selbständiges Unternehmen

Auch bei der Abschöpfungsstrategie schneidet die Ausgliederung der Geschäftseinheit durch eine Erhöhung des Wertbeitrages von 2,56 Mio. DM auf 3,49 Mio. DM besser ab. Wird die Ausgliederung unterstellt, so ist der Wertbeitrag der Abschöpfungsstrategie niedriger als bei der Erschließungsstrategie.

Vergleich der Strategien:

Der Vergleich der Wertbeiträge der Strategievarianten zeigt, daß zum einen die Ausgliederung in ein selbständiges Unternehmen durch eingesparte Kosten, die die verlorenen Synergien überwiegen, dem Verbleib im gegenwärtigen Unternehmensverbund vorzuziehen ist. Zum anderen ist die langfristig angelegte Strategie des Aufbaus und der Entwicklung der Geschäftseinheit der kurzfristigeren Ausschöpfung des Innovationsvorsprunges vorzuziehen. Die Alternative Verkauf scheint trotz ihres höchsten Wertbeitrages fraglich, da es sich beim Wertbeitrag von 4,55 Mio. DM um die aus Sicht des potentiellen Käufers errechnete Preisobergrenze handelt. Da der beste Fortführungswert sich auf 3,89 Mio. DM beläuft, ist der Preisspielraum für Verhandlungen relativ gering.

Kriterium	Strategievariante Strategie A Verkauf an Best Buyer	Strategie B1 Aufbau im Verbund	Strategie B2 Abschöpfung im Verbund	Strategie C1 Aufbau als selbständiges Unternehmen	Strategie C2 Abschöpfung als selbständiges Unternehmen
Wertbeitrag	**4,55**	**2,98**	**2,56**	**3,89**	**3,49**
Investiertes Kapital (AK/HK)	**2,8**	**2,8**	**2,8**	**2,8**	**2,8**
SHV/Investiertes Kapital	**1,63**	**1,06**	**0,91**	**1,39**	**1,25**
SHV-Endwert-Rendite	**20,14%**	**10,35%**	**7,08%**	**18,57%**	**16,02%**
SHV-Überrendite	**10,22%**	**1,24%**	**-1,76%**	**6,82%**	**4,52%**
Kapitalkosten	**9%**	**9%**	**9%**	**11%**	**11%**
Grenzumsatzrendite Jahr 1	**3,40%**	**3,89%**	**3,89%**	**4,66%**	**4,66%**

Abb. 4.115.: Vergleich der Strategievarianten

Wird zusätzlich das zum Betrachtungszeitpunkt 01.01.01 bereits investierte Kapital (zu historischen Anschaffungs- und Herstellungskosten) von 2,8 Mio. DM berücksichtigt, zeigt sich, daß bei Verbleib im Unternehmensverbund die Abschöpfungsstrategie Wert vernichtet (Wertbeitrag < Investiertes Kapital). Die höchste Shareholder Value-Endwert- bzw. Überrendite in Höhe von 18,57 % bzw. 6,82 % (plus näherungsweise 11 % Kapitalkosten) wird erreicht, wenn die Geschäftseinheit ausgegliedert wird und die langfristige Entwicklungsstrategie eingeschlagen wird.

4.3.3.4.2. Bewertung strategischer Optionen

Strategische Entscheidungssituationen sind häufig mit sog. strategischen Realoptionen gekoppelt, d.h. Handlungsmöglichkeiten, die für die Zukunft offenstehen, jedoch nicht ergriffen werden müssen. Strategische Optionen stellen einen zusätzlichen Wert dar, der durch klassische Investitionsrechenverfahren nicht berücksichtigt wird und daher zur Unterbewertung von strategischen Handlungsalternativen führt.[68] Eine Vernachlässigung des Optionswertes kann zu Fehlentscheidungen und einer Schwächung der zukünftigen Wettbewerbsposition führen. Daher wird auch in der Unternehmensbewertung die Ergänzung durch eine „strategische Unternehmensbewertung" diskutiert.[69]

Der Wert des Strategiebeitrags setzt sich daher aus dem Wertbeitrag und dem Wert der Option zusammen:

$$Strategiebeitrag = Wertbeitrag + Wert\ der\ Option$$

---

[68] Vgl. Copeland, T./Koller, T./Murrin, J. (1991), S. 343f.; Bühner, R./Weinberger, H.-J. (1991), S. 204ff.; Herter, R.N. (1992), S. 320f.; Laux, C. (1993), S. 933ff.; Unzeitig, E./Köthner, D. (1995), S. 198ff. und Raster, M. (1995), S. 80ff..

[69] Vgl. z.B. Schneider, J. (1986), S. 15ff..; Schneider, J. (1988), S. 522ff.; Schneider, J. (1989), S. 213ff.; Sieben, G./Diedrich, R. (1990), S. 794ff.; Ruhnke, K. (1991), S. 1889ff.; Valcárcel, S. (1992), S. 589ff. und Dirrigl, H. (1994), S. 409ff..

Als **Varianten** derartiger strategischer Realoptionen werden genannt:[70]:

1) Möglichkeit des **Abbruchs von Projekten** oder des **Verkaufs** (Verkaufsoption).

2) Möglichkeit der **Verzögerung** bzw. des **Lernens,** z.B. bei der Erschließung von Rohstoff-Vorkommen oder bei Joint Ventures etc. (Kaufoption).[71]

3) Möglichkeit der **Erweiterung,** d.h. der Realisierung zukünftigen Wachstums (Kaufoption), z.B. bei F&E-Maßnahmen oder bei der Schaffung von Firmenwert.[72]

4) Möglichkeit der **Konsolidierung,** z.B. bei fehlenden Mindestabnahmemengen bei Verträgen mit Lieferanten oder beim Ausstieg aus Gemeinschaftsprojekten etc. (Verkaufsoption).

5) Möglichkeit des **Wechsels,** z.B. Wechsel der eingesetzten Rohstoffe oder Vorprodukte oder Wechsel der Lieferanten beim Second Sourcing (Kauf- und/oder Verkaufsoption).

Durch die Wahrnehmung und Wahrung dieser Optionen kann im Unternehmen der Freiheitsgrad erhöht werden. Durch die größere Flexibilität kann das Management zur Wertsteigerung beitragen.[73]

Zur Bewertung von Optionen werden zwei Alternativen vorgeschlagen:[74]

1) **Das Entscheidungsbaumverfahren:**[75]

Beim Entscheidungsbaumverfahren wird die Entscheidungssituation in einzelne Handlungsalternativen zerlegt, deren Eintreten mit Wahrscheinlichkeiten und entsprechenden Rückflüssen bewertet wird. Das Problem stellt hierbei die Wahl eines geeigneten Kalkulationszinsfußes dar, da das Risiko in den verschiedenen Ästen unterschiedlich ist. Zudem wird die Entscheidungssituation bei realen, mehrstufigen Problemen derart komplex, daß eine Handhabung erschwert wird.[76]

2) **Rückgriff auf das Optionspreis-Binomialmodell aus der Kapitalmarkttheorie:**

Beim Optionspreis-Binomialmodell kann auf die Bestimmung eines risikoangepaßten Kalkulationszinsfusses verzichtet werden. Die Bewertung erfolgt analog zu finanzwirtschaftlichen Optionen unter Rückgriff auf die Bewertungsformel nach *Black/Scholes.*[77] Der Wert einer europäischen Kaufoption ergibt sich nach folgender Gleichung:

---

[70] Vgl. Copeland, T./Koller, T./Murrin, J. (1991), S. 353ff.; Bühner, R./Weinberger, H.-J. (1991), S. 205f. und Herter, R.N. (1992), S. 324f..

[71] Vgl. Kogut, B. (1991), S. 20ff..

[72] Vgl. Myers, S.C. (1984), S. 135f..

[73] Vgl. Copeland, T./Koller, T./Murrin, J. (1991), S. 343ff. und Copeland, T./Weiner, J. (1990), S. 133ff..

[74] Vgl. Copeland, T./Koller, T./Murrin, J. (1991), S. 347ff.; Herter, R.N. (1992), S. 321 und Dirrigl, H. (1994), S. 426.

[75] Vgl. Laux, H. (1971), S. 525ff.; Copeland, T./Koller, T./Murrin, J. (1991), S. 346ff. und Siegel, T. (1994), S. 462f..

[76] Vgl. Herter, R.N. (1992), S. 321 und Dirrigl, H. (1994), S. 426.

[77] Vgl. Black, F./Scholes, M. (1973), S. 637ff.; Myers, S.C. (1984), S. 126ff. und zur Herleitung vgl. Hauck, W. (1991), S. 161ff..

$$\text{Wert der Kaufoption} = S \bullet N(d_1) - X \bullet e^{-rT} \bullet N(d_2)$$

mit

$$d_1 = \frac{\ln(S/X) + r \bullet T + 0.5 \bullet \sigma^2 \bullet T}{\sigma \bullet \sqrt{T}}$$

$$d_2 = \frac{\ln(S/X) + r \bullet T - 0.5 \bullet \sigma^2 \bullet T}{\sigma \bullet \sqrt{T}}$$

$N(x)$:= Verteilungsfunktion der Standardnormalverteilung für den Wert x

S := aktueller Wert der Aktie

X := Bezugspreis bei Ausübung der Option

r := Zinssatz einer risikolosen Anlage

T := Restlaufzeit der Option

σ^2 := Varianz des Aktienkurses

Der Wert der Verkaufsoption ergibt sich wie folgt:

$$\text{Wert der Verkaufsoption} = \text{Wert der Kaufoption} - S + \frac{X}{(1+r)^T}$$

Für eine Realoption sind die finanzwirtschaftlichen Werte S, x und σ^2 aus der realen Entscheidungssituation abzuleiten.[78] Das Optionspreismodell kann nur den Wert der Option ermitteln, nicht jedoch den Strategiebeitrag selbst errechnen. Ferner ist zu fragen, ob die Voraussetzungen des finanzwirtschaftlichen Modells auf derartige reale Optionen übertragbar sind (Verfügbarkeit der Daten, Prämissen des Modells, Abbildbarkeit der Komplexität realer Situationen etc.). Des weiteren stellt sich die Frage, zu welchem Zeitpunkt eine Option ausgeübt werden soll, ob das Verhalten der Konkurrenz und die eigene Reaktion berücksichtigt wird und wie reale Optionen bewußt geschaffen und rechnerisch abgebildet werden können. [79]

Trotz methodischer Bedenken in der Quantifizierung kann die Analyse von strategischen Optionen wertvolle Beiträge zur Erklärung von „strategischen Zuschlägen" zum per Shareholder Value-Ansatz ermittelten Wertbeitrag liefern:[80]

1)   Durch den systematischen Rahmen der Optionspreisansätze kann eine qualitative Bewertung strukturiert werden.

2)   Die Grenzen "klassischer" Diskontierungsverfahren für die Strategiebewertung werden sichtbar.

3)   Die Optionsbewertung liefert grobe Grundregeln für den Wert „strategischer" Optionen, selbst wenn auf eine Quantifizierung verzichtet wird:[81]

---

[78] Vgl. z.B. das Beispiel bei Herter, R.N. (1992), S. 322f..
[79] Vgl. Herter, R.N. (1992), S. 324ff..
[80] Vgl. Herter, R.N. (1992), S. 326 und Dirrigl, H. (1994), S. 426.
[81] Vgl. Kester, W.C. (1984), S. 156f.; Sharp, D.J. (1991), S. 73f. und Herter, R.N. (1992), S. 326.

❑ Je länger die Laufzeit einer Option, desto größer ihr Wert (Restlauf T und Optionswert nach *Black/Scholes* sind positiv korreliert).

❑ Je höher das Risiko in der Strategie, desto größer wird der Wert der Option (positive Korrelation von Varianz σ^2 und Optionswert).

❑ Der Wert einer Option ist höher anzusetzen, wenn aufgrund einer Verzögerungsoption die momentane Ungewißheit der Entscheidungssituation, d.h. ein hohes Risiko, durch spätere bessere Informationslage bereinigt werden kann.

❑ Je höher die Kapitalkosten sind, desto weniger wert sind die zukünftigen, diskontierten Rückflüsse aus der Wahrnehmung der Option und zugleich desto weniger wert ist der notwendige zukünftige Kapitaleinsatz zur Wahrnehmung der Option. Die Wirkung auf den Wert der Option hängt von der Stärke der beiden gegenläufigen Zusammenhänge ab:

$$(r\uparrow => d_1 \uparrow => S * N(d_1) \uparrow) \text{ versus } (r\uparrow => d_2 \uparrow => -X*e^{-rT} * N(d_2) \downarrow).$$

4) Wird der Strategiebeitrag als Summe von Wertbeitrag und Optionswert betrachtet, kann das Management, ohne die Option explizit zu bewerten, entscheiden, ob es gewillt ist, negative Wertbeiträge als Preisuntergrenze für die Option in Kauf zu nehmen, um strategische Optionen realisieren zu können.

Trotz der Tatsache, daß die Berücksichtigung von strategischen Optionen zusätzlich zum Wertbeitrag bei der Quantifizierung eine Reihe von Problemen aufwirft, zeigt die Analyse, daß die Diskontierung freier Cash Flows im Shareholder Value-Ansatz bei der Strategiebewertung zumindest um eine qualitative Analyse von strategischen Optionen ergänzt werden sollte.

4.3.3.4.3. *Unternehmenswertorientierte Bewertung von Geschäftsfeldstrategien*

Abschließend sollen anhand des obigen Beispiels nochmals die bereits vorgestellten fünf Schritte nach *Rappaport* zur Bewertung von Strategien mit Hilfe des Shareholder Value-Ansatzes verdeutlicht werden:

1) **Bestimmung einer Grenzumsatzrendite (v.St.) für zusätzlich erzielten Umsatz**

   Für die fünf Strategiealternativen liegt die Grenzumsatzrendite im ersten Jahr, wie sie dem Strategievergleich zu entnehmen ist, zwischen 3,40 % und 4,66 %.

2) **Vergleich der Mindestrendite mit Vergangenheit und Zukunftsschätzungen**

   Die Umsatzrendite des Basisjahres liegt mit 4 % in der Bandbreite der Umsatzrendite und würde daher ein Warnsignal geben. Für die Zukunft liegen die Renditeschätzungen jedoch weit über der Grenzumsatzrendite, da angenommen wird, daß Belastungen durch die Entwicklung der Verfahren und die Anlaufphase wegfallen. Die durchwegs positiven Wertsteigerungen gegenüber dem „Prestrategy Value" bestätigen die Ergebnisse.

3) **Bestimmung des Strategiebeitrages alternativer Strategien auf Geschäftsfeldebene**

   Die Wertbeiträge für die fünf alternativen Strategien wurden errechnet und lassen sich obiger Tabelle entnehmen.

4)   **Bewertung der finanziellen Tragbarkeit der Pläne**

Die größte finanzielle Unterdeckung (Freier Cash Flow < 0) entsteht mit 170 TDM im ersten Jahr bei Alternative B1. Da nähere Informationen fehlen, ist Sorge zu tragen, daß diese Unterdeckung vom Unternehmen finanziert werden kann, falls sich das Management für diese Strategievariante entscheiden sollte.

5)   **Finanzielle Bewertung der Geschäftseinheiten und des Gesamtunternehmens**

Die alternativen Wertbeiträge der Strategien sind gleichzusetzen mit alternativen Wertbeiträgen der strategischen Geschäftseinheiten. Der quantitative Ansatz der Strategiebewertung darf jedoch nicht darüber hinwegtäuschen, daß die Analyse allenfalls zur Ergänzung einer umfassenden quantitativen sowie qualitativen Strategiebewertung zu sehen ist. Eine eigene unternehmenswertorientierte Bewertung des Gesamtunternehmens soll im Beispiel nicht erfolgen.

Es sollte jedoch nicht vergessen werden, daß der Shareholder Value-Ansatz nur eine Ergänzung „klassischen" strategischen Instrumentariums zur Strategiebewertung darstellt, die jedoch eine unternehmenswertorientierte Beurteilung ermöglicht.

5. Schlußbetrachtung und zusammenfassende Ergebnisse

Zielsetzung des vorliegenden Buches ist es, die eingangs festgestellte Implementierungslücke im operativen und strategischen Controlling durch die Entwicklung eines unternehmenswertorientierten Controlling-Konzeptes zu schließen. Zum Schluß dieses Buches sollen daher zunächst konzeptionelle Kritikpunkte dargestellt werden, um ergänzend Rahmenbedingungen für die Implementierung aufzuzeigen. Die wichtigsten Ergebnisse des Buches werden abschließend thesenartig zusammengefaßt.

5.1. Kritikpunkte am Shareholder Value-Ansatz

Nachdem in den vorangehenden Kapiteln bereits methodische und instrumentelle Kritikpunkte dargestellt und beleuchtetwurden, sollen abschließend Kritikpunkte betrachtet werden, die den Shareholder Value-Ansatz als solches in Frage stellen:[1]

❑ Der Shareholder Value-Ansatz führe zu der Gefahr, daß Unternehmen „versilbert, ausgeraubt oder ausgeschlachtet" werden.[2]

Dem ist entgegenzuhalten, daß der Shareholder Value-Ansatz eine langfristige Unternehmenswertsteigerung beabsichtigt, die der kurzfristigen Orientierung des Managements gegenübergestellt werden kann. Nichtsdestotrotz können kurzfristige „asset reallocations" zu Wertsteigerungen beitragen.

❑ Die Interessen anderer Stakeholder, wie z.B. der Arbeitnehmer, Kunden, Lieferanten oder Kreditgeber würden vernachlässigt (**Stakeholder-Ansatz oder Konzept der Anspruchsgruppen**).[3]

Es ist einzuräumen, daß die unternehmerische Verantwortung die Berücksichtigung aller Interessengruppen bedingt. Das dies insbesondere in kontinental-europäischen Ländern und in Japan betont wird, verdeutlicht eine internationale Befragung von *Yoshimori*, welchen Anspruchsgruppen bei Managemententscheidungen Priorität eingeräumt wird.[4] Die Ergebnisse sind in nachfolgender Abbildung zusammengefaßt.

Die traditionelle Gewinnorientierung steht jedoch vor dem gleichen Problem. Sowohl die Zielgröße „Gewinn" als auch der „Unternehmenswert" sind Residualgrößen, die nach Bedienung der anderen Interessengruppen verbleibende Überschüsse darstellen.[5] *Busse von Colbe* verweist zudem darauf, daß die anderen Stakeholder i. d. R. durch

---

1 Vgl. z.B. Bühner, R. (1989), S. 7; Day, G.S./Fahey, L. (1990), S. 156ff.; Bühner, R. (1994), S. 7; Dirrigl, H. (1994), S. 421 und Höfner, K. (1994), S. 32ff..
2 Vgl. Bühner, R. (1989), S. 7.
3 Vgl. die Kritik bei Breme, K. (1996), S. 25 und zum Stakeholder-Ansatz z.B. Cyert/March (1963), S. 27; Freeman, R.E. (1983), S. 30ff. und Achleitner, P. (1985), S. 73.
4 Vgl. die Studie von Yoshimori, M. (1995), S. 33ff..
5 Vgl. ebenso Bühner, R. (1989), S. 7; Ballwieser, W. (1994), S. 1389f. und Hostettler, S. (1995), S. 308.

Verträge mit festen gegenseitigen Ansprüchen bzw. vielfältige Schutzvorschriften im Gegensatz zu den Residualeinkommensbeziehern, den Eigentümern abgesichert seien.[6]

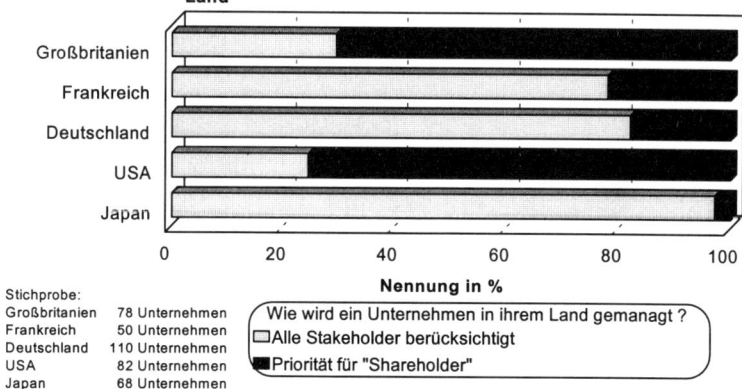

Abb. 5.1.: Stakeholder- versus Shareholder-Orientierung im internationalen Vergleich

❑ Die Methodik des Shareholder Value-Ansatzes beruhe auf restriktiven Annahmen, sei komplex und bezüglich ihrer Ergebnisse manipulierbar.

Wie bereits ausgeführt, kann der Einwand nicht ohne weiteres von der Hand gewiesen werden. An den einzelnen Stellen wurden Hinweise für Umsetzungsmöglichkeiten gegeben, die die Akzeptanz erhöhen können. Des weiteren sind derzeit keine geeigneteren methodischen Alternativen zur Berücksichtigung des Unternehmenswertes in der Unternehmenssteuerung erkennbar.

❑ Der Shareholder Value-Ansatz berge die Gefahr, daß die Innovation und Kreativität von Strategien durch den Zwang zur monetären Abbildung erstickt wird.

Da diese Gefahr durchaus besteht, ist der Shareholder Value-Ansatz auf die Phase der Strategiebewertung zu beschränken, wobei einzuräumen ist, daß Effekte von Strategien, wie z.B. Verlust von Kunden oder Markenimage, nur schwer monetarisierbar sind.

❑ Durch den ausschließlich monetären Bezug simplifiziere der Shareholder Value-Ansatz die i.d.R. multikriterielle Unternehmensbewertung.

Auch diesem Kritikpunkt ist prinzipiell zuzustimmen, da durchaus im Rahmen der subjektiven Unternehmensbewertung nicht-monetäre Entscheidungskriterien eine gewichtige Rolle bei der Bewertung spielen können.

5.2. Rahmenbedingungen für die Implementierung

Die oben genannten, zum Teil berechtigten Vorbehalte bedingen für die praktische Umsetzung eine Reihe von Rahmenbedingungen, auf die - ohne sie detailliert ausführen zu wollen - verwiesen werden soll:[7]

---

[6]) Vgl. Busse von Colbe, W. (1995), S. 713.
[7] Vgl. z.B. die Empfehlungen zur Implementierung des Shareholder Value-Ansatzes bei Blyth, M.L./Friskey, E.A./Rappaport, A. (1986), S. 58; Reimann, B.C. (1986), S. 6ff. und Day, G.S./Fahey, L. (1990), S. 156ff..

❑ Intensive Schulung von Managern zum Shareholder Value-Ansatz, um ein Verständnis für die notwendigen Instrumente zu erzielen.

❑ Inkorporation des Shareholder Value-Ansatzes in das traditionelle Planungs- und Budgetierungsverfahren.

❑ Aufbau eines Anreizsystems, das eine langfristige Erfolgsmessung am erreichten Unternehmenswert erlaubt.

❑ Aufbau von Investor Relations, die der Verbesserung des Informationsangebotes des Unternehmens gegenüber den Eigentümern bzw. dem Kapitalmarkt dienen.

❑ Bewußte Berücksichtigung von Verhaltensaspekten, wie sie den Grundtypen asymmetrischer Informationsverteilung zugrundeliegen.

❑ Hinterfragen von Voraussetzungen und Annahmen des Shareholder Value-Ansatzes, um sich über Möglichkeiten und Grenzen bewußt zu werden.

Die Erfüllung dieser Rahmenbedingungen stellt eine notwendige Voraussetzung für eine erfolgreiche Umsetzung des unternehmenswertorientierten Controlling dar, das isoliert betrachtet nur teilweise in der Lage sein wird, Wertsteigerungsziele zu erreichen.

5.3. Zusammenfassende Thesen

Zur Gewinnung einer Konzeption des unternehmenswertorientierten Controlling und zur Ableitung von Instrumenten zur Entscheidungsunterstützung wurde, wie bereits im einleitenden ersten Kapitel erwähnt, folgende Vorgehensweise gewählt:

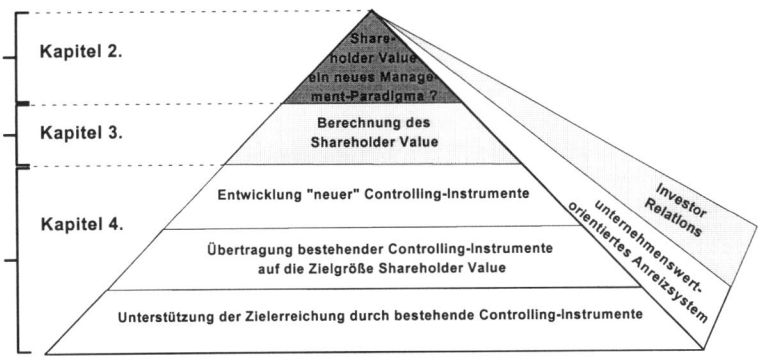

Abb. 5.2.: Unternehmenswertorientierte Controlling-"Pyramide"

Abschließend sollen thesenartig die wichtigsten Ergebnisse zur Ausgestaltung eines unternehmenswertorientierten Controlling-System zusammengefaßt werden:

❑ Die Gefahr von Unternehmensübernahmen zwingt die Unternehmen, bestehende Differenzen zwischen dem aktuellen Unternehmenswert und dem potentiell realisierbaren Unternehmenswert (Wertlücke) abzubauen.

❑ Die Institutionalisierung und die Internationalisierung des Anteilsbesitzes sowie der Markt für Unternehmenskontrolle bewirken eine stärkere Shareholder Value-Orientierung deutscher Unternehmen.

❑ Informationsasymmetrien zwischen Management und Eigentümern können durch Informations- und Kontrollsysteme (unternehmenswertorientiertes Controlling) ergänzend zur Ausgestaltung von Anreizsystemen, rechtlichen Vorgaben sowie organisatorischen und psychologischen Lösungsmechanismen abgebaut werden.

❑ Schwächen „traditioneller", i.d.R. gewinnorientierter Steuerungsgrößen können durch die Modifikation der Erfolgskennzahlen teilweise behoben werden. Teilweise ist jedoch eine Ergänzung um unternehmenswertorientierte Erfolgskennzahlen geboten.

❑ Um Wertsteigerungen auch am externen Kapitalmarkt realisieren zu können, ist bei börsennotierten Gesellschaften der Shareholder Value-Ansatz um entwickelte Investor Relations zu ergänzen. Zur Unterstützung der unternehmensinternen Umsetzung sind unternehmenswertorientierte Anreizsysteme zu empfehlen.

❑ Der Shareholder Value-Ansatz ist geeignet, die Zielgröße „Erfolgspotential" zu monetarisieren und führt dadurch zu einer Ergänzung des strategischen Managements.

❑ Aspekte des Shareholder Value-Ansatzes sind in das Controlling zu integrieren, indem es zu einem unternehmenswertorientierten Controlling erweitert wird.

❑ Neben die klassischen Funktionen der Unternehmensbewertung tritt zusätzlich die „Steuerungsfunktion" zur entscheidungsorientierten, subjektiven Unternehmensbewertung im Rahmen des Controlling.

❑ Der Cash Flow-orientierte Ansatz ist zur Erfüllung der Steuerungsfunktion gegenüber der modifizierten Ertragswertmethode zu präferieren.

❑ Im Rahmen des unternehmenswertorientierten Controlling ist der Gesamtunternehmenswert in Wertbeiträge einzelner (strategischer) Geschäftseinheiten und in den Wertbeitrag der Unternehmenszentrale zu zerlegen. Ebenso ist für die verfolgten Zwecke der Gesamtkapitalansatz dem Eigenkapitalansatz vorzuziehen.

❑ Die im Schrifttum formulierten Free Cash Flow-Ansätze sind vielfältig und inhaltlich teilweise inkonsistent.

❑ Der Free Cash Flow des Shareholder Value-Ansatzes kann als Änderung des Fonds der liquiden Mittel vor Außenfinanzierung einer vollständigen Kapitalflußrechnung interpretiert werden.

❑ Für das deutsche Steuersystem ist der Freie Cash Flow nach nicht-anrechenbaren Steuern, jedoch vor Körperschaftsteuer zu definieren.

❑ Die Kosten der Beteiligungsfinanzierung haben das unternehmensspezifische Risiko zu berücksichtigen.

❑ Zur Ableitung risikoangepaßter Eigenkapitalkosten sind das CAPM und die APT nur bedingt geeignet, da die konzeptionellen und empirischen Probleme des Verfahrens zu berücksichtigen sind.

❑ Eine Plausibilitätsüberprüfung der risikoangepaßten Eigenkapitalkosten, z.B. mit Sicherheitsäquivalenten, ist geboten.

❑ Für in Deutschland i.d.R. nicht börsennotierte Geschäftseinheiten können nur ersatzweise Hilfsmethoden zur Gewinnung risikoangepaßter Kapitalkosten angewandt werden.

❑ Das Tax Shield der Fremdfinanzierung ist an das deutsche Steuersystem anzupassen und beim Gesamtkapitalansatz in den gewichteten durchschnittlichen Kapitalkosten zu berücksichtigen.

❑ Die Finanzrechnung sowie die Bilanz- und Erfolgsrechnung erfüllen die Anforderungskriterien des Shareholder Value-Ansatzes nur ungenügend.

❑ Das unternehmenswertorientierte operative Controlling fußt auf einer Synthese der mehrperiodigen Finanzierungsrechnung und der Kosten- und Leistungsrechnung.

❑ Der CFROI und der EVA greifen als einperiodige, unternehmenswertorientierte Erfolgskennzahlen zu kurz, wenngleich sie eine Verbesserung gegenüber gewinnorientierten Erfolgskennzahlen darstellen.

❑ Aufwands- und ertragsorientierte Ansätze zur Ableitung unternehmenswertorientierter Erfolgskennzahlen sind wegen ihrer Gewinnorientierung und der zugrundeliegenden Annahmen zur unternehmenswertorientierten Unternehmenssteuerung nur bedingt geeignet.

❑ Der VRoI bedarf des Vergleichs mit einem status quo und ist daher zur unternehmenswertorientierten Beurteilung einer strategischen Geschäftseinheit nur bedingt geeignet.

❑ Der Par RoI nach PIMS stellt keine unternehmenswertorientierte Erfolgskennzahl dar, kann jedoch als Benchmark für Plausibilitätsprüfungen verwandt werden.

❑ Existierende Kennzahlensysteme sind i.d.R. einperiodig und nur auf eine einzelne Geschäftseinheit bezogen. In dem vorgeschlagenen dreistufigen Kennzahlensystem kann sowohl die Gesamtunternehmensebene, die Ebene der Geschäftseinheiten sowie ein einzelnes Planjahr sowohl als Rechen- als auch als Ordungssystem abgebildet werden.

❑ Kurzfristige Erfolgsrechnungen sind um Cash Flow-orientierte Ergebnisrechnungen und um langfristige Projekt-, Produkt- und Gesamtunternehmensrechnungen zu ergänzen.

❑ Der Shareholder Value kann in den Vergangenheitserfolg, den Periodenerfolg und den Zukunftserfolg i.w.S. zerlegt werden, wobei sich letzterer wiederum aus dem Zukunftserfolg i.e.S. und dem Restwert zusammensetzt.

❑ Mit Hilfe einer kumulativen Abweichungsanalyse können Änderungen im Shareholder Value gegenüber der ursprünglichen Planung betragsmäßig in einzelne Wertabweichungen für die bestimmenden Werttreiber zerlegt werden.

❑ Im Rahmen einer unternehmenswertorientierten Break-Even-Analyse kann sowohl für den Fall des Nullwachstums als auch für den Fall des Wachstums eine Mindestumsatzrendite ermittelt werden. Im dynamischen Fall kann eine Break-Even-Time und eine Time to Free Cash Flow zur Steuerung von strategischen Geschäftseinheiten und Projekten berechnet werden.

❑ Unsicherheiten in der zukunftsbezogenen Shareholder Value-Analyse sind durch Risikozuschläge zum risikofreien Zinssatz, durch Risikoabschläge von den Rückflüssen, durch Sensitivitätsanalysen, durch Worst-Case/Best-Case-Analysen und durch Monte Carlo-Simulationen zu berücksichtigen.

❑   „Traditionelle" Controllinginstrumente, wie z.B. Target Costing, Life Cycle Costing oder Prozeßanalysen, können zur Unterstützung des unternehmenswertorientierten Controlling beitragen.

❑   Elemente des Shareholder Value-Ansatzes, wie z.b. risikoangepaßte Kapitalkosten, sind in die Kosten- und Leistungsrechnung und die Finanzierungsrechnung zu integrieren.

❑   Werttreiberorientierte Matrixdarstellungen dienen der Berücksichtigung des Shareholder Value-Ansatzes im strategischen Portfolio-Management. Das Leaning Brick Pile erlaubt zusätzlich, die Dimensionierung des Gesamtunternehmens zu überprüfen.

❑   Den Vergleich des aktuellen Wertbeitrages mit dem zukünftigen, potentiellen Wertbeitrag einer Geschäftseinheit ermöglichen unternehmenswertorientierte Performance-Matrizen.

❑   Die Optionspreistheorie ist zur Bewertung realer strategischer Optionen nur beschränkt geeignet, eröffnet jedoch zumindest Ansatzpunkte zu einer qualitativen Diskussion.

❑   Strategische Alternativen können mit Hilfe des Shareholder Value-Ansatzes nach monetären Gesichtspunkten bewertet werden.

Es bleibt der Unternehmenspraxis überlassen, inwieweit sie in der Lage ist, die dargestellten Ansatzpunkte eines unternehmenswertorientierten Controlling umsetzen zu können und wirtschaftliches Handeln entsprechend seines Wortursprunges zu verstehen: Werte zu schaffen.

Literaturverzeichnis

Abell, D.F. (1980): Defining the Business - The Starting Point of Strategic Planning, Englewood Cliffs 1980.

Achleitner, P. (1985): Sozio-politische Strategien multinationaler Unternehmungen, Bern 1985.

Adams, M. (1990): Höchststimmrechte, Mehrfachstimmrechte und sonstige wundersame Hindernisse auf dem Markt für Unternehmenskontrolle, in: Die Aktiengesellschaft, 35. Jg., Heft 2, 1990, S. 63-77.

Adams, M. (1994): Die Usurpation von Aktionärsbefugnissen mittels Ringverflechtung in der „Deutschland AG" - Vorschläge für Reformen im Wettbewerbs-, Steuer- und Unternehmensrecht, in: Die Aktiengesellschaft, 39. Jg., Heft 4, 1994, S. 148-158.

Agthe, K. (1959): Stufenweise Fixkostendeckung im System des Direct Costing, in: Zeitschrift für Betriebswirtschaft, 29. Jg., 1959, Heft 7, S. 404-418.

Akerlof, G.A. (1970): The Market for "Lemons": Qualitative Uncertainty and the Market Mechanism, in: Quarterly Journal of Economics, Vol. 84, No. 3, 1970, S. 488-500.

Albrecht, S. (1994): Erfolgreiche Zusammenschlußstrategien - Eine empirische Untersuchung deutscher Unternehmen, Diss., Wiesbaden 1994.

Alchian, A.A./Demsetz, H. (1972): Production, Information Costs and Economic Organization, in: American Economic Review, Vol. 62, No. 5, 1972, S. 777-795.

Amen, M. (1995): Die Kapitalflußrechnung als Rechnung der Finanzlage - Eine kritische Betrachtung der Stellungnahme HFA 1/1995: „Die Kapitalflußrechnung als Ergänzung des Jahres- und Konzernabschlusses", in: Die Wirtschaftsprüfung, 48. Jg., Heft 15, 1995, S. 498-509.

Anderson, H.R./Needles, B.E./Caldwell, J.C. (1989): Managerial Accounting, Boston 1989.

Andreae, M. (1980): Netto-Cash Flow und Ronagraph als Instrumente der strategischen Planung, in: Controller Magazin, 1980, S. 95-102.

Arbeitskreis „Finanzierung" der Schmalenbach-Gesellschaft - DeutscheGesellschaft für Betriebswirtschaft e.V. (AK Finanzierung) (1996): Wertorientierte Unternehmenssteuerung mit differenzierten Kapitalkosten, in: Zeitschrift für betriebswirtschaftliche Forschung, 48. Jg., Heft 6, 1996, S. 543-578.

Arrow, K.J. (1985): The Economics of Agency, in: Pratt, J.W./Zeckhauser, J. (Hrsg): Principals and Agents: The Structure of Business, Boston 1985, S. 37-51.

Arzac, E.R. (1986): Do your business units create shareholder value ?, in: Harvard Business Review, Vol. 64, No. 1, January/February 1986, S. 121-126.

ASB (1991): Cash Flow Statement, Financial Reporting Standard No. 1, Accounting Standards Board, in: Accountancy, Vol. 108, No. 11, November 1991, S. 129-140.

Asquith, P. (1983): Merger Bids, Uncertainty, and Stockholder Wealth, in: Journal of Financial Economics, Vol. 11, No. 1, 1983, S. 51-83.

Back-Hock, A. (1988): Lebenszyklusorientiertes Produktcontrolling - Ansätze zur computergestützten Realisierung mit einer Rechnungswesen-Daten- und Methodenbank, Berlin u.a. 1988.

Baden, K. (1994): Alternative Ansätze zur Performance-Messung von Unternehmen, in: Höfner, K./Pohl, A. (Hrsg.): Wertsteigerungsmanagement - Das Shareholder Value-Konzept: Methoden und erfolgreiche Beispiele, Frankfurt a.M./New York 1994, S. 116-149.

Baden, K./Demmer, C./Heismann, G./Poweleit, M./Ulrich, S./Wilhelm, W. (1989): Was deutsche Aktien wirklich wert sind - Börsenunternehmen im Test, in: Manager Magazin, 19. Jg., Heft 11, 1989, S. 132-219.

Baetge, J. (1994): Rating von Unternehmen anhand von Bilanzen, in: Die Wirtschaftsprüfung, 47. Jg., Heft 1, 1994, S. 1-10.

Baetge, J./Apelt, B. (1990): Aktuelle Probleme des Publizitätsverhaltens von mittelständischen Gesellschaften mit beschränkter Haftung, in: Neue Wirtschaftsbriefe, Heft 13, Beilage 2/1990, 1990, S. 1-22.

Baetge, J./Krause, C. (1994): Die Berücksichtigung des Risikos bei der Unternehmensbewertung - Eine empirisch gestützte Betrachtung des Kalkulationszinses, in: Betriebswirtschaftliche Forschung und Praxis, 46. Jg., Heft 5, 1994, S. 433-456.

Baetge, J./Krumbholz, M. (1991): Überblick über Akquisition und Unternehmensbewertung, in: Baetge, J. (Hrsg.): Akquisition und Unternehmensbewertung, Düsseldorf 1991.

Ballwieser, W. (1981): Die Wahl des Kalkulationszinsfußes bei der Unternehmensbewertung unter Berücksichtigung von Risiko und Geldentwertung, in: Betriebswirtschaftliche Forschung und Praxis, 33. Jg., Heft 2, 1981, S. 97-114.

Ballwieser, W. (1988): Unternehmensbewertung bei unsicherer Geldentwertung, in: Zeitschrift für betriebswirtschaftliche Forschung, 40. Jg., Heft 9, 1988, S. 798-812.

Ballwieser, W. (1989): Auditing in an Agency Setting, in: Bamberg, G./Spremann, K. (Hrsg.): Agency Theory, Information, and Incentives, Berlin u.a. 1989, S. 327-346.

Ballwieser, W. (1990): Unternehmensbewertung und Komplexitätsreduktion, 3. Aufl., Wiesbaden 1990.

Ballwieser, W. (1991): Unternehmensbewertung mit Hilfe von Multiplikatoren, in: Rückle, D. (Hrsg.): Aktuelle Fragen der Finanzwirtschaft und der Unternehmensbesteuerung, Festschrift für Erich Loitlsberger, Wien 1991, S. 47-66.

Ballwieser, W. (1993): Methoden der Unternehmensbewertung, in: Gerhardt, G./Gerke, W./Steiner, M. (Hrsg.): Handbuch des Finanzmanagements, Instrumente und Märkte der Unternehmensfinanzierung, München 1993, S. 151-177.

Ballwieser, W. (1994): Adolf Moxter und der Shareholder Value-Ansatz, in: Ballwieser, W./Böcking, H.-J./Drukarczyk, J./Schmidt, R.H. (Hrsg.): Bilanzrecht und Kapitalmarkt, Festschrift zum 65. Geburtstag von Prof. Dr. Dr. h.c. Dr. h.c. Adolf Moxter, Düsseldorf 1994, S. 1377-1405.

Ballwieser, W. (1995): Aktuelle Aspekte der Unternehmensbewertung, in: Die Wirtschaftsprüfung, 48. Jg., Heft 4-5, 1995, S. 119-129.

Bamberg, G. (1989): Risk Sharing and Subcontracting, in: Bamberg, G./Spremann, K. (Hrsg.): Agency Theory, Information, and Incentives, Berlin u.a. 1989, S. 61-79.

Bamberg, G./Baur, F. (1993): Statistik, 8. Aufl., München 1993.

Bamberg, G./Coenenberg, A.G. (1994): Betriebswirtschaftliche Entscheidungslehre, 8. Aufl., München 1994.

Bamberger, B. (1993): Der Erfolg von Unternehmensakquisitionen in Deutschland - Eine theoretische und empirische Untersuchung, Diss., Bergisch Gladbach/Köln 1993.

Banz, R.W. (1981): The relationship between return and market value of common stocks, in: Journal of Financial Economics, Vol. 10, No. 9, 1981, S. 3-18.

Barlage, T. (1980): Die Risikoprämie am deutschen Aktienmarkt: Eine empirische Untersuchung, Diss., Berlin 1980.

Barnes, P. (1978): The effect of a merger on the share price of the attacker, in: Accounting and Business Research, Vol. 9, Summer 1978, S. 162-168.

Barthel, C.W. (1990): Unternehmenswert: Der Markt bestimmt die Bewertungsmethode, in: Der Betrieb, 43. Jg., Heft 23, 1990, S. 1145-1152.

Barzen, D./Wahle, P. (1990): Das PIMS-Programm - was es wirklich wert ist, in: Harvard Manager, 12. Jg., Heft 1, 1990, S. 100-109.

Basu, S. (1983): The relationship between earnings yield, market value, and return for NYSE common stocks: Further evidence, in: Journal of Financial Economics, Vol. 12, No. 3, June 1983, S. 129-156.

Bauer, C. (1992): Das Risiko von Aktienanlagen - Die fundamentale Analyse und Schätzung von Aktienrisiken, Diss., Köln 1992.

Baumol, W.J. (1963): On dividend policy and market imperfection, in: Journal of Business, Vol. 36, No. 1, 1963, S. 112-115.

Beaver, W./Kettler, P./Scholes, M. (1970): The Association Between Market Determined and Accounting Determined Risk Measures, in: Accounting Review, Vol. 45, No. 4, 1970, S. 654-682.

Beaver, W.H./Manegold, J. (1975): The Association between Market-Determined and Accounting-Determined Measures of Systematic Risk: Some Further Evidence, in: Journal of Financial and Quantitative Analysis, Vol. 10, No. 6, June 1975, S. 231-284.

Becker, G.M. (1995): Shareholder Value Analysis als Instrument der strategischen Planung, in: Das Wirtschaftsstudium, 24. Jg., Heft 2, 1995, S. 122-124.

Behm, U. (1994): Shareholder-Value und Eigenkapitalkosten von Banken, Diss., Bern/Stuttgart/Wien 1994.

Belkaoui, A. (1978): Financial Ratios as predictors of Canadian takeovers, in: Journal of Business Finance and Accounting, Vol. 5, No. 1, 1978, S. 93-108.

Benner-Heinacher, J. (1994): Unternehmensschutz hat Vorrang vor der Freiheit der Wissenschaft, in: Handelsblatt, 5.4.1994, S. 5.

Berle, A./Means, G. (1932): The Modern Corporation and Private Property, New York 1932.

Bernards, O. (1994): Segmentberichterstattung diversifizierter Unternehmen - Theoretische und empirische Analyse, Diss., Bergisch Gladbach/Köln 1994.

Berndsen, H.P. (1979): Unternehmenspublizität - Eine empirische Untersuchung zur Messung des Publizitätsverhaltens großer börsennotierter Aktiengesellschaften und der Auswirkung auf die Anlageentscheidungen am Aktienmarkt, Diss., Augsburg 1979.

Berry, M./Burmeister, E./McElroy, M. (1988): Sorting out risks using known APT factors, in: Financial Analysts Journal, Vol. 44, No. 2, March/April 1988, S. 29-42.

Bhandari, L.C. (1988): Debt/Equity ratio and expected common stock returns: Empirical evidence, in: Journal of Finance, Vol. 43, No. 2, June 1988, S. 507-528.

Biddle, G.C./Lindahl, F.W. (1982): Stock price reactions to LIFO adoptions: The association between excess returns and LIFO tax savings, in: Journal of Accounting Research, Vol. 5, No. 3, Autumn 1982, S. 551-558.

Biddle,G.C./Bowen, R.M./Wallace, J.S. (1987): Evidence on the Relative and Incremental Information Content of EVA, Residual Income, Earnings and Operating Cash Flow, Paper presented at the 20th EAA Annual Congress, Graz, April 1997.

Bimberg, L.L. (1991): Langfristige Renditeberechnung zur Ermittlung von Risikoprämien, Frankfurt a.M. 1991.

Bischoff, J. (1994): Das Shareholder Value-Konzept, Darstellung - Probleme - Handhabungsmöglichkeiten, Diss., Wiesbaden 1994.

Bitz, M. (1976): Äquivalente Zielkonzepte für Modelle zur simultanen Investitions- und Finanzplanung, in: Zeitschrift für betriebswirtschaftliche Forschung, 28. Jg., Heft 5, 1976, S. 485-501.

Black, B.S. (1989): Bidder Overpayment in Takeovers, in: Stanford Law Review, 1989, S. 597-660.

Black, F. (1972): Capital Market Equilibrium with Restricted Borrowing, in: Journal of Business, Vol. 45, 1972, S. 444-455.

Black, F. (1993): Estimating Expected Return, in: Financial Analysts Journal, Vol. 49, No. 5, September/October 1993, S. 36-38.

Black, F./Jensen, M./Scholes, M. (1972): The Capital Asset Pricing Model: Some Empirical Tests, in: Jensen, M. (Hrsg.): Studies in the Theory of Capital Markets, New York 1972, S. 79-124.

Black, F./Scholes, M. (1973): The Pricing of Options and Corporate Liabilities, in: Journal of Political Economy, Vol. 81, No. 3, May/June 1973, S. 637-654.

Black, F./Scholes, M. (1974): The Effects of Dividend Yield and Dividend Policy on Common Stock Prices and Returns, in: Journal of Financial Economics, Vol. 1, No. 5, May 1974, S. 1-22.

Blazek, A./Deyhle, A. (1976): Treasurer-Controller-Aufgaben, in: Blazek, A./Deyhle, A./Jehle, K. (Hrsg.): Finanz-Controlling, Gauting b. München 1976, S. 31-45.

Blyth, M.L./Friskey, E.A./Rappaport, A. (1986): Implementing the Shareholder Value Approach, in: The Journal of Business Strategy, Vol. 7, No. 3, Winter 1986, S. 48-58.

Bonacker, M./Lottner, J./Ollmann, M./Raab, M. (1995): Finanzdienstleister: Maßgeschneidertes Wertmanagement, in: McKinsey (Hrsg.): Management des Unternehmenswertes, München 1995, S.29-40.

Boquist, J./Moore, W. (1983): Estimating the Systematic Risk of an Industry Segment: A Mathematical Programming Approach, in: Financial Management, Vol. 12, No. 4, 1983, S. 11-18.

Börsig, C. (1993): Unternehmenswert und Unternehmensbewertung, in: Zeitschrift für betriebswirtschaftliche Forschung, 45. Jg., Heft 1, 1993, S. 79-91.

Bösenberg, D./Metzen, H. (1993): Lean Management - Vorsprung durch schlanke Konzepte, 4. Aufl., Landsberg/Lech 1993.

Boston Consulting Group (BCG) (1992): Überlegene Investitionsentscheidungen durch CFROI, Kommentare, Juni, München 1992.

Bötzel, S. (1993): Ein Modell zur Beschreibung der Publizitätsgüte deutscher Konzerne, in: Die Wirtschaftsprüfung, 46. Jg., Heft 7, 1993, S. 201-208.

Bramsemann, R. (1978): Controlling, Wiesbaden 1978.

Branch, B./Gale, B.T. (1984): Linking Stock Price Performance to Strategy Formulation, in: Lamb, R.B. (Hrsg.): Competitive Strategic Management, Englewood Cliffs 1984, S. 611-633.

Brealey, R.A./Myers, S.C. (1991): Principles of Corporate Finance, 4. Aufl., New York u.a. 1991.

Breeden, D.T. (1979): An Intertemporal Asset Pricing Model with Stochastic Consumption and Investment Opportunities, in: Journal of Financial Economics, Vol. 7, September 1979, S. 265-296.

Breeden, D.T./Gibbons, M.R./Litzenberger, R.H. (1989): Empirical Tests of the Consumption-Oriented CAPM, in: Journal of Finance, Vol. 44, No. 2, 1989, S. 231-262.

Breid, V. (1994): Erfolgspotentialrechnung - Konzeption im System einer finanztheoretisch fundierten, strategischen Erfolgsrechnung, Diss., Stuttgart 1994.

Breme, K. (1996): Die Unersättlichen, in: Die Woche, 14. Juni 1996, S. 25.

Bretzke, W.-R. (1988): Risiken in der Unternehmensbewertung, in: Zeitschrift für betriebswirtschaftliche Forschung, 40. Jg., Heft 9, 1988, S. 813-823.

Brigham, E.F./Gapenski, L.C. (1991): Financial Management - Theory and Practice, 6. Aufl., Fort Worth u.a. 1991.

Brown, R.J./Yanuck, R.R. (1985): Introduction to Life Cycle Costing, Englewood Cliffs, N.J. 1985.

Bruner, R.F. (1988): The Use of Excess Cash and Debt Capacity as a Motive for Merger, in: Journal of Financial and Quantitative Analysis, Vol. 23, No. 2, June 1988, S. 199-217.

Bruse, H./Solaro, D. (1991): Vermögenscontrolling, in: Zeitschrift für Betriebswirtschaft, Ergänzungsheft 3, 1991, S. 217-232.

Buchmann, R./Chmielewicz, K. (Hrsg.) (1990): Finanzierungsrechnung - Empfehlungen des Arbeitskreises "Finanzierungsrechnung" der Schmalenbach-Gesellschaft - Deutsche Gesellschaft für Betriebswirtschaft e.V., Düsseldorf 1990.

Buchner, R./Englert, J. (1994): Die Bewertung von Unternehmen auf der Basis des Unternehmensvergleichs, in: Betriebsberater, 49. Jg., Heft 23, 1994, S. 1573-1580.

Buckley, A. (1972): A profile of industrial acquisition in 1971, in: Accounting and Business Research, Vol. 3, Autumn 1972, S. 243-252.

Bühner, R. (1989): Möglichkeiten der unternehmerischen Gehaltsvereinbarung für das Top-Management - Mit Puts und Calls zu aktionärsfreundlichen Tantiemeregelungen, in: Der Betrieb, 42. Jg., Heft 44, S. 2181-2186.

Bühner, R. (1990): Das Management-Wert-Konzept, Strategien zur Schaffung von mehr Wert im Unternehmen, Stuttgart 1990.

Bühner, R. (1990a): Reaktionen des Aktienmarktes auf Unternehmenszusammenschlüsse, in: Zeitschrift für betriebswirtschaftliche Forschung, 42. Jg., Heft 4, 1990, S. 295-316.

Bühner, R. (1990b): Der Jahresabschlußerfolg von Unternehmenszusammenschlüssen, in: Zeitschrift für Betriebswirtschaft, 60. Jg., Heft 12, 1990, S. 1275-1294.

Bühner, R. (1990c): Managen wie die Raider, in: Harvard Manager, Heft 1, 1990, S. 36-41.

Bühner, R. (1993): Shareholder Value, in: Die Betriebswirtschaft, 53. Jg., Heft 6, 1993, S. 749-769.

Bühner, R. (1994): Mehr Schlagkraft im Controlling und höhere Ergebnisse - Shareholder-Value-Management: Unternehmensführung am Kapitalmarkt ausrichten, in: Blick durch die Wirtschaft, 37. Jg., Nr. 12, 18.01.1994, S. 7.

Bühner, R. (1994a): Lean Management und Shareholder Value, in: Bühner, R. (Hrsg.): Der Shareholder Value Report - Erfahrungen, Ergebnisse, Entwicklungen, Landsberg/Lech 1994, S. 145-170.

Bühner, R. (1994b): Unternehmerische Führung mit Shareholder Value, in: Bühner, R. (Hrsg.): Der Shareholder Value Report - Erfahrungen, Ergebnisse, Entwicklungen, Landsberg/Lech 1994, S. 9-75.

Bühner, R. (1995): Shareholder Value, Erwiderung auf die Anmerkungen von Gaitanides, M./Raster, M., in: Die Betriebswirtschaft, 55. Jg., Heft 2, 1995, S. 265-268.

Bühner, R. (1995a): Mitarbeiter mit Kennzahlen führen, in: Harvard Business Manager, 3. Jg., Heft 3, 1995, S. 55-63.

Bühner, R. (1996): Kapitalmarktorientierte Unternehmenssteuerung - Grundidee und Varianten des Shareholder Value, in: Wirtschaftswissenschaftliches Studium, 25. Jg., Heft 8, 1996, S. 392-396.

Bühner, R./Weinberger, H.-J. (1991): Cash-Flow und Shareholder Value, in: Betriebswirtschafliche Forschung und Praxis, 43. Jg, Heft 3, 1991, S. 187-208.

Bundeskartellamt (1989): Bericht des Bundeskartellamtes über seine Tätigkeit in den Jahren 1987/88 sowie über die Lage und Entwicklung auf seinem Aufgabengebiet, Bundestagsdrucksache 11/4611 v. 30.05.89.

Bundeskartellamt (1991): Bericht des Bundeskartellamtes über seine Tätigkeit in den Jahren 1989/90 sowie über die Lage und Entwicklung auf seinem Aufgabengebiet, Bundestagsdrucksache 12/847 v. 26.06.91.

Bundeskartellamt (1994): Bericht des Bundeskartellamtes über seine Tätigkeit in den Jahren 1992/93 sowie über die Lage und Entwicklung auf seinem Aufgabengebiet, Bundestagsdrucksache 13/1660.

Burgmaier, St. (1993): Enormes Ausmaß, in: Wirtschaftswoche, 47. Jg., Nr. 41, S. 130-135.

Burrows, R.P. /Whitehead, G.H. (1987): The Determination of Life Office Appraisal Values, in: Journal of the Institute of Actuaries, Vol. 114, 1987, S. 411-444.

Busse v. Colbe, W. (1957): Der Zukunftserfolg - Die Ermittlung des künftigen Unternehmenserfolges und seine Bedeutung für die Bewertung von Industrieunternehmen, Wiesbaden 1957.

Busse v. Colbe, W. (1966): Aufbau und Informationsgehalt von Kapitalflußrechnungen, in: Zeitschrift für Betriebswirtschaft, Ergänzungsheft 1, 1966, S. 88ff.

Busse v. Colbe, W. (1968): Kapitalflußrechnungen als Berichts- und Planungsinstrument, in: Jacob, H. (Hrsg.): Schriften zur Unternehmensführung, Band 6/7, Wiesbaden 1968, S. 9ff.

Busse v. Colbe, W. (1981): Gesamtwert der Unternehmung, in: Kosiol, E./Chmielewicz, K./Schweitzer, M. (Hrsg.): Handwörterbuch des Rechnungswesens, 2. Aufl., Stuttgart 1981, Sp. 595-606.

Busse v. Colbe, W. (1994): Berücksichtigung von Synergien versus Stand-alone-Prinzip bei der Unternehmensbewertung, in: Zeitschrift für Unternehmens- und Gesellschaftsrecht, 23. Jg., Heft 4, 1994, S. 595-609.

Busse von Colbe, W. (1995): Das Rechnungswesen im Dienste einer kapitalmarktorientierten Unternehmensführung, in: Die Wirtschaftsprüfung, 48. Jg., Heft 21, 1995, S. 713-720.

Buzzel, R.D./Gale, B.T. (1987): The PIMS Principles - Linking Strategy to Performance, New York/London 1987.

Buzzel, R.D./Gale, B.T. (1989): Das PIMS-Programm - Strategien und Unternehmenserfolg, Wiesbaden 1989.

Byrne, J.A. (1993): Executive pay: the Party ain´t over yet, in: Business Week, April, 26, 1993, S. 38-46.

Byrne, J.A. (1994): The Eye-Popping Executive Pay, in: Business Week, April, 25, 1994, S. 60-66.

Byrne, J.A. / Bongiorno, L. (1995): CEO Pay: Ready for Takeoff, in: Business Week, April 24, 1995, S. 58-62.

Cable, J./Palfrey, J./Runge, J. (1980): Economic Determinants and Effects of Mergers in West Germany 1964-74, in: Zeitschrift für die gesamte Staatswissenschaft, Bd. 136, 1980, S. 226-248.

Callard, C.G./Kleinman, D.C. (1985): Inflation-Adjusted Accounting: Does it Matter ?, in: Financial Analysts Journal, Vol. 41, No. 3, 1985, S. 51-59.

Canning, J.B. (1929): The Economics of Accountancy - A Critical Analysis of Accounting Theory, New York 1929.

Chakravarthy, B./Loomis, W./Vrabel, J. (1988): Dexter Corporations value based strategic planning system, in: Planning Review, No. 1, January/February 1988, S. 34-40.

Chambers, R.J. (1966): Accounting, Evaluation and Economic Behavior, Englewood Cliffs, N.J. 1966.

Chan, K.C./Chen, N.F. (1991): Structural and Return Characteristics of Small and Large Firms, in: Journal of Finance, Vol. 46, No. 4, September 1991, S. 1467-1484.

Chen, N.-F. (1983): Some Empirical Tests of the Theory of Arbitrage Pricing, in: Journal of Finance, Vol. 38, No. 12, December 1983, S. 1393-1414.

Chen, N.-F./Roll, R./Ross, S.A. (1986): Economic Forces and the Stock Market, in: Journal of Business, Vol. 59, No. 7, July 1986, S. 383-403.

Chmielewicz, K. (1993): Grundmuster der Finanzierungsrechnung, in: Schmalenbach-Gesellschaft - Deutsche Gesellschaft für Betriebswirtschaft e.V. (Hrsg.): Tagungsband 47. Deutscher Betriebswirtschafter-Tag, 11.-13.10.1993, Berlin 1993, S. 57-63.

Chung, K. (1989): The Impact of the Demand Volatility and Leverages on the Systematic Risk of Common Stocks, in: Journal of Business Finance and Accounting, Vol. 16, No. 3, 1989, S. 343-360.

Clarke, C.J./Brennan, K. (1990): Defensive Strategies Against Takeovers: Creating Shareholder Value, in: Long Range Planning, Vol. 23, No. 1, 1990, S. 95-101.

Clarke, R.G./Wilson, B./Daines, R.H. /Nadauld, S.D. (1988): Strategic Financial Management, Homewood, Ill. 1988.

Clayman, M. (1987): In search of excellence: the investor's viewpoint, in: Financial Analysts Journal, May/June 1987, S. 54-63.

Coenenberg, A.G. (1970): Unternehmensbewertung mit Hilfe der Monte-Carlo-Simulation, in: Zeitschrift für Betriebswirtschaft, 40. Jg., Heft 12, 1970, S. 793-804.

Coenenberg, A.G. (1974): Jahresabschlußinformation und Kapitalmarkt - Zur Diskussion empirischer Forschungsansätze und -ergebnisse zum Informationsgehalt von Jahresabschlüssen für Aktionäre, in: Zeitschrift für betriebswirtschaftliche Forschung, 26. Jg., Heft 10, 1974, S. 647-657.

Coenenberg, A.G. (1981): Unternehmensbewertung aus der Sicht der Hochschule, in: Institut der Wirtschaftsprüfer (Hrsg.): 50 Jahre Wirtschaftsprüferberuf, Berlin/Düsseldorf 1981, S. 221-245.

Coenenberg, A.G. (1984): Jahresabschlußinformation und Aktienkursentwicklung - Empirische Ergebnisse über die Entscheidungswirkungen von Jahresabschlußinformationen am Aktienmarkt, in: Blum, R./Steiner, M. (Hrsg.): Aktuelle Probleme der Marktwirtschaft in gesamt- und einzelwirtschaftlicher Sicht, Festgabe für Prof. Dr. Louis Perridon, Berlin 1984, S. 307-332.

Coenenberg, A.G. (1984a): Methoden der Unternehmensbewertung (Überblick), in: Peemöller, V. (Hrsg.): Handbuch Unternehmensbewertung, Landsberg/Lech 1984, Teil I. 2, S. 1-18.

Coenenberg, A.G. (1990): Planung als Instrument der Unternehmensführung bei beschleunigtem Strukturwandel, in: Bühner, R. (Hrsg.): Führungsorganisation und Technologiemanagement, Festschrift zum 65. Geburtstag von Friedrich Hoffmann, Berlin 1990, S. 139-151.

Coenenberg, A.G. (1992): Unternehmensbewertung aus der Sicht der Hochschule, in: Busse von Colbe, W. / Coenenberg, A.G. (Hrsg.): Unternehmensakquisition und Unternehmensbewertung, Grundlagen und Fallstudien, Stuttgart 1992, S. 89-108.

Coenenberg, A.G. (1993): Jahresabschluß und Jahresabschlußanalyse, 14. Aufl., Landsberg/Lech 1993.

Coenenberg, A.G. (1993a): Kostenrechnung und Kostenanalyse, 2. Aufl., Landsberg/Lech 1993.

Coenenberg, A.G. (1993b): Rechnungswesen und Unternehmensrechnung, in: Wittmann, W. u.a. (Hrsg.): Handwörterbuch der Betriebswirtschaft, 5. Aufl., Teilband 3, Stuttgart 1993, Sp. 3677-3696.

Coenenberg, A.G./Baum, H.-G. (1987): Strategisches Controlling, Grundlagen der strategischen Planung und Kontrolle, Stuttgart 1987.

Coenenberg, A.G./Baum, H.-G./Günther, E./Wittmann, R. (1994): Unternehmenspolitik und Umweltschutz, in: Zeitschrift für betriebswirtschaftliche Forschung, 46. Jg., Heft 1, 1994, S. 81-100.

Coenenberg, A.G./Cantner, J./Günther, E. (1994): Cash Flow, in: Gerke, W./Steiner, M. (Hrsg.): Handwörterbuch des Bank- und Finanzwesens, 2. Aufl., Stuttgart 1994, Sp. 373-386.

Coenenberg, A.G./Fischer, T.M. (1991): Prozeßkostenrechnung - Strategische Neuorientierung in der Kostenrechnung, in: Die Betriebswirtschaft, 51. Jg., Heft 1, 1991, S. 21-38.

Coenenberg, A.G./Fischer, T.M./Schmitz, J. (1994): Target Costing und Product Life Cycle Costing als Instrumente des Kostenmanagements, in: Zeitschrift für Planung, 5. Jg., Heft 1, 1994, S. 1-38.

Coenenberg, A.G./Haller, A. (1993): Ergebnisse empirischer betriebswirtschaftlicher Forschung, in: Hauschildt, J./Grün, O. (Hrsg.): Zu einer Realtheorie der Unternehmung, Festschrift für Prof. Dr. Eberhard Witte, Stuttgart 1993, S. 557-599.

Coenenberg, A.G./Sautter, M.T. (1988): Strategische und finanzielle Bewertung von Unternehmensakquisitionen, in: Die Betriebswirtschaft, 48. Jg., Heft 6, 1988, S. 691-710.

Coenenberg, A.G./Schmidt, F./Werhand, M. (1983): Bilanzpolitische Entscheidungen und Entscheidungswirkungen in manager- und eigentümerkontrollierten Unternehmen, in: Betriebswirtschaftliche Forschung und Praxis, 35. Jg., Heft 4, 1983, S. 321-343.

Coenenberg, A.G./Sieben, G. (1976): Unternehmensbewertung, in: Grochla, E./Wittmann, W. (Hrsg.) Handwörterbuch der Betriebswirtschaft, Bd. I, 4. Aufl., Stuttgart 1976, Sp. 4062-4079.

Coley, S.C./Reinton, S.E. (1988): The hunt for value, in: McKinsey Quarterly, Vol. 25, No. 1, Spring 1988, S. 29-34.

Conine, T.E./Tamarkin, M. (1985). Divisional Cost of Capital Estimation: Adjusting for Leverage, in: Financial Management, Vol. 14, No. 1, 1985, S. 54-58.

Cooke, T.E. (1986): Mergers and Acquisitions, Oxford 1986.

Copeland, T./Koller, T./Murrin, J. (1991): Valuation: Measuring and Managing the Value of Companies, New York et al. 1991.

Copeland, T./Koller, T./Murrin, J. (1993): Unternehmenswert - Methoden und Strategien für eine wertorientierte Unternehmensführung, Frankfurt/New York 1993.

Copeland, T./Koller, T./Murrin, J. (1994): Valuation - Measuring and Managing the Value of Companies, 2. Aufl., New York u.a. 1994.

Copeland, T./Weiner, J. (1990): Productive Management of Uncertainty, in: McKinsey Quarterly, Vol. 27., Nr. 4, 1990, S. 133-152.

Copeland, T.E./Lee, W.H. (1988): Exchange offers and stock swaps - A signalling approach: Theory and evidence, Working Paper, University of California, Los Angeles 1988.

Copeland, T.E./Weston, F.J. (1988): Financial Theory and Corporate Policy, 3. Aufl., Reading u.a. 1988.

Corcoran, P.J./Sahling, L.G. (1982): The Cost of Capital: How High Is It ?, in: Quarterly Review, Federal Reserve Board of New York, Summer 1982.

Cornell, B./Shapiro, A.C. (1987): Corporate Stakeholders and Corporate Finance, in: Financial Management, Vol. 16, No. 1, 1987, S. 5-14.

Corsten, H./Will, T. (1992): Ansatzpunkte zu einer strategiegerechten Produktionsorganisation bei simultanen Strategieanforderungen, in: Zeitschrift für Führung und Organisation, 61. Jg., Heft 5, 1992, S. 293-298.

Cosh, A.D./Hughes, A./Lee, K./Singh, A. (1989): Institutional investment, mergers and the market for corporate control, in: International Journal of Industrial Organization, Vol. 7, 1989, S. 73-100.

Cyert, R.M./March, J.G. (1963): A Behavioral Theory of the Firm, Englewood Cliffs 1963.

Czeranowsky, G./Strutz, H. (1970): Ergebnisse einer empirischen Untersuchung über Unternehmensziele, in: Jacob, H. (Hrsg.): Zielprogramm und Entscheidungsprozeß in der Unternehmung, Wiesbaden 1970, S. 121-124.

Daimler-Benz AG (1993): Form 20-F, Listing on the NYSE 1993.

Dale, P.M. (1973): A financial survey of mergers during the years 1968-1970, in: Omega, June 1973, S. 305-320.

Day, G.S./Fahey, L. (1990): Putting Strategy into Shareholder Value Analysis, in: Harvard Business Review, Vol. 68, No. 3, March/April 1990, S. 156-162.

Dearden, J. (1969): The case against ROI control, in: Harvard Business Review, Vol. 47, No. 3, 1969, S. 124-135.

Defeo, V.J. (1986): An Empirical Investigation of the Speed of the Market Reaction to Earnings Announcements, in: Journal of Accounting Research, Vol. 24, No. 2, 1986, S. 349-363.

Diedrich, R (1991): Substanzwertorientierte Verfahren zur Bewertung von Unternehmen in der ehemaligen DDR, in: Betriebswirtschaftliche Forschung und Praxis, 43. Jg., Heft 2, 1991, S. 155-167.

Dinkelbach, W. (1969): Sensitivitätsanalyse und parametrische Programmierung, Berlin/Heidelberg/New York 1969.

Dirrigl, H. (1988): Die Bewertung von Beteiligungen an Kapitalgesellschaften - Betriebswirtschaftliche Methode und steuerlicher Einfluß, Hamburg 1988.

Dirrigl, H. (1994): Anwendungsbereiche und Grenzen einer strategischen Unternehmensbewertung, in: Betriebswirtschaftliche Forschung und Praxis, 46. Jg., Heft 5, 1994, S. 409-432.

Donaldson, G. (1984): Managing Corporate Wealth - The Operation of a Comprehensive Financial Goals System, New York et al. 1984.

Dörner, W. (1981): Überlegungen zu Theorie und Praxis der subjektiven Unternehmensbewertung - die Funktion des Wirtschaftsprüfers als Gutachter, in: Die Wirtschaftsprüfung, 34. Jg., Heft 7, 1981, S. 202-208.

Dörner, W. (1992): Die Unternehmensbewertung, in: Insitut der Wirtschaftsprüfer (IdW) (Hrsg.): Wirtschaftsprüfer-Handbuch 1992 - Handbuch für Rechnungslegung, Prüfung und Beratung, Bd. II, Düsseldorf 1992, S. 1-136.

Drucker, P. (1963): Managing for Business Effectiveness, in: Harvard Business Review, Vol. 41, No. 3, 1963, S. 53-60.

Drukarczyk, J. (1990): Was kosten betriebliche Altersversorgungszusagen ?, in: Die Betriebswirtschaft, 50. Jg., Heft 3, 1990, S. 333-353.

Drukarczyk, J. (1993): Theorie und Politik der Finanzierung, 2. Aufl., München 1993.

Drukarczyk, J. (1995): DCF-Methoden und Ertragswertmethode - einige erklärende Anmerkungen, in: Die Wirtschaftsprüfung, 48. Jg., Heft 10, 1995, S. 329-334.

Drukarczyk, J./Richter, F. (1995): Unternehmensgesamtwert, anteilseignerorientierte Finanzentscheidungen und APV-Ansatz, in: Die Betriebswirtschaft, 55. Jg., Heft 5, 1995, S. 559-580.

Dunst, K.H. (1983): Portfolio Management - Konzeption für die strategische Unternehmensplanung, 2. Aufl., Berlin/New York 1983.

Dürr, M. (1994): Investor Relations - Handbuch für Finanzmarketing und Unternehmenskommunikation, München/Wien 1994.

DVFA/SG (1990): Ergebnis nach DVFA/SG, Gemeinsame Empfehlung der Kommission für Methodik der Finanzanalyse der Deutschen Vereinigung für Finanzanalyse (DVFA) und Arbeitskreis „Externe Unternehmensrechnung" der Schmalenbach-Gesellschaft - Deutsche Gesellschaft für Betriebswirtschaft (SG), Darmstadt 1990.

DVFA/SG (1993): Cash Flow nach DVFA/SG, in: Die Wirtschaftsprüfung, 46. Jg., Heft 19, 1993, S. 599-602.

Easton, P.D./Harris, T.S./Ohlson, J.A. (1992): Accounting Earnings Can Explain Most of Security Returns: The Case of Long Event Windows, in: Journal of Accounting and Economics, Vol. 15, 1992, No. 2, S. 119-142.

Edwards, E.O./Bell, P.W. (1961): The Theory and Measurement of Business Income, Berkeley/Los Angeles 1961.

Ehrhardt, M.C./Bhagwat, Y.N. (1991): A Full-Information Approach for Estimating Divisional Betas, in: Financial Management, Vol. 20, No. 2, 1991, S. 60-69.

Eick, K.-G. (1982): Segmentierung von Geschäftsfeldern und Geschäftseinheiten, Diss., Augsburg 1982.

Eisenhardt, K. (1989): Agency Theory: An Assessment and Review, in: Academy of Management Review, Vol. 14, No. 1, 1989, S. 57-74.

Elgers, P.T./Clark, J.J. (1980): Merger Types and Shareholder Returns: Additional Evidence, in: Financial Management, Vol. 9, No. 2, 1980, S. 66-72.

Elgers, P.T./Murray, D. (1982): The Impact of Choice of Market Index on the Empirical Evaluation of Accounting Risk Measures, in: Accounting Review, Vol. 57, No. 2, 1982, S. 358-375.

Elschen, R. (1991): Shareholder Value und Agency-Theorie - Anreiz- und Kontrollsysteme für Zielsetzungen der Anteilseigner, in: Betriebswirtschaftliche Forschung und Praxis, 43. Jg., Heft 3, 1991, S. 209-220.

Esser, W.-M./Höfner, K./Kirsch, W./Wieselhuber, N. (1984): Der Stand der Strategischen Unternehmensführung in der Bundesrepublik Deutschland und West-Berlin, in: Trux, W./Müller, G./Kirsch, W. (Hrsg.): Das Management Strategischer Programme, 2. Halbband, München 1984, S. 495-566.

Ewert, R. (1986): Rechnungslegung, Gläubigerschutz und Agency-Probleme, Wiesbaden 1986.

Ezzel, J.R./Miles, J.A. (1983): Capital Project Analysis and the Debt Transaction Plan, in: Journal of Financial Research, 6. Jg., Heft 1, 1983, S. 25-31.

Fabrycky, W.J./Blanchard, B.S. (1991): Life-Cycle Cost and Economic Analysis, Englewood Cliffs, N.J. 1991.

Fama, E.F. (1970): Efficient Capital Markets: A Review of Theory and Empirical Work, in: Journal of Finance, Vol. 25, No. 2, May 1970, S. 383-417.

Fama, E.F. (1980): Agency Problems and the Theory of the Firm, in: Journal of Political Economy, Vol. 88, No. 2, 1980, S. 288-307.

Fama, E.F./French, K.R. (1992): The Cross-Section of Expected Stock Returns, in: The Journal of Finance, Vol. 67, No. 2, June 1992, S. 427-465.

Fama, E.F./MacBeth, J. (1973): Risk, Return and Equilibrium: Empirical Test, in: Journal of Political Economy, Vol. 81, No. 3, May/June 1973, S. 607-636.

Fama,E.F./Jensen, M.C. (1983): Separation of ownership and control, in: Journal of Law and Economics, Vol. 26, No. 1, 1983, S. 301-326.

Fama,E.F./Jensen, M.C. (1983a): Agency problems and residual claims, in: Journal of Law and Economics, Vol. 26, No. 1, 1983, S. 327-350.

FASB (1987): Statement of Financial Accounting Standards No. 95, Statement of Cash Flows, in: FASB (Hrsg.): Original Pronouncements, Accounting Standards, June 1, 1993, Norwalk, Conn., S. 1045-1088.

Ferstl, O.K./Sinz, E.J. (1993): Geschäftsprozeßmodellierung, in: Wirtschaftsinformatik, 35. Jg., Heft 6, 1993, S. 589-592.

Feuerbaum, E. (1966): Die polare Bilanz, Berlin 1966.

Fickert, R. (1985): Ökonomischer Wert und Unternehmensrechnung, in: Die Unternehmung, 39. Jg., Heft 2, 1985, S. 132-161.

Fickert, R. (1986): Unternehmensbewertung auf "Kapitalwert"-Basis, in: Der Schweizer Treuhänder, o. Jg., 1986, S. 47-50, S. 109-111 und S. 124-130.

Fickert, R. (1992): Shareholder Value - Ansatz zur Bewertung von Strategien, in: Weilenmann, P./Fickert, R. (Hrsg.): Strategie-Controlling in Theorie und Praxis, Bern 1992, S. 47-92.

Fields, L.P./Mais, E.L. (1991): The Valuation Effects of Private Placements of Convertible Debt, in: Journal of Finance, Vol. 46, No. 5, 1991, S. 1925-1932.

Finegan, P.T. (1991): Maximizing Shareholder Value at the Private Company, in: Journal of Applied Corporate Finance, Vol. 4, No. 1, S. 30-45.

Firth, M. (1976): Share Prices and Mergers, Aldershot 1976.

Firth, M. (1979): The profitability of takeovers and mergers, in: Economic Journal, Vol. 89, June 1979, S. 316-328.

Firth, M. (1980): Takeovers, shareholder returns and the theory of the firm, in: Quarterly Journal of Economics, Vol. 94, No. 1, S. 235-260.

Fischer, T.M. (1993): Kostenmanagement strategischer Erfolgsfaktoren - Instrumente zur operativen Steuerung der strategischen Schlüsselfaktoren Qualität, Flexibilität und Schnelligkeit, Diss., München 1993.

Fischer, T.M. (1993a): Die Wertzuwachskurve als Instrument der Produktkostenplanung, in: Wirtschaftswissenschaftliches Studium, 22. Jg., Heft 7, 1993, S. 367-370.

Fischer, T.M./Schmitz, J. (1994): Ansätze zur Messung von kontinuierlichen Prozeßverbesserungen, in: Controlling, 6. Jg., Heft 4, 1994, S. 196-203.

Fisher, I. (1930): The Theory of Interest, New York 1930.

Florin, G. (1988): Strategiebewertung auf der Ebene der strategischen Geschäftseinheiten - ein PC-gestütztes Modell zur ergebnis- und finanzorientierten Bewertung von Marktanteilsstrategien, Diss., Frankfurt a.M. u.a. 1988.

Foster, R.N. (1986): Innovation - The Attacker's Advantage, New York 1986.

Frank, R.H. (1987): If Homo Economicus Could Choose His Own Utility Function, Would He Want one with a Concience ?, in: American Economic Review, Vol. 77, No. 4, 1987, S. 593-604.

Franke, G. (1984): On Tests of the Arbitrage Pricing Theory, in: OR Spektrum, 6. Jg., Heft 2, 1984, S. 109-117.

Franke, G. (1993): Agency-Theorie, in: Wittmann, W./Kern, W./Köhler, R./Küpper, H.-U./Wysocki, K.v. (Hrsg.): Handwörterbuch der Betriebswirtschaft, Teilband 1, 5. Aufl., Stuttgart 1993, Sp. 38-50.

Franke, G./Hax, H. (1990): Finanzwirtschaft des Unternehmens und Kapitalmarkt, 2. Aufl., Berlin u.a. 1990.

Franks, J.R./Broyles, J.E./Hecht, M.J. (1977): An industry study of the profitability of mergers in the U.K., in: Journal of Finance, Vol. 32, No. 5, December 1977, S. 1513-1525.

Franks, J.R./Harris, R.S. (1989): Wealth effects of takeovers in the U.K., in: Journal of Financial Economics, Vol. 23, August 1989, S. 225-249.

Frantzmann, H.-J. (1990): Zur Messung des Marktrisikos deutscher Aktien, in: Zeitschrift für betriebswirtschaftliche Forschung, 42. Jg., Heft 1, 1990, S. 67-83.

Freeman, R.E. (1983): Strategic Management: A Stakeholder Approach, in: Lamb, R. (Hrsg.): Advances in Strategic Management, Vol. 1, London 1983, S. 30-61.

Freeman, R.E. (1984): Strategic Management: A Stakeholder Approach, Marsfield, MA 1984.

Freier, J. (1990): Successful Corporate Acquisitions - A Complete Guide for Acquiring Companies for Growth and Profit, Englewood Cliffs 1990.

Freygang, W. (1993): Kapitalallokation in diversifizierten Unternehmen, Wiesbaden 1993.

Fritz, W./Förster, F./Raffée, H./Silberer, G. (1985): Unternehmensziele in Industrie und Handel, in: Die Betriebswirtschaft, 45. Jg., Heft 4, 1985, S. 375-394.

Fruhan, W.E. (1979): Financial Strategy - Studies in the creation, transfer, and destruction of shareholder value, Homewood, Ill. 1979.

Fruhan, W.E. (1984): How fast should your company grow ?, in: Harvard Business Review, Vol. 62, No. 1, January/February 1984, S. 84-93.

Fruhan, W.E. (1988): Corporate Raiders: Head´em Off at Value Gap, in: Harvard Business Review, Vol. 66, No. 4, July-August 1988, S. 63-68.

Fuller, R.J./Farell,J.L. (1987): Modern Investments And Securitiy Analysis, Singapore 1987.

Fuller, R.J./Kerr, H.S. (1981): Estimating the Divisional Cost of Capital: An Analysis of the Pure-Play Technique, in: Journal of Finance, Vol. 36, No. 5, 1981, S. 997-1009.

Gaitanides, M./Raster, M. (1995): Shareholder Value Management, Anmerkungen zum Beitrag von R. Bühner „Shareholder Value", in: Die Betriebswirtschaft, 55. Jg., Heft 2, 1995, S. 261-265.

Gälweiler, A. (1974): Unternehmensplanung, Grundlagen und Praxis, Frankfurt/New York 1974.

Ganz, M. (1991): Die Erhöhung des Unternehmenswertes durch die Strategie der externen Diversifikation, Bern/Stuttgart 1991.

Ganz, M. (1992): Diversifikationsstrategie - Wertsteigerung durch den Einstieg in neue Geschäftsfelder, Stuttgart 1992.

Gehrke, N. (1994): Tobins q - Die Beziehung zwischen Buch- und Marktwerten deutscher Aktiengesellschaften, Diss., Wiesbaden 1994.

Gerke, W./Garz, H./Oerke, M. (1995): Die Bewertung von Unternehmensübernahmen auf dem deutschen Aktienmarkt, in: Zeitschrift für betriebswirtschaftliche Forschung, 47. Jg., Heft 9, 1995, S. 805-820.

Gerling, C. (1985): Unternehmensbewertung in den USA, Bergisch Gladbach/Köln 1985.

Gerpott, T.J. (1993): Integrationsgestaltung und Erfolg von Unternehmensakquisitionen, Stuttgart 1993.

Geschka, H./Hammer, R. (1983): Die Szenario-Technik in der strategischen Unternehmensplanung, in: Hahn, D./Taylor, B. (Hrsg.): Strategische Unternehmensplanung, 2. Aufl., Würzburg/Wien 1983, S. 224-249.

Geschka, H./v. Reibnitz, U. (1982): Die Szenario-Technik - Ein Instrument der Zukunftsanalyse und der strategischen Planung, in: Töpfer, A./Afheldt, H. (Hrsg.): Praxis der strategischen Unternehmensplanung, Frankfurt 1983, S. 125-170.

Geyer, A./Hauer, S. (1991): ARCH-Modelle zur Messung des Marktrisikos, in: Zeitschrift für betriebswirtschaftliche Forschung, 43. Jg., Heft 1, 1991, S.65-74.

Gimpel-Iske, E. (1973): Untersuchung zur Vorteilhaftigkeit von Unternehmenszusammenschlüssen, Diss. Bonn 1973.

Goford, J. (1985): The Control Cycle: Financial Control of a Life Assurance Company, in: Journal of Staple Inn Actuaries Society, 1985, S. 99-114.

Goldberg, V.P. (1976): Regulation and Administered Contracts, in: Bell Journal of Economics and Management Science, Vol. 7, 1976, S. 439-441.

Gomez, P. (1990): Wertorientierte Strategieplanung, in: Der Schweizer Treuhänder, o.Jg., Heft 11, 1990, S. 557-562.

Gomez, P. (1993): Wertmanagement - Vernetzte Strategien für Unternehmen im Wandel, Düsseldorf u.a. 1993.

Gomez, P./Ganz, M. (1992): Diversifikation mit Konzept - den Unternehmenswert steigern, in: Harvardmanager, 14. Jg., Heft 1, 1992, S. 44-54.

Gomez, P./Weber, B. (1989): Akquisitionsstrategie - Wertsteigerung durch Übernahme von Unternehmungen, Stuttgart/Zürich 1989.

Göppl, H. (1980): Unternehmensbewertung und Capital-Asset-Pricing-Theory, in: Die Wirtschaftsprüfung, 33. Jg., Heft 9, 1980, S. 237-245.

Gordon, M.J. (1959): Dividends, earnings, and stock prices, in: Review of Economics and Statistics, Vol. 41, 1959, S. 99-105.

Gordon, M.J. (1962): The savings investment and valuation of the corporation, in: Review of Economics and Statistics, Vol. 44, 1962, S. 37-51.

Gordon, M.J./Shapiro, E. (1956): Capital Equipment Analysis: The Required Rate of Profit, in: Management Science, Vol. 3, 1956, S. 102-110.

Gosh, A. (1989): Redefining Excellence - The Financial Performance of America's „best-run" Companies, New York/Westport/London 1989.

Götz, E. (1990): Technische Aktienanalyse und die Effizienz des deutschen Kapitalmarktes, Heidelberg 1990.

Groll, K.-H. (1990): Erfolgssicherung durch Kennzahlensysteme, 3. Aufl., Freiburg i.B. 1990.

Großfeld, B./Johannemann, U. (1994): Die Verwendung nichtanonymisierter Jahresabschlüsse im Rahmen von Seminarveranstaltungen zur Bilanzanalyse - Anmerkungen zum BGH-Urteil vom 15. April 1994, in: Die Wirtschaftsprüfung, 47. Jg., Heft 13, 1994, S. 415-416.

Grundy, T. (1995): Destroying Shareholder Value: Ten Easy Ways, in: Long Range Planning, Vol. 28, No. 3, 1995, S. 76-83.

Guatri, L. (1991): Theorie der Unternehmenswertsteigerung - Ein europäischer Ansatz, Wiesbaden 1991.

Guiniven, I./Fischer, D. (1987): Akquisitionen - Strategische oder finanzielle Ziele ?, in: Harvard Manager, 9. Jg., Heft 1, 1987, S. 12-16.

Günther, E. (1994): Ökologieorientiertes Controlling, Konzeption eines Systems zur ökologieorientierten Steuerung und empirischen Validierung, Diss., München 1994.

Günther, T. (1991): Erfolg durch strategisches Controlling ? - Eine empirische Studie zum Stand des strategischen Controlling in deutschen Unternehmen und dessen Beitrag zu Unternehmenserfolg und -risiko, Diss., München 1991.

Günther, T. (1994): Zur Notwendigkeit eines Wertsteigerungsmanagement, in: Höfner, K./Pohl, A. (Hrsg.): Wertsteigerungsmanagement, Frankfurt/New York 1994, S. 13-58.

Günther, T. (1994a): Simultane Investitions- und Finanzplanung, in: Steiner, M./Gerke, W. (1994): Handwörterbuch des Bank- und Finanzwesens, 2. Aufl., Stuttgart 1994, Sp. 957-967.

Günther, T. (1994b): Ergebnisanalyse auf Basis einer flexiblen Plankostenrechnung. In: Das Wirtschaftsstudium, 23. Jg., Heft 10, 1994, S. 828-840 und S. 880.

Günther, T./Otterbein, S. (1996): Die Gestaltung der Investor Relations am Beispiel führender deutscher Aktiengesellschaften, in: Zeitschrift für Betriebswirtschaft, 66. Jg., Heft 4, 1996, S. 389-417.

Guy, J.R.F. (1977): The Behavior of Equity Securities on the German Stock Exchange, in: Journal of Banking and Finance, Vol. 1, No. 1, 1977, S. 71-93.

Haase, K.D. (1974): Segment-Bilanzen - Rechnungslegung diversifizierter Industrieunternehmen, Wiesbaden 1974.

Haberstock, L. (1986): Kostenrechnung II - (Grenz-)Plankostenrechnung, 7. Aufl., Wiesbaden 1986.

Hachmeister, D. (1995): Der Discounted Cash Flow als Maß der Unternehmenswertsteigerung, Diss., München 1995.

Hachmeister, D. (1996): Die Abbildung der Finanzierung im Rahmen verschiedener Discounted Cash Flow-Verfahren, in: Zeitschrift für betriebswirtschaftliche Forschung, 48. Jg., Heft 3, 1996, S. 251-277.

Haegert, L./Schwab, H. (1990): Die Subventionierung direkter Pensionszusagen nach geltendem Recht im Vergleich zu einer neutralen Besteuerung, in: Die Betriebswirtschaft, 50. Jg., Heft 1, 1990, S. 85-102.

Hafner, R. (1993): Unternehmensbewertungen als Instrument zur Durchsetzung von Verhandlungspositionen, in: Betriebswirtschaftliche Forschung und Praxis, 45. Jg., Heft 1, 1993, S. 78-89.

Hahn, D./Schmalenbach-Gesellschaft (1983): Strategische Planung, in: Hahn, D./Taylor, B. (Hrsg.): Strategische Unternehmensplanung, 2. Aufl., Würzburg/Wien 1983, S. 19-39.

Haller, A. (1989): Die Grundlagen der externen Rechnungslegung in den USA, Stuttgart 1989.

Haller, A./Jakoby, S. (1994): Verbreitung und Entwicklungsstand der Finanzierungsrechung in Deutschland - Eine empirische Analyse, in: Der Betrieb, 47. Jg., Heft 13, 1994, S. 641-649.

Haller, A./Park, P. (1994): Grundsätze ordnungsmäßiger Segmentberichterstattung, in: Zeitschrift für betriebswirtschaftliche Forschung, 46. Jg., Heft 6, 1994, S. 499-524.

Halperin, M./Bell, S.J. (1992): Research Guide to Corporate Acquisitions, Mergers, and other Restructuring, New York/Westport/London 1992.

Hamada, R.S. (1972): The Effect of the Firm's Capital Structure on the Systematic Risk of Common Stocks, in: The Journal of Finance, Vol. 27, No. 5, 1972, S. 435-452.

Hambrick, D.C./MacMillan, I.C. (1982): The Product Portfolio and Man's Best Friend, in: California Management Review, Vol. 25, No. 3, Fall 1982, S. 84-95.

Hambrick, D.C./MacMillan, I.C./Day, D.L. (1982): Strategic Attributes and Performance in the BCG Matrix - A PIMS-Based Analysis of Industrial Product Businesses, in: Academy of Management Journal, Vol. 25, No. 9, September 1982, S. 510-531.

*Handelsblatt GmbH (*1991): Investor Relations von Aktiengesellschaften: Bewertungen und Erwartungen, Ergebnisse einer qualitativen Studie, Düsseldorf 1991.

Hansen, P. (1962): The Accounting Concept of Profit, An Analysis and Evaluation in the Light of the Economic Theory of Income and Capital, Kopenhagen 1962.

Hanssmann, F. (1988): Wertorientiertes strategisches Management - eine Revolution ?, in: Strategische Planung, Band 4, Heft 1, 1988, S. 1-10.

Hanssmann, F./Liebl, F./Brezina, W. (1993): ROI Forecasting for Alternative Strategies: A New Approach Based on PIMS, in: Zeitschrift für Planung, 4. Jg., Heft 3, 1993, S. 215-232.

Harris, M./Raviv, A. (1978): Some Results on Incentive Contracts with Applications to Education and Employment, Health Insurance and Law Enforcement, in: American Economic Review, Vol. 68, No. 3, March 1978, S. 20-30.

Hartmann-Wendels, T. (1989): Principal-Agent-Theorie und asymmetrische Informationsverteilung, in: Zeitschrift für Betriebswirtschaft, 59. Jg., Heft 6, 1989, S. 714-734.

Hartmann-Wendels, T. (1991): Rechnungslegung der Unternehmen und Kapitalmarkt aus informationsökonomischer Sicht, Heidelberg 1991.

Haspeslagh, P. (1982): Portfolio Planning: Uses and Limits, in: Harvard Business Review, Vol. 60, No. 1, 1982, S. 58-73.

Hauck, W. (1991): Optionspreise: Märkte, Preisfaktoren, Kennzahlen, Wiesbaden 1991.

Hax, A.C./Majluf, N.S. (1984): Strategic Management: An Integrative Perspective, Englewood Cliffs 1984.

Hax, A.C./Majluf, N.S. (1988): Strategisches Management: ein integratives Konzept aus dem MIT, Frankfurt/New York 1988.

Hax, H. (1985): Investitionstheorie, 5. Aufl., Würzburg/Wien 1985.

Hax, K. (1957): Die Substanzerhaltung der Betriebe, Köln/Opladen 1957.

Hedley, B. (1977): Strategy and the „Business Portfolio", in: Long Range Planning, Vol. 10, No. 2, February 1977, S. 9-15.

Heinen, E. (1971): Das Zielsystem der Unternehmung - Grundlagen betriebswirtschaftlicher Entscheidungen, Wiesbaden 1971.

Helbling, C. (1989a): Unternehmensbewertung in der Praxis - Ergebnisse einer Umfrage, in: Der Schweizer Treuhänder, o.Jg., Heft 12, 1989, S. 561-564.

Helbling, C. (1989b): Unternehmensbewertung und Steuern: Unternehmensbewertung in Theorie und Praxis, insbesondere die Berücksichtigung der Steuern aufgrund der Verhältnisse in der Schweiz und in der Bundesrepublik Deutschland, 5. Aufl., Düsseldorf 1989.

Helbling, C. (1990): Unternehmensbewertung auf der Basis von Einnahmen, Ausschüttungen, Cash Flows oder Gewinnen ?, in: Der Schweizer Treuhänder, o.Jg., Heft 11, 1990, S. 533-538.

Helbling, C. (1993): DCF-Methode und Kapitalkostensatz in der Unternehmensbewertung - Discounted Cash Flow-Methode falls kein Fair Market Value, in: Der Schweizer Treuhänder, o. Jg., Heft 4, 1993, S. 157-164.

Henes, F. (1995): Börsenrechtliche Zwischenberichtspublizität, Diss., Stuttgart 1995.

Henzler, H.A. (1978): Strategische Geschäftseinheiten (SGE): Das Umsetzen von Strategischer Planung in Organisation, in: Zeitschrift für Betriebswirtschaft, 48. Jg., Heft 10, 1978, S. 912-919.

Henzler, H.A. (1988): Von der strategischen Planung zur strategischen Führung: Versuch einer Positionsbestimmung, in: Zeitschrift für Betriebswirtschaft, 58. Jg., Heft 12, 1988, S. 1286-1307.

Hergert, M. (1983): Will Corporate Performance Decline in an Improving Economy, in: The Journal of Business Strategy, Vol. 4, No. 3, Spring 1983.

Herter, R.N. (1992): Berücksichtigung von Optionen bei der Bewertung strategischer Investitionen, in: Controlling, 4. Jg., Heft 6, 1992, S. 320-327.

Herter, R.N. (1994): Unternehmenswertorientiertes Management - Strategische Erfolgsbeurteilung von dezentralen Organisationseinheiten auf der Basis der Wertsteigerungsanalyse, Diss., München 1994.

Hertz, D.B. (1964): Risk Analysis in Capital Investment, in: Harvard Business Review, Vol. 42, No. 1, 1964, S. 95-106.

Hertz, D.B./Thomas, H. (1982): Evaluating the Risks in Acquisitions, in: Long Range Planning, Vol. 15, No. 6, 1982, S. 28-44.

Hetzel, H. (1988): Stichtagszins oder zukünftiger Zins zur Ertragswertermittlung im Rahmen der modernen Unternehmensbewertung ?, in: Der Betriebsberater, 43. Jg., Heft 11, 1988, S. 725-728.

Hieber, O.L. (1986): Der Einfluß der betrieblichen Altersversorgung auf den Unternehmenswert: ein Beitrag zur Unternehmensbewertung, Frankfurt a.M./Bern/New York 1986.

Higgins, R.C. (1977): How Much Growth Can a Firm Afford ?, in: Financial Management, Vol. 6, No. 3, 1977, S. 7-16.

Hillebrand, W. (1991): Die Cash-flow-Strategen, in: Manager Magazin, 21. Jg., Heft 5, 1991, S. 128-135.

Hiromoto, T. (1989): Management Accounting in Japan - Ein Vergleich zwischen japanischen und westlichen Systemen des Management Accounting, in: Controlling, 1. Jg., Heft 6, 1989, S. 316-322.

Hirschey, M./Zairna, J.K. (1989): Insider Trading, Ownership Structure, and the Market Assessment of Corporate Sell-Offs, in: Journal of Finance, Vol. 44, No. 4, 1989, S. 971-980.

Hofer, C. (1983): ROVA: A New Measure for Assessing Organizational Performance, in: Advances in Strategic Management, Vol. 2, 1983, S. 43-55.

Hofer, C.W./Schendel, D. (1978): Strategy Formulation - Analytical Concepts, St. Paul 1978.

Hoffmann, P. (1991): Bonitätsbeurteilung durch Credit Rating, Berlin 1991.

Höfner, K. (1994): Deutsche Unternehmen - Die drei großen Schritte ins Jahr 2000, Untersuchung über Tendenzen in der strategischen Unternehmensführung und im strategischen Handlungsbedarf bundesdeutscher Unternehmen, München 1994.

Höfner, K./Pohl, A. (1993): Wer sind die Werterzeuger, wer die Wertvernichter im Portfolio ?, in: Harvard Business Manager, 1. Jg., Heft 1, 1993, S. 51-58.

Höfner, K./Pohl, A. (1994): Wertsteigerungstechniken für das Geschäftsfeld- und Beteiligungsportfolio, in: Höfner, K./Pohl, A. (Hrsg.): Wertsteigerungs-Management - Das Shareholder Value-Konzept: Methoden und erfolgreiche Beispiele, Frankfurt/New York 1994, S. 59-84.

Homburg, C./Simon, H. (1995): Wettbewerbsstrategien, in: Tietz, B./Köhler, R./Zentes, J. (Hrsg.): Handwörterbuch des Marketing, 2. Aufl., Stuttgart 1995, Sp. 2753-2762.

Honko, J. (1959): The Annual Income of an Enterprise and Its Determination - A Study from the Standpoint of Accounting and Economics, Helsinki 1959.

Horváth, P./Herter, R.N./Michel, U. (1994): Wertorientiertes Management von strategischen Allianzen, in: Höfner, K./Pohl, A. (Hrsg.): Wertsteigerungs-Management - Das Shareholder Value-Konzept: Methoden und erfolgreiche Beispiele, Frankfurt/New York 1994, S. 227-262.

Horváth, P./Mayer, R. (1989): Prozeßkostenrechnung Der neue Weg zu mehr Kostentransparenz und wirkungsvolleren Unternehmensstrategien, in: Controlling, 1. Jg., Heft 4, 1989, S. 214-219.

Horváth, P./Seidenschwarz, W. (1992): Zielkostenmanagement, in: Controlling, 4. Jg., Heft 3, 1992, S. 142-150.

Hostettler, S. (1995): „Economic Value Added" als neues Führungsinstrument - Einsatzmöglichkeiten des EVA-Konzeptes aus der Sicht des Verwaltungsrates, in: Der Schweizer Treuhänder, o.Jg., Heft 4, 1995, S. 307-315.

House, C.H./Price, R.L. (1991): The Return Map: Tracking Product Teams, in: Harvard Business Review, Vol. 69, No. 1, January/February 1991, S. 92-100.

Huang, C.-F./Litzenberger, R.H. (1988): Foundations for Financial Economics, New York/Amsterdam/London 1988.

Huber, B. (1989): Zur Verwendung strategischer Planungsmethoden in deutschen Unternehmen, Diskussionspapier 136, Wirtschaftswissenschaftliche Dokumentation, Technische Universität Berlin, Berlin 1989.

Hüttner, M./Czenskowsky, T. (1988): Zum Stande von Marktforschung, Prognose, Langfrist-Unternehmensbeschaffung und strategischer Unternehmensplanung in der deutschen Wirtschaft, Working Paper, Universität Bremen, 1988.

IASC (1992): Cash Flow Statements, IAS 7, (revised 1992) International Accounting Standards Committee, 1992.

Ibbotson Associates, Inc. (1989): Stocks, bonds, bills, and inflation 1989 yearbook, Chicago, Ill. 1989.

Ikeda, M. (1992): Price/Earnings Ratios with Reciprocal Ownership, in: Financial Analysts Journal, Vol. 48, No. 4, 1992, S. 77-82.

Institut der Wirtschaftsprüfer (IdW) (1975): HFA-Stellungnahme 2/75: Zur Berücksichtigung der Substanzerhaltung bei der Ermittlung des Jahresergebnisses, in: Die Wirtschaftsprüfung, 28. Jg., Heft 22, 1975, S. 614-616.

Institut der Wirtschaftsprüfer (IdW) (1978): Stellungnahme HFA 1/1978: Die Kapitalflußrechnung als Ergänzung des Jahresabschlusses, in: Die Wirtschaftsprüfung, 31. Jg., Heft 7, 1978, S. 207-208.

Institut der Wirtschaftsprüfer (IdW) (1983): Grundsätze zur Durchführung von Unternehmensbewertungen, HFA 2/83, in: Die Wirtschaftsprüfung, 36. Jg., Heft 15/16, 1983, S. 468-480.

Institut der Wirtschaftsprüfer (IdW) (1990a): HFA 1/1978 i.d.F. 1990 - Die Kapitalflußrechnung als Ergänzung des Jahresabschlusses, in: Fachgutachten des IdW, 8. Erg.-Lieferung 1990, Dezember 1990, S. 53-58.

Institut der Wirtschaftsprüfer (IdW) (1990b): Stellungnahme HFA 2/1990: Anwendung der Grundsätze zur Durchführung von Unternehmensbewertungen bei Bewertungen in der DDR, in: Die Wirtschaftsprüfung, 43. Jg., Heft 14, 1990, S. 403-404.

Institut der Wirtschaftsprüfer (IdW) (1995): Stellungnahme HFA 1/1995: Die Kapitalflußrechnung als Ergänzung des Jahres- und Konzernabschlusses - Gemeinsame Stellungnahme des Hauptfachausschusses und des Arbeitskreises „Finanzierungsrechnung" der Schmalenbach-Gesellschaft/Deutsche Gesellschaft für Betriebswirtschaft e.V., in: Fachnachrichten des Instituts der Wirtschaftsprüfer, Heft 3, 1995, S. 72-76.

Institut der Wirtschaftsprüfer (IdW)/SG (1994a): Die Kapitalflußrechnung als Ergänzungsrechnung des Jahres- und Konzernabschlusses - Entwurf einer Verlautbarung, Hauptfachausschuß und Arbeitskreis "Finanzierungsrechnung" der Schmalenbach-Gesellschaft - Deutsche Gesellschaft für Betriebswirtschaft e.V., in: Die Wirtschaftsprüfung, 47. Jg., Heft 13, 1994, S. 426-429.

Institut der Wirtschaftsprüfer (IdW)/SG (1994b): Die Kapitalflußrechnung als Ergänzungsrechnung des Jahres- und Konzernabschlusses - Entwurf einer Verlautbarung, Hauptfachausschuß und Arbeitskreis "Finanzierungsrechnung" der Schmalenbach-Gesellschaft - Deutsche Gesellschaft für Betriebswirtschaft e.V., in: Fachnachrichten des Instituts der Wirtschaftsprüfer (IdW), Nr. 7, 1994, S. 278-282.

Jacobs, O.H./Spengel, C. (1995): Besteuerung deutscher Kapitalgesellschaften im internationalen Vergleich - Bestandaufnahme und Reformüberlegungen, in: Die Betriebswirtschaft, 55. Jg., Heft 4, 1995, S. 431-451.

Jaeckel, U. (1988): Zur Bestimmung des Basiszinsfußes bei der Ertragswertermittlung, in: Betriebswirtschaftliche Forschung und Praxis, 40. Jg., Heft 6, 1988, S. 553-563.

Jaensch, G. (1992): Unternehmensbewertung bei Akquisitionen in den USA, in: Busse von Colbe, W./Coenenberg, A.G. (Hrsg.): Unternehmensakquisition und Unternehmensbewertung, Grundlagen und Fallstudien, Stuttgart 1992, S. 377-387.

Jegadeesh, N. (1992): Does Market Risk really Explain the Size Effect ?, in: Journal of Financial and Quantitative Analysis, Vol. 27, No. 3, 1992, S. 337-351.

Jensen, M.C. (1972): The Foundations and Current State of Capital Market Theory, in: Jensen, M. C. (Hrsg.): Studies in the Theory of Capital Markets, New York u.a.. 1972, S. 3-43.

Jensen, M.C. (1986): Agency Costs of Free Cash Flow, Corporate Finance, and Takeovers, in: American Economic Review, Vol. 76, No. 5, May 1986, S. 323-329.

Jensen, M.C. (1988): Takeovers: Their Causes and Consequences, in: Journal of Economic Perspectives, Vol. 2, No. 1, Winter 1988, S. 21-48.

Jensen, M.C. (1988a): The Takeover Controversy: Analysis and Eyidence, in: Coffee, J.C./Rose-Ackerman, S. (Hrsg.): Knights, Raiders and Targets. The Impact of Hostile Takeovers, New York, Oxfold, 1988, S. 314-354.

Jensen, M.C./Meckling, W. (1976): Theory of the Firm: Managerial Behavior, Agency Costs and Ownership Structure, in: Journal of Financial Economics, Vol. 4, No. 10, Oktober 1976, S. 305-360.

Jensen, M.C./Ruback, R.S. (1983): The Market for Corporate Control - The Scientific Evidence, in: Journal of Financial Economics, Vol. 11, 1983, S. 5-50.

Johnson, W.B./Natarajan, A./Rappaport, A. (1985): Shareholder Returns and Corporate Excellence, in: The Journal of Business Strategy, Vol. 6, No. 2, Fall 1985, S. 52-62.

Jonas, M. (1995): Unternehmensbewertung: Zur Anwendung der Discounted-Cash-flow-Methode in Deutschhland, in: Betriebswirtschaftliche Forschung und Praxis, 47. Jg., Heft 1, 1995, S. 83-98.

Jones, G./Butler, J. (1988): Costs, Revenue, and Business-Level-Strategy, in: Academy of Management Review, Vol. 13, No. 2, 1988, S. 202-213.

Jung, H. (1993): Erfolgsfaktoren von Unternehmensakquisitionen, Diss., Stuttgart 1993.

Jung, W. (1981): Was ist beim Erwerb einer US-Unternehmung zu klären ? in: io Management Zeitschrift, 50. Jg., Sondernummer, Heft 10, 1981, S. 510-513.

Jung, W. (1993): Praxis des Unternehmenskaufs, Eine systematische Darstellung der Planung und Durchführung einer Akquisition, 2. Aufl., Stuttgart 1993.

Käfer, K. (1946): Zur Bewertung der Unternehmung als Ganzes, in: o.V. (Hrsg.): Rechnungsführung in Unternehmung und Staatsverwaltung, Festschrift für Otto Juzi, Zürich 1946, S. 71-98.

Käfer, K. (1969): Praxis der Kapitalflußrechnung, Stuttgart 1969.

Käfer, K. (1970): Die Erfolgsrechnung, Theorie - Methoden - Formen, Mitteilungen aus dem Handelswissenschaftlichen Seminar der Universität Zürich, Heft 136, Zürich 1970.

Käfer, K. (1984): Kapitalflußrechnungen, 2. Aufl., Stuttgart 1984.

Kaplan, A.D.H./Dirlam, J.B./Lanzilotti, R.F. (1958): Pricing in Big Business, Washington 1958.

Karmann, A. (1992): Principal-Agent-Modelle und Risikoallokation - Einige Grundprinzipien, in: Wirtschaftswissenschaftliches Studium, 21. Jg, Heft 11, November 1992, S. 557-562.

Keim, D.B. (1990): A New Look at the Effects of Firm Size and E/P Ratio on Stock Returns, in: Financial Analysts Journal, Vol. 46, No. 2, 1990, S. 56-67.

Kellinghusen, G./Wübbenhorst, K.L. (1989): Strategisches Controlling: Überwindung der Lücke zwischen operativem und strategischem Management, in: Die Betriebswirtschaft, 49. Jg., Heft 6, 1989, S. 709-716.

Kellinghusen, G./Wübbenhorst, K.L. (1990): Strategic Control for Improved Performance, in: Long Range Planning, Vol. 23, No. 3, 1990, S. 30-40.

Keppler, M. (1992): "Beta"-Faktoren und CAPM - ein Nachruf, in: Die Bank, 32. Jg., Heft 5, 1992, S. 268-269.

Kester, W.C. (1984): Today's options for tomorrow's growth, in: Harvard Business Review, Vol. 62, No. 2, March-April 1984, S. 153-160.

Kilger, W. (1965): Kritische Werte in der Investitions- und Wirtschaftlichkeitsrechnung, in: Zeitschrift für Betriebswirtschaft, 35. Jg., Heft 6, 1965, S. 338-353.

Kilger, W. (1993): Flexible Plankostenrechnung und Deckungsbeitragsrechnung, 10. Aufl., Wiesbaden 1993.

Kirsch, H.-J./Krause, C. (1996): Kritische Überlegungen zur Discounted Cash Flow-Methode, in: Zeitschrift für Betriebswirtschaft, 66. Jg., Heft 7, 1996, S. 793-812.

Kirsch, W./Esser, W.-M./Höfner, K./Wieselhuber, N./Friedrich, R. (1985): Der Stand der Strategischen Unternehmensführung in der Bundesrepublik Deutschland und West-Berlin, in: Grünewald, H.-G./Kilger, W./Seiff, W. (Hrsg.): agplan-Handbuch zur Unternehmensplanung, Band 1, Nr. 1113, S. 1-21.

Kitching, J. (1967): Why Do Mergers Miscarry ?, in: Harvard Business Review, 45. Jg., Heft 6, 1967, S. 84-101.

Klein, B./Crawford, R.G./Alchian, A.A. (1979): Vertical Integration, Appropriable Rents, and the Competitive Contracting Process, in: Journal of Law and Economics, Vol. 22, 1979, S. 297-326.

Klien, W./Michel, U. (1994): Computerunterstützte wertorientierte Planung, Konzeption und Methodik der Wertsteigerungsanalyse unter Einsatz von „The Value Planner", in: Controlling, 6. Jg., Heft 3, Mai/Juni 1994, S. 158-165.

Kloock, J. (1984): The Usefulness of Replacement Cost Information for Control Purposes, in: Klaasen, J./Verburg, P. (1984): Replacement Costs for Managerial Purposes, Amsterdam/New York/Oxford 1984, S. 75-98.

Kloock, J. (1988): Erfolgskontrolle mit der differenziert-kumulativen Abweichungsanalyse, in: Zeitschrift für Betriebswirtschaft, 58. Jg., Heft 3, 1988, S. 423-433.

Kloster, U. (1988): Kapitalkosten und Investitionsentscheidungen: eine finanzierungstheoretische und empirische Untersuchung, Frankfurt a.M./Bern/New York 1988.

Kluge, R.J. (1989): Valuing the Potential Acquisition, in: Bibler, R.S. (Hrsg.): The Arthur Young Management Guide to Mergers and Acquisitions, New York et al. 1989, S. 35-51.

Knyphausen, D. zu (1992): Wertorientiertes Strategisches Management, in: Zeitschrift für Planung, 3. Jg., Heft 4, 1992, S. 331-352.

Koch, H. (1958): Zur Diskussion über den Kostenbegriff, in: Zeitschrift für betriebswirtschaftliche Forschung, 10. Jg., Heft 9, 1958, S. 355-399.

Kogut, B. (1991): Joint Ventures and the Option to Expand and Acquire, in: Management Science, Vol. 37, No. 1, 1991, S. 19-33.

Kolodny, R./Laurence, M./Gosh, A. (1989): In Search of Excellence ... for Whom ?, in: Journal of Portfolio Management, Vol. 15, No. 3, Spring 1989, S. 56-60.

König, R.J. (1989): Ausschüttungsverhalten von Aktiengesellschaften, Besteuerung und Kapitalmarktgleichgewicht, Diss., Hamburg 1989.

KPMG (1996): Value Based Management - A Survey of European Industry, Brüssel 1996.

Kreilkamp, E. (1987): Strategisches Management und Marketing, Berlin/New York 1987.

Krug, H. (1982): Investitionsplanung und strategische Unternehmensplanung, in: Goetzke, W./Sieben, G. (Hrsg.): Entwicklungen und Erfahrungen aus der Praxis des Controlling (II), Gebera-Schriften, Band 11, Köln 1982, S. 119-139.

Kruschwitz, L. (1983): Kritische Einkommenssteuersätze für die Schütt-aus-hol-zurück-Politik nach dem Körperschaftssteuergesetz 1977, in: Der Betrieb, 36. Jg, Heft 13, 1983, S. 683-686.

Kuehn, D. (1975): Takeovers and the Theory of the Firm, London 1975.

Kulkarni, M.S./Powers, M./Shannon, D.S. (1991): The Use of Segment Earnings Betas in the Formation of Divisional Hurdle Rates, in: Journal of Business Finance & Accounting, Vol. 18, No. 6, June 1991, S. 497-512.

Kümmel, A.T. (1994): Bewertung von Kreditinstituten nach dem Shareholder Value Ansatz unter besonderer Berücksichtigung des Zinsänderungsrisikos, Ludwigsburg/Berlin 1994.

Kumps, A.-M. (1975): Conglomerate Mergers: The Case of Great Britain, The Second Conference of Economics of Industrial Structure, Seminar Proceedings, IIM Berlin, Vol. 1, Berlin, S. 12-33.

Kurandt, D. (1972): Fusionen deutscher Aktiengesellschaften in den Jahren 1957-1970. Eine empirische Untersuchung über Gründe und Wirkungen, Diss., Saarbrücken 1973.

Langetieg, T. (1978): An application of a three-factor performance index to measure stockholders gains from merger, in: Journal of Financial Economics, Vol. 6, 1978, S. 365-384.

Laux, C. (1993): Handlungsspielräume im Leistungsbereich des Unternehmens: Eine Anwendung der Optionspreistheorie, in: Zeitschrift für betriebswirtschaftliche Forschung, 45. Jg., Heft 11, 1993, S. 933-958.

Laux, H. (1971): Unternehmensbewertung bei Unsicherheit, in: Zeitschrift für Betriebswirtschaft, 41. Jg., Heft 8, 1971, S. 525-540.

Leber, H./Oberhausberg, U. (1994): Wertorientiertes Konzernmanagement - Konzernrollen und Steuerungsinstrumente, in: Höfner, K./Pohl, A. (Hrsg.): Wertsteigerungsmanagement - Das Shareholder Value-Konzept: Methoden und erfolgreiche Beispiele, Frankfurt a.M./New York 1994, S. 150-174.

Lee, R.E. (1984): A prophet of profits: An introduction to the application and theory of profit tests, in: Journal of Staple Inn Actuaries Society, 1984, S. 1-42.

Lehmann, M. (1978): Eigenfinanzierung und Aktienbewertung, Der Einfluß des Steuersystems, der Ankündigung einer Kapitalerhöhung mit Bezugsrecht und der Ausgabe von Belegschaftsaktien auf Wert und Preis einer Aktie, Wiesbaden 1978.

Lehmann, R. (1993): Kann Diversifikation Wert schaffen ?, Diss., Bern 1993.

Lehmann, S. (1994): Neue Wege in der Bewertung börsennotierter Aktiengesellschaften - Ein Cash-flow-orientiertes Ertragswertmodell, Diss., Wiesbaden 1994.

Lehn, K./Poulsen, A. (1989): Free Cash Flow and Stockholder Gains in Going Private Transactions, in: Journal of Finance, Vol. 44, No. 4, 1989, S. 771-787.

Leuthier, R. (1988): Zur Berücksichtigung der Besteuerung bei der Unternehmensbewertung, in: Betriebswirtschaftliche Forschung und Praxis, 40. Jg., Heft 6, S. 505-521.

Lev, B. (1974): On the Association between Operating Leverage and Risk, in: Journal of Financial and Quantitative Analysis, Vol. 9, No. 9, September 1974, S. 627-642.

Lev, B./Mandelker, G. (1972): The Microeconomic Consequences of Corporate Mergers, in: Journal of Business, Vol. 45, S. 85-104.

Lewis, T.G. (1994): Steigerung des Unternehmenswertes - Total Value Management, Landsberg/Lech 1994.

Lewis, T.G./Lehmann, S. (1992): Überlegene Investitionsentscheidungen durch CFROI, in: Betriebswirtschaftliche Forschung und Praxis, 44. Jg., Heft 1, 1992, S. 1-13.

Lewis, T.G./Stelter, D. (1993): Mehrwert schaffen mit finanziellen Ressourcen, in: Harvard Business Manager, 1. Jg., Heft 4, 1993, S. 107-114.

Liedl, R. (1988): Eigenkapitalorientierte Investitionsrechnung bei Bertelsmann, in: Zeitschrift für betriebswirtschaftliche Forschung, 40. Jg., Heft 2, 1988, S. 172-182.

Lindenberg, E.B./Ross, S.A. (1981): Tobins Q Ratio and Industrial Organization, in: Journal of Business, Vol. 54, No. 1, S. 1-32.

Link, J. (1987): Schwachpunkte der kumulativen Abweichungsanalyse in der Erfolgskontrolle, in: Zeitschrift für Betriebswirtschaft, 57. Jg., Heft 8, 1987, S. 780-792.

Link, R. (1993): Investor Relations im Rahmen des Aktienmarketing von Publikumsgesellschaften, in: Betriebswirtschaftliche Forschung und Praxis, 45. Jg., Heft 2, 1993, S.105-132.

Lintner, J. (1962): Dividends, earnings, leverage, stock prices and the supply of capital to corporations, in: Review of Economics and Statistics, Vol. 44, No.3, 1962, S. 243-269.

Lintner, J. (1964): Optimal dividends and corporate growth under uncertainty, in: Quarterly Journal of Economics, Vol. 78, 1964, S. 49-95.

Lintner, J. (1965): The Valuation of Risk Assets and the Selection of Risky Investments in Stock Portfolios and Capital Budgets, in: The Review of Economics and Statistics, Vol. 47, No. 2, February 1965, S. 13-37.

Litzenberger, R.H./Ramashwamy, K. (1982): The Effects of Dividends on Common Stock Prices: Tax Effects or Information Effects ?, in: Journal of Finance, Vol. 37, No. 2, 1982, S. 429-443.

Locarek, H. (1991): Finanzmathematik, München/Wien 1991.

Lücke, W. (1955): Investitionsrechnungen auf der Grundlage von Ausgaben oder Kosten ?, in: Zeitschrift für handelswissenschaftliche Forschung, NF, 7. Jg., 1955, S. 310-324.

Lücke, W. (1965): Die kalkulatorischen Zinsen im betrieblichen Rechnungswesen, in: Zeitschrift für Betriebswirtschaft, Ergänzungsheft, 1965, S. 3-28.

Lutter, M. (1994): Die handelsrechtliche Publizität - direkt für die Mülltonne ?, in: Die Aktiengesellschaft, 39. Jg., Heft 8, 1994, S. 347.

Malatesta, P.H. (1983): The wealth effect of merger activity and the objective functions of merging firms, in: Journal of Financial Economics, Vol. 11, 1983, S. 155-181.

Malkiel, B.G. (1963): Equity Yields, Growth and the Structure of Share Prices, in: American Economic Review, Vol. 53, No. 12, December 1963, S. 467-497.

Mandelker, G./Rhee, S. (1984): The Impact of the Degrees of Operating and Financial Leverage on Systematic Risk of Common Stock, in: Journal of Financial and Quantitative Analysis, Vol. 19, No. 1, 1984, S. 45-57.

Mankiw, N.G./Romer, D./Shapiro, M.D. (1985): An Unbiased Reexamination of Stock Market Volatility, in: Journal of Finance, Vol. 40, No. 3, 1985, S. 677-687.

Manne, H. (1965): Mergers and the Market for Corporate Control, in: Journal of Political Economy, Vol 73, No. 2, April 1965, S. 110-120.

Mansch, H./Stolberg, K./v. Wysocki, K. (1995): Die Kapitalflußrechnung als Ergänzung des Jahres- und Konzernabschlusses - Anmerkungen zur gemeinsamen Stellungnahme HFA 1/1995 des Hauptfachausschusses und der Schmalenbach-Gesellschaft, in: Die Wirtschaftsprüfung, 48. Jg., Heft 6, 1995, S. 185-203.

Marakon Associates (1981): The Marakon Profitability Matrix, in: Commentary - A Quarterly Publication of Marakon Associates, April 1981, S. 1-12.

Markowitz, H.M. (1952): Portfolio Selection, in: Journal of Finance, Vol. 7, No. 3, 1952, S. 77-91.

Marris, R. (1963): A Model of the Managerial Enterprise, in: Quarterly Journal of Economics, Vol. 77, No. 2, May 1963, S. 185-209.

Marshall, A. (1920): Principles of Economics, 8. Aufl., London 1920.

Marten, K.-U. (1994): Der Wechsel des Abschlußprüfers - Ergebnisse einer empirischen Untersuchung des Prüfungsmarktes, Diss., Düsseldorf 1994.

Martin, K.J./McConnell, J.J. (1991): Corporate Performance, Corporate Takeovers, and Management Turnover, in: Journal of Finance, Vol. 46, No. 2, 1991, S. 671-687.

Matschke, M.J. (1975): Der Entscheidungswert der Unternehmung, Wiesbaden 1975.

Matschke, M.J. (1976): Der Argumentationswert der Unternehmung - Unternehmensbewertung als Instrument zur Beeinflussung in der Verhandlung, in: Betriebswirtschaftliche Forschung und Praxis, 28. Jg., Heft 6, 1976, S 517-524.

Matschke, M.J. (1979): Funktionale Unternehmensbewertung, Bd. II, Der Arbitriumwert der Unternehmenung,Wiesbaden 1979.

Matschke, M.J./Kolf, J. (1980): Historische Entwicklung, Begriff und organisatorische Probleme des Controlling, in: Der Betrieb, 23. Jg., Heft 13, 1980, S. 601-607.

Maul, K.-H. (1992): Offene Probleme bei der Bewertung von Unternehmen durch Wirtschaftsprüfer, in: Der Betrieb, 45. Jg., Heft 25, 1992, S. 1253-1259.

May, A. (1991): Zum Stand der empirischen Forschung über Informationsverarbeitung am Aktienmarkt - Ein Überblick, in: Zeitschrift für betriebswirtschaftliche Forschung, Vol. 43, Heft 4, 1991, S. 313-335.

Mayer, A. (1989): Auswirkungen des Bilanzrichtliniengesetzes auf die externe Analyse der Einzelabschlüsse von Kapitalgesellschaften, Diss., Frankfurt a.M. u.a. 1989.

McConnell, J.J./Muscarella, C.J. (1985): Corporate capital expenditures decisions and the market value of the firm, in: Journal of Financial Economics, Vol. 14, No. 4, 1985, S. 399-422.

McDonald, J. (1989): The Mochiai effect: Japanese corporate cross-holdings, in: The Journal of Portfolio Management, No. 3, Fall 1989, S. 90-93.

McGuire, J./Schneeweis, T./Hill, J. (1986): An Analysis of Alternative Measures of Strategic Performance, in: Advances in Strategic Management, Vol. 4, 1986, S. 127-154.

McTaggart, J.M./Kontes, P.W./Mankins, M.C. (1994): The Value Imperative - Managing for Superior Shareholder Returns, New York u.a. 1994.

McTaggart, J.M. (1988): The Ultimate Takeover Defense: Closing the Value Gap, in: Planning Review, No. 1, January/February 1988, S. 27-32.

Meeks, G. (1977): Disappointing Marriage: A Study of the Gains from Merger, Cambridge et al. 1977.

Meffert, H./Kirchgeorg, M. (1989): Umweltschutz als Unternehmensziel, in: Specht, G./Silberer, G./Engelhardt, W.H. (Hrsg.): Marketing-Schnittstellen - Herausforderungen für das Management, Stuttgart 1989, S. 179-199.

Mello, A./Parsons, J. (1992): Measuring the Agency Costs of Debt, in: The Journal of Finance, Vol. 67, No. 5, December 1992, S. 1887-1904.

Mercer, G. (1987): A review of major corporate write-offs, 1984-1986, Unpublished manuscript, 1987.

Merton, R.C. (1973): An Intertemporal Capital Asset Pricing Model, in: Econometrica, Vol. 41, No. 9, September 1973, S. 867-887.

Merton, R.C. (1990): Continours-Time Finance, Cambridge 1990.

Meyer-Schönherr, M. (1992): Szenario-Technik als Instrument der strategischen Planung, Diss., Ludwigsburg 1992.

Meyersiek, D. (1991): Unternehmenswert und Branchendynamik, in: Betriebswirtschaftliche Forschung und Praxis, 43. Jg., Heft 3, 1991, S. 233-240.

Michel, U. (1994): Kooperation mit Konzept - Wertsteigerung durch strategische Allianzen, in: Controlling, 6. Jg., Heft 1, 1994, S. 20-28.

Milde, H. (1989): Managerial Contracting with Public and Private Information, in: Bamberg, G./Spremann, K. (Hrsg.): Agency Theory, Information, and Incentives, Berlin u.a. 1989, S. 39-59.

Miles, J.A./Ezzell, J.R. (1980): The Weighted Cost of Capital - Perfect Capital Markets and Project Life: A Clarification, in: Journal of Financial and Quantitative Analysis, Vol. 15, 1980, S. 719-730.

Miles, R./Snow, C. (1978): Organisational Strategy, Structure and Process, New York u.a. 1978.

Miller, A./Dess, G. (1993): Assessing Porter's (1980) Model in Terms of its Generalizability, Accuracy and Simplicity, in: Academy of Management Journal, Vol. 36, No. 4, 1993, S. 763-788.

Miller, D. (1992): Generic Strategies, in: Shrivastava, P./Huff, A./Dutton, J. (Hrsg.): Advances in Strategic Management, Vol. 8, Connecticut 1992, S. 391-408.

Miller, M.H. /Modigliani, F. (1961): Dividend policy, growth, and the valuation of shares, in: Journal of Business, Vol. 34, No. 10, October 1961, S. 411-433.

Mirow, M. (1994): Shareholder Value als Instrument der internen Unternehmensführung, in: Bühner, R. (Hrsg.): Der Shareholder Value Report - Erfahrungen, Ergebnisse, Entwicklungen, Landsberg/Lech 1994, S. 91-105.

Mißler-Behr, M. (1993): Methoden der Szenarioanalyse, Diss., Wiesbaden 1993.

Mitchell, D.E./Bernstein, M.L. (1985): Stock Price: Strategies to Mobilize Undervalued Assets, in: Planning Review, No. 3, March 1985, S. 27-31.

Mitchell, M.L. (1991): The Value of Corporate Takeovers, in: Financial Analysts Journal, Vol. 47, No. 1, Jan/Feb 1991, S. 21-31.

Mitchell, M.L./Lehn, K. (1990): Do Bad Bidders Become Good Targets ?, in: Journal of Political Economy, Vol. 98, No. 2, 1990, S. 372-398.

Mitchell, M.L./Netter, J.M. (1989): Triggering the 1987 Stock Market Crash: Antitakeover Provisions in the Proposed House Ways and Means Tax Bill, in: Journal of Financial Economics, Vol. 24, No. 1, September 1989, S. 37-68.

Modigliani, F./Miller, M.H. (1958): The Cost of Capital, Corporation Finance and the Theory of Investment, in: American Economic Review, Vol. 48, 1958, S. 261-297.

Möller, H.-P. (1984): Stock Market Research in Germany: Some Empirical Results and Critical Remarks, in: Bamberg, G./Spremann, K. (Hrsg.): Risk and Capital, Lecture Notes in Economics and Mathematical Systems, Berlin 1984, S. 224-242.

Möller, H.-P. (1986a): Bilanzkennzahlen und Ertragsrisiken des Kapitalmarktes, Stuttgart 1986.

Möller, H.-P. (1986b): Das Capital-Asset-Pricing-Modell - Separationstheorien oder auch Erklärung der Preisbildung auf realen Kapitalmärkten, in: Die Betriebswirtschaft, 46. Jg., Heft 6, 1986, S. 707-719.

Möller, H.-P./Baal, H. (1992): Langfristige Markttrenditen von Aktien und kumulierte Unternehmenserfolge - Eine empirische Untersuchung, Working Paper des Lehrstuhls für Unternehmensrechnung und Finanzierung an der RWTH Aachen, Aachen 1992.

Möller, W.-P. (1983): Der Erfolg von Unternehmenszusammenschlüssen, Diss., München 1983.

Morris, R. (1987): Signalling, Agency Theory and Accounting Policy Choice, in: Accounting and Business Research, Vol. 18, Winter 1987, S. 47-56.

Mossin, J. (1966): Equilibrium in a Capital Asset Market, in: Econometrica, Vol. 34, No. 4, 1966, S. 768-783.

Mossin, J. (1977): The Economic Efficiency of Financial Markets, Lexington 1977.

Moxter, A. (1983): Grundsätze ordnungsmäßiger Unternehmensbewertung, 2. Aufl., Wiesbaden 1983.

Mullen, M. (1990): How to Value Business Enterprises by Reference to Stock Market Comparisons, in: Der Schweizer Treuhänder, o. Jg., 1990, S. 571-574.

Müller-Merbach, H. (1994): Operative und strategische Kernprozesse: Die gesamte Unternehmung als Objekt des Reengineering - Ein Top-down-Entwurf, in: Technologie & Management, 43. Jg., Heft 3, 1994, S. 99-102.

Mullins, D.W. (1982): Does the capital asset pricing model work ?, in: Harvard Business Review, Vol. 60, No. 1, Fanuary/February 1982, S. 105-114.

Münstermann, H. (1966): Die Bedeutung des ökonomischen Gewinns für den externen Jahresabschluß der Aktiengesellschaft, in: Die Wirtschaftsprüfung, 19. Jg., Heft 20/21, 1966, S. 579-586.

Münstermann, H. (1970): Wert und Bewertung der Unternehmung, 3. Aufl., Wiesbaden 1970.

Münstermann, H. (1980): Der Zukunftsentnahmewert der Unternehmung und seine Beurteilung durch den Bundesgerichtshof, in: Betriebswirtschaftliche Forschung und Praxis, 32. Jg., Heft 1, 1980, S. 114-124.

Murrin, J. (1989): Beating raiders at their own game, in: McKinsey Quarterly, Vol. 26, No. 2, Summer 1989, S. 88-91.

Muscarella, C.J./Vetsuypens, M.R. (1990): Efficiency and Organizational Structure: A Study of Reverse LBOs, in: Journal of Finance, Vol. 45, No. 5, 1990, S. 1389-1413.

Myers, S.C. (1984): Finance Theory and Financial Strategy, in: Interfaces, Vol. 14, No. 1, 1984, S. 126-137.

Newbould, G.D. (1970): Management and Merger Activity, Liverpool 1970.

Nowak, Th. (1994): Faktormodelle in der Kapitalmarkttheorie, Diss., Köln 1994.

o.V. (1985): Executive Pay: Who Made the Most, in: Business Week, May 6, 1985, S. 78.

o.V. (1989): 93 % aller GmbH pfeifen auf die Publizitätspflicht, in: Impluse, Heft 4, 1989, S. 166-169.

o.V. (1991): Control Premiums im Mergers and Acquisitions, in: Mergers & Acquisitions, No. 1, 1991, S. 70-72.

o.V. (1992): Im Kreuzfeuer: Die Gehälter der US-Bosse, in: Das Wirtschaftsstudium, 21. Jg., Heft 5, 1992, S. 374-375.

o.V. (1993): Mutually assured destruction ?, in: The Economist, 9th October 1993, S. 88.

o.V. (1993a): Teilweise bösartig - Ein Professor für Bankwirtschaft will auf der Hauptversammlung von Daimler-Benz für Stimmung sorgen, in: DER SPIEGEL, Nr. 50, 13.12.1993, Hamburg 1993, S. 96-101.

o.V. (1993b): Üppige Managergehälter trotz niedriger Gewinne, in: Süddeutsche Zeitung, Nr. 179, 06.08.1993, S. 23.

o.V. (1993c): Wenige herrschen über gewaltige Vermögen, in: Süddeutsche Zeitung, 49. Jg., Nr. 251, 29. Oktober 1993, S. 34.

o.V. (1994): Der Cash-flow zählt, Interview mit Alfred Rappaport, in: Manager Magazin, 24. Jg., Heft 5, 1994, S. 164-166.

O'Sullivan, M. (1997): Measurement by Value: A Comparative Perspective, unpublished working paper, Balliol College, Oxford, 1997.

Oertmann, P. (1994): Firm-Size-Effekt am deutschen Aktienmarkt - Eine empirische Untersuchung, in: Zeitschrift für betriebswirtschaftliche Forschung, 46. Jg, Heft 3, 1994, S. 229-259.

Office of the Chief Economist (1985): Institutional ownership, tender offers, and long-term investment, Securitiy and Exchange Commission, Washington, D.C. 1985.

Olsen, E./Thomas, R. (1987): Stock Price Performance: Corporate Agenda for the 1980's, in: Journal of Corporate Finance, Vol. 2, No. 1, Spring 1987, S. 3-15.

Ossadnik, W. (1984): Rationalisierung der Unternehmensbewertung durch Risikoklassen, Thun u.a. 1984.

Ouchi, W.G. (1979): A Conceptual Framework for the Design of Organizational Control Mechanisms, in: Management Science, Vol. 25, No. 9, 1979, S. 833-848.

ÖVFA (1993): ÖVFA-Ergebnis und Cash-Flow-Formeln für den Einzel- und Konzernabschluß nach RLG, in: ÖVFA-Schriftenreihe Nr. 3, Österreichische Vereinigung für Finanzanalyse und Anlageberatung, Wien 1993.

Parker, B./Helms, M. (1992): Generic Strategies and Firm Performance in a Declining Industry, in: Management International Review, Vol. 32, No. 1, 1992, S. 23-39.

Paul, W. (1993): Umfang und Bedeutung der Investor Relations, in: Betriebswirtschaftliche Forschung und Praxis, 45. Jg., Heft 2, 1993, S. 133-162.

Peemöller, V.H./Bömelburg, P./Denkmann, A. (1994): Unternehmensbewertung in Deutschland - Eine empirische Erhebung -, in: Die Wirtschaftsprüfung, 47. Jg., Heft 22, 1994, S. 741-749.

Perlitz, M. (1977): Sensitivitätsanalysen für Investitionsentscheidungen, in: Zeitschrift für betriebswirtschaftliche Forschung, 29. Jg., Heft 12, 1977, S. 223-232.

Perlitz, M. (1979): Risikoanalyse für Investitionsentscheidungen, in: Zeitschrift für betriebswirtschaftliche Forschung, 31. Jg., Heft 3, 1979, S. 41-49.

Perlitz, M./Löbler, H. (1985): Brauchen Unternehmen zum Innovieren Krisen ?, in: Zeitschrift für Betriebswirtschaft, 55. Jg., Heft 5, 1985, S. 424-450.

Perridon, L./Steiner, M. (1991): Finanzwirtschaft der Unternehmung, 6. Aufl., München 1991.

Peters, T.J./Waterman, R. (1982): In Search of Excellence, Lessons from America's Best-Run Companies, New York 1982.

Pfingsten, A. (1989): Incentives to Forecast Honestly, in: Bamberg, G./Spremann, K. (Hrsg.): Agency Theory, Information, and Incentives, Berlin u.a. 1989, S. 117-133.

Pfohl, H.-C./Wübbenhorst, K.L. (1983): Lebenszykluskosten, Ursprung, Begriff und Gestaltungsvariablen, in: Journal für Betriebswirtschaft, 33. Jg., Heft 3, 1983, S. 142-155.

Piltz, D.J. (1994): Die Unternehmensbewertung in der Rechtsprechung, 3. Aufl., Düsseldorf 1994.

Poensgen, O.H. (1973): Geschäftsbereichsorganisation, Opladen 1973.

Pogue, G.A./Solnik, B. (1974): The market model applied to European common stocks: Some empirical results, in: Journal of Financial and Quantitative Analysis, Vol. 9, 1974, S. 917-943.

Porter, M.E. (1980): Competitive Strategy - Techniques for analyzing industries and competitors, New York 1980.

Porter, M.E. (1983): Wettbewerbsstrategie: Methoden zur Analyse von Branchen und Konkurrenten, Frankfurt a. M. 1983.

Porter, M.E. (1985): Competitive Advantage - Creating and sustaining superior performance, New York 1985.

Porter, M.E. (1986): Wettbewerbsvorteile: Die Spitzenleistungen erreichen und behaupten, Frankfurt/New York 1986.

Porter, M.E. (1987): From Competitive Advantage to Corporate Strategy, in: Harvard Business Review, Vol. 65, No. 3, May/June 1987, S. 43-59.

Pozen, R.C. (1994): Institutional Investors: The Reluctant Activists, in: Harvard Business Review, Vol. 72, No. 1, January/February 1994, S. 140-149.

Prahalad, C.K./Hamel, G. (1990): The Core Competence of the Corporation, in: Harvard Business Review, Vol. 68, No. 3, May/June 1990, S. 79-91.

Preissler, P.R. (1994): Controlling - Lehrbuch und Investivkurs, 5. Aufl., München/Wien 1994.

Prietze, O./Walker, A. (1995): Der Kapitalisierungszinsfuß im Rahmen der Unternehmensbewertung - Eine empirische Analyse, in: Die Betriebswirtschaft, 55. Jg., Heft 2, 1995, S. 199-211.

Pümpin, C. (1986): Management strategischer Erfolgspositionen - das SEP-Konzept als Grundlage wirkungsvoller Unternehmensführung, 3. Aufl., Bern 1986.

Pümpin, C. (1989): Das Dynamik-Prinzip - Wegweisungen für Unternehmer und Manager, Düsseldorf 1989.

Pümpin, C. (1990): Das Dynamik-Prinzip - Zukunftsorientierung für Unternehmen und Manager, 2. Aufl., Düsseldorf 1990.

Pümpin, C. (1990a): Strategische Unternehmensbewertung, in: Der Schweizer Treuhänder, Heft 11, 1990, S. 553-556.

Pümpin, C. (1991): Dynamische Unternehmensführung und strategisches Controlling, in: Horváth, P. (Hrsg.): Synergien durch Schnittstellen-Controlling, Stuttgart 1991, S. 25-49.

Pümpin, C./Pritzl, R. (1991): Unternehmenseigner brauchen eine ganz besondere Strategie, in: Harvard Manager, 13. Jg., Heft 3, 1991, S. 44-50.

Raffée, H./Förster, F./Krupp, W. (1988): Marketing und unternehmerische Ökologieorientierung - Eine empirische Untersuchung unter besonderer Berücksichtigung der Lärmminderung, Arbeitspapier Nr. 63 des Instituts für Marketing, Universität Mannheim, Mannheim 1988.

Raia, A.P. (1965): Goal-Setting and Self-Control, in: The Journal of Management Studies, Vol. 2, No.1, 1965, S. 34-53.

Rappaport, A. (1979): Strategic analysis for more profitable acquisitions, in: Harvard Business Review, Vol. 57, No. 4, July August 1979, S. 99-110.

Rappaport, A. (1981): Selecting strategies that create shareholder value, in: Harvard Business Review, Vol. 59, No. 3, May/June 1981, S. 139-149.

Rappaport, A. (1983): Corporate Performance Standards and Shareholder Value, in: Journal of Business Strategy, Vol. 4, No. 3, 1983, S. 28-38.

Rappaport, A. (1983a): Don't Sell Stock Market Horizons Short, in: Wall Street Journal, Manager's Journal, June 27, 1983.

Rappaport, A. (1986): Creating Shareholder Value, The New Standard for Business Performance, New York/London 1986.

Rappaport, A. (1988): Converting Merger Benefits to Shareholder Value, in: M&A Europe, September/October 1988, S. 44-50.

Rappaport, A. (1992): CFOs and Strategists: Forging a Common Framework, in: Harvard Business Review, Vol. 70, No. 3, May/June 1992, S. 84-91.

Rappaport, A. (1994): Shareholder Value - Wertsteigerung als Mass-Stab für die Unternehmensführung, Stuttgart 1994.

Rappaport, A./LEK Unternehmensberatungs GmbH (1995): Ziele und Entscheidungsmaßstäbe führender deutscher Unternehmen - Ergebnisse einer Untersuchung der Top 250 Unternehmen in Deutschland, München 1995.

Raster, M. (1995): Shareholder-Value-Management - Ermittlung und Steigerung des Unternehmenswertes, Diss., Wiesbaden 1995.

Ravenscraft, D.J./Scherer, F.M. (1987): Mergers, Sell-Offs and Economic Efficiency, Washington, D.C. 1987.

Reece, J.S./Cool, W.R. (1978): Measuring Investment Center Performance, in: Harvard Business Review, Vol. 56, No. 3, May/June 1978, S. 28-35.

Reibnitz v., U. (1991): Szenario-Technik: Instrumente für die unternehmerische und persönliche Erfolgsplanung, Wiesbaden 1991.

Reimann, B.C. (1986): Implementing Value-based Strategic Management, in: Planning Review, No. 4, 1986, S. 6-8 und S. 44-46.

Reimann, B.C. (1987): Stock Price and Business Success: What Is the Relationship ?, in: Journal of Business Strategy, Vol. 8, No. 1, 1987, S. 38-49.

Reimann, B.C. (1988): Managing for the Shareholders: An Overview of Value-based Planning, in: Planning Review, No. 1, January/February 1988, S. 10-22.

Reimann, B.C. (1988a): Decision Support Software for Value-Based Planning, in: Planning Review, No. 2, March/April, 1988, S. 22-32.

Reimann, B.C. (1989): Creating Value to Keep the Raiders at Bay, in: Long Range Planning, Vol. 22, No. 3, 1989, S. 18-27.

Reimann, B.C. (1990): Managing for Value: A Guide to Value Based Strategic Management, 2. Aufl., Oxford/Cambridge 1990.

Reimann, B.C. (1990a): Why Bother with Risk Adjusted Hurdle Rates ?, in: Long Range Planning, Vol. 23, No. 3, 1990, S. 57-65.

Reinganum, M.R. (1981): Misspecification of Capital Asset Pricing: Empirical Anomalies Based on Earnings Yields and Market Values, in: Journal of Financial Economics, Vol. 9, March 1981, S. 19-46.

Reiss, W./Mühlbradt, F.W. (1979): Eine empirische Überprüfung der Validität des "market"- und des "capital asset pricing"-Modells für den deutschen Aktienmarkt, in: Zeitschrift für die gesamte Staatswissenschaft, 135. Jg., Heft 1, 1979, S. 41-68.

Richard, S.F. (1979): A Generalized Capital Asset Pricing Model, in: Elton, E.J./Gruber, M.J. (Hrsg.): Portfolio Theory - 25 Years After, TIMS Studies in the Management Science, Vol. 11, Amsterdam u.a. 1979, S. 215-232.

Richter, F. (1996): Die Finanzierungsprämissen des Entity-Ansatzes vor dem Hintergrund des APV-Ansatzes zur Bestimmung von Unternehmenswerten, in: Zeitschrift für betriebswirtschaftliche Forschung, 48. Jg., Heft 12, 1996, S. 1076-1097.

Richter, F. (1996): Konzeption eines marktwertorientierten Steuerungs- und Monitoringsystems, Diss., Frankfurt 1996.

Richter, F./Stiglbrunner, K. (1993): Anwendung des Unternehmenswert-Konzeptes in Deutschland, Anhang C, in: Copeland, T./Koller, T./Murrin, J. (1993): Unternehmenswert - Methoden und Strategien für eine wertorientierte Unternehmensführung, Frankfurt/New York 1993, S. 409-424.

Richter, F./Stiglbrunner, K. (1995): Wertmanagement: Konzept zur Erschließung des Potentials von dezentralem Unternehmertum, in: McKinsey (Hrsg.): Management des Unternehmenswertes, München 1995, S. 5-23.

Risse, A. (1995): Segmentberichterstattung: Neue Entwicklungen beim IASC und mögliche Auswirkungen auf Deutschland, in: Der Betrieb, 48. Jg., Heft 15, 1995, S. 737-742.

Robbins, St.M. (1986): Retailing: Breaking Up That Old Gang of Ours, Donaldson, Lufkin & Jenrette, November 17, New York 1986.

Robinson, S.J.Q./Hichens, R.E./Wade, D.P. (1978): The Directional Policy Matrix - Tool for Strategic Planning, in: Long Range Planning, Vol. 11, No. 6, June 1978, S. 8-15.

Roll, R. (1977): A Critique of the Asset Pricing Theory´s Tests, Part 1: On Past and Potential Testability of the Theory, in: Journal of Financial Economics, Vol. 4, No. 3, March 1977, S. 129-176.

Roll, R. (1986): The hubris hypothesis of corporate takeovers, in: Journal of Business, Vol. 59, No. 2, 1986, S. 197-216.

Roll, R. (1988): The International Crash of October 1987, in: Financial Analysts Journal, Vol. 44, No. 5, Sept/Okt 1988, S. 19-35.

Roll, R./Ross, S.A. (1980): An Empirical Investigation of the Arbitrage Pricing Theory, in: Journal of Finance, Vol. 35, No. 12, December 1980, S. 1073-1103.

Roll, R./Ross, S.A. (1994): On the Cross-sectional Relation between Expected Returns and Betas, in: Journal of Finance, Vol. 49, No. 1, 1994, S. 101-121.

Rosenbloom, A.H. (1990): Pricing and Negotiations, in: BenDaniel, D.J./Rosenbloom, A.H. (Hrsg.): The Handbook of International Mergers & Acquisitions, Englewood Cliffs 1990, S. 300-352.

Ross, S.A. (1976): The Arbitrage Theory of Capital Asset Pricing, in: Journal of Economic Theory, Vol. 13, No. 12, December 1976, S. 341-360.

Ruhnke, K. (1991): Unternehmensbewertung: Ermittlung der Preisobergrenze bei strategisch motivierten Akquisitionen, in: Der Betrieb, 44. Jg., Heft 37, 1991, S. 1889-1894.

Sakurai, M. (1989): Target Costing and How to Use It, in: Journal of Cost Management, Vol. 3, Summer 1989, S. 39-50.

Sanfleber-Decher, M. (1992): Unternehmensbewertung in den USA, in: Die Wirtschaftsprüfung, 45. Jg., Heft 20, 1992, S. 597-603.

Schildbach, T. (1986): Jahresabschluß und Markt, Berlin/Heidelberg 1986.

Schirmeister, R. (1990): Theorie finanzmathematischer Investitionsrechnungen bei unvollkommenem Kapitalmarkt, Habil., München 1990.

Schmalenbach-Gesellschaft (1977): Strategische Planung, Veröffentlichung des Arbeitskreises "Langfristige Unternehmensplanung" der Schmalenbach-Gesellschaft, in: Zeitschrift für betriebswirtschaftliche Forschung, 29. Jg., Heft 1, 1977, S. 1-20.

Schmalenbachgesellschaft, Arbeitskreis „Finanzierungsrechnung"/Hauptfachausschuß des IdW (SG/HFA) (1995): Stellungnahme HFA 1/1995: Die Kapitalflußrechnung als Ergänzung des Jahres- und Konzernabschlusses, in: Zeitschrift für betriebswirtschaftliche Forschung, 47. Jg., Heft 5, 1995, S. 476-482.

Schmid, H. (1994): Leveraged Management Buy-Out - Begriff, Gestaltungen, optimale Kapitalstruktur und ökonomische Bewertung, Diss., Frankfurt a.M. u.a. 1994

Schmidt, F. (1951): Die organische Tageswertbilanz, unveränderter Nachdruck der 3. Aufl. von 1929, Wiesbaden 1951.

Schmidt, F. (1979): Bilanzpolitik deutscher Aktiengesellschaften, Wiesbaden 1979.

Schmidt, J.G. (1995): Die Discounted Cash-flow-Methode - nur eine kleine Abwandlung der Ertragswertmethode ?, in: Zeitschrift für betriebswirtschaftliche Forschung, 47. Jg., Heft 12, 1995, S. 1088-1118.

Schmidt, R. (1971): Optimale Kapitalanlage am Aktienmarkt, unveröffentlichte Habilitationsschrift, Bonn 1971.

Schmidt, R. (1993): Finanzierung und Kapitalmarkt, in: Hauschildt, J./Grün, O. (Hrsg.): Zu einer Realtheorie der Unternehmung, Festschrift für Prof. Dr. Eberhard Witte, Stuttgart 1993, S. 529-556.

Schmitz, H.R. (1993): Die Aktionäre der Aktiengesellschaft: Beziehungen über das Gesetz hinaus, in: Zeitschrift für das gesamte Kreditwesen, 46. Jg., Heft 18, 1993, S. 838-841.

Schneider, D. (1963): Bilanzgewinn und ökonomische Theorie, in: Zeitschrift für handelswirtschaftliche Forschung, 15. Jg., Heft 10, 1963, S. 457-474.

Schneider, D. (1968): Ausschüttungsfähiger Gewinn und das Minimum an Selbstfinanzierung, in: Zeitschrift für betriebswirtschaftliche Forschung, 20. Jg., Heft 1, 1968, S. 1-29.

Schneider, D. (1985): Ein Ertragswertverfahren als Ersatz fehlender Handelbarkeit stiller Beteiligungen ?, in: Der Betriebsberater, 40. Jg., Heft 26, 1985, S. 1677-1684.

Schneider, D. (1989): Agency Costs and Transaction Costs: Flops in the Principal-Agent-Theory of Financial Markets, in: Bamberg, G./Spremann, K. (Hrsg.): Agency Theory, Information, and Incentives, Berlin u.a. 1989, S. 481-494.

Schneider, D. (1991): Versagen des Controlling durch eine überholte Kostenrechnung, Zugleich ein Beitrag zur innerbetrieblichen Verrechnung von Dienstleistungen, in: Der Betrieb, 44. Jg., Heft 15, 1991, S. 765-772.

Schneider, D. (1991a): Controlling als „Koordinationsfunktion innerhalb eines dezentralen, planungs- und kontrolldeterminierten Führungsparadigmas" ?, Replik zur Erwiderung von J. Weber, in: Der Betrieb, 44. Jg., Heft 35, 1991, S. 1789-1790.

Schneider, D. (1992): Investition, Finanzierung und Besteuerung, 7. Aufl., Wiesbaden 1992.

Schneider, J. (1986): Der srategische Unternehmenswert, in: Harvard Manager, 8. Jg., Heft 2, 1986, S. 15-17.

Schneider, J. (1988): Die Ermittlung strategischer Unternehmenswerte, in: Betriebswirtschaftliche Forschung und Praxis, 40. Jg., Heft 6, 1988, S. 522-531.

Schneider, J. (1989): Strategische Unternehmensbewertung als Teil der Akquisitionsplanung, in: Riekhof, H.C. (Hrsg.): Strategieentwicklung, Stuttgart 1989, S. 213-234.

Schwarz, R. (1988): Die Börseneinführungspublizität neuemittierender Unternehmen, Diss., Frankfurt a.M. u.a. 1988.

Seed, A.H. III (1985): Winning strategies for shareholder value creation, in: Journal of Business Strategy, o. Jg., No. 2, 1985, S. 44-51.

Seicht, G. (1970): Die Unhaltbarkeit der dynamischen Bilanztheorie, in: Zeitschrift für Betriebswirtschaft, 40. Jg., Heft 9, 1970, S. 589-612.

Seidenschwarz, W. (1991): Target Costing - Ein japanischer Ansatz für das Kostenmanagement, in: Controlling, 3. Jg., Heft 4, 1991, S. 198-203.

Seidenschwarz, W. (1993): Target Costing, Diss., München 1993.

Seldon, M.R. (1979): Life Cycle Costing: A Better Method of Government Procurement, Colorado 1979.

Serfling, K./Marx, M. (1990): Capital Asset Pricing-Modell, Kapitalkosten und Investitionsentscheidungen, Teil I und II, in: DasWirtschaftsstudium, 19. Jg., Heft 6 und 7, 1990, S. 364-369 und S. 425-429.

Serfling, K./Marx, M. (1991): Die Bedeutung der Richtlinie SFAS No. 95 für die Praxis der Kapitalflußrechnung - Eine Analyse vor dem Hintergrund der Verlautbarung HFA 1/1978, in: Die Wirtschaftsprüfung, 44. Jg., Heft 12, 1991, S. 345-350.

Serfling, K./Neumann, I. (1994): Steuerung des Umlaufvermögens (Working-Capital-Management), in: Bilanz, Buchführung, Kostenrechnung, 43. Jg., Heft 12, 1994, S. 575-590.

Serfling, K./Pape, U. (1994): Der Einsatz spartenspezifischer Beta-Faktoren zur Bestimmung spartenbezogener Kapitalkosten, in: WISU, 23. Jg., Heft 6, 1994, S. 519-526.

Serfling, K./Pape, U. (1996): Strategische Unternehmensbewertung und Discounted Cash Flow-Methode, in: WISU, 25. Jg., 1996, Heft 1, S. 57-64.

Shanken, J. (1985): Multi-Beta CAPM or Equilibrium - APT ?: A Reply, in: Journal of Finance, Vol. 40, No. 4, 1985, S. 1189-1196.

Sharp, D.J. (1991): Uncovering the Hidden Value in High-Risk Investments, in: Sloan Management Review, Vol. 32, No. 4, 1991, S. 69-74.

Sharpe, W.F. (1963): A Simplified Model for Portfolio Analysis, in: Management Science, Vol. 9, 1963, S. 277-293.

Sharpe, W.F. (1964): Capital Asset Prices: A Theory of Market Equilibrium under Conditions of Risk, in: Journal of Finance, Vol. 19, No. 9, 1964, S. 425-442.

Sharpe, W.F./Sin, H.B. (1975): Are gains likely from market timing, in: Financial Analyst Journal, Vol. 31, No. 2, 1975, S. 60-69.

Sherif, Y.S./Kolarik, W.J. (1981): Life Cycle Costing: Concept and Practice, in: Omega, Vol. 9, No. 3, 1981, S. 287-296.

Shields, M.D./Young, S.M. (1991): Managing Product Life Cycle Costs: An Organizational Model, in: Journal of Cost Management, Vol. 5, No. 3, Fall 1991, S. 39-52.

Shiller, R.J. (1981): Do Stock Prices Move Too Much to be Justified by Subsequent Changes in Dividends ?, in: American Economic Review, Vol. 71, No. 3, 1981, S. 421-426.

Shostack, L. (1984): Designing Services that Deliver, in: Harvard Business Review, Vol. 62, No. 1, 1984, S 133-139.

Sieben, G. (1963): Der Substanzwert der Unternehmung, Wiesbaden 1963.

Sieben, G. (1974): Kritische Würdigung der externen Rechnungslegung unter besonderer Berücksichtigung von Scheingewinnen, in: Zeitschrift für betriebswirtschaftliche Forschung, 26. Jg., Heft 3, 1974, S. 153-168.

Sieben, G. (1983): Funktionen der Bewertung ganzer Unternehmen und von Unternehmensanteilen, in: Das Wirtschaftsstudium, 12. Jg., Heft 12, 1983, S. 539-542.

Sieben, G. (1988): Der Unternehmenserfolg als Determinante des Unternehmenswerts - Berechnung auf Basis künftiger Entnahme- oder künftiger Ertragsüberschüsse ?, in: Domsch, M./Eisenführ, F./Ordelheide, D./Perlitz, M. (Hrsg.): Unternehmenserfolg - Planung - Ermittlung - Kontrolle, Wiesbaden 1988, S. 361-375.

Sieben, G. (1993): Unternehmensbewertung, in: Wittmann, W./Kern, W./Köhler, R./Küpper, H.-U./v. Wysocki, K. (Hrsg.): Handwörterbuch der Betriebswirtschaft, 5. Aufl., Bd. 3, 1993, Sp. 4315-4331.

Sieben, G./Diedrich, R. (1990): Aspekte der Wertfindung bei strategisch motivierten Unternehmensakquisitionen, in: Zeitschrift für betriebswirtschaftliche Forschung, 42. Jg., Heft 9, 1990, S. 794-809.

Sieben, G./Schildbach, Th. (1979): Zum Stand der Entwicklung der Lehre von der Bewertung ganzer Unternehmungen, in: Deutsches Steuerrecht, 17. Jg., Heft 16/17, 1979, S. 455-461.

Sieben, G./Zapf, B. (1981): Unternehmensbewertung als Grundlage unternehmerischer Entscheidungen, Bericht des Arbeitskreises "Unternehmensbewertung im Rahmen der unternehmerischen Zielsetzung" der Schmalenbach-Gesellschaft - Deutsche Gesellschaft für Betriebswirtschaft e.V., Stuttgart 1981.

Siegel, T. (1991): Das Risikoprofil als Alternative, in: Rückle, D. (Hrsg.): Aktuelle Fragen der Finanzwirtschaft und der Unternehmensbesteuerung, Festschrift für E. Loitlsberger zum 70. Geburtstag, Wien 1991, S. 619-638.

Siegel, T. (1994): Unternehmensbewertung, Unsicherheit und Komplexitätsreduktion, in: Betriebswirtschaftliche Forschung und Praxis, 46. Jg., Heft 5, 1994, S. 457-476.

Siegert, T. (1994): Marktwertorientierte Unternehmenssteuerung, in: Bühner, R. (Hrsg.): Der Shareholder Value-Report - Erfahrungen, Ergebnisse, Entwicklungen, Landsberg/Lech 1994, S. 107-126.

Siegert, T. (1994a): Strategische Führung: Die finanzielle Dimension, in: Siegwart, H./Mahari, J./Abresch, M. (Hrsg.): Finanzielle Führung, Finanzinnovation & Financial Engineering, Teilband 1: Finanzielle Führung, Stuttgart 1994, S.61-79.

Siegert, T. (1995): Shareholder-Value als Lenkungsinstrument, in: Zeitschrift für betriebswirtschaftliche Forschung, 47. Jg., Heft 6, 1995, S. 580-607.

Siegwart, H. (1994): Shareholder Value „contra" Sicherung der langfristigen Überlebensfähigkeit der Unternehmung ?, in: Seicht, G. (Hrsg.): Kostenrechnung und Kostenmanagement, Buchhaltung und Bilanzierung, Krisenmanagement und Gläubigerschutz, Cash-flow und Kapitalflußrechnung, Öko-Controlling, Wien 1994, S. 397-412.

Sigloch, J. (1974): Unternehmenswachstum durch Fusion, Berlin 1974.

Simmonds, K. (1989): Strategisches Management Accounting, in: Controlling, 1. Jg., Heft 5, 1989, S. 264-269.

Simon, H. (1988): Management strategischer Wettbewerbsvorteile, in: Zeitschrift für Betriebswirtschaft, 58. Jg., Heft 4, 1988, S. 461-480.

Singh, A. (1971): Takeovers: Their Relevance to the Stock Market and the Theory of the Firm, Cambridge 1971.

Smart, I.C. (1977): Pricing and Profitability in a Life Office, in: Journal of the Institute of Actuaries, Vol. 104, 1977, S. 125-172.

Solomon, E. (1966): Return on Investment: The Relation of Book-Yield to True Yield, in: Jaedicke, R.K./Ijiri, Y./Nelson, O. (Hrsg.): Research in Accounting Measurement, American Accounting Association, Chicago 1966, S. 232-244.

Solomons, D. (1971): Divisional performance - measurement and control, 5. Aufl., Homewood, Ill. 1971.

Solt, M.E./Statman, M. (1989): Good companies, bad stocks, in: Journal of Portfolio Management, No. 2, Summer 1989, S. 39-44.

Sommerlatte, T./Deschamps, J.-P. (1986): Der strategische Einsatz von Technologien - Konzepte und Methoden zur Einbeziehung von Technologien in die Strategieentwicklung des Unternehmens, in: Arthur D. Little Int. (Hrsg.): Management im Zeitalter der strategischen Führung, 2. Aufl., Wiesbaden 1986, S. 39-79.

Soter, D.S. (1979): The dividend controversy - what it means for corporate policy, in: Financial Executive, Vol. 47, No. 1, 1979, S. 38-43.

Spence, M./Zeckenhauser, R. (1971): Insurance, Information and Individual Action, in: American Economic Review, Vol. 61, No. 5, May 1971, S. 308-387.

Spremann, K. (1989): Stakeholder-Ansatz versus Agency-Theorie, in: Zeitschrift für Betriebswirtschaft, 59. Jg., Heft 7, 1989, S. 742-746.

Spremann, K. (1989a): Agent and Principal, in: Bamberg, G./Spremann, K. (Hrsg.): Agency Theory, Information, and Incentives, Berlin u.a. 1989, S. 3-37.

Spremann, K. (1991): Investition und Finanzierung, 4. Aufl., München/Wien 1991.

Stalk, G./Evans, P./Shulman, L.E. (1992): Competing on Capabilities: The New Rules of Corporate Strategy, in: Harvard Business Review, Vol. 70, No. 2, March/April 1992, S. 57-69.

Stehle, R./Hartmond, A. (1991): Durchschnittsrenditen deutscher Aktien 1954-1988, in: Kredit und Kapital, 24. Jg., Heft 3, 1991, S. 371-411.

Stein, I. (1993): Internationale Unternehmensakquisition: Trends und Motive, in: Frank, G.-M./Stein, I. (Hrsg.): Management von Unternehmensakquisitionen, Stuttgart 1993, S. 83-96.

Steiner, H.-G./Maßner, W.C./Rees, M. (1994): Anwendung des Shareholder-Value-Konzepts in der Praxis, in: Höfner, K./Pohl, A. (Hrsg.): Wertsteigerungsmanagement - Das Shareholder Value-Konzept: Methoden und erfolgreiche Beispiele, Frankfurt a.M./New York 1994, S. 197-226.

Steiner, J. (1981): Investitionsrechnung auf der Basis von Periodengewinnen - Eine Alternative zu klassischen Modellen, in: Die Betriebswirtschaft, 41. Jg., Heft 1, 1981, S. 91-102.

Steiner, M. (1992): Rating - Risikobeurteilung von Emittenten durch Rating-Agenturen, in: Wirtschaftswissenschaftliches Studium, 21. Jg., Heft 10, 1992, S. 509-515.

Steiner, M./Bauer, C. (1992): Die fundamentale Analyse und Prognose des Marktrisikos deutscher Aktien, in: Zeitschrift für betriebswirtschaftliche Forschung, 44. Jg., Heft 4, 1992, S. 347-368.

Steiner, M./Beiker, H./Bauer, C. (1993): Theoretische Erklärungen unterschiedlicher Aktienrisiken und empirische Überprüfungen, in: Bühler, W./Hax, H./Schmidt, R. (Hrsg.): Empirische Kapitalmarktforschung, Sonderheft 31/93, Zeitschrift für betriebswirtschaftliche Forschung, Düsseldorf/Frankfurt, S. 99-128.

Steiner, M./Kleeberg, J. (1991): Zum Problem der Indexauswahl im Rahmen der wissenschaftlich-empirischen Anwendung des Capital Asset Pricing Model, in: Die Betriebswirtschaft, 51. Jg., Heft 2, 1991, S. 171-182.

Steiner, M./Nowak, Th. (1994): Zur Bestimmung von Risikofaktoren am deutschen Aktienmarkt auf Basis der Arbitrage Pricing Theory, in: Die Betriebswirtschaft, 54. Jg., Heft 3, 1994, S. 347-362.

Stewart, G.B. (1990): The Quest for Value - A Guide for Senior Managers, o.O. 1990.

Stich, R.S. (1974): Have U.S. Mergers been Profitable ?, in: Management International Review, Vol. 14, No. 2-3, 1974, S. 33-45.

Strasser, H. (1988): Vorsteuerung des Unternehmenserfolgs, in Domsch, M./Eisenführ, F./Ordelheide, D./Perlitz, M. (Hrsg.): Unternehmenserfolg, Planung - Ermittlung - Kontrolle, Festschrift zum 60. Geburtstag von Walther Busse von Colbe, Wiesbaden 1988, S. 377-400.

Strategic Planning Associates (1981): Strategy and Shareholder Value: The Value Curve, Washington 1981.

Strategic Planning Associates (1984): Strategy and Shareholder Value: The Value Curve, in: Lamb, R.B. (Hrsg.): Competitive Strategic Management, Englewood Cliffs, 1984, S. 571-596.

Stulz, R.M./Walking, R.A./Song, M.N. (1990): The Distribution of Target Ownership and the Division of Gains in Successful Takeovers, in: Journal of Finance, Vol. 45, No. 3, 1990, S. 817-833.

Süchting, J. (1989): Finanzmanagement - Theorie und Politik der Unternehmensfinanzierung, 5. Aufl., Wiesbaden 1989.

Swanson, N.E./Digman, L.A. (1986): Organizational Performance Measures for Strategic Decisions: A PIMS-Based Investigation, in: Handbook of Business Strategy - 1986/87 Yearbook, New York, S. 17-1 bis 17-13.

Swoboda, P. (1986): Investition und Finanzierung, 3. Aufl., Göttingen 1986.

Swoboda, P. (1991): Betriebliche Finanzierung, 2. Aufl., Heidelberg 1991.

Teichmann, H. (1975): Theorie und Praxis der Bestimmung des Planungshorizonts, in: Kostenrechnungspraxis, 19. Jg., Heft 6, 1975, S. 257-266.

Thanheiser, H./Patel, P. (1977): Strategische Planung in diversifizierten deutschen Unternehmen, Wiesbaden/Fontainebleau 1977.

Thomas, R. (1984): Measuring Corporate Performance and Investor Return Requirements, in: Vertin, J.R. (Hrsg.): Improving the Investment Decision Process: Applying Economic Analysis to Portfolio Management, Homewood, Ill. 1984, o.S.

Thomas, R./Lipson, M. (1985): Linking Corporate Return Measures to Stock Prices, HOLT Planning Associates, St. Carles, Ill. 1985.

Thompson, D.J. (1976): Sources of Systematic Risk in Common Stocks, in: The Journal of Business, Vol. 49, No. 4, April 1976, S. 173-188.

Tobin, J. (1958): Liquidity Preference as Behavior toward Risk, in: Review of Economic Studies, Vol. 25, No. 2, 1958, S. 65-86.

Tobin, J. (1969): A General Equilibrium Approach To Monetary Theory, in: Journal of Money, Credit and Banking, Vol. 1, No. 1, 1969, S. 15-29.

Tobin, J. /Brainard, W.C. (1977): Asset Markets and the Cost of Capital, in: Balassa, B./Nelson, R. (Hrsg.): Economic Progress - Private Values and Public Policy, Amsterdam 1977, S. 235-262.

Töpfer, A. (1985): Umwelt- und Benutzerfreundlichkeit von Produkten als strategische Unternehmensziele, in: Marketing Zeitschrift für Planung, 7. Jg., Heft 4, 1985, S. 241-251.

Treynor, J.L. (1993): In Defense of the CAPM, in: Financial Analysts Journal, Vol. 49, No. 3, May/June 1993, S. 11-13.

Tzoannos, T./Samuels, J.M. (1972): Mergers and takeovers: the financial characteristics of companies involved, in: Journal of Business Finance, Vol. 4, No. 3, Autumn 1972, S. 5-16.

Ulschmid, C. (1994): Empirische Validierung von Kapitalmarktmodellen - Untersuchungen zum CAPM und zur APT für den deutschen Kapitalmarkt, Diss., Frankfurt a.M. u.a. 1994.

Union Européenne des Experts Comptables Économiques et Financiers (UEC) (1980): Empfehlung zur Vorgehensweise von Wirtschaftsprüfern bei der Bewertung ganzer Unternehmen, Technical and Research Committee, Kommission für Fachfragen und Forschung, TRC No. 1, München Dezember 1980.

Unzeitig, E./Köthner, D. (1995). Shareholder Value Analyse - Entscheidung zur unternehmerischen Nachhaltigkeit - Wie Sie die Schlagkraft Ihres Unternehmens steigern, Stuttgart 1995.

Valcárcel, S. (1992): Ermittlung und Beurteilung des "strategischen Zuschlags" als Brücke zwischen Unternehmenswert und Marktpreis, in: Der Betrieb, 44. Jg., Heft 12, 1992, S. 589-595.

Van Horne, J.C./Wachowitz, J.M. (1992): Fundamentals of Financial Management, 8. Aufl., Englewood Cliffs 1992.

Vandell, R.F./Kester, G.L. (1983): A History of Risk-Premia Estimates for Equities: 1944 to 1978, Charlottesville, Va. 1983.

Varaiya, N./Kerin, R.A./Weeks, D. (1987): The Relationship Between Growth, Profitability, and Firm Value, in: Strategic Management Journal, Vol. 8, 1987, S. 487-497.

Varaiya, N.P./Ferris, K.R. (1987): Overpaying in Corporate Takeovers: The Winner's Curse, in: Financial Analyst Journal, Vol. 43, No. 3, May/June 1987, S. 64-70.

Veit, K.-R./Bernards, O. (1995): Anforderungen an die Segmentberichterstattung im internationalen Vergleich, in: Die Wirtschaftsprüfung, 48. Jg., Heft 15, 1995, S. 493-498.

Venohr, B. (1988): „Marktgesetze" und strategische Unternehmensführung - Eine kritische Analyse des PIMS-Programms, Diss., Wiesbaden 1988.

Volkart, R. (1990): Unternehmenswert und Kapitalstruktur, in: Der Schweizer Treuhänder, o. Jg., Heft 11, 1990, S. 543-552.

Volkart, R. (1992): Unternehmensbewertung, Strategieevaluation und Discounted Cash Flow - Überlegungen zur Cash Flow-basierten Geschäftswertanalyse, in: Der Schweizer Treuhänder, o. Jg., Heft 12, 1992, S. 815-822.

Volpert, V. (1989): Kapitalwert und Ertragsteuern - Die Bedeutung der Finanzierungsprämisse für die Investitionsrechnung, Wiesbaden 1989.

Voss, B.W. (1988): Selbstverständnis und Selbst-Bewußtsein, in: Gablers Magazin, 2. Jg., Heft 12, 1988, S. 23-27.

Wagenhofer, A. (1988): Die Bestimmung von Argumentationspreisen in der Unterrnehmensbewertung, in: Zeitschrift für betriebswirtschaftliche Forschung, 40. Jg., Heft 4, 1988, S. 340-359.

Wagenhofer, A./Ewert, R. (1993): Linearität und Optimalität in ökonomischen Agency Modellen, in: Zeitschrift für Betriebswirtschaft, 63. Jg., Heft 4, 1993, S. 373-391.

Wagner, R. (1994): Die Grenzen der Unternehmung - Beiträge zur ökonomischen Theorie der Unternehmung, Heidelberg 1994.

Walbert, L. (1993): America's best wealth creators, in: Fortune, 27. December 1993, S. 50-55.

Warfsmann, J. (1993): Das Capital Asset Pricing Model in Deutschland, Diss., Wiesbaden 1993.

Watts, R./Zimmerman, J. (1986): Positive Accounting Theory, Englewood Cliffs, New Jerrsey 1986.

Weber, B. (1990): Unternehmensbewertung heisst heute Wertsteigerungsmanagement, in: io Management Zeitschrift, 59. Jg., Heft 11, 1990, S. 31-35.

Weber, B. (1991): Beurteilung von Akquisitionen auf der Grundlage des Shareholder Value, in: Betriebswirtschaftliche Forschung und Praxis, 43. Jg., Heft 3, 1991, S. 221-232.

Weber, J. (1991): Versagen des Controlling ? Ein Beitrag zur Theoriefindung, Erwiderung zu dem Beitrag von D. Schneider, in: Der Betrieb, 44. Jg., Heft 35, 1991, S. 1785-1788.

Weißenberg, P. (1993): Der beste Geschäftsbericht - Der Sieger 1993, in: TopBusiness, o. Jg., Heft 10, Oktober 1993, S. 78-85.

Wenner, D.L./LeBer, R.W. (1990): Managing for shareholder value - from top to bottom, in: McKinsey Quarterly, Vol. 27, No. 1, Spring 1990, S. 95-109.

Werner, U. (1990): Die Analyse des Lageberichts als Instrument empirischer Zielforschung, in: Zeitschrift für betriebswirtschaftliche Forschung, 42. Jg., Heft 12, 1990, S. 1014-1035.

West, K.D. (1988): Dividend Innovations and Stock Price Volatility, in: Econometrica, Vol. 56, No. 1, 1988, S. 37-61.

Weston, F.J./Chung,K.S./Hoag, S.E. (1990): Mergers, Restructuring, and Corporate Control, Englewood Cliffs 1990.

Weston, J.F./Mansinghka, S.K. (1971): Tests of the Efficiency Performance of Conglomerate Firms, in: The Journal of Finance, Vol. 26, No. 4, September 1971, S. 919-936.

Wever, W. (1991): Heading towards strategic management - An integral concept for corporate strategic planning, in: Zeitschrift für Planung, 2. Jg., Heft 2, 1991, S. 141-153.

Wicksell, K. (1898): Geldzins und Güterpreise, berichtigter Nachdruck der Ausgabe von 1898, Aalen 1968.

Wilcox, J.C. (1989): How to Win Shareholder Loyalty, in: Journal of Business Strategy, o.Jg., September/Oktober 1989, S. 16-19.

Wilcox, J.W. (1984): The P/B-ROE Valuation Model, in: Financial Analysts Journal, Vol. 40, No. 1, January/February 1984, S. 58-66.

Wilhelm, J. (1980): Mulitperiod Portfolio Selection and Capital Asset Pricing, in: Fandel, G./Gal, T. (Hrsg.): Multiple Criteria Decision Making-Theory and Application, Berlin et al. 1980, S. 487-510.

Williams, J.B. (1938): The Theory of Investment Value, Cambridge 1938.

Williams, J.B. (1964): The Theory of Investment Value, 3. Aufl., Amsterdam 1964.

Wilms, S. (1988): Abweichungsanalysemethoden der Kostenkontrolle, Diss., Bergisch Gladbach/Köln 1988.

Wind, Y./Mahajan, V. (1988): Portfolios für Produkte und Geschäftsbereiche, in: Harvard Manager, Sonderheft Strategie und Planung, Band 2, 1988, S. 33-43.

Wind, Y./Mahajan, V./Swire, D.J. (1983): An Empirical Comparison of Standardized Portfolio Models, in: Journal of Marketing, Vol. 47, No. 2, 1983, S. 89-99.

Witte, T. (1989): Simulation - Eine mächtige Methode zur Analyse und Verbesserung von betrieblichen Systemen, in: Die Betriebswirtschaft, 49. Jg., Heft 4, 1989, S. 513-524.

Woo, C.Y. (1984): An Empirical Test of Value-Based Planning Models and Implications, in: Management Science, Vol. 30, No. 9, September 1984, S. 1031-1050.

Woo, C.Y.Y./Cooper, A.C. (1982): The Surprising Case for Low Market Share Businesses, in: Harvard Business Review, Vol. 60, No. 6, Nov/Dec 1982, S. 106-113.

Woolridge, R. (1988): Competitive decline and corporate restructuring: Is a myopic stock market to blame ?, in: Journal of Applied Corporate Finance, Vol. 1, No. 1, 1988, S. 26-36.

Wuffli, H.R. (1989): Die institutionellen Anleger und ihre Führungsansprüche, in: io Management Zeitschrift, 58. Jg., Heft 2, 1989, S. 42-43.

Wysocki v., K. (1993): Finanzierungsrechnung zur Information Außenstehender, in: Schmalenbach-Gesellschaft - Deutsche Gesellschaft für Betriebswirtschaft e.V. (Hrsg.): Tagungsband 47. Deutscher Betriebswirtschafter-Tag, 11.-13.10.1993, Berlin 1993, S. 65-75.

Wysocki v., K. (1995): Angleichung von Kapitalflußrechnungen an internationale Standards - Bemerkungen zur Stellungnahme HFA 1/1995, in: Zeitschrift für betriebswirtschaftliche Forschung, 47. Jg., Heft 5, 1995, S. 466-475.

Yoshimori, M. (1995): Whose Company is it ? The Concept of the Corporation in Japan and the West, in: Long Range Planning, Vol. 28, No. 4, 1995, S. 33-44.

Young, D./Sutcliffe, B. (1989): Value Gaps - Who is Right ? - The Raiders, the Market or the Managers ?, in: Long Range Planning, Vol. 23, No. 4, 1989, S. 20-34.

Zdral, W. (1993): Fitness-Test für Firmen, in: TopBusiness, Nr. 11, 1993, S. 20-34.

Zens, N.H./Rehnen, A. (1994): Die Bewertung von Unternehmen und strategischen Geschäftseinheiten mit Hilfe des Shareholder-Value-Konzepts, in: Höfner, K./Pohl, A.(Hrsg.): Wertsteigerungs-Management - Das Shareholder Value-Konzept: Methoden und erfolgreiche Beispiele, Frankfurt a.M./New York 1994, S. 85-115.

Ziegler, H. (1994): Neuorientierung des internen Rechnungswesens für das Unternehmens-Controlling im Hause Siemens, in: Zeitschrift für betriebswirtschaftliche Forschung, 46. Jg., Heft 2, 1994, S. 175-188.

Glossar

Buchanzeigen

CONTROLLING PRAXIS

Herausgegeben von Prof. Dr. Péter Horváth und Prof. Dr. Thomas Reichmann

Fischer, **EDV-gestützte Kostenplanung für mittelständische Unternehmen**
Von Dr. Philip Fischer.
1993. XVII, 259 Seiten.
Kartoniert DM 65,-
ISBN 3-8006-1806-0

Fischer, **Kostenmanagement strategischer Erfolgsfaktoren**
Instrumente zur operativen Steuerung der strategischen Schlüsselfaktoren Qualität, Flexibilität und Schnelligkeit.
Von Dr. Thomas M. Fischer.
1993. XV, 340 Seiten.
Kartoniert DM 65,-
ISBN 3-8006-1721-8

Fröhling, **Dynamisches Kostenmanagement**
Konzeptionelle Grundlagen und praktische Umsetzung im Rahmen eines strategischen Kosten- und Erfolgs-Controlling.
Von Dr. Oliver Fröhling.
1994. XXX, 452 Seiten.
Kartoniert DM 75,-
ISBN 3-8006-1768-4

Funke, **Fixkosten und Beschäftigungsrisiko**
Eine theoretische und empirische Analyse.
Von Dr. Stephan Funke.
1995. XXIV, 322 Seiten.
Kartoniert DM 75,-
ISBN 3-8006-1961-X

Gaiser, **Schnittstellencontrolling bei der Produktentwicklung**
Entwicklungszeitverkürzung durch Bewältigung von Schnittstellenproblemen.
Von Dr. Bernd Gaiser.
1993. XV, 196 Seiten.
Kartoniert DM 65,-
ISBN 3-8006-1744-7

Gentner, **Entwurf eines Kennzahlensystems zur Effektivitäts- und Effizienzsteigerung von Entwicklungsprojekten**
– dargestellt am Beispiel der Entwicklungs- und Anlaufphasen in der Automobilindustrie.
Von Dr. Andreas Gentner.
1994. XVII, 217 Seiten.
Kartoniert DM 65,-
ISBN 3-8006-1813-3

Gleich, **Target Costing für die montierende Industrie**
Von Dr. Ronald Gleich.
1996. XVII, 225 Seiten.
Kartoniert DM 75,-
ISBN 3-8006-2044-8

Günther, **Ökologieorientiertes Controlling**
Konzeption eines Systems zur ökologieorientierten Steuerung und empirische Validierung.
Von Dr. Edeltraud Günther.
1994. XIX, 400 Seiten.
Kartoniert DM 75,-
ISBN 3-8006-1825-7

Günther, **Erfolg durch strategisches Controlling?**
Eine empirische Studie zum Stand des strategischen Controlling in deutschen Unternehmen und dessen Beitrag zu Unternehmenserfolg und -risiko.
Von Prof. Dr. Thomas Günther.
1991. XVI, 419 Seiten.
Kartoniert DM 65,-
ISBN 3-8006-1543-6

Hauer, **Hierarchische kennzahlenorientierte Entscheidungsrechnung**
Ein Beitrag zum Investitions- und Kostenmanagement.
Von Dr. Georg Hauer.
1994. XIX, 300 Seiten.
Kartoniert DM 75,-
ISBN 3-8006-1922-9

Herter, **Unternehmenswertorientiertes Management**
Strategische Erfolgsbeurteilung von dezentralen Organisationseinheiten auf der Basis der Wertsteigerungsanalyse.
Von Dr. Ronald N. Herter.
1994. XVII, 236 Seiten.
Kartoniert DM 75,-
ISBN 3-8006-1845-1

Hieber, **Lern- und Erfahrungskurveneffekte und ihre Bestimmung in der flexibel automatisierten Produktion**
Von Dr. Wolfgang Lothar Hieber.
1991. XVIII, 282 Seiten.
Kartoniert DM 65,-
ISBN 3-8006-1540-1

Kieninger, **Gestaltung internationaler Berichtssysteme**
Von Dr. Michael Kieninger.
1994. XVII, 224 Seiten.
Kartoniert DM 65,-
ISBN 3-8006-1815-X

Kleiner, **Kostenrechnung bei flexibler Automatisierung**
Von Dr. Franz Kleiner.
1991. XVIII, 285 Seiten.
Kartoniert DM 65,-
ISBN 3-8006-1538-X